KB145189

INTRODUCTION TO
ALGORITHMIC
MARKETING

INTRODUCTION TO
ALGORITHMIC
MARKETING

알고리즘 마케팅
인공지능을 활용한 마케팅 자동화

일리야 캐서브 지음　조종희 옮김

i!i
에이콘

권력이 소비자에게 옮겨 가는 시대에 있어 브랜드와 소매업체는 여기저기 옮겨 다니는 소비자의 주의를 끌기 위해 노력하고 있고 고객을 유치하거나 유지하기 위해 데이터를 대규모로 활용할 수 있는 능력을 바탕으로 경쟁하고 있다. 마케팅 전문가와 기술 제공자들 모두 마케팅 가치 체인과 이를 어떻게 디지털화할 것인지에 대해 알고자 한다면 이 책을 유용하게 활용할 수 있을 것이다. 이 책은 알고리즘에 기반을 둔 마케팅으로의 여행을 떠나는 모든 사람에게 필수불가결한 참고서가 될 것이다.

– 알리 부후치(세포라 미국 담당 CTO)

지금은 모든 것이 가능하다. 이 책은 몇 년 전만 해도 이론에 불과했던 개념들을 실제로 적용하고 있다. 이 책은 최고의 마케터들이 느끼고는 있었지만 표현할 수 없었던 것들을 발견하는 원칙에 입각한 프레임을 제공한다. 명쾌한 수학적 분석은 전통적인 비즈니스 모델링에서 찾기 힘든 중요한 관계들을 설명해준다. 이 책은 스프레드시트 예제들이 없는 것에 대해 사과하지 않는다. 대부분의 세계는 불확실성이 없는 몇 개의 차원으로 설명되지 않는다. 그 대신 이 책은 실제 현상에 대한 보다 나은 통찰을 제공하는 철저한 프레임들을 포용한다. 이 책은 데이터 과학자와 마케터 둘 다를 위해 쓰여졌다. 이는 실제 효과로 이어질 두 부서 사이의 파트너십이다. 이 책은 그 파트너십이 시작돼야 하는 지점이다.

– 에릭 콜슨(최고 알고리즘 임원, 스티치 픽스)

이 책은 마케팅에서의 디지털 변환에 관련된 생생한 초상화다. 이 책은 어떻게 데이터 과학이 모든 마케팅 활동의 핵심적인 부분이 되는지, 어떻게 데이터 기반의 접근과 영리한 알고리즘이 전통적인 노동 집약적 마케팅 활동들을 높은 수준으로 자동화하는지를 설명해준다. 의사 결정은 더 나아질뿐 아니라 더 신속해지고 있으며 이는 날로 가속화되는 경쟁 환경에서 매우 중요하다. 이 책은 데이터 과학자들과 마케팅 임원 모두에게 필독서이고 두 사람이 함께 읽으면 더 좋다.

– 오드리 시브랜트(전략적 마케팅 디렉터, 얀덱스)

이 책은 어떻게 회사의 마케팅 활동을 전부 디지털화할 것인지에 대한 완벽하고 전체적인 청사진을 제공한다. 디지털 마케팅의 미래에 대한 개념적 구조에서 출발해 마케팅 활동의 각 부분에서의 베스트 프랙티스에 대한 분석으로 들어간다. 이 책은 조직의 임원, 중간 관리자, 데이터 과학자들에게 어떻게 더 나은 통찰력과 의사 결정을 한 단계씩 발전시켜 나갈 것인지에 대한 구체적이고 행동 가능하고 점진적인 추천 사항들의 집합을 제공한다.

– 빅토리아 리브시츠(창업자 겸 CTO, 그리드 다이내믹스)

이 책은 마케팅 전문가들에게 고객 행동을 이해하고 제품 오퍼링을 개인화하고 인센티브를 최적화하고 고객과의 접촉을 통제하기 위해 어떻게 머신 러닝과 데이터 과학의 고급 기법들을 사용할 것인지에 관련된 레시피의 집합을 제공한다. 따라서 이 책은 마케팅 시스템에 대한 데이터 기반 분석 플랫폼의 새로운 세대를 창조한다.

– 키라 마카곤(최고 혁신 임원, 링센트럴, 연속적 창업가, 레드아릴과 옥탄의 창업주)

대부분의 비즈니스 관리자는 데이터 분석과 머신 러닝의 개념적 중요성을 이해하고 있지만 데이터 과학에 기반을 둔 실제로 경쟁력이 있는 솔루션을 구현하는 데는 어려움을 느끼고 있다. 데이터 과학 인재의 부족과 더불어 학문적 모델, 일반적 오픈 소스 소프트웨어와 알고리즘을 산업별 환경에 실제로 적용하는 것은 세계의 디지털 마케터들이 직면하고 있는 어려움들이다. 일리야 캐서브가 그의 그리드 다이내믹스에서 개발한 깊은 산업별 전문 지식에서 추출한 이 책은 커다란 조직들이 혁신적인 동시에 실용적인 디지털 마케팅 솔루션을 개발하고 그들로 하여금 성공적으로 경쟁하고 의미 있는 상태로 남아 있고 새로운 데이터 분석의 시대에 적응할 수 있게 도와준다.

– 에릭 벤하모(창업자 및 제너럴 파트너, 벤하모 글로벌 벤처스,
3콤과 팜의 이전 CEO 및 의사회 의장)

| 지은이 소개 |

일리야 캐서브^{Ilya Katsov}

마케팅 기술과 소매업계의 분석 영역에서 다양한 경험을 쌓았다. 메이시스, 콜스, JC 페니, 애플, T-모빌, 세포라, 카탈리나 마케팅, 인테그럴 애드, 야후 등의 회사와 컨설팅 프로젝트를 진행했다. 마케팅 자동화와 분석 그리고 타깃팅, 성향 모델링, 매출 관리, 채널 애트리뷰션 등의 경제학 모델링에 대해 깊은 식견을 갖고 있다.

| 감사의 글 |

이 책은 많은 분의 지원과 도움이 없었다면 출간되지 못했을 것이다. 이 책을 리뷰해주고 피드백을 제공해준 많은 동료와 친구, 특히 알리 부후치, 맥스 마티노프, 데이비드 네일러, 페넬로페 콜론, 세르게이 트라이우버, 데니스 코피첸코, 바딤 코지르코프에게 감사한다. 그리고 검색 서비스에 대한 통찰력 있는 제안을 해주고 몇몇 예제를 실행하는 데 도움을 준 콘스탄틴 페리코프에게 감사한다.

이 프로젝트를 지원해준 이고르 야고보이 빅토리아 리브시츠, 레오나드 리브시츠, 에즈라 버거에게 감사한다. 마지막으로 원고가 책으로 출간되는 데 많은 도움을 준 나의 에디터 캐스린 라이트에게 감사한다.

| 옮긴이 소개 |

조종희(jonghee.j.jo@gmail.com)
데이터를 활용한 비즈니스 환경에서의 과학적인 의사 결정 및 업무 성과의 최적화
가 주된 연구 분야다. 포드 자동차, JP 모건 체이스, 빅토리아 시크릿 등과 같은 세
계적인 회사에서 10년 넘게 마케팅 데이터 분석 경력을 쌓았다. 카네기멜런대학교
에서 분석적 마케팅 전공으로 MBA를 마쳤다. 하버드 비즈니스 리뷰 코리아의 객
원 번역가로 활동하고 있으며 미국 조지아대학교, 한양대학교 등에서 강의했다.

마케팅 분야에서 통계적 알고리즘을 활용한 과학적인 데이터 분석의 필요성은 예전부터 많이 논의됐지만 어떤 알고리즘을 어떤 상황에서 사용해야 하는지에 대한 체계적인 안내서는 찾기 힘들었다. 이 책은 광고, 검색, 추천, 가격 책정 등의 다양한 분야에서 쓰일 수 있는 알고리즘의 상세한 이론적 배경 및 실제적인 구현 사례를 보여주고 있으므로 마케터들과 마케팅 분야에서 일하는 데이터 과학자들에게 아주 유용한 참고서가 될 것이다. 이 책이 우리나라에서 알고리즘 기반의 고급 분석적 마케팅의 도입을 앞당기는 데 조금이나마 도움이 되길 바란다.

차례

추천의 글   4

지은이 소개   6

감사의 글   7

옮긴이 소개   8

옮긴이의 말   9

01장   개론   21

1.1   알고리즘 마케팅의 주제   23

1.2   알고리즘 마케팅의 정의   24

1.3   역사적 배경과 맥락   25

     1.3.1   온라인 광고: 서비스와 시장   25

     1.3.2   항공사: 매출 관리   28

     1.3.3   마케팅 과학   30

1.4   프로그램 기반 서비스   31

1.5   누가 이 책을 읽어야 할까?   35

1.6   요약   36

02장   예측 모델링 리뷰   39

2.1   기술적, 예측적, 처방적 분석   39

2.2 경제적 최적화   40

2.3 머신 러닝   43

2.4 감독학습   45

    2.4.1 모수/비모수 모델   46

    2.4.2 최대 가능성 추정   47

    2.4.3 선형 모델   49

       2.4.3.1 선형 회귀 분석   49

       2.4.3.2 로지스틱 회귀와 이진 분류   51

       2.4.3.3 로지스틱 회귀와 다항 분류   53

       2.4.3.4 나이브 베이즈 분류기   55

    2.4.4 비선형 모델   57

       2.4.4.1 특징 사상과 커널 기법   57

       2.4.4.2 적응 베이시스와 의사 결정 트리   60

2.5 표현 학습   62

    2.5.1 중요 요소 분석   63

       2.5.1.1 탈상관 관계   63

       2.5.1.2 차원 수 감소   67

    2.5.2 클러스터링   70

2.6 다른 특수 모델들   73

    2.6.1 고객 선택 이론   73

       2.6.1.1 다항 로지트 모델   75

       2.6.1.2 다항 로지트 모델 추정   78

    2.6.2 생존 분석   79

       2.6.2.1 생존 함수   81

       2.6.2.2 위험 함수   84

       2.6.2.3 생존 분석 회귀   85

    2.6.3 경매 이론   89

2.7 요약   94

03장 프로모션과 광고   97

3.1 환경   98

3.2 비즈니스의 목적 102

   3.2.1 제조업체와 소매업체 102

   3.2.2 비용 103

   3.2.3 이익 104

3.3 타깃팅 파이프라인 108

3.4 응답 모델링과 측정 110

   3.4.1 응답 모델링 프레임워크 111

   3.4.2 응답 측정 115

3.5 구성 요소: 타깃팅과 생애 가치 모델 116

   3.5.1 데이터 수집 117

   3.5.2 계층별 모델링 119

   3.5.3 RFM 모델링 120

   3.5.4 성향 모델링 121

      3.5.4.1 닮은꼴 모델링 123

      3.5.4.2 응답 및 업리프트 모델링 128

   3.5.5 세그멘테이션과 페르소나 기반 모델링 131

   3.5.6 생존 분석을 이용한 타깃팅 133

   3.5.7 생애 가치 모델링 137

      3.5.7.1 서술적 분석 137

      3.5.7.2 마코프 체인 모델 140

      3.5.7.3 회귀 모델 143

3.6 캠페인 디자인과 운영 144

   3.6.1 고객 여정 145

   3.6.2 제품 프로모션 캠페인 147

      3.6.2.1 타깃팅 과정 147

      3.6.2.2 예산 수립과 최대 빈도 제한 150

   3.6.3 다단계 프로모션 캠페인 155

   3.6.4 고객 유지 캠페인 157

   3.6.5 보충 캠페인 161

3.7 자원 할당 162

   3.7.1 채널에 따른 할당 162

   3.7.2 목적에 따른 할당 167

3.8 온라인 광고 169

3.8.1	환경	169
3.8.2	목표와 애트리뷰션	171
3.8.3	CPA-LT 모델 타깃팅	174
	3.8.3.1 브랜드 근접성	176
	3.8.3.2 광고 응답 모델링	177
	3.8.3.3 인벤토리 품질과 입찰	178
3.8.4	다접촉 애트리뷰션	179
3.9	**효율성 측정**	**182**
3.9.1	랜덤화된 실험	183
	3.9.1.1 컨버전 비율	183
	3.9.1.2 업리프트	186
3.9.2	관찰 연구	189
	3.9.2.1 모델 설명	192
	3.9.2.2 시뮬레이션	195
3.10	**타깃팅 시스템의 구조**	**198**
3.10.1	타깃팅 서버	198
3.10.2	데이터 운영 플랫폼	200
3.10.3	분석 플랫폼	201
3.11	**요약**	**202**

04장 검색 205

4.1	**환경**	**206**
4.2	**비즈니스 목표**	**209**
4.2.1	적합성 지표	211
4.2.2	상품 통제	217
4.2.3	서비스 품질 지표	218
4.3	**검색의 기본: 매칭과 랭킹**	**220**
4.3.1	토큰 매칭	221
4.3.2	불린 검색과 구절 검색	222
4.3.3	정규화와 스테밍	223
4.3.4	랭킹과 벡터 스페이스 모델	225

4.3.5	TF×IDF 스코어링 모델	228
4.3.6	n-그램 스코어링	233
4.4	**적합한 신호 믹싱하기**	**234**
4.4.1	복수의 필드 검색	235
4.4.2	신호 엔지니어링과 평준화	237
	4.4.2.1 하나의 강한 신호	238
	4.4.2.2 강한 평균 신호	240
	4.4.2.3 분해된 특징과 신호	241
4.4.3	신호 믹싱 파이프라인 디자인	243
4.5	**의미 분석**	**246**
4.5.1	동의어와 계층	248
4.5.2	단어 임베딩	250
4.5.3	잠재 의미 분석	252
4.5.4	확률적 토픽 모델링	260
4.5.5	확률적 잠재 의미 분석	261
	4.5.5.1 잠재 변수 모델	261
	4.5.5.2 행렬 인수분해	265
	4.5.5.3 pLSA 성질	266
4.5.6	잠재 디리클레 할당	267
4.5.7	Word2Vec 모델	269
4.6	**상품을 위한 검색 기법**	**277**
4.6.1	결합 구절 검색	279
4.6.2	통제된 정확도 감소	283
4.6.3	중첩 개체와 동적 그룹화	284
4.7	**적합성 튜닝**	**288**
4.7.1	랭킹 생성 학습	289
4.7.2	암묵적 피드백으로부터의 랭킹 생성 학습	295
4.8	**제품 검색 서비스의 아키텍처**	**299**
4.9	**요약**	**301**

5.1   환경   308
    5.1.1   고객 레이팅의 성질   309

5.2   비즈니스 목표   311

5.3   품질 평가   313
    5.3.1   예측 정확도   315
    5.3.2   랭킹 정확도   317
    5.3.3   참신성   318
    5.3.4   우연성   319
    5.3.5   다양성   319
    5.3.6   적용 범위   320
    5.3.7   실험의 역할   321

5.4   추천 기법들의 개관   321

5.5   콘텐츠 기반 필터링   324
    5.5.1   최근접 이웃 접근   327
    5.5.2   나이브 베이즈 분류기   329
    5.5.3   콘텐츠 필터링을 위한 특징 엔지니어링   335

5.6   협업 필터링 개관   337
    5.6.1   베이스라인 추정   339

5.7   이웃 기반 협업 필터링   343
    5.7.1   사용자 기반 협업 필터링   345
    5.7.2   아이템 기반 협업 필터링   351
    5.7.3   사용자 기반과 아이템 기반 기법의 비교   352
    5.7.4   회귀 문제로서의 이웃 기법   353
        5.7.4.1 아이템 기반 회귀   354
        5.7.4.2 사용자 기반 회귀   358
        5.7.4.3 아이템 기반 기법과 사용자 기반 기법의 융합   359

5.8   모델 기반 협업 필터링   360
    5.8.1   레이팅 예측에 대한 회귀 모델의 적용   361
    5.8.2   나이브 베이즈 협업 필터링   363
    5.8.3   잠재 요소 모델   367
        5.8.3.1 비제한 인수분해   371

　　　　5.8.3.2　제한된 인수분해　　　　　　　　　　376

　　　　5.8.3.3　고급 의미 요소 모델　　　　　　　　379

5.9　하이브리드 기법들　　　　　　　　　　　　　　383

　　5.9.1　스위칭　　　　　　　　　　　　　　　　383

　　5.9.2　블렌딩　　　　　　　　　　　　　　　　384

　　　　5.9.2.1　증분 모델 훈련을 통한 블렌딩　　　　386

　　　　5.9.2.2　잔차 훈련을 통한 블렌딩　　　　　　388

　　　　5.9.2.3　특징 가중 블렌딩　　　　　　　　　388

　　5.9.3　특징 증강　　　　　　　　　　　　　　　391

　　5.9.4　하이브리드 추천에 대한 표현 옵션들　　　394

5.10　맥락 추천　　　　　　　　　　　　　　　　　394

　　5.10.1　다차원 프레임워크　　　　　　　　　　395

　　5.10.2　맥락 기반 추천 기법들　　　　　　　　397

　　5.10.3　시간 기반 추천 모델　　　　　　　　　401

　　　　5.10.3.1　일시적인 역학을 활용한 베이스라인 추정　402

　　　　5.10.3.2　시간 감소가 있는 이웃 모델　　　　404

　　　　5.10.3.3　일시적인 역학을 활용한 잠재 요소 모델　405

5.11　비개인화된 추천　　　　　　　　　　　　　　406

　　5.11.1　비개인화 추천의 종류　　　　　　　　406

　　5.11.2　관련 규칙을 활용한 추천　　　　　　　408

5.12　다중 목표 최적화　　　　　　　　　　　　　412

5.13　추천 시스템의 아키텍처　　　　　　　　　　415

5.14　요약　　　　　　　　　　　　　　　　　　418

06장　가격 책정과 상품 구성　　　　　　　　　421

6.1　환경　　　　　　　　　　　　　　　　　　　422

6.2　가격 책정의 영향력　　　　　　　　　　　　425

6.3　가격과 가치　　　　　　　　　　　　　　　　426

　　6.3.1　가격 경계　　　　　　　　　　　　　　427

　　6.3.2　인지된 가치　　　　　　　　　　　　　429

6.4 가격과 수요 431

6.4.1 선형 수요 곡선 433

6.4.2 상수-탄력성 수요 곡선 434

6.4.3 로지트 수요 곡선 435

6.5 기본적인 가격 구조 438

6.5.1 단위 가격 438

6.5.2 마켓 세그멘테이션 440

6.5.3 다단계 가격 책정 445

6.5.4 번들링 449

6.6 수요 예측 453

6.6.1 상품 구성 최적화를 위한 수요 모델 455

6.6.2 계절 세일에 대한 수요 모델 458

6.6.2.1 수요 데이터 준비 459

6.6.2.2 모델 상세 460

6.6.3 재고 부족이 있는 경우의 수요 예측 461

6.7 가격 최적화 464

6.7.1 가격 차별화 465

6.7.1.1 수요가 변하는 경우의 차별화 468

6.7.1.2 제한된 공급에서의 가격 차별화 470

6.7.2 동적 가격 책정 473

6.7.2.1 할인과 클리어런스 세일 476

6.7.2.2 할인 가격 최적화 479

6.7.2.3 경쟁 제품에 대한 가격 최적화 482

6.7.3 개인화된 할인 484

6.8 자원 할당 487

6.8.1 환경 487

6.8.2 2개의 클래스가 있는 할당 491

6.8.3 다중 클래스의 할당 494

6.8.4 다중 클래스에 대한 휴리스틱 496

6.8.4.1 EMSRa 496

6.8.4.2 EMSRb 498

6.9 상품 구성 최적화 499

6.9.1 스토어 레이아웃 최적화 499

6.9.2 카테고리 관리 502

6.10 가격 관리 시스템의 아키텍처 508

6.11 요약 511

A 디리클레 분포 513

찾아보기 517

01

개론

1888년, 당시 별로 유명하지 않았던 네덜란드 화가 빈센트 반 고흐는 그의 형인 티오에게 '미래의 화가는 전무후무한 색채주의자가 될 것'이라고 예언했다. 미술적인 측면은 제쳐놓고서라도 반 고흐가 미래의 화가에 대해 던진 질문 방식은 매력적이고 감탄스럽다. 반 고흐는 다음 세기의 화가들은 지금까지 보지 못한 미술 기법을 개발하고 전통적인 미술 작업 방식에 의문을 제기하리라는 것을 정확히 예언했다. 만약 디지털 미디어 시대이자 데이터가 넘치는 시대에 살고 있는 마케팅 전문가에게 이와 똑같은 질문을 던진다면 어떨까? 미래의 마케터는 어떤 모습일까? 고객 커뮤니케이션 전문가일까? 일찍이 본 적 없는 통계학자일까? 마케팅 시스템을 만드는 소프트웨어 엔지니어일까? 경제학적 모델링 전문가일까?

마케팅의 역사는 특정 비즈니스를 최적화하기 위한 원리와 기술, 베스트 프랙티스의 진화 과정이라 할 수 있다. 사람들은 언제나 이런 최적화 문제는 과학적인 방법으로 풀 수 있고 정밀한 수학적인 접근 방식은 여러 마케팅 애플리케이션에 다양하게 적용할 수 있으리라 기대했다. 하지만 이런 방법을 사용하는 이들은 데이터의 불완전성, 현실 마케팅의 복잡성, 비즈니스 프로세스의 융통성 부족, 소프트웨어의 한계 등과 같은 문제로 어려움을 겪는다. 특히 전략적으로 광범위하게 의사 결정을 해야 할 때는 인간의 판단에 의지할 수밖에 없으므로 이런 어려움이 더 두드러진다.

디지털 마케팅 채널의 진화는 업계를 뒤흔들어 놓았고 지능적인 마케팅 소프트웨어와 알고리즘이 수많은 마이크로 의사 결정을 해야 하는 환경을 만들었다. 타깃 광고, 온라인/오프라인 매장에서의 동적 가격 책정, 이커머스 검색 및 추천 서비스, 온라인 광고 등과 같은 애플리케이션은 디지털 환경에서의 가능성을 실현하기 위해 고급 경제학적 모델링, 데이터 과학, 소프트웨어 공학 등을 필요로 한다. 이는 수백만 명의 고객에게 개인화된 경험을 제공하지 않으면 완벽하게 실현될 수 없고 이를 위해서는 수백만 개의 서로 다른 의사 결정이 이뤄져야 한다. 더욱이 매우 흔한 디지털 미디어와 모바일 기기들은 고객이 전체 마케팅 과정을 조사 단계에서부터 구매 단계에 이르기까지 수초 내에 끝낼 수 있게 만들고 이런 매우 짧은 순간의 고객 행동은 마케팅 의사 결정이 순식간에 이뤄지게 한다. 이런 상황에서는 전례 없는 수준의 자율성, 스케일, 깊이 있는 분석에 따른 의사 결정과 그에 따른 조치를 취할 수 있는 마케팅 시스템을 만들어야 한다. 각각의 의사 결정과 분석은 데이터를 기반으로 이뤄질 뿐 아니라 비즈니스 프로세스 전체가 자동화된 소프트웨어 시스템에 의해 계획되고 실행되고 측정되고 최적화된다.

마케팅 자동화는 경제학, 경영학, 통계학, 공학 등과 같은 다양한 시각에서 접근할 수 있지만 마케팅 자동화 시스템의 설계자는 비즈니스의 목표를 이루기 위해 소프트웨어를 구현함으로써 이 모든 부분을 하나로 묶는 통합적인 방법을 고안해야 한다. 현대의 기술 기반 마케팅 프로젝트를 이끄는 것은 다양한 악기로 구성된 오케스트라를 지휘하고 조화롭게 운영하는 것과 크게 다르지 않다. 이 책에서는 이런 통합적인 시각을 추구하고 이론적인 원리와 지난 수십년 동안의 소매, 온라인 광고 및 다른 업계에서 개발된 마케팅 시스템에서 얻은 다양한 경험을 엮어 소개한다. 이론적이고 학문적인 접근보다는 비즈니스 솔루션에 유용한 것으로 검증된, 업계 전문가들에 의해 보고된 결과들이 많이 소개될 것이다. 다행히 업계의 전문가들에 의해 소개된 방법과 모델, 아키텍처들이 많고 이것들은 종종 매우 자세한 내용을 담고 있다. 일부 문헌은 기술과 구현 측면을 주로 담고 있고 다른 문헌들은 수학적 모델링과 최적화, 계량 경제학에 더 치중하고 있다. 사실 두 측면 모두 마케팅 시스템의 구현과 운영에 있어 중요하다. 많은 마케팅 시스템은 학계에서 개발된 과학적 마케팅 모델에 기반을 두고 있거나 관련이 있다.

1.1 알고리즘 마케팅의 주제

전통적인 마케팅의 정의는 회사가 제공하는 제품이나 서비스를 정의하는 행동과 이를 이용해 고객 또는 잠재 고객과 소통하는 것으로 이뤄진다. 이런 행동은 크게 '4P'라는 다음 네 가지 분류 또는 이것의 변형된 조합으로 이뤄진다[McCarthy, 1960].

- 제품Product – 마케팅 기회의 분석, 제품 라인과 특징의 설계 그리고 제품 분류 기획
- 광고Promotion – 회사와 고객 사이의 모든 소통, 광고 고객 관리 및 기타
- 가격Price – 초기 가격, 가격 할인 및 변동 등을 총괄하는 가격 전략
- 유통Place – 전통적으로는 다양한 유통 채널을 통해 제품이나 서비스를 고객에게 제공할 수 있게 해주는 과정을 의미한다. 최근에는 제품을 발견하고 더 쉽게 구매하게 해주는 역할이 강조되지만 디지털 마케팅 채널이 보편화되면서 유통이 덜 중요해지고 있다는 주장도 있다[Lauterborn, 1990].

이런 분류는 '마케팅 믹스'라고 알려져 있다. 마케팅 믹스는 마케팅 담당자 또는 마케팅 소프트웨어가 시장에서 제품과 브랜드의 포지션을 제어할 수 있는 변수의 조합으로 볼 수 있다. 마케팅 믹스의 각 요소는 다른 방향에서 분석 또는 연구될 수 있는 넓은 분야다. 알고리즘 마케팅은 전략과 프로세스라는 마케팅의 서로 다른 두 측면을 구별함으로써 더 잘 이해된다. 전략이라는 용어는 회사가 제공하는 가치를 정의하고 마케팅 프로세스를 위한 방향을 정하는 최상위 단계의 장기적인 비즈니스 의사 결정을 의미한다. 예를 들어 소매업체는 비즈니스 전략의 일환으로 목표 시장과 고객 서비스, 제품군을 정의해야 한다. 프로세스는 회사의 연속적인 운영을 지원하기 위한 전술적 결정에 집중하는 전략의 실행이다. 예를 들어 가격과 프로모션 전략은 캠페인을 위해 어떻게 고객을 선택할 것인지, 각 제품의 가격을 장기적으로 어떻게 바꿀 것인지와 같은 수많은 결정을 요구한다. 전략과 프로세스의 범위를 매우 자세히 정의하기 어렵고 둘 사이의 경계는 모호하지만 대체로

전략은 탐구, 분석 및 인간의 판단에 따른 기획에 치중하고 프로세스는 실행, 단기적 결정과 자동화에 치중한다고 볼 수 있다. 마케팅의 프로세스 측면이 이 책의 연구에 보다 적합하지만 전략과 프로세스 모두 데이터 과학 측면으로 기술될 수 있고 데이터 기반 방법론이 활용된다. 간단히 요약하면 알고리즘 마케팅은 네 가지 마케팅 믹스에 해당하는 프로세스 그리고 데이터 기반 기술 및 계량 경제학적 방법론에 따른 프로세스의 자동화를 다룬다.

1.2 알고리즘 마케팅의 정의

알고리즘 마케팅은 마케팅 소프트웨어 시스템 안에서 비즈니스 목표를 자동으로 결정할 수 있을 정도로 자동화된 마케팅 프로세스다. 이는 마케팅 시스템이 새로운 고객 확보 또는 매출 극대화와 같은 목표를 이해하고 목표를 달성하기 위한 광고 캠페인이나 가격 변동과 같은 비즈니스 활동을 계획 및 실행하고 필요한 경우 비즈니스 활동을 수정하고 최적화할 수 있게 비즈니스의 결과로부터 스스로 학습하는 것을 의미한다. 이 기본적인 원리는 그림 1.1과 같다. 이 책에서 프로그램이라는 용어는 자동화된 소프트웨어 시스템과 서비스를 가리키며 프로그램과 알고리즘이라는 용어는 대부분의 상황에서 서로 바꿔 사용한다.

프로그램화된 시스템이 완벽하게 자동화되고 자율적으로 작동하면 이상적이겠지만 이것이 최우선의 목표 또는 디자인의 필요 조건은 아니다. 이와 반대로 프로그램화된 시스템은 시스템의 효율과 성능을 개선하기 위해 모델과 알고리즘을 개발하고 개선하는 데이터 과학자 엔지니어, 분석가 등에 의해 운영된다. 그리고 그 시스템은 프로그램 기반의 방법이 아닌, 때로는 다른 분야와 연결된 전략적 분석과

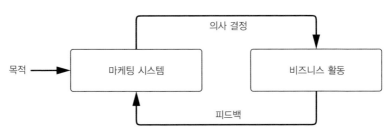

그림 1.1 알고리즘 마케팅 생태계 개념도

기획의 결과물을 사용할 수 있다. 하지만 이 시스템의 비즈니스 목적을 이해하고 목표 수립부터 측정 가능한 결과에 이르는 전체 프로세스를 아우르는 능력은 필수다. 다시 한번 강조하지만 마케팅 자동화의 한계와 위험을 아는 것은 매우 중요하다. 현실적으로 프로그램 기반 시스템은 마케터를 대체한다기보다 마케터로 하여금 그들이 원하는 것을 도와주는 지능적인 도구로 인식하는 것이 좋다.

1.3 역사적 배경과 맥락

알고리즘 마케팅과 비알고리즘 마케팅 사이의 뚜렷한 경계는 존재하지 않는다. 어떠한 의미에서 억지로 그런 경계를 만드는 것은 부적합하다. 왜냐하면 알고리즘 기반의 마케팅 시스템은 새로운 질문을 만드는 것이 아니라 기존의 마케팅 질문에 답하는 하나의 방법이기 때문이다. 하지만 마케팅 자동화의 수준은 업계마다 많이 다른데, 이는 어떤 업계의 환경은 다른 환경보다 알고리즘 마케팅에 더 적합하다는 것을 보여준다. 이와 반대로 고급 알고리즘 마케팅 방법을 적용하는 것은 업계를 급격하게 변화시키고 알고리즘 마케팅을 보다 깊이 개발할 수 있게 한다. 이런 알고리즘 마케팅에 호의적인 환경에 대한 분석은 알고리즘 마케팅을 이해하는 시작점이다. 시스템적 접근을 가능하게 하는 패턴과 특징을 이해하기 위해 알고리즘 마케팅의 기초가 되는 몇몇 비즈니스 사례를 리뷰해보자.

1.3.1 온라인 광고: 서비스와 시장

온라인 광고의 시작은 1978년 5월 3일로 거슬러올라간다. 이날 최초의 스팸 메일이 유타대학, UCLA, 산타바바라 대학 그리고 스탠퍼드 연구소의 아파넷ARPANET이라는 네트워크를 통해 400명에게 보내졌다. 15년 후 아파넷은 인터넷으로 진화했고 멀티미디어 웹 사이트가 등장하면서 배너 광고 시장이 생겼다. 최초의 시장은 웹 사이트 매체들이 광고주들에게 배너 광고용 화면을 직접 판매하는 형태였지만 웹 사이트의 숫자가 폭발적으로 증가하면서 효율성이 급격히 저하되기 시작했다. 곧 수천 개의 매체 사이트에 배분할 캠페인을 운영하고 예산을 결정하는 것은 광고주들에게 매우 어렵거나 불가능한 지경에 이르렀다. 반면 매체들은 광고 인벤토리를 판매할 효율적이고 중앙 집중화된 방법이 필요했다.

이런 어려움은 매체와 광고주들 사이에서 브로커 역할을 하는 광고 네크워크에 의해 해결됐다. 1996년에 등장한 '더블클릭'은 광고주들로 하여금 다양한 웹 사이트에서 광고 캠페인을 운영하고 광고의 성능에 따라 캠페인을 동적으로 조정하고 투자 대비 이익Return on Investment, ROI을 측정할 수 있게 했다. 이는 측정과 수정이 동적으로 가능했기 때문에 자동화된 의사 결정을 위한 완벽한 환경을 제공했다. 하지만 이는 그 당시 완벽하게 알고리즘에 기반을 둔 것은 아니었다.

최초의 검색 엔진은 광고 능력을 향상시키는 데 애를 먹고 있었다. 광고주들은 배너 광고와 비슷한 CPMCost per Thousand Impressions 모델로 검색 광고 비용을 지불했다. 이 방법은 가격 책정 면에서 유연하지 못했기 때문에 검색 엔진의 입장에서 매출 감소를 초래했고 별로 상관없는 광고들을 처벌하지 못했기 때문에 타깃팅에도 문제가 있었다. 이 방면의 혁신은 1998년에 goto.com이 2개의 혁신적인 방식을 도입한 자동화된 옥션 모델을 도입하면서 일어났다.

- 광고주들은 검색 결과 페이지의 최상단에 자신의 광고가 나타나게 하기 위해 지불할 용의가 있는 가격에 대해 입찰할 수 있다.
- 광고주들은 노출이 아니라 클릭에 대한 비용을 지불한다.

PPCPay per click 모델은 매출과 광고의 적합성 모두를 향상시켰다. 왜냐하면 광고를 검색 결과의 최상단에 위치시키는 비용을 지불할 용의가 있는 광고주들은 보통 보다 적합하고 더 나은 광고 자원을 제공했기 때문이다. 구글은 2002년에 이 모델을 채택했고 한 가지 확실한 발전을 이뤘다. 광고는 입찰 가격이 아닌 구글의 기대 수익에 의해 선택됐다. 구글은 클릭 비율을 클릭과 노출의 비율로 계산했고 예상되는 매출은 다음과 같은 식으로 계산했다.

매출 = 응찰 가격 × 클릭 비율

이는 매출과 적합성 모두에 대해 비즈니스 목표를 최적화하는 알고리즘 기반의 셀프 학습 기술이다. 왜냐하면 클릭 비율은 적합하지 않은 광고에 대해서는 낮으므로 예산이 많은 광고주들도 비용을 많이 지불한다고 해서 가능한 광고 화면을 모두 차지하지 못할 것이기 때문이다.

2007년과 2009년 사이에 광고 네트워크와 검색 엔진의 방향은 광고 옥션 모델이 발전하면서 겹쳐진다. 광고주들과 매체들은 각각의 광고 노출을 위한 실시간 옥션을 가능하게 하는 RTB[Real-time bidding]에 의해 연결됐고 RTB는 광고 옥션의 새 시대를 열었다. RTB의 등상은 광고주들을 위한 알고리즘 기반의 툴들을 탄생시켰다. DMP[Data Management Platform]와 DSP[Demand Side Platform]는 인터넷 사용자들의 행동에 관한 데이터를 모아 분석하고 특정 유저가 광고 반응 확률을 계산해 입찰할 수 있게 해준다. RTB의 성공은 대단했다. RTB를 사용한 더블클릭 광고의 비율은 2010년 1월 8%에서 2011년 5월 68%로 증가했다[Google Inc., 2011].

RTB의 역사를 돌아볼 때 프로그램 기반 광고의 가장 큰 업적 중 하나는 고객과 직접 접촉하는 웹 콘텐트 매체로 하여금 고객과 접촉이 제한적인 광고주들에게 보다 개인화된 광고를 제공하는 프레임워크를 제공한 것이다. 매체와 광고주 사이를 연결해주는 인프라는 보통 제삼자에 의해 운영되고, 다음을 포함하고 있다.

- 광고주들로 하여금 매체의 자원을 활용해 캠페인을 운영할 수 있게 해주는 광고 서비스다. 이런 서비스들은 복수의 광고주와 복수의 매체를 연결해주는 마켓플레이스의 형태를 띠며 종종 입찰에 의해 광고 자원을 사고 판다.
- 데이터 서비스는 고객에 대한 정보를 매체, 광고주 그리고 제삼자로부터 수집하고 저장한다. 광고 서비스는 이 데이터를 이용해 캠페인을 운영하고 어떤 광고를 보여줄 것인지에 대한 실시간 의사 결정을 내린다.

얼마 후 이런 패턴은 다른 업계로 퍼져나가기 시작했다. 소매업체들이나 모바일 서비스업체와 같은 다른 고객 기반의 업체들은 그들의 데이터와 고객과의 관계를 상업화할 수 있는 효율적인 방법을 모색했다. 은행이나 제조업체, 보험회사와 같은 다른 종류의 회사들은 고객들에 대해 더 많이 알기 원하고 고객과 소통할 수 있는 더 많은 채널을 갖길 원했다. 예를 들어 소비재 제조업체는 매장이나 웹 사이트 채널들을 통해 새로운 제품을 광고하고 마켓셰어를 늘리기 위해 개인화된 할인을 제공할 수 있다.

결과적으로 광고 서비스와 데이터 서비스는 그림 1.2에 나타낸 보다 일반적인 모델로 진화하기 시작했다. 이 모델은 다양한 업계로부터의 참여자들을 연결해주는 서비스, 데이터, 다목적 마켓플레이스를 의미한다. 이런 마켓플레이스에서 제공되는 서비스는 광고를 넘어 신용 점수와 보험 프리미엄과 같은 다른 정보까지 포함할 수 있다. 누군가가 항상 다른 사람의 데이터를 실시간으로 거래하는 이런 환경의 복잡성은 데이터 흐름과 운영 의사 결정의 복삽성을 높이므로 프로그램 기빈의 방법이 이런 문제를 해결할 수 있는 거의 유일한 방법이다.

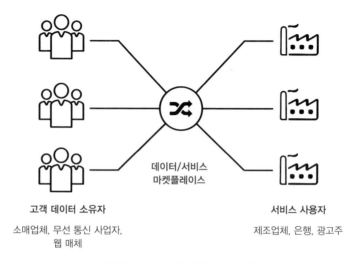

고객 데이터 소유자

소매업체, 무선 통신 사업자,
웹 매체

데이터/서비스
마켓플레이스

서비스 사용자

제조업체, 은행, 광고주

그림 1.2 데이터와 서비스에 대한 마켓플레이스 모델

1.3.2 항공사: 매출 관리

온라인 광고 데이터 마켓플레이스는 가장 유명하고 성공적인 프로그램 기반 마케팅이지만 온라인에는 이것만 있는 것이 아니다. 온라인 광고는 어느 정도 '전례 없는 문제'에 '전례 없는 해결 능력'을 제공하는 새로운 환경이었다. 하지만 프로그램 기반 방법론은 전통적인 환경에서도 성공적으로 적용할 수 있다. 처음 스팸 메일이 개시된 1978년에 시작된 또 다른 사례를 알아보자.

미국 정부 항공청은 1938년 이후 모든 국내 항공 운송을 규제해왔으며 항공사의 스케줄, 항로 가격 및 이익률 목표를 관리해왔다. 1978년 이 규제들이 풀리면서 항공사들은 가격과 항로를 자유롭게 조정할 수 있게 됐다. 이는 단순한 운영 모델과 간단한 서비스, 저가의 노동 비용으로 무장한 저가 항공사들을 탄생시켰다. 이 중 대표적인 예는 1981년에 탄생한 피플 익스프레스[People Express]로, 기존 항공사보다 70% 저렴한 항공권을 제공했다.

이런 저가 항공사들은 가족을 방문하는 대학생들, 단기 여행자들과 같은 전에는 비행기를 잘 타지 않았던 고객군들을 유혹했다. 1984년에 피플 익스프레스는 10억 달러의 매출과 6,000만 달러의 이익을 기록했다[Talluri and Van Ryzin, 2004]. 이런 저가 항공사들의 선전은 가격 전쟁으로는 승산이 별로 없는 기존 주류 항공사들에게 커다란 위협이 됐다. 더욱이 기존 항공사들은 그들에게 매우 중요한 고수익 비즈니스 여행자들이 저가 항공사들을 이용하는 것을 그냥 놔둘 수는 없었다.

해결책은 아메리칸 항공에 의해 발견됐다. 첫째, 그들은 팔리지 않은 좌석은 저가 항공사와의 경쟁에 사용할 수 있음을 알아냈다. 왜냐하면 그런 빈 좌석의 추가 비용은 거의 없기 때문이다. 문제는 비즈니스 고객들이 할인된 가격으로 항공권을 사는 일을 막는 것이었다. 기본적인 해법은 할인 가격에 특정한 조건을 거는 것이었다. 예를 들어 항공권은 3주 이전에 사야 하고 환불이 불가능하게 만드는 것이었다. 여기서 어려운 문제는 남는 자리는 항공편에 따라 많이 다르고 최적의 배분은 동적인 최적화에 의해서만 가능하다는 것이었다. 1985년, 몇 년간의 개발 노력 끝에 아메리칸 항공은 항공권 가격을 관리하는 DINAMO^{Dynamic Inventory Allocation and Maintenance Optimizer}라는 시스템을 개발했다. 피플 익스프레스는 성수기와 비성수기 가격을 차별화하는 간단한 전략이 있었지만 그들의 시스템은 DINAMO의 효율성을 따라갈 수 없었다. 피플 익스프레스는 한 달에 5,000만 불씩 잃기 시작했고 파산의 길로 접어들었으며 결국 1987년 콘티넨탈에 합병됐다[Vasigh 등, 2013]. 아메리칸 항공은 DINAMO 도입 후 피플 익스프레스와의 경쟁에서 이겼을 뿐 아니라 매출을 14.5%, 이익을 47.8% 향상시켰다.

아메리칸 항공의 사례는 매출 관리의 새로운 장을 열었다. 이런 방법은 1990년대 초반, 서비스 물량의 한도가 정해져 있고 고객들이 미리 예약을 해야 하는 병원, 렌터카, 텔레비전 광고업계 등에 응용됐다. 항공 산업에서의 매출 관리의 성공은 재고와 수요에 관한 다음과 같은 특징과 관련이 있다.

- 수요는 고객, 항공편, 시간에 따라 다양하게 변한다. 비즈니스 여행자의 구매력은 시간날 때 자유롭게 여행하는 개인 여행자보다 훨씬 높고 성수기 비행편의 수요는 비성수기보다 높다.

- 공급은 유연하지 않다. 항공사는 항공편을 스케줄링하면서 커다란 묶음으로 좌석을 편성하고 한 번 비행이 스케줄되면 좌석 수는 변하지 않는다. 팔리지 않은 좌석은 제거될 수 없으므로 항공사의 수익은 얼마나 수요와 공급을 절묘하게 맞추느냐에 달려 있다.

앞의 매출 관리는 그림 1.3에 나타나 있듯이 공급 체인 관리의 상대 개념으로 간주될 수도 있고 정해진 생산을 변화하는 수요에 맞추는 (또는 수요를 공급에 맞추기 위해 조절하는) 공급 체인 관리로 간주될 수도 있다.

그림 1.3 공급 체인과 상대되는 개념의 매출 관리

수요와 공급과의 마찰은 항공업계뿐 아니라 다른 업계에서도 발견된다. 호텔과 렌터카는 매우 가까운 예이고, 광고 소매 및 다른 업계에서도 동적인 수요 관리는 충분히 응용될 수 있다.

1.3.3 마케팅 과학

온라인 광고와 항공권 매출 관리의 사례는 알고리즘 기반 방법론이 어떻게 업계에 응용되는지를 보여줬다. 산업적 응용은 마케팅 과학에 의해, 과학적 마케팅 방법론은 산업적 필요에 의해 발전했다. 경영학 분야로서의 마케팅은 1900년대 초반에 등장했고 처음 50년간 마케팅은 생산과 유통 단계의 분석에 집중했다. 즉 생산자로부터 소비자에 이르는 상품의 흐름에 대한 데이터를 모으는 것이었다. 마케팅 의사 결정이 수학적 모델링과 최적화에 의해 지원될 수 있다는 아이디어는 1960년대에 시작됐고 이에는 몇 가지 원인이 있었다. 첫째, 마케팅 과학은 통계학적 분석 및 수학적 최적화에 따른 군사적, 상업적 분야에서의 의사 결정 및 효율성을 연구하는 오퍼레이션즈 리서치의 많은 영향을 받았다. 오퍼레이션즈 리서치는 군사적 계획과 자원 최적화를 위해 제2차 세계대전 중에 시작됐다. 둘째, 마케팅에서 수학적 방법론의 진전은 대규모 데이터 수집과 데이터 분석 및 최적화 알고리즘을 실행할 수 있게 하는 메인프레임 시스템의 도입에 의해 가능해졌다. 마지막으로 마케팅 전문가들은 구시대적 마케팅 방법은 효율성이 떨어졌기 때문에 마케팅이 통제되고 최적화될 수 있는 변수들의 조합에 의해 새롭게 정의돼야 할 필요성을 느꼈다. 이것이 바로 1960년대에 마케팅 믹스의 개념이 등장한 배경이다. 마케팅 과학은 1960년대와 1970년대에 붐을 일으켰고 다양한 프라이싱, 유통, 제품 기획 모델이 확률적 최적화 기술에 의해 개발됐다. 이들 방법론 중 일부는 항공과 호텔 업계 등에서 활발하게 응용됐지만 다른 분야에서는 응용 가능성이 제한돼 있어서 전체적인 마케팅 자동화의 도입은 상대적으로 낮았다[Wierenga, 2010].

디지털 채널의 발전은 이 상황을 획기적으로 바꿔놓았다. 디지털 미디어는 개인 고객 수준에서의 수백만 마이크로 의사 결정 능력 및 제품 검색과 실시간 모바일 알림과 같은 새로운 서비스 기회를 창조했다. 이는 전통적 마케팅 과학의 영역이었던 경제학적 모델링 및 최적화를 넘어서는 것이었고 마케팅에서 사용하지 않았던 고급 소프트웨어 공학과 데이터 분석 방법론을 요구했다. 예를 들어 현대의 소매업에서 매출의 커다란 부분은 경제학적 모델링보다는 내부적 텍스트 분석에 따른 검색 및 상품 추천 서비스에 의해 창출될 수 있다. 이런 방법론 중 일부는 마케팅과는 거리가 먼 생물학이나 게놈 연구에서부터 도입되기도 한다. 요약하면 전통적인 경제학적 모델링, 데이터 과학, 소프트웨어 공학, 전통적 마케팅 방법론은 프로그램 기반 시스템을 만드는 데 있어 모두 중요하다.

1.4 프로그램 기반 서비스

마케팅 믹스 모델은 고객의 구매 의사 결정에 영향을 미치기 위해 통제할 수 있는 4개의 변수, 즉 제품, 판매 촉진, 가격, 유통을 정의한다. 이는 매우 넓은 분류이고 프로그램 기반 마케팅 시스템을 어떻게 구현할 것인지에는 별로 도움이 되지 않는다. 프로그램 기반 시스템은 가격 책정이나 프로모션 관리와 같은 특정 비즈니스 프로세스를 구현하는 하나 이상의 서비스 제공자로 이해할 수 있다. 결과적으로 좀 더 문제를 정확히 정의한다면 각각의 서비스는 입력(목적)과 결과(행동)를 갖고 있는 특정한 기능이다. 업종이나 특정 회사의 비즈니스 모델에 따라 마케팅 믹스는 다르게 구현될 수 있다. 다양한 B2C 회사들과 관련이 있는 여섯 가지 기능적 서비스는 판매 촉진promotions, 광고advertisements, 검색search, 추천recommendations, 가격 책정pricing, 상품 구성assortment이다. 이 여섯 가지 서비스는 이 책의 중요 주제이고 이후 장들에서 자세히 다룬다. 이것들의 응용과 디자인 원리는 서비스마다 다르지만 이들 사이에는 많은 관련이 있다. 이 책에 나올 각각의 서비스에 대한 자세한 논의를 단순화하는 의미에서 간단히 리뷰해보자.

여섯 가지 서비스의 관계와 마케팅 믹스와의 연결은 다음과 같다.

- 판매 촉진과 광고 서비스의 목적은 고객과 상품을 연결하고 그들에게 정확한 메시지를 전달하는 것이다. 이는 기업이 원하는 비즈니스 목적을 이루기 위해 인센티브에 반응할 수 있는 고객을 찾아내는 것을 의미한다. 마케팅 믹스의 관점에서 고객과 상품을 찾아내는 것이 이 서비스의 핵심이다. 이 서비스들은 판매 촉진 영역 그리고 프로모션, 광고 캠페인에 관련된 비용과 이익을 통해 가격 책정 영역과 연결된다.
- 검색과 추천 서비스는 전 서비스를 자연스럽게 보완하는 특정 고객에 대해 적합한 제품을 찾는 문제를 풀어준다. 이 서비스의 핵심 목표는 유통 및 프로모션 영역과 관련된 제품 발견을 가능하게 하고 단순화하는 것이다. 이 서비스들은 (명시적이든 암묵적이든) 고객의 구매 의도를 이해하고 그에 맞는 상품을 제공해줄 것을 요구한다.
- 가격 책정과 상품 구성의 목표는 가격을 포함한 상품과 이것들의 상세 내역을 결정하고 최적화하는 것이다. 이 서비스들은 서로 다른 옵션들의 what-if 분석과 최적화를 가능하게 하는 가격 책정, 상품 구성 및 다른 변수들의 함수로써 수요를 예측한다. 이 서비스 그룹은 마케팅 믹스의 가격 및 제품 분야를 커버한다.

그림 1.4에 나타낸 세 가지 그룹의 분류는 이런 서비스와 관련된 목표와 디자인 원리의 비슷함을 반영한다. 이 책의 이후 내용은 상품에 대한 적합한 고객을 찾는 것과 같은 기본적인 능력 그리고 각각의 서비스를 설명하기 위해 이 세 가지 분류에 기반을 두고 있다.

다음 질문은 '디자인과 구현의 측면에서 이 서비스들의 공통점이 무엇인가?'이다. 디자인 원리와 구현 방법은 서비스마다 다르지만 프로그램 기반 방법론은 모든 서비스에 명시적 또는 암묵적으로 적용할 수 있는 공통 가이드라인을 제공한다. 이

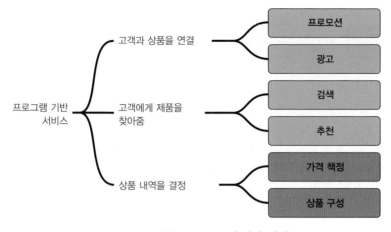

그림 1.4 프로그램 기반 서비스

런 가이드라인들은 앞으로 해당 영역의 범위 안에서 설명될 기본적인 용어와 요소들을 정의하는 데 사용한다.

프로그램 기반의 방법론은 객체지향 디자인을 강조하기 때문에 여기서는 비즈니스 목표에서 시작하는 공통 프레임워크를 정의한다. 목표를 이해하고 정의하기 위해 프로그램 기반의 서비스는 서로 다른 영역을 위한 서로 다른 디자인의 기능적 요소들을 포함할 수 있다(그림 1.5).

- 모든 자동화된 의사 결정은 데이터에 의해 좌우되기 때문에 이 과정은 데이터 수집에서 시작한다. 마케팅 관련 데이터 입력은 고객의 개인적 및 행동 양식 데이터, 재고 데이터, 매출 기록 등이다.

- 가공되지 않은 원본 데이터는 분석과 의사 결정 알고리즘에 사용할 수 있게 변환 및 정제돼야 한다. 왜냐하면 프로그램 기반 서비스는 제품이나 고객과 같은 변수의 유사성을 인식해 패턴을 파악하고 의사 결정을 해야 하는데, 이는 변수들이 비교 가능한 속성들로 이뤄져야 한다는 것을 요구한다. 예를 들어 검색은 가장 적합한 상품을 제공하기 위해 사용자의 검색과 제품 사이의 유사성에 의존하는데, 이는 제품과 검색어가 비교 가능한 형태로 변환돼야 한다는 것을 의미한다. 다양한 분야에서 일어나는 이런 데이터 가공은 프로그램 기반 시스템에서 중요한 역할을 한다.

- 프로그램 기반 방법론에서 가장 중요한 단계는 서로 다른 행동 전략이 비

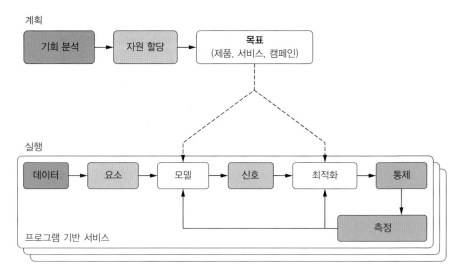

그림 1.5 프로그램 기반 서비스의 하이레벨 디자인 프레임워크

즈니스 목적에 얼마나 부합하는지를 평가하는 것이다. 이는 후보 솔루션
들의 데이터를 수집해 부합도를 측정하는 신호를 생성하는 하나 이상의
모델 개발을 의미한다. 예를 들어 판매 촉진 서비스는 특정 제품을 사는
경향에 따라 고객을 평가하는 모델에 의존하고 가격 책정 서비스는 기대
이익에 따라 서로 다른 가격 옵션을 평가하며 검색 서비스는 검색어의 적
합성에 따라 제품을 평가한다.

- 이런 모델에 의해 생성되는 신호는 마케터의 의사 결정의 품질에 대한 정
  보를 갖고 있다. 하지만 비즈니스 행동은 다양한 신호의 조합과 최종 행
  동 이전의 중간 단계 의사 결정을 의미한다. 예를 들어 마케터는 가장 가
  치 있는 고객들에게 프로모션을 보낼 수 있고, 이 경우 각 고객이 평가되
  지만 최종 메일링 리스트는 캠페인 예산에 의해 제한될 수 있다. 따라서
  프로그램 기반 서비스는 최종 의사 결정을 하는 최적화 또는 신호 믹싱
  요소를 포함하고 있다.

- 프로그램 기반 서비스는 마케팅 채널을 통해 외부 세계와 소통하고 다른
  서비스와 통합된다. 이런 채널은 가격 수준, 할인, 이메일, 검색에서의 제
  품 순서와 같은 통제 가능한 행동 변수들을 결정한다. 이런 통제는 프로
  그램 기반 서비스가 의사 결정을 하는 데 사용되므로 의사 결정은 가능한

통제에 대한 변수의 형태로 표현된다.

- 마지막으로 실행 채널로부터 수집된 피드백은 분석 결과로부터 배우고 의사 결정 로직을 수정하기 위해 모델과 최적화 프로세스로 재유입될 수 있다. 측정 단계는 모든 마케팅 서비스에서 필수 단계이고 많은 마케팅 방법론은 최적화를 위해 측정 기반의 시행착오적 접근에 의존한다.

마케터는 실무에서 여러 개의 전략적 목표를 성취하길 원하고 이를 위해 여러 가지 서비스를 활용할 수 있다. 프로그램 인프라는 각각의 서비스를 위해 목표와 변수를 설명하고 각종 데이터 측정을 통합하는 시장 기회 분석과 글로벌 자원 할당을 통해 마케터의 목표를 지원할 수 있다. 각 서비스의 기획 기능과 실행 파이프라인은 전체적인 프로그램 생태계를 완성한다. 여기서 정의된 프레임워크는 이 시점에서는 다소 추상적이지만 앞으로 이어지는 장들에서 모든 단계의 디자인 방법론을 자세히 설명할 것이다.

1.5 누가 이 책을 읽어야 할까?

이 책은 고급 마케팅 소프트웨어 시스템을 개발하고자 하는 사람들을 위한 것이다. 이 책은 다양한 마케팅 및 소프트웨어 전문가들에게 유용하며 크게 두 집단을 염두에 뒀다. 첫 번째는 마케팅 소프트웨어에 사용하는 기술과 이 기술의 이론적 배경에 대해 배우고자 하는 마케팅 소프트웨어 개발자 프로덕트 매니저 및 소프트웨어 엔지니어들이다. 두 번째는 어떻게 마케팅 조직이 머신 러닝과 빅데이터로부터 도움을 받는지 그리고 어떻게 현대의 기업이 고급 의사 결정 자동화 방법론을 활용할 수 있는지에 대해 배우고 싶은 마케팅 전략가와 기술 분야 리더들이다.

이 책은 독자가 통계와 대수, 프로그래밍에 대한 기본적인 이해는 하고 있다고 가정했다. 이 책에 설명한 방법들은 대부분 기본적인 수학을 사용한다. 이 책은 마케팅의 비즈니스적인 측면에만 관심이 있는 사람들에게는 적합하지 않다. 왜냐하면 이 책은 전통적 마케팅 교과서가 아니라 마케팅 자동화에 관한 책이기 때문이다. 다음 식을 이해할 수 있다면 이 책을 소화하는 데 큰 무리는 없을 것이다.

$$\mathbb{E}[X] = \int_{-\infty}^{\infty} x\, f_X(x)\, dx$$

이 책은 6개 장으로 나뉜다. 1장, '개론'은 알고리즘 마케팅의 개념과 원리를 설명하고 알고리즘적 접근 방식의 유용성을 보여주는 멋진 사례 연구들을 소개한다. 2장, '예측 모델링 리뷰'는 예측 모델링으로서 알고리즘 마케팅의 수학적 기초를 다룬다. 그 이후 4개의 장은 마케팅의 네 가지 다른 영역, 즉 광고 및 프로모션, 검색, 추천 그리고 가격 책정을 소개한다. 이 4개의 장은 똑같은 알고리즘 방법론을 따르기 때문에 구조도 비슷하다. 각각의 장은 최적화 대상인 변수와 제약 조건을 이해하기 위한 환경을 기술하고 최적화 문제를 정의하기 위한 비즈니스 목적을 다룬 후 각 분야에 나타나는 업무와 시나리오에 대한 의사 결정 자동화 방법론을 논한다. 이 4개의 장은 각기 다른 영역을 기술하므로 대체로 독립적이다. 따라서 독자들은 관심 있거나 필요한 부분만 따로 골라 읽어도 되고 처음부터 끝까지 모두 읽어도 된다.

이 책을 읽으면서 독자의 백그라운드와 맞지 않거나 관심이 없는 분야라면 넘어가도 상관 없다. 예를 들어 확률 및 통계 그리고 머신 러닝에 친숙한 독자는 2장, '예측 모델링 리뷰'를 대충 읽거나 넘어가도 괜찮다. 알고리즘적 접근의 비즈니스 응용에 관심 있는 독자는 환경, 비즈니스 목적, 최적화 문제에 관한 부분에 집중하고 수학적으로 디테일한 부분은 넘어가도 된디. 반면, 마케팅 시스템을 구현하는 데 관심이 있는 독자는 알고리즘, 수리적 예제 그리고 상세 구현에 관한 내용을 읽는 것이 좋다.

1.6 요약

- 마케팅에 대한 프로그램 기반 접근법은 비즈니스 목표에 의해 조정 가능한, 자동화된 마케팅 시스템과 프로세스를 만드는 것에 집중한다. 프로그램 기반 방법론은 마케팅 믹스의 네 가지 분야(제품, 프로모션, 가격, 유통) 모두에 적용할 수 있다.

- 프로그램 기반 마케팅은 시장 상태에 대한 통찰을 제공하고 시장과 상호작용할 수 있는 서비스다. 이런 서비스는 고객 기반 회사에서 내부적으로 사용할 수도 있고 제삼자에게 팔릴 수도 있다. 프로그램적 요소가 서비스로 판매되기 위해서는 독립적이고 체계적으로 구성되거나 고수준의 추상

화가 구현돼야 한다.

- 프로그램 기반 서비스는 수요의 동적 통제자 역할을 하는 동시에 공급 체인의 파트너 역할도 한다. 프로그램 기반 방법론의 효율은 고객 또는 시간별 수요의 변동성에 따라 증가하는 동시에 생산의 변동성에 따라 감소한다. 따라서 프로그램 기반 방법론은 고객의 수요 변동성이 심하고 생산은 일정한, 즉 수요가 감소하면 최소의 비용으로 잉여 재화 및 서비스를 제공할 수 있는 분야에 적합하다.

- 프로그램 기반 서비스의 가장 중요한 예들은 판매 촉진, 광고 검색, 추천, 가격 책정, 상품 구성 등이다. 디자인 원리는 각 서비스마다 다르지만 몇몇 기능과 논리적 요소는 모든 종류의 서비스에 적용할 수 있다. 이런 요소의 예로는 비즈니스 목표에 대해 후보 솔루션의 적합성을 측정하는 평가 모델, 최종 결정을 내리기 위해 점수를 분석하고 종합하는 최적화 모델 그리고 의사 결정을 행동으로 옮기기 위해 사용하는 통제 등을 들 수 있다.

02

예측 모델링 리뷰

알고리즘 마케팅은 가용한 데이터에 기반을 둔 행동과 그에 따른 결과를 평가하기 위한 방법론 없이는 존재할 수 없다. 2장에서는 예측 모델링을 가능하게 하고 이 책의 나머지 내용들의 기본이 되는 머신 러닝과 경제적 모델링의 기초를 공부한다. 우리의 목표는 머신 러닝 알고리즘을 전부 공부하는 것이 아니라 예측 모델링의 능력과 한계를 기술하는 것이다. 여기서는 마케팅에서 자주 사용하는 몇 가지 방법을 기술하고 이것들의 능력, 한계, 다른 방법과의 관계를 설명하기 위한 수학적 내용을 설명할 것이다. 입력 데이터 준비와 결과 모델의 분석 등과 같은 고급 모델링 내용들은 나중에 다룬다.

2.1 기술적, 예측적, 처방적 분석

예측 모델링에 대해 공부하기 전에 마케팅 용어를 정리해보자. 비즈니스적 측면에서 데이터 분석 방법은 보통 세 가지(기술적, 예측적 그리고 처방적 분석)로 나뉜다. 기술적 분석은 데이터 요약, 데이터 품질 측정 및 관련성 분석을 위한 방법들을 가리킨다. 기술적 분석의 예는 세일즈 데이터 분석이나 특정 제품과 같이 구매되는 다른 제품을 찾아내는 마켓 바스켓 분석 등을 포함하고 있다. 기술적 분석은 어떻게 관찰된 결과가 영향을 받거나 최적화될 수 있는지를 설명하지 않는다. 예측적 분석은 관찰된 데이터 또는 결과 이전의 확률을 사용해 가능한 결과들을 예측하는 데 집중한다. 예측 분석의 예로는 수요 예측 또는 프로모션에 따른 고객의 구매 확률을 예측하는 소비 성향 모델링을 들 수 있다. 여기서 예측이라는 단어는 꼭 미래에 대한 예측을 의미하는 것은 아니다. 이 단어는 입력 변수에 변화가 생겼을 때 출력 변수의 변화를 예측할 수 있다는 의미다. 마지막으로 처방적 분석은 최적의 의사 결정을 위해 의사 결정과 미래의 경과 사이의 의존성에 대한 모델링을 의미한다. 처방적 분석의 예는 1달러의 가격 할인이 얼마만큼의 이익을 가져다줄 것인지를 예측해 최적의 할인 가격을 결정하는 가격/이익 모델링이 될 것이다.

마케팅 영역에서 데이터와 관련된 행동과 과정들은 이 세 가지 분석 틀에서 이해되고 이 세 가지는 모두 중요하다. 자동화된 의사 결정이 중요한 프로그램적 응용에서는 예측 분석이 중요하므로 예측 모델링이 기본이 된다. 따라서 여기서의 프로그램적 응용은 마케팅 분석 방법론의 일부로써 이해하자.

2.2 경제적 최적화

마케팅은 특정 비즈니스 행동을 취함으로써 특정 비즈니스 목적을 달성하고자 하는 활동이다. 알고리즘적 접근을 위한 첫 번째 단계는 이루고자 하는 목적, 가능한 행동들 그리고 제약 조건들을 기술하는 비즈니스 용어를 모델로 변환시키는 것이다. 이코노메트릭 용어로 변환된 대부분의 마케팅 문제는 매출과 같은 비즈니스 목표를 마케팅 캠페인이나 제품 분류 조정과 같은 가능한 행동의 함수로 표현하고 이 가능한 전략들 중에서 최적의 행동을 찾아내는 것을 의미한다.

경제적 모델은 과거의 경험에서 예측된 성질과 모수들을 사용한다는 점에서 데이터의 함수다. 예를 들어 마케팅 우편 캠페인을 계획하는 소매업체를 생각해보자. 가능한 행동은 고객 레벨에서 메일을 보낼지 말지를 결정하는 것이고 고객당 예상 매출과 우편 비용에 따라 결정되는 캠페인의 성과는 어떤 고객이 인센티브에 반응하고 반응하지 않을지에 따라 결정된다. 이 접근 방법은 식 (2.1)로 설명된다.

$$s_{opt} = \underset{s \in S}{\operatorname{argmax}} \; G\,(s,\; D) \tag{2.1}$$

여기서 D는 분석에 사용할 수 있는 데이터, S는 행동과 결정, G는 행동을 정하는 경제적 모델과 경제적 결과에 대한 데이터, S_{opt}는 최적의 전략이다. 모델 G의 설계는 애플리케이션에 전적으로 달려 있다. 특정 마케팅 문제에 대한 다른 모델 구성은 3장, '프로모션과 광고'에서 얘기하겠지만 어떤 모델 설계든 고려해야 하는 몇 가지 기본 사항이 있다.

첫째, 비즈니스 목표는 최적화할 수 있는 수리적 지표로 표현돼야 한다. 대부분의 경우, 이익에 대한 모델을 세우고 이를 최적화하지만 다른 목표를 최적화할 수도 있다. 목표 설계는 목표가 회사의 이익과 고객의 유용성 사이에서 절충해야 하는 경우라면 특히 어렵다. 예를 들어 온라인 카탈로그 내에서의 검색은 고객이 입력한 검색어와 일치해야 하는 동시에 회사의 판매 목표와 규칙에도 맞아야 한다.

둘째, 수집할 수 있는 데이터의 범위 또는 데이터 수집의 문제를 고려해야 한다. 문제 2.1에 나타낸 데이터 마이닝의 역할은 행동과 결과를 연결해주는 모델 G가 복잡해지거나 회귀 분석이나 다른 데이터 마이닝 기술에 의해 그 데이터가 결정될 수 있기 때문에 매우 중요하다. 높은 복잡성(예: 고객의 행동을 정확히 예측할 수 없는 경우) 또는 기존 데이터를 이용한 예측이 불가능한 경우(예: 완전히 새로운 제품 또는 서비스)에는 모델을 완벽히 정의할 수 없다. 이 경우, 데이터는 투자해야 하는 비즈니스 자산으로 간주돼야 하고 데이터 수집 비용과 수집된 데이터의 가치 사이에서 절충이 이뤄져야 한다. 예를 들어 복수의 모델을 병렬적으로 테스트하는 것은 경제적 효율(복수의 다른 모델을 동시에 수행하는 것은 최적화 측면에서 비효율적이다)과 더욱 많은 양의 데이터 수집 및 모델의 단순성을 절충하는 것이다.

셋째, 모델은 다양한 세분화 수준에서 설계될 수 있다. 목적이 같다고 하더라도 가능한 행동의 영역, 가용 데이터, 비즈니스 지식의 정도에 따라 모델이 달라질 수 있다. 모델 설계의 중요한 점 중 하나는 데이터 종합의 수준이다. 전통적인 경제 모델은 전체 수요와 같은 몇몇 종합된 데이터를 사용한다. 이는 계산 및 데이터 수집 수준에서는 모델을 단순하게 만들어주지만 복잡한 연계성을 모델화하는 데는 한계가 있다. 알고리즘 방법론은 강력한 데이터 인프라와 보다 자세한 모델링을 가능하게 해주는 고해상도의 데이터를 사용한다. 이 두 가지 접근 방법의 차이는 다음과 같은 단순한 예를 통해 설명된다[Kleinberg 등, 1998]. 예를 들어 모 소매 업체의 마진이 m이고 고객 u가 구매한 금액이 q_u라고 가정해보자. 전체 월간 매출은 식 (2.2)로 설명된다.

$$G = \sum_u q_u m \tag{2.2}$$

이 소매업체는 매출을 k의 배수로 올리는 프로모션 캠페인을 계획 중이고 각 프로모션 비용은 c다. 회사는 프로모션 전략을 좀 더 또는 좀 덜 과격하게 조정함으로써 k와 c를 모두 통제할 수 있다. 최적화 문제는 식 (2.3)과 같이 정의할 수 있다.

$$\max_s \quad \sum_u k \cdot q_u m - c \tag{2.3}$$

여기서 s는 k와 c에 의해 결정되는 프로모션 전략이다. 각각의 고객 레벨의 정의는 무의미하고 문제는 종합된 수준에서 정의할 수 있다. 즉 전체 매출 Q는

$$Q = \sum_u q_u \tag{2.4}$$

이고 전체 캠페인 예산은 C다. 따라서 전체 문제는 식 (2.5)로 징리될 수 있디.

$$\max_s \quad k \cdot Q \cdot m - C \tag{2.5}$$

이 소매업체가 2개의 서로 다른 고객 집단을 설정하고 전략 $s_i = (k_i, c_i)$를 하나의 집단, 또 다른 전략 $s_j = (k_j, c_j)$를 또 다른 집단에 할당한다고 가정해보자. 전략이 영역 S에서 선택된다고 가정하면 최적화 문제는 다음과 같이 구성된다.

$$\max_{s_i, s_j \in S} \quad \sum_u \max\{ q_u k_i m - c_i, \, q_u k_j m - c_j \} \tag{2.6}$$

이 식은 k와 c에 대해 선형적이지 않기 때문에 통합된 형태로 쉽게 재정의할 수는 없다. 따라서 보다 정교한 데이터 마이닝 기술이 사용돼야 할 것이다. 통합된 데이터와 고해상도 데이터의 절충은 최적화 과정에서 사용하는 변수들의 비선형적 관계 때문에 자주 일어나는 문제다.

마지막으로 식 (2.1)의 최적화 문제는 환경의 변화(시장에서의 신제품 출현, 경쟁사의 움직임 등)와 회사 자체의 행동에 따른 시간의 흐름과 일정 부분 관련이 있다. 시간

에 대한 의존성을 해결하는 하나의 방법은 수학적인 함수로 표현되는 비상태 모델을 사용하되, 기억 효과를 설명하기 위해 시간에 의존하는 변수를 허용하는 것이다. 예를 들어 수요 예측 모델은 지난주, 지난 2주, 지난 3주의 할인 수준을 근거로 적용해 다음달의 수요를 예측할 수 있다.

2.3 머신 러닝

앞 절에서 최적화의 목적은 데이터와 마케팅 전략의 함수로 표현될 수 있다는 것을 배웠다. 다음 단계는 경제적 모델과 데이터 마이닝 방법론의 차이를 줄여주는 보다 정형화된 데이터 정의를 살펴보는 것이다.

가장 먼저 살펴볼 내용은 경제적 모델링 프로세스는 모델의 목적과 직접 관련된 회사 또는 고객 지표만 상관한다는 것이다. 이런 지표의 예는 특정 제품의 수요 또는 프로모션에 반응하는 고객의 경향이다. 대부분의 경우 마케팅 전략과 그에 따른 행동은 지표를 결정하는 것이 아니라 지표에 영향을 미치는 것이다. 가격 할인은 특정 제품의 수요를 증대시킬 수 있지만 경쟁사가 비슷한 할인을 제공할 경우 무용지물이 될 수 있다. 따라서 우리는 통제 또는 비통제된 변수와 지표 사이의 기능적 의존 관계에만 관심이 있다. 확률적 용어로 이는 $\mathbf{x}$가 요소 벡터, y가 지표인 조건 분포로 표현된다(식 2.7).

$$p(y \mid \mathbf{x}) \tag{2.7}$$

이 할인 예에서 $\mathbf{x}$는 제품 가격, 관련 제품의 가격, 경쟁사 제품 가격 등과 같은 변수, y는 팔린 제품의 수로 표현되는 수요다. 각각의 마케팅 전략 s는 벡터 $\mathbf{x}$의 값으로 표현되는 요소의 조합에 대응한다. 분포의 가정이 알려져 있다면 경제적 최적화 문제는 식 (2.8)로 표현된다.

$$\max_{s} \quad G(p(y \mid \mathbf{x}(s))) \tag{2.8}$$

조건 분포 $p(y \mid \mathbf{x})$가 복잡하고 인위적으로 정의되는 것이 아니라 데이터에서 학습되는 것이라면 데이터가 중요한 역할을 한다. 따라서 참이지만 미정의 분포 $p_{data}(y \mid \mathbf{x})$로부터 추출된 $(\mathbf{x}, y)$ 쌍으로 이뤄진 데이터가 필요하다. 이는 '샘플'

또는 '데이터 포인트'라고 한다. 입력 데이터는 종종 모델링에 적합하지 않은 형태로 수집되기 때문에 벡터 $\mathbf{x}$와 지표 $\mathbf{y}$는 보통 원데이터를 정제하고 정규화하는 과정을 가친 후에 구성된다. 여기서 $\mathbf{X}$는 '종속변수', $\mathbf{y}$는 '독립 변수'다. 샘플이 n개 있고 m개의 특징이 있다면 특징 벡터는 $n \times m$ 행렬, 디자인 행렬 $\mathbf{X}$, 반응 레이블 $\mathbf{y}$로 표현될 수 있다. 모든 데이터 포인트는 식 (2.9)와 같은 $n \times (m+1)$ 행렬로 표현된다.

$$\mathbf{D} = [\mathbf{X} \mid \mathbf{y}] = \begin{bmatrix} — & \mathbf{x}_1 & — & \mathbf{y}_1 \\ — & \mathbf{x}_2 & — & \mathbf{y}_2 \\ & \vdots & & \vdots \\ — & \mathbf{x}_n & — & \mathbf{y}_n \end{bmatrix} \tag{2.9}$$

다음 목표는 데이터로부터 학습된 분포 $p_{model}(y \mid x)$를 이용해 $p_{data}(y \mid x)$를 구하는 통계 모델을 만드는 것이므로 경제적 모델은 식 (2.10)에 의해 구성된다.

$$\max_s \quad G\left(p_{model}(y \mid \mathbf{x}(s))\right) \tag{2.10}$$

대부분의 실제 상황에서 분포를 꼭 지정할 필요는 없고 그 대신 $\mathbf{x}$의 값에 대응하는 $\mathbf{y}$의 값을 추정할 수 있으면 된다.

$$\hat{y} = y(\mathbf{x}) \tag{2.11}$$

여기서 좌변은 반응 변수의 추정값이다. $\mathbf{y}$의 값을 추정하는 것은 전체 분포를 추정하는 것보다 쉽고 실제 확률값을 정확히 몰라도 추정할 수 있다. 경제적 모델은 식 (2.12)로 평가될 수 있다.

$$\max_s \quad G\left(y(\mathbf{x}(s))\right) \tag{2.12}$$

일반적인 사례에서 모델 G는 하나 이상의 데이터 세트에서 추출된 복수의 데이터 모델을 활용할 수 있다. 이 방법은 원래의 모델링 문제를 따로따로 분석할 수 있는 작은 단위로 나눈다.

- 분포 $p(y \mid \mathbf{x})$는 데이터에서 제외된다. 이는 감독학습^{Supervised Learning} 작업으로 분류되는 일반적 머신 러닝 문제다.

- 어떤 경우에는 대강의 **x**, **y** 값이 가능한 데이터에 명시적으로 나타나 있지 않다. 하지만 때로는 원데이터를 모델링에 적합한 새로운 형태로 바꿀 수 있다. 이 작업을 '특징 엔지니어링'이라고 한다. 어떤 경우, 특징 엔지니어링은 상대적으로 간단하게 반년마다 행해질 수 있다. 예를 들어 모델의 정확도를 높이기 위해 입력 변수를 로그로 변환할 수 있다. 다른 예로는 좀 더 정확하게 표현하기 위해 고급 머신 러닝 방법을 적용할 수 있다. 이런 문제들을 '표현 학습'이라고 한다.
- 마지막으로 분포에서 비즈니스 결과를 예측하는 경제적 모델이 정의돼야 한다. 이는 머신 러닝 문제라기보다는 경제학 문제이므로 특정 마케팅 문제를 다루는 이후의 장에서 보다 자세히 살펴본다. 고객 선택의 예측과 같은 기본적인 문제는 2장의 후반부에서 살펴본다.

우리는 프로그램 시스템 개발자들이 사용할 수 있는 기법을 설명하고 이 책에서 사용할 기본 용어들을 정의하기 위해 이 세 가지 분야를 개괄적으로 다룬다. 따라서 우리는 개념적인 문제와 해법을 주로 설명하고 알고리즘적으로 깊이 들어가지는 않는다. 깊이 있는 알고리즘 내용은 [Bishop, 2006], [Murphy, 2012], [Zaki and Meira, 2014] 등과 같은 머신 러닝 책에 나타나 있다.

2.4 감독학습

모델링 작업은 가능한 샘플 **x**, **y**로부터 추출되는 분포 $p(y \mid x)$의 학습으로 좁혀질 수 있다. 특징의 m차원 벡터를 확률 값으로 연결해주는 함수 p는 연속적 y 값 또는 개별적 y 값의 확률 밀도 함수로 표현될 수 있다. 많은 애플리케이션에서 모든 분포값을 알 필요는 없고 입력 **x** 값에 따라 y 값을 예측해주는 함수만 알면 된다. 이런 분포나 함수의 학습은 데이터가 학습 과정을 안내해주는 응답 변수를 담고 있기 때문에 감독학습이라고 한다. 감독학습은 두 가지로 나뉜다. 응답 변수가 유한한 등급으로 나뉘는 경우에는 분류 문제, 응답 변수가 연속적 함수인 경우에는 회귀 문제가 된다.

2장에서는 먼저 분포와 예측 모델의 문제에 어떻게 접근할 것인지 살펴보고 실제 분포 $p_{data}(y \mid x)$와 학습 분포 $p_{model}(y \mid x)$의 관계를 알아본다. 그리고 실제 모델이 어떻게 만들어지는지 몇 가지 예를 살펴본다.

2.4.1 모수/비모수 모델

예측 모델의 중요한 요소 중 하나는 모수/비모수 모델의 선택이다. 모수 모델은 데이터 분포가 몇 개의 모수에 의해 함수의 형태로 정해진다고 가정하기 때문에 분포 예측 문제는 모델 적합의 문제로 재정의할 수 있다. 모델 적합은 분포 모델 식 (2.13)이 데이터에 최적 적합할 수 있게 모델 모수 θ를 선택하는 것이다.

$$p_{model}(y \mid \mathbf{x}, \theta) \tag{2.13}$$

최적 적합 조건은 당연히 수리적으로 정의돼야 한다. 비모수적 모델은 학습 데이터가 많아짐에 따라 모수의 개수도 많아진다고 가정하고 일부의 경우에는 각각의 데이터 포인트가 모수가 될 수 있다. 가장 자주 사용하는 비모수 모델은 k 최근접 이웃k-nearest Neighbor, kNN 알고리즘이다. 이는 특징 공간에서 $\mathbf{x}$로부터 가장 가까운 위치에 있는 데이터 샘플의 응답 변수에 기반을 두고 특징 벡터 $\mathbf{x}$에 대한 응답 변숫값을 예측하는 것이다. 분류 모델에서 응답 변수 y 값이 클래스 c에 속할 확률은 식 (2.14)로 구할 수 있다.

$$\Pr(y = c \mid \mathbf{x}, k) = \frac{1}{k} \sum_{i \in N_k(\mathbf{x})} \mathbb{I}(y_i = c) \tag{2.14}$$

여기서 k는 이웃의 크기를 결정하는 알고리즘 모수, $N_k(\mathbf{x})$는 학습 데이터 세트에 가장 가까운 k 데이터 포인트, $\mathbb{I}$는 논리가 진실이면 1, 거짓이면 0이 되는 인디케이터 함수다. 입력 벡터 $\mathbf{x}$의 이웃은 유클리디안 거리와 같은 벡터 거리 지표로 정할 수 있다. 분류 결정은 식 (2.15)와 같은 가장 유력한 클래스로 정할 수 있다.

$$\hat{y} = \underset{c}{\mathrm{argmax}} \ \Pr(y = c \mid \mathbf{x}, k) \tag{2.15}$$

이 프로세스는 그림 2.1에도 설명돼 있다. 회귀 모델은 이웃 안의 응답 변수 평균값을 추정함으로써 비슷한 방법으로 정의할 수 있다.

kNN 알고리즘은 가장 기본적인 감독학습 방법이다. 이 방법은 다양한 환경에서 잘 작동한다. 예를 들어 3장, '프로모션과 광고'에서 설명할 추천 알고리즘에서 광

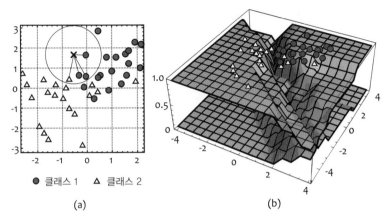

● 클래스 1　　△ 클래스 2

(a)　　　　　　　　　　　　　(b)

그림 2.1 kNN 알고리즘을 이용한 2차원 분류. (a) 두 종류의 포인트를 활용한 학습 데이터 세트 (b) 식 (2.14)에 따른 특징 함수로 예측된 클래스 확률

범위하게 사용한다. 비모수적 방법의 단점은 데이터의 차원이 높아질수록 분석 공간이 더욱 희박해진다는 것이다. 따라서 너무 멀리 떨어져 해당 영역에서 입력과 출력의 의존성을 예측하지 못하는 이웃까지도 살펴봐야 하는 경우가 생긴다. 이때문에 모델은 로컬 값만 사용하고 데이터 집합 전체의 패턴을 일반화할 수 없다. 이런 문제는 모수의 수가 한계가 있어서 덜 유연하지만 데이터의 전체적인 모수를 학습할 수 있는 모수적 방법에 의해 해결될 수 있다.

2.4.2 최대 가능성 추정

모델 적합은 그 자체로 최적화 문제이기 때문에 최적화될 목적 함수를 정해야 한다. 데이터 분포 $p_{data}(\mathbf{x}, \mathbf{y})$에서 독립적으로 추출된 n개의 샘플을 가정해보자. 각각의 데이터 샘플 $(\mathbf{x}_i, y_i)$는 결괏값 y_i를 발생시키는 입력 $\mathbf{x}_i$로 표현된다. 목적 함수는 모수 벡터 $\boldsymbol{\theta}$에 의해 표현되는 확률 밀도 함수로 계산되는 응답 데이터의 확률로 정의된다.

$$L(\boldsymbol{\theta}) = p_{model}(\mathbf{y} \mid \mathbf{X}, \boldsymbol{\theta}) \tag{2.16}$$

이 함수를 '가능성 함수' 또는 '가능성'이라고 한다. 이는 모수 $\boldsymbol{\theta}$의 모델에 의해 정의된 분포에서 추출된 학습 데이터 관찰 확률이다. 로그화된 가능성 함수는 '로그-가능성 함수'라 하고 분석과 계산이 보통 더 쉽다. 우리의 목표는 추정값의 가능성을 최대화하는 모수 벡터를 찾는 것이다.

$$\theta_{ML} = \underset{\theta}{\arg\max} \ \log p_{model}(\mathbf{y} \mid \mathbf{X}, \ \theta) \tag{2.17}$$

예들이 독립적이고 동일하게 분포돼 있다고 가정하면 가능성 확률은 각각의 샘플에 대한 예측 확률 n의 곱으로 표현될 수 있다.

$$LL(\theta) = \log p_{model}(\mathbf{y} \mid \mathbf{X}, \ \theta) = \sum_{i=1}^{n} \log p_{model}(y_i \mid x_i, \ \theta) \tag{2.18}$$

아그맥스 연산자$^{Argmax\ operator}$는 리스케일링과는 상관 없기 때문에 이 식을 n으로 나눌 수 있다. 그러면 θ_{ML}은 샘플에 대한 수학적 기댓값으로 표현될 수 있다.

$$LL(\theta) = \mathbb{E}_{\mathbf{x}, y \sim p_{data}} [\log p_{model}(y \mid \mathbf{x}, \ \theta)] \tag{2.19}$$

이제 최대 가능성은 데이터 생성 분포와 이것의 추정값 사이의 차이를 최소화하는 것으로 표현된다. 두 분포 사이의 차이를 표현하는 표준 방법은 쿨백-리블러 발산$^{Kullback-Leibler\ divergence}$이고 보통 KL 발산이라고 한다.

$$KL(p_{data}, p_{model}) = \mathbb{E}_{\mathbf{x}, y \sim p_{data}} \left[\log \frac{p_{data}(y \mid \mathbf{x})}{p_{model}(y \mid \mathbf{x}, \ \theta)} \right] \tag{2.20}$$

p_{data}가 θ에 의존하지 않고 최적화될 수 없으므로 차이를 최소화하려면 두 번째 항목을 최소화해야 하는데, 이는 식 (2.19)와 같은 로그 가능성 함수를 최대화하는 것과 같다.

$$\underset{\theta}{\arg\min} \ KL(p_{data}, p_{model}) = \underset{\theta}{\arg\min} \ -LL(\theta) \tag{2.21}$$

최대 가능성은 모델 함수가 경험 함수와 일치하는 모델 모수의 최적화로 볼 수 있다.

2.4.3 선형 모델

최대 가능성 원리는 데이터 모델을 만드는 데 사용하는 알고리즘의 공통적인 체계를 제공한다. 이제 이 원리가 몇몇 기본적이지만 매우 유용한 예측 모델을 만드는 데 어떻게 사용되는지 살펴보자. 먼저 회귀 분석 문제를 살펴보고 입력 변수 $\mathbf{x}$의 선형 함수로 표현되는 y를 예측하는 모델을 만들어보자. 그런 다음 분류 문제로 돌아가 각각의 특징 공간을 각각의 응답 클래스로 나누는 초평면^{hyperplane}을 그림으로써 범주별 응답을 예측하는 몇몇 모델을 살펴본다.

여기서 고려되는 모든 모델은 선형 모델이다. 회귀 분석 모델은 그림 2.2처럼 특징과 응답 사이의 관계가 선형 함수로 표현된다는 점에서 선형 모델이다. 둘 사이의 관계가 선형이 아니라면 모델은 데이터를 정확하게 표현하지 못한다. 분류 모델은 클래스를 구분하는 경계가 직선으로 표현된다는 점에서 선형 모델이다. 경계가 직선으로 구분되지 못하면 모델은 데이터를 정확하게 표현하지 못한다.

2.4.3.1 선형 회귀 분석

회귀 분석 모델의 목표는 결과 y에 대한 $\mathbf{x}$ 값을 예측하는 것이다. 회귀 분석 모델은 식 (2.22)와 같은 선형 함수로 표현될 수 있다.

$$y(\mathbf{x}) = \mathbf{w}^T\mathbf{x} \qquad (2.22)$$

여기서 $\mathbf{w}$는 학습될 모델 모수의 벡터다. 따라서 추정 오류는 식 (2.23)과 같다.

$$\epsilon = y - y(\mathbf{x}) = y - \mathbf{w}^T\mathbf{x} \qquad (2.23)$$

오류가 정규 분포를 따른다는 가정하에 모델에 따른 추정값 역시 정규 분포를 따른다.

$$p(y \mid \mathbf{x}, \mathbf{w}) = \mathcal{N}\left(y \mid \mathbf{w}^T\mathbf{x}, \sigma^2\right)$$
$$= \left(\frac{1}{2\pi\sigma^2}\right)^{\frac{1}{2}} \exp\left(-\frac{1}{2\sigma^2}\left(y_i - \mathbf{w}^T\mathbf{x}_i\right)^2\right) \qquad (2.24)$$

이 확률 분포를 식 (2.18)에서 정의된 로그화된 수식에 대입하면 다음과 같은 최적

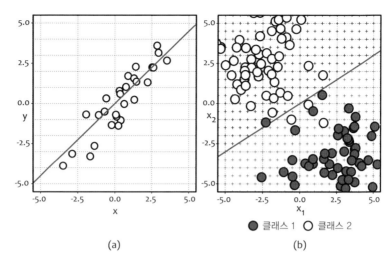

클래스 1 ○ 클래스 2

(a)   (b)

그림 2.2 (a) 1차원 특징 공간의 선형 회귀 분석 (b) 선형 경계에 따른 분류 모델과 2차원 특징 공간. 학습 데이터 포인트가 원으로 표시됨.

화될 가능성 함수가 나온다.

$$
\begin{aligned}
LL(\mathbf{w}) &= \sum_{i=1}^{n} \log p(y \mid \mathbf{x},\ \mathbf{w}) \\
&= \sum_{i=1}^{n} \log \mathcal{N}\left(y \mid \mathbf{w}^{\mathsf{T}}\mathbf{x}_i,\ \sigma^2\right) \\
&= -\frac{1}{2\sigma^2}SSE(\mathbf{w}) - \frac{n}{2}\log(2\pi\sigma^2)
\end{aligned}
\tag{2.25}
$$

오차 제곱의 합[Sum of Squared Error, SSE]은 다음과 같다.

$$
SSE(\mathbf{w}) = \sum_{i=1}^{n}\left(y_i - \mathbf{w}^{\mathsf{T}}\mathbf{x}_i\right)^2
\tag{2.26}
$$

여기서 추정 오류를 최소화하는 것은 가능성을 최대화하는 것과 같다. 분산이 일정하다는 가정하에 식 (2.25)의 두 번째 부분을 없앨 수 있다. 그러면 식 (2.27)과 같이 보다 깔끔한 벡터 식으로 표현된다.

$$LL(\mathbf{w}) = -\frac{1}{2}(\mathbf{y} - \mathbf{Xw})^{\mathsf{T}}(\mathbf{y} - \mathbf{Xw})$$
$$= \mathbf{w}^{\mathsf{T}}(\mathbf{X}^{\mathsf{T}}\mathbf{y}) - \frac{1}{2}\mathbf{w}^{\mathsf{T}}(\mathbf{X}^{\mathsf{T}}\mathbf{X})\mathbf{w} - \frac{1}{2}\mathbf{y}^{\mathsf{T}}\mathbf{y} \tag{2.27}$$

이를 정리하면

$$\mathbf{X}^{\mathsf{T}}\mathbf{X} = \sum_{i=1}^{n} \mathbf{x}_i \mathbf{x}_i^{\mathsf{T}} \quad \text{and} \quad \mathbf{X}^{\mathsf{T}}\mathbf{y} = \sum_{i=1}^{n} \mathbf{x}_i y_i \tag{2.28}$$

여기서 $\mathbf{w}$에 관한 기울기로 풀면 식 (2.29)를 얻을 수 있다.

$$\nabla_{\mathbf{w}} LL(\mathbf{w}) = \mathbf{X}^{\mathsf{T}}\mathbf{y} - \mathbf{X}^{\mathsf{T}}\mathbf{Xw} \tag{2.29}$$

이 기울기를 0으로 하고 $\mathbf{w}$에 관해 풀면 식 (2.30)을 얻는다.

$$\mathbf{w}_{ML} = (\mathbf{X}^{\mathsf{T}}\mathbf{X})^{-1}\mathbf{X}^{\mathsf{T}}\mathbf{y} \tag{2.30}$$

선형 회귀 분석은 가장 기본적인 예측 모델링 방법이지만 여기에 소개된 방법은 최대 가능성 원리에 기반을 두고 어떻게 모델 적합을 하는지에 관한 좋은 예가 된다. 회귀 분석에서 파생되는 비선형 관계를 어떻게 포착할 것인지는 나중에 다룬다.

2.4.3.2 로지스틱 회귀와 이진 분류

이번에 살펴볼 예는 '입력 $\mathbf{x}$가 0과 1의 두 가지 값으로 정의되는 이진 분류 모델에 어떻게 최대 가능성 원리가 적용되는가?'이다. 선형 회귀 분석에서와 같은 방식으로 모델을 정의해보자. 목표는 2개의 클래스를 구분하는 선분을 찾는 것이다.

$$\Pr(y = 0 \mid \mathbf{x}) = \Pr(y = 1 \mid \mathbf{x}) \tag{2.31}$$

이 식을 로그화해 표현하면 식 (2.32)와 같고

$$\log \frac{\Pr(y = 0 \mid \mathbf{x})}{\Pr(y = 1 \mid \mathbf{x})} = 0 \tag{2.32}$$

경계 선분은 입력 **x**와 벡터 **w** 사이의 선형 함수로 표현된다.

$$\log \frac{\Pr(y = 0 \mid \mathbf{x})}{\Pr(y = 1 \mid \mathbf{x})} = \mathbf{w}^\mathsf{T}\mathbf{x} \tag{2.33}$$

여기서 WTX가 양이면 0, 음이면 1을 클래스에 할당한다. 따라서 식 (2.33)은 식 (2.34)로 표현된다.

$$\Pr(y = 1 \mid \mathbf{x}) = \frac{1}{1 + \exp(-\mathbf{w}^\mathsf{T}\mathbf{x})} \equiv g(\mathbf{w}^\mathsf{T}\mathbf{x})$$
$$\Pr(y = 0 \mid \mathbf{x}) = \frac{\exp(-\mathbf{w}^\mathsf{T}\mathbf{x})}{1 + \exp(-\mathbf{w}^\mathsf{T}\mathbf{x})} = 1 - g(\mathbf{w}^\mathsf{T}\mathbf{x}) \tag{2.34}$$

여기서 g는 '로지스틱 함수'다. 이 모델은 '로지스틱 회귀'라고 한다. 이름에는 로지스틱이 들어 있지만 모델은 분류 모델이다. 로그 우도$^{\text{Log likelihood}}$를 계산하면 식 (2.35)와 같다.

$$
\begin{aligned}
\mathrm{LL}(\mathbf{w}) &= \sum_{i=1}^{n} \log p(y_i \mid \mathbf{x}_i) \\
&= \sum_{i=1}^{n} \log g(\mathbf{w}^\mathsf{T}\mathbf{x}_i)^{y_i} \left(1 - g(\mathbf{w}^\mathsf{T}\mathbf{x}_i)\right)^{1-y_i} \\
&= \sum_{i=1}^{n} y_i \log g(\mathbf{w}^\mathsf{T}\mathbf{x}_i) + (1 - y_i) \log \left(1 - g(\mathbf{w}^\mathsf{T}\mathbf{x}_i)\right)
\end{aligned} \tag{2.35}
$$

여기서 이 식의 기울기를 계산할 수 있기는 하지만 기울기를 0으로 놓고 **w**에 대해 풀어 **w**의 최적값을 얻을 수는 없다. 그래서 기울기 하강$^{\text{gradient descent}}$과 같은 수학적 방법이 식 (2.35)를 최대화해 최적 가중값 $\mathbf{w}_{\text{ML}}$을 구하는 데 사용한다.

로지스틱 회귀는 로지스틱 함수인 식 (2.34)를 사용해 클래스 확률을 계산한다. 이 함수는 모수 **w**에 의해 기울기가 조정되는 S 커브에 의해 표현된다. 이 S 커브를 '지그모이드 커브$^{\text{sigmoid curve}}$'라고도 한다. 로지스틱 함수는 그림 2.3에서처럼 2개의 커브가 데이터를 구분한다. 클래스 사이의 결정 경계는 여전히 직선이다. 이 예시는 그림 2.1에서 사용했던 kNN의 예와 같은 데이터 세트를 사용하고 있기 때문

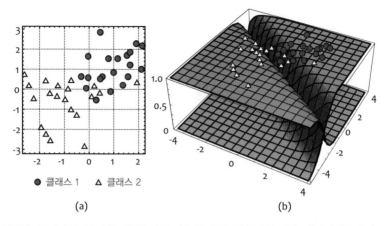

(a)   (b)

그림 2.3 로지스틱 회귀의 2차원 분류. (a) 두 종류 포인트의 학습 데이터 (b) 식 (2.34) 에 따른 특징 함수 추정값의 클래스 확률

에 둘 사이의 확률 표면을 비교해보는 것은 흥미롭다. kNN 표면은 로지스틱보다 복잡한 모양을 띠고 있다. 왜냐하면 kNN은 비모수 방법이기 때문이다. 로지스틱 회귀의 표면은 로지스틱 커브에 의해 표현되는 좀 더 단순한 모양이다.

로지스틱 회귀는 가장 단순한 분류 방법이고 비선형 클래스 경계에는 적용되지 않는다. 하지만 이를 다른 선형 모델과 연결시켜 비선형 경계에 응용할 수도 있는데 이는 다음에 살펴본다.

2.4.3.3 로지스틱 회귀와 다항 분류

로지스틱 회귀는 여러 클래스가 있는 사례들로 확장할 수 있다. 여러 개의 클래스가 있는 관계로 이진법 클래스에서 편리하게 사용했던 식 (2.36)은 사용할 수 없다.

$$\Pr(y = 0 \mid \mathbf{x}) = 1 - \Pr(y = 1 \mid \mathbf{x}) \tag{2.36}$$

그 대신, 계수 벡터 $\mathbf{w}_c$를 사용해 각 클래스의 확률을 추정할 수 있다(식 2.37).

$$\log \Pr(y = 0 \mid \mathbf{x}) = \mathbf{w}_0^\mathsf{T} \mathbf{x} - \log Z$$
$$\log \Pr(y = 1 \mid \mathbf{x}) = \mathbf{w}_1^\mathsf{T} \mathbf{x} - \log Z$$
$$\vdots$$
$$\log \Pr(y = c \mid \mathbf{x}) = \mathbf{w}_c^\mathsf{T} \mathbf{x} - \log Z \tag{2.37}$$

여기서 $\log Z$는 y에 대한 각 확률 분포의 합이 1이 되게 만들어주는 정규화의 역할을 한다. Z의 역할은 지수 형태의 식 (2.38)에서 보다 분명해진다.

$$\Pr(y = c \mid \mathbf{x}) = \frac{1}{Z} \exp\left(\mathbf{w}_c^\mathsf{T} \mathbf{x}\right) \tag{2.38}$$

정규화 요소는 확률 분포를 따라간다. 모든 클래스 확률의 합은 1이 되기 때문에 Z를 식 (2.39)와 같이 계산할 수 있다.

$$\sum_c \Pr(y = c \mid \mathbf{x}) = 1 \tag{2.39}$$

정규화 요소는 식 (2.40)과 같이 계산된다.

$$Z = \sum_c \exp\left(\mathbf{w}_c^\mathsf{T} \mathbf{x}\right) \tag{2.40}$$

이를 식 (2.38)에 다시 대입하면 클래스 확률 추정값은 식 (2.41)과 같다.

$$\Pr(y = c \mid \mathbf{x}) = \frac{\exp\left(\mathbf{w}_c^\mathsf{T} \mathbf{x}\right)}{\sum_i \exp\left(\mathbf{w}_i^\mathsf{T} \mathbf{x}\right)} \tag{2.41}$$

이 확률은 로그 우도를 정의하는 데 사용할 수 있고 계수 벡터는 기울기 하강과 같은 수학적 방법을 통해 추정될 수 있다.

식 (2.41)은 모델과 상관없이 실제 값의 벡터를 클래스 확률의 벡터로 사상하는 일반적인 방법으로 사용할 수 있다. 예를 들어 선형이 아닌 모델이 각 값이 해당 클래스의 상대적 비중을 결정하는 벡터 v를 생성한다고 가정해보자. 이 비중은 확률로써 정규화되지 않을 수 있다. 즉 v의 값은 0과 1 사이가 아닐 수도 있고 합이 1이 아닐 수도 있다. 이 비중들을 클래스 확률로 정규화하기 위해 '소프트맥스 함수'라는 일반적 함수인 식 (2.42)를 정의해보자.

$$\text{softmax}(i, \mathbf{v}) = \frac{\exp{(v_i)}}{\sum_j \exp{(v_j)}} \tag{2.42}$$

정규 클래스 확률은 클래스 비중 v를 소프트맥스 함수를 통해 전달함으로써 구할 수 있다. 이는 나중에 다른 예측 모델을 만들 때 사용할 것이다.

2.4.3.4 나이브 베이즈 분류기

이 절에서 공부할 마지막 모델은 나이브 베이즈 분류기다. 이 방법은 텍스트 분류에 자주 사용하므로 나중에 설명할 검색 및 추천 서비스에 많은 도움이 될 것이다. 복수의 분류 문제는 식 (2.43)과 같이 정의된다.

$$\hat{y} = \underset{c}{\text{argmax}} \Pr(y = c \mid \mathbf{x}) \tag{2.43}$$

클래스 c의 조건부 확률에 베이즈 법칙을 적용하면 식 (2.44)가 된다.

$$\Pr(y = c \mid \mathbf{x}) = \frac{\Pr(\mathbf{x} \mid y = c)\Pr(y = c)}{\Pr(\mathbf{x})} \tag{2.44}$$

분모의 특징 벡터의 확률은 모든 클래스에 대해 같으므로 분류 문제에 대해서는 무시할 수 있다.

$$\hat{y} = \underset{c}{\text{argmax}} \Pr(y = c)\Pr(\mathbf{x} \mid y = c) \tag{2.45}$$

나이브 베이즈 분류기의 기본 가정은 클래스 c, 각 특징 x_i는 다른 특징에 대해 독립적이라는 것이다. 이는 클래스 c가 주어졌을 때 특징 벡터 $\mathbf{x}$의 확률은 식 (2.46)이 된다.

$$\Pr(\mathbf{x} \mid y = c) = \prod_{i=1}^{m} \Pr(x_i \mid y = c) \tag{2.46}$$

여기서 m은 특징 벡터의 길이다. 조건부 독립 가정이라고도 하는 이 가정은 현실에서는 보통 사실이 아니지만 나이브 베이즈 알고리즘이 어느 정도 잘 작동하는 경우도 꽤 있다. 예를 들어 텍스트 안에서의 단어는 서로 독립적이 아니지만 특징이 단어일 때 이 텍스트 분류에서 잘 작동한다. 왜냐하면 나이브 베이즈 알고리즘이 특징이 서로 독립적이 아닐 때도 정확해서가 아니라 특징 사이의 의존성이 특정한 구조가 있고 서로 상쇄되기 때문이다. 독립성을 가정하면 분류 문제는 식 (2.47)과 같이 다시 사용할 수 있다.

$$\hat{y} = \underset{c}{\text{argmax}}\, \Pr(y = c) \prod_{i=1}^{m} \Pr(x_i \mid y = c) \tag{2.47}$$

이 모델의 모수는 $\Pr(y = c)$와 $\Pr(x_i \mid y = c)$이다. 이 모델을 적합하는 한 가지 방법은 이 값들을 확률이 아니라 미지의 변수로 사용하고 식 (2.47)에 해당하는 로그 우도를 최대화하는 것이다. 하지만 모수를 경험적 확률로 대체하더라도 똑같은 결과를 낳는다. 즉 식 (2.47)에서 MLE $\hat{y}$는 학습 데이터에서 $\Pr(y = c)$가 클래스 c의 빈도로 추정되고 $\Pr(x_i \mid y = c)$가 클래스 c에 속하고 특징 값 x_i를 갖고 있는 샘플의 빈도로 추정될 때 얻는다. 이는 나이브 베이즈 모델이 실제로 쉽게 사용될 수 있게 만든다.

일반적인 경우 나이브 베이즈 분류기는 비선형이다. 하지만 특정 조건하에서 선형인 경우도 많이 있으므로 종종 선형으로 기술되기도 한다. 예를 들어 분포 $\Pr(x \mid y = c)$가 다항인 사례를 가정해보자. 이는 각각의 특징 벡터가 단어 수인 텍스트 분류에 대해서는 타당한 가정이다. 특징 벡터의 확률은 모수 벡터가 $\mathbf{q}_c$인 다항 분포를 따른다.

$$\Pr(\mathbf{x} \mid y = c) \propto \prod_{i=1}^{m} q_{ci}^{x_i} \tag{2.48}$$

여기서 q_{ci}는 클래스 c에서 일어나는 특징 값 x_i의 확률이다. 이를 다시 써보면 식 (2.49)가 된다.

$$\log \Pr(\mathbf{x} \mid y = c) = \mathbf{x}^T \log \mathbf{q}_c + \text{constant} \tag{2.49}$$

로지스틱 회귀에서 사용했던 방법과 마찬가지로 클래스 확률의 비율을 고려하면 클래스 사이의 결정 경계는 선형이 된다. 간단하게 두 클래스 $y \in \{0, 1\}$만 고려하면 식 (2.50)이 된다.

$$\log \frac{\Pr(y = 1 \mid \mathbf{x})}{\Pr(y = 0 \mid \mathbf{x})} = \log \Pr(y = 1 \mid \mathbf{x}) - \log \Pr(y = 0 \mid \mathbf{x})$$

$$= \mathbf{x}^{\mathsf{T}}(\log \mathbf{q}_1 - \log \mathbf{q}_0) + \log \Pr(y = 1) - \log \Pr(y = 0)$$

$$(2.50)$$

이는 $\mathbf{x}$의 선형 함수이고 클래스 사이의 결정 경계는 선형이다.

2.4.4 비선형 모델

선형 모델은 많은 마케팅 문제의 해법이고 선형 모델의 능력은 과소 평가돼서는 안 되지만 비선형 데이터에는 잘 작동하지 않는다. 보다 복잡한 문제에는 다른 해법이 필요하다. 비선형 문제는 여러 다른 방식으로 접근할 수 있는데 우리는 여기서 두 가지 방법을 살펴본다. 뉴럴 네트워크 등과 같은 다른 방법은 이 책의 후반부에서 다룬다.

2.4.4.1 특징 사상과 커널 기법

우리가 풀고자 하는 회귀 분석이나 분류 문제의 선형성 또는 비선형성은 모델링 프로세스를 반영하기도 하지만 데이터의 형태도 중요한 요소다. 예를 들어 선형적으로 의존적인 두 값은 둘 중 하나가 로그 스케일로 돼 있으면 선형적으로 의존적이지 않다. 또한 이와 반대로 선형 모델이 아닌 데이터가 다른 공간으로 사상되면 선형적이 될 수 있다. 그림 2.4를 보면 선형적으로 분류되지 않는 1차원 데이터 세트를 2차원으로 사상할 경우 선형적으로 분류된다.

보통 한 특징 공간을 더 높은 차원의 특징 공간으로 변환시키는 것을 '특징 사상'이라고 한다. 하나 또는 그 이상의 기존 특징의 비선형 함수로 표현되는 차원을 추가하는 것은 우리가 풀려고 하는 회귀 분석 또는 분류 알고리즘에 대한 보다 많은 유연성을 제공한다. 하지만 보다 높은 차원의 특징 벡터를 생산하는 사상 함수를 정의하는 방법이 필요하다.

많은 회귀 분석과 분류 문제는 입력 벡터와 학습 벡터의 거리로 표현될 수 있다. 예를 들어 선형 회귀 분석 문제의 계수는 식 (2.51)과 같이 계산될 수 있다.

$$\mathbf{w} = (\mathbf{X}^\mathsf{T}\mathbf{X})^{-1}\mathbf{X}^\mathsf{T}\mathbf{y} \tag{2.51}$$

여기에 아이덴티티 행렬 $\mathbf{I}$를 곱하면 식 (2.52)가 된다.

$$\mathbf{I} = \mathbf{X}^\mathsf{T}\mathbf{X}(\mathbf{X}^\mathsf{T}\mathbf{X})^{-1} \tag{2.52}$$

이를 다시 변형하면 식 (2.53)이 되고

$$\begin{aligned}
\mathbf{w} &= \mathbf{X}^\mathsf{T}\mathbf{X}(\mathbf{X}^\mathsf{T}\mathbf{X})^{-1} \cdot (\mathbf{X}^\mathsf{T}\mathbf{X})^{-1}\mathbf{X}^\mathsf{T}\mathbf{y} \\
&= \mathbf{X}^\mathsf{T} \cdot \mathbf{a} = \sum_{i=1}^{n} a_i \mathbf{x}_i
\end{aligned} \tag{2.53}$$

벡터 $\mathbf{a}$는 식 (2.54)가 된다.

$$\mathbf{a} = \mathbf{X}(\mathbf{X}^\mathsf{T}\mathbf{X})^{-2}\mathbf{X}^\mathsf{T}\mathbf{y} \tag{2.54}$$

즉 응답 변수는 입력 $\mathbf{x}$와 학습 벡터 $\mathbf{x}_i$만 갖고 식 (2.55)와 같이 추정될 수 있다.

$$y(\mathbf{x}) = \mathbf{w}^\mathsf{T}\mathbf{x} = \sum_{i=1}^{n} a_i \cdot \mathbf{x}^\mathsf{T}\mathbf{x}_i \tag{2.55}$$

이는 특징 사상을 피하고 사상 공간에서 곱셈 계산으로 가능한 커널 함수로 대체

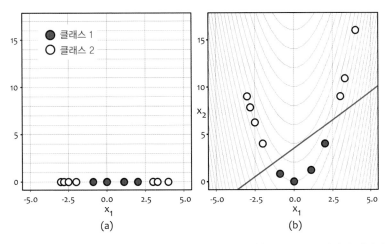

그림 2.4 2차 함수를 활용한 특징 사상. (a) 원데이터 (b) 2차원으로 사상된 데이터

할 수 있다는 점에서 중요하다.

$$k(\mathbf{x},\ \mathbf{z}) = \phi(\mathbf{x})^T \phi(\mathbf{z}) \tag{2.56}$$

여기서 $\mathbf{x}$와 $\mathbf{z}$는 2개의 특징 벡터다. 식 (2.55)는 커널 함수로 식 (2.57)과 같이 표현할 수 있다.

$$y(\mathbf{x}) = \sum_{i=1}^{n} a_i k(\mathbf{x}, \mathbf{x}_i) \tag{2.57}$$

즉 식 (2.55)처럼 곱셈을 하지 않고 특징 벡터들 사이의 거리 함수를 수정할 수 있다. 따라서 입력 벡터를 사상하지 않아도 되고 그 대신 알고리즘을 커널 함수를 사용할 수 있게 수정하면 된다. 커널 함수와 사상 함수의 관계는 2차원 커널을 사용해 식 (2.58)과 같이 표현할 수 있다.

$$k(\mathbf{x},\ \mathbf{z}) = (\mathbf{x}^T \mathbf{z})^2 \tag{2.58}$$

원래 특징 공간이 2차원이면 커널은 데이터를 선형적 방법으로 사용할 수 있게 하는 각 특징의 도함수derivative와 외적cross product을 담고 있는 3차원 공간으로 확장된다.

$$\begin{aligned} k(\mathbf{x},\ \mathbf{z}) = (\mathbf{x}^T \mathbf{z})^2 &= (x_1 z_1 + x_2 z_2)^2 \\ &= x_1^2 z_1^2 + x_2^2 z_2^2 + 2x_1 x_2 z_1 z_2 \\ &= (x_1^2,\ \sqrt{2}x_1 x_2,\ x_2^2)(z_1^2,\ \sqrt{2}z_1 z_2,\ z_2^2) \\ &= \phi(\mathbf{x})^T \phi(\mathbf{z}) \end{aligned} \tag{2.59}$$

이는 다시 식 (2.60)으로 표현된다.

$$\phi(\mathbf{x}) = \left\{ x_1^2,\ \sqrt{2}x_1 x_2,\ x_2^2 \right\} \tag{2.60}$$

커널은 원래 특징 벡터들 사이의 거리 함수이므로 차원의 확장성은 숨어 있다. 따라서 커널을 고차원이나 무한 차원으로 만들 수 있지만 이것은 계산적으로 간단하다. 이를 '커널 트릭'이라 하고 많은 머신 러닝 알고리즘이 사용하고 있다. 어떤 커널을 사용할 것인지 결정하기 어려울 수 있지만 현업에서 많이 사용하는 커널에는

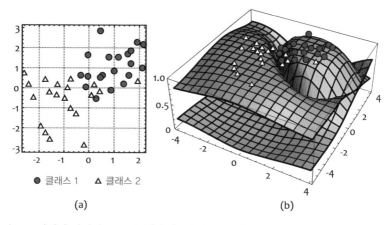

그림 2.5 비선형 커널의 SVM을 사용한 2차원 분류. (a) 학습 데이터 (b) 특징 함수로 표현된 클래스 함수

몇 가지가 있다. 커널의 선택은 애플리케이션에 따라서도 달라진다. 왜냐하면 커널은 본질적으로 특징 벡터 사이의 유사성이기 때문이다. 고객 프로파일 분석에 잘 작동하는 커널은 제품 설명에는 잘 삭동하지 않을 수도 있다.

커널 방법 중 가장 유명한 것은 서포트 벡터 머신$^{support\ vector\ machine,\ SVM}$이다. 기본적인 SVM은 선형 분류와 회귀 분석 방법이지만 비선형 의존성을 학습하기 위해 커널화될 수 있다. 그림 2.5의 SVM 분류기를 살펴보자. 이는 이전의 최단 거리 이웃$^{nearest\ neighbor}$과 로지스틱 회귀에서 사용했던 데이터를 사용하지만 결정 경계선은 비선형이다.

2.4.4.2 적응 베이시스와 의사 결정 트리

커널 기법의 단점은 커널 함수가 학습되는 것이 아니라 모수로서 정의돼야 한다는 것이다. 커널 함수는 결정 경계의 모양에 한계가 있고 여러 개의 커널 모수를 적용해 이를 보완할 수 있긴 하지만 때로는 다른 방법을 적용하는 것이 더 나을 수도 있다. 예를 들어 각각의 비중에 대해 응답을 예측할 수 있는 q개의 기본 함수를 학습하는 문제를 생각해보자.

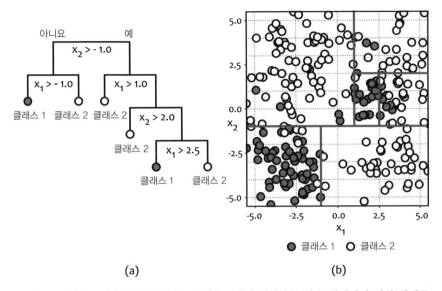

그림 2.6 분류 트리의 예. (a) 분류 트리 (b) 트리에 해당하는 학습 데이터와 결정 경계들

$$y(\mathbf{x}) = \sum_{i=1}^{q} w_i \phi_i(\mathbf{x}) \tag{2.61}$$

기본 함수의 적응성이 매우 뛰어나고 비선형이므로 이 방법은 선형 방법보다 효율이 더 좋다. 적응 베이시스에서 가장 자주 활용되는 분야는 분류와 회귀 트리이고 이 방법들은 그리디 휴리스틱^{greedy heuristic}을 사용해 적응 베이시스를 만들어낸다. 이것들의 가장 간단한 버전을 살펴보자.

분류 또는 회귀 트리는 그림 2.6에 나타나 있듯이 선형 결정 경계를 사용해 특징 공간을 계속 분할한다. 결정 경계는 각 단계마다 다음과 같이 나뉜다.

- 먼저 후보 선분들이 경계로 선택되고 나열된다. 한 가지 방법은 모든 차원을 시도해보고 각 차원마다 학습 데이터의 모든 좌표를 시도해보는 것이다. 그림 2.6에서는 수직 또는 수평선들을 사용해 분할하는 것을 보여준다.
- 후보 경계는 두 영역을 설정하고 각 영역은 그 안의 가장 흔한 클래스를 사용해 이름이 붙여질 수 있다. 회귀의 경우에는 영역 안 응답 변수의 평

균값을 사용할 수 있다. 이 값들은 이 영역 안 데이터 값의 추정값으로 사용한다.

- 이 영역 이름은 분류 실패 비율(영역 안에서 학습 데이터를 틀리게 분류한 비율) 또는 다른 지표에 의해 각 후보의 품질을 평가하는 데 사용한다. 경계는 가장 점수가 높은 후보로 선택된다.

일단 경계가 선택되면 알고리즘은 반복적으로 경계의 양쪽에 적용된다. 이 알고리즘은 적응 베이시스로 고려되는 직사각형 영역들을 생산한다. 이를 위해 식 (2.61)을 식 (2.62)와 같이 다시 쓸 수 있다.

$$y(\mathbf{x}) = \sum_{i=1}^{q} w_i \mathbb{I}\,(\mathbf{x} \in R_i) \tag{2.62}$$

여기서 w_i는 영역 이름, $\mathbb{I}$는 $\mathbf{x}$가 해당 영역에 들어가는지의 여부에 따라 1 또는 0의 값을 갖는다. 의사 결정 트리와 이것의 보다 복잡한 응용인 랜덤 포레스트 random forest는 회귀와 분류 문제들에 자주 사용하는 효율적인 방법이다.

2.5 표현 학습

지금까지 공부했던 감독학습 방법들은 입력 독립 변수와 응답 변수 사이의 관련성을 설명하는 데 도움이 된다. 하지만 입력 변수들은 데이터 탐구와 모델 트레이닝을 복잡하게 하는 얽힌 중복 구조를 가질 수 있다. 우리는 중복 데이터와 상관 관계를 제거함으로써, 즉 얽혀 있는 데이터를 풀어냄으로써 모델링의 원래 목적에 부합하는 데이터 표현을 찾아낼 수 있다.

머신 러닝 방법론은 크게 감독과 비감독 머신 러닝으로 나뉜다. 감독 방법론은 조건부 확률 밀도 $p(y \mid \mathbf{x})$인 입력 변수와 응답 사이의 관련성을 다룬다. 비감독 방법의 목표는 비조건적 밀도 $p(\mathbf{x})$를 모델링하기 위한 입력 데이터의 구조 또는 패턴을 학습하는 것이다. 비감독학습은 응답 변수에 대한 학습을 하지 않고 특징 또는 샘플 사이의 관계성을 찾기 위한 디자인 행렬만 분석한다. 비감독학습의 대표적인 예는 '클러스터링'이다. 클러스터링은 데이터 샘플을 비슷한 특성을 갖고 있는 클러스터로 나누고 다른 특성을 갖고 있는 데이터는 다른 클러스터로 분류되게 하는 것이다. 이는 응답 변수 대신 유사성 지표에 의존한다. 비감독학습은 데이터 탐구 및 분석을 위한 다양한 마케팅 애플리케이션에 사용된다. 고객 데이터 클러스터링과 그 결과 분석은 마케팅 분석에서 가장 중요한 기술 중 하나다. 하지만 프로그램 기반 애플리케이션에서는 데이터 탐구 및 인터랙티브 분석보다 자동화 쪽이 더 중요하다. 표현 학습Representation Learning은 이 측면에서 유용할 수 있는 비감독 방법이기 때문에 여기서는 일반적인 비감독 방법이 아닌 표현 학습에 대해 집중적으로 살펴본다.

2.5.1 중요 요소 분석

중요 요소 분석Principal Component Analysis, PCA은 압축되고 독립된 데이터 표현을 찾는 강력한 방법이다. PCA는 특정한 성질을 갖도록 데이터를 변형시키고 데이터의 구조를 설명하는 수학적인 방법이다. 우리는 각 애플리케이션에 따른 PCA 변환의 다른 성격들에 관심이 있기 때문에 이후의 장들에서 설명한다. 여기에서 설명할 모든 PCA 변환은 모두 같은 알고리즘에 기반을 두고 있다.

2.5.1.1 탈상관 관계

마케팅 애플리케이션에서 데이터는 보통 입력, 특성 그리고 마케팅 프로세스의 출력에 대응한다. 이런 프로세스는 마케팅 캠페인, 고객과 제품 사이의 인터랙티브, 가격과 수요 상호간의 반응 등이 포함된다. 디자인 행렬의 각 특징은 프로세스에 대한 정보를 담고 있는 신호라고 볼 수 있다. 우리는 프로세스에 대한 완벽한 지식은 가질 수 없지만 입력 데이터에서 추출할 수 있는 특징 차원에 대한 프로세스의 예측값을 사용한다. 이는 마치 물체가 카메라에 의해 다양한 각도에서 촬영되는 것과 비슷하다. 예를 들어 우리는 고객의 취향과 생각을 완벽히 파악할 수 없지만 고객의 취향과 생각, 결정들을 반영하는 구매와 같은 특정한 신호를 관찰할 수 있다. 이런 방법으로 얻은 데이터는 중복된 데이터를 포함할 것이고, 마치 동일한 물체를 찍은 사진들이 중복된 내용을 포함하고 서로 관련이 있는 것처럼 차원들은 서로 관련이 있을 것이다. 이는 그림 2.7로 설명된다.

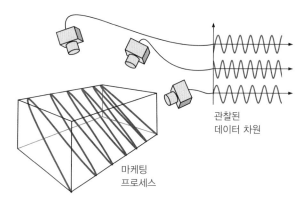

그림 2.7 다른 데이터 차원은 같은 실제 현상을 반영한 것이기 때문에 서로 관련될 수 있다.

우리는 이 문제를 통계적으로 독립적인, 보다 적은 수의 특징을 찾고 중복이 적으며 보다 구조화된 데이터를 만드는 것으로 변환시킬 수 있다. PCA는 무상관 관계가 통계적 독립을 의미한다는 가정하에 (이 가정은 데이터에 따라 사실일 수도, 아닐 수도 있다) 이런 문제에 적용할 수 있다. 이 가정은 각 특징 값들이 상관 관계가 없이 독립적이려면 동시에 정규 분포를 따라야 한다는 점에서 한계가 있다. 분포가 서로 다르면 PCA는 무상관 관계를 이루지 못할 수도 있다(하지만 다른 특성 때문에 아직 유용할 수도 있다).

n이 샘플 수, m이 특징 수인 $n \times m$ 행렬 $\mathbf{X}$를 가정해보자. 그리고 데이터 평균값이 0이라고 가정한다. 만약 그렇지 않으면 데이터 샘플에서 평균값만큼 모두 빼면 된다. 무상관 관계 문제는 식 (2.63)의 공분산 행렬 $\mathbf{C}$로 표현될 수 있다.

$$\mathbf{C_X} = \text{Var}\,[\mathbf{x}] = \frac{1}{n-1}\mathbf{X^T X} \tag{2.63}$$

이는 대각선 요소가 각 특징의 분산이고 비대각선 요소가 각 특징의 공분산인 사각 대칭 행렬이다. 각 특징은 공분산 행렬이 대각선인, 즉 $\mathbf{C}$의 모든 비대각선 요소가 0이면 무상관 관계다. 공분산 행렬이 대각선이 아니면 특징들은 상관 관계가 있게 되고 $\mathbf{X}$의 분포는 더욱 이해하기 어렵게 된다. 왜냐하면 각 특징의 분포로 설명될 수 없기 때문이다. 다음 단계는 공분산 행렬이 대각선인 $n \times m$ 디자인 행렬을 생산하는 $\mathbf{X}$의 변환을 찾는 것이다. PCA 방법에서 이 행렬이 선형 변환인 식

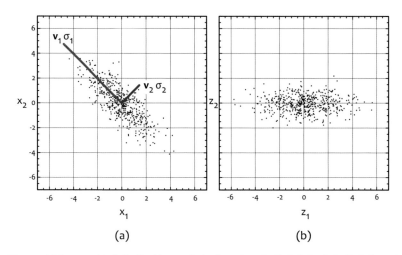

(a)   (b)

그림 2.8 중요 요소 분석의 예. (a) 500개의 정규 분포된 데이터와 이에 해당하는 중요 요소. x_1과 x_2는 상관 관계가 강하다. (b) PCA에 의해 상관 관계가 해제된 상태. z_1과 z_2 는 상관 관계가 없다.

(2.64)를 통해 얻을 수 있다고 가정해보자.

$$Z = XT \tag{2.64}$$

여기서 **T**는 변환 행렬이다. 이 행렬을 만들기 위해 먼저 어떻게 디자인 행렬이 디 자인 행렬 안에서 최대 분산의 방향에 대응하는 벡터의 값으로 인수분해될 수 있 는지 살펴보자.

인수분해의 첫 번째 단계는 데이터 안에서 최대 분산의 방향을 찾는 것이다. 이 방 향은 그림 2.8에 나타나 있듯이 산점도$^{scatter\ plot}$ 안의 흩어진 점들의 축 방향으로 간주될 수 있다. 각 방향은 벡터로 간주될 수 있으므로 다음 식 (2.65)의 조건을 충 족하는 m차원 벡터를 찾는 것에서 시작해보자.

$$\mathbf{v}_1 = \underset{\mathbf{v}}{\mathrm{argmax}}\ \|\mathbf{Xv}\|^2, \qquad \|\mathbf{v}\| = 1 \tag{2.65}$$

이 벡터는 최대 분산의 축에 대응한다. 다음으로 남은 분산을 확보하기 위해 처음 벡터에 직교한 두 번째 벡터를 찾아보자(식 2.66).

$$\mathbf{v}_2 = \underset{\mathbf{v}}{\operatorname{argmax}} \; \|\mathbf{Xv}\|^2, \qquad \|\mathbf{v}\| = 1 \;\; \text{and} \;\; \mathbf{v} \cdot \mathbf{v}_1 = 0 \tag{2.66}$$

디자인 행렬이 순위 r에 있고 그에 대해 r개의 0이 아닌 벡터들을 만들 수 있다고 가정할 때, 이 프로세스는 이전 벡터에 직교한 벡터를 찾아감으로써 계속된다. 여기서 각각의 벡터는 디자인 행렬 안에서 최대 나머지 분산의 축에 대응한다. 이 벡터를 '디자인 행렬의 중요 요소'라고 한다.

열 벡터 $\mathbf{v}$와 $\mathbf{V}$로 이뤄진 $m \times r$ 벡터를 가정해보자. 여기서 모든 단위 벡터들은 직교이므로 이 벡터는 열 직교다(식 2.67).

$$\mathbf{V}^{\mathsf{T}}\mathbf{V} = \mathbf{I} \tag{2.67}$$

단위 벡터 $\mathbf{v}$는 분산의 방향을 확보하지만 크기는 확보하지 못한다. 이 값들을 따로 계산하고 식 (2.68)로 표현한다.

$$\sigma_i = \|\mathbf{Xv}_i\| \tag{2.68}$$

각각의 중요 요소는 남은 분산만 획득하므로 분산 값은 처음에 가장 크고, 점점 작아진다(식 2.69).

$$\sigma_1 \geqslant \sigma_2 \geqslant \ldots \geqslant \sigma_r \tag{2.69}$$

분산 값이 주 대각선인 $r \times r$ 대각선 행렬을 가정한다(식 2.70).

$$\mathbf{\Sigma} = \operatorname{diag}(\sigma_1, \ldots, \sigma_r) \tag{2.70}$$

여기서 벡터의 정규 직교 베이시스는 $\mathbf{V}$, 이에 해당하는 스케일링 요소^{scaling factor}는 $\mathbf{\Sigma}$다. 디자인 행렬의 인수분해를 완성하기 위해 디자인 행렬을 중요 요소 베이시스로 만드는 제3의 요소가 필요하거나 베이시스를 디자인 행렬과 합칠 수 있다. 이 요소를 $\mathbf{U}$라고 하면 분해를 식 (2.71)로 정의할 수 있다.

$$\mathbf{X} = \mathbf{U}\mathbf{\Sigma}\mathbf{V}^{\mathsf{T}} \tag{2.71}$$

여기서 $\mathbf{U}$는 식 (2.71)을 이 요소에 대해 정리하면 식 (2.72)를 얻게 된다.

$$\mathbf{U} = \mathbf{X}\mathbf{V}\mathbf{\Sigma}^{-1} \tag{2.72}$$

식 (2.71)에 따라 정의된 분해를 단일 가치 분해^{singular value decomposition, SVD}라고 한다. 요약하면 행렬 V의 열인 중요 요소는 분산 방향과 같은 직교 중요 요소의 축으로 해석될 수 있다. 이 열은 X를 만들기 위해 중요 벡터들을 합성하는 계수로 해석될 수 있다. 행렬 U는 식 (2.73)과 같이 열-정규 직교다.

$$U^T U = I \tag{2.73}$$

디자인 행렬의 SVD가 얻어지면 이 요소들은 선형 변환 T의 상관 관계를 없애는 데 사용할 수 있다.

$$Z = XV \tag{2.74}$$

X와 V의 곱인 식 (2.74)와 이것의 공분산을 행렬 V와 U가 직교라는 점을 이용해 구해보자(식 2.75).

$$
\begin{aligned}
C_Z &= \frac{1}{n-1} Z^T Z \\
&= \frac{1}{n-1} V^T X^T X V \\
&= \frac{1}{n-1} V^T V \Sigma^2 V^T V \\
&= \frac{1}{n-1} \Sigma^2
\end{aligned}
\tag{2.75}
$$

Σ^2는 대각선이므로 표현 Z는 상관 관계가 해제됐다. 우리가 찾는 무상관 변환 ^{decorrelating transformation}은 행렬 V에 의해 주어졌다. 이 변환은 중요 요소가 정규 직교이므로 사실상 회전이다. 이 변환의 선형성에 대한 가정은 매우 제한적이다. 그림 2.8에서처럼 여기서는 정규 분포를 따르는 데이터가 타원형이기 때문에 잘 작동한다. 따라서 특징 사이의 상관 관계는 단순한 회전에 의해 없어질 수 있다. 이는 보다 복잡한 모양의 데이터에 대해 작동하지 않을 수도 있다.

2.5.1.2 차원 수 감소

PCA의 중요한 특징은 중요 벡터가 분산의 크기로 정렬된다는 것이다. 이는 고분산 차원이 보통 저분산 차원보다 더 많은 정보를 담고 있고 보다 강한 신호를 보낸다는 점에서 의미가 있다. 예를 들어 그림 2.8에서 축 x_1과 x_2는 동일한 정도로 중요하고 데이터를 x_1과 x_2로 1차원적으로 변환시킨 것은 원래의 2차원 표현의 좋은 근사가 아니라고 할 수 있다. 이와 동시에 PCA에 의해 상관 관계가 해제된 z_1과 z_2는 동일한 중요성을 갖지 않고 z_2는 정보 유실이 별로 없는 상태에서 버려질 수 있다.

이 성질은 여러 가지 방법으로 사용할 수 있다. 첫 번째 응용은 차원 수 감소다. 즉 m차원 데이터가 m보다 작은 k차원 데이터로 변환되는 것이다. PCA의 경우 이는 k개의 중요 요소 벡터를 갖고 있는 행렬 V_k에 의해 가능해지고 식 (2.76)과 같이 표현된다.

$$Z_k = XV_k \qquad (2.76)$$

Z_k에는 첫 번째 주요 축에 해당하는 k개의 열이 있다. 이 방법은 다차원 데이터를 시각적으로 표현할 수 있는 2차원 또는 3차원 데이터로 변환시키는 데 사용한다.

두 번째 응용은 디자인 행렬의 저차원 근사$^{\text{low rank approximation}}$다. 식 (2.71)에 나왔던 SVD의 예를 살펴보자. 차원 수 감소와 마찬가지로 V_k를 만들기 위해 V의 가장 덜 중요한 열을 제거할 수 있다. U와 Σ는 그림 2.9에서처럼 가장 덜 중요한 요소에 해당하는 행과 열을 없애기 위해 제거된다. 이런 방식으로 작아진 버전을 U_k와 Σ_k라고 가정해보자. 여기서 디자인 행렬은 잘라진 요소의 곱으로 식 (2.77)과 같이 표현된다.

$$\widehat{X}_k = U_k \Sigma_k V_k \qquad (2.77)$$

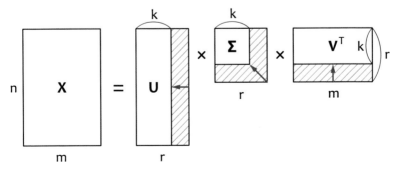

그림 2.9 저분산의 축들을 제거함으로써 생기는 차원의 감소

새로운 행렬은 원래 행렬과 크기는 같지만 버려진 차원 때문에 어느 정도의 근사 오류가 있다. 이 오류는 가장 덜 중요한 차원만 버릴 때 가장 작고 SVD 요소들 중에서 다른 열들을 제거해 나갈수록 점점 커진다. 사실, 요소의 차원이 k를 넘을 수 없으므로 새로운 행렬이 가장 작은 추정 오류를 갖는다는 점에서 이 방법은 가장 효율적이다. 즉 식 (2.77)은 다음 최적화 문제를 푸는 것과 같다.

$$\min_{\mathbf{A}} \quad \|\mathbf{X} - \mathbf{A}\|$$
$$\text{subject to} \quad \text{rank}(\mathbf{A}) \leqslant k \tag{2.78}$$

저차원 추정은 특히 검색과 추천 등과 같은 마케팅 응용에서 유용하다. 왜냐하면 희박하거나 잡음이 많거나 중복이 많은 데이터를 처리하는 데 도움이 되기 때문이다. 이는 두 개체 사이의 상호 작용을 설명하는 데이터에서 많이 사용한다. 예를 들어

- 디자인 행렬은 고객과 제품 사이의 상호 작용을 담을 수 있다. 행렬의 각 행은 고객, 열은 제품, 각 요소는 구매 횟수 등과 같은 상호 작용 지표다. 현실적으로 이 행렬은 매우 띄엄띄엄 채워져 있다. 왜냐하면 고객 레벨에서 구매는 가능한 제품들 중 일부에서만 이뤄지기 때문이다. 그리고 많은 제품은 서로 비슷하고, 많은 고객은 비슷한 구매 성향을 갖기 때문에 데이터 사이의 상관 관계가 높다.
- 검색 환경에서 제품 설명과 같은 텍스트들은 각 단어에 해당하는 벡터들로 모델링된다. 여기서 벡터의 길이는 사용한 전체 단어 수와 같다. 따라서 텍스트의 집합은 각 행이 텍스트 문서, 열이 단어인 행렬로 표현된다. 이 행렬은 짧은 문장일 경우 희박하고 비슷한 단어들은 자주 함께 등장하므로 중복이 많다.

앞의 예에서 디자인 행렬의 각 원소 x_{ij}는 고객과 제품 사이 또는 단어와 문서 사이의 관련성과 같은 관련성 척도다. 하지만 디자인 행렬에서 관련성 값의 원데이터는 잡음이 많고 불완전하다. 어떻게 하면 각 쌍의 관련성을 예측하는 깔끔한 관련성 모델을 만들 수 있을까? 이 중 한 가지 방법은 관련성을 각 벡터의 곱으로 표현하는 것이다(식 2.79).

$$\hat{x}_{ij} = \mathbf{p}_i \cdot \mathbf{q}_j^{\mathsf{T}} \tag{2.79}$$

여기서 첫 번째 원소(고객)는 **p**, 두 번째 원소(제품)는 **q**가 된다. 벡터의 길이 k는 디자인 행렬의 길이보다 훨씬 작다. 이를 행렬 형식으로 다시 쓰면 식 (2.80)이 된다.

$$\hat{\mathbf{X}} = \mathbf{P} \cdot \mathbf{Q}^{\mathsf{T}} \tag{2.80}$$

여기서 관련성 추정 오류를 최소화하는 벡터 **p**와 **q**는 식 (2.77)과 같은 저차원 근사로 사용할 수 있다.

$$\begin{aligned} \mathbf{P} &= \mathbf{U}_k \mathbf{\Sigma}_k \\ \mathbf{Q} &= \mathbf{V}_k \end{aligned} \tag{2.81}$$

이는 희박하고 중복이 많은 표현을 압축이 적고 밀도가 높은 벡터로 바꿔줄 수 있기 때문에 중요하다. 이는 이후의 장들에서 자주 사용할 강력한 모델링 기술이다.

2.5.2 클러스터링

클러스터링은 비슷한 개체들을 묶어주는 과정이다. 다른 말로 하면 클러스디 안의 데이터는 높은 유사성을 갖고 서로 다른 클러스터의 데이터는 낮은 유사성을 갖도록 데이터를 분할하는 과정이다.

전통적인 마케팅 애플리케이션에서 클러스터링의 가장 중요한 용도는 탐사적 데이터 분석이다. 클러스터링은 데이터를 작은 수의 클러스터로 분할하고, 각 클러스터는 하나의 개체로 서술되고 해석되고 연구된다. 가장 흔한 예로는 고객 세그멘테이션을 들 수 있다. 고객 세그멘테이션은 고객을 인구 통계학적 특성, 고객 행동, 구매 행동 등에 따라 비슷한 지표를 갖고 있는 몇몇의 클러스터로 나누는 것이다. 각각의 세그먼트는 프로파일 벡터 공간^{profile vector space}의 중심과 특징 값의 차이에 의해 설명되고 전형적인 클러스터는 '디지털 채널을 주로 사용하는 30세 이하의 가격에 민감한 고객'과 같은 방법으로 서술된다. 따라서 세그멘테이션은 수동적인 분석에 사용할 수 있게 대규모의 데이터를 몇 개의 포인트로 요약할 수 있게 해준다. 세그멘테이션은 기업의 마케팅 분석에서 가장 전략적인 프로젝트 중 하나다. 왜냐하면 기업의 마케팅 전략은 고객 세그먼트와 그에 따른 필요를 분석하는 것이기 때문이다.

전략적 분석보다 실행에 중점을 둔 프로그램 애플리케이션은 세그멘테이션의 결과를 추가 특징으로 사용한다. 예를 들어 나이 소득, 월간 지출 등과 같은 변수를 갖고 있는 고객 프로파일 벡터는 할인 사냥꾼bargain hunter, 브랜드 충성 패셔니스타brand loyal fashionista 등과 같은 세그먼트 이름이 붙여진다. 이런 추가 특징들은 다른 특징과 마찬가지로 예측의 정확성과 해석 가능성을 높여주기 위해 예측 모델링에 사용할 수 있다. 이 측면에서 클러스터링은 특징 엔지니어링의 일환으로 간주될 수 있다.

클러스터링은 다른 개체 모델링에서의 특징으로 사용하는 개체에도 적용할 수 있다. 온라인 광고에서 사용자 프로파일은 사용자가 과거에 방문한 사이트 주소이고, 다음과 같이 표현된다.

> 사용자 1: (url1, url2, url3, ...)
> 사용자 2: (url4, url5, url6, ...)

이 데이터는 사용자가 방문한 URL의 수가 엄청나게 많으므로 매우 희박하다. 그리고 유저 프로파일에서 겹치는 URL이 거의 없을 것이므로 이 프로파일 데이터를 특징으로 사용하는 모델은 데이터 적합이 어려울 것이다. 하지만 각 URL은 도메인 이름과 관련된 웹 사이트와 같은 특징 벡터와 관련될 수 있고 클러스터링 알고리즘은 URL 카테고리에 적용된다. 클러스터링에 의해 생성된 카테고리는 의미 있는 이름을 가진다. 예를 들어 첫 번째 클러스터는 스포츠, 두 번째 클러스터는 기술과 관련 있다고 가정해보자. 사용자 프로파일은 각각의 클러스터에 사상되고 각 프로파일은 다음과 같은 고객 행동 특징에 의해 표현된다.

> 사용자 1: (스포츠, 패션, 기술, ...)
> 사용자 2: (뉴스, 패션, 스포츠, ...)

클러스터의 개수가 URL 수보다 현저히 적다는 가정하에 이 데이터 표현은 밀도가 높고, 많은 프로파일은 공통의 클러스터 이름을 가진다. 이런 클러스터의 사용은 편리한 특징 집합을 찾기 위한 표현 학습이고 탐사적 분석 응용exploratory analysis applications과는 많이 다르다.

클러스터링은 학습이 감독되지 않고 최적화의 목적을 분명하게 정의할 수 없기 때문에 근본적으로 어려운 문제다. 이 이슈에 대해 서로 다른 시각을 제공하는 몇 가

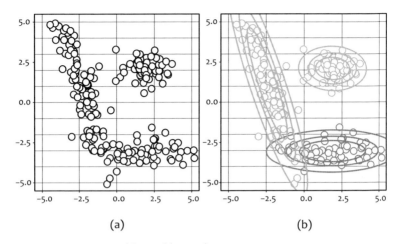

(a)   (b)

그림 2.10 모델 합성 방법^{mixture model approach}에 따른 클러스터링의 예. (a) 입력 데이터 (b) 3개의 정규 분포를 따르는 데이터로 적합된 3개의 클러스터

지 알고리즘이 있다. 한 가지 접근 방법은 클러스터링을 모델 적합 문제로 간주하는 것이다. 여기서 목표는 비슷한 개체들끼리 모으는 것이므로 각각의 그룹은 어떤 프로세스에 의해 정의되고 관찰 데이터 세트를 생성하기 위해 (최대 우도에 기반을 두고) 잘 맞을 것 같은 모델 적합을 할 수 있다. 이 방법은 그림 2.10에 나타나 있는데 여기서 클러스터들은 3개의 정규 분포를 따르는 데이터의 조합으로 적합됐다.

이 모델은 식 (2.82)와 같이 구성된다.

$$p(\mathbf{x}) = \sum_{k=1}^{K} w_k \mathcal{N}(\mathbf{x} \mid \mu_k; \Sigma_k) \tag{2.82}$$

여기서 클러스터의 숫자 $\mathbf{w}_k$는 믹싱 가중값, μ_k과 Σ_k는 각 분포의 평균과 공분산이다(여기서 정규 분포는 가능한 한 가지 옵션이고 다른 분포도 사용할 수 있다). 분포의 모수는 추정됐으므로 우리는 각 데이터를 확률 밀도에 따라 해당하는 클러스터에 할당할 수 있다. 그 반대도 성립하는데, 클러스터 할당이 알려져 있으면 쉽게 각 분포의 모수를 추정할 수 있다. 하지만 문제는 우리가 클러스터 사상^{cluster mapping}이나 분포의 모수를 모른다는 것이다. 우리는 데이터 포인트만 알고 있다. 따라서 우도 함수는 이전에 나왔던 것들보다 훨씬 계산하기 어렵다. 하지만 근접한 솔루션을 찾을 수 있는 몇 가지 방법이 있다. 가장 자주 사용하는 방법들은 기댓값 최대화expectation-maximization, EM와 K-평균 알고리즘K-means algorithms이다.

2.6 다른 특수 모델들

표준 감독/비감독학습 방법들은 마케팅 애플리케이션에서 발생하는 전형적인 모델링의 필요성을 충족시킨다. 대부분의 마케팅 문제들은 상대적으로 깔끔한 방법으로 예측 모델링 기법을 적용할 수 있다. 하지만 몇몇 경우는 비즈니스 목적과 원시적인 예측 모델링 사이의 다리가 돼주는 특별한 데이터 분석 기법 또는 복잡한 경제적 모델이 필요하다. 이 중 일부는 경제학, 다른 것들은 게임 이론, 생물학, 사회 과학에서 개발됐다. 2장에서는 머신 러닝 툴킷에 추가되는 몇 가지 특별한 방법을 살펴보자.

2.6.1 고객 선택 이론

고객 선택의 이해와 예측은 마케팅 및 경제학에서 가장 중요한 문제 중 하나다. 왜냐하면 수요의 개념이 제대로 이해되지 않으면 제품 디자인, 상품 구성 기획, 유통 등에 관한 중요한 질문에 답할 수 없기 때문이다. 2장에서는 선택의 개수가 정해져 있는 개별 선택 문제들을 살펴본다. 예를 들어 몇 가지 제품 중에서 선택하는 소비자 특정 서비스를 구독하느냐 안 하느냐의 문제 등이다. 우리는 의사 결정자가 일관된 방법으로 최상의 옵션을 선호하는 의사 결정을 한다고 가정한다(예를 들어 옵션 k가 m보다 선호되고 옵션 m이 n보다 선호된다면 옵션 k가 n보다 선호된다). 이 경우, 의사 결정자에게 주어진 옵션의 효용에 비례하는 가상의 수리적 지표를 만들 수 있다.

의사 결정자 n이 대안 $1-j$ 중에서 옵션 j를 선택하는 효용을 Y_{nj}라고 가정해보자. 의사 결정자는 모든 대안 중 $Y_{nj} > Y_{ni}$이면 Y_{nj}를 선택한다. 대안 nj에 관한 효용은 사람마다 취향, 수입 등이 다르기 때문에 의사 결정자마다 다르다.

고객 선택 모델은 개인과 대안 사이의 알려진 성질을 활용해 만들어진다. 하지만 각 의사 결정자는 모델 설계자가 일일이 알 수 없는 각자의 선호를 갖고 있다. 수학적으로 효용 함수 Y_{nj}는 알려진 요소의 함수 $\mathbf{x}_{nj}$와 미지의 요소 $\mathbf{h}_{nj}$로 이뤄진다(식 2.83).

$$Y_{nj} = Y(\mathbf{x}_{nj}, \mathbf{h}_{nj}) \qquad (2.83)$$

$\mathbf{h}_{nj}$는 의사 결정자는 알지만 모델 설계자는 모르므로 효용 모델 $V_{nj} = V(\mathbf{x}_{nj})$는 효용 Y_{nj}를 랜덤 변수로 간주될 수 있는 ε_{nj}로 근사한다(식 2.84).

$$Y_{nj} = V_{nj} + \varepsilon_{nj} \qquad (2.84)$$

이 방법을 랜덤 효용 모델이라고 한다. 식 (2.84)는 의사 결정자 n이 대안 j를 고르는 확률을 식 (2.85)와 같이 표현한다.

$$\begin{aligned}
P_{ni} &= \Pr\left(Y_{ni} > Y_{nj}, \; \forall j \neq i\right) \\
&= \Pr\left(V_{ni} + \varepsilon_{ni} > V_{nj} + \varepsilon_{nj}, \; \forall j \neq i\right)
\end{aligned} \qquad (2.85)$$

오류의 랜덤 벡터는 식 (2.86)과 같이 표현되고

$$\varepsilon_n = (\varepsilon_{n1}, \ldots, \varepsilon_{nJ}) \qquad (2.86)$$

선택 확률을 확률 밀도 $p(\varepsilon_n)$을 사용해 식 (2.87)로 표현한다.

$$P_{nj} = \int_\varepsilon \mathbb{I}\left(V_{ni} + \varepsilon_{ni} > V_{nj} + \varepsilon_{nj}, \; \forall j \neq i\right) p(\varepsilon_n)\, d\varepsilon_n \qquad (2.87)$$

여기서 $\mathbb{I}$는 논리가 참이면 1, 거짓이면 0인 지표다. 우리는 식 (2.87)을 평가하기 위한 특정한 가정을 할 필요가 없다. 여기서는 효용을 예측하기 위해 아무 선형 또는 비선형 함수를 고를 수 있다. 하지만 편의상 P_{nj}를 평가하기 위해 분포 $p(\varepsilon_n)$에 대해 특정한 가정을 한다.

잔존 오차 ε_n에 대한 다른 가정은 서로 장단점이 다른 선택 모델을 사용하게 한다. 최종 목표는 P_{nj}를 V_{nj}의 함수로 표현하는 계산 가능한 식을 찾는 것이다. 그리고 V_{nj}는 관찰된 성질 $\mathbf{x}_{nj}$와 모수 $\mathbf{w}$로 이뤄진다(식 2.88).

$$V_{nj} = \mathbf{w}^\mathsf{T}\mathbf{x}_{nj} \qquad (2.88)$$

P_{nj}는 과거에 존재했던 대안에 대한 통계에서 추정될 수 있고 모수 w 또한 추정될 수 있으며 P_{nj}에 대한 예측 모델도 가능하다. 이 모델은 성질 x로 표현되는 새로운 대안을 평가할 때 사용하고 신제품의 수요와 같은 경제적 지표도 추정할 수 있다. 다음 절에서 어떻게 계산 가능한 P_{nj}를 구할 수 있는지를 보여주는 간단하지만 강력한 모델 다항 로지트 모델을 공부한다. 이 모델은 특정 마케팅 문제의 해결을 위한 복잡한 모델들의 구성 요소로, 앞으로 사용할 것이다.

2.6.1.1 다항 로지트 모델

MNL이라고도 하는 다항 로지트 모델은 잔여 오류 ε_{nj}가 독립이자 검벨 분포를 따른다고 가정하는 랜덤 효용 모델에서 나왔다. 검벨 분포 가정은 간편한 모델이고 정규 분포의 근사로 간주된다[Train, 2003]. 독립된 분포라는 가정은 제약이 있고 그의 한계는 2장의 후반부에 설명한다. 보통 검벨 분포는 어떤 분포에서 랜덤하게 추출되는 최댓값 또는 최솟값을 설명하는 데 사용한다. 예를 들어 정규 분포를 따르는 배치(일괄 처리 묶음 단위)에서 랜덤한 숫자의 배치를 뽑고 그 배치에서 최댓값을 선택하면 이 최댓값의 분포는 검벨 분포가 된다. 이는 지진, 제품 결함, 기계 설비 고장 등과 같은 극단적인 사건을 설명하는 데 유용하다. 예를 들어 배치로 먹는 약을 만드는 제약 회사가 있다고 가정해보자. 이 회사는 어떤 배치의 화학성분이 특정 값 이상이 될 확률을 구하는 데 검벨 분포를 사용할 수 있다. 검벨 분포의 밀도 함수는 식 (2.89)와 같이 정의되고

$$p(\varepsilon_{nj}) = e^{-\varepsilon_{nj}} \exp(-e^{-\varepsilon_{nj}}) \tag{2.89}$$

누적 분포는 식 (2.90)이 된다.

$$F(\varepsilon_{nj}) = \exp(-e^{-\varepsilon_{nj}}) \tag{2.90}$$

검벨 분포를 따르는 잔여 오류의 가정을 이용하면 식 (2.85)는 식 (2.91)이 된다.

$$\begin{aligned} P_{ni} &= \Pr(V_{ni} + \varepsilon_{ni} > V_{nj} + \varepsilon_{nj}, \ \forall j \neq i) \\ &= \Pr(\varepsilon_{nj} < \varepsilon_{ni} + V_{ni} - V_{nj}, \ \forall j \neq i) \end{aligned} \tag{2.91}$$

ε_{ni}가 주어지고 오류의 독립성을 가정하면 식 (2.92)가 된다.

$$P_{ni} \mid \varepsilon_{ni} = \prod_{j \neq i} \Pr(\varepsilon_{nj} < \varepsilon_{ni} + V_{ni} - V_{nj}) \tag{2.92}$$

우변은 ε_{nj}의 누적 분포이고 검벨 분포의 정의를 식 (2.90)에 적용하면 식 (2.93)이 된다.

$$P_{ni} \mid \varepsilon_{ni} = \prod_{j \neq i} \exp\left(-e^{-(\varepsilon_{ni} + V_{ni} - V_{nj})}\right) \tag{2.93}$$

실제로는 ε_{ni}가 주어지지 않았으므로 완전한 P_{ni}를 얻기 위해 확률 밀도를 적분하면 식 (2.94)가 된다.

$$P_{ni} = \int_{\varepsilon} (P_{ni} \mid \varepsilon_{ni}) \cdot e^{-\varepsilon_{ni}} \exp(-e^{-\varepsilon_{ni}}) d\varepsilon_{ni} \tag{2.93}$$

이를 수학적으로 변환하면 (자세한 설명은 생략) MNL의 기본 모형인 식 (2.95)가 된다.

$$P_{ni} = \frac{e^{V_{ni}}}{\sum_j e^{V_{nj}}} \tag{2.95}$$

식 (2.95)에 나타난 모델은 몇 가지 중요한 성질이 있다.

관계 없는 다른 대안의 독립성 선택 모델링이 답해야 하는 가장 중요한 질문 중 하나는 '한 가지 대안의 효용이 어떻게 다른 대안에 영향을 미치는가?'이다. 예를 들어 어떤 제조사는 가격을 인하하거나 신제품을 출시했을 때 얼마만큼의 고객 셰어를 경쟁사로부터 뺏어올 수 있는지 알고 싶을 것이다. MNL 모델은 한 대안의 확률을 증가시키거나 감소시킬 때 다른 대안에게 일률적으로 영향을 미칠 것이라고 가정한다. 이를 확인하기 위해 식 (2.96)과 같은 두 확률을 가정해보자.

$$\frac{P_{ni}}{P_{nj}} = \frac{e^{V_{ni}}/\sum_k e^{V_{nk}}}{e^{V_{nj}}/\sum_k e^{V_{nk}}} = \frac{e^{V_{ni}}}{e^{V_{nj}}} = e^{V_{ni} - V_{nj}} \tag{2.96}$$

확률의 비율은 해당하는 효용의 비율에 달려 있고 이는 관계 없는 대안의 독립성으로 언급되는 성질이다. 효용 V_{ni}가 바뀌어도 다른 쌍의 비율 P_{np}/P_{nq}는 동일하다. 이 MNL의 성질은 다양한 관심 안에서의 제품들은 언제나 대체 가능한 것이 아니라 보다 복잡한 대체 패턴이 등장할 수도 있기 때문에 제한적이다. 이 한계는 다음 패러독스에 잘 설명돼 있다 [Debreu, 1960].

고객이 자동차와 버스 중에서 선택할 수 있는 상황을 가정해보자. 둘의 초기 선택 확률은 같다(식 2.97).

$$P_{car} = P_{bus} = 1/2 \qquad (2.97)$$

버스가 한 대 추가됐고 첫 번째 버스는 빨간색, 두 번째 버스는 파란색이라고 가정해보자. 이 경우 MNL 모델은 확률을 재분배해 식 (2.98)이 된다.

$$P_{car} = P_{red\ bus} = P_{blue\ bus} = 1/3 \qquad (2.98)$$

하지만 보다 현실적인 가정은 식 (2.99)다.

$$P_{car}/(P_{red\ bus} + P_{blue\ bus} + \ldots) \qquad (2.99)$$

왜냐하면 아무리 많은 버스가 있더라도 차를 탈 확률은 1/2이기 때문이고 빨간색 버스를 탈 확률과 파란색 버스를 탈 확률은 1/4이 된다.

효용 모델의 완전성 잔존 오차 ε_{ni}의 독립성은 효용 모델 V_{ni}가 선택에 영향을 미치는 모든 요인을 설명한다고 가정한다. 모델 V_{ni}가 완전하지 않다면 체계적 편향이 오류에 스며들고 독립성 가정을 위반한다. 예를 들어 가격 **p**와 에너지 소비 **c**를 갖고 있는 세탁기의 효용 모델을 만들어보자. 여기서 효용은 고객의 수입 **g**의 영향을 받지만 **g**가 알려져 있지 않으므로 식 (2.100)이 된다.

$$Y_{ni} = w_1 p_i + w_2 s_i + w_3 g_n + \varepsilon_{ni} = V_{ni} + \varepsilon^*_{ni} \qquad (2.100)$$

여기서 ε^*_{ni}는 랜덤 변수 g_n 때문에 독립적이지 않은 오류를 나타낸다.

한계 선택 확률 선택 확률은 식 (2.11)에서 보이는 것과 같은 효용 V_{ni}의 시그모이드 함수다. 이는 의사 결정자가 한계 상태, 즉 확률이 0.5 근처이면 작은 효용의 변화가 선택 확률에 커다란 영향을 미친다는 것을 의미한다. 선택 확률이 매우 높거나 낮으면 효용이 급격하게 변하더라도 확률에는 큰 변화가 없다.

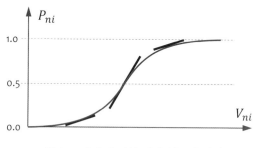

그림 2.11 효용에 따른 선택 확률의 변화

V_{ni}와 P_{ni} 사이의 S 자형 관계는 투자가 대부분 의사 결정자의 중간 정도 확률에 집중돼야 한다는 것을 의미한다. 예를 들어 주문 배달을 제공하는 온라인 소매업체는 중간 정도의 마켓셰어를 갖고 있는 지역에 투자할 때 높은 ROI를 기대할 수 있고 마켓셰어가 매우 높거나 낮은 지역에 대한 투자는 ROI가 낮을 것이다.

2.6.1.2 다항 로지트 모델 추정

효용 모델 V_{ni}의 모수들이 학습 데이터 샘플로부터 어떻게 추정되는지 살펴보자. 우리가 n명의 의사 결정자 j개의 대안 및 실제 선택으로 이뤄진 데이터로 구성된 효용 모델에 포함된 특징 x_{ni}를 알고 있다고 가정해보자. y_{ni}는 의사 결정자 n명의 대안 j에 대한 관찰된 선택이다. 의사 결정자가 이 대안을 선택했으면 1, 그렇지 않았으면 0의 값을 갖는다. 독립 잔존 오차 가정하에 의사 결정자가 실제로 선택할 확률은 식 (2.101)이 된다.

$$\prod_i (P_{ni})^{y_{ni}} \tag{2.101}$$

모든 의사 결정자가 우리가 실제 관찰한 대로 결정을 내릴 확률은 식 (2.102)가

된다.

$$L(\mathbf{w}) = \prod_{n=1}^{N} \prod_i (P_{ni})^{y_{ni}} \qquad (2.102)$$

여기서 모든 결정은 독립적이고 로그 우도는 식 (2.103)이 된다.

$$
\begin{aligned}
LL(\mathbf{w}) &= \sum_{n=1}^{N} \sum_i y_{ni} \log(P_{ni}) \\
&= \sum_{n=1}^{N} \sum_i y_{ni} \log \frac{e^{V_{ni}}}{\sum_k e^{V_{nk}}}
\end{aligned}
\qquad (2.103)
$$

여기서 V_{ni}는 $\mathbf{w}$와 $\mathbf{x}$의 함수다. 식 (2.103)에 따라 기술한 로그 우도는 $\mathbf{w}$에 대해 기울기를 취하고 수학적 최적화 방법을 사용해 추정될 수 있다.

2.6.2 생존 분석

가장 기본적인 로지스틱 회귀와 같은 분류 방법들은 고객 행동의 확률을 추정하는 강력한 툴이다. 예를 들어 고객이 홍보 이메일에 반응할 확률은 구매 횟수와 같은 고객의 특징을 설정하고 고객이 이전 이메일에 응답했는지에 대한 이진 변수를 응답 레이블로 설정해 모델을 만들 수 있다. 이런 방법은 실제로 많이 사용하고 앞으로 많이 다루겠지만 몇 가지 단점도 있다. 첫째, 많은 마케팅 응용에서 사건의 확률 대신 사건이 일어날 때까지의 시간을 추정하는 것이 더 편리하고 능률적이다. 예를 들어 마케팅 시스템이 다음 구매까지 또는 구독 취소까지의 시간을 추정하는 것이 이런 사건들이 일어날 확률을 계산하는 것보다 더 유용하다. 둘째, 마케팅 데이터는 분류 모델에 의해 제대로 분석될 수 없는 미지 데이터를 많이 포함하고 있다. 구독 예로 돌아가 취소하지 않은 고객과 (취소할 예정이지만) 아직 취소하지 않은 고객을 구분하는 것은 거의 불가능에 가깝다. 왜냐하면 우리는 특정 시점의 예측 모델을 개발하는 것일 뿐, 모든 고객의 결과가 알려질 때까지 기다리는 것은 아니기 때문이다. 우리는 이미 과거에 취소한 고객을 알고 그들을 부정적인 샘플로 분류하지만 나머지 고객들은 취소할 것인지 안 할 것인지 모르기 때문에 그들은 긍정이나 부정으로 분류하는 것은 무의미하다. 따라서 현재 관찰된 결과에 따라 결정된 이진법 변수에 의해 분류 모델을 사용하는 것은 정확하지 않고 이런 문제를 해결하려면 다른 통계적 방법이 필요하다.

사건까지의 시간$^{Time-to-event}$ 모델링과 불충분 데이터 처리에 대한 체계는 원래 의료 및 생물학 분야에서 발전됐다. 이런 연구들의 목적은 특정 의료 행위 이후의 생존을 연구하는 것이었으므로 이 연구는 생존 분석으로 알려졌다. 이 연구의 기본 용어들을 설명해보자. 이 분석의 목표는 특정 사건(예: 죽음)이 일어날 때까지의 시간을 예측하고 이 시간이 치료의 성질, 개인 그리고 다른 독립 변수들에 따라 어떻게 달라지는지를 수학적으로 설명하는 것이다. 마케팅에서 치료는 보통 인센티브 또는 프로모션이다. 이벤트는 구매, 할인 오퍼 사용, 구독 취소 또는 마케터가 영향을 미칠 수 있는 다른 행동이다. 트리트먼트의 결과는 애플리케이션에 따라 특정 사건이 가속 또는 감속될 수 있다. 광고의 목적은 구매 행동을 앞당기는 데 있고 고객 유지 오퍼의 목적은 취소 행동을 뒤로 미루는 데 있다. 이와 반대로 의료 분야에서는 보통 죽음까지의 시간을 측정하므로 생존 연구의 용어들은 부정적인 결과를 가정한 용어들이기 때문에 부정적이 아닌 반대의 상황을 연구하는 경우 혼란을 줄 수 있다.

이전에 설명했듯이 어떤 이벤트는 연구 시점에 관찰되지 않았기 때문에 미정이다. 미정 결과는 결과가 분석 시점에 알려지지 않았기 때문일 수도 있고 (고객은 아직 구매를 하지 않았지만 나중에 구매할 수도 있다) 고객 데이터가 없어졌기 때문일 수도 있다(예: 브라우저 쿠키 제거 등). 미정 결과의 레코드를 삭제된 기록이라고 한다. 분석 시점에는 치료 시점 데이터와 선택 사항인 사건 발생 시점 데이터가 있다(그림 2.12).

치료와 사건 사이의 시간을 생존 시간이라고 한다. 원래 관찰 결과를 모든 치료 시간에 맞춰 변환하면 k명의 환자에 대한 관찰 데이터는 식 (2.104)가 된다.

$$(t_1, \delta_1),\ldots,(t_k, \delta_k), \qquad t_1 \leqslant \ldots \leqslant t_k \tag{2.104}$$

여기서 t는 이벤트의 시간이고 δ는 관찰이 삭제되지 않았으면 1, 그 반대는 0이다. 우리는 보통 연속적인 시간 척도를 가정하지만 두 고객이 동일한 사건 발생 시간을 가질 수 있으므로 입력 데이터를 식 (2.105)와 같이 요약할 수 있다.

$$(t_1, \delta_1),\ldots,(t_k, \delta_k), \qquad t_1 \leqslant \ldots \leqslant t_k \tag{2.105}$$

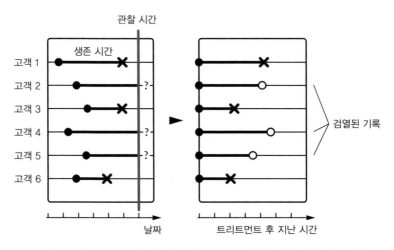

그림 2.12 생존 분석 데이터. 검은색 원은 치료, ×는 사건(죽음), 흰색 원은 검열된 기록이다.

여기서 n은 사건 시간의 개수, d_i는 시간 t_i에 발생한 사건의 개수다. 그리고 사건은 다시 발생할 수 없다고 가정한다. 이 가정은 구매와 같은 마케팅 사건에는 정확히 들어맞지 않지만 첫 번째/두 번째/다음 구매에 대한 모델을 별도로 구성함으로써 이 문제를 해결할 수 있다(이후의 장들에서 좀 더 자세히 다룬다). 이 시점에서 우리는 사건의 분포만을 다룰 뿐, 생존 시간과 치료/고객의 성질 사이의 상관 관계는 다루지 않는다.

2.6.2.1 생존 함수

생존 시간의 분포는 생존 함수 $S(t)$라는 생존 확률에 의해 기술한다. 생존 함수는 개인이 시작 시간부터 시간 t까지 생존할 확률로 정의된다. 생존 함수는 고객 그룹의 역학을 설명하는 기본적인 특징이다. 생존 함수가 급격히 떨어진다는 것은 대부분의 고객이 특정 이벤트를 곧 경험한다는 뜻이다. 생존 함수가 천천히 떨어지면 대부분의 고객은 특정 이벤트를 상대적으로 먼 미래에 경험한다.

고객의 생존 시간을 T라 하고 이것의 확률 밀도 함수를 $f(t)$라고 가정해보자. 시간 t까지의 확률에 해당하는 생존 시간의 누적 분포는 식 (2.106)이 된다.

$$F(t) = \Pr\,(T \leqslant t) = \int_0^t f(\tau)d\tau \qquad\qquad (2.106)$$

생존 함수는 식 (2.107)과 같이 정의된다.

$$S(t) = \Pr(T > t) = 1 - F(t) \qquad\qquad (2.107)$$

T 시점에서의 생존 함수 값은 그 시간에 이벤트를 경험하지 않은 고객의 비율과 같다. 평균값, 중간값, 신뢰 구간과 같은 생존 시간의 통곗값은 누적 분포 함수에 기반을 두고 추정될 수 있다. 즉 이런 통곗값들은 생존 함수의 추정값이 존재할 경우에 추정될 수 있다.

생존 함수는 검열 및 비검열 데이터가 상호 독립이라는 가정하에 관찰 데이터로부터 추정될 수 있다. 이 경우 누적 생존 확률은 한 기간부터 다음 기간까지의 생존 확률의 곱으로써 얻는다. 즉 시각 t까지의 생존 확률은 식 (2.108)과 같이 추정된다.

$$S_t = \frac{n_t - d_t}{n_t} = 1 - \frac{d_t}{n_t} \qquad\qquad (2.108)$$

여기서 n_t는 시간 t에 이벤트를 경험하지 못한 고객의 숫자, d_t는 시간 t에 이벤트를 경험한 고객의 숫자다. 처음부터 시간 t까지의 확률을 곱함으로써 생존 확률을 추정하는 생존 함수는 식 (2.109)와 같이 표현된다.

$$\hat{S}(t) = \prod_{i \leqslant t} \left(1 - \frac{d_i}{n_i} \right) \qquad\qquad (2.109)$$

이를 카플란–마이어$^{\text{Kaplan-Meier}}$ 추정값이라고 하며 동시에 최대 우도 추정값이기도 하다[Kaplan and Meier, 1958]. 생존 함수는 시작 시점엔 1이고 각 샘플은 시간이 증가함에 따라 추정값을 계산하는 데 도움이 된다. 예제를 통해 어떻게 생존 함수를 추정하는지 알아보자.

예 2.1

14명의 고객이 판촉 이메일을 받은 후의 반응을 분석해보자. 각 고객은 다른 시간에 이메일을 받았고 구매까지의 시간이 기록됐다. 관찰 데이터는 다음과 같다.

$$t = \{2, \ 3, \ 3, \ 3, \ 4, \ 6, \ 7, \ 8, \ 12, \ 12, \ 14, \ 15, \ 20, \ 23\}$$
$$\delta = \{1, \ 1, \ 0, \ 1, \ 1, \ 1, \ 1, \ 0, \ 1, \ 1, \ 0, \ 1, \ 1, \ 1\} \tag{2.110}$$

여기서 집합 t의 i번째 원소는 i번째 고객이 이메일을 받은 후에 구매하기까지 걸린 시간(날짜)이다. 집합 δ는 각 관찰 값이 검열됐는지(0), 검열되지 않았는지(1)를 의미한다. 즉 이 예에서 첫 번째 고객은 이메일을 받은 지 2일 후에 구매했고 세 번째 고객은 이메일을 받은 지 3일 후에도 구매하지 않았다. 여기서 생존 확률은 특정 시간에 구매하지 않을 확률이다. 식 (2.109)를 반복적으로 적용하면 다음과 같은 결과를 얻는다.

$$S(0) = 1 \qquad \text{(all customers are "alive" at the beginning)}$$
$$S(2) = 1 - \frac{1}{14} = 0.93$$
$$S(3) = S(2) \cdot \left(1 - \frac{2}{13}\right) = 0.79 \tag{2.111}$$

이 결과는 그림 2.13의 생존 커브와 같다. 생존 커브는 고객의 역학을 요약하고 각

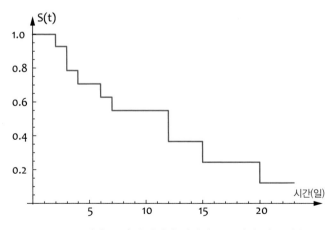

그림 2.13 식 (2.110)에 나타난 데이터로 추정된 생존 함수

고객 그룹의 커브는 서로 비교될 수 있다. 예를 들어 판촉이 행해진 고객의 생존 커브는 판촉이 행해지지 않은 고객의 생존 커브와 비교될 수 있고 판촉 효과는 그 래프로 측정될 수 있다.

2.6.2.2 위험 함수

생존 분석의 두 번째 중요한 개념은 위험 함수다. 생존 함수는 (사망) 이벤트가 일어나지 않을 확률, 즉 생존 확률을 다루지만 위험 함수는 (사망) 이벤트가 발생할 위험을 다룬다. 이 관점은 치료와 같은 다른 요소들이 생존 시간에 어떻게 영향을 미치는지를 분석하는 데 용이하다.

위험 함수 $h(t)$는 시간 t까지 환자가 살아남았다는 가정하에 시간 t와 $t + dt$ 사이의 짧은 시간에 위험이 발생할 확률이다.

$$h(t) = \lim_{dt \to 0} \frac{Pr(t < T \leqslant t + dt \mid T > t)}{dt} \tag{2.112}$$

위험 함수는 생존 함수와 연결된다. 이를 증명하기 위해 식 (2.112)의 조건부 확률을 두 부분으로 나눠보자. 각각은 생존 함수와 대응된다.

$$
\begin{aligned}
h(t) &= \lim_{dt \to 0} \frac{Pr(t < T \leqslant t + dt)}{dt \cdot Pr(T > t)} \\
&= \lim_{dt \to 0} \frac{Pr(t < T \leqslant t + dt)}{dt \cdot S(t)} \\
&= \lim_{dt \to 0} \frac{F(t + dt) - F(t)}{dt \cdot S(t)}
\end{aligned}
\tag{2.113}
$$

확률 밀도는 식 (2.114)와 같이 정의되고

$$f(t) = \lim_{dt \to 0} \frac{F(t + dt) - F(t)}{dt} \tag{2.114}$$

이 정의와 생존 함수 (2.107)을 이용하면 다음과 같다.

$$h(t) = \frac{f(t)}{S(t)} = \frac{f(t)}{1 - F(t)}$$

$$= -\frac{d}{dt} \log\left(1 - F(t)\right) \tag{2.115}$$

$$= -\frac{d}{dt} \log\left(S(t)\right)$$

이를 $S(t)$에 관해 풀면 생존 함수를 $h(t)$의 함수로 표현할 수 있다.

$$S(t) = \exp\left(-H(t)\right) \tag{2.116}$$

이는 결국 식 (2.117)이 된다.

$$H(t) = \int_0^t h(\tau)d\tau = -\log\left(S(t)\right) \tag{2.117}$$

이 함수는 누적 위험 함수다. 이런 직접적인 관계는 위험 함수와 생존 함수를 때에 따라 바꿔 사용할 수 있게 해준다.

2.6.2.3 생존 분석 회귀

기본적인 생존과 위험 함수는 특정 고객군의 퍼포먼스를 설명하거나 고객군 사이의 차이를 설명하는 데 사용할 수 있다. 이는 어떻게 생존 및 위험 함수가 마케팅 활동이나 고객 특징에 따라 영향을 받는지 이해하고 예측하는 데 충분하지 않다. 이 문제는 생존 시간이 독립 변수인 관찰 요소의 함수로서 예측된다는 점에서 분류 및 회귀 분석 문제와 비슷하다.

각 개인이 p개의 독립 변수로 이뤄진 벡터 **x**와 관련된다고 가정해보자. 그러면 각 개인은 다음 3개의 값으로 표현된다.

t	생존 또는 검열 시까지의 시간
δ	검열 인디케이터. 1이면 관찰된 값, 0이면 검열된 값
x	특성 벡터

입력 데이터는 k개의 관찰 값을 갖는다.

$$(t_1, \delta_1, \mathbf{x}_1), \ldots, (t_k, \delta_k, \mathbf{x}_k), \qquad t_1 \leqslant \ldots \leqslant t_k \tag{2.118}$$

마케팅 애플리케이션에서 특성 벡터는 고객 인구 통계학적 정보, 행동 양식, 고객에게 전달된 마케팅 커뮤니케이션 등과 같은 정보를 담고 있다. 목표는 $\mathbf{x}$의 함수로서 생존과 위험 함수를 표현하는 모델을 정의하고 적합하는 것이다. $S(t)$와 $h(t)$가 모두 확률이므로 특성 $\mathbf{x}$와 분포의 모수 사이의 다른 확률 분포와 다른 기능적 의존을 가정함으로써 다른 생존 회귀 모델을 만들 수 있다.

가장 흔한 생존 회귀 모델은 비례적 위험 모델이다. 이 모델은 한 단계 증가된 관찰된 요소가 위험 비율의 곱으로 표현되는 것을 가정한다. 즉 식 (2.119)가 된다.

$$h\left(t \mid \mathbf{w}, \mathbf{x}\right) = h_0(t) \cdot r(\mathbf{w}, \mathbf{x}) \tag{2.119}$$

여기서 $h_0(t)$는 기본 위험, r은 요소들에 따라 기본 위험을 증가 또는 감소시키는 리스크 비율, $\mathbf{w}$는 모델 모수 벡터다. 기본 위험은 개인에 따라 다르지 않지만 리스크 비율은 개인에 따라 달라지는 것에 유의하라. 즉 리스크 비율은 어떻게 특성 벡터에 기록된 개인의 특성이 위험 비율에 영향을 미치는지를 결정한다. 위험 비율이 마이너스가 될 수 없으므로 리스크 비율 역시 마이너스가 될 수 없다.

$$h\left(t \mid \mathbf{w}, \mathbf{x}\right) = h_0(t) \cdot \exp\left(\mathbf{w}^\mathsf{T}\mathbf{x}\right) \tag{2.120}$$

이 모델은 리스크 비율에 로그를 취하면 선형 모델로 해석될 수 있다.

$$\log\ r(\mathbf{w}, \mathbf{x}) = \log\ \frac{h\left(t \mid \mathbf{x}\right)}{h_0(t)} = \mathbf{w}^\mathsf{T}\mathbf{x} \tag{2.121}$$

기본 위험 $h_0(t)$에 관해서는 두 가지 선택, 즉 모수와 비모수가 있다. 모수적 접근은 위험이 특정 확률 분포를 따른다고 가정하는 것이다. 이 경우 모수 $\mathbf{w}$의 최적값과 분포의 모수를 찾음으로써 데이터에 적합되는 완전히 모수적인 모델을 구할 수 있다. 이것의 단점은 기본 위험이 시간에 따라 특정한 모양으로 변하는 것이다. 이 때문에 데이터와 잘 맞는 분포를 구해야 한다. 반면 모수적 방법은 잡음이 많은 데이터를 부드럽게 해주고 기본 위험에 간단한 모델을 제공한다.

두 번째 옵션은 카플란-마이어 추정기 또는 다른 방법을 사용해 얻은 데이터로부터 추정된 비모수적 기본 위험 모델을 사용하는 것이다. 이는 모수 파트가 식

(2.120)에 의해 정의되고 기본 위험 $h_0(t)$가 비모수 파트가 되는 해저드에 대한 부분적인 모수 모델이 된다. 이 방법은 콕스 비례 위험 모델$^{Cox\ proportional\ hazard\ model}$로 알려져 있다[Cox, 1972]. 이 모델의 장점은 베이스라인 해저드를 추정하거나 그 구조에 대해 가정할 필요 없이 위험 비율을 추정할 수 있게 해준다. 이는 위험 값의 절댓값이 아니라 리스크 요소만 필요한 애플리케이션에는 매우 편리하다. 단점은 기본 위험이 모수적 방법에 따라 추정돼야 한다는 것이다. 콕스 모델은 비례 위험 모델에 속해 있기 때문에 비례 위험 가정이 필요한데 관찰 데이터에 따라 이것이 맞지 않을 수도 있다는 점이 중요하다. 콕스 모델은 마케팅을 비롯한 많은 영역에서 사용하고 3장, '프로모션과 광고'의 생존 분석에 주로 사용할 것이다.

다음 단계는 데이터로부터 콕스 모델의 모수를 추정하는 것이다. 이 문제에 대한 일반적인 접근 방법은 모델의 우도를 계산하고 이를 최대화하는 모수를 찾는 것이다. 이때 어려운 점은 관찰 값이 검열될 수 있다는 것인데, 이로 인해 어떤 기록이 우도 계산에 포함될지 결정해야 한다. 먼저 각 관찰 값이 우도에 포함된다고 가정해보자. i번째 관찰 값이 검열되면 t_i까지의 생존 확률에 포함된다.

$$L_i(\mathbf{w}) = S(t_i \mid \mathbf{w}, \mathbf{x}) \tag{2.122}$$

관찰 값이 검열되지 않으면 t_i에서의 사건의 확률에 포함되고 생존 시간 확률 밀도 함수에 의해 다음과 같이 정의된다.

$$L_i(\mathbf{w}) = f(t_i) = h(t_i \mid \mathbf{w}, \mathbf{x}) S(t_i \mid \mathbf{w}, \mathbf{x}) \tag{2.123}$$

따라서 전체 우도는 다음과 같다.

$$L_i(\mathbf{w}) = \prod_{i=1}^{k} h(t_i \mid \mathbf{w}, \mathbf{x})^{\delta_i} S(t_i \mid \mathbf{w}, \mathbf{x}) \tag{2.124}$$

기본 위험의 형태를 특정하지 않고는 이를 수리적으로 최적화할 수 없다. 하지만 부분 우도라는 다른 방법으로 전체 우도를 근사할 수 있다. 먼저 시간 t에 특정 사건을 경험하지 않은 위험 집단을 시간 t에서의 위험 세트라고 가정해보자.

$$R(t) = \{i : t_i \ge t\} \tag{2.125}$$

편의상 복수의 사건이 동시에 발생하지 않는다고 가정해보자.[1] 이 경우 부분 우도는 특정 사람 i가 특정 시간 t_i에 단 하나의 사건을 경험할 확률로 정의된다[Cox, 1972, 1975]. 이 확률은 작은 시간 구간 dt 동안 위험 곡선 아래의 면적으로 주어지고 개인 i에 의해 발생하는 우도는 다음과 같이 계산된다.

$$L_i(\mathbf{w}) = \frac{h(t_i \mid \mathbf{w}, \mathbf{x}_i)dt}{\sum_{j \in R(t_i)} h(t_j \mid \mathbf{w}, \mathbf{x}_j)dt} \qquad (2.126)$$

콕스 모델인 식 (2.120)을 이 우도에 대입하면 기본 위험이 상쇄되면서 식 (2.127)이 된다.

$$L_i(\mathbf{w}) = \frac{\exp\left(\mathbf{w}^T \mathbf{x}_i\right)}{\sum_{j \in R(t_i)} \exp\left(\mathbf{w}^T \mathbf{x}_j\right)} \qquad (2.127)$$

전체 트레이닝 데이터에 대한 부분 우도는 식 (2.127)에 따른 각 부분 우도의 곱이다.

$$L(\mathbf{w}) = \prod_{i=1}^{k} \left[\frac{\exp\left(\mathbf{w}^T \mathbf{x}_i\right)}{\sum_{j \in R(t_i)} \exp\left(\mathbf{w}^T \mathbf{x}_j\right)} \right]^{\delta_i} \qquad (2.128)$$

이 우도는 해저드 함수에 의존하지 않으므로 가중값 $\mathbf{w}$에 대한 수리적 방법을 적용함으로써 적합할 수 있다. 따라서 식 (2.121)에 따라 정의된 리스크 비율을 추정할 수 있다. 해저드 함수를 추정할 필요 없이 리스크 비율을 추정할 수 있는 것은 콕스 모델의 중요한 장점 중 하나다.

지금까지 회귀 가중값의 추정에 대해 다뤘다. 마지막 단계는 어떻게 기본 위험과 생존 함수가 추정되는지를 다룬다. 먼저 시간 t_i에서의 사건의 숫자는 시간 t_i와 $t_i + dt$ 사이 구간의 위험 함수의 면적으로 근사된다.

$$\widehat{d}_i = \sum_{j \in R(t_i)} h_0(t_i) \exp\left(\mathbf{w}^T \mathbf{x}_j\right) dt \qquad (2.129)$$

이는 다음과 같이 다시 쓸 수 있고

---

1 동률이 있는 경우는 복잡하지만 동률을 해결할 수 있는 몇 가지 일반화가 있다[Breslow, 1974; Efron, 1977]. 대부분의 마케팅 애플리케이션에서 동시에 발생하는 데이터를 살짝 떼어놓음으로써 이 문제를 해결할 수 있다.

$$\hat{h}_0(t_i)dt = \frac{\hat{d}_i}{\sum_{j \in R(t_i)} \exp\left(\mathbf{w}^\mathsf{T}\mathbf{x}_j\right)} \tag{2.130}$$

누적 위험 함수는 다음과 같이 근사된다.

$$\hat{H}_0(t) = \sum_{i < t} \hat{h}_0(t_i)dt \tag{2.131}$$

이 결과를 '브리슬로 추정기'라고 한다[Breslow, 1972]. 이 추정기를 식 (2.116)에 대입하면 기본 생존 함수를 추정할 수 있다.

$$\hat{S}_0(t) = \exp(-\hat{H}_0(t)) \tag{2.132}$$

마지막으로 전체 생존 함수는 콕스 모델인 식 (2.120)과 식 (2.116)을 이용해 다음과 같이 구한다.

$$
\begin{aligned}
S(t \mid \mathbf{x}) &= \exp\left[-\int_0^t h_0(\tau)\exp\left(\mathbf{w}^\mathsf{T}\mathbf{x}\right)d\tau \right] \\
&= \exp\left[-\int_0^t h_0(\tau)d\tau \right]^{\exp(\mathbf{w}^\mathsf{T}\mathbf{x})} \\
&= S_0(t)^{\exp(\mathbf{w}^\mathsf{T}\mathbf{x})}
\end{aligned} \tag{2.133}
$$

특성 $\mathbf{x}$의 다른 값에 대한 생존 함수는 생존 시간의 분포에 대한 다른 특성의 영향을 계산하기 위해 함께 그래프로 그려지고 비교될 수 있다. 이와 더불어 생존 분석의 광고 및 마케팅 커뮤니케이션에 대한 다른 응용은 3장, '프로모션과 광고'에서 다룬다.

2.6.3 경매 이론

1장, '개론'에서 다뤘듯이 알고리즘적 접근은 시장에서 고객에게 제공될 수 있는 마케팅 서비스의 개발을 촉진한다. 서비스 제공자와 고객 사이의 시장이나 다른 형태의 브로커는 서비스 제공자 및 구매자가 마케팅 목적 달성의 추구 이외에 구매 및 판매 전략을 최적화해야 하기 때문에 추가의 복잡성을 요구한다.

서비스의 기본 목표는 광고 화면과 같은 제한된 자원을 대상으로 구매자 간의 경쟁을 붙이는 것이다. 이런 문제에 대한 일반적인 접근 방법은 각 구매자가 입찰을 하고 자원은 최고가를 제시한 입찰자에게 파는 것이다. 하지만 경매 조건과 방법은 다양하게 정의할 수 있으므로 여기서 몇 가지 입찰 방법에 대해 알아본다.

첫째, 입찰자는 입찰되는 자원이 특정한 가치가 있고 그들은 그 가치 이하로 입찰하길 원하기 때문에 경매에 참여한다. 즉 입찰자에게는 물건의 가치를 알맞게 추정하는 것이 매우 중요하다. 경매는 경매 방식에 따라 다음과 같은 종류로 나뉜다.

개인적인 가치   각 입찰자는 다른 입찰자와 상관없이 독립적으로 물건을 평가하고 입찰가는 다른 입찰자의 입찰가와 상관 없이 독립적이다.

상호 의존적인 가치   물건의 실제 가치는 입찰자에게 알려져 있지 않고 각 입찰자는 각자 물건의 가치를 추정하지만 다른 입찰에 대한 정보는 추정에 도움을 준다. 예를 들어 자원의 가치를 높게 평가하는 입찰자가 다른 입찰자가 더 낮은 가격에 입찰한 것을 알게 될 경우 입찰가를 낮출 수 있다. 왜냐하면 이 추가 정보는 자신이 몰랐지만 다른 입찰자에게는 알려진 부정적인 요소를 암시할 수 있기 때문이다.

공통 가치   이는 실제 가치가 모든 입찰자에게 똑같은 상호 의존 가치 경매의 특별한 사례다. 예를 들어 석유나 목재 등과 같은 천연자원 경매, 본드 등과 같은 금융 자원 경매, 회사 경매 등이 있다. 이 모든 경우 실제 가치는 경매 시점에는 알려져 있지 않지만 입찰자들은 그들이 갖고 있는 제한된 정보에 의해 가치를 추정한다. 결국 가치(석유의 매장량, 장기 회사 실적 등)는 입찰자들에게 알려지고 모든 입찰자에게 동일하게 적용된다.

가치는 입찰자 간에 종종 상호 의존적이지만 다른 입찰가를 알았을 때 이를 활용할 수 있는 입찰자의 능력은 경매 종류에 따라 달라진다. 네 가지의 이론적으로 연구되고 실제로 많이 사용하는 주요 경매 방식은 다음과 같다.

공개 입찰   모든 입찰자는 다른 입찰가를 볼 수 있다.

- 공개 가격 상승 경매^{Open ascending-price auction}(영국식 경매). 입찰가는 낮은 가격부터 올라간다. 어느 시점이든 입찰자는 계속 입찰에 참여하거나 그만둘 수 있다. 경매는 한 명의 입찰자만 남았을 때 끝나고 승자가 최종 가격을 지불한다.
- 공개 가격 하강 경매^{Open descending-price auction}(네덜란드식 경매). 입찰가는 높은 가격부터 내려간다. 경매는 어떤 입찰자라도 현재 가격을 받아들이면 끝난다.

비공개 입찰 입찰자는 다른 입찰가를 볼 수 없다.

- 최고가 비공개 경매^{First-price sealed-bid auction}. 모든 입찰자는 입찰가를 동시에 제출하므로 다른 입찰가를 알 수 없다. 최고가를 제시한 입찰자가 승리하고 입찰가를 지불한다.
- 두 번째 최고가 비공개 경매(Second-price sealed-bid auction 또는 Vickrey auction). 최고가 비공개 경매와 마찬가지로 모든 입찰자는 입찰가를 동시에 제출하고 최고가 입찰자가 승리하지만 최고가 입찰자는 두 번째로 높은 입찰가를 지불한다.

공개 입찰 최적화는 동적일 것 같지만 사실은 정적이고 비공개 입찰과 같은 맥락이다. 첫 번째 입찰에서 끝나는 네덜란드식 경매의 경우 입찰자는 경매 과정에서 추가 정보를 알 수 없으므로 미리 입찰가를 정할 수 있다. 즉 네덜란드식 경매는 입찰자가 어떤 전략을 사용하든 같은 정보를 제공받고, 개인적인 가치이든 상호 의존적인 가치이든 같은 승자와 같은 입찰가로 정해진다. 영국식 경매에서는 개인적인 가치인 경우 입찰자가 미리 입찰가를 정할 수 있다. 경매가 진행되고 가격이 올라갈 경우 입찰자는 항상 현재 최고 입찰가와 자신이 산정한 가치를 비교해 현재 가격보다 조금 높은 새로운 입찰가를 제시하거나 가격이 자신의 산정한 가치보다 높을 경우 그만둬야 한다. 따라서 영국식 경매는 두 번째 최고가 비공개 경매의 개인적인 가치와 같다. 영국식 경매의 경우, 입찰 참여자가 관찰된 경매 가격으로부터 학습할 수 있으므로 상호 의존적인 값의 경우에는 해당하지 않는다.

이제 경매를 포함한 최적화 모델을 만들기 위해 비크리 경매를 공부해보자. 비크리 경매를 공부하는 이유는 분석하기가 쉽고 실제로도 많이 사용하는 경매이기 때문이기도 하지만 보다 고급 분석을 사용하는 다른 경매 방식에서도 이와 비슷한 결과를 얻을 수 있기 때문이다.

첫째, 입찰자에게 최적의 전략은 진정한 가격에 입찰하는 것임을 증명할 수 있다. 그림 2.14에서 입찰자는 물건의 가치를 v로 산정하지만 이것보다 낮은 입찰가 $v - \delta$를 써낸다. 둘째, 높은 입찰가가 p라면 다음 세 가지 결과를 도출할 수 있다.

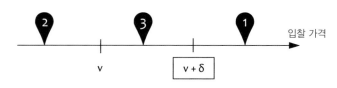

그림 2.14 비크리 경매-진정한 가치 이하로 입찰하는 경우

1. $p > v$: 입찰자 패배. 입찰가가 v인지 $v - \delta$인지는 상관 없음
2. $p < v - \delta$: 입찰자 승리 및 가격 p 지불. 입찰가가 v인지 $v - \delta$인지는 상관 없음
3. $v - \delta < p < v$: 입찰자 패배. 입찰가 v는 승리, 이때의 이익은 $v - p$

따라서 진정한 가치 이하의 입찰은 진정한 가치로 입찰하는 것에 비해 언제나 같거나 더 나쁜 결과를 초래한다. 그림 2.15는 입찰가가 진정한 가치보다 높은 정반대의 경우를 설명한다. 이 경우 역시 세 가지 결과를 도출할 수 있다.

1. $p > v + \delta$: 입찰자 패배. 입찰가가 v인지 $v + \delta$인지는 상관 없음
2. $p < v$: 입찰자 승리 및 가격 p 지불. 입찰가가 v인지 $v + \delta$인지는 상관 없음
3. $v < p < v + \delta$: 입찰자 승리 및 가격 p 지불. 이때의 손해는 $p - v$. 입찰가가 v인 경우 손해는 없음

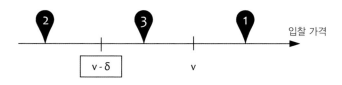

그림 2.15 비크리 경매-진정한 가치 이상으로 입찰하는 경우

이런 방법을 사용해 진정한 가치로 입찰하는 것이 최적의 전략임을 알 수 있다. 이런 간단한 분석은 비공개 입찰이라는 마케팅 환경에서는 기대 매출의 추정에 집중해야 한다는 것을 의미한다.

다음 단계는 경매에서 판매자의 입장을 취하고 판매자의 매출을 예측해보는 것이다. 입찰자가 n명이 있고 그들의 입찰가 $V_1, \ldots, V_n$은 독립적이고 분포 $F(v)$와 확률 밀도 $f(v)$에서 랜덤하게 추출됐다고 가정해보자. 샘플의 k번째 통계량 $V_{(k)}$가 k번째로 작은 값이므로 기대 매출은 두 번째로 높은 입찰가에 해당하는 두 번째로 높은 통계량의 평균이 된다.

$$\text{revenue} = \mathbb{E}\left[V_{(n-1)}\right] \tag{2.134}$$

순서 통계량에 대한 확률 밀도의 일부를 고려해보자.

$$\Pr\left(v < V_{(k)} < v + dv\right) \tag{2.135}$$

이는 n개의 입찰가 중에 $k - 1$개의 입찰가가 v보다 작고 1개의 입찰가가 v와 $v + dv$ 사이에 있고 나머지 $n - k$개의 입찰가가 v보다 높다는 것을 의미한다. 이 3개의 조건은 입찰의 누적 분포 $F(v)$와 확률 밀도 $f(v)$로 표현될 수 있기 때문에 다음의 순서 통계량 확률 밀도를 얻는다.

$$
\begin{aligned}
f\left(V_{(k)}\right) &= \lim_{dv \to 0} \Pr\left(v < V_{(k)} < v + dv\right) \\
&= \binom{n}{k-1} [F(v)]^{k-1} \cdot (n-k+1)f(v) \cdot [1 - F(v)]^{n-k} \\
&= \frac{n!}{(k-1)!(n-k)!} f(v) [F(v)]^{k-1} [1 - F(v)]^{n-k}
\end{aligned}
\tag{2.136}
$$

입찰 분포에 대해 특정한 가정을 하면 이 식을 단순화할 수 있다. 예를 들어 입찰이 0과 1 사이의 균일 분포를 따른다면 식 (2.137)이 된다.

$$f\left(V_{(k)}\right) = \frac{n!}{(k-1)!(n-k)!} v^{k-1} (1 - v)^{n-k} \tag{2.137}$$

이는 베타 분포이므로 이것의 평균을 경매자의 예상 매출을 구하는 데 사용할 수 있다.

$$\mathbb{E}\left[V_{(n-1)}\right] = \frac{n-1}{n+1} \qquad (2.138)$$

이 결과는 경매 입찰자의 증가가 매출의 증가로 이어진다는 생각과 일치한다. 이 결과는 시장에서 경매 과정을 최적화하는 데 사용한다. 고객이 최고의 오퍼를 선택하는 것과 같은 다른 마케팅 프로세스들도 경매 방식으로 모델링할 수 있으므로 경매 이론은 프로그램 기반 솔루션을 만드는 데 중요한 도구가 된다.

2.7 요약

- 많은 마케팅 문제는 비즈니스 결과가 최적화의 대상이고 비즈니스 액션이 변수인 최적화 문제로 표현될 수 있다.

- 액션과 비즈니스 결과 사이의 의존성은 과거 데이터로부터 학습될 수 있다. 이제는 감독학습 모델로 해결될 수 있다.

- 감독학습의 주요 목표는 입력이 주어졌을 때 조건 분포를 예측하는 것이다. 많은 응용 분야에서 이 문제는 가장 가능성 있는 결괏값을 찾는 것으로 압축된다. 감독학습의 두 가지 주요 분야는 분류와 회귀 분석이다.

- 예측 모델 모수의 숫자는 정할 수도 있고 학습 데이터의 크기에 따라 증가할 수도 있다. 전자는 모수 모델, 후자는 비모수 모델이 된다.

- 모델 적합은 관찰 데이터가 모델 분포를 따르는 확률을 최대화하기 위해 모델 모수를 선택하는 최적화 문제로 간주될 수 있다.

- 많은 감독학습 문제는 선형 모델로 풀 수 있다. 선형 모델은 입력과 출력 사이의 관계가 선형 함수이거나 클래스 사이의 경계가 선형이라는 것을 의미한다. 가장 기본적인 선형 모델은 선형 회귀와 로지스틱 회귀다.

- 비선형 의존 관계와 의사 결정 경계는 비선형 모델에 의해 분석될 수 있다. 비선형 모델의 예는 커널 기법, 의사 결정 트리, 뉴럴 네트워크 등이 있다.

- 마케팅 데이터는 서로 다른 특징과 지표가 같은 마케팅 프로세스의 연장 선상에 있을 수 있으므로 중복 데이터 구조를 가질 수 있다. 이런 구조는 분석과 모델링에 적합하지 않으므로 상관 관계를 제거하거나 데이터 차원을 낮추거나 데이터 포인트와 개체를 클러스터링하는 방법으로 더 나은 데이터를 표현할 수 있다. 이런 작업 중 일부는 주요 요소 분석과 클러스터링과 같은 비감독학습으로 가능하다.

- 몇몇 마케팅 분석은 일반적인 머신 러닝으로는 해결되기 어렵고 보다 전문적인 모델과 테크닉이 필요하다. 이런 모델의 예로는 고객 선택 모델, 생존 분석, 경매 모델 등이 있다.

03

프로모션과 광고

모든 제품과 서비스는 제품이나 서비스가 목표로 하는 타깃 시장, 즉 고객 그룹이 있다. 타깃 그룹과 비타깃 그룹 사이의 경계는 고객들의 소득, 구매 행동, 브랜드 충성도 그리고 다른 성질들이 매우 다르기 때문에 종종 모호하다. 고객들의 다양성은 종종 너무 높아서 평균적인 고객을 대상으로 한 오퍼링은 아무런 필요도 만족시키지 못하곤 한다. 이 때문에 회사의 입장에서 가장 중요한 고객군을 인식하고 그 고객군들의 성질에 기반을 둔 오퍼링을 제공하는 것은 매우 중요하다. 이 문제는 거의 모든 마케팅 애플리케이션에서 발생하고 광고와 프로모션에서도 중요한 역할을 하는데 왜냐하면 이런 서비스의 효율은 알맞은 고객에게 알맞은 메시지를 전달하는 능력에 달려 있기 때문이다.

고객과 오퍼링 사이의 최적의 조합을 찾는 것은 주로 두 가지 관점으로 살펴볼 수 있다. 첫 번째 관점은 특정 고객에 대해 알맞은 오퍼링을 찾는 것으로 볼 수 있다. 이는 제품 발견의 문제이며 4장, '검색'에서 설명할 검색과 추천 분야에서 자세히 다룬다. 두 번째 관점은 주어진 오퍼링에 대해 알맞은 고객을 찾는 것이다. 이를 타깃팅이라고 하며 3장의 주요 주제다. 여기서 알아둘 것은 여기서 제품 발견과 타깃팅을 구분하는 기준은 주요 애플리케이션이고(인터액티브 브라우징과 광고) 이 서비스를 구현하기 위해 사용하는 방법론들은 종종 양쪽 관점에서 활용될 수 있다는 것이다. 고객 세그멘테이션의 예를 살펴보자. 세그멘테이션이 알맞은 고객 그룹을 먼저 나누고 그다음에 오퍼링과 고객 경험이 각 세그먼트에 대해 최적화된다고 볼 수도 있지만 세그멘테이션이 가장 적당한 고객 그룹에 서로 다른 오퍼링과 고객 경험을 할당하는 방법으로 사용될 수도 있다.

타깃팅은 고객과 오퍼링을 이어주지만 이를 단순히 두 개체 사이를 연결하는 방법으로만 봐서는 안 된다. 그 대신 타깃팅은 다양한 비즈니스 목적을 갖고 다양한 마케팅 활동을 조율하는 고객 경험 최적화의 과정으로 이해해야 한다. 프로그램 기반 시스템의 목표는 이런 목적들을 고객과의 상호 작용을 관리할 때 사용하는 자세한 실행 계획과 특정한 규칙으로 만드는 것이다.

우리는 3장에서 타깃팅 문제를 이해할 수 있게 도와주는 소매 프로모션 환경을 먼저 공부할 것이다. 그런 다음 비즈니스 목표의 형식적인 정의, 행동 모델링의 기초, 마케팅 캠페인에 사용하는 보다 복잡한 내용 등을 포함한 프로모션 타깃팅 프레임워크를 다룬다. 그런 다음 온라인 광고 환경과 이와 관련된 타깃팅 기법을 다룬다. 소매와 온라인 광고 환경은 상부적이고 많은 타깃팅 기법 모두에 적용할 수 있지만 둘 사이에는 구조적인 차이와 다른 목표가 존재하므로 이 둘을 따로 다룬다. 마지막으로 어떻게 타깃팅 기법과 마케팅 캠페인의 효율성을 측정하는지 다룬다. 측정은 모든 마케팅 애플리케이션에서 매우 중요한 역할을 하고 우리가 다룰 프레임워크는 검색, 추천, 가격 책정 등과 같은 다른 프로그램 기반 서비스에서도 활용된다. 3장에서 가격 최적화는 프로모션의 중요한 부분이기는 하지만 다루지 않는다. 이 주제는 나중에 별도의 장에서 언급한다.

3.1 환경

우리가 공부할 첫 번째 비즈니스 환경은 소매와 브랜드 관리에서 폭넓게 사용하는 고객 세일즈 프로모션이다. 프로모션의 목표는 판매를 증가시키거나 보다 나은 고객 관계를 위해 고객에게 부가적 가치나 인센티브를 제공하는 것이다. 프로모션은 상품 제조업체, 서비스 제공자 소매업체 등에 의해 제공될 수 있다. 소비재 상품

Consumer Packaged Goods, CPG 등과 같은 시장에서는 제조업체는 캠페인의 직접 비용을 부담하고 소매업체는 고객에게 오퍼링을 전달하는 물리적 또는 디지털 채널을 제공하는 방식으로 협력하기도 한다. 1장, '개론'에서 다뤘듯이 프로모션 진행자와 고객 베이스 소유자와의 이런 관계는 알고리즘적 접근에 호의적이므로 이런 관계를 앞으로 공부할 주요 환경으로 다루기로 한다. 우리가 공부할 기법들은 CPG뿐 아니라 통신이나 보험 등과 같은 다른 업계에도 적용할 수 있다.

세일즈 프로모션 환경의 모델은 그림 3.1로 요약된다. 이 환경의 주요 개체, 가정, 용어들은 다음과 같이 요약할 수 있다.

- 소비자는 재화를 소비하는 사람을 의미한다. 고객은 회사로부터 물건을 구매한 사람이다. 잠재 고객은 아직 고객이 아니지만 회사가 접촉할 수 있는 사람이다(예를 들어 웹 사이트에서 이메일을 제공한 사람). 온라인 채널에서 접촉할 수 있는 고객은 '사용자'라고 한다.

- 제조업체(브랜드)는 제품 분류가 있는 제품을 생산한다. 여기서 제품 분류는 상대적으로 좁은 범위(예: 저지방 치즈)를 가지므로 같은 분류 내의 제품은 상호 대체할 수 있다고 가정한다. 따라서 같은 분류 내의 여러 브랜드는 서로 경쟁한다.

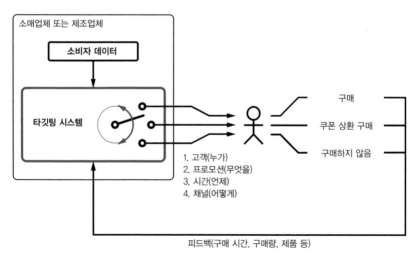

그림 3.1 소매 영역에서의 판매 프로모션 환경

- 소매업체는 제조업체로부터 제품을 구매하고 추가 이익을 붙여 소비자에게 판매한다. 소매업체는 자체 브랜드 제품을 해당 카테고리의 다른 제조업체와 경쟁하기 위해 제공할 수도 있다.
- 타깃 프로모션은 특정 고객에게 마케팅 채널을 통해 전달되는 인센티브로 정의된다. 프로모션은 하나를 사면 하나를 더 주는 조건이 붙을 수도 있고 할인과 같은 화폐 가치를 제공할 수도 있고 아니면 제품이나 브랜드 광고일 수도 있다. 프로모션은 구매에 동반되는 화폐 가치를 상환하기 위해 바코드를 스캔하거나 쿠폰 코드를 입력하는 식으로 상환될 수도 있고 다른 방법이 사용될 수도 있다. 트리트먼트라는 단어는 프로모션과 다른 마케팅 커뮤니케이션을 가리키는 일반적인 단어로 사용한다.
- 소매업체는 고객에게 프로모션을 소통할 수 있는 스토어나 이커머스 웹 사이트 등과 같은 마케팅 채널을 소유하고 있다. 복수 소매업체의 마케팅 채널은 소매업체나 에이전시에 의해 운영될 수 있는 프로모션 네트워크로 통합될 수 있다. 예를 들어 에이전시는 다양한 소매업체의 쿠폰을 인쇄할 수 있는 쿠폰 프린터를 설치할 수 있다. 중요한 것은 마케팅 채널을 보유한 소매업체나 에이전시는 개인 레벨로 고객을 추적할 수 있고 각 개인이나 가구별 구매 기록을 연결시킬 수도 있다. 이와 같은 추적은 고객에게 할당된 로열티 카드 ID나 신용카드 번호 또는 소매업체가 갖고 있는 다른 정보에 의해 이뤄진다. 하지만 이 과정은 종종 불완전하며, 많은 양의 정보는 무기명이다.
- 프로모션은 제조업체와 소매업체를 대신해 마케팅 채널을 통해 유통될 수 있다. 유통은 한꺼번에 대량의 카탈로그나 이메일을 보내는 식의 배치 모드로 될 수도 있고 스토어 내 구매나 웹 사이트 방문과 같은 트랜잭션에 의해 실시간 모드로 수행될 수도 있다.
- 프로모션에 대해 타깃팅 시스템이 내려야 하는 결정은 '누가 프로모션을 받는가?', '무엇이 적합한 프로모션 특성인가?', '적합한 타이밍은 언제인가?, '무엇이 적합한 채널인가?' 등이다.
- 우리는 소매업체가 프로모션을 받은 고객, 프로모션을 통해 구매한 고객 그리고 프로모션 상환 이벤트를 안다고 가정한다. 여기서 구매와 상환은 혼동하지 말아야 할 별개의 이벤트다. 프로모션 쿠폰을 받은 고객은 이를 꼭 상환할 필요는 없고 프로모션의 종류는 고객마다 다를 수 있지만 어느

고객이나 제품을 구매할 수 있다. 이런 이벤트 이외에도 타깃팅 시스템은 인구 통계학적 데이터나 설문 조사 자료 등과 같은 외부 고객 데이터를 포함할 수 있다.

앞에 기술한 환경에서 고객과의 상호 작용은 종종 최적화하기 편리한 단위인 마케팅 캠페인으로 구성된다. 타깃 캠페인은 기존 고객이나 잠재 고객에 대해 타깃 오퍼링을 제공함으로써 특정 비즈니스 목적을 이루기 위한 예산과 기간의 제한이 있는 마케팅 액션으로 정의한다. 타깃 캠페인은 일반적으로 다음과 같은 활동을 포함하고 있다.

계획 캠페인의 계획은 보통 달성할 비즈니스 목표를 정하는 데서 시작된다. 예산, 기간, 프로모션 종류 등과 같은 주요 항목은 계획 단계에서 정해지고 목표로부터 파생될 수 있다.

실행 실행 단계는 잠재 프로모션 대상자의 평가와 알맞은 오퍼링, 메시지, 캠페인 타이밍, 캠페인 채널 등과 같은 결정을 포함하고 있다.

측정 성과의 측정은 동적인 수정을 위해 실행과 동시에 수행할 수 있는 매우 중요한 활동이다.

그림 3.1에 나타나 있는 단순한 주기는 프로모션 관리의 모든 중요한 요소를 포함하고 있는 것은 아니다. 그림 3.1은 복수의 캠페인이 존재하거나 캠페인의 구조가 복잡한 경우 훨씬 더 복잡해진다. 복수의 캠페인에서 일어나는 마케팅 액션은 상호 작용할 수 있고 이 경우 의사 결정을 하거나 측정하기는 더욱 어렵다. 이는 액션과 관련된 이벤트의 측정만으로는 부족하다는 것을 의미한다. 즉 전체적인 고객 생애 주기가 고려해야 한다. 프로그램 기반 시스템이 어떻게 이를 다룰 수 있는지는 나중에 다룬다. 두 번째로 중요한 부분은 타깃팅 프로세스의 고객의 관점이 그림 3.1에 나타난 관점과 다르다는 것이다. 각 고객의 생애 주기는 소매업체나 제조업체와의 상호 작용을 포함하고 있고 복수의 채널과 관련돼 있다. 고객 여정이라는 상호 작용의 사슬은 모든 접점과 생애 주기 전체에 걸쳐 일관된 경험을 제공해야 한다. 이는 3.6.1절, '고객 여정'에서 설명할 캠페인 디자인의 중요 고려 사항이다.

3.2 비즈니스의 목적

각 마케팅 캠페인은 각 프로세스의 참가자, 즉 고객, 소매업체, 제조업체, 에이전시 등에 대한 특정 비용과 이익이 관련돼 있다. 개념적으로 각 캠페인은 이익과 비용의 차이로 정의되는 양의 ROI를 가져야 한다. ROI는 캠페인 전에 예측할 수도 있고 캠페인이 부분적 또는 전체적으로 실행된 후에 측정될 수도 있다. 예측 모델은 보통 ROI를 캠페인 모수의 함수로 추정하고 이는 캠페인의 경제적 최적화를 가능하게 한다.

여기서 어려운 점은 캠페인이 화폐적 및 비화폐적 요소와 단기 및 장기적 효과 등을 포함한 매우 복잡한 구조를 갖고 있다는 것이다. 이런 효과들은 측정하기도 어렵고 예측하기는 더 어렵다. 이 절에서는 이익과 손해에 관한 기본적인 고려 사항을 살펴본 후에 캠페인 모델링에서 사용하는 프레임워크를 살펴본다. 이 프레임워크는 다음 절에서 기술되듯이 타깃 모델을 만드는 것을 정당화하고 캠페인 최적화의 기초를 형성할 것이다.

3.2.1 제조업체와 소매업체

마케팅 캠페인은 제조업체나 소매업체에 의해 시작되고 후원될 수 있다. 많은 경우 제조업체와 소매업체 모두 캠페인을 통해 매출 증가를 달성하거나 충성 고객을 확보할 수 있다. 하지만 제조업체와 소매업체가 협력하는 방법은 비즈니스 영역 및 특정 제품이나 제품 카테고리의 마케팅 전략에 좌우된다. 이런 협업의 세부 사항은 이것이 어떻게 프로그램 기반 타깃팅 서비스가 소매업체에게 제공되고 사용하는지에 대해 영향을 미치기 때문에 중요하다.

첫째, 소매업체 자신인 고객 베이스 소유자의 고객 관계 관리 전략이다. CPG 소매업체들과 같은 매스마켓 소매업체들은 제조업체에게 제조업체 후원 캠페인을 권유함으로써 제조업체들이 마케팅 프로세스에 참여하게 한다. 이런 캠페인은 제조업체들이 특정 카테고리 안에서 마켓셰어를 높이게 해주며, 소매업체에게도 이롭다. 반면 패션이나 화장품 같은 하이엔드 소매업체는 그들을 쇼핑 도우미로 포지셔닝하고 그들의 머천다이징 서비스를 통해 많은 가치를 제공한다. 이런 종류의 소매업체들은 자신들의 고객 베이스를 제삼자들이 자유롭게 활용하지 못하게 한다. 그 대신 그들은 제품을 일괄 구매하고 그들의 마케팅 프로세스를 제품을 오랜 시간에 걸쳐 최대 이익을 내며 팔 수 있게 관리한다.

둘째, 많은 소매업체가 자체 상표 제품을 제공하는 것은 제조업체들과의 충돌을 야기한다. 이 경우 소매업체들과 제조업체들은 자체 상표에 대한 충성도가 높은 고객은 타깃팅에서 제외하는 등과 같이 출혈 경쟁을 방지하는 방법을 협상할 수 있다.

셋째, 소매업체들은 카테고리 안에서의 매출을 최대화하고 싶어한다. 고객을 마진율이 높은 제품에서 할인가 제품으로 유도하는 것은 해로울 수 있다.

3.2.2 비용

프로모션 캠페인의 비용은 제조업체 또는 소매업체가 부담할 수 있다. 어느 경우든 제조업체와 소매업체는 다량의 매출을 통해 캠페인 비용이 상쇄되길 원한다. CPG 분야에서 제조업체 후원 캠페인은 매우 흔히 이뤄진다. 소매업체는 이 캠페인 기간 동안 쿠폰 상환을 측정하고 제조업체에게 전체 상환 비용을 청구한다. 이 비용은 다음 요소들의 합이다.

유통 비용 쿠폰 디자인 및 인쇄 비용, 마케팅 에이전시 비용, 다른 캠페인의 고정 비용이다.

쿠폰 상환 비용 모든 프로모션의 명목 비용이다. 이 비용은 전체 프로모션 횟수, 단일 프로모션의 상환 비용, 기대 상환 비율의 곱으로 계산된다.

클리어링 하우스 비용 스토어 쿠폰은 추가 상환 이후 비용을 부과하는 생애 주기가 있다. 고객이 체크아웃 카운터에서 쿠폰을 제시하면 캐시어는 이를 현금함이나 특별한 봉투에 넣는다. 일일 영업 종료 시 이 쿠폰들은 현금처럼 더해지고 가방에 포장된다. 이 가방들은 제삼자 클리어링 하우스로 배달된다. 클리어링 하우스 직원들은 이 쿠폰을 정렬하고 제조업체에게 비용을 청구해 소매업체에 보낸다. 이 프로세스는 메이저 소매업체의 경우 일년에 수백만 장의 쿠폰을 수집하기 때문에 상당한 클리어링 하우스 비용을 야기한다. 2016년의 경우 평균 CPG 할인 쿠폰의 가치는 0.5~2달러였고 평균 클리어링 하우스 비용은 쿠폰당 0.1달러였다.

이 구조는 비즈니스와 캠페인 종류에 따라 많이 다르지만 화폐적 비용 예측은 비교적 간단하다. 하지만 마케팅 액션은 항상 비화폐적 비용을 동반하고 이는 예측하기가 매우 어렵다. 비화폐적 비용 중의 하나는 과도한 이메일로 인한 고객의 이메일 피로감인데, 이는 이메일을 너무 자주 보내거나 상관 없는 이메일을 보내는 경우 이메일을 열어보는 비율이 감소하고 고객 불만을 증가시킨다. 이런 비용은 수리적으로 계산하기 어렵지만 이를 매출과 같은 화폐 지표와 마케팅 액션을 통해 연결시키는 것은 가능하고 결국 부정적인 효과를 계산하고 예측할 수 있게 된다. 이런 비용 예측은 순이익 계산에 반영될 수 있다.

3.2.3 이익

캠페인으로부터의 이익은 여러 측면에서 분석할 수 있다. 가장 기본적인 요소는 매출의 증대다. 제조업체 또는 소매업체 후원 캠페인은 고객들이 구매하도록 인센디브를 제공하고 이는 캠페인 비용으로 처리된다. 따라서 캠페인 이익은 식 (3.1)과 같이 계산된다.

$$\text{profit} = Q\,(P - V) - C \tag{3.1}$$

여기서 Q는 판매량, P는 단위당 판매 가격, V는 단위당 변동 캠페인 비용(평균 쿠폰 상환, 유통, 클리어링 하우스 비용), C는 고정 캠페인 비용이다. 간단히 얘기하면 캠페인은 캠페인 Q_c로부터의 매출을 캠페인 없을 때의 매출 Q_0보다 캠페인 비용 이상으로 증가시키면 성공이다.

$$Q_c\,(P - V) - C > Q_0 \cdot P \tag{3.2}$$

제조업체 후원 캠페인은 해당 제품에 대해 이 목표를 성취하고 장기적으로는 해당 제품 카테고리에서 마켓셰어를 증가시키고자 한다. 제조업체 후원 캠페인은 다음과 같은 이유로 소매업체에도 이익이다.

- 프로모션은 재방문을 촉진한다. 제조업체와 소매업체는 더욱 많은 쇼핑을 촉진하는 목표를 공유하므로 캠페인은 상호 이익인 이 목표를 위해 개

발된다.

- 프로모션은 바스켓(장바구니)의 크기를 증가시킨다. 일부 프로모션은 명시적으로 사람들이 특정 제품을 많이 구입하도록 디자인됐다. 다른 종류의 프로모션은 소비자 입장에서의 비용(배송비 등)을 감소시키고 더 많이 구매하도록 유도한다.
- 프로모션은 소매업체의 충성도를 증가시킨다. 소비자가 프로모션을 제조업체와 소매업체의 협업으로 인식하는 것은 자연스럽기 때문에 제조업체와 소매업체 모두 고객 경험을 개선하는 목표를 공유한다.

결과적으로 향상된 매출과 고객 충성도 덕분에 소매업체는 제조업체와의 협업으로 이익을 얻는다. 이는 대부분의 CPG 소매업체들이 제조업체를 대상으로 프로모션을 제공하는 이유다. 소매업체 후원 프로모션은 보통 자체 상표 제품을 선전하거나 특정 카테고리 전체를 선전하거나 재고 회전을 촉진시킨다. 프로모션의 관점에서 볼 때 소매업체 후원 캠페인의 이익은 제조업체 후원 캠페인의 이익과 비슷하다. 하지만 재고 회전의 관점은 다르기 때문에 이는 6장, '가격 책정과 상품 구성'의 가격 및 상품 구성 최적화 부분에서 다룬다.

식 (3.2)에서 기술한 매출 최대화의 원리는 캠페인 디자인에서 중요한 부분이지만 고객 관계 관리에 대한 매우 단순화된 견해다. 우리는 타깃팅 모델과 캠페인의 디자인에 사용할 목표를 더 잘 이해하기 위해 캠페인 이익을 좀 더 깊이 분석해야 한다. 캠페인의 목표는 고객과의 관계를 개선하는 것이므로 이 목표는 고객의 생애 주기를 공부하는 것으로 이해할 수 있다. 보통 고객과 브랜드(제조업체와 소매업체)와의 관계는 다음의 3단계로 나뉘며 때로는 반복되기도 한다.

- 소비자는 처음에는 특정 브랜드에 관심이 없고 다른 브랜드 또는 다른 제품의 카테고리를 선호한다. 이 단계에서 브랜드의 목표는 새로운 고객을 만드는 것이다.
- 브랜드와 접촉이 있는 고객은 보다 많은 제품을 구매할 수 있는 인센티브를 제공받는다. 이런 고객들에 대한 캠페인은 보통 업셀up-sell 또는 크로스셀cross-sell 기법을 사용한다. 업셀 기법의 경우 프로모션은 고객이 평소에 구매하는 제품의 양보다 더 많이 구입하도록 유도하고, 크로스셀 기법의 경우 프로모션은 관련된 제품에 대한 인센티브를 제공한다.
- 마지막으로 고객은 브랜드와의 접촉을 멈출 수 있다. 이는 보통 고객 감소,

고객 전향 또는 고객 이탈이라고 한다. 기존 고객의 유지 비용은 보통 신규 고객 유치 비용보다 저렴하므로 브랜드는 고객을 잃기 전에 특별한 가격을 제공할 수 있다.

이런 단순한 구분은 고객 관계 관리와 프로모션 타깃팅에 대한 중요한 프레임워크를 제공한다. 먼저 소비자 행동과 비즈니스 목표는 각 단계에 따라 많이 다르다(그림 3.2).

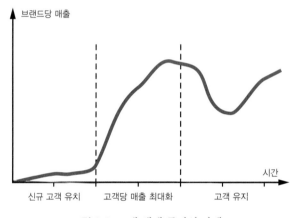

그림 3.2 고객 생애 주기의 단계

첫 단계에 있는 소비자는 고객 유치를 위한 캠페인을 통해 고객으로 유치돼야 한다. 두 번째 단계에 있는 고객은 소비를 극대화하기 위해 인센티브가 제공돼야 한다. 마지막으로 브랜드를 떠나기 직전의 고객은 적시에 판별 또는 유지돼야 한다. 고객 유치, 고객 소비 최대화, 고객 유지의 세 가지 목표는 각 캠페인 그리고 캠페인 포트폴리오 구조를 디자인하는 데 사용하는 인기 있는 시스템이다. 브랜드는 이 세 가지 단계에 있는 소비자를 구분할 수 있어야 하고 이는 타깃팅 프로세스의 기초가 된다. 이 세 가지 목적은 비교적 간단한 방법으로 예측 모델에 적용할 수 있기 때문에 이 타깃팅 목표들은 프로그램 기반 방법론에 잘 들어맞는다.

프로그램 측면에서 보면 생애 주기 기반 캠페인은 두 가지의 문제를 해결해야 한다. 첫 번째는 그림 3.3에 나타나 있는 생애 주기 곡선을 따라 움직일 확률이 높은 소비자를 인지하는 것이다. 이 확률을 구할 수 있다면 목적을 이루거나 이익을 최대화하는 데 적합한 소비자를 특정하고 소통할 수 있다.

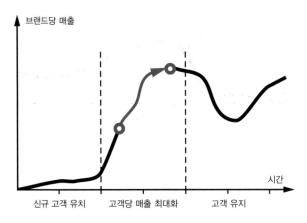

그림 3.3 생애 주기 곡선을 따라 고객을 이동시키기

적합한 소비자를 타깃팅하는 것은 마케팅 액션의 효율을 증가시킬 수 있지만 이는 예상되는 이익을 계산하는 데는 충분하지 않다. 예상되는 이익의 추정은 두 번째로 중요한 문제다. 이는 생애 주기 곡선의 특정 지점까지 소비자가 이동할 확률을 예측해야 할 뿐 아니라 그 지점 이후로 고객으로부터 얻을 수 있는 가치까지 예측해야 한다. 이 가치는 생애 주기 곡선 아래의 면적과 대응한다. 우리가 궁극적으로 측정하고자 하는 지표는 전체 이익이 아니라 마케팅 액션이 마케팅 액션이 없을 때와 비교해 가져다주는 추가 이익이다. 추가 이익은 그림 3.4의 음영 부분이다. 즉 캠페인 모델은 추가 이익을 캠페인에 의해 발생된 기대 이익과 캠페인이 없을 때의 기대 이익에 대한 함수로 표현해야 한다. 그리고 이는 응답할 확률과 가능한 영향에 의해 계산돼야 한다. 4장, '검색'에서 이런 종류의 모델링과 측정에 대한 보다 공식적인 프레임워크를 다룬다.

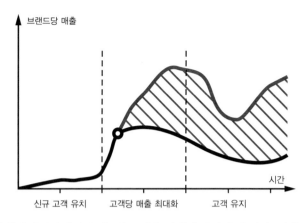

그림 3.4 마케팅 액션의 추가 효과. 위 곡선은 마케팅 액션 후의 결과, 아래 곡선은 마케팅 액션이 없을 때의 결과에 대응한다.

3.3 타깃팅 파이프라인

환경과 비즈니스 목석이 정의되면 어떻게 프로그램 기반 시스템이 타깃팅과 캠페인 관리 문제를 해결할 것인지 논의할 수 있다. 이 문제는 마케팅 예산과 비즈니스 목적을 모수로 하고 이를 캠페인 단위로 나누며 이에 해당하는 마케팅 액션을 실행하는 프로세스로 볼 수 있다. 이 프로세스는 어떻게 타깃팅 시스템이 사용하느냐에 따라 달라질 수 있지만 프로세스의 개념적 디자인은 그림 3.5에서 보여지듯이 파이프라인으로 표현될 수 있다.

파이프라인은 다른 마케팅 활동에 할당될 수 있는 가용 마케팅 예산에서 시작된다. 프로세스의 첫 번째 단계는 '어떻게 예산을 가능한 활동에 분배하느냐?'이다. 여기서의 주요 목적은 무엇이고 어떻게 목적들이 균형을 이룰 수 있을까? 이 단계의 결과는 제품 A의 신규 고객 유치 또는 제품 B의 기존 고객 유지와 같은 것이 되고 이에 따라 프로세스의 다음 단계에 관한 예산을 산정해야 한다. 두 번째 단계는 각 목적을 마케팅 캠페인으로 발전시키는 것, 즉 캠페인 디자인이다. 프로그램 기반 시스템은 목적에 따라 선택되고 변수화된 캠페인 템플릿을 사용할 수 있다. 각 캠페인에 대해 타깃될 고객, 타깃 시각, 메시지 등과 같은 결정이 요구된다. 이를

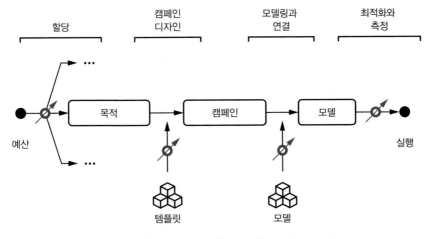

그림 3.5 타깃팅 파이프라인 개념도

위해서는 캠페인과 연결될 수 있는 예측 모델이 필요하다. 이 모델은 타깃될 고객 리스트 또는 최대 할인 금액과 같은 캠페인의 최적 모수들을 결정하는 데 사용할 수 있는 점수와 다른 신호를 생성한다. 마지막으로 캠페인은 추가 최적화와 결과 측정에 사용할 데이터를 수집한다. 프로그램 기반 시스템은 다양한 전략을 평가하기 위한 시뮬레이션과 실제 타깃팅을 모두 실행할 수 있어야 한다. 요약하면 타깃팅 파이프라인은 크게 네 가지 요소(예산 분배, 캠페인 디자인, 모델링, 최적화 실행)로 구분된다. 다음 절에서는 먼저 기초가 되는 모델을 다룬 후 캠페인 디자인과 최적화, 마지막으로 예산 수립과 할당을 다룬다.

타깃팅 파이프라인은 그림 3.5에 나타나 있는 엔지니어링적 관점뿐 아니라 최종 사용자(마케터)의 관점에서도 활용될 수 있다. 이 관점은 프로그램 기반 시스템의 최상위 기능과 특징들을 설명하기 때문에 매우 중요하다. 시스템 인터페이스는 특정 애플리케이션과 비즈니스 환경에 따라 좌우되지만 여기서는 기본 원리를 설명하는 간단한 예를 사용할 수 있다. 가상의 캠페인 관리 흐름은 그림 3.6과 같다.

이 흐름은 크게 4단계로 나뉜다. 예산 분배가 이미 이뤄졌다는 가정하에 캠페인 생성 워크플로의 시작은 목적 선택이다. 목적 선택은 프로모션 대상 제품과 상위 마케팅 목표를 설정한다. 시스템은 기회를 포착하고 캠페인 전략을 제공하기 위해 과거 데이터, 베스트 프랙티스, 예측 모델 등을 사용한다. 비용 및 이익과 같은 캠

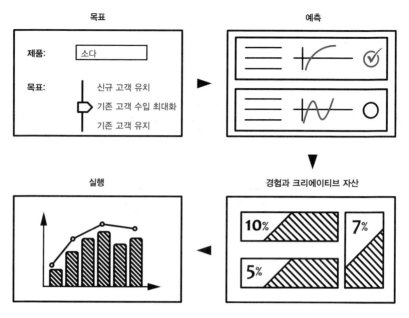

그림 3.6 캠페인 관리 워크플로의 개념도

페인 결과는 예측이 가능하므로 마케터는 최석의 옵션을 선택할 수 있다. 캠페인 템플릿이 선택되고 캠페인 변수가 시스템에 의해 선택되면 고객 경험 및 마케팅 메시지, 폰트, 이미지 등과 같은 크리에이티브 자산들이 생성되거나 수정된다. 이 단계에서는 사람이 관여한다. 마지막으로 완전하게 정의된 캠페인이 실행된다. 이는 가상의 단순화된 흐름이지만 이는 타깃팅 시스템을 디자인할 때 어떤 것을 이루려고 하는지를 보여준다.

3.4 응답 모델링과 측정

모델링과 캠페인 디자인으로 깊이 들어가기 전에 타깃팅 시스템에서 모델링과 최적화의 역할에 대해 이해할 수 있게 캠페인 응답 모델링과 측정의 기본 원리에 대해 알아보자. 여기서 응답 확률과 같은 새로운 개념이 소개되지만 어떻게 이런 값들이 계산되고 예측되는지는 다루지 않는다. 이에 관한 상세한 사항은 나중에 다룬다. 여기서의 목표는 어떻게 캠페인 비용, 매출 그리고 고객의 통계적 성질이 한 모델 안에 들어가는지를 보여주는 것이다.

프로모션과 광고의 목표는 소비자들로 하여금 더 많은 구매를 하고 프로모션에 응답하도록 유도함으로써 고객의 행동을 바꾸고 고객의 의사 결정에 영향을 미치는 것이다. 캠페인의 성공은 응답이라는 용어로 정의할 수 있다. 응답은 상환된 프로모션의 비율과 같은 간단한 지표로 측정될 수도 있고 직접/간접 또는 보이는/보이지 않는 이익을 포함한 복잡한 지표로 측정될 수도 있다. 이런 지표들은 캠페인 실행 이전에 최적화와 의사 결정 목적으로 예측할 수도 있고 캠페인 이후에 측정될 수도 있다. 이 두 가지 문제는 모두 중요하며 이후의 절에서 생애 주기 모델링의 원리를 사용해 설명한다.

3.4.1 응답 모델링 프레임워크

응답 모델링 프레임워크는 캠페인 모델링 문제를 여러 작은 서브루틴으로 나눌 수 있게 도와주는 간단한 일반적 프레임워크다. 이 프레임워크는 실제 마케팅 캠페인의 복잡성을 다룰 수 있게 수정되고 확장될 수 있다. 여기서는 캠페인의 전체 가치를 최대화하도록 트리트먼트에 가장 잘 반응할 후보 소비자들을 선택함으로써 브랜드가 프로모션 유통이나 고객에 대한 다른 트리트먼트를 최적화할 수 있게 하는, 상대적으로 간단한 환경을 가정한다. 여기서는 가치의 정확한 의미를 다루지 않고 일단 비용에 비교될 수 있는 측정 가능한 지표라고 해두고 넘어가자. 고객 획득, 최대화, 고객 유지는 이 문제의 응용으로 고려될 수 있다.

기본적인 마케팅 최적화 문제는 가치 함수를 최대화하는 전략을 찾는 것으로 정의한 것을 상기해보자. 캠페인 응답의 경우 캠페인의 가치는 응답 확률과 고객으로부터의 기대 가치로 산정된다. 최적화의 대상은 프로모션을 받는 고객, 즉 캠페인의 대상자가 된다.

$$U_{opt} = \underset{U \subseteq P}{\text{argmax}} \quad G(U) \tag{3.3}$$

여기서 P는 전체 소비자, U는 캠페인이 도달하는 소비자 집단, G(U)는 P로부터 U를 선책하는 타깃팅 전략의 함수로 표현되는 캠페인의 기대 이익이다.

캠페인의 기대 이익은 다음과 같이 모델링될 수 있다.

$$G(U) = \sum_{u \in U} \Pr(R \mid u, T) \cdot (G(u \mid R) - C)$$
$$+ (1 - \Pr(R \mid u, T)) \cdot (-C) \tag{3.4}$$

여기서 $\Pr(R \mid u, T)$는 고객 u로부터 트리트먼트 $\mathbf{T}$에 대한 응답의 확률, $G(u \mid R)$은 고객 u로부터의 응답 가치, C는 프로모션 자원의 비용이다. 수식의 첫 번째 부분은 응답하는 소비자로부터의 기대 이익에 대응하고 두 번째 부분은 응답이 없는 프로모션을 발송한 데 대한 기대 손해에 대응한다. 목적은 가장 이익이 많은 방법으로 응답할 것 같은 고객 집합을 찾아냄으로써 기대 이익을 극대화하는 것이다. 식 (3.4)는 다음과 같이 표현될 수 있다.

$$G(U) = \sum_{u \in U} \Pr(R \mid u, T) \cdot G(u \mid R) - C$$
$$= \sum_{u \in U} \mathbb{E}[G \mid u, T] - C \tag{3.5}$$

여기서 $\mathbb{E}[G \mid u, T]$는 소비자가 프로모션을 받았을 때의 고객당 기대 가치다. 즉 고객 선택 기준은 기대 가치가 양이고 모든 소비자가 독립적이라고 가정하면 다음과 같이 단순화할 수 있다.

$$\mathbb{E}[G \mid u, T] > C \tag{3.6}$$

고객 U의 최적 부분 집합은 다음 값을 최대화하는 부분 집합이 된다.

$$\underset{U \subseteq P}{\operatorname{argmax}} \; G(U) = \underset{U \subseteq P}{\operatorname{argmax}} \; \sum_{u \in U} \mathbb{E}[G \mid u, T] - C \tag{3.7}$$

이 방법은 랜덤 자원 분배에 해당하는 타깃된 순가치의 최적화로 해석될 수 있다. 정해진 숫자의 고객 $|U|$가 캠페인에 참여한다고 가정하고 두 옵션을 비교해보자. 랜덤으로 선택된 고객 $|U|$에게 인센티브를 분배하는 캠페인에 대한 타깃 캠페인의 추가 가치는 식 (3.8)과 같다.

$$\underset{U \subseteq P}{\operatorname{argmax}} \; \sum_{u \in U} (\mathbb{E}[G \mid u, T] - C) - |U|(\mathbb{E}[G \mid T] - C)$$
$$= \underset{U \subseteq P}{\operatorname{argmax}} \; \sum_{u \in U} (\mathbb{E}[G \mid u, T] - \mathbb{E}[G \mid T])$$
$$= \underset{U \subseteq P}{\operatorname{argmax}} \; \sum_{u \in U} \mathbb{E}[G \mid u, T] \tag{3.8}$$

여기서 $\mathbb{E}[G \mid T]$는 고객당 평균 순가치다. 평균 순가치는 상수이므로 고정된 값 $|U|$가 가정되면 빠질 수 있다. 반면 $|U|$가 고정이라고 가정하고 식 (3.7)을 변형하면 비용이 빠지게 되므로 역시 똑같은 결과를 얻는다.

$$\operatorname*{argmax}_{U \subseteq P} \sum_{u \in U} \mathbb{E}[G \mid u, T] - C = \operatorname*{argmax}_{U \subseteq P} \sum_{u \in U} \mathbb{E}[G \mid u, T] \qquad (3.9)$$

즉 캠페인 응답자의 랜덤 선택은 베이스라인이 되고 가치 최대화 문제는 한 소비자 그룹에서 다른 소비자 그룹에 이르는 프로모션의 분배와 같은 문제가 된다.

식 (3.7)에 의해 정의된 모델은 불완전하다고 주장할 수도 있다. 왜냐하면 이 모델은 프로모션에 응답할 것 같은 소비자를 선호하지만 프로모션에 관계 없이 어차피 응답할, 즉 프로모션 없이도 똑같은 이익을 가져다줄 수 있는 소비자는 고려하지 않기 때문이다[Radcliffe and Surry, 1999; Lo, 2002]. 즉 프로모션이 없을 때의 베이스라인과 비교되는 프로모션 캠페인의 실제 이익 상승분은 매우 작거나 심지어 마이너스일 수도 있다. 이 문제를 분석하는 다른 방법은 식 (3.7)에 의해 분류된 고객을 2개의 그룹으로 나눠 한 그룹은 프로모션을 보내고 다른 그룹은 프로모션을 보내지 않은 후 두 그룹의 결과를 비교하는 것이다. 이때 첫 번째 그룹은 프로모션을 통해 구매하고 두 번째 그룹은 프로모션 없이 바로 구매하는데 두 번째 그룹이 더 많이 구매할 수도 있다. 이 경우 캠페인은 효용이 없고 오히려 손해를 끼친다. 이 문제를 보다 더 잘 이해하기 위해 다음의 네 가지 전략을 고려해보자.

1. 식 (3.7)에 따라 고객 $|U|$ 그룹을 선택하고 이 그룹의 모든 사람에게 프로모션을 보낸다.
2. 랜덤으로 고객 $|U|$ 그룹을 선택하고 이 그룹의 모든 사람에게 프로모션을 보낸다.
3. 식 (3.7)에 따라 고객 $|U|$ 그룹을 선택하고 프로모션을 보내지 않는다.
4. 랜덤으로 고객 $|U|$ 그룹을 선택하고 프로모션을 보내지 않는다.

각 전략은 고객 $|U|$의 각 그룹에 대해 특정한 이익을 갖게 되므로 i번째 전략의 이익을 G_i라고 가정해보자. 식 (3.7)은 타깃팅과 랜덤 사이의 차이인 $G_1 - G_2$를 최대화한다. 미분 응답 분석Differential response analysis 또는 업리프트 모델링이라고도 하는 다른 방법은 식 (3.10)과 같은 업리프트 지표를 최대화한다.

$$\text{uplift} = (G_1 - G_2) - (G_3 - G_4) \tag{3.10}$$

이는 랜덤과 비교했을 때의 리프트뿐 아니라 프로모션이 없을 때의 베이스라인과 비교했을 때의 리프트도 측정한다. 이 경우 식 (3.7)은 식 (3.11)과 같이 변형된다.

$$\underset{U \subseteq P}{\text{argmax}} \sum_{u \in U} \mathbb{E}\left[G \mid u, T\right] - \mathbb{E}\left[G \mid u, N\right] - c \tag{3.11}$$

여기서 수식의 두 번째 부분은 프로모션을 받지 않은 고객의 기대 가치에 대응한다. 식 (3.7)과 식 (3.11)의 차이는 다음 문제로 설명된다. 소매업체는 매일 감자칩을 사먹는 고객에게 감자칩 할인 쿠폰을 제공해야 하는가? 식 (3.7)에 따르면 답은 "예"다. 하지만 이 경우 고객은 같은 양의 감자칩을 더 낮은 가격에 살 것이기 때문에 소매업체의 이익은 감소된다. 식 (3.11)은 기본적인 고객의 행동을 고려함으로써 이 문제를 해결한다. 이 문제를 일반화하면 고객을 트리트먼트가 주어졌을 때에 반응할 확률과 트리트먼트가 주어지지 않았을 때에 반응할 확률의 차이에 따라 구분할 수 있다.

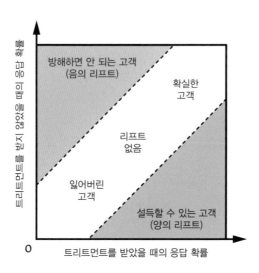

그림 3.7 업리프트에 따른 고객 분류

확률 차이의 분석은 네 가지의 고객 종류를 제시한다[Radcliffe and Simpson, 2007]. 첫째, 트리트먼트에 상관없이 낮은 응답 확률의 고객은 잃어버린 고객Lost Cause이라 하며 좋은 타깃이 아니다. 트리트먼트를 받든, 받지 않든 응답할 고객은 확실한 고객Sure things이라고 하며 이 역시 좋은 타깃이 아니다. 트리트먼트에 의해 오히려 더 멀어지는 고객은 방해하면 안 되는 고객Do not disturb라고 하며 타깃팅에서 제외해야 한다. 트리트먼트를 받았을 때보다 잘 반응할 것 같은 고객은 설득할 수 있는pursuadables 고객이라 하고 가장 가치 있는 타깃이다. 다음 절에서 업리프트 모델링과 확률 최적화에 대해 더 깊이 살펴보자.

3.4.2 응답 측정

응답 모델링 프레임워크는 응답 예측에 관한 기본적인 툴을 제공한다. 이 프레임워크의 상대역은 캠페인의 결과를 측정하는 데 사용하는 측정 프레임워크이고 다음과 같은 질문들에 답할 수 있게 해준다. '이 캠페인이 신규 고객 유치에 도움이 됐는가?', '기존 고객의 소비는 증가됐는가?', '고객 유지 비율이 증가됐는가?'

우리는 아무것도 하지 않는 전략과 비교했을 때 캠페인이 가져다주는 추가 이익으로 정의되는 ROI를 측정하길 원한다. 이 방법은 이전에 논의했던 생애 주기 기반 타깃팅 및 업리프트 모델링과 일맥상통한다.

추가 이익을 측정하는 일반적인 접근은 프로모션을 받은 그룹(테스트 그룹)과 받지 않은 그룹(컨트롤 그룹)으로 나눠 둘 사이의 결과 차이를 분석하는 것이다. 타깃팅 모델이 이미 있다면 타깃팅 전략에 상관없이 각 그룹이 통계적으로 일관성이 있고 측정된 업리프트가 프로모션의 효과를 반영할 수 있게 보통 응답 확률이 높은 고객 중에서 선택된다. 이 접근은 그림 3.8에 나타나 있듯이 보통 작은 비율의 고객을 타깃팅 프로세스 마지막 단계에서 제외함으로써 구현된다.

그룹의 성적은 캠페인 기간에 따라 비교되고 안정적인 결과를 얻기 위해 측정되는 제품의 여러 구매 주기에 걸쳐 측정된다. 이 방법은 개인의 프로모션 상환을 측정하지 않는다. 여기서 우리는 상환 비율에는 신경 쓰지 않고 두 그룹 사이의 전체 비용만 비교한다. 이는 상환 데이터가 없을 경우 매우 편리한 특성이다. 측정의 통계적 세부 사항은 3장의 후반부에서 다룬다.

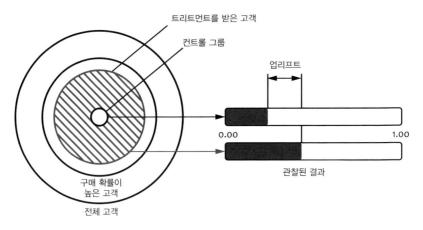

트리트먼트를 받은 고객

컨트롤 그룹

업리프트

0.00

1.00

구매 확률이
높은 고객

관찰된 결과

전체 고객

그림 3.8 테스트와 컨트롤 그룹으로 프로모션 효과 측정하기

3.5 구성 요소: 타깃팅과 생애 가치 모델

타깃팅 모델과 LTV 모델은 타깃팅 프로세스의 구성 요소다. 타깃팅 모델의 목적
은 특정한 상황에서 특정한 비즈니스 목표에 대해 특정 소비자가 얼마나 잘 맞는
지를 측정하는 것이다. 예를 들어 모델은 내일 문자 메시지로 보낼 감자칩 프로모
션에 대한 특정 소비자의 적합도를 측정할 수 있다. 모델은 다양한 목적과 맥락에
따라 만들 수 있고 타깃팅 시스템은 조건에 맞는 모델이 사용할 수 있게 해당 메타
데이터의 속성으로 연결될 수 있는 모델 저장소를 운영한다. 예를 들어 감자칩 카
테고리의 고객 유치 캠페인에 해당하는 모델과 소프트 드링크 카테고리의 소비 최
대화에 해당하는 모델이 있을 수 있다. 모델은 좀 더 복잡한 프로그램 기반 마케팅
의 흐름을 만들기 위해 서로 다른 모델 또는 서로 다른 구성 요소와 합쳐질 수 있
는 기본 단위다. 마케팅 캠페인은 모델들을 합쳐 조립되고 마케팅 포트폴리오는
여러 캠페인들을 합쳐 조립된다.

프로그램 기반 시스템은 모델을 예측에 사용할 수도 있고 처방에 사용할 수도 있
다. 가장 직접적인 응용은 고객이 이메일에 응답할 확률이나 고객의 생애 전체 이
익의 기댓값과 같은 고객 성질의 예측이다. 많은 모델은 인풋과 아웃풋의 의존성
을 상대적으로 투명하게 표현하므로 이 시스템은 기술적인 인사이트를 사용하는
추가 로직을 갖거나 마케터에게 추천할 수 있다. 예를 들어 응답을 예측하는 회귀

모델의 모수는 특정 커뮤니케이션 채널 또는 다른 모수와 양 또는 음의 상관 관계를 갖고 있는데 이런 인사이트는 음의 상관 관계의 경우 커뮤니케이션 횟수를 제한하는 등과 같은 추가 조정을 하는 데 사용할 수 있다. 이 절에서는 따로 또는 같이 사용할 수 있는 세 가지 종류의 모델을 살펴본다.

성향 모델 성향 모델은 소비자가 특정 제품을 구매 등과 같은 특정 액션을 할 확률을 추정하는 것이다. 이런 모델의 결과는 타깃팅 의사 결정에 사용하는 확률과 비례하는 점수로 표현된다.

사건까지의 시간 모델 성향 모델은 사건의 확률을 추정하지만 그 사건이 언제 일어날지는 추정하지 않는다. 이런 종류의 추정은 많은 마케팅 응용에서 유용하며 다른 종류의 통계적 프레임워크가 필요하다.

생애 가치 모델 LTV 모델은 고객의 가치를 정량화하고 마케팅 액션의 효과를 추정하는 데 사용한다.

이번에는 모델링에 사용하는 데이터 요소와 데이터 소스에 관해 먼저 리뷰하고 휴리스틱 성향과 LTV 추정 모델로 간주될 수 있는 몇몇 전통적 기법을 살펴본다. 이런 기법들은 보통 응답 확률과 고객의 가치가 구매 빈도와 같은 기본적인 특성에 비례한다고 가정한다. 이 기법은 고객을 세그먼트로 묶어 특정 캠페인에서 세그먼트들을 포함하거나 제외할 수 있게 한다. 이 기법을 규칙 기반 타깃팅이라고 한다. 그런 다음 통계적인 기법을 써서 보다 복잡한 모델들을 개발할 것이다.

3.5.1 데이터 수집

데이터 수집과 준비는 모델링에서 가장 중요하고 또 어려운 영역 중 하나다. 데이터 준비의 자세한 사항은 이 책의 범위를 넘어서지만 프로세스를 단순화하고 잘못된 모델링을 하지 않기 위해 기본적인 원리를 다룰 가치는 있다. 타깃팅과 LTV 모델은 보통 고객 행동을 관찰된 지표와 성질의 함수로 예측하므로 데이터를 인과 관계와 일치시키는 방법으로 수집하고 사용하는 것은 중요하다. 이 관점에서 데이터 요소는 구간별로 분류되고 각 구간은 이전 구간에 의존한다[Grigsby, 2016].

주요 동기 소비자 행동은 제품 또는 서비스의 가치, 취향, 필요, 라이프스타일, 선호 등과 같은 기본적인 요소에 따라 좌우된다. 대부분의 이런 특성들은 직접 얻을 수 없지만 인구 통계학적 데이터나 마케팅 채널 선호와 같은 데이터는 로열티 프로그램 등록이나 제삼자 데이터 서비스 회사들을 통해 얻을 수 있다.

경험적 동기 다음 구간은 고객과 브랜드의 상호 작용을 통해 만들어진다. 이런 성질은 고객 만족, 로열티, 사용 패턴과 같은 고객 경험으로 설명된다. 이것들 중 일부는 구매 빈도와 같은 지표를 통해 직·간접적으로 구할 수 있다.

행동 데이터의 가장 중요한 카테고리는 구매, 웹 사이트 방문, 브라우징 히스토리, 이메일 클릭과 같은 행동 관찰 데이터다. 이 데이터는 특정 시간에 일어난 각 제품과의 상호 작용을 담고 있다. 이런 행동 데이터는 모델링에서 가장 중요한 신호다.

결과 마지막으로 고객 액션은 매출이나 이익과 같은 재무적 지표로 표현된다. 이런 지표들은 고객 행동의 원인이나 이것이 어떤 영향을 받았는지는 설명하지 못한다. 이는 단지 최종 결과일 뿐이다.

앞에 기술한 데이터는 카탈로그 데이터, 계절성, 가격, 할인, 스토어 정보와 같은 다른 차원의 정보와 결합될 수 있다. 최적의 단위를 찾기 위해 다양한 수준의 계층적 차원으로 데이터를 정리하는 것은 중요하다. 예를 들어 모델은 제품, 카테고리, 부서 등과 같은 다양한 수준으로 정리될 수 있다.

모델링 프로세스는 결과 분석뿐 아니라 숨어 있는 성질과 인과성을 찾아내는 데 집중해야 한다. 재무적 결과 분석도 중요하지만 마케팅 액션과 결과 사이의 연결을 행동적 개념으로 분석하는 것도 좋은 방법이다. 예를 들어 매출을 광고의 양의 함수로 표현하는 것은 통찰력이 있지도 않고 실용적이지도 않다. 어떻게 광고가 고객 충성도와 행동 패턴(즉 고객이 한 세그먼트에서 다른 세그먼트로 옮겨 가는 것 등)에 영향을 미치는지 분석하고 고객 성질과 매출을 연결시키는 분석이 보다 통찰력 있고 실용적이다.

3.5.2 계층별 모델링

타깃팅 모델은 비즈니스 목표에 대한 고객의 관련성을 고객 프로파일에서 나온 특징에 기반을 두고 측정한다. 기본적인 접근 중 하나는 브랜드나 카테고리에 소비한 월간 평균 금액과 같은 한 가지 지표를 사용하는 것이다. 이 지표는 두 가지 방법으로 사용할 수 있다. 첫째, 이는 고객과 프로모션 사이의 거리 척도다. 왜냐하면 프로모션은 특정 브랜드나 카테고리를 대상으로 만들어지기 때문이다. 즉 특정 고객에 대해 가장 잘 맞는 프로모션은 가장 많은 소비를 한 브랜드나 카테고리에 기반을 두고 선택될 수 있다. 둘째, 고객은 그 지표에 의해 정렬될 수 있고 가장 가치 있는 고객이 특정 프로모션에 대해 선택될 수 있다. 이 방법의 전통적인 접근이 계층별 세그멘테이션이다. 여기서 고객은 점수와 휴리스틱의 각 계층별 한계점에 따라 골드, 실버, 브론즈 등급으로 나뉜다.

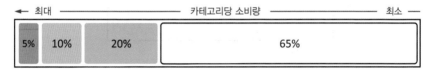

그림 3.9 소비 금액에 따른 세그멘테이션의 예(골드/실버/브론즈). 고객은 특정 기간 동안의 소비량에 따라 정렬되고 상위 5%는 골드 등급, 그다음 10%는 실버 등급, 그다음 20%는 브론즈 등급으로 분류된다. 나머지 고객은 프로모션에 해당하지 않는다.

각 계층은 과거 데이터에 의해 추정된 평균 기대 응답률, 평균 고객당 소비 등과 같은 지표에 따라 나눠진다. 각 프로모션에 대해 계층의 최적 부분 집합은 응답 모델링 프레임워크에 따른 프로모션 비용과 구간 지표에 따라 결정된다. 예를 들어 어떤 캠페인은 골드 계층이 타깃될 때만 이익이 남고 다른 캠페인은 골드와 실버 계층이 동시에 타깃될 때 최대 이익이 날 수 있다.

단일 지표 세그멘테이션은 다른 지표를 더함으로써 설명될 수 있다. 이전에 얘기했듯이 고객의 생애 주기는 프로모션 캠페인의 디자인에 있어서 중요한 고려 사항이므로 고객 개인의 생애 주기에 맞춘 타깃팅은 매우 중요하다. 생애 주기 단계는 카테고리 내에서의 전체 소비 및 타 브랜드와 비교할 때 소비의 정도로 표현되는 브랜드 충성도에 의해 정해지므로 두 지표를 사용해 그림 3.10과 같이 세그멘테이

선할 수 있다. 충성도-소비 금액 세그멘테이션이라는 이 방법은 전통적인 제조업체 후원 캠페인에서 사용한다.

브랜드 충성도

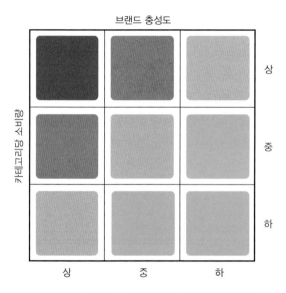

그림 3.10 충성도-소비량 세그멘테이션의 예

브랜드에 충성하고 카테고리에 많은 돈을 쓰는 고객은 매우 가치 있는 고객이므로 보상되고 유지돼야 한다. 카테고리에 많은 돈을 쓰지만 브랜드에 충성하지 않은 고객은 체험 오퍼에 매우 좋은 고객이다. 계층별 세그멘테이션과 마찬가지로 프로모션은 그림 3.10에 나타난 그리드의 좌측 상단부터 시작해 추가 세그먼트의 예상 결과를 평가하면서 우측 하단에 이르기까지 세그먼트의 최적 부분 집합에 할당될 수 있다. 이 접근은 카테고리 스펜딩과 브랜드의 소비 점유율의 두 가지 지표에 기반을 두고 고객 가치를 예측하는 단순한 타깃팅 방법이다. 이는 매우 투박한 기준이며 예측 모델링 기법을 활용해 발전될 수 있다.

3.5.3 RFM 모델링

다른 인기 있는 세그멘테이션 방법은 최근성-빈도-구매 금액Recency-Frequency-Monetary,

^{RFM} 분석이다. 이는 충성도-소비 금액과 비슷하지만 세 가지 지표를 사용한다.

최근성 고객이 마지막으로 구매한 이후로 지난 시간. 이 지표는 시간 단위로 직접 사용할 수도 있고 스코어로 변환될 수도 있다. 예를 들어 고객은 가장 최근에 구매한 순서대로 정렬될 수 있고 가장 최근에 구매한 20%의 고객은 5점, 그다음 20%는 4점, 이런 식으로 마지막 20%는 1점까지 할당될 수 있다.

빈도 특정 시간당 구매한 평균 횟수. 이 지표도 직접 사용할 수 있고 점수로 변환될 수도 있다.

구매 금액 특정 시간에 구매한 전체 금액. 이 지표는 보통 사용 금액 구간 또는 점수로 측정된다.

일반적으로 이 모든 3개의 지표에 대해 '1부터 5까지' 등과 같은 분리된 스코어링 스케일을 사용한다. 이 경우 RFM 모델은 각 셀로 이뤄진 3차원 큐브로 생각할 수 있고 각 셀은 세 지표의 값에 따라 구분되고 각 고객 세그먼트에 할당된다. 타깃팅 의사 결정은 RFM 큐브로부터 만들어지는 세그먼트의 부분 집합을 선택함으로써 이뤄진다. 한 가지 방법은 모든 세 지표를 합해 하나의 점수로 만들고 그 합이 특정 점수를 넘는 고객을 선택하는 것이다. 이는 RFM 큐브에서 코너를 잘라내는 것과 같다.

RFM 분석은 RFM 지표가 종종 응답 확률과 고객 LTV와 상관 관계가 있다는 경험적인 관찰에 기반을 둔다. 이는 말이 되는 가정이지만 깊이 있는 통찰을 제공하지는 못한다. 왜냐하면 이 모델은 마케팅 프로세스와 소비자 액션의 최종 결과를 측정하지만 그러한 소비자 행동의 요인을 설명하지는 못하기 때문이다. 다음 절에서는 클러스터링을 사용해 얻을 수 있는 보다 유연한 해법을 다룬다.

3.5.4 성향 모델링

등급별 세그멘테이션이나 RFM 분석과 같은 세그멘테이션 모델은 제한된 숫자의 특징 및 지표와 기대 결과 사이의 관계에 대한 휴리스틱 가정을 갖고 있는 특별한 종류의 회귀 분석으로 볼 수 있다. 다음 단계는 보다 공식적인 스코어링 모델을 만드는 것이다.

성향 모델링의 목표는 특정한 방법으로 행동하거나 미래에 특정한 행동을 할 확률이 높은 소비자를 예측하는 것이다. 예측 가능하고 타깃팅에 사용할 수 있는 행동의 수는 매우 많다. 몇몇 전형적인 예는 다음과 같다.

새로운 제품을 구매할 확률 현재 특정 제품을 사지 않지만 미래에 살 확률이 높은 소비자는 신규 고객 유치 캠페인의 좋은 타깃이다.

카테고리 확장 확률 한 카테고리에서 다른 카테고리로 바꾸거나 새로운 카테고리를 시도할 확률이 높은 소비자는 업셀이나 크로스셀 캠페인의 좋은 타깃이다. 이런 타깃의 예는 대중적인 제품에서 고급 제품으로 바꿀 것 같은 소비자들이다.

추가 구매 확률 제품의 구매 수량을 늘릴 것 같은 소비자는 소비 최대화 캠페인의 좋은 타깃이다.

이탈 확률 서비스를 해지할 것 같거나 제품 구매를 중단할 것 같은 소비자는 고객 유지 캠페인의 좋은 타깃이다.

응답 확률 응답 확률은 이메일 클릭과 같은 마케팅 행동에 응답할 확률이다.

구매 습관 변화 확률 각 고객은 얼마나 자주 어떤 제품을 어떤 카테고리에서 구매하는지와 같은 쇼핑 습관이 있고 이 습관은 그들의 고객 가치를 결정한다. 이 습관은 보통 오랜 시간에 걸쳐 일정하고 브랜드가 고객과의 관계 수준을 바꾸면 그 수준이 지속되는 경향이 있다. 따라서 브랜드는 이사, 졸업, 결혼 등과 같은 이벤트로 쇼핑 습관이 바뀔 것으로 예측되는 고객을 찾는 데 관심이 있다. 이런 모델링의 유명한 예는 타깃[1]의 고객 임신을 예측하려는 시도였다. 왜냐하면 임신과 출산은 고객의 쇼핑 습관을 확실히 바꾸기 때문이다[Duhigg, 2012].

고객 유치, 최대화, 고객 유지 캠페인의 마케팅 목표는 구매 성향 용어로 표현될 수 있다. 구매 성향 기반의 접근은 응답 모델링 측면에서는 매우 편리하다. 왜냐하

---

1 미국의 유명 소매업체

면 캠페인 ROI는 예측된 결과의 확률에 의해 기대 이익과 손해를 곱함으로써 추정될 수 있기 때문이다.

3.5.4.1 닮은꼴 모델링

닮은꼴 모델링Look-alike Modeling은 성향 모델링의 가장 중요한 기법 중 하나다. 닮은 꼴 모델링은 고객 성향은 고객이 생애 주기상의 한 지점에서 다른 지점으로 이동할 확률이라는 관찰에 기반을 두고 있다. 따라서 과거에 이런 행동을 보였던 소비자들의 프로파일에 기반을 둬 예측 모델을 만들고 이를 특정 고객의 성향을 예측하기 위해 그들의 현재 프로파일에 적용해 모델을 평가할 수 있다. 예를 들어 특정 제품을 구매하지 않다가 구매하기 시작한 고객의 프로파일은 이 제품을 처음으로 구매할 것 같은 고객을 찾아내는 모델을 훈련시키는 데 사용할 수 있다.

닮은꼴 모델링은 분류 문제이므로 프로파일 특성과 응답 레이블이 정해져야 한다. 고객 프로파일은 수입, 가구 구성원 수 그리고 시간 기록이 연결돼 있는 각종 행동 사건들을 포함하고 있다. 각 프로파일에 대해 사건은 시간이 할당되고 3개의 시간대(관찰 기간, 버퍼, 결과 기간) 중 하나로 표시된다(그림 3.11 참조). 관찰 기간은 특징을 찾아내는 데, 결과 기간은 응답 레이블을 생성하는 데 사용한다. 이 두 기간 사이에 버퍼가 있을 수도 있고, 없을 수도 있다. 버퍼는 당장의 사건이 아니라 매우 먼 미래의 사건을 예측해야 하는 경우에 사용할 수 있다. 예를 들어 고객 이탈을 예측하는 모델의 경우는 결과 간격이 먼 미래가 되도록 훈련돼야 할 것이다. 당장 이탈할 것 같은 고객을 예측하는 것은 이를 막을 수 있는 마케팅 액션을 할 시

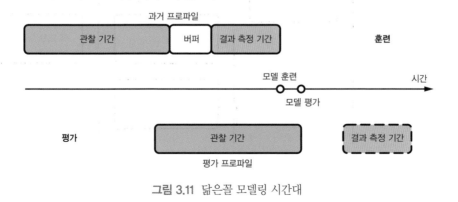

그림 3.11 닮은꼴 모델링 시간대

간이 없으므로 실용적이지 않다.

이 모델은 관찰과 결과 기간을 모두 갖고 있는 과거 프로파일 데이터에 의해 훈련된다. 이 모델은 관찰 기간만 갖고 있는 현재 프로파일 데이터를 평가하고 기대 결과를 예측한다.

특성과 응답 레이블을 디자인하는 것은 영역별로 다르다. 3장에서는 소매업체의 예를 다루고 온라인 광고에서의 특성 엔지니어링은 다음에 다룬다. 닮은꼴 모델링은 인구 통계적 데이터와 구매와 같은 고객 데이터와 이메일 열기, 클릭, 프로모션 쿠폰 상환과 같은 마케팅 응답 데이터를 사용한다. 프로파일 특성은 프로파일 데이터에 적용할 수 있는 시간, 지표, 필터 등과 같은 조합으로 표현된다. 이 과정은 구매 데이터의 예를 든 그림 3.12에 설명돼 있다. 프로파일의 특성은 관찰 기간 내

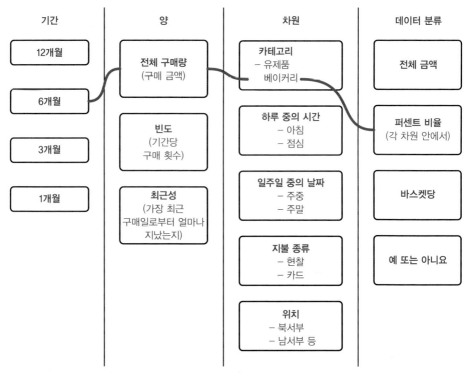

그림 3.12 구매 데이터에 대한 프로파일 특성 엔지니어링의 예

의 특정 세부 시간 구간에 대해 계산될 수 있다. 이 세부 구간은 관찰 구간 내의 마지막 시점(마지막 달, 마지막 세 달, 마지막 여섯 달 등)에서부터 역산된다. 이 세부 구간 안에서 구매 금액, 구매 빈도와 같은 다른 지표가 계산되고 카테고리, 브랜드, 제품, 지불 형태, 구매 요일 등과 같은 다른 필터가 적용된다. 마지막으로 데이터는 매출, 날짜, 퍼센트, 평균 구매 금액, 예/아니요 등과 같은 다양한 형태로 표현된다. 그림 3.12에 나타난 곡선은 베이커리 카테고리에 해당하는 고객의 지난 6개월간 다른 카테고리와 비교한 소비 비율과 대응한다. 이 방법은 예측 모델 훈련과 평가에 사용할 수 있는 많은 숫자의 특성을 사용할 수 있게 해준다. 이와 같은 방법은 마케팅 응답 데이터와 디지털 채널 데이터에도 사용할 수 있다.

응답 레이블은 목적에 따라 결과 기간으로부터 생성될 수 있다. 예를 들어 모델이 특정 제품을 살 확률이 높은 고객을 타깃팅하도록 모델링됐다면 응답 레이블은 이 제품이 구매됐는지의 여부에 대한 것이 된다. 다른 예는 고객 유지 캠페인의 경우 고객이 이탈했는지의 여부에 관한 레이블이 될 것이다. 훈련 프로파일은 목적에 따라 미리 필터될 수도 있다. 신제품 구매 확률의 예를 들면 훈련 데이터는 관찰 기간 동안 제품을 구매하지 않은(그중 일부는 결과 기간 동안 제품을 구매한 고객이다. 이런 고객을 자연적 구간이라고 한다) 고객 데이터만 포함해야 한다. 이와 같은 원칙은 모델 평가에도 적용된다. 이미 제품을 구매한 고객은 모델 평가에서 제외된다.

예 3.1

닮은꼴 모델링을 설명하는 예를 살펴보자. 베이커리와 유제품을 취급하는 CPG 소매업체는 6개월 전에 새로운 유제품 디저트를 출시했고 제조업체 후원 고객 유치 캠페인을 진행하려고 한다. 타깃팅 목표는 디저트를 구매할 확률이 높은 고객들을 찾아내는 것이다. 훈련 데이터로써 표 3.1처럼 다섯 가지 특성을 갖고 있는 12개의 과거 고객 데이터를 살펴보자.

표 3.1 닮은꼴 모델링을 위한 훈련 데이터 세트

번호	베이커리 합계	베이커리 주말	유제품 합계	유제품 주말	카드 구매	응답
1	150	10	150	140	1	1
2	210	20	120	110	1	0
3	190	190	210	20	1	1
4	270	250	190	0	1	1
5	180	180	190	10	1	1
6	260	250	230	20	0	1
7	270	30	210	210	1	0
8	150	40	150	50	1	0
9	90	70	120	100	0	0
10	30	0	200	200	1	0
11	190	190	250	10	1	1
12	10	0	30	0	1	0

베이커리 합계와 유제품 합계는 관찰 기간 동안 해당 카테고리의 구매 금액 총합이다. 베이커리 주말과 유제품 주말은 주말 기간 동안의 구매 금액 총합이고 주중의 구매 금액은 전체 금액에서 주말 금액을 뺀 것이다. 카드 구매는 구매 방법을의미한다(1은 신용카드, 0은 현금). 마지막으로 응답은 새로 출시된 디저트를 샀는지의 여부다. 이 데이터를 보이는 대로 분석하면 이 디저트를 구매할 만한 고객은 주말에 많은 베이커리를 구매하고 주중에 많은 유제품을 구매하는 고객이다. 여기서닮은꼴 모델을 만들기 위해 로지스틱 회귀를 사용해보자. 물론 의사 결정 트리, 랜덤 포레스트, 나이브 베이즈 등과 같은 다른 모델도 실제로 많이 사용한다. 로지스틱 회귀를 사용하면 표 3.2와 같은 모수 추정값을 구할 수 있다.

표 3.2 표 3.1에 나타나 있는 훈련 데이터를 위한 로지스틱 함수 모수

모수	추정값
베이커리 전체	0.0012
베이커리 주말	0.0199
유제품 전체	−0.0043
유제품 주말	−0.0089
카드 구매	−0.4015

여기서 베이커리 구매액은 신제품을 구매할 확률과 양의 상관 관계가 있고 유제품 구매액은 음의 상관 관계가 있음에 유의하자. 서로 다른 베이커리와 유제품 구매 비율을 갖고 있는 6개 프로파일에 대한 모델을 평가함으로써 구매 확률을 표 3.3 과 같이 구할 수 있다. 여기서 베이커리 구매 비율이 높고 유제품 구매 비율이 낮은 고객이 지불 방법과 상관 없이 신제품 구매 확률이 높은 것을 알 수 있다. 실제 상황에서 가능한 해석은 두 카테고리를 많이 소비하는 고객이 이 제품을 베이커리 디저트의 대용으로 고려한다고 볼 수 있다.

표 3.3 제품을 구매할 것인지에 대한 확률 예측

베이커리 전체	베이커리 주말	유제품 전체	유제품 주말	카드	구매 확률
10	0	50	50	1	0.26
20	20	200	200	1	0.07
150	20	100	30	1	0.37
250	20	190	30	1	0.31
250	200	190	30	1	0.94
250	200	190	30	0	0.96

과거 응답 데이터는 여기서 특징으로 사용하지 않았다. 즉 과거에 고객이 프로모션에 응답했는지는 고려하지 않았다는 뜻이다. 실제로 이는 타깃팅 정확도를 위한

중요한 시그널이지만 응답 데이터가 없는 경우 응답 특징 없이 모델을 만들 수도 있다.

3.5.4.2 응답 및 업리프트 모델링

가장 기본적인 닮은꼴 모델은 이전 절에서 다룬 것과 마찬가지로 특정한 액션의 무조건적 확률을 추정한다. 마케팅 커뮤니케이션을 특징에 추가함으로써 마케팅 트리트먼트가 주어졌을 때의 조건적 확률을 구하는 모델을 만들 수 있다. 이 중 한 가지 기법은 파일럿 캠페인이라는 모델을 만드는 것이다. 이 기법의 원리는 상대적으로 작은 수의 고객을 위한 프로모션을 만들고 응답을 수집하고 프로모션 대상자 중 응답자와 비응답자의 차이를 최대화하는 분류 모델을 만드는 것이다. 이는 응답 지표를 훈련 레이블로 사용함으로써 프로모션 대상자 프로파일에서 훈련된 닮은꼴 모델과 대응된다. 이 모델은 프로모션에서 응답 확률을 식 (3.12)와 같이 추정한다.

$$\Pr(R \mid T, \mathbf{x}) \tag{3.12}$$

여기서 R은 응답 지표, **T**는 트리트먼트 지표, **x**는 프로파일 특성 벡터다. 모델이 만들어지면 트리트먼트가 주어졌을 때 응답할 확률이 높은 고객을 타깃하기 위해 전체 캠페인에 사용할 수 있다. 어떤 경우, 모델은 파일럿 캠페인 없이도 비슷한 캠페인의 과거 데이터를 사용해 만들 수 있다. 따라서 전통적인 성향 모델은 프로모션이나 다른 마케팅 커뮤니케이션에 응답할 것 같은 고객을 찾아내기 위해 디자인됐다. 이 방법의 단점은 프로모션이 제공되지 않더라도 구매할 고객들이 프로모션 타깃에 포함된다는 것이다. 즉 확률 모델은 응답할 것 같은 고객을 예측하지만 캠페인이 수행되면 통제 그룹과 실험 그룹 사이의 차이, 즉 업리프트는 얼마 되지 않을 수도 있고 통제 그룹이 실험 그룹보다 성과가 좋을 수도 있다. 이 문제는 이전에 응답 모델링을 할 때 얘기했지만 우리는 성향 모델링에서 이를 어떻게 처리할 것인지에 대해 좀 더 자세히 알아볼 것이다.

업리프트에 관한 문제는 기본적인 성향 모델링이 트리트먼트를 받는 고객 데이터만 다루고 트리트먼트를 받지 않은 고객 데이터는 다루지 않는다는 점에서 출발한다. 그렇기 때문에 구조적으로 업리프트를 다루기 어려워진다. 우리는 파일럿 캠페인을 통해 통제 그룹을 만들어 이 문제를 해결할 수 있다. 이 그룹은 파일럿 캠페인에서 타깃되거나 타깃되지 않은 고객을 랜덤하게 고른다. 이를 통해 그림 3.13과 같이 4개의 그룹(타깃된 응답 고객, 타깃된 미응답 고객, 타깃되지 않은 응답 고객, 타깃되지 않은 미응답 고객)이 발생한다.

4개의 그룹은 실험 그룹과 통제 그룹의 응답률 차이인 업리프트를 최대화하는 모델을 만들 수 있게 해준다.

$$\text{uplift}(\mathbf{x}) = \Pr(R \mid T, \mathbf{x}) - \Pr(R \mid C, \mathbf{x}) \tag{3.13}$$

여기서 수식의 앞부분은 타깃됐을 때의 응답률, 뒷부분은 통제 그룹의 응답률이다. 이 두 확률은 통제 및 실험 그룹에서 각각 분류 모델을 적용해 추정될 수도 있고 트리트먼트 지표를 특성으로 사용해 합쳐진 그룹에서 단일 모델을 적용해 추정될 수도 있다[Lo, 2002]. 2개의 모델을 사용하는 방법의 문제는 각 모델이 서로 다른 점수 스케일을 갖고 업리프트를 예측하지 못하는 특성을 고를 수 있다는 점이다. 그래서 이 방법은 베이스라인 비증가 성향 모델[baseline non-incremental propensity model]보다 나은 결과를 보여주지 못할 때가 많다[Radcliffe and Surry, 2011; Kane 등, 2014]. 단일 모델 방법은 더 나은 결과를 보여줄 수 있지만 좀 더 복잡한 모델 디자인이 필요하다. 예를 들어 모델링 방법으로 로지스틱 회귀를 사용하면 특성

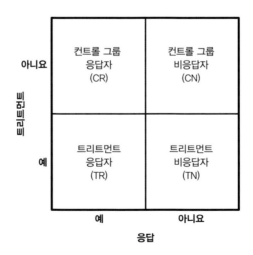

그림 3.13 업리프트를 활용한 확률 모델링에 대한 측정 그룹[Kane 등, 2014]

벡터는 프로파일의 특징과 프로파일-트리트먼트 상호 작용을 포함해야 하므로 모델은 식 (3.14)와 같이 표현된다.

$$f(\mathbf{x}, \mathbb{I}(T) \cdot \mathbf{x}, \mathbb{I}(T)) \tag{3.14}$$

여기서 $\mathbb{I}(T)$는 고객 $\mathbf{x}$가 타깃됐으면 1, 아니면 0의 값을 갖고 있는 지표 함수다 [Lo, 2002]. 즉 업리프트는 식 (3.15)와 같이 계산된다.

$$\text{uplift}(\mathbf{x}) = f(\mathbf{x}, \mathbf{x}, 1) - f(\mathbf{x}, \mathbf{0}, 0) \tag{3.15}$$

그림 3.13에 나타나 있는 각 사분면에 대해 확률을 예측하는 멀티노미얼 모델을 통해 좀 더 정확한 결과를 얻을 수 있다[Kane 등, 2014]. 그러면 식 (3.16)과 같은 모델이 된다.

$$
\begin{aligned}
\text{uplift}(\mathbf{x}) &= \Pr(R \mid T, \mathbf{x}) - \Pr(R \mid C, \mathbf{x}) \\
&= \Pr(R \mid T, \mathbf{x}) - (1 - \Pr(N \mid C, \mathbf{x})) \\
&= \Pr(R \mid T, \mathbf{x}) - \Pr(N \mid C, \mathbf{x}) - 1
\end{aligned} \tag{3.16}
$$

여기서 N은 미응답 결과다. 여기서 베이스 규칙을 적용하고 실험 그룹과 통제 그룹은 랜덤하게 선택돼 $\Pr(T \mid \mathbf{x}) = \Pr(T)$임을 활용하면 식 (3.17)을 얻는다.

$$
\begin{aligned}
\text{uplift}(\mathbf{x}) &= \frac{\Pr(TR \mid \mathbf{x})}{\Pr(T \mid \mathbf{x})} + \frac{\Pr(CN \mid \mathbf{x})}{\Pr(C \mid \mathbf{x})} - 1 \\
&= \frac{\Pr(TR \mid \mathbf{x})}{\Pr(T)} + \frac{\Pr(CN \mid \mathbf{x})}{\Pr(C)} - 1
\end{aligned} \tag{3.17}
$$

실험 그룹의 응답 확률에 같은 변환을 이용하면 업리프트는 식 (3.18)과 같고

$$
\begin{aligned}
\text{uplift}(\mathbf{x}) &= (1 - \Pr(N \mid T, \mathbf{x})) - \Pr(R \mid C, \mathbf{x}) \\
&= 1 - \frac{\Pr(TN \mid \mathbf{x})}{\Pr(T)} - \frac{\Pr(CR \mid \mathbf{x})}{\Pr(C)}
\end{aligned} \tag{3.18}
$$

식 (3.17)과 식 (3.18)을 합하면 업리프트 추정은 식 (3.19)가 된다.

$$
\begin{aligned}
2 \cdot \text{uplift}(\mathbf{x}) = &\frac{\Pr(TR \mid \mathbf{x})}{\Pr(T)} + \frac{\Pr(CN \mid \mathbf{x})}{\Pr(C)} \\
&- \frac{\Pr(TN \mid \mathbf{x})}{\Pr(T)} - \frac{\Pr(CR \mid \mathbf{x})}{\Pr(C)}
\end{aligned} \tag{3.19}
$$

여기서 분자의 확률은 단일 회귀 모델을 통해 추정된다. 업리프트 점수는 단일 성향 모델에 의해 추정된 응답 확률의 대안으로 사용할 수 있다. 타깃팅 시스템은 성향 점수 대신 최고의 업리프트 점수를 갖고 있는 개인을 캠페인 대상자로 선택함으로써 캠페인의 ROI를 최대화할 수 있다.

3.5.5 세그멘테이션과 페르소나 기반 모델링

행동 기반 세그멘테이션은 고객을 세그먼트 안에서는 서로 비슷하고 다른 세그먼트끼리는 서로 다르게 그룹 또는 세그먼트로 나누는 과정이다. 마케팅 분석 관점에서 세그멘테이션은 가장 중요하고 가치 있고 통찰력이 있고 복잡한 프로젝트 중 하나다. 세그멘테이션에서는 보통 전략적 의사 결정을 지원하는 분명한 의미가 있는 몇 가지의 차별화된 세그먼트를 나눈다. 세그멘테이션 프로세스의 결과는 보통 세그먼트 프로파일과 클러스터링 모델이라고도 하는 세그먼트 모델을 포함하고 있다. 세그먼트 프로파일은 특징적인 세그먼트의 성질 및 지표와 전형적인 고객 페르소나가 어떻게 설명되는지에 대한 해석을 포함하고 있다. 단순화된 세그먼트 프로파일은 표 3.4에 나타나 있다. 가장 특징적인 성질은 과거 고객 프로파일에 대해 클러스터링 알고리즘을 가동해 구해지므로 각 세그먼트는 기존 고객 그룹에 대응하고 세그먼트 프로파일은 각 그룹에 대한 통계적 지표다. 세그먼트는 처

표 3.4 세그먼트와 세그먼트 지표의 예. 각 세그먼트는 소비자 심리학 및 행동 용어로 표현됐다. 예를 들어 편리함 추구자는 다른 세그먼트에 비해 가격에 덜 민감하고 자녀 수가 적다. 이 세그먼트는 상대적으로 고객 수는 적지만 매출에는 더 큰 공헌을 한다.

	세그먼트 1	세그먼트 2	세그먼트 3
페르소나	편리함 추구자	가끔 구매자	할인 사냥자
마켓 점유율	20	50	30
매출 점유율	40	40	20
의류 점유율	40	60	60
전자 제품 점유율	50	20	10
완구 점유율	10	20	30
쿠폰 상환 비율	0.02	0.05	0.08

음에는 기존 고객의 명단이지만 고객의 프로파일을 분류 규칙을 사용해 페르소나로 변환하는 클러스터링 모델로 전환될 수 있다. 세그먼트의 모델 기반 표현은 고객을 프로파일의 특성에 따라 세그먼트에 동적으로 할당할 수 있으므로 매우 중요하다.

행동 기반 세그먼테이션은 RFM 분석과는 다르다. RFM 기법도 일종의 세그먼테이션으로 볼 수 있지만 RFM 분석은 고객을 관찰된 재무적 결과에 의해 나누고 행동 기반 세그먼테이션은 이런 결과를 초래하는 특성을 파악하고자 한다. 구매 금액과 같은 특징은 재무적 결과가 아니라 행동적 특성을 세그먼트화하기 위해 사전에 제외된다. 두 번째로 중요한 차이점은 RFM과 그 변종은 정해진 특징을 사용하지만 행동 기반 세그먼테이션은 가장 차별성을 제공하는 특징을 찾아내기 위한 방법이라는 것이다. 행동 기반 세그먼테이션의 이와 같은 특징은 전략적 마케팅 분석에 매우 중요하다. 왜냐하면 고객 행동의 원인을 이해하고 각 세그먼트의 특징을 사용해 각 세그먼트에 알맞은 마케팅 전략을 사용할 수 있게 도와주기 때문이다. 이런 차별화는 각 세그먼트마다 세그먼트 담당자를 두는 식으로 중요하게 활용될 수 있다.

프로그램 기반 마케팅 관점에서의 세그먼테이션은 지금까지 마케팅 분석에서 활용했던 내용들과는 좀 다르다. 왜냐하면 프로그램 기반 방법론은 전략보다는 실행과 전술적 측면에 치중했기 때문이다. 프로그램 기반 타깃팅 시스템은 행동 기반 세그먼테이션 프로세스에 의해 생산되는 결과의 사용자다. 첫째, 페르소나 태그는 닮은꼴 모델링이나 다른 모델의 특징으로 사용하며 어떻게 이런 태그가 만들어지는지는 별로 상관이 없다. 페르소나 태그는 고객 행동에 관한 중요한 시그널을 갖고 있고 성향 모델링에 대한 강력한 예측 능력을 제공한다. 세그먼테이션 결과의 둘째, 중요한 응용은 세그먼트 수준의 모델링이다. 고객 전체에 대한 성향 모델링은 성향이 여러 요인에 의해 달라지므로 고객 전체에 대해서는 정확도가 떨어진다. 예를 들어 한 세그먼트의 고객은 제품 품질이 좋지 않아서 이탈할 수 있고 다른 세그먼트의 고객은 제품 가격이 높아서 이탈할 수 있다. 즉 모델 저장소는 목표, 제품 카테고리, 고객 세그먼트의 다른 조합에 따라 차별화된 모델을 운영할 수 있다.

3.5.6 생존 분석을 이용한 타깃팅

성향 모델링은 마케팅 액션의 가능한 결과의 확률을 추정하는 것에 대한 강력한 프레임워크를 제공한다. 하지만 이 기법은 몇 가지 단점이 있다. 첫 번째 이슈는 사건의 확률은 좀 더 실행 가능한 지표인 사건까지의 시간으로 간단하게 표현되지 않는다는 것이다. 예를 들어 고객이 할인을 받으면 10일 내에 구매할 것을 5일 내에 구매할 것으로 바뀐다는 것을 알게 되는 것이 고객이 할인을 받으면 구매할 확률이 80%라는 것보다 유용하다. 여기서 각각의 시간 구간에 대해 복수의 성향 모델을 만드는 것은 통하지 않는다. 왜냐하면 기간은 상호 의존적이기 때문이다. 예를 들어 1, 2, 3월 각각의 확률 모델을 만드는 것은 2월의 구매는 1월의 구매에 의존하므로 의미가 없다. 두 번째 이슈는 성향 모델링의 응답 레이블을 만들기 위해 필요한 결과를 항상 관찰하지 않는다는 것이다. 예를 들어 고객 유지 캠페인을 위한 닮은꼴 모델은 이탈한 고객과 이탈하지 않은 고객을 차별화하기 위해 훈련될 수 있다. 훈련 데이터는 과거 특정 기간에 이탈한 고객에 대한 고객 프로파일과 특정 기간에 이탈하지 않은 고객 프로파일을 갖고 있다. 이 접근은 완벽하지 않다. 왜냐하면 특정 기간에 이탈하지 않은 고객이라도 앞으로 이탈할 수 있으므로 정확하게는 이탈하지 않은 고객이 아니라 이탈할 것인지, 하지 않을 것인지 모르는 고객이라고 표현해야 한다. 이는 전에 얘기했던 삭제된 관찰 값의 문제다.

성향 모델링의 이런 한계는 2.6.2절, '생존 분석'에서 다룬 생존 분석에 의해 해결될 수 있다. 생존 분석 모델은 삭제된 데이터를 제대로 처리할 수 있고 이벤트까지의 시간(생존 시간)을 예측할 수 있고 어떻게 마케팅 액션과 고객 성질이 특정 사건을 가속화 또는 감속화할 수 있는지 알려준다. 타깃팅 시스템에서 생존 분석의 기본적인 사용법의 예를 살펴보자.

예 3.2

프로그램 기반 시스템에서 프로모션 캠페인을 운영하는 소매업체의 예를 살펴보자. 캠페인에서의 최적 성질을 결정하기 위해 시스템은 표 3.5에 나타난 이전 캠페인과 비슷한 데이터를 사용한다. 이 데이터는 12개의 고객 프로파일과 세 가지 특징으로 이뤄져 있다. 고객이 캠페인 발표 일주일 전에 구매했는지의 여부를 가리키는 지표, 캠페인 기간 동안 보낸 이메일 개수 그리고 제공된 할인의 분량이다. 관찰된 결과는 캠페인 시작 시점으로부터 측정된 구매까지 걸린 날짜다. 캠페인은 20일 동안 진행됐고 20일 동안 구매하지 않은 고객은 삭제됐다.

표 3.5 생존 분석을 위한 훈련 데이터 세트. 삭제된 기록은 캠페인 시작 후 처음 20일 동안 구매하지 않은 고객을 가리킨다.

번호	이전 구매	이메일을 받은 횟수	할인율	구매 시간
1	0	2	5	5
2	0	2	0	10
3	0	3	0	20(삭제됨)
4	1	1	0	6
5	1	2	10	2
6	1	3	0	15
7	1	4	0	20(삭제됨)
8	1	5	5	6
9	0	2	10	8
10	1	5	5	13
11	0	0	0	20(삭제됨)
12	1	2	5	8

이 데이터를 2.6.2.3절, '생존 분석 회귀'에 나왔던 콕스 비례 위험 모델에 사용해 보자. 콕스 모델은 어떻게 구매 시간이 분포되는지를 설명하는 비모수 베이스라인 생존 함수와 개인 리스크 비율에 대한 모수 선형 모델로 이뤄지는 세미 모수 모델이다. 리스크 비율은 특정 고객이 구매할 리스크가 베이스라인보다 높은지, 낮은지를 설명한다. 이 리스크 비율은 프로파일의 특징의 함수로 표현되므로 어떻게 다른 특징들이 구매까지 걸리는 시간에 영향을 미치는지 계산할 수 있다. 콕스 모델을 사용하면 식 (3.20)과 같이 리스크 비율에 대한 모델을 얻을 수 있다.

$$
\begin{aligned}
\log(위험) \quad = \quad & 1.957 \times 이전\ 구매 \\
& -0.510 \times 이메일\ 횟수 \\
& +0.323 \times 할인
\end{aligned}
\tag{3.20}
$$

이 모델의 해석은 과거의 구매와 할인은 구매까지 걸리는 시간과 음의 상관 관계, 이메일의 숫자는 양의 상관 관계가 있다는 것이다. 즉 추가 할인은 구매까지 걸리는 시간을 감소시키고 추가 이메일은 증가시킨다. 이는 더 많은 이메일을 보내는 것은 캠페인에 도움이 되지 않으므로 이메일 전략과 메시지의 적합성은 재검토돼야 한다. 모델의 이 부분은 유용하지만 표준 성향 모델과 비교해 추가 통찰을 제공하지 않는다. 보다 재미있는 부분은 생존 함수다. 콕스 모델은 특징 벡터의 어느 값에 대해서도 생존 함수를 제공할 수 있고 각 함수는 구매 시간의 누적 분포에 대응한다. 이 예에서 특징 벡터는 과거 구매 여부 지표, 이메일 횟수, 할인 규모로 이뤄진 3차원 벡터다. 생존 함수의 예는 그림 3.14와 그림 3.15와 같다. 이 예에 나타나 있는 모든 곡선은 동일한 모양을 갖지만 특징 벡터 $\mathbf{x}$에 기반을 두고 추정된 리스크 비율에 따라 조정됐다. 여기서 이메일의 개수는 생존 커브를 위로 밀어올리는 것을 볼 수 있고 이는 이메일의 부적합성을 보여준다. 반면 할인은 생존 커브를 아래로 밀어내리고 이는 할인이 구매까지 걸리는 시간을 줄여준다는 것을 보여준다.

여기서 생존 커브를 구하는 것뿐 아니라 구매까지 걸리는 시간의 통계적 성질을 추정하는 것도 중요하다. 생존 함수 $S(t)$는 구매까지 걸리는 시간 $F(t)$의 누적 분포 함수와 직접 관련된다.

$$S(t) = 1 - F(t) \tag{3.21}$$

즉 우리는 콕스 모델로부터 분포 함수도 얻는다. 이는 평균값 또는 중간값의 구매까지 걸리는 시간뿐 아니라 신뢰 구간 등과 같은 다른 통곗값도 얻을 수 있게 해준다. 생존 함수는 독립 변수들의 어떤 조합으로도 얻을 수 있으므로 우리는 각 고객의 구매까지 걸리는 시간의 평균이나 중간값을 따로 추정해 그 값을 마케팅 규칙(예: 예상되는 구매 시점 전에 알림 보내기)이나 타깃팅 점수(예: 가장 긴 구매까지 걸리는 시간을 가질 것으로 예측되는 10%의 고객을 타깃하기)에 사용할 수 있다. 또한 구매까지 걸리는 시간의 평균이나 중간값으로 표현되는 독립 변수들의 효과를 계산할 수도 있다. 예를 들어 각 할인 비율에 대해 이것이 얼마나 구매까지 걸리는 시간을 단축시키는지를 추정할 수 있다.

생존 함수는 다양한 마케팅 활동에 활용될 수 있다. 주로 사용하는 활동은 보충 캠페인에서의 메시지에 적합한 타이밍을 추정하는 것, 고객 유지 캠페인에서 고객

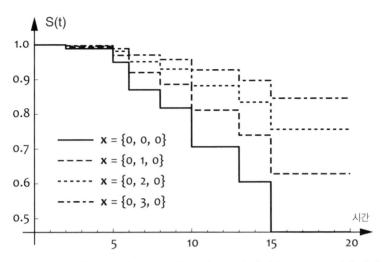

그림 3.14 이메일 횟수에 대한 생존 곡선. 구매 지표와 할인율은 모든 곡선에 대해 0으로 같다.

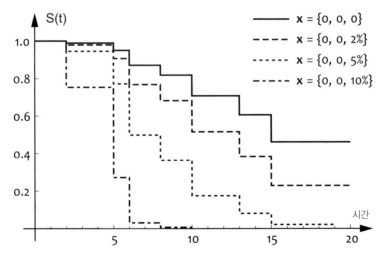

그림 3.15 할인율에 대한 생존 곡선. 구매 지표와 이메일 횟수는 모든 곡선에 대해 0으로 같다.

이탈 시간을 추정하는 것, 고객 LTV 모델링에서 특정 기간 동안 구매 횟수를 추정하는 것 등이다. 생존 모델은 성향 모델과 마찬가지로 다양한 제품, 카테고리, 고객군에서 사용할 수 있다. 이런 모델에 의해 계산된, 구매까지 걸리는 시간의 기댓값은 서로 비교될 수 있고 가장 적합한 제품과 오퍼링은 계산된 비율에 기반을 두고 선택될 수 있다.

3.5.7 생애 가치 모델링

마지막 구성 요소는 보통 LTV, CLV, CLTV 등으로 불리는 고객 LTV의 추정이다. LTV 모델링의 목적은 브랜드가 고객이 브랜드를 사용하는 생애 동안 얼마나 고객으로부터 수입을 올릴 수 있는지를 추정하는 것이다. LTV 분석의 정확한 구조는 브랜드의 비즈니스 모델에 따라 달라지지만 브랜드의 이익과 손해에 관해 맞춰질 수 있는 기본적인 LTV 모델을 만들 수 있다.

LTV는 캠페인 디자인과 마케팅 믹스의 중요한 구성 요소다. 타깃팅 모델은 타깃할 만한 고객을 선택하는 것을 도와주고 LTV는 매출과 이익의 측면에서 타깃팅으로부터 얻어지는 결과를 분석해준다. LTV는 다른 중요한 지표와 의사 결정 한곗값이 LTV로부터 산출될 수 있기 때문에 중요하다. 예를 들어 LTV는 자연스럽게 고객 유치에 쓸 수 있는 금액의 한계, 특정 브랜드의 모든 고객의 LTV 합은 비즈니스 평가의 주요 지표인 고객 가치다. 마케팅 분석과 알고리즘 마케팅의 다른 문제와 마찬가지로 LTV 모델링은 서술적, 예측적, 처방적 관점에서 다뤄질 수 있다. 먼저 기본적인 서술적 접근을 다룬 후 보다 고급 모델을 공부해보자.

3.5.7.1 서술적 분석

LTV는 고객으로부터의 모든 매출 및 그 관계와 관련된 모든 변동 비용을 계산하고 고객 유치 비용도 선택적으로 고려할 수 있다. 고객 LTV를 계산하는 가장 기본적인 방법은 미래의 특정 기간 동안 평균 기대 이익의 총합을 구하는 것이다.

$$\text{LTV}(u) = \sum_{t=1}^{T} (R - C) = T(R - C) \tag{3.22}$$

여기서 t는 기간(보통 개월), R과 C는 고객당 평균 기대 매출과 비용, T는 기대 생애다. 평균 기대 매출과 이익은 트랜잭션 기록이나 캠페인 예산과 같은 과거 자료로부터 계산될 수 있다. 이 추정은 개인화된 것이 아니라 전체 고객의 평균이므로 계산은 상대적으로 간단하다. 서로 다른 고객 세그먼트에 따라 매출과 비용은 많이 달라질 수 있으므로 각 고객 세그먼트가 나눠져 있는 경우는 세그먼트별로 R과 C를 따로 추정하는 것이 좋다. 생애 기간 T는 전형적인 관계 기간이나 계획 수립 기간에 따라 정할 수 있는데 보통 24개월이나 36개월이다.

기본적인 LTV 식 (3.22)는 몇 가지 주요 효과를 고려하지 않는다. 첫째, 고객 유지를 명시적으로 고려하지 않는다. 고객 생애 기간 T를 평균 고객 생애에 따라 조절할 수 있긴 하지만 고객 유지 비율 r을 모수로 반영하는 것이 더 편리하다. 예를 들어 연간 고객 유지 비율 80%는 1년 안에 20%의 고객을 잃는다는 뜻이다. 둘째, LTV는 보통 2~3년의 긴 기간 동안 계산되므로 현재의 화폐 가치가 미래의 가치보다 높다는 점을 고려해야 한다. 따라서 할인율 d를 적용하고 이는 특정 기간 동안 자본을 묶어두는 비용을 고려한 것이다. 예를 들어 할인율이 0.15일 때 현재 가치 1달러는 1년 후에 1.15달러로 고려된다는 것을 의미한다. 할인율을 고려한 회계는 LTV의 순현재 가치^{net present value}를 산출해준다. 이 두 가지 요소를 고려하면 고객의 순가치는 첫 기간에 $(R - C)$, 두 번째 기간에 $(R - C) \cdot r/(1 + d)$가 된다. 그리고 결국 식 (3.23)과 같이 정의된다.

$$\text{LTV}(u) = \sum_{t=1}^{T} \frac{(R - C)r^{t-1}}{(1 + d)^{t-1}} \tag{3.23}$$

이 식은 널리 사용하고 LTV의 표준적 정의로 간주된다. 이 식은 물론 현실의 모든 LTV에 영향을 미치는 요소를 포함하고 있는 것은 아니지만 LTV에 영향을 미칠 수 있는 다른 과정과 모수들을 포함하기 위해 확장될 수 있다. 예를 들어 순이익 m은 단순히 상숫값인 $R - C$가 아니라 브랜드와 고객과의 관계가 성숙해짐에 따라 증가하도록 모델화할 수 있다.

$$m_t = m_0 + (m_M - m_0)\left(1 - e^{-kt}\right) \tag{3.24}$$

여기서 m_0는 관계 시작 시점에서 순이익, m_M은 가능한 최대 이익 그리고 $k =$

$\ln(2)/\tau$는 최대 가치에 이르는 시간의 절반으로 표현되는 이익 성장률이다. 절반에 이르는 시간 τ는 얼마나 빨리 최대 이익에 근접하는지를 나타낸다. τ 시간마다 현재 이익의 가치와 최대 이익의 차이는 반으로 줄어든다. 순이익 m_t는 상수 $R - C$를 대신해 식 (3.23)에 삽입될 수 있다.

예 3.3

LTV 계산의 예를 살펴보자. 모델의 모수는 다음과 같이 가정할 수 있다.

- 관계 시작 시점에서의 순이익 $m_0 = 100$달러
- 가능한 최대 이익 $m_M = 150$달러
- 최대 이익에 이르는 시간의 절반 값 $\tau = 3$년
- 고객 유지 비율 $r = 90\%$
- 할인율 $d = 10\%$

이 모수들을 식 (3.23)과 식 (3.24)에 대입하면 표 3.6과 같은 결과를 얻는다. 순이익은 식 (3.24)에 따라 매년 증가하고 3년이 지난 후에는 시작 시점 순이익과 최대 이익의 절반 지점인 125달러를 넘어선다. 기대 순이익은 명목 순이익과 고객 유지율 r^{t-1}의 곱이다. 마지막으로 할인된 순이익은 기대 순이익에 할인 승수 $(1 + d)^{t-1}$을 곱함으로써 얻는다. LTV는 연간 할인 순이익의 합이다.

표 3.6 5년간을 기준으로 계산된 LTV 계산의 예

연도	순이익 (달러)	고객 유지 비율 (%)	기대 순이익 (달러)	할인 계수 (%)	할인된 순이익 (달러)
1	100.00	1.00	100.00	1.00	100.00
2	110.31	0.90	99.28	0.91	90.26
3	118.50	0.81	95.99	0.83	79.33
4	125.00	0.73	91.13	0.75	68.46
5	130.13	0.66	85.40	0.68	58.33
LTV					396.38

이 분석은 전체 LTV뿐 아니라 시간에 따른 LTV 변화를 보여준다. 1년, 2년 그리고 그 이후 할인 순이익의 부분적 합계를 보여줌으로써 연도별 LTV 커브를 쉽게 그릴 수 있다. 커브의 상승 곡선이 금방 밋밋해진다면 이것은 대부분의 가치가 관계 초기에 창출된다는 것이고 장기적인 관계는 추가 가치가 많이 없다는 것을 의미한다. 커브가 시간이 지나도 꾸준히 상승한다면 이는 그 고객이 장기적으로 이익을 창출한다는 것을 의미한다.

기술적인 LTV 모델은 과거에 관찰된 평균 매출을 미래로 외삽^{extrapolate}한다는 점에서 RFM과 비슷하다. 이는 개인 고객 세그먼트에 대해 계산될 경우 어느 정도의 개인화가 가능하지만 고객의 성질과 마케팅 액션이 어떻게 LTV에 영향을 미치는지는 예측하지 못한다.

3.5.7.2 마코프 체인 모델

서술적인 LTV 모델은 여러 단계의 고객 유치, 최대화, 유지 상태가 섞여 있는 복잡한 고객 여정에 관해 유연성을 제공해주지 못한다. 동시에 여러 단계가 있다는 것은 고객 여정을 랜덤 프로세스, 더 나아가 마코프 체인으로 모델링해야 한다는 것을 의미한다. 이 기법은 구매의 최근성과 같은 관찰된 고객 성질을 기반으로 고객 상태를 정의하고 다른 상태로 이동할 확률과 그에 따른 이익과 손해를 예측한 후 기대되는 고객 여정에 따라 LTV를 예측하는 것이다[Pfeifer and Carraway, 2000].

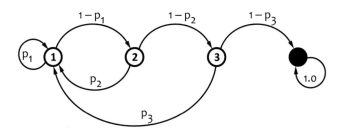

그림 3.16 LTV 모델링을 위한 마코프 체인의 예. 흰색 동그라미는 최근성의 세 가지 다른 값에 대응한다. 검은색 동그라미는 구매 확률이 없는 상태를 의미한다.

마코프 체인의 중요한 부분은 '어떻게 상태와 변환이 정의되는가?'이다. 예를 들어 구매의 최근성이 고객 이탈의 중요한 척도가 되는 소매업체를 가정해보자. 한달 전에 구매를 했으면 이번 달에 구매할 확률 $p_1 = 80\%$, 두 달 전에 구매했으면 이번 달에 구매할 확률 $p_2 = 40\%$, 세 달 전에 구매했으면 이번 달에 구매할 확률 $p_3 = 10\%$, 네 달 동안 구매가 없었으면 다시 구매할 확률이 거의 없다고 가정해보자. 이는 그림 3.16에 나타나 있는 마코프 체인으로 모델링할 수 있다. 이 체인에는 네 가지 상태(각 최근성에 대한 세 가지 상태와 이탈된 고객의 상태)가 있다. 구매하지 않은 고객은 왼쪽에서 오른쪽으로 고객 이탈 상태에 이르기까지 한 단계씩 옮겨간다. 구매를 하면 처음부터 프로세스를 다시 시작하게 되므로 맨 왼쪽으로 간다.

마코프 체인은 다음과 같은 행렬로 표현된다.

$$
\mathbf{P} = \begin{bmatrix} p_1 & 1-p_1 & 0 & 0 \\ p_2 & 0 & 1-p_2 & 0 \\ p_3 & 0 & 0 & 1-p_3 \\ 0 & 0 & 0 & 1 \end{bmatrix} \tag{3.25}
$$

행렬의 각 행은 현재 상태에 대응하고 각 열은 다음 상태에 대응한다. 행렬의 각 원소는 고객이 한 상태에서 다음 상태로 옮겨 갈 확률이다. 고객이 현재 상태 s에서 다음 상태 q로 t개월 후에 옮겨 갈 확률은 마코프 체인의 표준에 따르면 행렬 $\mathbf{P}^t$의 원소 (s, q)로 표현된다. 이는 고객의 현재 상태가 알려져 있다면 고객 여정을 확률적으로 예측할 수 있는 단순한 방법을 제공한다.

경제적인 관점에서 보면 체인의 각 상태는 이익과 비용에 대응한다. 예를 들어 마케팅 전략은 각 현재 고객에 대해 예산 C를 사용(예: 카탈로그 보내기)하고 고객이 이탈 단계로 가면 예산을 사용하지 않는 것이 된다. 첫 번째 상태는 구매로 인한 매출 R이 된다. 열 벡터 G를 i번째 상태의 순이익이 i번째 원소에 대응하도록 만들어보자.

$$
\mathbf{G} = \begin{bmatrix} R - C \\ -C \\ -C \\ 0 \end{bmatrix} \tag{3.26}
$$

행렬의 곱 **PG**는 한 기간 후 각 상태의 순이익 벡터가 된다. 예를 들어 첫 번째 상태의 순이익은 식 (3.27)이 된다.

$$\mathbb{E}\left[\text{profit} \mid \text{state 1}\right] = p_1(R - C) - (1 - p_1)C = p_1 \cdot R - C \qquad (3.27)$$

왜냐하면 여기서 비용 C를 쓰고 이익을 낼 확률 p_1을 갖게 되기 때문이다. 이와 비슷하게 두 번째 기간에서의 기대 이익은 P^2G로 표현된다. 즉 LTV는 여러 기간에 걸쳐 있는 기댓값의 합으로 예측되고 각 기간마다 할인율 d를 적용하면 식 (3.28)을 얻는다.

$$\mathbf{V} = \sum_{t=1}^{T} \frac{1}{(1 + d)^{t-1}} \mathbf{P}^t \mathbf{G} \qquad (3.28)$$

여기서 열 벡터 **V**는 초기 상태의 LTV 추정값을 담고 있다. 고객의 LTV는 이 예에서는 최근성이 현재 고객 상태에 기반을 둔 벡터의 원소의 하나로 추정된다. 이 결과는 식 (3.23)에 나타나 있는 표준 서술적 LTV 모델과 비교될 수 있다. 우리는 결국 정적인 순이익과 고객 유지율 모수를 시간에 의존하는 확률적 추정값으로 바꾼 셈이다.

이 예를 각 시간대 **T**에 대해 추정하는 것으로 마무리하자. 이전에 나왔던 것처럼 변환 확률은 $p_1 = 80\%$, $p_2 = 40\%$, $p_3 = 10\%$로 가정했다. 그리고 구매의 기대 매출 R = 100달러이고 월간 마케팅 비용 C = 5달러, 월간 할인율은 0.1%라고 가정해보자. 식 (3.28)의 모수에 이를 대입하면 LTV 벡터의 순서인 식 (3.29)를 얻는다.

$$\mathbf{V}_{T=1} = \begin{bmatrix} 75\text{달러} \\ 35\text{달러} \\ 9.5\text{달러} \\ 0\text{달러} \end{bmatrix} \quad \mathbf{V}_{T=2} = \begin{bmatrix} 135.5\text{달러} \\ 48.4\text{달러} \\ 10.4\text{달러} \\ 0\text{달러} \end{bmatrix} \quad \mathbf{V}_{T=3} = \begin{bmatrix} 184\text{달러} \\ 53.4\text{달러} \\ 10.5\text{달러} \\ 0\text{달러} \end{bmatrix} \quad (3.29)$$

여기서 LTV는 초기 고객 상태에 많은 영향을 받았다는 것을 알 수 있다. 처음 3개월, 즉 $\mathbf{V}_{T=3}$에 대해 한 달 전에 구매한 고객의 LTV는 184달러, 두 달 전에 구매한 고객의 LTV는 53.4달러, 세 달 전에 구매한 고객의 LTV는 10.5달러로 떨어진다.

마코프 체인은 보다 복잡한 고객 상태와 마케팅 전략을 적용하기 위해 확장될 수 있다. 예를 들어 다음 구매 확률은 과거 구매의 최근성뿐 아니라 빈도와도 종종 상관 관계가 있다. 이 경우 각 최근성과 빈도의 쌍은 체인 내에서의 별도의 상태로 모델링될 수 있다. 그리고 식 (3.28)에 의해 대수적으로 추정된 LTV는 고객 여정의 몬테카를로 시뮬레이션으로 대체될 수 있고 이는 이익과 손해를 보다 유연하게 모델링할 수 있게 해준다. 이 경우 데이터로부터 추정된 상태 빈도에 해당하는 초기 상태를 랜덤하게 고르고 그래프를 거슬러올라가 어느 방향으로 갈 것인지 동전을 던져 결정하고 이때 발생하는 이익과 손해를 기록한다. 이 방법을 반복하면 기대 고객 가치의 샘플을 얻게 된다. 이 방법의 장점은 평균, 분산, 신뢰 구간과 같은 LTV의 통계적 지표들이 샘플의 히스토그램 분석에 의해 쉽게 구한다는 것이다. 그리고 각 상태마다 추가 비즈니스 논리와 모수 등을 쉽게 추가할 수 있는데 이는 변환 행렬에서는 구현하기 어렵다.

3.5.7.3 회귀 모델

마코프 체인 모델은 정적인 고객 유지율과 평균 기대 이익을 시간과 상태에 의존적인 추정값으로 바꿈으로써 서술적 LTV 모델을 발전시킨다. 이 방법의 한계는 모델에 포함되는 고객 성질의 수가 증가함에 따라 상태의 수도 기하급수적으로 증가한다는 것이다. 한 단계 물러서서 개념적으로 표현하면 두 방법 모두 LTV를 고객이 브랜드에 머물 확률과 고객으로부터의 기대 순이익의 형태로 추정한다. 이는 식 (3.30)과 같이 표현된다.

$$\text{LTV}(u) = \sum_{t=1}^{T} p(u,t) \cdot m(u,t) \tag{3.30}$$

여기서 $p(u,t)$는 고객 u가 시간 t까지 머무는 확률이고 $m(u,t)$는 기간 t에서 고객으로부터의 순이익이다. 전통적인 서술적 모델은 두 요소를 정적인 고객 유지 비율과 평균 이익을 이용해 예측하지만 마코프 체인 모델은 같은 요소를 확률적 분석을 사용해 예측한다. 식 (3.30)의 보다 유연한 해법은 각 요소에 대해 회귀 모델을 적용하는 것이다. 이 기법의 장점은 회귀 모델은 고객 프로파일로부터 만들어진 다양한 독립 변수를 사용할 수 있기 때문에 예측적 및 처방적 모델링이 가능하다는 점이다.

식 (3.30)의 고객 유지 확률 요소로는 생존 분석이 자연스러운 선택이다. 이 확률

은 고객의 생존 함수 $S_u(t)$와 직접적인 상관 관계가 있으므로 모델은 식 (3.31)이
된다.

$$LTV(u) = \sum_{t=1}^{T} S_u(t) \cdot m(u, t) \tag{3.31}$$

이 생존 모델은 고객이 이탈하는 시점을 추정하도록 훈련되고 이를 위해서는 이탈
사건이 정의돼야 한다. 이 사건들은 직접 측정되거나(예: 고객이 서비스를 해지함)
어떤 비즈니스 규칙에 의해 휴리스틱으로 측정된다(예: 5개월 이상 구매가 없는 고객
은 휴면 고객으로 정의). 생존 분석은 삭제된 데이터를 제대로 처리함으로써 고객 유
지 확률 추정의 문제를 해결하고 추정할 수 있는 능력은 구매의 최근성이나 빈도
와 같은 고객 성질로 모수화되는 위험 함수를 개인화한다.

순이익의 값 $m(u, t)$는 다른 정확도를 갖고 있는 여러 가지 방법으로 추정될 수
있다. 가장 기본적인 방법은 각 고객 세그먼트에 대한 평균 순이익 값을 추정하고
그 값을 세그먼트 안에서 모든 고객에 대해 사용하는 것이다. 보다 복잡한 회귀 모
델은 계절성과 고객 프로파일 특성을 포함함으로써 만들 수 있다.

3.6 캠페인 디자인과 운영

타깃팅 시스템의 초석인 타깃팅과 LTV 모델은 효율적인 마케팅 의사 결정의 기
초다. 마케팅 캠페인은 보통 특정한 목적을 이루기 위한 여러 액션과 의사 결정으
로 이뤄진 흐름이다. 이 흐름에서는 여러 개의 모델이 합쳐지고 여러 시그널과 제
약 조건이 고려된 최적화들이 동시에 이뤄져야 한다. 타깃팅 시스템은 종종 캠페
인 템플릿 저장소가 있고 각 템플릿은 특정한 액션과 결정을 서술한다. 이 흐름은
특정한 목적을 위해 디자인되지만 다른 타깃팅 모델, 예산의 제약, 고객 경험 특징
등으로 모수화될 수 있다. 캠페인 ROI를 예측하는 것과 이익과 비용의 균형을 맞
추기 위한 실행 모수와 한곗값을 최적화하는 것은 캠페인 디자인의 중요한 부분이
고 해당 모델과 루틴은 템플릿의 일부분이 된다. 3장에서는 여러 종류의 캠페인과
이전에 소개했던 기본 모델과의 관계를 다룬다.

3.6.1 고객 여정

경제적인 관점에서 보면 고객과 브랜드와의 상호 작용은 전체 구매 금액, 구매된 제품, 마진, 웹 사이트 클릭 등과 같은 형태로 표현되는 트랜잭션의 집합으로 볼 수 있다. 마케팅 최적화의 문제는 트랜잭션 관점으로도 해석할 수 있다. 즉 마케팅 믹스의 모든 요소를 각 트랜잭션 단위의 확률과 마진의 형태로 최적화하는 것이다. 고객 생애 주기는 이런 종류의 최적화를 고려하기는 하지만 결국 고객 경험보다는 브랜드 레벨의 관심과 목표에 집중한다. 이런 접근은 소매업체를 비롯한 많은 마케팅 환경에서 완전하게 작동하지 않는다. 소매업체에서 고객과의 상호 작용은 경험 위주이고 브랜드의 성공은 각 트랜잭션의 최적화보다는 장기적이고 우월한 고객 경험을 줄 수 있는 능력에 달려 있기 때문이다.

고객 경험 분석과 모델링의 인기 있는 접근 중 하나는 고객 여정 지도다. 여정 지도는 고객과 브랜드 사이의 관계에 관한 얘기를 들려준다. 이 지도는 생애 주기 커브와 같이 고객 여정의 전체 과정을 설명할 수도 있고 단일 구매와 같은 특정한 범위만 다룰 수도 있다. 이 지도는 여정의 단계와 그 사이의 변환을 보여주는 도표로 시각화된다. 간단한 예는 그림 3.17이다. 이 지도는 단일 트랜잭션의 흐름이지만 이를 고객 경험과 브랜드와의 장기적 상호 작용의 맥락에서 표현한다.

이 여정은 새로운 제품의 검색, 생일과 같은 특별한 이벤트, 광고 이메일, 기존 제품을 다시 구매할 필요 등과 같은 사건 유발로부터 시작한다. 사건 유발 후에는 제품 정보의 연구와 구매 채널의 선택이 뒤따른다. 그런 다음 선택된 채널 안에서 특정 제품을 찾아보는 것과 구매 그리고 반품과 고객 구매 후기와 같은 구매 이후의 행동이 뒤따른다. 현실에서 고객 여정은 이것보다 더욱 복잡하고 고객 행동과 의사 결정 과정, 다른 상태의 고객 분포 등과 같은 여러 가지 자세한 사항을 포함할 수 있다. 그리고 고객 여정 지도는 각 고객 세그먼트마다 달라지므로 각 세그먼트별로 작성된다.

마케팅 캠페인은 고객의 여정에 영향을 미치려고 하므로 보통 여정 지도상에 특정한 흔적이 있다. 예를 들어 그림 3.17에서 오프라인 구매 과정을 포기한 고객에게는 다시 돌아오게 하기 위한 오퍼를 제공한다. 각 캠페인은 고객 여정 내의 특정 상황에 적용할 수 있는 템플릿의 형태로 볼 수 있다. 프로그램 기반 시스템은 캠페인 템플릿의 저장소를 보유하고 있고 각 템플릿은 언제 캠페인 액션이 유발되고 어

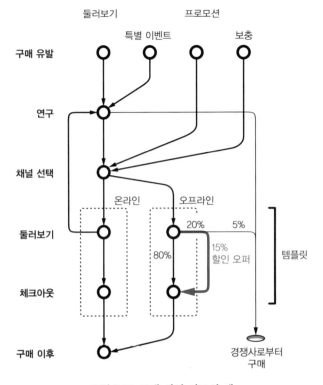

그림 3.17 고객 여정 지도의 예

떻게 상황을 처리해야 하는지에 관한 법칙 그리고 요구되는 액션에 대한 모수를 추정하고 결과를 예측하는 모델을 포함하고 있다. 템플릿은 서로 다른 시간에 다른 채널을 통해 또는 다른 관찰된 피드백을 통해 수행할 수 있는 하나 또는 여러 가지 액션을 기술한다.

고객 여정의 분석과 여정 지도의 생성은 보통 대규모의 분석 연구, 고객 설문 조사, 마케팅 전략 개발을 동반하는 전략적인 프로젝트다. 따라서 고객 여정 지도와 캠페인 템플릿의 생성은 프로그램 기반 시스템에서 다루지 않는다. 보통 이런 것들은 다른 곳에서 생성되고 시스템에 입력된다. 시스템의 책임은 템플릿 모수의 추정 및 최적화 그리고 최적 템플릿의 동적인 선택이다.

3.6.2 제품 프로모션 캠페인

가장 기본적인 타깃 캠페인 중 하나는 특정 제품에 대한 판매 프로모션이다. 이런 프로모션의 예는 화폐 가치가 없는 광고 1달러 할인 쿠폰, 하나를 사면 하나를 무료로 주는^{buy one get one free, BOGO} 쿠폰, 무료 제품 샘플 등이다. CPG 업계에서 이런 캠페인을 보통 신문 삽입 별지 광고^{free standing inserts, FSI}라고 한다. 왜냐하면 쿠폰은 보통 지역 신문에 끼워 배달하기 때문이다. 가장 간단한 형태인 이런 단독 프로모션은 구매 유발(프로모션)과 구매(쿠폰 상환)로 이뤄지는 간단한 고객 여정에 대응한다. 이런 방법은 가장 효율적이지는 않지만 모든 마케팅 목적에 부합한다.

- 신규 고객 유치 캠페인에서 브랜드는 BOGO 또는 달러 할인 쿠폰을 특정 카테고리 제품을 많이 구매하지만 자신의 브랜드는 구입하지 않는 고객에게 보낼 수 있다.
- 소비 최대화 캠페인에서 브랜드는 기존 고객에게 3개 구매 시 1달러 할인과 같은 조건부 프로모션을 보낼 수 있다.
- 고객 유지 캠페인에서 브랜드는 BOGO 또는 달러 할인 쿠폰을 기존 구매 주기와 비교해 구매량이 줄어든 고객에게 보낼 수 있다.

응답 모델링 프레임워크는 응답 확률을 예측하는 예측 모델을 활용해 어떻게 이런 프로모션이 타깃팅돼야 하는지 알려주지만 타깃팅 과정, 예산, 프로모션 모수 선택과 같은 다른 요소도 고려해야 한다.

3.6.2.1 타깃팅 과정

타깃팅 시스템은 환경과 캠페인의 특성에 따라 배치 또는 실시간 모드 둘 다 사용할 수 있다. 어떤 프로모션은 수백만 개의 이메일을 동시에 보낼 수도 있으므로 타깃팅 시스템을 위해 미리 타깃 고객 명단이 준비돼 있어야 한다. 다른 프로모션은 급속하게 바뀌는 고객 프로파일이나 맥락 때문에 실시간으로 타깃돼야 하는 경우도 있다. 예를 들어 프로모션은 체크아웃 직전의 바스켓에 들어 있는 제품에 따라 고객에게 제공될 수도, 되지 않을 수도 있다. 실시간 접근은 일반적으로 보다 유연하게 적용할 수 있고 적절하게 디자인된 실시간 타깃팅 시스템은 전체 고객 데이터에 대해 타깃팅 규칙과 모델을 평가함으로써 배치 모드를 모의 실험할 수 있다. 여기서는 실시간 타깃팅 사례를 다루고 단일 고객 프로파일과 이에 해당하는 맥락을 입력으로 간주해 해당 고객에게 제공될 프로모션을 제공하는 과정을 알아본다.

여기서 시스템은 제공될 수 있는 프로모션의 데이터베이스를 갖추고 있다고 가정한다. 이 데이터베이스는 현재 사용할 수 있는 모든 캠페인으로부터의 프로모션 정보를 담고 있다. 각 프로모션은 비즈니스 목표, 프로모션 제품, 카테고리 등과 같은 성질과 연결돼야 하므로 타깃팅 시스템은 적합한 타깃팅 모델 및 규칙을 통해 이런 정보를 프로모션과 연결시킬 수 있다. 이는 프로모션 생성과 타깃팅이 서로 밀접하게 관련돼 있는 이유다. 왜냐하면 각 타깃팅 단계나 특성은 캠페인 환경 설정과 프로모션 속성에서 대상이 필요하기 때문이다. 여기서는 타깃팅 프로세스를 알아보고 어떻게 프로모션이 가능한 옵션 중에서 선택되는지 그리고 어떻게 타깃팅에 필요한 성질과 조건을 갖고 프로모션을 만들고 분배하는지 알아본다.

타깃팅 과정은 크게 세 단계로 나뉜다. 먼저 시스템은 모든 가능한 프로모션 중에서 특정 상황과 고객에게 유효한 프로모션을 고른다. 그런 다음 프로모션은 얼마나 목적에 맞는지에 따라 정렬하기 위해 스코어링된다. 마지막으로 예산 및 다른 제약 조건들을 제공함으로써 고객에게 제공할 최적의 프로모션을 선택한다. 이 과정은 그림 3.18에 니타나 있다. 프로모션의 초기 필터링은 보통 비즈니스 룰과 조건에 의해 정해지고 이를 하드 타깃팅이라고 한다. 반면 프로모션 스코어링은 점수를 생산하는 예측 모델을 사용하며 이를 소프트 타깃팅이라고 한다.

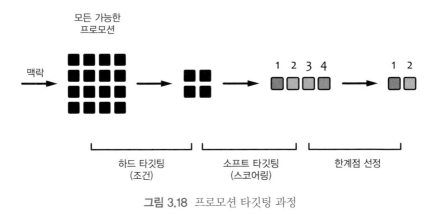

그림 3.18 프로모션 타깃팅 과정

하드 타깃팅 단계의 목표는 특정 상황에 합당한 프로모션을 고르는 것이다. 타깃팅 시스템에서 생성된 프로모션은 보통 프로모션을 실행하기 위해 만족시켜야 하는 조건과 관련돼 있다. 이런 조건의 목표는 특정 고객 행동을 장려하고 프로모션의 기본 경제적 목표를 만족시키는 것이다. 하드 타깃팅 조건은 프로모션이 적용되는 고객 여정의 특정 지점이 되는 캠페인 템플릿을 사실상 정의한다. 다음 예를 살펴보자.

- **구매 수량 조건** 고객이 특정 제품, 브랜드, 카테고리에서 일정 수량 이상을 한 번에 또는 특정 기간에 구매할 때 프로모션을 실행한다. 이 조건은 평소보다 많이 구입하도록 유도함으로써 고객 소비를 장려하는 소비 최대화 캠페인에서 종종 사용한다. 예를 들어 평소에 요거트 2팩을 사는 고객에게 4팩을 사면 1팩을 무료로 주는 프로모션을 제공할 수 있다.

- **첫 구매 조건** 특정 기간 동안 특정 제품이나 브랜드를 구매하지 않았던 고객에게 프로모션을 시행한다. 이 조건은 현재 고객을 휴면 또는 잠재 고객과 구별하기 위해 고객 유지 및 신규 고객 유치 캠페인에 사용한다.

- **채널 조건** 고객이 브랜드나 소매업체와 특정 채널을 통해 소통할 때 프로모션을 시행한다. 예를 들어 고객은 스토어를 일주일에 세 번 이상 방문할 때 프로모션을 받을 수 있다.

- **리타깃팅 조건** 이전에 제공됐거나 상환됐던 프로모션에 기반을 두고 프로모션을 시행한다. 예를 들어 디지털 채널을 통해 프로모션을 받았지만 상환하지 않았던 고객들은 스토어 채널을 통해 접촉할 수 있다.

- **위치 조건** 모바일 폰 데이터, 스토어 데이터, 스토어 내 신호, IP 주소 등과 같은 고객 위치 정보에 따라 프로모션을 시행한다.

- **구매 가능 조건** 어떤 프로모션은 해당 제품의 재고가 없거나 특정 채널에서 구매되지 않는 경우 임시로 중단될 수 있다.

하드 타깃팅 단계는 소비자에게 제공될, 가능한 프로모션의 집합을 생성한다. 소프트 타깃팅 단계의 목적은 가장 알맞은 오퍼를 고르고 비효율적일 것 같은 옵션을 제거하는 것이다. 소프트 타깃팅은 보통 성향 모델에 의해 수행된다. 타깃팅 시스템은 각 모델이 특정 비즈니스 목표와 제품 카테고리에 대해 훈련되고 그에 따라 분배되는 모델 저장소를 운영한다. 각 프로모션은 비슷한 성질에 따라 이뤄지므로 시스템은 동적으로 모델을 프로모션과 연결시킬 수 있다. 스코어링 모델은 모델 안에 들어 있는 논리를 보완하는 특정 조건과 합쳐질 수 있다. 예를 들어 기본적인 닮은꼴 고객 유치 모델은 정상적인 등급과 비슷한 고객을 인지하지만 이미 해당 제품을 구매한 고객이 프로모션을 받지 못하게 하지는 못한다. 반면 소비 최대화와 고객 유지 프로모션은 보통 제품을 구매하지 않은 고객에게는 제공되지 않는다. 이런 추가 고려 사항은 조건으로 구현된다.

3.6.2.2 예산 수립과 최대 빈도 제한

후보 프로모션이 준비되고 정렬되면 시스템은 고객에게 제공될 프로모션들을 선택해야 한다. 이 단계는 캠페인의 다른 측면을 운영하기 위한 몇 가지 통제 사항을 포함할 수 있다. 첫째, 단일 캠페인에서 고객이 받을 수 있는 프로모션의 수와 고객에게 전달되는 커뮤니케이션의 수는 제한돼야 한다. 압박 규칙 또는 빈도 제한 규칙이라는 이런 규칙들은 휴리스틱 또는 실험에 의해 선택된 한곗값을 사용한다. 캠페인 예산과 가능한 최대 프로모션의 수 역시 제한돼 있다. 타깃팅 시스템은 캠페인 ROI를 최적화하기 위해 프로모션의 최적 개수를 결정해야 한다. 이 숫자는 마케터가 정해놓은 한계보다 많이 낮을 수도 있고 예산을 모두 소비하기 위해 프로모션을 늘리다 보면 손해를 볼 수도 있다. 성향 모델링 측면에서 보면 확률 최적화 문제는 모든 높은 성향 점수를 갖고 있는 고객이 타깃되고 다른 고객이 타깃되지 않은 경우의 이익을 최대화하는 성향 점수 한곗값을 찾는 것과 같다. 캠페인 비용과 이익과의 균형은 응답 모델링 프레임워크를 이용해 모델링될 수 있고 이것에 대한 실제적인 내용을 보여주는 예를 살펴보자.

예 3.4

10만 명의 로열티 카드 고객을 갖고 있는 소매업체가 있다고 가정해보자. 이 업체는 프로모션 비용이 1달러이고 응답에 대한 기대 이익이 40달러인 타깃 캠페인을 계획하고 있다. 이런 종류의 캠페인 및 제품군에 대한 평균 응답 비율은 2%다. 각 고객에 대한 응답 확률을 예측할 수 있는 성향 모델을 구축했다는 가정하에 모든 고객을 스코어에 따라 정렬할 수 있다. 다음으로 고객들을 같은 크기의 '버킷'으로 나눠 첫 번째 버킷부터 가장 점수가 높은 고객을 할당하고 마지막 버킷에는 가장 점수가 낮은 고객을 할당한다. 타깃팅 문제는 타깃팅 리스트에 들어갈 최적의 버킷 숫자를 결정하는 것 또는 최상위 버킷과 최하위 버킷을 구분할 한곗값 점수를 찾는 것이 된다. 이 예제에서는 개별 고객 대신 고객의 버킷(묶음)을 사용하고 고객 버킷은 실제로도 많이 사용되지만 각 고객에 대해서도 같은 스코어링 계산을 못할 이유가 없다. 이렇게 되면 고객 수만큼의 버킷이 생긴다. 일단 여기서는 10개의 버킷을 가정해보자. 그러면 버킷당 고객은 1만 명, 기대 응답 고객 수는 200명이 된다. 즉 고객을 버킷에 랜덤하게 할당하면 버킷당 200명이 응답할 것으로 예측할 수 있다. 이 숫자는 표 3.7에 나타나 있고 세 번째 열은 누적 응답자 수다. 누적 응답자 수는 맨 마지막 열에서 2,000명 또는 2%에 이르게 된다.

표 3.7 캠페인 리프트 계산의 예

10분위수	랜덤 응답			타깃된 응답		리프트
	버킷 크기	누적	확률	버킷 크기	누적	
1	200	200	0.060	600	600	3.00
2	200	400	0.057	570	1,170	2.93
3	200	600	0.038	380	1,550	2.58
4	200	800	0.017	170	1,720	2.15
5	200	1,000	0.010	100	1,820	1.82
6	200	1,200	0.007	70	1,890	1.58
7	200	1,400	0.006	60	1,950	1.39
8	200	1,600	0.003	30	1,980	1.24
9	200	1,800	0.001	10	1,990	1.11
10	200	2,000	0.001	10	2,000	1.00

각 버킷에서 성향 모델에 의해 생성된 가장 낮은 확률은 네 번째 열에 표시돼 있다. 버킷의 크기를 이 확률에 곱하면 응답 횟수의 기댓값과 누적 기댓값을 다섯 번째, 여섯 번째 열에서 볼 수 있다. 전체 응답 수의 합은 여전히 2,000이다. 타깃된

그룹의 응답 수와 랜덤 그룹의 응답 수를 비교한 비율을 '리프트'라 하는데 이는 타깃팅 모델의 성능을 나타내는 중요한 지표다. 이 리프트는 그림 3.19와 같은 리프트 차트로 나타난다. 이 차트는 2개의 누적 응답을 보여준다. 직선은 랜덤인 경우, 곡선은 타깃된 경우의 누적 응답이다.

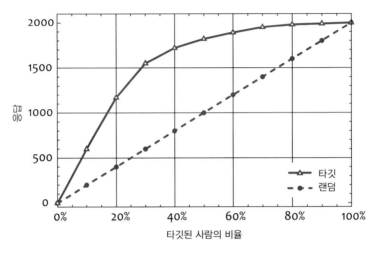

그림 3.19 타깃팅 모델에 대한 리프트 차트

타깃될 최적의 버킷 수를 구하기 위해 캠페인 ROI를 예측해야 한다. 각 프로모션은 1달러의 비용이 발생하므로 랜덤 전략은 손해다.

$$40달러 \; 응답 \; 이익 \times 10,000 \; 고객 \times 2\% \; 응답률$$
$$- 1달러 \; 고객당 \; 프로모션 \; 비용 \times 10,000 \; 고객$$
$$= -2000달러$$

타깃 캠페인은 표 3.8에서 알 수 있듯이 높은 응답률을 갖고 있는 첫 번째 세 버킷까지는 이익이다. 버킷을 추가하는 것은 어느 정도까지는 캠페인 ROI를 향상시키지만 그 이후에는 감소하고 결국 마이너스가 된다.

표 3.8 캠페인 이익 계산의 예

10분위수	비용	이익		타깃
		랜덤	타깃	ROI
1	10,000	-2,000	14,000	14,000
2	10,000	-2,000	12,800	26,800
3	10,000	-2,000	5,200	32,000
4	10,000	-2,000	-3,200	28,800
5	10,000	-2,000	-6,000	22,800
6	10,000	-2,000	-7,200	15,600
7	10,000	-2,000	-7,600	8,000
8	10,000	-2,000	-8,800	-800
9	10,000	-2,000	-9,600	-10,400
10	10,000	-2,000	-9,600	-20,000

캠페인 ROI는 처음 세 버킷, 즉 30%의 고객에 대해 최대화된다. 이는 성향 점수 0.038 이상의 모든 고객에 대응한다. 타깃 캠페인 ROI는 그림 3.20과 같다. 그림에서 알 수 있듯이 최대 예산을 사용하는 것은(즉 모든 고객에게 프로모션하는 것) ROI를 최대화하는 것이 아니라 20,000달러의 손해가 발생한다.

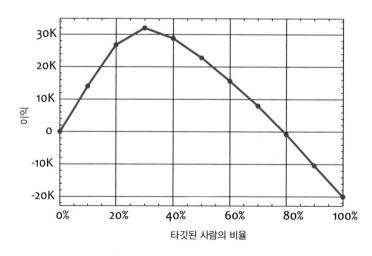

그림 3.20 타깃된 사람의 비율로 표시된 캠페인의 이익

이 예에서는 업리프트 모델 대신 기본적인 응답 확률을 사용했다. 실제로는 높은 응답률이 고객 소비의 업리프트를 보장하는 것은 아니기 때문에 캠페인의 성과가 좋지 않을 수도 있다. 즉 각 버킷의 통제 그룹은 같은 버킷의 타깃 그룹과 같은 성과를 거두거나 성과가 더 좋을 수도 있다. 이를 해결하기 위해 표 3.7의 응답 확률을 3.5.4.2절, '응답 및 업리프트 모델링'에서 다룬 업리프트 점수로 대체할 수 있다.

ROI 최대화 원리는 가능한 프로모션 개수와 점수 한곗값과 같은 캠페인의 베이스라인 모수를 추정할 수 있게 해준다. 현실 상황에서 특히 시스템과 소통하는 고객이 미리 알려져 있지 않은 경우의 실시간 애플리케이션에 대해서는 베이스라인에서 멀어지는 게 좋을 때도 있다. 다음의 시나리오를 보자. 시스템은 제한된 예산의 프로모션 캠페인을 운영하고 예산을 캠페인 기간 동안 골고루 분배한다. 이는 고정된 분배율, 예를 들어 시간당 100개의 프로모션을 분배해야 한다는 것을 의미한다. 하지만 캠페인 분배율이 목표값을 넘어선 상태(예: 지난 1시간 동안 100개의 프로모션이 이미 분배됨)에서 구매 확률이 높은 고객을 만나면 어떻게 해야 할까? 이 경우 예산이 초과되더라도 프로모션을 진행하고 나중에 분배율을 조금 낮추는 게 현명할 것이다. 이는 타깃 분포로부터의 이탈 정도에 따라 점수 한곗값을 동석으로 조정함으로써 구현 가능하다. 이는 그림 3.21에 나타나 있다. 우리는 타깃 분포 비율과 그 마진을 ε^-와 ε^+로 정의하는데 이것은 타깃 라인으로부터의 가능한 편차다. 여기서 타깃은 꼭 직선일 필요는 없고 주말, 근무 시간 등을 고려한 보다 복잡

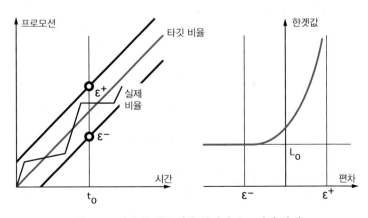

그림 3.21 예산 통제를 위한 동적인 스코어링 한계

한 커브를 사용할 수도 있다. 실제 분포 비율은 계속 측정되고 마진 이내에서 머물도록 시스템에 의해 통제된다.

점수 한곗값은 현재 시간 t_0에서의 타깃 라인으로부터의 편차 함수로 표현될 수 있다. 예산이 많이 미달되면 (곡선 아래) 점수 한곗값은 최소로 지정되고 이는 오퍼를 만들기 위해 최소로 필요한 고객과 프로모션 사이의 최소 관련성 점수 L_0로 대응된다. 예산이 많이 초과되면 (곡선 위) 점수 한곗값은 프로모션을 멈추기 위해 최대로 지정된다. 이 2개의 극단적 지점들은 그림 3.21에 나타나 있듯이 증가 함수로 연결될 수 있다. 즉 예산의 한계에 근접할수록 점점 더 고객에 대해 까다로워지고 기준을 낮추면 충분한 숫자의 구매력이 높은 예비 고객이 없게 된다.

3.6.3 다단계 프로모션 캠페인

제품 체험 또는 소비 최대화 쿠폰과 같은 단발성 캠페인은 실제로 많이 사용한다. 하지만 이는 고객 여정에 매우 짧고 제한적인 영향을 미치므로 비효율적일 수 있다는 주장이 있다[Catalina Marketing, 2014]. 보다 더 긴 여정에 영향을 미칠 수 있는 여러 단계를 갖고 있는 보다 정교한 캠페인을 디자인하는 것도 충분히 가능하다. 다음 디자인의 CPG 소비 최대화 캠페인의 예를 생각해보자.

- 캠페인의 첫 단계는 오퍼에 대해 고객에게 알려주는 단계다. 예를 들어 브랜드는 다음과 같은 메시지를 고객에게 마케팅 채널을 통해 발송할 수 있다. ─ 제품 X를 Q개 이상 사면 다음 구매 시 할인 제공. 더 많이 살수록 더 많이 절약
- 두 번째 단계는 분배다. 타깃팅 시스템은 트랜잭션을 측정하고 타깃팅 조건에 맞는 고객(이 예에서는 Q개 이상 구매한 고객)에게 할인 쿠폰을 발행한다. 쿠폰의 할인 금액은 구매량에 따라 동적으로 결정된다. 즉 더 많이 살수록 더 많이 할인된다. 이 단계에서는 고객은 쿠폰을 얻기 위해 더 많이 구입하도록 유도된다.
- 세 번째이자 마지막 단계는 상환이다. 두 번째 쇼핑에서 소비자는 이전 단계에서 얻은 쿠폰을 리딤하기 위해 제품을 구매한다. 소비자는 쿠폰을 상환하고 제품 할인을 받기 위해 구매하도록 유도된다.

이 캠페인 템플릿은 구매 유발, 구매, 상환의 세 단계 고객 여정으로 간주될 수 있다. 이런 방법이 기존의 단일 프로모션보다 고객 로열티에 보다 장기적인 영향을 미치고 제품 판매당 비용이 적게 들어가므로 더 효율적이라는 이론이 있다 [Catalina Marketing, 2014]. 두 번째 단계의 동적인 할인은 흥미 있는 수단이다. 왜냐하면 타깃팅 시스템은 할인을 최적화해야 하고 이것이 어떻게 캠페인 결과에 영향을 미칠지 예측해야 하기 때문이다. 이 측면은 이전에 나왔던 타깃팅과 예산 프로세스에는 언급되지 않았다. 다음의 예에서 어떻게 타깃팅 시스템이 기본적인 통계를 갖고 다른 프로모션 모수를 평가하고 캠페인 결과를 예측할 수 있는지 알아보자. 보다 공식적인 할인 최적화 방법은 6장, '가격 책정과 상품 구성'에서 가격 최적화에 대해 알아볼 때 나온다.

예 3.5

앞의 3단계 시나리오는 따르는 프로모션 캠페인의 예를 살펴보자. 타깃팅 시스템의 목표는 구매량 한곗값 Q에 대한 적절한 값을 고르고 두 번째 단계에서는 실제로 구매된 양에 기반을 둔 할인폭을 결정하는 것이다. 먼저 캠페인 기간 동안의 시간대에 대한 구매량의 히스토그램으로부터 시작해보자. 프로모션 제품 q개를 구매한 구매의 개수를 H(q)라고 하면 히스토그램은 다음과 같다.

$$H(1) = 4000(32\%) \qquad H(4) = 1000(8\%)$$
$$H(2) = 5000(40\%) \qquad H(5) = 600(5\%)$$
$$H(3) = 2000(16\%) \qquad H(6) = 0$$

우리의 목표는 상대적으로 적은 양을 사는 고객들이 많은 양을 구매하게 하려는 것이므로 시스템은 대부분의 구매량 이상으로 한곗값 Q를 설정할 수 있다. 이 예에서 한곗값 3은 적절한 선택이다. 왜냐하면 72%의 고객이 이 한곗값 아래에 있기 때문이다. 즉 시스템은 3개 이상 구매한 고객에게는 할인 쿠폰을 발행한다. 이 할인 값은 실제 구매 수량에 따라 달라진다. 자세한 내용은 6장, '가격 책정과 상품 구성'에서 다루겠지만 일단 할인 가격은 정적인 구성 모수라고 가정해보자. 예를 들어 최저 할인 값이 15%이고 각 수준보다 5%씩 증가한다고 가정해보자. 이는 제품을 3개 사면 15%, 4개 사면 20%, 5개 사면 25% 할인을 받는다는 말이 된다. 수준 i에서의 수량을 q_i라고 하고 이에 해당하는 할인 값을 d_i라고 가정해보자. 모든 모수 값이 결정되면 시스템은 캠페인 결과를 예측할 수 있다. 이는 각 할인 수준마다 따로 계산될 수 있다. 수준 i에서의 기대 쿠폰 발매 개수는 이전에 만든 히스토그램에 기반을 두고 예측된다.

$$coupons(i) = H(q_i) \tag{3.32}$$

기대 상환 개수는 할인율을 특징으로 포함하는 응답 모델에 의해 예측할 수 있다.

$$redemptions(i) = coupons(i) \times r(d_i) \tag{3.33}$$

여기서 $r(d_i)$는 모델에 의해 예측된 평균 응답 확률이다. 수준 i에서의 쿠폰 비용은 다음과 같이 예측할 수 있다.

$$cost(i) = (product\ price \times d_i \times q_i + c) \times redemptions(i) \tag{3.34}$$

여기서 c는 쿠폰 분배 및 클리어링 하우스 비용 등과 같은 쿠폰과 관련된 추가 비용이다. 캠페인의 효율은 전체 상환 숫자와 전체 비용 사이의 비율로서 모든 수준에 대해 예측될 수 있다(상환당 비용).

3.6.4 고객 유지 캠페인

고객 유지 캠페인은 이탈할 것 같은 고객의 이탈을 막는 것을 목적으로 한다. 이런 종류의 캠페인은 고객과의 장기적 관계가 중요한 통신, 보험, 은행 등과 같은 구독 기반 비즈니스에서 많이 사용한다. 하지만 고객 이탈의 문제는 이들 산업뿐 아니라 소매업을 포함한 대부분의 구독이 아닌 비즈니스에도 적용된다. 고객 유지 활동이 중요한 이유는 신규 고객의 유치는 기존 고객 유지보다 어렵고 비용도 많이 들기 때문이다. 연구에 따르면 신규 고객 유치 비용은 낮은 응답 비율 등과 같은 이유로 기존 고객의 유지 비용보다 10~20배 높다[Artun and Levin, 2015].

고객 유지 캠페인은 이탈의 위험이 있는 고객에 대한 후속 조치로 정의할 수 있다. 후속 조치와 위험은 캠페인 디자인에 따라 다르게 정의할 수 있다. 위험의 예는 구독을 취소할 위험과 다른 슈퍼마켓으로 옮길 위험 등이 있다. 위험의 정의는 비즈니스 모델, 제품이나 서비스의 종류, 사용 패턴 등에 따라 달라진다. 소프트웨어 회사의 경우 소프트웨어 구독 취소의 위험도 있지만 계정을 만들어놓고 소프트웨어를 다운로드하지 않는 다수의 사용자들로 인한 위험도 있다. 따라서 소프트웨어를 다운로드하지 않는 위험은 이들을 위한 고객 유지 캠페인에 의해 인지되고 조치돼야 한다. 후속 조치의 예는 이메일, 교육 자료 분배, 최근 구매 제품 리뷰 요청, 특별 오퍼와 할인 등이 있다.

프로모션 캠페인과 비교해서 고객 유지 캠페인은 LTV와 업리프트에 보다 많은 비중을 둔다. 고객의 LTV를 계산하는 것과 낮은 가치의 고객을 유지하기 위해 투자하는 것은 의미가 없기 때문에 매우 중요하다. 업리프트 모델링은 잘못된 고객을 타깃팅하는 것은 다음의 여러 이유로 손해가 될 수 있기 때문에 중요하다 [Radcliffe and Simpson, 2007]. 첫째, 위험한 상황에 있는 많은 고객은 이미 불만을 갖고 있고 추가 연락은 (특히 전화처럼 거슬리는 연락은) 고객 이탈을 촉진할 수도 있다. 둘째, 고객의 이탈을 막기 위한 연락은 고객으로 하여금 이탈할 기회가 있다는 것을 알려주는 셈이 될 수도 있다. 즉 고객으로 하여금 브랜드와의 관계를 재검토하고 다른 옵션을 찾아보도록 하게 되는 것이다. 따라서 소통은 원래의 목적에 집중해야 하고 결과는 통제 그룹을 사용해 연속적으로 측정돼야 한다.

고객 유지 캠페인은 보통 표준 구성 요소에 의해 만들어지지만 다른 디자인 기법들도 존재한다. 가장 기본적인 접근 중 하나는 이탈 확률을 기반으로 타깃팅하는 것이다. 이 모델은 현재 및 이탈 고객 프로파일을 이용한 훈련 데이터를 사용한 표준 확률 모델링을 통해 만들 수 있다. 이 모델은 간단해 보이지만 여기서 짚고 넘어가야 할 문제가 있다. 이전에도 얘기했듯이 마케팅 액션은 2개의 조건부 확률(트리트먼트를 받았을 때의 응답 확률과 받지 않았을 때의 응답 확률)로 설명될 수 있다. 고객 유치 캠페인의 경우, 응답 이벤트는 이탈하는 것에 대응한다. 모든 고객은 그림 3.22에 나타나 있듯이 2개의 확률에 대해 분류될 수 있다.

전체적인 고객 유지 전략이 집중적이라면, 즉 고객 유지 오퍼를 받지 않는다면 이탈을 예측하기 위해 훈련된 확률 모델은 트리트먼트가 없을 때의 이탈 확률을 예측한다.

$$score(\mathbf{x}) = \Pr(churn \mid N, \mathbf{x}) \tag{3.35}$$

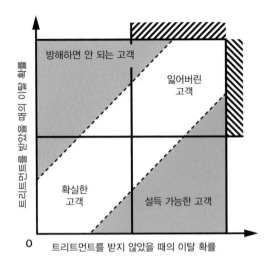

그림 3.22 고객 유지 캠페인 측면에서의 캠페인 분류

여기서 **x**는 고객 프로파일의 특징 벡터다. 이 확률에 기반을 둔 고객 유지 캠페인은 그림 3.22 안의 사각형 오른쪽 부분을 가리킨다. 즉 설득 가능 고객과 잃어버린 고객이다. 고객 유지 전략을 폭넓게 한다면, 즉 거의 모든 고객이 어느 정도 트리트먼트를 받는다면 이 모델은 고객이 트리트먼트하에서 이탈할 확률을 예측한다.

$$\text{score}(\mathbf{x}) = \Pr(\text{churn} \mid \mathsf{T}, \mathbf{x}) \tag{3.36}$$

이는 그림 3.22의 사각형 위쪽 부분, 즉 방해하지 말아야 할 고객과 잃어버린 고객을 말한다. 모델링의 이 측면은 모델 트레이닝을 위한 집단을 고를 때 고려해야 한다. 고객 유지 캠페인은 이탈까지 걸리는 시간을 예측하기 위해 생존 분석을 활용할 수 있고 이는 이탈 확률보다 트리트먼트에 대해 알맞은 시점을 고르는 데 있어 중요하다.

이탈 확률에 기반을 두고 고객을 타깃팅하는 것은 캠페인의 장기적인 결과를 계산에 넣지 않는다. 이런 결과는 LTV에 의해 계산될 수 있다. 왜냐하면 모든 고객 유지 노력은 해당 고객의 LTV를 유지하고 모든 이탈은 LTV를 잃는 것이 되기 때문이다. 특정 고객에 대해 이탈 확률과 LTV가 추정된다면 이 두 값의 곱은 기대 손해가 된다. 유지된 매출과 캠페인 비용의 비율은 기대 손실이 가장 큰 고객들을 대상으로 트리트먼트를 제공함으로써 최대화된다. 따라서 이 지표는 타깃팅 점수로 쓰일 수 있다.

$$score(\mathbf{x}) = Pr(churn \mid N, \mathbf{x}) \times LTV(\mathbf{x}) \tag{3.37}$$

이 LTV는 평균 고객 소비나 이전에 나왔던 보다 고급 LTV 모델을 통해 예측할 수 있다. 이 모델은 다른 결과와 관련된 비용과 이익을 설명하기 위해 비즈니스 모델에 따라 조정될 수 있다. 예를 들어 고객 유지로부터의 이익, 이탈로부터의 손해 캠페인 비용 등은 따로 추정될 수 있다. 식 (3.37)에 나타나 있는 기대 손해 모델은 간단하고 효율이 높기 때문에 실제로도 많이 사용한다.

이 기대 손해 모델의 단점은 이탈 비율만 계산하고 이탈 업리프트, 즉 트리트먼트를 받은 고객과 받지 않은 고객 사이의 이탈 확률 차이는 계산하지 않는다는 점이다.

$$uplift(\mathbf{x}) = Pr(churn \mid T, \mathbf{x}) - Pr(churn \mid N, \mathbf{x}) \tag{3.38}$$

양의 이탈 업리프트는 트리트먼트가 이탈을 가속화하는, 즉 트리트먼트가 부정적인 효과가 있다는 뜻이다. 높은 업리프트는 그림 3.22의 좌측 상단 부분에 해당한다. 음의 이탈 업리프트는 트리트먼트가 이탈을 줄여주는, 즉 트리트먼트가 긍정적인 효과가 있다는 뜻이다. 낮은 업리프트는 그림 3.22의 우측 하단 부분에 해당한다. 따라서 업리프트의 역을 점수로 사용해 고객을 타깃해야 한다.

$$score(\mathbf{x}) = -uplift(\mathbf{x}) = savability(\mathbf{x}) \tag{3.39}$$

이 지표는 고객 유지 활동에 긍정적으로 반응할 확률을 예측해주기 때문에 고객 유지성이라고도 한다. 업리프트와 고객 유지성은 3.5.4.2절, '응답 및 업리프트 모델링'에 기술한 모델을 사용해 모델화할 수 있고 단일 모델 또는 이중 모델이 모두 가능하다. 고객 유지성 기반의 접근은 업리프트 모델링의 다른 응용과 마찬가지로 트리트먼트를 받았을 때만 계속 남아 있을 것 같은 고객을 따로 골라내는 일을 도와주고 고객 유지 캠페인의 효율을 향상시킨다. 하지만 이 기법에는 업리프트 모델링의 전형적 단점들도 존재한다. 이 단점들에는 보다 복잡한 모델링과 업리프트가 두 랜덤 변수로 이뤄지는 것에 따른 추정값의 높은 분산이 포함돼 있다. 업리프트는 LTV의 장기적인 손해를 고려하기 위해 손실 기댓값 기법과 결합될 수 있다.

$$score(\mathbf{x}) = savability(\mathbf{x}) \times LTV(\mathbf{x}) \qquad (3.40)$$

타깃팅 스코어가 계산되면 타깃될 고객의 비율인 최적 타깃팅 비율은 ROI 최대화 기법을 이용해 계산될 수 있다. 캠페인은 제품 프로모션 캠페인에 사용했던 타깃팅 프로세스를 이용해 수행할 수 있다.

3.6.5 보충 캠페인

고객 유지 캠페인은 통신, 보험, 소프트웨어, 은행과 같은 구독 비즈니스에 중요하다. 소매 영역에서는 구독 모델이 덜 사용되지만 대부분의 제품은 정기적으로 보충되므로 고객과의 관계 모델은 구독 모델과 비슷해진다. 보충되는 제품의 예로는 음식, 화장품, 사무용품, 정수 필터 등을 들 수 있다. 보충 캠페인은 알림, 추천, 특별 프로모션 등을 보냄으로써 반복적인 구매를 유도하고 구매 주기를 축소시킨다.

캠페인 디자인의 측면에서 볼 때 보충 캠페인의 특별한 점은 커뮤니케이션 타이밍과 구매 습관의 중요성이다. 커뮤니케이션 타이밍은 보충 알림이 개인의 구매 주기와 일치해야 하므로 매우 중요하다. 예를 들어 고객이 이미 제품을 구매한 후 알림을 보내는 것은 효율적이지 않다. 고객의 구매 습관과의 연결 또한 알림과 고객이 주로 구매하는 제품 및 카테고리와 일치해야 하므로 매우 중요하다.

타깃팅 시스템에 의해 구현될 수 있는 간단한 접근부터 시작해보자. 먼저 시스템은 각 보충 제품 및 카테고리의 평균 구매 주기를 예측한다. 보충 캠페인은 정기적으로(예를 들어 매일) 수행된다. 각 수행 시마다 시스템은 고객 프로파일을 분석하고 보충 대상 제품의 가장 최근 구매일을 뽑아낸다. 이 날짜는 추정된 구매 주기와 비교되고 구매 주기의 끝부분에 위치한 고객들에게 알림을 보낸다. 이 메시지는 구매 기록에 따라 가장 최근에 구매한, 또는 가장 자주 구매한 제품에 기반을 두고 개인화된다.

이 방법의 단점은 보충 주기의 추정이 정확하지 못하다는 것이다. 이를 개선할 수 있는 한 가지 방법은 고객들 사이의 차이를 설명하기 위해 제품 카테고리뿐 아니라 고객 세그먼트나 페르소나별로 추정값을 나누는 것이다. 즉 구매 주기는 각 카테고리와 페르소나의 조합에 따라 추정된다. 보다 정확한 결과는 구매까지의 시간을 추정하기 위한 생존 분석을 통해 이뤄질 수도 있다. 생존 분석 모델은 구매까지의 시간에 긍정적 또는 부정적으로 영향을 미치는 요인들, 즉 할인이나 보충 알림을 분석에 포함해 메시지 내용이나 빈도가 그에 따라 조정될 수 있게 한다.

3.7 자원 할당

타깃팅 최적화의 문제는 쿠폰 등과 같은 고객에게 할당할 자원이 제한됐을 때의 자원 할당 문제로 볼 수 있다. 지금까지는 이런 종류의 할당만 다뤄왔고 마케팅 활동은 다른 종류의 할당 의사 결정이 필요하다는 사실은 다루지 않았다. 회사 차원의 마케팅 자원 할당 전략은 마케팅과 비마케팅 분야의 자원 할당, 제품, 제품 생애 주기 단계, 시장과 영역, 비즈니스 목적, 마케팅 채널, 커뮤니케이션 종류 등을 포함하고 있다[Carpenter and Shankar, 2013]. 어떤 할당 의사 결정들(예: 마케팅과 연구 사이의 자원 할당)은 매우 전략적이고 프로그램에 의해 결정될 수 없다. 다른 의사 결정은 좀 더 전술적이고 시스템은 이를 자동화하거나 의사 결정 프로세스를 촉진하는 모듈을 포함할 수 있다. 타깃팅은 가장 전술적이고 기술적인 할당 문제이고 다른 할당 문제의 자동화는 훨씬 복잡하고 어렵다.

어떻게 자원을 마케팅 활동과 능력에 할당하는지에 관한 모델링과 최적화는 마케팅 믹스 모델링Marketing Mix Modeling, MMM이라고 한다. 이는 프로모션, 가격 책정과 같은 마케팅 믹스의 서로 다른 요소들이 어떻게 판매, 매출과 같은 비즈니스 지표에 영향을 미치는지에 대한 통계적 분석으로 볼 수 있다. 이 절에서는 두 가지 자원 할당 문제, 즉 채널별 자원 할당과 비즈니스 목표에 따른 자원 할당 및 이 문제들이 MMM 기법을 통해 어떻게 해결되는지를 다룬다.

3.7.1 채널에 따른 할당

타깃팅 시스템은 종종 복수의 마케팅 채널을 갖고 있고 각 채널은 고유의 비용 구조, 청중, 효율성을 갖고 있다. 예를 들어 다이렉트 메일 채널은 이메일보다 메시지당 비용은 높지만 특정 고객에게는 응답률이 매우 높을 수도 있다. 이는 마케팅 커뮤니케이션이 채널에 최적화돼야 한다는 것을 의미한다. 이 문제를 해결하기 위한 한 가지 방법은 고객 레벨에서 최적화하는 것이다. 여기서 채널은 채널별 응답 확률과 비용에 대한 응답 모델을 사용해 선택된다. 또 다른 방법은 매출을 최대화하기 위해 여러 채널에 걸친 예산 할당을 최적화하는 것이다. 이를 **채널 믹스 모델링**이라고 한다. 이 두 가지 방법은 상향식 또는 하향식의 솔루션으로 볼 수 있고 두 시각 모두 중요하다.

채널 믹스 모델링은 다음의 서술적이며 예측적인 질문에 대한 통계적 분석 방법의 집합이다.

- 얼마만큼의 매출 비율(또는 다른 지표)이 각 채널 또는 커뮤니케이션 방법에 따라 발생하는가?
- 특정 채널에 쓰는 비용이 얼마나 매출을 증가 또는 감소시키는가?
- 여러 채널에 걸친 최적의 비용 분배는 무엇인가?

이런 질문들에 대한 답변은 앞에 언급한 지표들을 채널 활동의 함수로 표현하는 회귀 모델에 의해 해결될 수 있다. 문제는 활동과 관찰된 지표들의 의존성이 여러 가지 이유로 인해 복잡해질 수 있다는 것이다. 첫째, 채널 활동은 현재 시점의 보낸 이메일 숫자와 온라인 광고 임프레션 수로 측정되지만 고객의 응답은 미뤄지거나 오랜 시간에 걸쳐 일어날 수 있다. 둘째, 여러 개의 캠페인은 동시에 일어날 수 있지만 누적 효과만 측정할 수 있다. 마지막으로 채널 활동의 강도와 응답의 크기의 관계는 포화 효과 때문에 종종 비선형이다. 이런 효과들을 반영하는 채널 믹스 모델로는 애드스탁^Adstock 모델이 있다[Broadbent, 1979].

애드스탁 모델의 기본 가정은 각 판매 기간은 이전 광고 인벤토리의 일부를 보유한다는 것이다. 광고 채널이 하나만 있다고 가정하고 특정 기간 t 동안 달러로 표현된 채널 활동의 강도 또는 메시지의 개수를 x_t, 주로 매출로 표현되는 비즈니스 지표를 y_t, 채널 활동이 비즈니스 지표에 미치는 영향을 a_t라고 가정해보자. 이때 영향 변수 a_t를 애드스탁이라고 한다. 애드스탁 모델의 가정은 식 (3.41)과 같이 표현할 수 있다.

$$a_t = x_t + \lambda \cdot a_{t-1} \tag{3.41}$$

여기서 λ는 특정 기간 동안 유지되는 효과의 일부에 대응하는 감소 모수다. 예를 들어 모수가 0.4라면 이전 기간의 트리트먼트는 현재 기간에 40%의 효과가 있다는 뜻이다. 즉 애드스탁 모델에서 새로운 마케팅 활동은 로열티와 인지도 수준을 증가시키지만 고객 충성도는 다음 마케팅 활동의 영향을 받아 올라가기 전까지 시간이 지남에 따라 감소한다. 이에 따라 식 (3.41)을 확장하면 식 (3.42)가 된다.

$$a_t = x_t + \lambda x_{t-1} + \lambda^2 x_{t-2} + \lambda^3 x_{t-3} + \ldots \tag{3.42}$$

이는 입력 순서에 적용되는 스무딩 필터$^{smoothing\ filter}$다. 실제로 트리트먼트 효과는 유한하고 n회의 기간까지로 한정되므로 원래 순서의 애드스탁 변환은 다음과 같이 변형된다.

$$a_t = x_t + \sum_{j=1}^{n} \lambda^j \cdot x_{t-j} \tag{3.43}$$

관찰된 비즈니스 지표는 애드스탁의 선형 함수로 추정된다.

$$\widehat{y}_t = w a_t + c \tag{3.44}$$

여기서 w는 가중값, c는 애드스탁이 없을 때의 베이스라인 값이다. 여러 개의 채널이 있는 경우는 애드스탁이 가산적이라고 가정하고 애드스탁에 대한 선형 회귀 모델은 식 (3.45)가 된다.

$$\widehat{y}_t = \sum_{i=1}^{n} w_i a_{it} + c \tag{3.45}$$

여기서 각 채널은 각각의 감소 모수 λ_i를 갖고 전체 모델은 베이스라인 모수 c, n개의 감소 모수 λ_i, n개의 채널 가중값 w_i의 추정이 필요하다. 관찰된 샘플 y_t에 대해 다음 문제를 풀면 모델을 적합화할 수 있다.

$$\min_{c,\, w,\, \lambda} \quad \sum_{t} \left| y_t - \widehat{y}_t \right|^2 \tag{3.46}$$

적합된 모델은 채널 예산을 증가 또는 감소시키는 것의 영향을 추정하고 각 채널의 비즈니스 지표에 대한 상대적 공헌을 측정할 수 있게 해준다.

$$z_{it} = \frac{w_i a_{it}}{\sum_j w_j a_{jt}} \tag{3.47}$$

이 값은 평균 채널 공헌을 얻기 위해 장시간에 걸쳐 평균으로 계산될 수 있다. 채널의 효율은 절대적 채널 공헌도와 채널 예산의 비율, 즉 각 마케팅 채널을 통해 쓰인 비용에 대한 판매량으로 계산될 수 있다. 다음 예는 어떻게 애드스탁 모델이 만들어지고 사용되는지를 보여준다.

예 3.6

이메일과 문자 메시지를 마케팅 채널로 사용하는 소매업체를 가정해보자. 이 소매업체는 예산과 최대 한도 규칙을 적용함으로써 각 채널에 대한 마케팅 커뮤니케이션의 강도를 측정하고 통제할 수 있다. 그리고 매출도 함께 측정한다. 이 지표들에 대한 데이터 샘플은 그림 3.23에 나타나 있다(지면 관계상 숫자로 나타나 있는 테이블은 생략한다).

애드스탁 모델은 식 (3.46)을 수리적 최적화 기법을 활용해 적합화할 수 있다. 감소 횟수 n을 3으로 하면 모델 모수에 대해 다음의 추정값을 얻는다.

baseline: $c = 28.028$

email: $\lambda_{email} = 0.790$ $\quad w_{email} = 1.863$

SMS: $\lambda_{sms} = 0.482$ $\quad w_{sms} = 4.884$

이 모수들은 식 (3.43)에 따라 각 채널에 대한 애드스탁을 계산하는 데 사용할 수 있다. 매출의 구조는 세 가지 층이 쌓여 있는 형태로 시각화될 수 있다. 상수 c에 의해 결정된 베이스라인 매출, w_{email}에 의해 스케일된 이메일 애드스탁의 추정 공헌도 w_{sms}에 의해 스케일된 문자 메시지 애드스탁의 추정 공헌도다. 이 구조는 식 (3.45)에 대응하고 결과는 그림 3.24에 나타나 있다. 이런 분해도는 각 채널의 효율을 추정하고 예산 할당을 최적화할 수 있게 해준다.

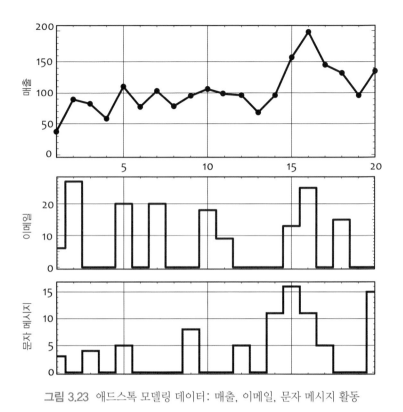

그림 3.23 애드스톡 모델링 데이터: 매출, 이메일, 문자 메시지 활동

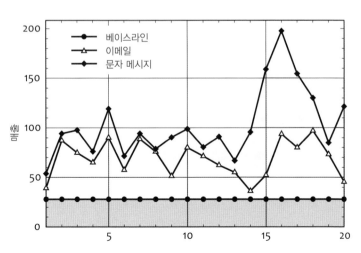

그림 3.24 여러 마케팅 채널로부터의 공헌으로 계산된 매출 분석

기본적인 애드스탁 모델은 겹치는 마케팅 활동과 그에 따른 감소 효과를 설명해주지만 예전에 다룬 광고 포화advertising saturation를 설명해주지는 못한다. 일반적으로 트리트먼트 강도가 증가하면 캠페인이 미치는 범위가 증가하고 따라서 수요도 증가한다. 강도와 수요의 관계는 선형이 아니다. 이는 보통 수확 체감의 법칙law of diminishing return을 따르므로 마케팅 활동에 더 많은 비용을 쓰는 것은 어느 지점 이후에는 더 낮은 추가 수요를 만들어낸다. 애드스탁 모델은 강도 변수의 비선형 변환을 통해 이와 같은 포화 효과를 설명할 수 있다. 이 중 한 가지 방법은 지그모이드(로지스틱) 함수를 사용하는 것이고 반복 애드스탁 식은 다음과 같이 변환된다.

$$a_t = \frac{1}{1 + \exp(-\mu \cdot x_t)} + \lambda \cdot a_{t-1} \tag{3.48}$$

여기서 μ는 로지스틱 곡선의 기울기를 결정하는 추가 모델 모수다. 애드스탁 모델은 실제로 발생하는 추가 효과들을 고려할 수 있게 연장 또는 수정될 수 있다. 예를 들어 수요의 계절성을 고려하려면 추가 변수를 통해 모델을 연장할 수 있다. 이 경우 채널 믹스 모델링은 6장, '가격 책정과 상품 구성'에서 자세히 다룰 수요 모델링 기법을 이용할 수 있다. 애드스탁 모델에 따른 기하학적 지연 가정geometric lag assumption은 시간 지연time lag이 보다 복잡한 모양을 가질 수 있기 때문에 어느 정도 한계가 있다. 사실 식 (3.42)와 식 (3.43)에 의해 기술한 모델은 계량 경제학에서는 코이크 분산 지연Koyck distributed lag 모델이라고 하며 이는 분산 지연 모델의 일종이다[Koyck, 1954]. 이 종류의 모델은 코이크 모델보다 유연하고 추정하기 쉬운 다항 분산 지연polynomial distributed lag 모델과 같은 좀 더 유연한 대안을 제공한다[Almon, 1965 ; Hall, 1967].

3.7.2 목적에 따른 할당

프로그램 기반 시스템은 타깃팅 최적화를 위해 LTV의 성장과 고객 유치(최대화) 및 유지를 입력 목표로 사용할 수 있다. ROI는 응답 모델링 프레임워크에 따라 LTV 업리프트 또는 순이익 업리프트를 사용해 추정될 수 있다. 이 두 목표 사이의 선택과 ROI의 최적화는 프로그램 기반 시스템에서 꼭 해결해야 할 필요가 없는 전략적인 질문이다. 하지만 시스템은 전체적 ROI를 최대화하기 위해 각 목적 간에 어떻게 예산을 할당하는지에 대해 어느 정도 안내는 해줄 수 있다[Blattberg and Deighton, 1996].

3.5.7절, '생애 가치 모델링'에서 고객 유지 비율은 LTV에 영향을 미치는 주요 요소라는 것을 살펴봤으므로 LTV는 고객 유지 비율의 함수로 간주될 수 있다. 고객 유지 비율은 고객 유지 활동에 사용하는 마케팅 비용의 함수로 표현될 수 있다. 예를 들어 예산과 고객 유지 비율의 의존성은 다음과 같이 모델링될 수 있다.

$$r = r_{max} \left(1 - e^{-k_r R} \right) \tag{3.49}$$

여기서 R은 고객당 고객 유지 예산, r_{max}는 무제한의 예산을 가정할 때 얻을 수 있는 최대 고객 유지 비율의 추정값, k_r은 얼마나 비율이 최댓값에 빨리 근접하는지를 나타내주는 계수다. 이와 마찬가지로 고객 유치 비율 a(고객 유치 캠페인의 응답률)를 고객 유치 예산의 함수로 표현할 수 있다.

$$a = a_{max} \left(1 - e^{-k_a A} \right) \tag{3.50}$$

여기서 A는 고객당 고객 유치 예산, a_{max}는 최대 응답률의 추정값, k_a는 예산 변화에 대한 감도를 조정하는 모수다. 즉 특정 고객에 대한 고객 유치 순이익은 다음과 같이 정의된다.

$$a \cdot LTV(r) - c \tag{3.51}$$

여기서 c는 잠재 고객당 고객 유치 비용이다. 예산 A와 R에 대한 최적화 문제는 다음과 같이 표현된다.

$$\begin{aligned} \max_{A,\, R} \quad & N_p \left(a \cdot LTV(r) - c \right) + N_c \cdot LTV(r) \\ \text{subject to} \quad & A + R \leqslant \text{total budget} \end{aligned} \tag{3.52}$$

여기서 N_p는 가능한 잠재 고객의 수, N_c는 현재 고객의 수다. 식 (3.52)의 첫 번째 부분은 신규 고객으로부터의 매출, 두 번째 부분은 기존 고객으로부터의 매출에 대응한다. 따라서 이는 결국 매출 최적화 문제가 된다. 식 (3.52)는 합계되고 평준화된 형태로 최적화 문제를 정의하지만 예측 모델을 통해 보다 정교한 추정을 할 수 있게 모든 고객에 대한 각 개인의 LTV의 합으로 다시 쓰일 수 있다.

3.8 온라인 광고

이전 절에서 다룬 프로모션 타깃팅의 원리에서는 CPG와 전통적인 소매업체의 환경을 주로 다뤘다. 이 원리는 다른 마케팅 환경에서도 작동하지만 구현 방식은 가능한 데이터와 비즈니스 목표의 정의에 달려 있다. 이 두 가지는 환경에 따라 달라진다. 여기서는 알고리즘 마케팅의 가장 중요하고 잘 개발된 응용인 온라인 광고를 다룬다. 온라인 광고에서는 기술적 인프라와 데이터 흐름이 매우 복잡하므로 비즈니스 목표는 기술적 능력과 한계에 대한 정확한 분석 없이는 이해되거나 성취될 수 없다.

3.8.1 환경

온라인 광고 환경은 매우 복잡하고 다양하다. 왜냐하면 이것은 수천 개의 회사가 마켓플레이스 안에서 광고 인벤토리를 사고팔고 구매 프로세스를 자동화하는 기술적인 시스템을 활용하고 광고 캠페인의 품질과 효율성을 통제 및 측정하기 때문이다. 대부분의 용어와 표준 오퍼가 이 업계 안에서 통용되긴 하지만 많은 변종과 교차 편집된 솔루션들이 업계가 진화함에 따라 생겨나기 때문에 업계는 더욱 복잡해지고 있다. 이런 온라인 광고업계의 복잡성은 모든 중요한 측면들을 한눈에 보기 어렵게 만들기 때문에 그림 3.25에 나타난 간단한 모델부터 온라인 광고의 비즈니스와 경제적 목표를 이해하기 위해 살펴보기로 한다.

그림 3.25는 온라인 광고 환경을 구성하는 중요한 개체들 간의 관계를 설명한다.

- 브랜드는 마케터라고도 하며 제품이나 서비스를 판매한다. 브랜드는 광고 캠페인에 자금을 투자하고 매출이나 고객 관계의 향상을 통해 투자에 대한 이익을 추구한다.
- 광고주 또는 에이전시는 브랜드를 대신해 광고 캠페인을 운영한다. 광고주는 보통 브랜드와 같은 목표를 공유하지만 정확한 전략은 브랜드와 광고주 사이의 지불 모델과 캠페인 퍼포먼스의 측정 방법에 따라 달라진다. 브랜드는 캠페인의 범위에 따라 서로 경쟁하는 복수의 에이전시와 함께 일할 수 있다.
- 광고주는 여러 채널을 통해 브랜드의 현재 고객 또는 잠재 고객인 인터넷

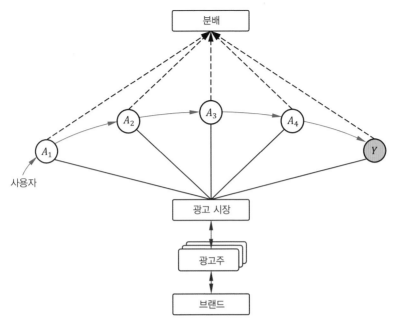

그림 3.25 온라인 광고 환경

사용자들과 접촉할 수 있다. 채널의 예로는 웹 페이지상의 배너, 검색 엔진의 검색 결과 페이지, 온라인 비디오 광고 등을 들 수 있다. 일반적으로 채널에는 인터넷뿐 아니라 텔레비전 광고나 카탈로그와 같은 다른 미디어도 포함된다.

- 각 채널은 웹 사이트와 같은 복수의 퍼블리셔에 의해 대표된다. 퍼블리셔들은 광고를 내보낼 수 있는 슬랏[2]인 광고 인벤토리를 판매한다.
- 퍼블리셔들과 광고주들은 광고 거래소에 의해 연결된다. 거래소는 광고 인벤토리가 생기면 퍼블리셔들로부터 광고 요청을 받고 이 요청들을 광고주들에게 분배한다. 광고주들은 광고 슬랏을 사고 광고를 사용자들에게 보여준다. 이 거래소는 종종 광고 요청을 실시간으로 처리하는 비크리 옥션의 형태를 가지므로 실시간 입찰real time bidding, RTB 프로세스라고 한다.
- **사용자**는 채널을 통해 보이는 광고를 보는 사람이다. 사용자는 복수의 채널 및 퍼블리셔와 접촉하면서 광고에 노출되는데 이를 임프레션이라고

---

2 웹 사이트상의 광고를 위한 화면 – 옮긴이

한다. 브랜드 측면에서 볼 때 사용자는 사이트에서의 구매와 같은 브랜드가 원하는 결과를 생산해 컨버전되거나 컨버전되지 않는다. 즉 그림 3.25에 나타나 있듯이 각 유저에 대한 연속적 임프레션 이벤트 A_i의 퍼널은 결과 Y로 끝난다.

- 마지막으로 임프레션과 컨버전은 애트리뷰션 시스템에 의해 측정된다. 애트리뷰션 시스템은 사용자의 아이덴티티를 채널과 퍼블리셔에 걸쳐 추적하고 어떤 사용자가 어떤 시간에 어떤 광고주로부터 어떤 임프레션에 노출됐는지를 기록하는 추상적인 개체다. 애트리뷰션 시스템의 목적은 광고 캠페인의 효율성을 측정하고 각 채널, 광고주, 사용자 세그먼트의 공헌에 관한 통찰을 제공하는 것이다. 애트리뷰션 시스템은 광고 배너와 컨버전 페이지에 부착된 트래킹 픽셀을 사용해 정보를 수집하고 사용자는 웹 브라우저의 쿠키에 의해 인지된다. 하지만 애트리뷰션 프로세스는 오프라인 스토어 구매와 같은 다른 데이터 소스를 사용해 이 데이터를 로열티 또는 크레딧 카드 ID와 같은 온라인 프로파일을 사용해 연결하고 온라인과 오프라인 채널 간의 인과 관계를 측정할 수 있다.

앞에 언급한 환경에서 브랜드는 각 광고주와 광고 캠페인의 효율성을 측정하기 위해 애트리뷰션 시스템에 의존한다. 애트리뷰션 시스템에 의해 생성된 지표는 광고주의 요금과 브랜드 비용 및 이익으로 표현되므로 다음 절에서 애트리뷰션 모델과 이것의 광고주의 전략에 미치는 영향을 공부한다.

3.8.2 목표와 애트리뷰션

브랜드의 비즈니스 목표는 프로모션과 마찬가지로 특정 고객과의 관계를 한 수준에서 다른 수준으로 이동시키는 것이다.

브랜드 인지 마케터는 보통 브랜드를 잠재 고객에게 각인시키고 당장 구매가 일어나지 않더라도 소프트 드링크나 럭셔리 자동차와 같은 특정 제품 카테고리와 관련시키고 싶어한다.

신규 고객 유치 신규 고객 유치는 그전에 브랜드와 접촉이 없던 잠재 고객을 유인해 구매로 연결되도록 하는 것이다.

리타깃팅 리마케팅이라고도 하며 이미 브랜드와 접촉해 브랜드와의 관계를 발전시킬 가능성이 있는 잠재 고객에 집중한다. 전형적인 예는 브랜드의 웹 사이트에 한 번 이상 접속했지만 구매는 하지 않은 고객이다.

이런 주요 목표들은 브랜드의 중요한 다른 조건들에 의해 보충될 수 있다. 예를 들어 브랜드는 선정적이거나 폭력적이거나 증오가 담긴 내용을 웹 사이트에 광고하지 않는다. 이상적으로 브랜드와 광고주와의 계약은 광고주가 목표를 성취했을 때 그 댓가를 받는 방식으로 이뤄진다. 계약의 중요한 특징은 다음과 같다.

- 타깃팅과 입찰 프로세스는 캠페인의 비즈니스 목표에 따라(예: 브랜드 인지도 향상, 신규 고객 유치, 리타깃팅 등) 정의되고 브랜드 안전과 같은 추가 규칙에 의해 제한된다.
- 캠페인의 효과는 측정돼야 하고 지표는 광고주에 의해 추가된 가치를 정확히 반영해야 한다. 즉 지표는 '만약 이 광고주가 없다면 비즈니스 목적에는 어떤 영향이 있는가?'라는 질문에 답할 수 있어야 한다. 이 질문은 3장에서 다룬 업리프트 모델과 관련돼 있다.
- 동일 브랜드에 대해 여러 광고주가 있는 경우에도 위의 질문에 똑같이 답할 수 있어야 하고 크레딧은 전체 가치 상승에 내한 공헌에 따라 그 비율대로 나눠져야 한다.

위의 기준을 모두 충족하는 계약을 정의하기는 어렵다. 비즈니스 목적은 다양한 형태로 정의할 수 있고 추가 가치의 측정은 통계적, 기술적인 문제를 동반한다. 실제로 현장에서 많이 사용하는 기본적인 기법들을 먼저 다룬 후에 나중에 나올 문제와 한계들을 다뤄보자.

브랜드의 관점에서 캠페인의 전반적 효율은 신규 고객당 비용cost per acquisition, CPA에 의해 측정된다. CPA는 전체 캠페인의 비용 C_{camp}를 전체 컨버전 수 N_{conv}로 나눈 것으로 정의된다.

$$CPA = \frac{C_{camp}}{N_{conv}} \tag{3.53}$$

컨버전은 다양한 형태로 정의할 수 있다. 한 가지 가능한 방법은 임프레션 이후 액션post-view action을 세는 것이다. 즉 광고에 노출된 이후의 특정 기간 동안(예: 일주일) 브랜드 웹 사이트를 방문하거나 구매한 사용자 수를 세는 것이다. 보다 간단한 방법은 광고의 클릭 횟수를 세는 것인데 이를 **클릭당 비용**cost per click, CPC 모델이라고 한다. 광고주의 입장에서 캠페인 비용을 임프레션 횟수와 한 임프레션당 비용의 곱으로 표현하는 것은 합리적이다. 따라서 CPA 지표는 식 (3.54)와 같이 표현된다.

$$\text{CPA} = \frac{N_{impr} \cdot \mathbb{E}\left[c_{impr}\right]}{N_{conv}} = \frac{1}{\text{CR}} \cdot \mathbb{E}\left[c_{impr}\right] \tag{3.54}$$

여기서 N_{impr}은 캠페인의 전체 임프레션, $\mathbb{E}\left[c_{impr}\right]$은 임프레션당 브랜드가 지불한 평균 가격, CR은 컨버전 비율이다. 광고주의 마진은 브랜드가 지불한 가격과 RTB에서 이뤄진 입찰 가격의 차이이므로 광고주의 CPA는 식 (3.55)와 같이 계산된다.

$$\text{CPA}_a = \frac{1}{\text{CR}} \cdot \mathbb{E}\left[c_{impr} - c_{bid}\right] \tag{3.55}$$

CPA와 CPA_a에 대한 위의 식을 평가하려면 c_{impr}과 c_{bid}에 대한 계약을 명시해야 한다. 브랜드가 지불하는 c_{impr}은 보통 정해져 있지만 실제로는 두 가지 종류의 계약이 사용된다.

- 액션당 가격Cost per action – 신규 고객당 가격cost per acquisition, CPA 또는 신규 고객당 지불pay per acquisition, PPA이라고도 한다. 브랜드는 애트리뷰션 시스템에 의해 측정된 컨버전마다 정해진 비용을 지불한다.
- 노출당 가격Cost per mile, CPM – 브랜드는 임프레션마다 정해진 비용을 지불하지만 결국 애트리뷰션 시스템을 통해 전체적 CPA를 측정한다.

두 가지 접근은 광고주가 고객을 만족시키기 위해 CPA 지표를 최소화한다는 점에서 사실처럼 느껴진다. 고정된 비용은 식 (3.54)가 컨버전 비율 CR을 최대화함으로써 최적화될 수 있다는 점을 의미한다. 하지만 식 (3.55)의 입찰 가격 c_{bid}는 고정돼 있지 않고 컨버전 비율의 영향을 받으므로 CPA_a의 최적화는 CR과 c_{bid}의 동시 최적화를 요구한다.

그다음으로 다룰 부분은 복수의 광고주가 있을 경우의 애트리뷰션이다. 가장 기본적인 접근은 컨버전 직전에 일어나는 마지막 임프레션에 모든 크레딧을 주는 **최종**

접촉 애트리뷰션^{Last touch attribution, LT}이다. 즉 LT 모델에서의 광고주의 목표는 임프레션 직후에 컨버전할 것 같은 고객을 인지하는 것이다.

CPA와 LT 가정은(이런 환경을 CPA-LT 모델이라 부른다) 타깃팅 프로세스 최적화에 사용하는 매우 정형화된 문제의 정의를 제공한다. 하지만 CPA-LT 모델은 매우 단순화돼 있고 다음과 같은 몇 가지 문제와 한계가 있다.

- 비즈니스 목적과의 명시적인 관계가 없다. 모델은 고객 유치, 브랜드 인지, 리타깃팅 목표를 구별하지 않는다. 사실 CPA-LT 원리는 구매할 확률이 높은 소비자를 대상으로 하기 때문에 브랜드 인지나 고객 유치보다는 리타깃팅 쪽에 치우쳐 있다.
- 이 모델은 업리프트보다는 응답을 최적화한다. 이는 어떤 환경에서는 의미 없는 결과를 초래할 수도 있다. 예를 들어 아무 임프레션 없이도 컨버전될 고객을 인지하는 타깃팅 방법은 CPA-LT 모델에서는 좋은 성과를 내겠지만 이는 ROI 측면에서는 좋은 방법이 아니다.
- 최종 접촉 애트리뷰션은 광고주로 하여금 속임수를 쓰고 상대방의 노력에 편승하도록 장려할 수 있다. 예를 들어 광고주는 웹 페이지상의 잘 눈에 띄지 않는 광고 화면과 같은 저품질의 인벤토리를 많이 사서 가능한 한 많은 사용자에게 노출되도록 할 수 있다(소위 융단 폭격^{carpet bombing}이라고 한다).

다음 절에서는 CPA-LT 모델하에서 어떻게 타깃팅과 입찰 전략을 최적화할 것인지를 다룬다. 그런 다음 이 모델의 단점이 보다 정교한 애트리뷰션과 통제된 실험을 통해 보완될 수 있는지를 알아본다.

3.8.3 CPA-LT 모델 타깃팅

CPA-LT 모델에서의 타깃팅의 기본적인 목표는 광고 노출 직후에 컨버전할 것 같은 고객을 인지하는 것이다. 프로모션 타깃팅과 마찬가지로 이 문제를 풀기 위해 닮은꼴 모델링의 변종을 사용하지만 과거의 구매 기록에 기반을 둔 자연스러운 구매자를 고르는 대신 광고에 대한 사용자의 반응에 대한 정보를 사용한다. 특히 현재 진행 중인 광고의 성과를 반영해 관찰된 결과에 따라 타깃팅 방법을 동적으로 수정할 것이다. 즉 스스로 튜닝하는 타깃팅 기법을 만드는 것이다.

여기서 광고주는 다음과 같은 소비자 프로파일에 대한 데이터를 갖고 있다고 가정한다.

- 방문 URL. 광고주는 비드 요청과 사용자의 브라우징 기록을 추적할 수 있게 해주는 다른 파트너 데이터 소스를 받는다. URL은 google.com과 같은 도메인과 특정 페이지의 주소를 포함하고 있다.
- 사용자 특성. 광고주는 URL과 함께 사용자에 대한 추가 정보를 받는다. 예를 들어 브라우징 디바이스와 애플리케이션, 지리적 위치, 페이지 사용 시간 등이다.
- 비드와 임프레션. 광고주는 특정 사용자에 대한 비드와 사용자에게 노출된 내용을 기록할 수 있다.
- 광고 클릭. 광고주는 어떻게 사용자가 광고와 접촉했는지 알 수 있다.
- 컨버전. 브랜드는 광고주에게 웹 사이트에서 일어나는 컨버전 정보를 알려준다.
- 추가 브랜드 데이터. 브랜드는 브랜드 웹 사이트에서 사용자가 어떤 제품을 봤는지와 같은 추가 정보를 제공할 수 있다.

예측 모델링의 특징은 이런 데이터 요소에 기반을 두고 구성할 수 있다는 것이다. 방문 URL, 최근성, 빈도 등과 같은, 이것과 연결된 특징은 컨버전에 관한 많은 예측 정보를 담고 있다. 하지만 여기서 어려운 점은 사용자가 URL 방문 여부에 따라 각 원소가 0 또는 1의 바이너리 벡터를 갖고 있는 모델이 수많은 URL 때문에 수백만 개의 차원을 갖게 된다는 것이다.

스스로 튜닝하는 타깃팅 문제에 접근하는 간단한 방법은 랜덤 유저에 대한 랜덤 타깃팅으로 시작해 충분한 숫자의 컨버전이 쌓일 때까지 기다린 후 컨버전된 유저를 긍정적 사례로, 컨버전되지 않은 유저를 부정적 사례로 해서 스코어링 모델을 훈련시키는 것이다(그림 3.26). 이 방법은 랜덤 타깃팅의 경우 컨버전이 드물고 사용자 프로파일의 차원 수가 너무 높기 때문에 캠페인 초기에 랜덤 입찰을 해서 충분한 훈련 데이터를 만드는 비용이 너무 비싸지므로 좋은 방법이 아니다 [Dalessandro 등, 2012a].

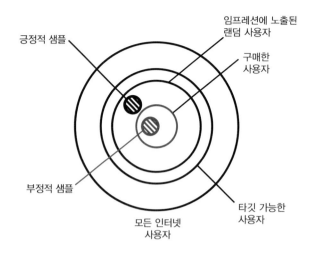

긍정적 샘플

임프레션에 노출된
랜덤 사용자

구매한
사용자

부정적 샘플

타깃 가능한
사용자

모든 인터넷
사용자

그림 3.26 타깃팅을 위한 바람직한 샘플링. 색칠된 원은 긍정적, 부정적 샘플에 대응한다.

앞에 기술한 기본적인 방법을 향상시킬 수 있는 다른 방법이 있다. 이 절의 나머지 부분에서 스스로 튜닝하는 타깃팅의 실용적인 솔루션을 제공하는 단계별 타깃팅 방법론을 자세히 살펴본다[Dalessandro 등, 2012a; Perlich 등, 2013]. 이 방법은 타깃팅 프로세스를 3단계(브랜드 근접성의 계산, 광고 응답 포함, 인벤토리 품질 포함과 비드 금액 계산)로 나눠 진행하는 것이다.

3.8.3.1 브랜드 근접성

이 단계의 목표는 사용자 u에 대한 비조건적 브랜드 근접성Brand Proximity $Pr(Y|u)$를 계산하기 위해 광고 효과에 상관 없이 컨버전 Y의 확률을 추정하는 것이다. 캠페인 이전의 브랜드 사이트 방문자의 과거 데이터가 있다면 광고주는 컨버전된 유저를 긍정적 사례로, 컨버전되지 않은 유저를 부정적 사례로 해서 모델을 만들 수 있다. 이 샘플링은 그림 3.26에 나타나 있는 샘플링과는 다르다. 이 단계는 방문 URL을 특징으로 간주하고 컨버전을 비조건적 브랜드 근접성에 대한 레이블로 사용한 닮은꼴 모델이 된다.

$$
\begin{aligned}
\varphi(u) &= Pr(Y \mid u) \\
&= Pr(Y \mid URL_1, \ldots, URL_n)
\end{aligned}
\tag{3.56}
$$

여기서 URL$_i$는 사용자가 URL을 방문했으면 1, 방문하지 않았으면 0이 되는 바이너리 레이블이다. 광고주는 근접성에 대한 다른 지표들을 확보할 수 있는 여러 모델을 구성하기 위한 URL과 컨버전의 다른 정의를 사용할 수 있다.

- URL들은 클러스터로 묶일 수 있고 URL$_i$ 레이블은 클러스터 단위의 바이너리 레이블로 변환될 수 있다. 즉 사용자가 클러스터를 방문했는지의 여부를 가리키는 것이다. 이는 문제의 차원 수를 감소시킴으로써 컨버전 이벤트의 수가 상대적으로 적은 경우에 도움이 된다. 클러스터링에 필요한 URL 사이의 거리는 나중에 설명할 인벤토리 품질 점수에 기반을 두고 계산될 수 있다.
- 컨버전은 브랜드 사이트 방문, 임프레션 후 구매 또는 모든 구매 등으로 다양하게 정의할 수 있다.

브랜드 근접성 모델은 실제 광고 응답에 대한 데이터가 없는 캠페인 초기에 사용자를 스코어링하기 위해 사용할 수 있다. 다음 단계는 새로운 데이터가 사용할 수 있게 될 경우 이를 포함해 스코어를 조정하는 것이다.

3.8.3.2 광고 응답 모델링

응답 모델링 단계의 목적은 광고 a에 대한 조건적 컨버전 확률 $Pr(Y \mid u, a)$를 추정하는 것이다. 이 단계는 기본적으로 이 절의 처음에 나왔던 베이스라인 접근과 같다. 광고주는 캠페인이 시작할 때 사용자를 타깃하기 위해 근접성 모델 φ을 사용하지만 추가로 그림 3.26에 나타나 있는 샘플을 얻기 위해 광고가 작은 수의 랜덤 유저에게 노출된다. 베이스라인 접근과의 차이는 이전 단계의 결과를 다차원 URL 대신 특징으로 사용함으로써 학습 프로세스가 좀 더 효율적이 된다는 것이다. 브랜드 근접성은 브라우저의 종류 및 위치와 같은 추가 사용자 특징인 $f_{u1}, \cdots f_{ur}$로 보완될 수 있으므로 모델은 식 (3.57)이 된다.

$$
\begin{aligned}
\psi_a(u) &= Pr(Y \mid u, a) \\
&= Pr(Y \mid \varphi_{u1}, \ldots, \varphi_{uk}, f_{u1}, \ldots, f_{ur})
\end{aligned}
\tag{3.57}
$$

비조건적 근접성 φ와 컨버전 확률 ψ에 대한 모델의 차이는 샘플링이다. φ 모델은 광고와는 상관없이 사용자가 컨버전됐는지의 여부를 분류하기 위해, ψ 모델은 광고에 응답했는지의 여부를 분류하기 위해 만들어졌다. φ 모델에 의해 생성된 스코어는 응답에 대한 높은 예측력을 갖고 ψ에 대한 합리적인 초깃값을 제공해주며 실제 응답 데이터가 도착했을 때 ψ 값을 보다 효율적으로 재추정할 수 있게 해준다.

3.8.3.3 인벤토리 품질과 입찰

마지막 단계는 φ 모델에 의해 생성된 스코어에 포함되지 않은 추가 정보를 포함하는 것과 ad 거래소에 제출될 입찰 가격을 결정하는 것이다. 광고 거래소가 세컨프라이스 옥션이라고 가정하면 최적 입찰 가격은 컨버전 가치 $\mathbf{v}(Y)$의 기댓값으로 계산된다.

$$b_{opt} = \mathbb{E}\left[v(Y)\right] = \Pr(Y \mid u, a) \cdot v(Y) \tag{3.58}$$

컨버전 가치 $\mathbf{v}(Y)$는 보통 모든 사용자에 대한 상수로 가정되고 광고주에 의해 설정된 비드 가격 b_{base}에 포함돼 있으며 브랜드와 거래소와의 계약에 의존한다. 즉 성향 점수는 베이스라인 가격을 확장하기 위한 승수로 고려될 수 있다.

모델 ψ에 의해 생성된 성향 점수는 타깃팅과 입찰 의사 결정을 하는 데 충분하다. 특정 사용자에 대한 입찰 가격은 식 (3.59)와 같이 계산된다.

$$b(u) = b_{base} \cdot s_1(\psi_a(u)) \tag{3.59}$$

여기서 $s_1(\cdot)$은 스코어 ψ에 대한 확장 함수다. 특히 $s_1(\cdot)$은 특정 한곗값부터 0까지의 모든 스코어를 변환할 수 있고 (입찰 없이) 한곗값은 이전에 프로모션 관점에서 다뤘듯이 희망 임프레션 횟수와 다른 요소들에 기반을 두고 결정될 수 있다.

지금까지 다룬 타깃팅 프로세스는 사용자 프로파일과 광고를 고려했지만 임프레션의 맥락이 되는 인벤토리를 고려하지 않는다. 인벤토리의 품질은 여러 가지 이유로 중요하다[Perlich 등, 2013].

- 인벤토리는 사용자의 구매 의도와 사용자에 대한 광고의 적합성에 관한 정보를 보유하고 있다. 예를 들어 호텔 광고는 뉴스 사이트보다 여행 사이트에서 보다 높은 컨버전 비율을 갖는다.
- 광고의 인식은 컨텍스트에 의존한다. 예를 들어 복잡한 기술적인 내용을

읽는 사용자는 엔터테인먼트 사이트 방문자보다는 광고에 주의를 덜 기울일 것이고 어떤 광고의 슬랏은 위치가 좋지 않아서 사용자가 스크롤해야 볼 수 있기도 하다.

즉 광고주는 i가 인벤토리일 때 확률 $\omega_a(u, i) = \Pr(Y \mid u, a, i)$를 사용해 더 나은 결과를 기대할 수 있다. 비율 $\omega_a(u, i)$와 모든 인벤토리에 대해 이것의 기댓값 $\omega_a(u) = \mathbb{E}_i [\, \omega_a(u, i) \,]$는 인벤토리 품질의 지표로 사용할 수 있다. 왜냐하면 인벤토리 i가 평균 인벤토리와 비교해 얼마나 좋은지의 여부를 알려주기 때문이다. 이 지표는 비드를 확장하기 위한 추가 승수로 사용할 수 있다.

$$b(u) = b_{base} \cdot s_1 \left(\psi_a(u) \right) \cdot s_2 \left(\frac{\omega_a(u, i)}{\omega_a(u)} \right) \tag{3.60}$$

여기서 사용한 표기법은 $\omega_a(u)$가 $\psi_a(u)$와 같다는 것을 의미했지만 광고주는 가용한 데이터와 다른 요소들에 기반을 두고 ω와 ψ를 추정하기 위한 다른 데이터 샘플과 모델을 사용할 수 있다. 스케일링 함수 $s_1(\cdot)$과 $s_2(\cdot)$의 기울기는 컨버전 비율과 광고주의 CPA 사이의 균형을 결정한다. 기울기가 높은 스케일링 함수는 (예를 들어 한곗값 아래이면 0, 위이면 매우 높은) 컨버전 비율을 최대화하지만 이는 CPA 측면에서는 최적이 아닐 수 있다. 아이덴티티 함수에 가까운 스케일링 함수인 CPA를 식 (3.58)과 같이 최적화하지만 컨버전 비율 측면에서는 최적이 아닐 수 있다.

3.8.4 다접촉 애트리뷰션

최종 접촉 애트리뷰션의 맹점은 마지막 임프레션 이전의 노력은 무시된다는 것이다. 퍼널에서 광고주의 위치에 따라 크레딧을 분배하는 보다 정교한 애트리뷰션 방법을 사용하면 이 문제를 해결할 수 있다. 이러한 정적 모델의 예들이 표 3.9에 나타나 있다. 정적인 가중값 기반 모델은 전체 캠페인 효과에 대한 각 광고주의 공헌을 추정하지 않는다. 실제 공헌을 측정하고 브랜드가 최고의 광고주나 채널을 보상하고 최악의 것들을 제거할 수 있게 하려면 알고리즘 기반의 애트리뷰션 기법을 사용해야 한다.

브랜드가 여러 개의 광고주나 채널 $C = \{C_1, \ldots, C_n\}$과 동시에 일한다고 가정한

표 3.9 정적 분배 모델. 각 임프레션 $A_1, ..., A_5$에 분배되는 크레딧의 비율을 보여준다.

모델	A_1	A_2	A_3	A_4	A_5
최초 임프레션	100%	–	–	–	–
최초 클릭	–	100%	–	–	–
최종 터치	–	–	–	–	100%
선형	20%	20%	20%	20%	20%
위치 기반	35%	10%	10%	10%	35%
시간별 분배(후반에 일어나는 터치 에 가중)	10%	15%	20%	25%	30%

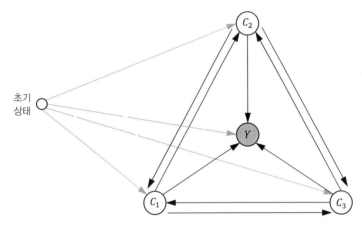

그림 3.27 3개의 채널로 이뤄진 네트워크의 예

다. 이를 그림 3.27과 같이 컨버전 이전에 사용자가 거쳐갈 수 있는 다양한 상태의 네트워크라고 가정해보자.

채널 C_k의 인과 관계를 모든 채널이 있을 때의 컨버전 확률과 C_k가 없을 때의 컨버전 확률의 차이로 정의할 수 있다.

$$V_k = \Pr(Y \mid C) - \Pr(Y \mid C \backslash C_k) \tag{3.61}$$

이 식을 평가하기 위해 집합 $C \backslash C_k$의 모든 부분 집합을 열거하고 각 부분 집합에 대해 인과 관계를 추정할 수 있다[Dalessandro 등, 2012b].

$$V_k = \sum_{S \subseteq C \backslash C_k} w_{S,k}\left(\Pr(Y \mid S \cup C_k) - \Pr(Y \mid S)\right) \qquad (3.62)$$

계수 $w_{S,k}$는 사용자가 특정 순서를 따라 거쳐갈 확률 S의 분포를 모델링한다. 모든 순서에 균일 분포를 가정하면 식 (3.63)이 된다.

$$w_{S,k} = \binom{|C|-1}{|S|}^{-1} \cdot \frac{1}{|C|} = \frac{|S|! \, (|C|-1-|S|)!}{|C|!} \qquad (3.63)$$

여기서 기수성^{cardinality}이 $|C|-1$인 집합 $C \backslash C_k$로부터 길이 $|S|$인 순서를 뽑게 된다. 예를 들어 네트워크 $C = \{C_1, C_2, C_3\}$에서의 채널 C_3의 원인 및 효과는 다음과 같이 계산된다.

$$
\begin{aligned}
V_3 = {}& \frac{1}{3}\left(\Pr(Y \mid C_1, C_2, C_3) - \Pr(Y \mid C_1, C_2)\right) \\
& + \frac{1}{6}\big[\,(\Pr(Y \mid C_1, C_3) - \Pr(Y \mid C_1)) \\
& \qquad + (\Pr(Y \mid C_2, C_3) - \Pr(Y \mid C_2))\big] \\
& + \frac{1}{3}\left(\Pr(Y \mid C_3) - \Pr(Y \mid \varnothing)\right)
\end{aligned}
\qquad (3.64)
$$

애트리뷰션 식 (3.62)는 실제로 사용하기 어렵다. 왜냐하면 채널의 긴 순서는 상대적으로 낮은 실현 확률을 갖고, 이는 추정 안정성에 영향을 미치기 때문이다 [Dalessandro 등, 2012b; Shao and Li, 2011]. 보다 간단하고 안정적인 모델을 만들기 위해 길이 S가 2 이상인 모든 채널을 버리는 것은 합리적일 수 있다[Shao and Li, 2011].

$$
\begin{aligned}
V_k^* = {}& \sum_{S \subseteq C \backslash C_k} w_{S,k}\left(\Pr(Y \mid S \cup C_k) - \Pr(Y \mid S)\right) \\
= {}& w_0\left[\Pr(Y \mid C_k) - \Pr(Y \mid \varnothing)\right] + \\
& w_1 \sum_{j \neq k}\left[\Pr(Y \mid C_j, C_k) - \Pr(Y \mid C_j)\right]
\end{aligned}
\qquad (3.65)
$$

컨버전의 베이스라인 확률 $\Pr(Y \mid \varnothing)$는 모든 채널에 대해 동일하므로 삭제할 수 있고 계수는 다음과 같이 정의된다.

$$w_0 = \binom{|C|-1}{0}^{-1} \frac{1}{|C|} = \frac{1}{|C|}$$

$$w_1 = \binom{|C|-1}{1}^{-1} \frac{1}{|C|} = \frac{1}{(|C|-1)|C|}$$

$$(3.66)$$

인과 관계는 다음과 같이 표현될 수 있다.

$$V_k^* = \frac{1}{|C|} \Pr(Y \mid C_k) +$$

$$+ \frac{1}{(|C|-1)|C|} \sum_{j \neq k} \left[\Pr(Y \mid C_j, C_k) - \Pr(Y \mid C_j) \right]$$

$$(3.67)$$

컨버전 확률 $\Pr(Y \mid C_k)$는 전체 채널을 통과한 사용자 수에 대한 채널 C_k를 통과한 후 컨버전한 사용자의 비율로 추정될 수 있다. 두 번째 순서의 확률 $\Pr(Y \mid C_j, C_k)$는 채널의 쌍과 똑같은 방법으로 계산될 수 있다.

식 (3.62)와 식 (3.67)은 다접촉 애트리뷰션에 관한 실제적인 해법을 제공한다. 하지만 이 문제를 해결하는 데에는 통과된 채널들에 기반을 두고 컨버션을 예측하는 회귀 모델을 만든 후 회귀 계수의 크기를 비교하는 방법도 있다[Shao and Li, 2011].

3.9 효율성 측정

마케팅 캠페인의 효율성은 각 고객은 개별적 특징을 갖고 있고 시간에 따라 변하며 브랜드 및 마케팅 미디어와 각기 다른 방법으로 접촉하므로 마케팅 효율성의 증가나 감소를 어떻게 분석할 것인지가 항상 논란의 여지가 있기 때문에 측정하기가 매우 어렵다. 마케터들이 마케팅 행동의 효율성을 정확히 증명하기는 어렵지만 행동과 결과가 정확하게 분리돼 있는 방법으로 실험하거나 데이터를 분석할 경우에 인과 관계가 외부 요인에 좌우되지 않게 된다. 이런 방법은 행동과 결과 사이에 통계적으로 유의미한 인과 관계의 증명으로 사용할 수 있다.

이런 문제는 알고리즘 마케팅이 등장하기 이전에 다른 분야에서 개발된 통계적 이론을 활용해 해결할 수 있다. 생물학이나 의학 등과 같은 분야에서 개발된 실험 프레임워크는 구조적으로 마케팅 캠페인과 비슷한 시나리오에서 응용된다.

3.9.1 랜덤화된 실험

잠재 고객들로 하여금 컨버전하게 하기 위한 프로모션이나 광고를 분배하는 기본적인 마케팅 캠페인을 생각해보자. 궁극적인 목적은 트리트먼트와 컨버전 사이의 인과 관계를 예측하는 것이지만 일단 매우 기본적인 질문부터 시작하고 인과 관계를 예측하는 통계적 프레임워크는 천천히 발전시켜 나가도록 하자.

3.9.1.1 컨버전 비율

가장 기본적인 질문 중 하나는 컨버전 비율이라고도 하는 간단한 지표를 어떻게 측정하는지다. 트리트먼트를 받은 사람의 수 n이 알려져 있고 그중의 컨버전 수 k가 측정할 수 있다고 가정하면 컨버전 비율은 식 (3.68)과 같다.

$$R = \frac{k}{n} \tag{3.68}$$

여기서 얻은 추정값은 사람 및 컨버전의 수에 따라 통계적으로 의미가 있을 수도 있고 없을 수도 있다. 사람 및 컨버전의 수가 작다면 컨버전 비율은 분산이 높고 같은 캠페인을 여러 번 수행한다면 크게 바뀔수도 있다. 사람 및 컨버전의 수가 많다면 보다 안정적인 결과를 기대할 수 있다. 이 추정값의 신뢰성은 다른 통계적 방법을 사용해 측정될 수 있다. 이 책에서는 일관성과 유연성 때문에 주로 베이지안 기법과 몬테카를로 시뮬레이션을 사용하고 랜덤화된 실험에서도 이 기법들을 계속 사용한다. 이것이 가장 간단한 방법은 아니지만 나중에 다룰 보다 복잡한 시나리오를 효과적으로 확장할 수 있는 프레임워크를 만드는 것이 좋다.

프로모션의 전체 개수 n은 실험 전에 정해져 있는 비랜덤 값이기 때문에 우리의 목표는 관찰된 컨버전 수가 주어졌을 때의 컨버전 비율의 분포 $p(R \mid k)$를 알아내는 것이다. 이 분포가 알려져 있다면 가상의 반복 실험 결과가 관찰된 값에서 차이가 많이 날 확률을 추정할 수 있고 추정된 비율의 신뢰성을 측정할 수 있다. 베이즈 규칙에 따르면 이 분포는 식 (3.69)가 된다.

$$p(R \mid k) = \frac{p(k \mid R)p(R)}{p(k)} \tag{3.69}$$

여기서 $p(k \mid R)$은 컨버전 비율이 R일 때 k개의 컨버전을 관찰할 확률, $p(R)$은 컨버전 비율의 사전 분포다. 확률 $p(k)$는 데이터 포인트 k가 주어졌기 때문에 정규화 요소로 볼 수 있다. 따라서 이는 비율의 분포가 확률 분포라는 것을 의미한다. 즉 모든 범위에 대해 적분하면 1이 되므로 식 (3.70)과 같이 표현할 수 있다.

$$p(k) = \int p(k \mid R)p(R)dR \tag{3.70}$$

이를 말로 풀어 설명하면 우리는 비율 분포 $p(R)$에 대한 사전 확신에서 출발하고 관찰 데이터, 즉 k개의 컨버전은 사전 확신에 대한 긍정/부정적인 증거가 된다. 사후 분포 $p(R \mid k)$는 제시된 증거에 기반을 둔 확신을 업데이트함으로써 얻는다.

사후 비율 분포에는 $p(k \mid R)$과 $p(R)$의 두 가지 요소가 있으므로 이 두 분포를 명시해야 한다. 컨버전 비율이 고정이라는 가정하에 n명 중 k명이 컨버전할 확률은 이항 분포로 주어지고 확률 질량 함수^{probability mass function}는 식 (3.71)과 같다.

$$\begin{aligned}
p(k \mid R) &= \binom{n}{k} \cdot R^k(1-R)^{n-k} \\
&= \frac{n!}{k!(n-k)!} \cdot R^k(1-R)^{n-k}
\end{aligned} \tag{3.71}$$

두 번째 요소인 사전 분포 $p(R)$은 균일 분포로 가정되거나 과거 캠페인 데이터로부터 추정될 수 있다. 균일 분포의 경우를 먼저 살펴보자. 사전 분포 $p(R)$이 0과 1 사이로 균일하면 사후 분포 $p(R \mid k)$는 식 (3.71)에 의해 주어지는 우도와 같은 형태를 갖지만 이는 k가 아니라 R의 함수이므로 정규화 상수는 달라진다. 이를 $c(n, k)$로 하면 식 (3.72)를 얻는다.

$$p(R \mid k) = R^k(1-R)^{n-k} \cdot c(n, k) \tag{3.72}$$

이 분포를 베타 분포라고 하며 일반적인 표기법은 다음과 같다. 이 표기법에서 사후 분포는 식 (3.73)과 같다.

$$p(R \mid k) = \text{beta}\,(k+1, n-k+1) \tag{3.73}$$

여기서 베타 분포는 다음과 같이 정의된다.

$$\text{beta}(\alpha, \beta) = \frac{1}{B(\alpha, \beta)} \cdot x^{\alpha-1}(1-x)^{\beta-1}$$
$$B(\alpha, \beta) = \int_0^1 x^{\alpha-1}(1-x)^{\beta-1} dx \tag{3.74}$$

n명에 대해 k개의 컨버전이 있을 때 컨버전 분포는 베타 분포로 정의된다.

사전 분포가 균일 분포가 아니라면 베타 분포로 정의할 수 있다.

$$p(R) = \text{beta}(x, y) \tag{3.75}$$

여기서 모수 x와 y는 과거 데이터에 의해 추정될 수 있다. 이 경우 사후 분포는 베타 분포다.

$$\begin{aligned} p(R \mid k) &\propto p(k \mid R) \cdot p(R) \\ &\propto R^k(1-R)^{n-k} \cdot \text{beta}(x, y) \\ &\propto R^{k+x-1}(1-R)^{n-k+y-1} \\ &\propto \text{beta}(k+x, n-k+y) \end{aligned} \tag{3.76}$$

베타 분포는 이항 분포에 대한 공액 사전 분포^{conjugate prior}다. 우도 함수가 이항 분포이면 사후 분포가 베타 분포가 되게 하기 위해 베타 사전 분포^{beta prior}를 선택한다. Beta(1, 1)은 균일 분포나 마찬가지이므로 균일 사전 분포^{uniform prior}에 의해 얻은 식 (3.73)은 식 (3.76)의 특별한 사례다.

컨버전 비율 R이 구간 [a, b] 내에 있을 확률은 다음과 같이 추정된다.

$$\Pr(a < R < b) = \int_a^b \text{beta}(k+1, n-k+1) \, dR \tag{3.77}$$

식 (3.77)은 분석적으로 평가될 수 있지만 몬테카를로 시뮬레이션을 사용해 얻은 컨버전 비율의 구간을 추정할 수도 있다. 이 경우 추정 방법은 다음과 같다.

1. 입력은 n, k 그리고 신뢰 수준 $0 < q < 100\%$이다.
2. 베타 분포 $(k+1, n-k+1)$을 사용해 많은 수의 랜덤 값을 생성한다.

3. 희망 신뢰 구간을 얻기 위해 생성된 값의 q/2번째와 (100 − q/2)번째 퍼센타일 값을 추정한다. 예를 들어 R 추정값이 2.5%와 97.5% 퍼센타일 사이에 있을 때는 95% 신뢰할 수 있다.

서로 다른 n과 k 값에 대한 베타 분포와 이에 해당하는 신뢰 구간의 예는 그림 3.28에 나타나 있다. 시뮬레이션 접근은 컨버전 비율과 같은 간단한 지표를 분석하기에는 매우 복잡하지만 이것의 장점은 보다 복잡한 사례를 다룰 때 더욱 분명해진다는 것이다.

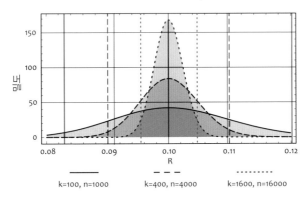

그림 3.28 균일 사전 분포와 서로 다른 샘플 개수 n에 대한 사후 분포 $p(R \mid k)$의 예. 평균은 모든 샘플에 대해 $k/n = 0.1$이다. 수직선은 각 분포의 2.5% 및 97.5% 퍼센타일을 나타낸다. 균일 분포로부터 시작해 샘플 수가 많아질수록 사후 분포는 좁아진다.

3.9.1.2 업리프트

컨버전 비율 자체는 타깃팅 알고리즘이나 마케팅 캠페인의 효율성을 측정하는 데 충분한 지표는 아니다. 3장의 앞부분에서 다뤘듯이 캠페인의 효율성은 보통 테스트와 컨트롤 그룹의 컨버전 비율의 차이인 업리프트로 측정된다. 컨트롤 그룹의 컨버전 비율은 보통 베이스라인이 되고 업리프트는 베이스라인 비율과 비교한 테스트 그룹의 컨버전 비율로 추정된다.

$$L = \frac{R}{R_0} - 1 \tag{3.78}$$

여기서 R_0는 베이스라인 컨버전 비율, R은 측정하는 캠페인의 컨버전 비율이다. 통계적 측면에서 이 추정값의 신뢰성은 식 (3.79)와 같이 구한다.

$$Pr(R > R_0 \mid data) \tag{3.79}$$

이렇게 함으로써 결과가 외부의 통제되지 않은 요인이 아니라 베이스라인과 비교한 캠페인의 효과로 계산될 수 있다. 이런 문제를 해결하는 일반적인 방법은 랜덤 실험이다. 이 방법은 고객을 2개의 그룹(테스트 그룹과 컨트롤 그룹)으로 나눠 테스트 그룹에는 트리트먼트(프로모션 제공하기, 광고 보여주기, 새로운 웹 사이트 디자인 보여주기 등)를 제공하고 컨트롤 그룹에는 아무런 트리트먼트도 제공하지 않거나 베이스라인 트리트먼트를 제공한다. 테스트와 컨트롤 그룹 간의 랜덤 개별 응답자의 선택은 관찰 결과가 수입과 같은 체계적 편향에 의해 좌우되지 않도록 한다는 측면에서 매우 중요하다. 테스트 그룹과 컨트롤 그룹을 동시에 운영하는 것은 컨트롤 그룹에 대한 테스트의 동일성을 확보하는 측면에서 중요하다. 현재 데이터와 과거 데이터를 비교하면 테스트의 동일성이 확보되지 않는다.

타깃 캠페인에 대한 랜덤 실험 디자인은 그림 3.29에 나타나 있다. 타깃팅 알고리즘에 의해 선정된 구매 확률이 높은 고객들은 테스트와 컨트롤 그룹으로 나눠지고 테스트 그룹은 트리트먼트를 받는다. 긍정적, 부정적인 결과는 양쪽 그룹에 기록된다. n_T와 n_C는 각 그룹의 인원수, k_T와 k_C는 각 그룹의 컨버전 수다. 업리프

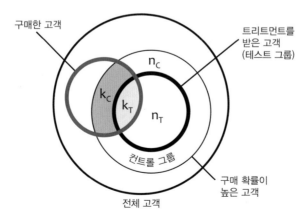

그림 3.29 랜덤 실험에서의 샘플링

트는 컨트롤 그룹의 컨버전 비율 k_C/n_C를 테스트 그룹의 컨버전 비율 k_T/n_T와 비교해 얻는다.

이제 업리프트 L에 대한 신뢰 구간을 찾기 위해 확률 $Pr(R_T > R_C)$를 구한다. 이는 식 (3.77)에서 컨버전 비율에 대한 신뢰 구간을 구할 때 사용했던 것과 비슷한 방법으로 계산되지만 일단 지금은 R_T와 R_C에 대한 조인트 분포를 구해야 한다.

$$Pr(a < L < b) = \iint_{a<L<b} L(R_T, R_C) \cdot Pr(R_T, R_C) dR_T dR_C \qquad (3.80)$$

랜덤 실험이 테스트와 컨트롤 그룹이 서로 독립적이 되도록 적절하게 디자인되고 수행됐다면 위의 조인트 확률은 컨버전 비율의 각각의 분포로 나눌 수 있다.

$$Pr(R_T, R_C) = Pr(R_T \mid k_T, n_T) \cdot Pr(R_C \mid k_C, n_C) \qquad (3.81)$$

여기서 각각의 컨버전 비율에 사용했던 시뮬레이션 기법을 적용할 수 있다. 컨버전 비율 R_T와 R_C는 베타 분포를 따르므로 각각의 베타 분포로부터 컨버전 비율을 구하고 비율을 계산함으로써 업리프트 샘플을 생성할 수 있다. 이 프로세스는 다음과 같다.

1. 입력은 관찰 데이터로부터 얻은 k_T, n_T, k_C이고 신뢰 구간은 $0 < q < 100\%$이다.
2. 각 샘플로부터 많은 값 L을 생성한다.
   a) 베타 분포 $(k_T + 1, n_T - k_T + 1)$로부터 R_T를 생성한다.
   b) 베타 분포 $(k_C + 1, n_C - k_C + 1)$로부터 R_C를 생성한다.
   c) $L = R_T/R_C - 1$을 계산한다.
3. L에 대한 신뢰 구간을 생성된 값의 $q/2$번째와 $(100 - q/2)$번째 퍼센타일 값으로 추정한다.

위 방법은 프로모션 캠페인, 광고 사이트의 새로운 디자인 테스트 등과 같은 다양한 시나리오에 사용할 수 있다. 랜덤 실험은 어떻게 캠페인이 수행되느냐에 따라 한계가 있을 수 있고 어떤 경우(특히 통제 그룹을 만들기 위해 추가 비용이 발생할 경우)에는 문제가 발생한다. 이 경우는 다음 절에서 다룬다.

매출 업리프트를 특정하려면 컨버전 비율과 각각의 컨버전을 반드시 측정할 필요가 없다. 특정 기간 동안 테스트와 컨트롤 그룹의 전체 매출을 구한 후 이 두 값으로부터 업리프트를 비율로 계산하면 되는 것이다. 이는 컨버전 정보가 알려져 있지 않을 때 업리프트를 계산하는 유일한 방법이다.

3.9.2 관찰 연구

랜덤 실험은 캠페인에 따른 컨버전 업리프트를 측정하기 위해 온라인 광고 환경에서 사용할 수 있다. 하지만 랜덤 방법론은 테스트와 컨트롤 그룹 사이의 체계적 편향을 없애기 위해 컨트롤 그룹 선정에 세심한 주의를 기울여야 한다. 무편향 랜덤화를 위한 일반적인 방법은 광고 배송 파이프라인의 마지막 단계까지 컨트롤 그룹을 선정하지 않고 놓아둔 후 타깃팅과 입찰 단계 이후에 사용자를 샘플링하는 것이다(그림 3.30). 테스트 그룹 유저는 광고에 노출되고 컨트롤 그룹 유저는 공공 서비스 광고public service announcement, PSA와 같은 무의미한 광고에 노출되므로 두 그룹 사이의 업리프트는 광고 효과의 측정이 된다.

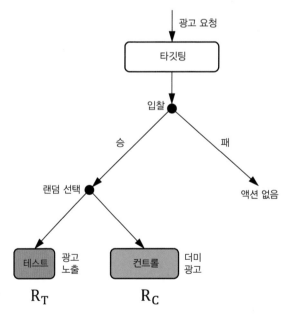

그림 3.30 랜덤 실험을 활용한 온라인 광고 업리프트 추정. R_T와 R_C는 테스트와 컨트롤 그룹에서의 컨버전 비율이다.

광고 거래소의 존재는 컨트롤 그룹 임프레션이 공짜가 아니라 진짜 임프레션처럼 구매돼야 하므로 어려운 문제를 초래한다. 여기서 발생하는 문제는 그림 3.31처럼 '컨트롤 그룹 선정이 입찰 단계 이전으로 이동할 수 있느냐?'이다.

이 방법은 더 이상 이것이 통제된 실험이 아니라는 것을 의미한다. 왜냐하면 어느 비드가 이기는지의 여부를 결정하는 입찰 과정은 더 이상 통제된 것이 아니기 때문이다. 따라서 컨트롤 그룹과 비교했을 때 테스트 그룹이 자의적 편향성을 갖게 된다. 여기서는 단지 입찰 결과와 컨버전을 관찰할 수 있고 통계적 추론을 통해 인과 관계를 측정한다. 이는 관찰 연구와 인과 관계 추론에 대해 보다 큰 이론으로 이어지고 이는 연구자의 통제 아래 있지 않은 프로세스를 분석해야 할 필요에 의해 지난 수십 년간 많이 발전했다. 우리가 직면하고 있는 입찰 편향의 문제는 임상 시험의 부적합 상황에서의 트리트먼트 효과와 매우 비슷하다. 트리트먼트의 인과 관계는 랜덤 실험에 의해 테스트 그룹 내에서 트리트먼트를 받은 사람과 컨트롤 그룹을 비교함으로써 측정될 수 있다. 실험 대상자는 테스트 그룹과 컨트롤 그룹에 랜덤하게 할당되지만 테스트 그룹 내의 어떤 사람들은 적합성 이슈 때문에 트리트먼트에 노출되지 않는다. 랜덤화 이후에 적합과 비적합 그룹으로 나누는 것은 컨트롤 그룹 선정 이후에 입찰 프로세스에서 승/패 그룹으로 나눠지는 것과 비슷하므로 비적합성과 관련된 임상 시험에 대한 연구를 응용할 수 있다.

관찰 연구와 관련된 업리프트 추정에 대한 문제는 다른 기법을 사용해 접근할 수 있다. 여기서는 인과 관계 이론이 어떻게 이 문제에 적용할 수 있는지를 설명해주는 기본적인 방법부터 시작한다[Chalasani and Sriharsha, 2016; Rubin, 1974; Jo, 2002].

그림 3.31에서 알 수 있듯이 직접 측정할 수 있는 컨버전 비율에는 세 가지(컨트롤 그룹에 대한 R_C, 테스트 그룹에서 입찰에 진 R_T, 실제로 임프레션에 노출된 R_T^W)가 있다. 우리의 목표는 임프레션에 노출되지 않았더라도 노출됐을 경우의 사용자의 예상 컨버전 비율 R_C^W를 구하는 것이다. 이 값은 이미 노출된 임프레션을 되돌릴 수 없고 어떻게 될지도 알 수 없기 때문에 가상적이다. 하지만 특정 가정하에서는 알려진 데이터로부터 추정할 수는 있다. 먼저 입찰에 이긴 유저들과 진 유저들의 비율 γ을 직접 구할 수 있다. 컨트롤 그룹과 테스트 그룹에서 승자와 패자의 분포가 같다고 가정하면 식 (3.82)가 성립한다.

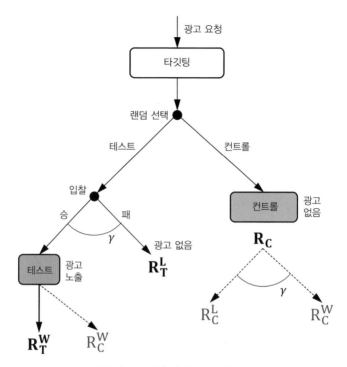

그림 3.31 관찰 연구를 활용한 온라인 광고 업리프트 추정

$$R_C = \gamma \cdot R_C^W + (1 - \gamma)R_C^L \qquad (3.82)$$

여기서 R_C^W와 R_C^L은 테스트 그룹에 할당됐다면 이겼거나 졌을 컨트롤 그룹 유저의 컨버전 비율이다. 두 번째 가정은 $R_C^L = R_T^L$이다. 왜냐하면 두 그룹은 광고에 노출되지 않았으므로 둘 사이의 편향은 없다. 즉 R_C^W를 알려진 값들을 사용해 식 (3.83)과 같이 표현할 수 있다.

$$R_C = \gamma \cdot R_C^W + (1 - \gamma)R_C^L \qquad (3.83)$$

마지막으로 업리프트는 관찰된 R_T^W와 추론된 R_C^W 사이의 비율로 추정될 수 있다.

업리프트 추정값의 신뢰성은 랜덤 실험에서 사용했던 시뮬레이션 기법을 사용해 평가될 수 있다. 여기서는 업리프트 분포에 대해 샘플을 생성해야 하는데 이는 통제 그룹 선택, 입찰, 컨버전 등과 같은 여러 랜덤 프로세스의 결합이기 때문에 특정하기 어렵다. 우리는 이 복잡한 과정 중 각 구현에 관한 일부의 정보(할당된 그룹, 입찰 결과 컨버전 결과 등)만 관찰할 수 있고 관찰 결과의 조인트 확률 분포를 결정하는 사용자의 내재적 성질과 다른 잠재 요소들은 관찰하지 못한다. 이 절의 나머지 부분에서는 앞에 언급한 내용 및 업리프트를 포함한 다른 캠페인 성질의 분포를 추론할 수 있는 고급 시뮬레이션 기법을 결합한 통계적 프레임워크를 다룬다 [Chickering and Pearl, 1996]. 이 프레임워크는 두 단계(랜덤 프로세스의 모델을 정한 후 어떻게 모델이 시뮬레이션을 통해 평가되는지)로 나눠 알아본다.

3.9.2.1 모델 설명

그림 3.32에 나타나 있는 모델을 사용해 잠재 요소와 이것의 영향을 계산할 수 있다. 각 노드는 랜덤 변수, 화살표는 노드 사이의 의존성, 랜덤 변수 Z, A, Y는 랜덤화, 입찰, 컨버전을 나타낸다. 특히 바이너리 변수 $Z \in \{0, 1\}$은 유저가 컨트롤 그룹이면 1, 컨트롤 그룹이 아니면 0이 되고 $A \in \{0, 1\}$은 입찰에 이기면 1, 입찰에 지면 0이 되며 $Y \in \{0, 1\}$은 유저가 컨버전이 되면 1, 컨버전이 안 되면 0이 된다. 랜덤 변수 S는 사용자의 상태와 광고주가 입찰에서 이기고 임프레션한 후에 응답을 받을 수 있는 능력에 영향을 미칠 수 있는 다른 잠재 요소에 대응한다.

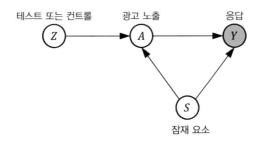

그림 3.32 잠재 요소를 포함한 관찰 연구에 대한 모델

여기서 우리는 조인트 분포 $\Pr(z, a, y, s)$를 이해하고 업리프트 L에 대한 신뢰 구간을 얻고자 한다. 문제는 '어떻게 분포 $\Pr(z, a, y, s)$를 분해해 계산이 가능하게 만드느냐'이다. 그림 3.32에 나타나 있는 모델은 분해에 사용할 수 있는 특정한 가정을 만든다. Z와 S는 랜덤화가 외부 변수에 영향을 받지 않기 때문에 서로 독립

적이고 Z와 Y는 컨버전이 사건 A에만 영향을 받기 때문에 A가 주어진 상황에서 조건적으로 독립적이다. 확률 밀도는 다음과 같이 분해된다.

$$\Pr(z, a, y, s) = \Pr(z)\Pr(a)\Pr(a \mid z, s)\Pr(y \mid a, s) \qquad (3.84)$$

이제 상태 랜덤 변수 S, 확률 밀도 $\Pr(a \mid z, s)$, $\Pr(y \mid a, s)$에서 이것의 역할을 정해야 한다. 잠재 요소의 역할은 직접 관찰되지는 않지만 업리프트와 같은 결과에 영향을 미치는 '잠재 상태'를 발견하는 것이다. 이 개념은 이 절의 처음에 다룬 가능한 결과의 상대 개념으로 이해할 수 있다. 왜냐하면 관찰로부터 상태를 추론할 수 있다면 다른 사전 조건에 대해 가능한 결과들을 평가할 수 있기 때문이다. 예를 들어 특정 사용자가 거래소에서 이기지 않을 것을 안다면 우리는 이 사용자들이 테스트/컨트롤 양쪽에 할당하는 것에 대한 결과를 예측할 수 있다.

잠재 상태는 가용한 데이터, 관심 지표, 영역의 이해 정도에 따라 다르게 모델링될 수 있다. 여기서는 어떻게 잠재 상태가 관찰 데이터의 함수로 정의되는지 그리고 어떻게 업리프트와 같은 지표가 상태로부터 파생되는지를 설명해주는 표준 모델을 사용한다[Heckerman and Shachter, 1995; Chickering and Pearl, 1996].

우리는 캠페인 효율성 측면에서 사용자의 두 가지 특징에 관심이 있다. 광고 기법의 컴플라이언스(입찰에서 이길 수 있는 능력이 있는지의 여부)와 광고에 대한 응답(컨버전됐는지의 여부)이다. 이 성질은 위에서 다룬 확률 $\Pr(a \mid z, s)$와 $\Pr(y \mid a, s)$에 대응하고 사용자에 대해 얻은 결과에 체계적으로 영향을 미치는 내부적 상태다. 우리는 컴플라이언스와 응답에 대한 각각의 상태를 열거하고 각 상태가 관찰된 집합 (z, a, y)에 대해 가능한지를 가리키는 조건을 명시한다.

가능한 유저 상태의 집합은 컴플라이언스와 응답 행동의 직교 곱이고 이는 16개의 원소로 이뤄진 집합 $\{s_1, \ldots, s_{16}\}$이 된다. 여기서 s_i는 표 3.10과 표 3.11에 나타나 있는 컴플라이언스와 응답 행동의 모든 쌍 (C_p, R_q)를 나열한다.

$$\begin{aligned} & S \in \{s_1, \ldots, s_{16}\} \\ & s_{p+4(q-1)} = (C_p, R_q), \quad 1 \leqslant p, q \leqslant 4 \end{aligned} \qquad (3.85)$$

즉 랜덤 변수 S는 16개의 가능한 상태로부터 추출된 16단계 랜덤 변수다. 우리는 각 유저 j에 대해 바이너리 집합 (z^j, a^j, y^j)을 직접 관찰할 수 있지만 사용자 상태

표 3.10 사용자 분류와 조건. 상태 C_3과 C_4는 위에 고려된 시나리오에선 일어나지 않지만 다양한 채널이 통합된 광고와 같은 다른 환경에서는 일어날 수 있다.

컴플라이언스	조건	설명
C_1	$a = 0$	사용자는 광고를 보지 못함
C_2	$a = z$	사용자는 입찰을 할 때만 광고를 볼 수 있음
C_3	$a \neq z$	사용자는 입찰을 하지 않을 때만 광고를 볼 수 있음
C_4	$a = 1$	사용자는 항상 광고를 볼 수 있음

표 3.11 사용자 응답 상태와 조건

응답	조건	설명
R_1	$y = 0$	사용자는 구매하지 않는다
R_2	$y = a$	사용자는 광고에 노출될 때에만 구매한다
R_3	$y \neq a$	사용자는 광고에 노출되지 않을 때에만 구매한다
R_4	$y = 1$	사용자는 언제나 구매한다

s^j는 직접 관찰될 수 없다. 하지만 상태를 추론할 수 있다면 추론된 상태에 따라 업리프트와 같은 관심 있는 지표를 평가할 수 있다. 특히 우리는 각 유저의 상태보다는 그러한 상태의 벡터인 식 (3.86)에 관심이 있다.

$$\mu = (\mu_1, \ldots, \mu_{16}) \tag{3.86}$$

여기서 각 비율 μ_i는 각 상태의 사용자 수 s_i와 전체 관찰된 사용자 수의 비율이다. 각 지표는 μ의 함수로 정의할 수 있다. 예를 들어 업리프트 $L(\mu)$는 R_2 응답 요소(그리고 다른 컴플라이언스 요소)의 상태에 대응하는 4개의 μ_i 값의 합과 R_3 응답 요소의 상태에 대응하는 다른 4개의 μ_i 값의 합의 비율로 구한다. 하지만 다른 질문에 답하기 위해 μ의 다른 함수를 정의할 수도 있다.

3.9.2.2 시뮬레이션

앞에 나타나 있는 모델을 가정하면 지표 $L(\mu)$의 신뢰 구간을 랜덤 벡터 μ의 사후 분포를 통해 표현할 수 있다.

$$\Pr(a < L(\mu) < b) = \int_{a<L(\mu)<b} L(\mu) \cdot p(\mu \mid data)d\mu \tag{3.87}$$

여기서 데이터는 모든 관찰된 집합 (z^j, a^j, y^j)이다. 사용자 상태의 벡터는

$$\mathbf{s} = \left(s^1, \ldots, s^m\right) \tag{3.88}$$

이 되고 m은 관찰된 사용자 수다. 상태 비율 μ의 분포는 사용자 상태 s의 랜덤 함수, s는 관찰되지는 않았지만 데이터로부터 통계적으로 추론할 수 있는 랜덤 변수다. 즉 μ에서의 16개 변수와 s에서의 m개 변수의 조인트 분포를 구해야 한다.

$$\Pr(a < L(\mu) < b) = \int_{a<L(\mu)<b} L(\mu) \cdot p(\mu, \mathbf{s} \mid data)d\mu d\mathbf{s} \tag{3.89}$$

이 시뮬레이션 접근은 분포 $p(\mu, \mathbf{s} \mid data)$가 관찰 데이터에 기반을 두고 추정돼야 하므로 이 분포에서 벡터 μ를 이끌어낼 수 있다. 일단 벡터가 생성되면 샘플 $L(\mu)$를 계산하고 분포를 추정할 수 있다. 지금 답해야 하는 질문은 '시뮬레이션을 위해 어떻게 분포 $p(\mu, \mathbf{s} \mid data)$에서 샘플을 뽑아내느냐'이다. 우리는 분포의 함수적 형식은 모르지만 이를 명시하지 않고도 분포로부터 샘플을 뽑아낼 수 있게 도와주는 통계적 방법이 존재한다.

깁스 샘플링은 다변량 분포에서 샘플을 뽑아내는 데 사용하는 방법이다[Geman and Geman, 1984]. 다변량 분포 $p(\mathbf{x}_1, \cdots, \mathbf{x}_n)$에서 샘플을 뽑아낸다고 가정해보자. 깁스 샘플러는 다변량 분포는 n개의 조건 분포로 나눌 수 있다는 점을 활용한다.

$$p(x_i \mid x_1, \ldots, x_{i-1}, x_{i+1}, \ldots, x_n), \qquad 1 \leqslant i \leqslant n \tag{3.90}$$

다변량 분포로부터 샘플을 직접 뽑아낼 수는 없지만 조건 분포로부터 뽑아낼 수는 있다. 깁스 샘플링의 원리는 n개의 변수를 확률적으로 직접 뽑아내는 대신 현재

값에 고정된 변수들에 대해 한 변수를 하나씩 선택하는 것이다. 즉 각 변수는 나머지 변수가 고정된 상태에서 조건 분포로부터 샘플된다.

$$x_i \sim p(x_i \mid x_1, \ldots, x_{i-1}, x_{i+1}, \ldots, x_n), \qquad 1 \leqslant i \leqslant n \qquad (3.91)$$

이는 이전에 생성된 샘플들을 조건으로 치환함으로써 조건 분포로부터 샘플을 반복적으로 뽑아내는 반복적인 알고리즘이다. 예를 들어 2개의 변수 $\mathbf{x}_1$과 $\mathbf{x}_2$가 있는 간단한 사례를 생각해보자. 변수들은 사전 분포로부터 샘플된 값으로 초기화되고 다음 규칙에 따라 각 반복 i마다 업데이트된다.

$$\begin{aligned} x_1^{(i)} &\sim p(x_1 \mid x_2^{(i-1)}) \\ x_2^{(i)} &\sim p(x_2 \mid x_1^{(i-1)}) \end{aligned} \qquad (3.92)$$

이 과정은 수렴하기 위해 일정 숫자 이상의 반복이 필요하고 분포 $p(\mathbf{x}_1, \mathbf{x}_2)$를 따르는 포인트를 생성하기 시작한다. 이 방법은 조건 분포가 조인트 분포보다 특정하기 쉽기 때문에 실무에서 많이 사용한다. 깁스 샘플러의 일반적인 버전은 알고리즘 3.1과 같다.

Initialize $\left(x_1^{(0)}, \ldots, x_n^{(0)}\right)$ from the prior distribution
for iteration $i = 1, 2, \ldots$ **do**
$\quad$ draw $x_1^{(i)} \sim p\left(x_1 \mid x_2^{(i-1)}, x_3^{(i-1)}, \ldots, x_n^{(i-1)}\right)$

$\quad$ draw $x_2^{(i)} \sim p\left(x_2 \mid x_1^{(i)}, x_3^{(i-1)}, \ldots, x_n^{(i-1)}\right)$

$\quad \ldots$

$\quad$ draw $x_n^{(i)} \sim p\left(x_n \mid x_1^{(i)}, x_2^{(i)}, \ldots, x_{n-1}^{(i)}\right)$
end

알고리즘 3.1 깁스 샘플러

이제 분포 $p(\boldsymbol{\mu}, \mathbf{s} \mid \text{data})$로 돌아가 어떻게 깁스 샘플러가 샘플을 뽑아내는지 알아보자. 샘플러가 $\boldsymbol{\mu}$와 $\mathbf{s}$의 원소를 각각 뽑아내므로 우리는 $p(\mathbf{s}, \boldsymbol{\mu} \mid \text{data})$와 $p(\boldsymbol{\mu},$

s|data)에 대한 추정 루틴을 각각 명시할 수 있다.

첫 번째 확률에 대해 사용자들이 서로 독립이라고 가정하면 사용자 상태의 사후 확률은 다음과 같이 주어진다.

$$p(s^j = s_i \mid \mu, \mathbf{s}, data) \propto p(a^j, y^j \mid z^j, s_i) \cdot \mu_i \qquad (3.93)$$

여기서 $p(a^j, y^j \mid z^j, s_i)$는 상태 s_i가 주어졌을 때 결과 z^j, a^j, y^j의 관찰 결과의 우도다. 여기서 우도는 관찰 결과가 상태 s_i의 조건과 일치하면 1, 일치하지 않으면 0이라고 가정해보자. 즉 사용자 j에 대한 상태 s_i의 우도는 z^j, a^j, y^j의 알려진 값과 표 3.10과 표 3.11의 상태 조건을 기반으로 추정될 수 있다. 16개 상태의 모델에 대해 각 사용자마다 16개 확률의 벡터를 추정할 수 있다. 각 벡터는 식 (3.93)의 우변에 의거해 상태 μ_i의 사전 확률을 곱해 구한다. 16개 숫자의 결과 벡터는 샘플 s^j가 구해지는 다변량 분포로부터 정의된다.

두 번째 파트는 조건 분포 $p(\mu, \mathbf{s}|data)$이다. 상태 s_i가 S에서 일어나는 횟수를 n_i라고 가정해보자. μ가 상태 비율의 벡터이므로 각 원소 μ_i는 상태 s_i의 경험적 확률이고 카운터 n_i의 벡터는 모수 μ인 다변량 분포를 갖는다. 즉 상태 비율 μ가 주어졌을 때의 관찰된 벡터 s의 모수는 다음과 같고

$$\prod_i \mu_i^{n_i} \qquad (3.94)$$

상태 비율의 사후 분포는 다음과 같다.

$$p(\mu \mid \mathbf{s}, data) \propto \prod_i \mu_i^{n_i} \cdot Pr(\mu) \qquad (3.95)$$

마지막 단계는 사전 분포 $Pr(\mu)$를 정하는 것이다. 우도가 이항 분포를 따르고 베타 분포가 이항 분포에 대한 결합 사전 분포이기 때문에 랜덤 실험에서 사전 분포로 베타 분포를 사용했다는 것을 기억하자. 이 경우는 다항 분포를 사용하고 이것의 결합 사전 분포는 디리클레^{Dirichlet} 분포다(부록 A). $Pr(\mu)$를 디리클레 분포로 선택하면 식 (3.96)에 설명된 사후 분포도 역시 디리클레 분포가 된다. 즉 사전 신뢰를 카운터 n_i^0로 표현할 수 있고 이는 디리클레 분포의 모수로 사용하며 사후 분포는 다음과 같다.

$$p(\boldsymbol{\mu} \mid \mathbf{s}, \text{data}) \propto \prod_i \mu_i^{n_i} \cdot \text{Dir}(n_1^0, \ldots, n_{16}^0)$$

$$\propto \prod_i \mu_i^{n_i^0 + n_i - 1} \qquad (3.96)$$

$$\propto \text{Dir}(n_1^0 + n_i, \ldots, n_{16}^0 + n_{16})$$

위 방정식은 깁스 샘플러에 바로 적용할 수 있다. 식 (3.96)을 사용하면 $\boldsymbol{\mu}$의 샘플을 생성할 수 있고 식 (3.93)을 사용하면 $\mathbf{s}$의 $\mathbf{m}$ 샘플을 생성하고 이 과정을 $L(\boldsymbol{\mu})$의 신뢰 구간을 평가하기 위한 벡터 $\boldsymbol{\mu}$의 충분한 숫자가 있을 때까지 수행할 수 있다.

3.10 타깃팅 시스템의 구조

타깃팅 시스템은 특정 인더스트리나 애플리케이션에 따라 다르게 구현될 수 있다. 하지만 일부 논리적 요소는 대부분의 타깃팅 시스템에서 공통으로 사용한다. 이 절에서는 타깃된 광고나 프로모션을 만들기 위해 사용하는 주요 논리 블록들을 포함하는 정규 아키텍처를 다룬다. 이 아키텍처는 시스템이 요청-응답 모드로 운영된다고 가정한다. 즉 고객 ID나 채널 ID와 같은 맥락 정보를 포함한 리얼타임 요청을 받고 이 맥락에 대한 하나 이상의 오퍼를 생성한다. 이런 애플리케이션과 디자인은 가장 흔하고 중요하다. 하지만 이런 방법은 배치 이메일 생성과 같은 다른 애플리케이션에도 응용할 수 있다.

이런 타깃팅 시스템의 개괄적 논리 구조는 그림 3.33에 나타나 있다. 이 아키텍처는 3개의 큰 하부 시스템으로 나뉘고 각 하부 시스템은 여러 개의 요소를 포함하고 있다.

3.10.1 타깃팅 서버

타깃팅 서버는 요청의 처리에 관한 대부분의 로직을 캡슐화하고 광고나 프로모션으로 응답한다. 이는 다음의 단계를 갖고 있는 파이프라인으로 생각할 수 있다.

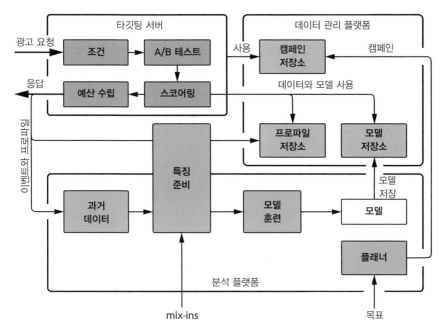

그림 3.33 타깃팅 시스템의 개관적 아키텍처

조건 이전에 다룬 타깃팅 프로세스에 따르면 첫 번째 단계 중 하나는 모든 후보 광고나 프로모션에 대한 명백한 제한을 검증하는 것이다. 이런 조건들의 예는 현재 바스켓에 특정 제품이 있을 것, 특정 지역일 것 등이다.

A/B 테스팅 복수의 타깃팅 전략의 동시 평가는 데이터와 모델의 부정확성을 해결하는 동시에 캠페인의 성능을 측정할 수 있게 도와주는 일반적인 방법이다. 타깃팅 서버는 다른 광고 방법을 다른 사용자에게 할당하고 각 방법의 성능 지표를 따로 리포트함으로써 최적의 전략을 나중에 선택할 수 있게 해준다. A/B 테스팅은 다른 스코어링 방법, 다른 텍스트 메시지, 다른 이미지 등과 같은 타깃팅 프로세스와 고객 경험의 다른 측면에 적용할 수 있다.

전략 선택은 보통 고객에 대해서는 일관적이다. 즉 특정 전략이 선택되면 이것은 고객 프로파일에 저장되고 이 고객에 대한 모든 요청에 똑같이 적용된다. 이는 일관된 사용자 경험을 제공하고 다른 전략에는 연결되지 않는 고객 세그먼트를 만들게 해준다.

하나 이상의 전략을 컨트롤 그룹과 비교하는 것은 일반적인 방법이다. 컨
트롤 그룹은 베이스라인 전략이나 무전략 상태의 과거 또는 디폴트로 정의
된 경험을 하게 되는 고객 그룹을 의미한다. 새로운 경험 전략의 성능은 베
이스라인과 비교한 업리프트로 측정된다.

스코어링 타깃팅 서버는 고객의 과거 프로파일을 포함한 맥락에 대해 인센티브
와 관련된 성향 모델을 평가함으로써 이전 단계에서 통과된 인센티브의 점
수를 매긴다. 성향 모델은 모든 인센티브에 대해 모델의 수동 연결^{manual}
^{binding}을 피하기 위해 메타데이터 또는 비즈니스 규칙에 기반을 둔 인센티
브에 동적으로 선택될 수 있다.

예산 규칙 최종 응답은 특정 고객, 채널, 캠페인에 대해 노출 횟수를 제한하는 예
산 규칙과 다른 제약 사항을 적용한 유효하고 점수화된 후보 인센티브 리
스트에 기반을 두고 생성된다.

3.10.2 데이터 운영 플랫폼

데이터 운영 플랫폼$^{Data\ Management\ Platform,\ DMP}$은 고객 프로파일과 캠페인 환경 설정
을 포함한 타깃팅에 필요한 다른 데이터를 포함하는 운영 데이터베이스다. 다음
항목들은 데이터 운영 플랫폼의 주요 요소들로 고려될 수 있다.

프로파일 저장소 각각의 고객에 대한 과거 데이터를 저장한다. 이는 주문이나 웹 사
이트 방문과 같은 원데이터 또는 평가나 성향 모델에 사용할 수 있는 종합
된 통계(특징)를 포함할 수 있다. 이는 타깃팅 서버와 외부 데이터 소스로부
터의 맥락 데이터를 통해 생성될 수 있다.

모델 저장소 스코어링을 위해 타깃팅 서버가 사용하는 성향 모델을 저장한다. 이
모델은 다음에 설명할 분석 플랫폼에 의해 생성되고 업데이트된다.

캠페인 저장소 이미지, 조건, 예산 한계 등을 포함한 캠페인에 관한 세부 사항들을
저장한다.

3.10.3 분석 플랫폼

분석 플랫폼은 고객 프로파일 데이터뿐 아니라 모델링, 데이터 준비, 리포팅에 필요한 혼합 데이터까지 수집하고 통합하고 저장한다. 이런 혼합 데이터의 예는 제품 카탈로그 정보, 매출 데이터, 스토어 데이터 등이 있다. 데이터 준비 단계의 주요 결과물 중 하나는 예측 모델의 훈련과 평가에 사용하는 프로파일의 특징이다. 분석 플랫폼에 의해 통합되고 정제된 데이터는 다른 고객에 대해 다른 서비스 수준의 동의서로 제공된다. 예를 들어 프로파일의 특징은 분석 목적 아래 배치 모드로 생성될 수 있지만 똑같은 특징은 타깃팅 서버에서 실시간 모델 평가용으로 사용할 수 있다. 따라서 일부 데이터 준비 모듈은 다른 모델에서도 작동하도록 설계될 수 있다. 이 측면은 그림 3.33에 특징 준비 블록으로 나타나 있다. 이는 데이터 운영 플랫폼에서 모델링과 실시간 데이터 종합 양쪽 모두 사용할 수 있다.

분석 플랫폼의 주요 목적 중 하나는 타깃팅 서버와 외부 데이터 소스로부터 수집되는 데이터에 대해 머신 러닝 알고리즘을 적용해 성향 모델을 생성하는 것이다. 분석 플랫폼은 수동 모델 생성과 자동 모델 업데이트 양쪽을 모두 지원한다. 분석 플랫폼은 캠페인 성과를 측정하고 리포팅과 탐사적 데이터 분석에 필요한 능력을 제공하기도 한다.

마지막으로 분석 플랫폼은 플래너를 포함할 수 있다. 이는 프로모션과 광고 캠페인을 디자인하고 최적화하는 프로그램 기반 마케팅 시스템의 중요 요소다. 플래너는 입력된 목적 및 예산 한계와 같은 추가 고려 사항에 기반을 두고 과거 데이터 및 통계, 비즈니스 규칙, 베스트 프랙티스, 휴리스틱 등을 최적 전략(인센티브의 기간과 종류, 채널, 성향 모델 등)으로 결정하기 위해 사용한다. 그리고 과거 데이터를 사용해 캠페인의 성과를 예측할 수도 있다. 플래너는 다음과 같은 기능적 블록을 가질 수 있다.

투자 플래너 투자 플래너는 과거 데이터로부터 얻은 시장 기회에 대한 개괄적 정보를 제공한다. 이는 사용자가 알맞은 비즈니스 목적을 수립하고 다른 전략적 방향과 캠페인에 관련된 예산을 분배할 수 있게 도와준다. 이는 전체 최적화 도구로 간주된다.

캠페인 플래너 캠페인 플래너는 투자 플래너에 의해 제안된 프로모션 및 광고 캠페인을 최적화한다. 이는 최적 캠페인 기간, 캠페인 비용 소비 비율 등을 산정한다.

3.11 요약

- 프로모션과 광고 서비스는 타깃팅의 문제, 즉 소비자와 오퍼링 사이의 최적의 매치를 찾는 데 집중한다. 애플리케이션의 종류에 따라 시스템은 특정 소비자에 대한 최적의 오퍼링을 찾을 수도 있고 특정 오퍼링에 관한 최적의 소비자를 찾을 수도 있다.

- 프로모션과 광고 서비스는 보통 매출 최적화를 추구하지만 고객 경험 최적화도 이에 못지 않게 중요하다.

- 프로모션과 광고 서비스에 관한 주요 비즈니스 환경은 세일즈 프로모션과 온라인 광고다. 세일즈 환경에서의 주요 요소는 소비자 제조업체, 소매업체, 마케팅 캠페인이다.

- 제조업체와 소매업체의 비스니스 목표는 캠페인 비용과 이익으로 모델링된다. 단기적인 목표는 캠페인 이익률을 포함하고 전략적인 목표는 고객 생애 주기로 표현될 수 있다. 중요한 전략적인 목표는 신규 고객 유치, 기존 고객으로부터의 수입의 최대화, 이탈 예상 고객의 유지다.

- 타깃팅 시스템은 여러 목적에 걸친 자원 할당부터 시작해 비즈니스 목적에 맞는 캠페인 템플릿의 선택, 타깃팅 모델 연결, 캠페인 실행에 걸친 파이프라인으로 디자인될 수 있다.

- 응답 모델링 프레임워크는 캠페인 비용, 매출, 고객의 통계적 성질들을 짜맞춰 활용한다. 응답 모델링의 원리는 추가 이익인 업리프트를 최대화하는 것이다. 업리프트는 컨트롤 그룹과 테스트 그룹을 이용해 측정된다.

- 타깃팅 시스템에 이용되는 주된 기반 요소는 성향 모델, 사건까지의 시간 모델, LTV 모델이다. 타깃팅 모델의 가장 기본적인 예는 충성도 계급과 RFM 분석이다. 이런 접근은 재무적 결과에 치중하고 고객 행동의 원인을 깊이 분석하지 않는다.

- 성향 모델링의 목표는 새 제품을 구매하는 것과 같은 특정 행동을 할 확률이 높은 소비자를 찾아내는 것이다. 닮은꼴 모델링은 성향 모델링의 가장 중요한 방법 중 하나다.

- 사건의 확률보다 사건까지의 시간을 측정하는 것이 편리할 때가 많다. 이는 생존 분석을 통해 가능하다. 생존 모델은 회귀 모델과 마찬가지로 사건까지의 시간을 고객의 특징이나 할인 폭과 같은 독립 변수의 함수로 표현할 수 있다.

- LTV 모델은 특정 고객에 대해 그들의 관계가 유지되는 기간 동안의 전체 예상 소비 금액을 추정한다. LTV 모델은 서술적 또는 예측적으로 접근할 수 있다.

- 마케팅 캠페인은 복수의 구성 요소를 통해 만들 수 있다. 캠페인 템플릿은 타깃팅 조건, 스코어링 모델, 예산과 노출 최대 한도 규칙을 포함할 수 있다. 캠페인은 보통 고객 생애 주기의 특정 지점들과 관련돼 있고 이것에 영향을 미치는 것이 목적이다. 캠페인 템플릿의 예로는 제품 프로모션 캠페인, 다단계 캠페인, 고객 유지 및 보충 캠페인을 들 수 있다.

- 타깃팅은 고객에 대한 자원 할당으로 볼 수 있지만 자원은 채널, 목적, 지역 또는 다른 조건에 따라 할당될 수 있다.

- 프로모션 타깃팅의 많은 기법과 원리는 온라인 광고와 같은 다른 영역에도 적용할 수 있지만 각 영역은 나름대로의 비즈니스 목적 및 구현과 관련된 어려움이 존재한다. 온라인 광고의 목적은 종종 경쟁 관계인 광고주 사이의 액션당 비용과 애트리뷰션으로 정의된다.

- 온라인 광고는 많은 수의 타깃팅 기법을 활용한다. 그중 대부분은 닮은꼴 모델, 브랜드 근접도 응답 확률, 인벤토리 품질 등에 기반을 두고 있다.

- 프로모션과 광고의 효율성은 보통 테스트와 컨트롤 그룹을 이용한 랜덤 테스팅에 의해 측정된다. 온라인 광고를 포함한 일부 환경에서는 컨트롤 그룹이 추가 비용 또는 이익의 감소와 관련돼 있으므로 효율성은 관찰 연구의 고급 기법을 활용해 측정해야 한다.

04

검색

타깃된 프로모션과 광고는 특정한 제품이나 서비스에 적합한 청중을 찾는 문제에 집중한다. 이와 마찬가지로 중요한 타깃팅 상대는 제품 발견, 즉 상품 구색을 열람하고 필요한 제품을 검색하는 편리한 인터페이스를 고객에게 제공하는 것이다. 타깃팅과 제품 발견은 제품, 서비스, 브랜드의 서로 다른 측면의 고객 인지도를 증가시키는 중요한 프로그램 기반 마케팅 도구다.

제품 발견의 문제는 구매 의도라는 개념에서 비롯된다. 어떤 경우에는 고객들이 그들의 의도를 검색 창에 직접 입력하거나 원하는 제품의 특성을 다른 방법으로 선택하는 방식으로 표현한다. 이와 다른 경우에는 고객의 의도가 명확하게 표현되지 않고 프로그램 기반 서비스는 알려진 고객 특성과 행동에 따라 고객의 의도를 추론해야 한다. 이 시나리오는 종종 다른 카테고리로 구별된다. 검색 서비스는 고객으로 하여금 명시적으로 표현된 요구 사항에 맞는 제품을 찾을 수 있게 도와주는 반면 추천 서비스는 제품을 추천하기 위해 사용자가 명시적으로 검색 의도를 표현할 필요는 없다. 하지만 검색과 추천 서비스 사이의 경계는 모호하다. 기본적인 검색 서비스는 제품을 찾기 위해 명시적으로 입력된 검색어만 사용할 수 있다.

고급 솔루션은 검색 결과를 개인화하기 위해 사용자에 대한 추가 정보를 사용할 수 있다. 특정 애플리케이션의 경우 이런 암시적인 신호는 명시적인 신호보다 중요해지고 검색 서비스는 추천 서비스로 진화한다. 이런 측면에서 볼 때 검색과 추천 서비스는 고객이 특정 제품을 요청할 때 찾아주는 점원 및 고객과 그들의 필요에 관한 일부 정보만 갖고 제품을 추천해주는 점원으로 비교될 수 있다.

검색과 추천은 기능적 서비스로서 중요할 뿐 아니라 고객들의 필요를 이해하고 그에 맞는 제품을 결정하기 위한 여러 개의 강하거나 약하거나 잡음이 섞인 신호를 결합할 수 있는 기본적인 능력으로서도 중요하다. 이 능력은 효율적인 고객 서비스와 애플리케이션을 만드는 핵심 요소다.

여기서 고려해야 할 첫 번째 제품 발견 서비스는 검색이다. 검색 서비스의 목적은 검색 창이나 선택된 필터로 표현되는 고객의 검색 의도에 따른 오퍼링을 검색 결과로 제시하는 것이다. 이런 종류의 문제는 정보 검색 이론에서 이미 연구돼 있으므로 우리가 사용할 수 있는 이론적 프레임워크와 실제적 검색 방법들은 이미 존재한다. 이 절의 목표는 마케팅 애플리케이션에 적합한 프레임워크와 기법들을 조합, 조정 및 적용하는 것이다. 이 기법들 중 일부는 정보 검색 이론에서 개발된 일반적 검색 기법에서 차용됐고 다른 일부는 마케팅과 상품 목적으로 개발됐다. 여기서는 정보 검색 이론보다 산업 현장에서 자주 사용하는 경험과 기술, 사례 위주로 검색을 다룬다. 이와 동시에 데이터 인덱싱과 같은 기술적인 디테일은 다루지 않고 관련된 검색 결과를 통한 비즈니스적 가치에 집중할 것이다.

4장은 검색 환경과 경제적 목적에 관련된 리뷰로 시작한다. 적합한 검색의 문제는 프로그램 기반 서비스와 마찬가지로 특징, 신호 그리고 통제의 용어들로 표현될 수 있다. 이런 신호들과 통제들을 어떻게 수동으로 만들고 섞고 그리고 튜닝하는지에 대해 알아본 후 예측 시스템이 어떻게 자동화된 최적화에 이용될 수 있는지 알아본다.

4.1 환경

검색은 인간과 컴퓨터 사이의 가장 자연스럽고 편리한 인터페이스 중 하나다. 이는 검색을 다양한 영역에 속하고 다양한 방법으로 활용하는 여러 종류의 서비스와 애플리케이션의 핵심적인 부분으로 만든다. 이런 환경은 경제적 목적, 데이터양과 같은 기술적 성질에 따라 달라진다. 기술적 성질은 검색 서비스의 디자인과 구현에 많은 영향을 미친다. 몇 가지 예를 살펴보자.

웹 검색 웹은 텍스트와 미디어 정보를 담고 있는 웹 페이지의 집합이다. 따라서 웹 검색은 초기에 텍스트 분석에 의해 접근할 수밖에 없었다. 초기 검색 엔진들의 스코어링 기준은 페이지 콘텐츠에 기반을 두고 있었는데 이는 숨어 있는 필드를 갖고 장난치거나 다른 검색어와의 관련성을 높이는 기술들을 활용함으로써 웹 사이트 소유주들이 시스템을 속이는 많은 기회를 양산했다. 이로 인해 검색 엔진들은 웹 사이트와 이것들의 신뢰성 사이의 상호 레퍼런스를 주요 스코어링의 목표로 삼는 새로운 전략을 개발해야만 했다. 즉 믿을 만하고 인기 있는 웹 사이트로부터의 하이퍼링크에 의해 연결된 도메인과 웹 페이지들은 높은 점수를 받고 레퍼런스가 없는 페이지들은 매우 낮은 점수를 받는다. 구글에서 페이지랭크 알고리즘이라는 이름으로 개발된 이 기법은 매우 중요한 웹 검색의 특징으로 자리 잡았다. 웹의 거대한 스케일과 대용량 데이터를 인덱싱해야 하는 필요는 웹 검색 기법에 많은 영향을 미쳤다.

상품 검색 많은 검색 애플리케이션에서 검색어와의 관련성은 비즈니스 목표와 제한이 충족되게 하기 위한 비즈니스 규칙에 의해 보완되거나 무효화된다. 이런 환경의 예로는 상품 검색을 들 수 있다. 이런 검색은 이커머스, 소매업체 또는 호텔 예약이나 레스토랑 검색과 같은 소비자 애플리케이션에서 흔히 발견된다. 이런 환경은 검색 기능으로 하여금 고마진의 제품을 높은 순위에 보여줌으로써 이익을 높이거나 유효 기간이 얼마 남지 않은 재고를 소진시키거나 스폰서된 오퍼링을 광고하게 한다. 또한 상품 검색은 사용자의 의도와 흔한 검색어를 인지하기 위해 특정 영역에 대한 용어와 사용 패턴을 고려해야 한다.

전문가 검색 법률, 의약, 연구 및 기타 업종 전문 영역의 검색 서비스와 애플리케이션은 전문가 검색의 영역으로 구분된다. 전문가가 사용하는 전문가 검색은 업계의 전문 용어와 관련 개념들 사이의 잠재적 관계를 포함하는 전문 영역의 깊은 이해를 요구한다. 또한 전문가 검색은 웹 검색 및 상품 검색에서의 전형적인 고객 니즈와는 매우 다른 전문적인 사용 패턴과 관련성 정의

가 필요하다. 예를 들어 변호사나 특허 전문가는 관련 주제에 대한 모든 문
서를 검색하고 조사하는 것이 중요하지만 상품 또는 웹 검색 사용자는 가
장 적합한 검색 결과 몇 가지면 충분하다. 전문가 검색은 엔터프라이즈 검
색이라고도 한다.

이런 차이점들에도 불구하고 다른 영역의 검색 솔루션은 많은 공통 원리와 기법들
이 있다. 4장에서는 이 책의 주제와 가장 어울리는 상품 검색에 집중하지만 여기
서 다루는 기초적인 원리들은 다른 영역에서도 충분히 응용할 수 있다.

그림 4.1에 나타나 있듯이 상품 검색에 대한 간단한 환경부터 시작해보자. 기본적
인 개체와 가정은 다음과 같다.

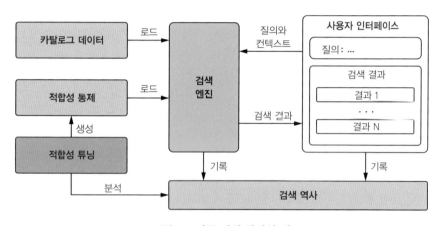

그림 4.1 상품 검색 환경의 예

- 상품 검색 서비스의 주요 목적은 고객이 제품과 서비스를 찾거나 텍스트
  검색 창이나 고객 프로파일, 검색 디바이스 종류, 지리 정보 등과 같은 추
  가 맥락의 정보를 통해 찾는 것을 도와주는 간단한 인터페이스를 제공하
  는 것이다. 즉 검색 서비스의 입력은 검색어와 맥락의 조합으로 이뤄지고
  결과는 가장 적합한 순서로 나열되는 검색 결과가 된다. 이런 기본적인
  기능은 나중에 설명할 추가 검색 도구 및 특징들에 의해 보완될 수 있다.
- 검색될 수 있는 각 아이템은 다양한 소스로부터 수집될 수 있는 구조화

또는 반구조화된 데이터 기록의 집합이다. 예를 들어 온라인 소매업체는 제조업체로부터의 상품 설명, 사용자 레이팅과 리뷰, 판매 데이터, 재고 데이터, 스토어의 위치, 가격, 제품 카테고리와 같은 내부 메타데이터 등으로 이뤄진 다양한 제품 관련 데이터 아이템들을 구축할 수 있다.

- 검색 엔진은 검색어 또는 맥락상의 특징들을 개체 특징들과 연결시킴으로써 검색 결과를 산출한다. 이 과정은 어떻게 특징들이 원데이터로부터 생성되는지, 어떻게 그들이 연결되는지, 어떻게 서로 다른 신호가 최종 결과를 산출하기 위해 합쳐지는지를 결정하는 다양한 적합성 통제들을 이용해 설정될 수 있다.

- 검색 엔진과 인터페이스 애플리케이션은 사용자와의 인터액션을 기록한다. 인터액션 기록은 보통 검색어와 페이지 스크롤링 시간과 같은 다양한 지표와 모수를 포함하고 있다. 이런 정보들은 목표를 달성하기 위해 적합성 통제를 조정하는 적합성 튜닝 프로세스에 사용할 수 있다.

앞에서 정의한 환경은 사용자가 텍스트를 검색 창에 입력하고 정렬된 검색 결과를 보는 자유 텍스트 검색에 집중돼 있다. 이커머스 웹 사이트와 같은 실제 검색 시스템에서는 기본적인 기능 외에도 측면 검색어 자동 완성, 결과 정렬 옵션과 같은 도구가 종종 추가된다. 검색 서비스의 핵심 기능은 적합한 아이템과 적합하지 않은 아이템을 분리할 수 있는 적합성의 개념에 의존한다. 4장에서는 이 질문의 서로 다른 다양한 측면들을 알아보는 데 대부분의 지면을 할애할 것이다. 첫 번째 단계에서는 어떻게 적합성이 경제적인 목표와 관련될 수 있고 어떻게 측정되는지 알아본다.

4.2 비즈니스 목표

검색 서비스의 목표는 일반적으로 사용자의 의도를 이해하고 그 의도에 적합한 결과를 전달하는 것이다. 이는 보통 맞는 말이지만(더욱이 이를 이루는 것조차도 쉽지 않지만) 이 목적은 한계가 있고 좋은 검색 서비스에 있어서 중요한 여러 가지 조건을 반영하지 못한다. 여기서는 기본적인 이익 공식에서 출발해 보다 종합적인 프레임워크를 만들어볼 것이다. 일련의 제품군을 판매하는 온라인 소매업체를 고려해보자. 이 업체의 이익은 식 (4.1)과 같이 표현된다.

$$G = \sum_j q_j \left(p_j - v_j \right) \tag{4.1}$$

여기서 j는 모든 제품에 걸쳐 반복되고, q는 판매량, p는 가격, v는 도매 가격과 물류 비용을 포함한 변동 비용이다. 여기서 식 (4.1)을 사용자 의도와 같은 보이지 않는 개념에 직접 연결하기는 어렵지만 둘 사이의 관계를 형성하는 것을 도와주고 실제로도 많이 사용하는 몇몇 휴리스틱 가정을 세울 수는 있다.

먼저 모든 판매량 q_j는 검색 적합도와 검색 서비스의 전체적인 인체 공학에 비례한다고 가정해보자. 즉 검색 사용자의 숫자가 정해져 있을 때 낮은 적합도는 구매 의도에 맞는 제품을 찾을 수 없는 사용자들이 많다는 것을 의미하고 높은 적합도는 이러한 사용자들이 적다는 것을 의미한다. 즉 적합도는 이익에 대한 단순한 곱의 계수라고 볼 수 있다.

식 (4.1)에서 명백해지는 두 번째 기회는 저마진 제품 대신 고마진 제품을 보다 많이 판매할 수 있게 판매량 q_j를 재분배하는 것이다. 여기서 고객의 구매 의도는 어느 정도 유연하다는 점을 활용할 수 있다. 고객은 처음에 한 가지 제품을 찾지만 이를 다른 제품으로 대체하거나 보다 넓은 구매 의도를 갖고 가능한 오피링을 검색한 후 그중 가장 맘에 드는 것을 선택할 수도 있다. 검색 사용자 수가 정해져 있을 때 고마진 제품을 검색 결과의 상단에 위치시킴으로써 가능한 한 많은 구매자가 고마진 제품을 구매하도록 유도하고 저마진 제품은 검색 결과의 하단에 위치시킴으로써 저마진 제품의 구매를 상대적으로 줄일 수 있는 것이다. 여기서 중요하게 고려해야 할 사항은 (제품의 판매가와 비용의 차이인) 마진뿐 아니라 제품과 관련된 대안의 비용이다. 예를 들어 패션 업체는 종종 시즌 마지막에 다음 시즌을 위한 신제품을 위한 공간을 만들기 위해 클리어런스 세일을 한다. 이 경우에 정리되는 제품의 프로모션이 비즈니스 목표가 된다.

적합성은 컨버전 수에 영향을 미치기 때문에 전체 이익과 직접 관련된다. 하지만 적합성 및 인체 공학적 결함과 관련된 부정적인 효과에도 주의를 기울여야 한다. 검색 과정은 사용자의 측면에서 볼 때 초기 검색어 입력, 검색 결과 둘러보기, 검색어 수정 등과 같은 여러 단계를 포함하고 있다. 좋지 않은 적합도나 인체 공학은 사용자로 하여금 여러 번 검색하게 한다. 이 자체는 컨버전 비율에 부정적인 영향을 미칠 수도 있고 미치지 않을 수도 있지만 아마도 부정적인 사용자 경험이 될 것이고 결국에는 전체 검색 사용자 수를 감소시킬 것이며 이는 식 (4.1)에 따라 전체 매출 감소로 이어질 것이다.

요약하면 검색 서비스의 목적과 품질은 다음 세 가지 관점에서 볼 수 있다.

1. 검색의 적합성
2. 상품 통제
3. 인체 공학과 고객 만족

다음에 이어지는 절들에서 이 세 가지를 다루고 검색 서비스가 어떻게 이 목표들을 이룰 수 있는지에 대한 상세한 구현 관련 사항을 알아본다.

4.2.1 적합성 지표

검색 결과의 적합성은 검색 결과가 얼마나 사용자의 검색 의도를 만족시키느냐로 정의된다. 정보 검색 분야에서 주로 정보에 대한 필요로 정의되는 검색 의도는 상품과 같은 애플리케이션에서 완전히 정형화되기 어려우므로 적합성을 측정하는 일반적인 방법은 검색 결과의 각 아이템이 적합한지의 여부를 전문가가 판단하는 것이다. 예를 들어 검색어 '인후염 치료'에 적합한 검색 결과는 단순히 검색어가 들어 있는 검색 결과뿐 아니라 따뜻한 차부터 의약품에 이르는 이 증상에 대한 치료법이 될 수 있다. 일단 검색 적합성은 검색 서비스 팀의 전문가에 의해 판단될 수 있다고 가정해보자. 하지만 4장의 후반부에 설명할 검색 시스템은 자동으로 적합성을 추정하기 위해 검색 결과의 클릭 비율과 같은 사용자 행동에 관한 특정 지표를 수집하고 분석할 수 있다.

한 쌍의 검색 요청에 대한 검색 결과에 나타나 있는 아이템의 숫자가 수동으로 분류할 수 있을 정도로 작은 이상적인 사례를 생각해보자. 여기서 세 가지 값을 정의할 수 있다. D는 시스템에서 인덱스 처리된 특정 검색 의도에 대해 적합한 아이템의 숫자, S는 검색 결과에 등장하는 아이템의 숫자, R은 검색 결과 중에서 적합한 아이템의 숫자다. 이 세 가지 값의 관계는 그림 4.2에 나타나 있다. 검색 결과의 품질은 두 가지의 지표, 즉 정밀도precision와 재현율recall로 표현될 수 있다.

$$\text{정밀도} = \frac{R}{S} \tag{4.2}$$

$$재현율 = \frac{R}{D} \tag{4.3}$$

검색 결과의 집합이나 검색 기법을 평가하려면 두 지표가 모두 필요하다. 한 측면에서 재현율은 검색 결과 집합의 크기에 상관 없이 검색 결과의 완전성을 측정하므로 모든 아이템을 검색 결과에 보여주면 최대 재현율 1.00을 기록할 수 있다. 다른 측면에서 정확성은 검색 결과의 집합에 적합한 아이템의 밀도를 측정하고 검색 결과에 나타나지 않은 적합한 아이템에 대해서는 아무것도 말해주지 않는다.

두 지표의 차이는 두 지표가 독립적이라는 것을 의미하지 않는다. 먼저 그림 4.2를 리뷰해보자. 여기서는 직사각형을 수직 방향으로 확장함으로써 재현율을 0에서 1로 증가시킬 수 있다. 반면 이 경우의 정밀도는 일정하다. 이런 행동은 실제 데이터에서 보기 힘들다.

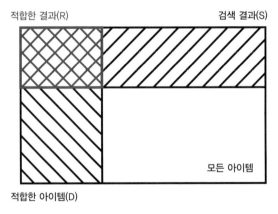

그림 4.2 적합한 아이템, 검색 결과 적합한 결과 사이의 관계

이렇게 되는 이유는 우리가 설명하려는 아이템이 검색 의도에 의해 정의되는 아이템의 모양과 일치하지 않기 때문이다. 그림 4.3에 나타나 있는 예를 살펴보자. 어떤 소매업체는 가격, 카테고리와 같은 특징으로 정의되는 방대한 신발 컬렉션이 있다. '저렴하고 품질 좋은 신발'로 검색하는 사용자는 저렴한 구두부터 비싼 샌달까지의 연장선상에 흩어져 있는 제품을 고려할 수 있다. 하지만 검색 시스템은 이런 모양을 생성하기 어려울 수 있다. 검색 시스템이 검색어 '저렴한'과 '신발'을 엄

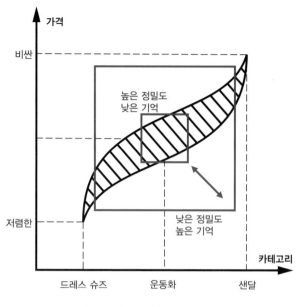

그림 4.3 정밀도-기억 균형

격하게 적용한다면 정밀도는 높아지겠지만 '보통의 운동화'와 같은 것을 검색 결과에 포함시키므로 재현율은 낮아질 수 있다. 기준을 완화하면 재현율은 높아지지만 비싼 구두와 같이 적합도가 낮은 아이템을 포함시키므로 정밀도는 낮아진다.[1]

이와 같은 패턴은 항상 검색 애플리케이션에 등장하므로 고정밀도 저재현율 방법과 저정밀도 고재현율 방법 중에서 선택해야 한다. 상품 검색의 주된 목적은 빨리 리뷰될 수 있는 적당한 숫자의 적합한 결과를 보여주는 것이므로 고정밀도 검색을 많이 사용한다.

기본적인 정밀도와 재현율 지표는 적합성에 유용한 개념을 제공하지만 수리적인 지표로는 한계가 있다. 첫째, 정밀도와 재현율은 정렬된 검색 결과에 직접 적용할 수 있는 집합 기반의 지표다. 이 한계는 적합도 순으로 몇몇의 가치 있는 결과를

---

1 이 문제는 검색에만 국한된 것이 아니라 머신 러닝, 특히 딥러닝 분야에서 종종 나타난다. 예를 들어 사진 이미지의 집합은 모든 가능한 2차원 행렬의 공간에서 아주 '곱슬곱슬한' 영역이다. 이러한 다차원 공간에 임베디드된 집합은 매니폴드라고 불린다.

고객에게 제공하고자 하는 상품 검색에 있어서 중요하다. 랭킹을 정하는 한 가지 방법은 검색 결과 집합에 있는 아이템을 위부터 아래까지 훑어가며 각 지점에서 정확도와 재현율을 계산하고 정밀도-재현율 곡선을 그리는 것이다. 이 과정은 그림 4.4에 나타나 있다. 여기서 20개의 아이템을 가정하고 5개는 적합하다고 가정해보자. 이 결과 집합은 적합한 아이템부터 시작하므로 정밀도는 1.0, 재현율은 1/5이다. 다음 두 아이템은 적합하지 않으므로 정밀도는 1/2 그리고 1/3로 떨어지지만 재현율은 그대로다. 이 과정을 계속하면 20번째 아이템에서 정밀도는 1/4, 재현율은 1.00이 된다. 정밀도-재현율 곡선은 지그재그 모양이지만 보통 아래로 감소하는 오목한 모양을 띤다.

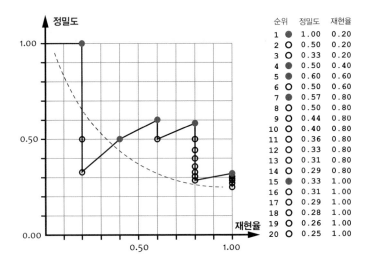

그림 4.4 정밀도-재현율 곡선. 검색 결과에서 빨간색 원은 적합한 아이템에 해당하고 나머지 원은 적합하지 않은 아이템에 해당한다.

정밀도-재현율 곡선은 단일 검색에 대한 검색 품질을 분석하는 편리한 방법을 제공하지만 우리에게는 검색 서비스의 전체적 성능을 한 가지 숫자로 표현하는 지표가 필요하다. 이를 위한 일반적인 방법은 **평균 정밀도**^{mean average precision, MAP}다. 이는 각 적합한 아이템에서 정밀도의 평균을 구하고 평가 대상인 모든 질의에 관해 이 값의 평균을 구하는 것이다. 질의의 숫자가 Q라면 이 질의에 대한 적합한 아이템의 숫자는 R_q, k번째 적합한 아이템의 정밀도는 P_{qk}이다. 이는 식 (4.4)로 표현된다.

$$\text{MAP} = \frac{1}{Q} \sum_{q=1}^{Q} \frac{1}{R_q} \sum_{k=1}^{R_q} P_{qk} \qquad (4.4)$$

예를 들어 그림 4.4에 표현된 단일 질의의 MAP는 각 5개의 적합한 아이템에 대한 5개의 정확도 평균이 된다.

$$\text{MAP} = \frac{1}{5}(1.00 + 0.50 + 0.60 + 0.57 + 0.33) = 0.6 \qquad (4.5)$$

보통의 경우 웹이나 상품 검색 애플리케이션에서 적합한 결과의 수가 너무 많기 때문에 모든 질의의 적합한 결과를 나열할 수는 없다. 설령 이것이 가능하다 하더라도 사용자들이 모든 결과를 읽지 않기 때문에 큰 의미는 없다. 즉 앞의 평균 정확도는 질의의 모든 적합한 아이템에 대해서가 아니라 결과의 크기가 정해져 있다는 가정하에 계산된다[Manning 등, 2008].

MAP에 대한 인기 있는 대안은 할인 누적 이득$^{\text{discounted cumulative gain, DCG}}$이다. 이는 정확도와 재현율의 개념을 포기하는 대신 랭킹에 주안점을 둔다[Järveling and Kekäläinen, 2000]. K개의 아이템이 있고 각 아이템은 적합도 R을 갖고 있는, 즉 K개의 적합도 R_k를 갖고 있는 검색 결과를 가정해보자. 적합도 값은 바이너리(1이면 적합, 0이면 부적합)가 될 수도 있고 다양한 수준에 대해 연속 또는 이산이 될 수도 있다. 검색 결과의 누적 이득은 각 적합도 점수의 합으로 정의된다.

$$\text{CG} = \sum_{k=1}^{K} R_k \qquad (4.6)$$

누적 이득은 K가 고정되는 경우 정밀도와 비슷하지만 다양한 수준의 R을 정할 수 있기 때문에 생기는 유용성에 기반을 두고 있는 문헌의 차별화를 제공한다. 이는 검색 결과의 유용성을 측정하기 때문에 이 지표는 누적 이득이라고 한다. 누적 이득의 단점은 고려하는 아이템들의 순서를 포함하고 있지 않기 때문에 검색 결과의 순서를 바꾸는 것은 누적 이득 값에 영향을 미치지 않는다. 이 문제는 검색 결과의 아래쪽에 나타나 있는 적합한 결과에 감점을 줌으로써 해결할 수 있다. 즉 적합도 점수는 검색 결과 내에서의 위치에 비례해 할인된다. 이는 검색 결과의 위치에 대한 로그값을 할인 가중값으로 사용하는 DCG라는 개념이다.

$$DCG = R_1 + \sum_{k=2}^{K} \frac{R_k}{\log_2(k)} \tag{4.7}$$

적합한 아이템에 지수적으로 높은 가중값을 사용해 적합한 아이템을 강조하는 조금 다른 DCG의 정의도 널리 사용된다[Burges 등, 2005].

$$DCG = \sum_{k=1}^{K} \frac{2^{R_k} - 1}{\log_2(k+1)} \tag{4.8}$$

식 (4.8)에 의해 계산되는 DCG의 크기는 K의 값에 따라 좌우된다. 다양한 질의에 의해 얻어지는 DCG 값을 비교하려면 이것들을 정규화해야 한다. 이는 '이상적 DCG'라는 가능한 DCG의 최댓값을 계산한 후 실제 DCG 값을 이상적 DCG로 나눈 값이 되며 정규화된 DCG(NDCG)라고 한다.

$$NDCG = \frac{DCG}{Ideal\ DCG} \tag{4.9}$$

이상적 DCG는 검색 결과 내의 아이템을 적합도 점수대로 정렬하고 해당 DCG를 식 (4.8)을 이용해 계산함으로써 얻는다. 즉 NDCG는 이상적인 랭킹에 대해서는 1이 된다. 예를 들어 0과 4 사이의 점수를 갖고 있는 6개의 아이템이 있는 검색 결과를 고려해보자. 0은 적합하지 않고 4는 가장 적합하다는 것을 의미한다.

$$4, 3, 4, 2, 0, 1 \tag{4.10}$$

이 경우 식 (4.8)을 이용해 계산된 DCG 값은 28.56이다. 이 검색 결과의 이상적인 순서는

$$4, 4, 3, 2, 1, 0 \tag{4.11}$$

이 되고 이 경우 이상적 DCG는 29.64다. 그래서 NDCG는 28.56/29.64 = 0.96 이다.

4.2.2 상품 통제

상품 통제는 머천다이저나 다른 비즈니스 사용자가 적합도에 의해 커버되지 않는 비즈니스 필요를 위해 검색 결과를 조정하는 것을 의미한다. 하지만 상품 통제와 적합도의 경계는 매우 불분명하다. 왜냐하면 많은 비즈니스 규칙은 콘텐트 기반 적합도의 향상으로 볼 수 있고 많은 적합도 향상 기법은 특정 영역 지식을 이용해 검색 결과를 향상시키기 위한 비즈니스 규칙으로 볼 수 있기 때문이다. 예를 들어 머천다이저는 보온 재킷이라는 검색어를 입력하는 모든 사용자를 수동으로 계절별 재킷 세일을 위한 카테고리에 할당하는 장치를 만들 수 있다. 이는 세일 중인 제품을 프로모션하기 위한 비즈니스 목표를 위한 것이다. 반면 이렇게 수동으로 조정된 콘텐트는 표준 검색 결과보다 사용자의 의도에 더 맞는다고 볼 수도 있다. 대부분의 검색 시스템은 다음 사항을 포함하고 있는 다양한 상품 통제 기능을 제공한다.

상품 순위 조정 유기적 적합성은 다른 아이템과 질의 성질을 매치시킨 후 그 결과로 나타나는 점수를 계산하고 최종 점수에 따라 아이템을 정렬함으로써 얻는다. 머천다이저는 적합도 점수를 바람직한 아이템에 관해서는 높이고 바람직하지 않은 아이템에 관해서는 낮춤으로써 적합도 점수를 조정할 수 있다. 상품 업계에서는 이런 기능을 **상품 순위 조정**$^{boost\ and\ bury}$이라고 한다. 상품 순위 조정 통제는 다른 아이템의 성질들을 합쳐놓은 점수 계산 방법으로 표현된다. 이 방법은 새로운, 할인된, 리뷰가 좋은 상품을 위로 올리고 그렇지 않은 상품들을 아래로 내리는 예로 설명될 수 있다.

$$점수 = 0.2 \times 참신성 + 0.4 \times 할인 + 0.4 \times 리뷰\ 점수 \qquad (4.12)$$

각 아이템은 참신성, 할인 정도 사용자 리뷰에 해당하는 점수를 갖고 있다. 이 점수는 적합도를 대체할 수도 있고 합쳐질 수도 있다.

필터링 필터링의 주목적은 바람직하지 않은 아이템을 검색 결과에서 제외하는 것이다. 필터링의 예는 재고가 없는 제품을 제외하고 데이터 또는 스코어링 이슈로 인해 검색 결과에 등장하지만 적합하지 않은 제품을 제외하는 것 등이다.

정해진 결과 상품 순위 조정 기법만 갖고 완벽하게 원하는 제품 순서를 맞출 수는 없으므로 머천다이저는 수동으로 원하는 제품을 검색 결과의 맨 위에 위치시킬 수 있다. 이런 정해진 순서대로 아이템을 위치시키는 것은 질의에서 특정 키워드를 검색할 때 종종 이뤄진다.

리디렉션 리디렉션은 정해진 결과와 비슷하지만 이는 사용자를 수동으로 제작된 카테고리나 인터액티브 패션 잡지와 같은 특별한 콘텐트로 리디렉트함으로써 검색 결과를 대체한다.

상품 그룹화 디스플레이 공간의 효율적인 사용은 상품 검색에서 매우 중요하다. 사용자에게 적합한 검색 결과를 제공하는 것만큼이나 한정된 화면에 가능한 상품 구성을 최대한 효율적인 방법으로 보여주는 것도 중요하다. 예를 들어 다른 모델을 위한 공간을 만들고 비슷한 아이템으로 검색 결과를 보여주는 것을 피하기 위해 밀접하게 관련된 제품이나 다른 크기 또는 색깔과 같은 제품의 변수들을 단일 프리젠테이션으로 묶어 보여주는 것이다.

경제적인 관점에서 일부 상품 통제는 마켓 세그멘테이션으로 볼 수도 있다. 럭셔리 제품이나 고마진 제품을 검색 결과에서 위쪽으로 올리는 예를 살펴보자. 이는 가격에 민감한 고객을 세그먼트하려는 시도로 볼 수 있으므로 가격에 민감하지 않은 고객은 검색 결과 위에 있는 고마진 제품을 기꺼이 고를 수 있고 가격에 민감한 고객은 검색 결과를 자세히 살펴본 후에 좀 더 가격 대비 성능이 괜찮은 제품을 고를 수 있다.

4.2.3 서비스 품질 지표

전문가에 의해 판정되고 NDCG와 같은 지표에 의해 측정된 검색 결과의 적합성은 검색 서비스의 만족스러운 성능을 보증해주지 못한다. 높은 수준의 사용자 경험과 비즈니스 효능을 보증하려면 실제 애플리케이션에서 측정되고 모니터될 수 있는 성능 지표가 필요하다. 검색 서비스의 품질은 적합도 알고리즘, 데이터 품질, 사용자 인터페이스의 인체 공학, 기술적 구현의 완벽성 등과 관련돼 있다. 검색 서비스에서 종종 수집되는 중요 성능 지표를 살펴보자.

컨버전 비율 컨버전 비율은 상품 검색에서 가장 중요한 성능 지표다. 이는 검색 서비스를 이용하고 컨버전한 사용자 세션 수와 전체 검색 사용자 세션 수의 비율이다. 여기서 사용자 세션은 보통 웹 세션과 동일하다. 컨버전 비율은 매출 및 원하는 제품을 찾는 사용자의 능력과 직접 연결되기 때문에 매우 중요하다.

클릭스루 비율 특정 검색 결과를 클릭한 사용자와 검색을 사용한 사용자의 비율은 검색의 적합성과 관련된 매우 중요한 지표다.

제품 상세 페이지에서 보낸 시간 높은 클릭스루 비율은 보통 긍정적인 신호지만 많은 사용자가 제품 상세 페이지를 둘러보고 되돌아간다는 것은 사용자가 적합한 아이템을 제대로 찾지 못했다는 의미이므로 낮은 적합성이나 인터페이스 디자인의 문제일 수도 있다.

검색어 수정 비율 사용자가 검색어를 수차례 수정했다면 사용자는 만족할 만한 검색 결과를 얻지 못했다는 얘기다.

페이지 비율 페이지 숫자 및 낮은 순위의 검색 결과를 자주 클릭한다는 것은 적합도에 문제가 있다는 것을 의미한다.

유지 비율 정기적으로 검색을 이용하는 사용자의 비율이다. 이 비율은 주 또는 개월 등과 같은 특정 단위의 기간을 바탕으로 측정된다.

$$유지\ 비율 = \frac{E - N}{S} \tag{4.13}$$

여기서 E는 특정 기간 마지막의 정기적인 사용자 수, N은 그 기간 동안의 새로운 사용자 수, S는 기간 시작 지점의 사용자 수다.

검색 대기 시간 검색 시작 후 검색 결과가 나오기까지의 시간은 사용자 경험에 많은 영향을 미친다. 많은 온라인 소매업체 및 검색 회사는 이에 대한 자세한 통계를 갖고 있다. 예를 들어 아마존은 페이지 로딩 시간이 100밀리세컨드 증가할 때마다 매출이 1% 감소하고 월마트는 대기 시간이 1초 향상될 때마다 컨버전이 2% 증가한다고 발표했다[Kohavi and Longbotham, 2007; Crocker 등, 2012].

이런 지표들은 적합성에 대한 튜닝을 위해 모바일, 데스크톱, 태블릿 PC 등과 같은 마케팅 채널 차원으로 나눌 수 있다. 4.7절, '적합성 튜닝'에서 수동 및 자동 튜닝 프로세스를 포함한 적합성 튜닝에 대해 자세히 다룬다. 여기서는 먼저 적합성 스코어링을 살펴보자.

4.3 검색의 기본: 매칭과 랭킹

검색 적합도 문제는 적합한 아이템과 그렇지 않은 아이템을 구분하는 분류의 문제로 볼 수도 있다. 이와 동시에 이는 텍스트 데이터와 랭킹에 집중하므로 매우 특별한 형태의 분류 문제다. 이런 특징들은 머신 러닝 기법을 사용해 분류기를 훈련시키지 않고도 훌륭한 적합도를 가질 수 있는 능률적인 휴리스틱 기법을 가능하게 한다. 여기서 머신 러닝 기반 기법을 적용할 수도 있지만 기본적인 매칭과 랭킹 기법은 대부분의 상품 검색 애플리케이션에 대해 충분하고 머신 러닝 기법이 사용하는 경우의 피처 엔지니어링에 대한 괜찮은 방법론을 제공한다. 4장에서는 모수 튜닝에 대한 머신 러닝을 사용할 수 있는 복잡하고 종합적인 적합도 솔루션으로 만들 수 있는 기본적인 검색 기법을 리뷰한다.

넓게 보면 검색은 아이템과 질의 사이의 유사성을 계산하는 것으로 볼 수 있으므로 모든 아이템은 이 지표에 따라 정렬되거나 검색 결과에서 제외될 수 있다. 다른 분류 문제와 마찬가지로 검색은 아이템, 질의, 사용자 프로파일과 같은 다른 맥락의 정보를 특징으로 요구하고 이런 특징들이 얼마나 질의의 특징과 잘 맞는지를 보여주는 점수(나중에 신호라는)를 계산한다. 신호는 아이템이 검색 결과에 포함돼야 하는지(매칭), 결과 내에서 몇 번째 위치를 차지할 것인지(랭킹)에 대한 최정 결정을 내리기 위해 나중에 합쳐진다. 그림 4.5는 이 흐름을 설명해준다.

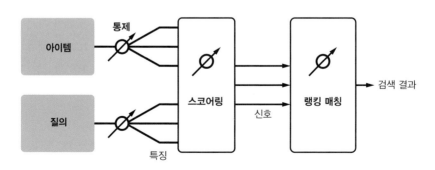

그림 4.5 검색 흐름과 주요 통제의 개관

즉 검색 서비스의 설계자는 세 단계의 통제(어떻게 원데이터에서 특징을 뽑아낼지, 어떻게 신호를 생성하기 위해 특징을 매칭시킬지, 좋은 적합성을 위해 어떻게 신호를 조합할 것인지)를 해결해야 한다. 몇 가지의 기본적인 기술로 이런 통제들을 고려해본 후 여러 가지 블록들을 묶고 식에 추가 변수들을 더함으로써 보다 복잡한 문제들을 다뤄보자.

4.3.1 토큰 매칭

상품 검색에서 아이템들은 이름, 설명, 가격, 브랜드 등과 같은 텍스트와 숫자 특성을 갖고 있는 복잡한 개체들이다. 이 데이터는 카테고리 계층과 단일 제품과 관련된 다른 크기/색깔 조합 등과 같은 많은 구조적 정보를 갖고 있다. 이런 복잡함은 잠시 제쳐두고 각 제품의 단순한 텍스트 설명이 들어 있는 소매업체의 경우를 살펴보자. 2개 제품의 예는 다음과 같다.

> 제품 1
> 설명: 주름진 검은색 드레스. 오피스를 위한 가벼운 룩
>
> 제품 2
> 설명: 불타는 빨간색 드레스. 허리 부분에 검은색 리본

이런 문서를 검색할 때 가장 기본적인 사항은 이 설명을 단어로 분해하고 한 단어 검색을 허용하는 것이다. 그래서 제품은 질의에 같은 단어가 포함될 때만 검색 결과에 포함된다. 텍스트를 단어로 쪼개는 과정은 토큰화, 그 결과를 토큰이라고 한다. 영어에서 토큰화는 공백과 쉼표를 분리 기호로 삼으므로 위의 문장은 아래의 토큰을 생성한다.

$$
\begin{aligned}
&\text{Product 1: [Pleated], [black], [dress], [Lightweight],} \\
&\qquad\qquad \text{[look], [for], [the], [office]} \\
&\text{Product 2: [Fiery], [red], [dress], [A], [black]} \\
&\qquad\qquad \text{[ribbon], [at], [the], [waist]}
\end{aligned} \tag{4.14}
$$

여기서 질의 black은 두 제품에 모두 해당하고 red는 두 번째 제품에만 해당한다. 이 방법은 매칭에만 적용되고 검색 결과가 정렬되지 않았을 때만 작동한다.

이 토큰 매칭 기법은 매우 단순하고 제한적이지만 이전에 다룬 검색 통제의 기법

을 보여준다. 첫째, 각 토큰은 제품에 해당할 수도 있고 해당하지 않을 수도 있는 특징으로 간주된다. 토큰화 프로세스는 피처 엔지니어링의 예가 된다. 단어는 이것이 신발과 같은 제품의 종류, 검은색과 같은 제품의 상태를 잘 나타내기 때문에 좋은 특징이 된다. 둘째, 토큰 매칭은 제품과 질의의 특징 사이의 상관 관계에 대한 신호를 생성하는 방법이다. 마지막으로 모든 토큰으로부터의 신호는 매치 또는 미스 매치인지에 관한 최종 결정을 내리기 위해 종합된다. 이 흐름은 그림 4.6에 나타나 있다.

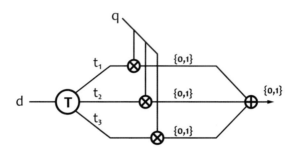

그림 4.6 토큰화, 스코어링과 신호 믹싱을 포함하는 토큰 매칭의 예. 상품 설명과 이것의 토큰은 d와 t_i, 질의는 q다.

4.3.2 불린 검색과 구절 검색

기본적인 토큰 매칭의 최대 단점은 한 단어 이상의 의미 있는 질의를 소화할 수 없다는 것이다. 이 한계를 극복할 수 있는 첫 번째 방법은 불린 질의^{boolean query}를 사용하는 것이다. 불린 질의는 and, or, not과 같은 불린 연산자를 사용함으로써 여러 토큰을 이어준다. 예를 들어 'dress and red'와 같은 불린 질의는 예 4.14의 두 번째 제품에만 해당한다. 반면 'dress AND(red OR black)'는 두 제품 모두에 해당한다. 불린 질의는 텍스트 내에서 토큰의 순서는 고려하지 않으므로 여러 개의 토큰 매칭 질의는 합쳐질 수 있다.

토큰 매칭을 확장시켜주는 두 번째 요소는 구절 질의다. 구절 질의는 연속적으로 이어지는 토큰을 담고 있는 문장을 검색하는 질의다. 반면 불린 질의는 텍스트 안에서의 순서에 관계 없이 각 토큰을 검색한다. 여기서는 구절 질의와 하위 질의를 위해 []을 사용한다. 예를 들어 다음의 질의 [black dress]는 식 (4.14)에 나타나 있는 처음 제품에는 해당하지만 두 번째 제품에는 해당하지 않는다.

이 결과는 두 제품에 모두 해당하는 불린 질의 black AND dress보다 정확도는 높고 재현율은 낮다. 불린과 구절 질의는 적합성을 통제하고 정밀도-재현율 균형을 관리하는 매우 효과적인 방법이다. 불린 표현을 지원하는 질의 언어는 사용자들이 배울 용의가 있고 고급 검색 기능을 활용할 때 좋은 솔루션이지만 상품 검색에서의 효용은 직관적이지 못한 사용자 경험 때문에 제한적이다. 다음 절에서는 어떻게 자유 텍스트 검색이 복잡한 불린 및 구절 검색을 활용하게 되는지 알아본다.

4.3.3 정규화와 스테밍

텍스트를 토큰 단위로 쪼개는 것은 매칭 측면에서는 최적이 아니다. 자연어 측면에서는 다른 형태와 스펠링을 갖고 있는 단어들도 검색 의도 측면에서는 구별되지 않을 수 있다. 어떤 단어는 의미 있는 정보를 담고 있지 않으므로 소음 신호를 생성한다. 따라서 보다 깨끗한 토큰 단어를 생성하기 위해 원래 단어를 정규화할 필요가 있다. 이런 정규화된 토큰을 '용어'라고 한다.

정규화는 자연어의 서로 다른 성질과 현상을 다루기 위해 여러 단계를 포함하고 있는 복잡한 과정이다. 다음의 제품 설명으로부터 시작해 중요 변환을 설명하는 예를 살펴보자.

```
Maison Kitsuné Men's Slim Jeans. These premium
jeans come in a slim fit for a fashionable look.
```

첫 번째 단계는 글자 세트를 정규화하는 것이다. 왜냐하면 검색 질의는 발음 부호가 있을 수도 있고 없을 수도 있는데 이는 검색 의도와는 보통 별 상관이 없다. 텍스트를 토큰화하고 표준 글자 세트로 변환시키면 다음을 얻는다.

```
[Maison] [Kitsune] [Men's] [Slim] [Jeans] [These]
[premium] [jeans] [come] [in] [a] [slim] [fit]
[for] [a] [fashionable] [look]
```

두 번째 이슈는 소문자와 대문자 이슈이고 이것 역시 검색 의도와는 별 상관이 없다. 일반적인 접근은 각 토큰을 소문자로 변환하는 것이고 그 결과는 다음과 같다.

```
[maison] [kitsune] [men's] [slim] [jeans] [these]
[premium] [jeans] [come] [in] [a] [slim] [fit]
[for] [a] [fashionable] [look]
```

세 번째 단계는 and, to, the, will과 같이 자주 등장하는 토큰을 제거하는 것이다. 왜냐하면 이런 단어들은 대부분의 텍스트에 등장하고 검색 의도에 대한 특별한 정보를 제공하지 않는다. 이런 토큰들은 보통 불용어$^{stop\ words}$라고 한다. 이를 적용한 결과는 다음과 같다.

```
[maison] [kitsune] [men's] [slim] [jeans] [premium]
[jeans] [come] [slim] [fit] [fashionable] [look]
```

불용어를 제거하는 것에는 긍정적인 효과와 부정적인 효과가 있다. 긍정적인 효과는 의미 없는 높은 빈도의 단어들은 적합도 계산에 사용하는 지표들을 왜곡할 수 있기 때문에 나중에 다루게 될 매칭 및 랭킹 기법들에 긍정적으로 작용할 수 있다는 점이다. 부정적인 효과는 불용어를 제거하는 것은 상당한 양의 정보를 잃을 수 있고 특정 질의를 검색하는 능력을 저하시킬 수 있다는 점이다. 예를 들어 불용어를 제거하는 것은 to be, or not to be와 같은 구절을 찾는 것이나 new와 not new를 구별하는 것을 어렵게 만들 수 있다. 불용어를 제거하는 것은 개체 사이의 의미적 연결을 파괴하므로 전혀 다른 뜻을 갖고 있는 on the table과 under the table을 구분할 수 없게 된다.

네 번째 표준적 정규화 테크닉은 스테밍^{stemming}이다. 대부분의 자연어에서 단어는 수(dress and dresses), 시제(look and looked), 소유격(men and men's)과 그밖의 다른 요소에 따라 형태가 변한다. 스테밍은 보통 동일 검색 의도를 갖고 있는 같은 단어에 대한 다른 형태를 제거하는 과정이다. 스테밍의 문제는 자연어에서 여러 가지 예외와 특별한 경우가 발견될 수 있기 때문에 매우 어렵다. 규칙 기반 또는 사전 기반의 여러 가지 스테밍 기법이 있는데 이에는 각각 장단점이 있다. 한 가지 인기 있는 규칙 기반 스테머^{stemmer}는 포터 스테머$^{Porter\ stemmer}$라고 한다[Porter, 1980]. 이 방법은 단어가 줄어든 형태가 있을 정도로 긴 경우의 몇몇 접미사 변환 조건을 나타낸다(표 4.1). 이런 스테밍을 예제 제품 설명에 적용하면 용어들의 마지막 집합들을 얻는다. 이는 원래 텍스트에 비해 좀 더 압축되고 중요한 특징에 집중돼 있다.

```
[maison] [kitsun] [men] [slim] [jean] [premium]
[jean] [com] [slim] [fit] [fashion] [look]
```

표 4.1 포터 스테머에서 사용한 규칙의 예. 이 예에서 사용한 모든 규칙은 접미사 앞에 사용한 모음에서 자음으로의 적어도 하나 이상의 변환을 요구하므로 두 번째 규칙은 conditional에는 적용되지만 rational에는 적용되지 않는다.

모델	예
...ational ⟶ ate	relational ⟶ relate
...tional ⟶ tion	conditional ⟶ condition
	rational ⟶ rational
...ful ⟶ *none*	hopeful ⟶ hope
...ness ⟶ *none*	goodness ⟶ good
...izer ⟶ ize	digitizer ⟶ digitize

같은 종류의 정규화 알고리즘은 보통 같은 용어들을 모든 토큰에 적용하기 위해 질의와 문헌 모두에 적용된다. 예를 들어 질의 Fashionable은 설명에 fashioned 가 담겨 있는 제품과 매칭된다. 왜냐하면 두 단어가 용어 fashion과 매핑되기 때문이다.

4.3.4 랭킹과 벡터 스페이스 모델

불린 질의와 구절 질의를 매칭시키는 것은 검색 조건을 만족시키는 아이템들을 찾을 수 있게 해준다. 하지만 매칭 수와 적합한 아이템 수는 종종 보통의 상품 검색 사용자가 찾는 상대적으로 적은 검색 결과 수보다 많다. 따라서 검색 사용자에게 보이는 검색 결과의 순서는 매우 중요하다. 여기서 적합성에 따라 아이템을 정렬할 수 있는 기초를 정의해보자.

랭킹은 매칭의 전체적인 정밀도-재현율을 향상시킬 수는 없지만 국소적인 또는 사용자에게 느껴지는 정밀도–재현율을 향상시킬 수는 있다. 랭킹은 적합한 아이템을 위로 올림으로써 상위 결과의 정확성을 향상시키지만 검색 결과에서 아이템을 제외시키는 것은 아니므로 전체적인 재현율은 동일하다.

여기서 불린 질의를 좀 더 자세히 살펴보고 이것의 스코어링 잠재력을 인지함으로써 랭킹에 한발짝 더 다가설 수 있다. 먼저 아이템 문헌과 질의는 바이너리 벡터의 형태로 표현될 수 있다. 벡터의 각 원소는 문헌이나 질의가 특정한 용어를 갖고 있는지의 여부를 나타낸다. 즉 문헌이나 질의가 특정한 용어를 갖고 있으면 그 용어에 해당하는 원소는 1, 해당하지 않는 원소는 0이 된다. 집합 안의 모든 문헌의 용어 수가 n이면 각 문헌이나 질의는 n개의 원소를 가진 바이너리 벡터가 된다. 불린 질의는 질의 벡터 $\mathbf{q}$와 문헌 벡터 $\mathbf{d}$의 곱의 형태가 된다. 두 벡터의 곱은 식 (4.15)와 같고

$$\mathbf{d} \cdot \mathbf{q} = \sum_{i=1}^{n} q_i d_i \tag{4.15}$$

벡터의 유클리드 기하학적 표준은 식 (4.16)이다.

$$\|\mathbf{d}\| = \sqrt{d_1^2 + \cdots + d_n^2} \tag{4.16}$$

즉 AND 연산자에 의해 이어지는 여러 용어를 포함하고 있는 불린 질의는 식 (4.17)의 조건과 같다.

$$\mathbf{d} \cdot \mathbf{q} \geq \|\mathbf{q}\|^2 \tag{4.17}$$

질의의 모든 용어는 문헌의 모든 용어와 매칭돼야 하므로 이는 질의 벡터에서 한 원소 수와 같은 곱을 생성한다. 각 원소를 *OR*로 연결하는 불린 질의는 식 (4.18)의 조건과 같다.

$$\mathbf{d} \cdot \mathbf{q} \geq 1 \tag{4.18}$$

왜냐하면 적어도 한 용어는 매칭돼야 하기 때문이다. 불린 질의의 이와 같은 표현은 한곗값을 사용해 매칭 결정으로 변환되는 내부적 스코어링을 보여준다. 식 (4.17)과 식 (4.18)은 곱의 형태와 질의 표준의 비율이 문헌와 질의 사이의 유사성

의 연속적 지표로 사용할 수 있다는 것을 보여준다. 여기서 문헌의 표준은 왜 고려하지 않는지를 질문할 수도 있다. 질의 용어와 매칭되는 짧은 문헌은 같은 숫자의 용어를 갖고 있는 긴 문헌보다 더 적합하다고 볼 수도 있다. 이는 다음과 같은 확률적 관점으로 정당화될 수 있다. 특정 주제에 대해 얘기하는 사람을 예로 들어보자. 이 사람이 발표의 처음 1분 동안 적합한 단어를 얘기한다면 이 발표는 해당 주제에 집중돼 있다는 지표가 될 수 있다. 반면 한 시간의 발표 동안 다양한 단어가 나타나는 것은 집중보다는 주제의 다양성에 해당할 수 있다. 두 벡터의 표준에 따른 곱을 정규화하는 지표를 코사인 유사성^{cosine similarity}이라고 한다.

$$\cos(\mathbf{q}, \mathbf{d}) = \frac{\mathbf{q} \cdot \mathbf{d}}{\|\mathbf{q}\| \cdot \|\mathbf{d}\|} \tag{4.19}$$

이는 벡터 사이의 각의 코사인이고 양으로 정의된 벡터에 대해 0과 1 사이의 값을 갖고 있는 편리한 지표다. 0의 값은 용어 s의 공간에서 문헌 벡터가 질의 벡터에 직교한다는 의미고 1의 값은 불린 질의와 정확히 매치한다는 의미다. 코사인 유사성은 불린 질의와 달리, 연산자가 질의에 들어 있을 필요가 없고 질의와 문헌을 용어의 순서 없는 집합으로 간주한다. 예 4.1에서 벡터 스페이스 모델을 살펴보자.

예 4.1

다음 설명을 갖고 있는 두 아이템을 생각해보자(편의상 설명은 이미 토큰화되고 정규화됐다고 가정한다).

    Product 1: dark blue jeans blue denim fabric
    Product 2: skinny jeans in bright blue

이 두 설명과 질의 dark jeans는 표 4.2에 바이너리 벡터로 나타나 있다.

표 4.2 바이너리 벡터로 표현된 두 문서와 한 질의의 예

	dark	blue	jeans	denim	fabric	skinny	in	bright	$\|\cdot\|$
d_1	1	1	1	1	1	0	0	0	$\sqrt{5}$
d_2	0	1	1	0	0	1	1	1	$\sqrt{5}$
q	1	0	1	0	0	0	0	0	$\sqrt{2}$

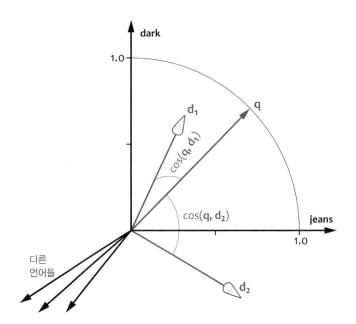

그림 4.7 2개의 문서와 1개의 질의에 대한 벡터 스페이스 모델과 코사인 유사성의 예. 이 문헌과 질의 벡터는 정규화돼 있는 것으로 서술됐다.

질의와 각 문헌 사이의 유사성 값은 식 (4.20)과 같다.

$$\cos{(\mathbf{q}, \mathbf{d}_1)} = \frac{1 + 1}{\sqrt{2}\sqrt{5}} = 0.632$$

$$\cos{(\mathbf{q}, \mathbf{d}_2)} = \frac{1}{\sqrt{2}\sqrt{5}} = 0.316$$

(4.20)

그림 4.7은 벡터 스페이스 안에서 문헌와 질의의 관계를 보여준다. 여기서는 질의의 0이 아닌 차원만 고려되기 때문에 코사인 유사성은 효과적이라 평가될 수 있다.

4.3.5 TF × IDF 스코어링 모델

바이너리 벡터로 이뤄지는 벡터 스페이스 모델은 이 방법으로 정렬되는 검색 결과의 적합성에 부정적인 영향을 미치는 2개의 큰 단점이 있다. 첫째, 문헌에서 용어의 빈도를 고려하지 않는 것이다. 같은 질의 용어가 여러 번 등장하는 문헌은 딱한 번 등장하는 문헌보다 적합성이 높다. 둘째, 어떤 용어는 다른 용어보다 중요하다. 가끔 등장하는 용어는 자주 등장하는 용어보다 차별화되고 정보를 많이 담고 있는 경우가 많다. 예를 들어 의류 소매업체는 제품 설명에 clothing이란 말이 많이 들어가므로 이 용어에 대한 매칭은 적합성을 향상시켜주지 못한다. 전에 언급했던 불용어는 이것의 극단적인 예다.

앞에서 언급한 첫 번째 이슈는 문헌 벡터의 0과 1을 빈도로 바꿔줌으로써 해결할수 있다. 이런 종류의 벡터 스페이스 모델은 단어 주머니^{bag-of-words} 모델이라고 한다. 용어 빈도^{Term Frequency, TF}는 문헌 d에서 용어 t의 출현 빈도 $n(t, d)$ 또는 이것의 비선형 함수로 표현할 수 있다. 인기 있는 방법은 이것에 루트를 취하는 것이다.

$$tf(t, d) = \sqrt{n(t, d)} \tag{4.21}$$

예를 들어 문헌에 아홉 번 등장하는 용어는 3의 TF를 갖게 된다. 루트는 매우 자주 등장하는 용어가 들어 있는 문헌의 점수를 낮추기 위해 사용한다.

두 번째 이슈는 TF를 잘 사용하지 않는 용어와 자주 사용하는 용어를 구별하기 위해 모든 문헌에 걸쳐 적용하는 것이다. 단어 희소성을 추정하는 한 가지 방법은 용어의 출현을 모든 문헌에 대해 세는 것이고 이는 TF 방법과 비슷한 것을 모든 문헌에 적용하는 것이다. 이 방법은 희귀한 용어가 특정 문헌에 많이 등장하는 경우 전체 결과를 왜곡할 수 있는 단점이 있다. 보다 흔히 사용되는 방법은 특정 용어가한 번 이상 등장하는 문헌을 세는 것이다. 이는 용어의 문헌 빈도라고 한다. 문헌 빈도의 역은 희소성을 측정하는 지표로 사용할 수 있다. 용어 t에 대한 역문헌 빈도 ^{IDF}는 다음과 같이 정의된다.

$$idf(t) = 1 + \ln \frac{N}{df(t) + 1} \tag{4.22}$$

여기서 N은 전체 문헌 수, $df(t)$는 용어의 문헌 빈도다. TF와 마찬가지로 희귀한 용어에 대한 계수의 크기를 낮추기 위해 로그 함수가 사용한다.

TF와 IDF는 종종 결합해 사용하므로 문헌 벡터의 요소는 해당 요소에 대한 식 (4.21)과 식 (4.22)에 의해 정의된 값의 곱으로 계산된다.

$$\mathbf{d}(i) = \text{tf}(t_i, d) \times \text{idf}(t_i) \tag{4.23}$$

이는 TF×IDF 모델이라는 접근 방법이다. 식 (4.23)을 곱의 값과 유클리드 표준의 정의로 치환하면 TF×IDF 모델하에서 질의 $\mathbf{q}$와 문헌 $\mathbf{d}$에 대한 코사인 유사성 스코어를 계산할 수 있게 된다.

$$\mathbf{q} \cdot \mathbf{d} = \sum_{t \text{ in } q} \text{tf}(t, d) \cdot \text{idf}(t) \times \text{tf}(t, q) \cdot \text{idf}(t) \tag{4.24}$$

$$\|\mathbf{q}\| = \sqrt{\sum_{t \text{ in } q} [\text{tf}(t, q) \cdot \text{idf}(t)]^2} \tag{4.25}$$

$$|\mathbf{d}\| = \sqrt{\sum_{t \text{ in } d} [\text{tf}(t, d) \cdot \text{idf}(t)]^2} \tag{4.26}$$

식 (4.24)~식 (4.26)에 의해 계산된 코사인 유사성 스코어는 가장 흔히 사용되는 스코어링 방법이다. 하지만 항상 최고의 기준은 아니고 실제적인 검색 엔진 구현에서는 다양한 변종이 사용된다. 실무에서 자주 사용하는 다음 예를 살펴보자.

1. 식 (4.26)에 의해 정의되는 문헌 표준은 모든 문헌 벡터를 단위 길이로 정규화한다. 실제 애플리케이션에서는 짧은 문헌들이 같은 숫자의 용어 매치와 TF를 갖게 된다면 적합도가 더 높다. 이는 표준 문헌 표준을 문헌에 들어 있는 용어의 숫자에 비례한 표준으로 바꾸면 해결된다.

$$L_d(d) = \sqrt{\sum_{t \text{ in } d} 1} = \sqrt{n(d)} \tag{4.27}$$

2. 질의 안에 있는 용어들은 중복이 있는 경우에도 동일하게 중요하고 독립적으로 처리된다. 즉 $\text{tf}(t, q)$는 항상 1과 같다. 이는 질의 표준을 다음과 같이 재정의할 수 있게 해준다.

$$L_q(q) = \sqrt{\sum_{t \text{ in } q} \text{idf}(t)^2} \tag{4.28}$$

3. TF×IDF 모델 안의 문헌의 스코어는 질의와 매칭되는 단어 수에 의존한

다. 왜냐하면 빠진 단어는 곱의 형태에 해당하는 용어를 0으로 처리해버리기 때문이다. 이런 빠진 단어는 더 불리함이 적용돼야 한다고 볼 수 있으므로 코디네이션 요소^{coordination factor}라는 추가 계수가 도입될 수 있다. 코디네이션 요소 $c(q, d)$는 질의 안의 공통적인 용어 수와 질의 안의 전체 용어 수의 비율이다. 예를 들어 질의 black skinny jeans와 문헌 black jeans는 2/3의 코디네이션 요소를 갖는다.

이런 조정을 모두 수행한 후 이를 코사인 유사성의 정의로 치환하면 식 (4.29)와 같은 스코어링 식을 갖게 된다.

$$
\text{score}(q, d) = \frac{c(q, d)}{L_d(d) \cdot L_q(q)} \sum_{t \text{ in } q} \text{tf}(t, d) \cdot \text{idf}(t)^2 \tag{4.29}
$$

TF×IDF 모델은 나중에 좀 더 정교한 스코어링 솔루션을 만드는 데 사용하는 기반이다. 그럼에도 불구하고 이 방법은 신문 기사와 같은 상대적으로 긴 텍스트에 대한 일반적 솔루션으로 디자인된 것이다. 구조화된 데이터를 다루는 상품 검색에서의 사용은 다른 랭킹 기법을 필요로 할 때가 있는데 이는 나중에 다룬다.

예 4.2

TF×IDF 모델의 예를 갖고 랭킹 기법 토의를 마무리하자. 다음 제품 설명을 살펴보자.

    d_1: dark blue jeans blue denim fabric
    d_2: skinny jeans in bright blue

식 (4.21)과 식 (4.22)를 적용하면 표 4.3에 나타나 있는 TF와 IDF 값을 얻는다. 이 제품들을 질의 skinny jeans에 적용해보자. 질의 표준과 문헌 표준은 방금 평가했던 TF와 IDF 값을 사용해 식 (4.27)과 식 (4.28)을 이용해 계산될 수 있다.

$$
L_d(d_1) = \sqrt{6} = 2.449, \qquad L_d(d_2) = \sqrt{5} = 2.236 \tag{4.30}
$$

표 4.3 두 문헌에 대한 TF와 IDF 계산의 예. 마지막 두 줄은 문헌의 TF×IDF 벡터 표현에 대응한다.

	dark	blue	jeans	denim	fabric	skinny	in	bright
$\mathrm{idf}(\cdot)$	1.00	0.59	0.59	1.00	1.00	1.00	1.00	1.00
$\mathrm{tf}(\cdot, 1)$	1.00	1.41	1.00	1.00	1.00	0.00	0.00	0.00
$\mathrm{tf}(\cdot, 2)$	0.00	1.00	1.00	0.00	0.00	1.00	1.00	1.00
$\mathbf{d}_1$	1.00	0.83	0.59	1.00	1.00	0.00	0.00	0.00
$\mathbf{d}_2$	0.00	0.59	0.59	0.00	0.00	1.00	1.00	1.00

$$L_q(q) = \sqrt{\mathrm{idf}(\mathsf{jeans})^2 + \mathrm{idf}(\mathsf{skinny})^2} = 1.163 \qquad (4.31)$$

코디네이션 요소는 첫 번째 제품에 대해서는 0.5, 두 번째 제품에 대해서는 1.0이다. 모든 표준 s와 TD/IDF 값을 식 (4.29)를 이용해 치환하면 첫 번째 제품에 대해서는 0.062, 두 번째 제품에 대해서는 이보다 훨씬 높은 0.520을 얻는다. 이는 두 번째 제품이 사용했던 검색어에 대해 보다 적합하다는 직관적 기대와 잘 들어맞는다.

TD×IDF는 텍스트 정규화와 스테밍에도 의존한다. 예를 들어 다음 문헌들의 스테밍이 행해지지 않았다면 질의 dark에 대해 같은 TD×IDF를 갖게 된다.

d1: dark darker darkness
d2: dark darker lightness
d3: dark light lightness

여기서 첫 번째 문헌이 더 적합해 보인다. 스테밍은 dark, darker, darkness를 같은 뿌리인 dark로 매핑해 첫 번째와 두 번째 문헌이 더 높은 빈도 덕분에 더 높은 점수를 갖도록 해준다. 더욱이 darkish shoes로 검색하는 고객은 스테밍 없이는 검색 결과를 얻지 못하게 되는데 이는 좋은 사용자 경험이 아니다.

4.3.6 n-그램 스코어링

지금까지 벡터 스페이스 모델은 불린 질의와 관계가 있고 TD×IDF 스코어링은 OR 또는 AND로 연결된 불린 질의 사이의 갭을 메워주는 불린 질의의 부드러운 버전으로 이해할 수 있다는 것을 알아봤다. 이런 접근은 계속 발전될 수 있고 구절 질의의 부드러운 버전도 만들어질 수 있다. 랭킹 관점에서 표준 불린 구절 질의의 단점은 너무 제한적이고 모든 질의 용어가 매칭돼야 한다는 것이다. 한 가지 방법은 모든 구절을 매치시키는 것이 아니라 여러 용어의 순서인 싱글^{Shingle}을 매치시키는 것이다. 이런 순서를 n-그램$^{n-gram}$이라 하고 2개의 용어^{bigram}, 3개의 용어 ^{trigram} 등을 포함할 수 있다. 싱글은 문헌과 질의 모두에 적용되는 토큰화 기술로 볼 수 있고 결과 n-그램은 불린 질의 또는 TD×IDF 스코어링에 적용된다. 다음 예는 어떻게 두 제품이 바이그램으로 토큰화될 수 있는지를 보여준다.

```
black cotton polo shirt: [black cotton]
                         [cotton polo]
                         [polo shirt]

short sleeve black shirt: [short sleeve]
                          [sleeve black]
                          [black shirt]
```

TD×IDF는 n-그램을 단일 단어처럼 사용해 각 벡터가 싱글에 대응하는 벡터 스페이스에서의 코사인 유사성을 계산하고 TD×IDF 지표는 싱글을 계산한다. 따라서 이 제품들이 한 단어로 토큰화된다면 질의 black shirt에 관해서는 같은 TD×IDF 점수를 갖지만 두 번째 제품은 black shirt라는 하위 구절을 가지므로 바이그램을 사용하면 더 점수가 높아진다. 바이그램이 텍스트에서의 의미 관계를 더 잘 발견하는지는 논란의 여지가 있다. 첫 번째 제품의 polo와 shirt의 근사성은 polo shirt가 주된 특성이고 black이 단지 개선이지만 두 번째 제품에서 black과 shirt의 근사성은 black이 주된 성질이라는 것을 의미한다. 의미적 관계를 발견하는 능력은 tuxedo coat와 sports coat와 같은 복합 용어를 차별화할 때 특히 중요하다. 싱글을 사용하는 것은 표준적 단어 스코어링과 종종 함께 사용하면서 정밀도를 증가시킬 수 있는 강력한 방법이다. 이에 대해서는 나중에 좀 더 자세히 다룬다.

4.4 적합한 신호 믹싱하기

지금까지 어떻게 단순 텍스트로 표현된 아이템들을 검색하는지 살펴봤다. 상품 검색은 다른 검색 애플리케이션과 마찬가지로 단순 텍스트 검색만으로 이뤄져 있지 않다. 대부분의 경우 각 아이템이 복수의 성질들을 갖고 있는 구조화된 소스 데이터를 다뤄야 한다.

```
Name: Levi's Hooded Military Jacket
Description: Stand collar with drawstring hood
Brand: Levi Strauss
...
Price: 189.90
Category: Women's Jackets
```

아이템은 판매 데이터, 사용자 레이팅 등과 같은 동적인 성질을 가질 수 있고 적합성과 같은 매우 중요한 정보를 담고 있을 수도 있다. 아이템 성질은 제품명과 같은 짧은 문자열, 제품 설명이나 리뷰와 같은 긴 텍스트, 숫자 브랜드명과 같은 개별 데이터로부터의 토큰, 제품의 변종이나 카테고리와 같은 중첩된 또는 계층적 정보를 담고 있을 수도 있다. 이는 다양한 스케일로 측정되고 비교하지 못할 수도 있는 다양한 특징과 신호를 생성한다. 여기서 질의할 수 있는 모든 특징을 관련시킬 수 있는 방법들을 찾아야 하고 적합성 점수를 생성하기 위해 신호의 결과들을 믹스해야 한다.

이 문제에 대한 해결책은 모든 특성 값을 하나의 큰 텍스트로 합친 후 텍스트를 검색하는 스코어링 기법을 사용하는 것이다. 이 방법은 말이 안 되는 것은 아니지만 용어 빈도와 텍스트 길이에 기반을 둔, 검색 결과 점수를 예측할 수 없게 만드는 부드럽지만 희미한 신호를 생성한다. 예를 들어 black dress shoes와 같은 간단한 질의는 제품 설명에 질의 용어로 포함될 수 있는 dress, shoes, black tuxedos 등으로부터의 혼잡한 믹스를 초래할 수 있다. 이 문제를 해결하려면 집중된 특징과 신호를 보존하고 가장 강하고 적합한 결과를 선정할 수 있는 통제를 제공하는 방법을 만들어야 한다.

4.4.1 복수의 필드 검색

질의는 아이템이 적합해야 하는 하나 이상의 성질을 특정하는 검색 결과의 설명이다. 예를 들어 질의 black levi strauss jeans는 제품 종류 jeans, 색깔 black, 브랜드 levi strauss를 요구한다. 반면 각 아이템은 성질의 집합으로 표현될 수도 있으므로 각 필드가 아이템 성질에 대응하는 문헌을 만들고 복수의 신호를 얻기 위해 각 필드에 대해 질의를 돌리고 최종 스코어에 대해 신호를 혼합함으로써 좋은 결과를 얻을 수 있다. 이는 그림 4.8에 나타나 있다.

이와 같은 방법은 매우 좋은 결과를 산출하지만 신호를 집중되고 균형잡히게 해줄 것을 요구한다. 신호 집중에 관련된 문제는 사용자 질의에서의 문헌 필드와 개념의 미스매치로부터 발생할 수 있으므로 사용자가 검색하는 개념들은 여러 필드에 걸쳐 흩어질 수 있다. 예를 들어 사용자가 사람의 성명을 성과 이름으로 찾는 경우 이 조합이 단일 토큰으로 처리될 것을 기대하지만 문헌이 성과 이름을 다른 필드에 담고 있을 경우 의미 없는 부분적 매치를 생성한다. 신호 밸런스와 관련된 문제는 각 필드가 각자의 세계에 존재하고 신호 스코어에 대한 공통 스케일(예: 0이면 부적합, 1이면 적합)이 없기 때문에 일어난다.

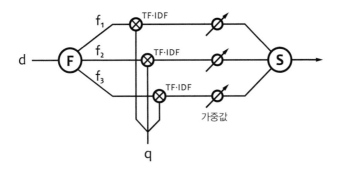

그림 4.8 멀티필드 스코어링의 기본적인 구조. F는 문헌을 필드 f_1, f_2, $\cdots$, f_n으로 나누는 것을 의미한다. S는 최종 스코어를 생성하는 신호 믹싱 함수다.

신호 불균형의 문제를 jeans와 신발을 판매하는 패션 소매업체의 경우를 이용해
알아보자.

```
제품 1
제품명: Men's 514 Straight-Fit Jeans.
설명: Dark blue jeans. Blue denim fabric.
브랜드: Levi Strauss
....
제품 1000
제품명: Leather Oxfords.
설명: Elegant blue dress shoes.
브랜드: Out Of The Blue
```

여기서 Jean이 용어 blue를 제품 설명에 포함하는 것은 흔한 일이므로 IDF 값은
꽤 낮을 것이다. 예를 들어 1,000개의 제품 중 500 blue jean이 있다면 식 (4.32)와
같다.

$$\mathrm{idf}(\texttt{name:blue}) = 1 + \ln(1000/501) = 1.69 \tag{4.32}$$

이와 동시에 out of the blue라는 브랜드가 파란색 신발을 판매하는 경우는 희귀할
것이다. 여기서 이 브랜드의 제품은 하나이고 blue를 포함하는 다른 브랜드는 없
다고 가정하면 용어 blue에 관한 브랜드의 IDF는 식 (4.33)과 같다.

$$\mathrm{idf}(\texttt{brand:blue}) = 1 + \ln(1000/2) = 7.21 \tag{4.33}$$

질의 blue jeans를 고려해보자. Blue shoes는 브랜드 필드에 대해서는 높은 점수,
설명 필드에 대해서는 낮은 점수를 갖게 되는 반면 blue jeans는 질의의 양쪽 용어
와 매칭되는 설명 필드에 대해서는 상대적으로 낮은 점수를 갖게 되고 IDF도 낮
다. 합계 또는 최대화 함수를 이용해 신호를 합치면 신발이 맨 위에 나타나는 검색
결과를 갖게 되는데 이는 검색 의도와 맞지 않는다. 그 이유는 IDF는 필드 안에서
만 용어 분포에 의존하기 때문이다. 따라서 다른 필드에 대한 IDF는 비교가 불가
능하다.

신호 불균형에 대한 한 가지 해결책은 그림 4.8에 나타나 있듯이 가중값을 수동으로 조정하는 것이다. 앞의 예에서 신호를 약화하고 신발을 검색 결과의 아래쪽에 위치시키기 위해 브랜드 필드에 낮은 가중값을 줄 수 있다. 이는 신호의 수준이나 중요성이 일관적으로 다른 경우(예: 제품명 매칭이 설명 매칭보다 훨씬 중요한 경우)에는 도움이 되지만 이와 같은 해법은 불안정하다. 따라서 보다 체계적인 신호 평준화 기법이 필요하다.

4.4.2 신호 엔지니어링과 평준화

멀티필드 검색은 상호 보완적이고 동시에 해결돼야 하는 신호 엔지니어링과 신호 평준화의 두 가지 측면을 담고 있다. 신호 엔지니어링은 보다 깨끗하고 집중된 신호를 만들고자 하고 신호 평준화는 최종 결과를 얻기 위해 서로 다른 신호를 믹스하는 역할을 한다. 같은 적합도 문제는 믹싱 함수를 조절하거나 보다 정확한 신호를 만드는 방법으로 해결될 수 있다. 여러 개의 필드를 검색할 때 다음과 같은 필드와 검색 의도와의 관계가 성립될 수 있다[Gormley and Tong, 2015].

- 하나의 강한 신호. 사용자가 필드 중 하나와 매칭되고 하나의 강한 신호를 생성하는 특정 성질을 검색하는 경우. 다른 필드로부터의 신호는 서로 상보적이지 않고 오히려 경쟁한다. 예를 들어 out of the blue라는 브랜드를 검색하는 사용자는 브랜드에 집중하고 blue라는 색깔은 적합하다는 것을 고려하지 않는다.
- 강한 평균적인 신호. 각 신호가 평준화돼 있고 같은 검색 의도의 다른 측면에 관련돼 있으면 가장 강한 신호 대신 평균적인 신호를 고려할 수 있다. 예를 들어 아이템의 크기와 색깔은 동시에 중요할 수 있다.
- 분열된 특징과 신호. 질의와 필드가 의미 있는 방식으로 조정되고 공명됐을 때만 각 필드를 스코어링함으로써 깨끗한 신호를 얻을 수 있다. 하지만 각 필드가 분열된 정보를 갖고 있을 경우 신호는 적합성과 일치되지 않는다. 이런 분열된 신호는 보다 나은 신호를 얻기 위해 합쳐질 수 있다.

이 세 가지 경우는 밀접한 관련이 있다. 각 사례의 신호 엔지니어링과 평준화 기법을 자세히 살펴보자.

4.4.2.1 하나의 강한 신호

이전에 살펴봤던 out of the blue 브랜드의 문제는 브랜드 신호의 부정확한 처리에서 비롯됐다. 한 가지 방법은 신호의 가중값으로 조정하는 것이지만 다른 대안은 브랜드 신호를 덜 모호하게 고치는 것이다. 브랜드명은 다른 단어로 나누는 게 의미가 없다고 볼 수 있으므로 TF×IDF 스코어링을 바이그램 스코어링으로 바꾸는 것이 좋다. 이는 질의에서 브랜드명을 인식할 수 있는 부분이 나올 때만 신호를 생성한다. 여기서 가장 강한 신호를 고르기 위해 신호 믹싱에서 최대화 함수를 사용할 수 있으므로 스코어링 파이프라인은 그림 4.9와 같다.

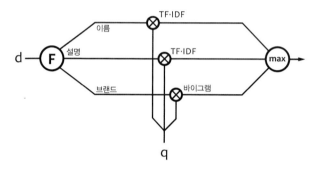

그림 4.9 가장 강한 신호에 집중하는 신호 믹싱 파이프라인의 예

그림 4.9에 의해 생성된 검색 결과는 그림 4.10에 나타나 있다. Out of the blue 브랜드하에서 판매된 아이템은 브랜드명이 질의에서 명확하게 나올 때만 다른 아이템보다 우선순위를 갖는다. 그렇지 않으면 다른 적합한 설명과 이름들이 우선순위를 갖는다. 이 바이그램 스코어링이 잘 작동하게 하려면 불용어를 제거하는 등과 같은 추가 수정이 필요할 수 있다.

최대화 함수로 신호를 믹싱하는 전략은 멀티필드 검색에 대한 강력하고 인기 있는 접근이고 n-그램을 사용하는 것은 효율적인 신호 집중 기법이다. 하지만 집중된 신호를 만드는 것은 n-그램에 제한되지 않는 복잡한 과정이다. 같이 믹스될 수 있는 평행한 유니그램 또는 바이그램 스코어와 같은 필드로부터의 여러 신호를 생성하는 것이나 가능한 특징보다 더 집중된 신호를 만들기 위해 매우 새로운 특성을 머천다이저에게 요구하는 것은 흔한 일이다.

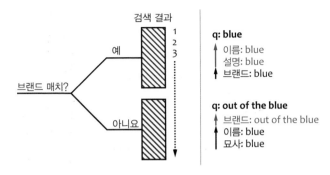

그림 4.10 가장 강한 신호 전략에 대한 검색 결과 구조

그림 4.10에 나타나 있는 검색 결과 구조는 꽤 간단하고 신호 믹싱 함수를 좀 더 완화함으로써 보다 복잡한 행동을 프로그램할 수 있다. 한 가지 방법은 약한 신호를 강한 신호와 함께 통제 가능한 방법으로 믹싱하는 것이다. 이는 식 (4.34)와 같은 신호 믹싱으로 표현될 수 있다.

$$s = s_m + \alpha \sum_{i \neq m} s_i \tag{4.34}$$

여기서 s_m은 최대(가장 강한) 신호, $0 \leq \alpha \leq 1$은 믹스 안의 다른 모든 신호 s_i의 가중값으로 통제하는 모수, s는 최종 스코어다. 여기서 α가 0이면 최대 신호를 선택하고 1이면 신호 평균이 된다. 이 접근은 두 적합성 단계 이상의 결과 구조를 만들 수 있게 된다. 예를 들어 질의에 매칭되는 이름이 담긴 제품을 우선할 수 있지만 그림 4.11에 나타나 있듯이 브랜드 매칭을 두 번째 우선순위로 할 수도 있다. 여기서 스코어링(식 (4.34))을 사용하고 제품명 신호가 증폭되도록 가중값으로 정하고 매칭 아이템은 검색 결과 페이지의 최상단으로 올라간다. 브랜드 매칭은 두 번째로 강한 신호이므로 제품명 매칭에 의해 생성된 내부 단계 내의 아이템은 브랜드에 따라 정렬된다. 이 전략에 따라 구현된 신호 믹싱 파이프라인은 그림 4.12와 같다.

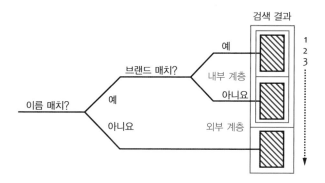

그림 4.11 가중 신호 믹싱에 대한 검색 결과 구조

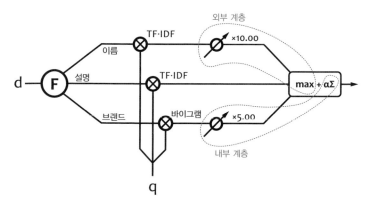

그림 4.12 가중 신호 믹싱에 대한 파이프라인의 예

4.4.2.2 강한 평균 신호

식 (4.34)의 2차적 신호의 크기를 증가시키면 평균적 신호에 기반을 둔 아이템을
정렬하는 솔루션을 만들 수 있다. 신호의 합은 일종의 계층별 검색 결과를 만들지
만 계층은 각 필드보다 각 아이템에 맞는 검색 기준의 숫자에 좌우된다. 검색 질의
는 다른 아이템 성질과 문헌 필드에 해당하는 여러 검색 기준을 포함할 수 있다.
다른 필드로부터의 신호를 합함으로써 공명되는 성질을 갖고 있는 많은 아이템을
검색 결과의 상단에 위치시킬 수 있고 질의 내에서 공명되는 성질이 적을수록 검

색 결과의 아래로 내려간다. 이 접근은 신호 불균형에 대해서는 취약하지만 평준화된 신호의 그룹을 혼합하는 것에 대해서는 적합하다. 이 방법의 흔한 응용은 같은 성질의 다른 버전으로부터 얻은 신호를 분석하는 것이다. 예를 들어 재현율을 향상시키기 위해 특정 필드에 대해 스테밍을 사용할 수 있고 이와 동시에 정확한 매치를 향상시키기 위해 같은 필드의 스테밍되지 않은 버전을 사용할 수 있다. 다음과 같은 제품 설명은 fashion과 fashionable을 담고 있다.

> d₁: new popular fashion brand
> d₂: stylish and fashionable look

여기서 fashionable은 포터 스테머에 의해 fashion으로 줄어든다. 즉 두 설명은 질의 fashionable에 관해 같은 TF × IDF 스코어를 갖는다. 여기서 스테밍되지 않은 버전을 스코어링하고 스테밍된 것과 되지 않은 것의 스코어를 합쳐 질의에 매칭되는 두 번째 문헌을 위로 올릴 수 있다. 여기서 더 많은 매치는 더 나은 검색 결과를 의미하므로 신호를 더하는 것은 합리적인 전략이다.

4.4.2.3 분해된 특징과 신호

이제 특별한 신호 엔지니어링 기술을 요구하는 분해된 특징의 사례를 다뤄보자. 분해된 특징과 신호의 문제는 이전에 얘기했던 표준 멀티필드 검색이 각 필드를 독립적으로 스코어링하기 때문에 일어난다. 첫눈에 보기에는 명확하지 않지만 이 경우 각 필드는 질의와 강한 평균 신호를 생성할 수 있을 만큼 잘 연결돼 있고 모든 필드에 따른 질의 조건의 적용 범위는 낮다. 두 제품 문헌의 간단한 예를 살펴보자[Turnbull and Berryman, 2016].

> Product 1   제품명: Polo   브랜드: Polo
> Product 2   제품명: Polo   브랜드: Lacoste

두 번째 제품이 질의 Lacoste Polo에 대해 보다 적합하지만 TF × IDF 계산은 다른 결과를 보여준다. 식 (4.29)에 따른 단일 용어 필드의 TF × IDF 계산은 다음과 같다.

$$\frac{\text{query coordination factor}}{\text{query norm} \times \text{field norm}} \times \text{tf(term, field)} \times \text{idf}^2_{\text{field}}(\text{term}) \quad (4.35)$$

질의 코디네이션 요소$^{query\ coordination\ factor}$는 질의 용어 중 하나만 매칭되므로(Polo 또는 Lacoste) 모든 4개의 필드에 관해 0.5다. 질의 표준$^{query\ norm}$, 필드 표준$^{field\ norm}$, TF는 모든 용어와 필드에 대해 동일한 값을 갖는다. Polo와 Lacoste에 대한 IDF 값은 브랜드 필드에서는 같지만 제품 필드에서 Polo IDF 값과는 다르다. 즉 제품명 필드와 브랜드 필드는 각 문헌에 대해 같은 값을 갖고 전체 문헌의 스코어도 같다. 질의 신호를 믹스하기 위해 합계 또는 최대화 중 어떤 함수를 쓰더라도 상관없다. 각 필드는 똑같이 강한 신호를 생성하기 위해 정확히 하나의 질의 용어와 매칭되지만 두 번째 문헌이 두 용어를 커버하고 첫 번째 문헌이 한 용어만 커버한다는 것은 고려되지 않았다. 이 이슈는 같은 논리적 성질의 다른 측면이 다른 필드로서 모델링됐을 때 일어난다. 사람의 이름은 이름과 성으로 나뉘고 주소는 도로명, 도시, 국가 등으로 나뉜다. 이런 식의 파편화된 신호는 혼란스러운 검색 결과로 이어질 수 있다. 질의와 완벽하게 매칭되는 문헌이 검색 결과에서는 놀랍게 낮은 순위가 될 수 있는 것이다.

이 문제를 해결하는 한 가지 방법은 여러 개의 비슷한 필드를 하나로 통합해 분해되거나 불균형된 신호의 문제를 제거하는 것이다. 이는 적합성을 향상시킬 수 있는 실용적인 방법이다. 이 방법의 단점은 세컨더리 신호가 프라이머리 신호처럼 중요해진다는 측면에서 볼 때 신호가 불분명해질 수도 있다는 것이다. 예를 들어 드레스 제품의 설명에는 wear with any shoes라는 구절이 들어갈 수 있는데 제품의 특징이 적절히 차별화되지 않는 경우 dress가 신발의 검색 결과에 등장한다.

분해된 특징 문제의 두 번째 대안은 단일 용어 질의가 앞에서 언급한 분해에 비해 위험이 크지 않다는 관찰에서 출발한다. 질의에서의 각 용어는 검색 결과를 좁히기 위해 사용자에 의해 추가된 별도의 기준에 의해 고려될 수 있으므로 각 질의 용어별로 문헌을 스코어링하고 얼마나 특정 기준이 만족스러운지를 가리키는 신호를 생성하고 모든 신호를 합쳐 최종 스코어를 결정할 수 있다. 이 방법은 이전에 사용했던 필드 중심 방법과 구별하기 위해 용어 중심이라는 용어를 사용한다. 용어 중심 신호 파이프라인은 그림 4.13에 나타나 있듯이 믹스되는 신호를 생성하기 위해 복수의 필드 중심 파이프라인이 모든 용어에 의해 수행되는 형태가 된다. 다른 파이프라인으로부터의 신호는 매칭되는 용어가 많을수록 좋기 때문에 (평균 신호 전략) 모두 더해진다. 반면 가장 강한 신호 전략은 용어 파이프라인 안에서 다른 필드로부터의 신호에 적용할 수 있다.

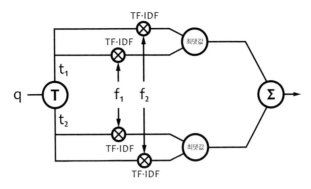

그림 4.13 용어 위주의 스코어링 파이프라인. t_1과 t_2는 질의어, f_1과 f_2는 문헌 필드다.

Polo와 Lacoste 브랜드에 관한 원래의 예로 돌아와서 용어 중심 접근은 Lacoste Polo에 보다 의미 있는 검색 결과를 제공해준다. 첫 번째 문헌은 양 필드로부터의 질의 용어 polo에 대해 높은 점수를 매기고 Lacoste에 대해서는 0점을 주게 되므로 전체 점수는 식 (4.36)과 같다.

$$\max\{\text{tf-idf}_{\text{name}}(\texttt{Polo}), \text{tf-idf}_{\text{brand}}(\texttt{Polo})\} + \max\{0, 0\} \qquad (4.36)$$

여기서 Polo에 대한 TF×IDF 점수는 IDF의 차이 때문에 제품명 필드에 대해서는 1, 브랜드 필드에 대해서는 0.35가 된다. 이와 동시에 두 번째 문헌은 양쪽 질의 용어에 대해 모두 높은 점수를 갖는다.

$$\max\{\text{tf-idf}_{\text{name}}(\texttt{Polo}), 0\} + \max\{0, \text{tf-idf}_{\text{brand}}(\texttt{Lacoste})\} \qquad (4.37)$$

여기서 Lacoste에 대한 TF×IDF 점수는 브랜드 필드에 대해 1이 된다. 이 결과는 필드 중심 방법을 사용했을 때보다 더욱 적합한 결과다.

4.4.3 신호 믹싱 파이프라인 디자인

검색 결과의 구조는 신호 믹싱 파이프라인의 디자인으로부터 파생됐다는 것을 배웠다. 이제 이 과정을 뒤집어 알려진 검색 결과 구조로부터 파이프라인을 디자인해보자. 이는 검색 결과를 설명하는 사양에 대한 특징과 스코어링 함수를 설계할 수 있게 도와주기 때문에 매우 유용하다. 이는 사양이 적합성 기준과 비즈니스 목적에 대한 영역의 지식을 포함할 수 있기 때문에 적합성 엔지니어링과 상품 통제 모두와 관련이 있다. 프로그램 기반 시스템은 실험 평가뿐 아니라 검색 결과의 사양과 신호 믹싱 파이프라인의 디자인을 지원하는 인터페이스를 제공할 수 있다.

텍스트와 비텍스트 특징을 사용해 신호와 스코어링 함수를 처음부터 끝까지 설계하는 것을 보여주기 위해 상대적으로 복잡한 검색 결과 사양의 예를 살펴보자. 여기서 온라인 검색을 설계하는 패션 소매업체를 가정한다. 문제를 간단하게 만들기 위해 사용자는 특정 제품 카테고리 내에서 검색한다고 가정한다(다음 절 중 하나에서 복수의 카테고리를 검색할 때 어떻게 정확도를 향상시킬 것인지를 다룬다). 시작은 다음의 비즈니스 규칙을 따르는 그림 4.14에 제공된 사양이다.

- 사용자가 제품명이나 ID로 제품을 검색하면 매칭 제품은 검색 결과의 최상단에 위치해야 한다.
- 사용자가 특정 브랜드로 검색하면 그 브랜드의 제품은 우선순위를 갖고 신제품이나 리뷰가 좋은 제품의 매출 향상을 위해 발매일과 고객 리뷰에 의해 정렬된다.
- 그런 다음 검색 결과는 제품 설명과 다른 필드의 평균 적합성에 의해 정렬된나.

사양은 고려될 다섯 가지 신호(제품명 또는 ID 매치, 정확한 브랜드 매치, 신제품, 제품 리뷰, 베이스 평균 점수)를 언급한다. 정확한 매치 신호는 해당하는 제품명과 브랜드 필드의 n-그램 스코어링을 통해 얻을 수 있다. 괜찮은 정밀도는 바이그램을 통해 구현될 수 있고 보다 엄격한 매칭은 트라이그램이나 불린 구절 매칭을 통해 달성

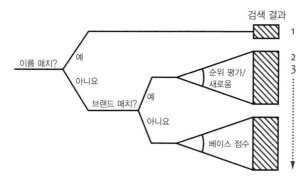

그림 4.14 신호 믹싱 파이프라인을 디자인하기 위해 사용하는 검색 결과 사양의 예

될 수 있다. 여기서 n-그램에 대해 TF×IDF 계산을 하지 않고 n-그램 매치의 숫자만 셀 수도 있다. 왜냐하면 우리는 연속적인 적합성 점수보다는 바이너리 결과(제품명이 매칭되는지의 여부)에 관심이 있기 때문이다. 여기서 참신성과 제품 리뷰 평가는 숫자로서 가능하다고 가정한다. 참신성은 제품이 출시된 지 얼마나 지났느냐로 측정될 수 있고 평균 고객 평점은 1부터 5까지의 스케일로 측정된다. 베이스 스코어는 전에 다룬 신호 엔지니어링 기법으로 계산될 수 있다. 한 가지 방법은 모든 제품 성질을 한 필드로 합치고 이에 대해 TF×IDF 스코어를 계산하는 것이다.

여기서 베이스 스코어로부터 신호 믹싱 파이프라인을 만들 수 있고 검색 결과 사양에 따라 더 많은 적합성 등급을 추가할 수 있다. 각 상위 등급은 이 신호에 대해 요구되는 성질을 보여주는 모든 제품이 검색 결과에서 하위 등급 위로 올라가도록 해당 신호를 증폭함으로써 만들어진다.

베이스 스코어의 최상단에 놓이는 첫 번째 등급은 정확한 브랜드 매칭이다. 그림 4.15에서 나타나 있듯이 여기에 증폭 요소를 할당함으로써 이 브랜드 신호를 증폭해야 하고 2차 정렬을 위해 레이팅과 참신성의 특징들과 믹스해야 한다. 원래 레이팅과 참신성 값은 의미 있는 스코어링 요소로 변환하기 위해 리스케일돼야 한다. 이에는 많은 방법이 사용된다. 1부터 5까지의 고객 평점은 증폭 요소로는 너무 크므로 저평가 제품과 고평가 제품의 갭을 줄이기 위해 루트나 로그 함수를 사용한다. 예를 들어 원점수 5에 의해 증폭된 브랜드 신호의 크기가 원점수 2.5의 두 배라면 점수에 루트를 취함으로써 차이를 1.41로 줄일 수 있다.

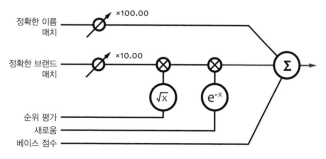

그림 4.15 그림 4.14의 사양에 대응하는 신호 믹싱 파이프라인

참신성 값은 제품의 출시 후 시간이 지남에 따라 점점 감소하는 요소로 변환돼야 한다. 이는 선형 함수, 지수적 감소 또는 가우스적 십진 단위로 표현될 수 있다. 예를 들어 30일이 지날 때마다 스코어링 요소를 10%씩 감소시키는 것은 합리적인 선택이고 이는 지수적 감소 함수인 식 (4.38)로 표현될 수 있다.

$$\text{newness factor} = \exp(-\alpha x) \qquad (4.38)$$

여기서 x는 일 단위 기간으로 표현된 참신성 값, 모수 α는 다음 식에 의해 결정되는 모수다(30일이 차이나는 두 요소 사이의 비율은 0.9가 된다).

$$\exp(-30 \cdot \alpha) = 0.9 \qquad (4.39)$$

브랜드 매치 신호와 레이팅 및 참신성 요소를 결합함으로써 두 번째 등급에 해당하는 신호를 얻을 수 있다. 마지막으로 최상위 등급은 해당 매칭 제품을 검색 결과 리스트의 최상단에 위치시켜주는 큰 값을 갖는 상수 요소와 믹스된 제품명 매치 신호로부터 만들어진다.

4.5 의미 분석

지금까지 다룬 검색 기법은 모두 토큰 매칭에 기반을 두고 있다. 스테밍과 같은 자연어의 특징을 다루는 기법을 조금 다루긴 했지만 지금까지는 거의 토큰과의 기계적인 비교로 검색 문제를 다뤘다. 구문론 검색이라고도 하는 이 접근 방법은 실제로 잘 작동하고 대부분의 검색 엔진 구현에서 핵심 기법으로 사용한다. 하지만 이 방법은 각 용어 이상의 자연어적 특징을 모델링하는 데는 한계가 있다. 자연어에서 단어의 의미는 앞뒤에 나타나는 단어에 의해 만들어지는 컨텍스트의 영향을 받고 다양한 종류의 의존 관계가 있다. 그중 대부분은 다음 두 가지 중 하나다.

다의성 다의성은 한 단어가 여러 가지 뜻을 갖고 있는 경우다. 예를 들어 wood는 재료를 의미할 수도 있고 나무로 뒤덮인 지역(숲)을 의미할 수도 있다. 다의성은 사용자가 단어의 한 뜻(예를 들어 나무로 만든 제품)을 의미하지만 검색 결과가 같은 단어의 다른 뜻(예를 들어 숲과 관련된 제품, 산림 장비 등)을 보여주게 되는 경우 적합성에 문제가 된다. 우리는 dress shoes와 같은 단일 토큰으로 간주돼야 하는 구절들에서 이와 비슷한 복잡한 개념을 다뤘다. 이 경우는 다의성의 특별한 사례가 된다. 왜냐하면 각 단어의 뜻은 컨텍스트에 따라 달라지므로 dress의 뜻은 다음에 오는 단어 shoes에 의존한다. 상품 애플리케이션에서 흔한 다의성의 사례는 브랜드와 제품명에서의 단어 사용이다. 예를 들어 브랜드에서 사용하는 blue라는 단어는 blue jeans라는 카테고리에서도 사용할 수 있다.

동의어 단어들이 candy와 sweet처럼 특정 컨텍스트에서 같은 의미를 갖게 되면 동의어가 된다. 동의어는 기본적인 구문론적 검색이 특정 질의 용어를 담고 있지 않지만 동의어를 담고 있을 경우 적합한 문헌과 매치시킬 수 없기 때문에 검색 적합성의 측면에서 어려운 문제다. 예를 들어 sweet를 담고 있는 아이템은 질의 candy에도 적합하지만 지금까지 공부한 검색 방법들은 이 문제를 해결할 수 없다.

다의성 문제의 어떤 측면은 n-그램과 5장, '추천'에서 다룰 고급 구절 매칭 기법을 통해 어느 정도 해결할 수 있다. 이와 마찬가지로 스테밍도 같은 뿌리에 속한 관련된 단어들을 기본형으로 만들어주는 동의어 해결 방법이 될 수 있다. 하지만 이런 방법들은 다의성과 동의어 문제를 풀기 위해 필요한 의미와 관계에 대한 통찰을 제공해주지는 못한다. 이 이슈는 별개의 토큰이 아니라 컨텍스트와 의미에 집중하는 새로운 기술이 필요하다. 이 접근은 단어와 구절의 의미와 관계를 연구하는 언어학 한 부분의 이름을 따서 의미적 검색이라고 한다. 의미적 검색의 일부 기법은 구문론적 검색과 완전히 독립적이고 경쟁 관계에 있지만 많은 의미적 검색의 기술은 구문론적 검색을 확장하는 데 이용될 수 있다.

다의성과 동의어는 단어 사이의 숨어 있는 관계에 대한 문제로 볼 수 있고 단어들에서 형성되는 논리적 관계를 찾는 문제로 볼 수도 있다. 후자의 관점에서 보면 다의성은 두 별개의 개념이 한 단어로 매핑되는 경우이고 동의어는 두 별개의 개념이 한 단어로 매핑되는 경우다. 따라서 의미 분석의 문제는 단어와 개념 사이의 적합한 개념과 매핑을 찾는 문제로 귀결될 수 있다. 이런 사고 방식을 개념적 검색이라고 한다[Giunchiglia 등, 2009; Hughes, 2015]. 이 용어는 개념이 단어 사이의 통계적인 관계가 아니라 도메인 지식과 다른 것들을 사용해 정의되는 논리적인 개체라는 것을 의미한다.

4장의 나머지 부분에서는 다의성과 동의어 문제를 해결하는 데 도움을 주는 의미적 검색과 분석 기법들을 다룬다. 이 방법들 중 일부는 추천 기법들과 관련이 있다. 이번에는 의류 대신 식료품의 예를 살펴보자.

4.5.1 동의어와 계층

동의어 문제에 대한 가장 기본적인 솔루션은 단어와 그의 동의어에 대한 카탈로그인 유의어 사전이다. 유의어 사전은 한 번 만들어지면 스테밍과 비슷한 방법으로 문헌과 질의를 변환시킨다. 예들 들어 다음 세 가지 단어는 동의어로 정의할 수 있다.

```
candy, sweet, confection
```

여기서 목표는 질의 측면에서 이 용어를 같게 만드는 것이므로 sweet와 confection을 담고 있는 문헌은 질의 candy에 관해서도 검색되고 그 반대도 가능하다. 이는 몇 가지 방법으로 가능하며 각 방법에는 장단점이 있다.

첫 번째 방법은 축약형이다. 리스트에 있는 동의어 중 하나는 주 단어로 지정되고 다른 동의어들이 발생하는 경우 주 단어로 바뀐다. 예를 들어 문헌과 질의 모두에서 sweet와 confection이 발생하는 모든 경우에는 candy로 바꿔줄 수 있다. 여기서 주 단어가 실제 단어일 필요는 없다. 이는 입력 텍스트에 드러나지는 않지만 동의어 그룹의 내부적 표현에 사용하는 특수한 토큰이 될 수 있다. 따라서 축약형은 스테밍과 똑같은 방법으로 작동한다. 축약형은 질의 측면에서 모든 동의어를 같게 만드는 목표를 달성하지만 단점은 모든 동의어를 주 단어로 치환하기 때문에 자주 사용하는 동의어를 거의 사용하지 않는 동의어와 구별할 수 없게 만든다는 점이다. 이는 TF × IDF 계산에 부정적인 영향을 미친다.

축약의 대안은 확장이다. 확장 전략은 각 동의어를 동의어의 전체 리스트로 치환한다.

```
best candy shop -> [best] [candy] [sweet] [confection] [shop]
```

확장은 문헌이나 질의 모두에 적용할 수 있지만 둘 다는 안 된다. 문헌 쪽을 확장하는 것은 축약형과 마찬가지로 TF × IDF 계산에 부정적인 영향을 미치고 문헌의 크기를 증가시킨다. 질의를 확장하면 IDF 값은 그대로 유지되지만 계산 측면에서 질의를 좀 더 복잡하게 만든다.

확장 기법은 동의어 처리를 넘어서는 매우 중요한 애플리케이션 중 하나다. 동의어는 어느 정도 같은 의미를 갖고 있는 단어들로 정의되지만 종종 한 단어가 다른 단어보다 넓은 논리적 개념을 갖고 있는 경우가 많다. 동의어 간의 이런 관계는 넓은 개념의 단어가 좁은 개념의 단어와 동의어가 될 수 있지만 그 반대는 성립하지 않는 비대칭적 관계가 된다. 예를 들어 케이크는 치즈케이크의 동의어로 사용할 수 있지만 이와 반대로 케이크를 치즈케이크로 치환하는 경우 의미가 부정확해질 수 있다. 즉 치즈케이크의 발생을 케이크로 확장시키지만 케이크의 발생은 확장시키지 않는 것과 같이 확장 프로세스를 설명하고 단순 동의어 리스트를 규칙 기반으로 대체하는 것이 유익하다. 이런 종류의 확장을 장르 확장이라고 한다.

이 개념을 발전시켜 그림 4.16과 같은 개념의 중첩된 클래스를 설명하는 용어의 계층을 구축할 수 있다. 계층의 각 수준에서 용어는 이것의 이전 단어로부터 확장되고 보다 일반적인 용어를 담고 있는 질의로부터 검색이 가능해진다. 예를 들어 과일케이크를 담고 있는 아이템은 케이크와 베이커리를 담고 있는 질의 검색 결과에 포함된다.

기본 확장과 마찬가지로 장르 확장은 문헌과 질의 모두에 적용할 수 있지만 확장 규칙의 비대칭성 때문에 방법론은 많이 다르다. 장르 확장을 문헌에 적용하면 좁은 개념에 대한 문헌을 보다 넓은 개념에 매칭시키는 질의를 만들 수 있지만 그 반

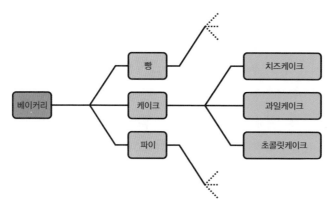

그림 4.16 식료품에 대한 카테고리 계층의 예

대는 안 된다. 예를 들어 케이크에 대한 질의는 치즈케이크와 과일케이크를 보여준다. 확장을 질의에 적용하면 넓은 개념에 대한 문헌과 매칭되는 좁은 개념에 대한 질의를 하게 되므로 치즈케이크에 대한 질의는 케이크도 보여준다. 장르 확장을 문헌에 적용하면 용어들이 보다 많은 문헌에 적용되므로 넓은 개념의 IDF가 증가한다. 적합성 측면에서 보면 좁은 개념이 넓은 개념보다 높은 점수를 받게 되므로 이는 괜찮다.

축약과 확장은 의미적 네트워크를 모델링하는 강력한 기술이고 어떻게 알려진 의미적 관계가 질의 프로세싱에 활용될 수 있을지에 관한 단서를 제공해준다. 이와 동시에 어떻게 이런 관계들이 추론됐는지에 대해서는 아무도 알려주지 않는다. 한 가지 방법은 수동으로 동의어 리스트를 만드는 것이다. 이는 머천다이저로 하여금 동의어를 특정 비즈니스 규칙과 도메인 지식을 표현하는 통제 수단으로 사용할 수 있게 해주기 때문에 상품 검색에서 많이 사용한다. 반면 마켓플레이스와 같은 동적 콘텐트 애플리케이션에서 수동으로 유의어 사전을 만드는 것은 어렵다. 그리고 머신 러닝 기법 없이 의미적 의존성의 특정 종류를 발견하는 것도 어렵다. 예를 들어 유명한 운동 선수의 이름은 특정 종목, 특정 운동 기구의 종류, 특정 선수가 후원하는 브랜드 등이 될 수 있다. 다음 목표는 유의어 사전을 자동으로 학습하는 기법을 개발하는 것이다.

4.5.2 단어 임베딩

벡터 스페이스 모델에서는 문헌이나 질의가 용어의 선형 공간에서 벡터로 표현될 수 있다. 동의성과 다의성 문제에 비춰볼 때 용어들은 모호하거나 필요가 없어질 수 있으므로 용어를 차원으로 하는 문헌의 표현은 매우 좋지 않고 적어도 결함이 있다. 동의성과 다의성은 단어와 개념의 미스매치로 볼 수 있고 이는 단어가 의미적 관계를 감추는 어려운 표현이라는 것을 의미한다.

여기서 문헌 스페이스에 대한 베이시스를 바꾸면 좀 더 나은 표현을 찾을 수 있다. 개념적으로 문헌과 질의를 실제 숫자의 벡터로 매핑할 수 있고 랭킹 점수는 질의와 문헌 표현의 곱 형태로 계산될 수 있다.

$$q \rightarrow \mathbf{p}$$
$$d \rightarrow \mathbf{v}$$
$$\text{score}(q, d) = \mathbf{p} \cdot \mathbf{v} = \sum_{i=1}^{k} p_i v_i \qquad (4.40)$$

여기서 $\mathbf{p}$와 $\mathbf{v}$는 질의와 문헌의 k개 원소의 벡터 표현, k는 벡터 표현의 차원이다. 각 단어는 한 단어 문헌으로 처리될 수 있으므로 각 단어는 이런 벡터 표현으로 매핑될 수 있다. 이런 접근은 보통 단어 임베딩이라고 한다. 보통 차원 수 k는 단어 수보다 적으므로 각 단어가 이것의 차원을 갖고 있는 고차원 벡터 스페이스 모델 표현이 저차원 스페이스로 끼워넣어지기 때문에 임베딩이란 용어가 사용됐다. 단어 임베딩은 어떻게 벡터 표현이 구성되고 사용하는지에 따라 많은 애플리케이션이 있다. 검색 서비스 측면에서는 두 가지 가능성이 있다. 첫째, 임베딩된 표현은 실제 질의 프로세싱에 사용할 수 있으므로 특정 질의에 관한 문헌 점수는 표현 사이의 곱 형태로 계산될 수 있다. 둘째, 각 단어의 임베딩된 표현은 각 단어를 동의어 또는 관계 있는 단어와 매칭시키기 위해 유의어 사전을 만들기 위해 분석될 수 있다.

단어 임베딩의 중요한 문제는 '어떻게 새로운 벡터 표현을 구축하는가?'이다. 개념적으로 의미적 관계를 보존하는 벡터 스페이스가 필요하다. 비슷하거나 관련된 의미를 갖고 있는 단어와 문헌은 함께 있거나 같은 선상에 위치해야 하지만 다른 의미를 갖고 있는 문헌들은 설령 같은 단어가 있다고 하더라도 함께 있거나 같은 선상에 위치하고 있으면 안 된다. 이런 스페이스를 구축할 수 있다면 벡터 스페이스 모델의 한계를 극복할 수 있다. 첫째, 동의어 문제를 극복하기 위해 문헌이나 질의에 공통된 용어가 없더라도 질의에 적합한 문헌을 찾을 수 있다. 둘째, 명목상 질의어에 포함돼 있더라도 의미적으로 적합하지 않은 문헌을 제외할 수 있다. 즉 의미 스페이스는 문헌 전체 또는 문장 내에서 관련된 단어 그룹을 찾아냄으로써 단어의 함께 등장하는 경우를 분석하거나 구축하는 것이 가능하다고 가정한다. 의미 스페이스의 차원은 이런 그룹에 기반을 두고 정의할 수 있고 각 문헌과 단어의 벡터 표현은 그룹에 대한 관련성으로 정의할 수 있다. 이런 간단한 아이디어를 실제로 구현하는 것은 어려우며 다양한 수학적 기법을 사용한 방법에는 여러 가지가 있다. 4장에서는 몇몇 중요한 접근과 구체적인 모델을 다룬다.

마지막으로 용어에 대해 좀 더 얘기해보자. 단어 임베딩은 상대적으로 새로운 용어이고 잠재 의미 분석이나 확률적 토픽 모델링을 포함하고 있는 많은 의미 분석 기법은 단어 임베딩을 위해(식 (4.40)의 측면에서) 다른 방법으로 다른 목적을 위해 개발됐다. 이 기법들 중의 대부분은 일반적이고 강력한 통계적 기법들이 자연어 처리에서 진화 생물학에 이르는 다양한 응용을 위해 개발됐다. 하지만 이런 방법들을 단어 임베딩 기술로 볼 수도 있다. 4장에서는 상품 검색의 관점에서 서로 다른 의미 기법들을 연결해주는 편리한 방법인 단어 임베딩을 주요 주제로 다룬다. 하지만 단어 임베딩은 가능한 한 가지 관점이라는 것을 명심해야 한다. 의미 분석 기법은 단어 임베딩과 검색에만 국한된 것은 아니고 단어 임베딩도 검색에만 국한된 것은 아니다. 알고리즘 기반 마케팅에서도 의미 분석 기법은 자동화된 제품 속성, 추천 시스템, 이미지 검색 등으로 다양하게 쓰일 수 있다.

4.5.3 잠재 의미 분석

의미 스페이스를 구성하는 한 가지 방법은 어떤 용어가 한 문헌 안에서 자주 동시에 등장하는지를 알아내기 위해 문헌의 단어 주머니 표현을 분석하는 것이다. 자주 동시에 등장하는 용어는 하나의 논리적 개념에 해당하는 동의어가 될 수 있다. 따라서 공동 발생의 분석은 문헌 내에 용어로서 명시적으로 드러나지는 않지만 의미적 수준에서 존재하는 개념을 드러낼 수 있다. 이런 개념을 잠재 개념이라고 한다.

우선 텍스트 제품 설명을 담고 있는 단일 필드 문헌의 집합부터 시작해보자. 첫 번째 단계는 각 용어 t_i와 문헌 d_j에 대한 용어 빈도를 담고 있는 행렬을 구성하는 것이다.

$$
X = \begin{array}{c} \\ t_1 \\ t_2 \\ \\ t_m \end{array} \overset{\begin{array}{cccc} d_1 & d_2 & & d_n \end{array}}{\left[\begin{array}{cccc} tf(t_1, d_1) & tf(t_1, d_2) & \cdots & tf(t_1, d_n) \\ tf(t_2, d_1) & tf(t_2, d_2) & \cdots & tf(t_2, d_n) \\ \vdots & \vdots & \ddots & \vdots \\ tf(t_m, d_1) & tf(t_m, d_2) & \cdots & tf(t_m, d_n) \end{array} \right]} \tag{4.41}
$$

여기서 n은 문헌 수, m은 집합 안에서의 용어 수다. 용어-문헌이라는 행렬은 용어 스페이스에서 문헌의 표현이다. 문헌 사이의 유사성은 해당 열 사이의 곱의 형태로 계산될 수 있고 용어 사이의 유사성은 해당 행 사이의 곱의 형태로 계산될 수 있다. 이 방식으로 계산된 용어의 유사성은 자주 동시에 등장하는 용어는 같은 개념과 관련됐다는 점에서 용어 사이의 의미적 관계에 대한 힌트를 준다. 그러나 이 지표는 잡음이 많을 수 있으므로 보다 정교한 통계적 기법이 필요하다.

단어 임베딩 패러다임은 각 문헌의 표현을 k-차원 벡터로 구성한다. 이 표현은 행렬로 구성할 수도 있다. $n \times k$ 행렬 V_k를 각 행은 문헌에 대응하고 열은 의미 차원에 대응하는 행렬로 정의하자. 잠재 의미 분석^{LSA} 기법은 선형 변환을 사용해 V_k로부터 용어-문헌 행렬 X를 근사하게 재구성할 수 있다는 휴리스틱 고려에 기반을 두고 이 행렬을 만든다[Deerwester 등, 1990]. 즉 다음과 같은 $m \times k$ 행렬 L_k를 계산할 수 있다.

$$X \approx L_k \cdot V_k^T \tag{4.42}$$

행렬 L_k와 V_k는 재구성 오류를 최소화하도록 정의돼야 한다. 평균 제곱 오류$^{Mean\ squared\ error}$가 지표로서 정의되면 이 원리는 다음의 최적화 문제가 된다.

$$\min_{L_k, V_k} \quad \left\| X - L_k \cdot V_k^T \right\| \tag{4.43}$$

이 문제의 해법은 2장, '예측 모델링 리뷰'에서 공부했던 특이값 분해$^{singular\ value\ decomposition,\ SVD}$에 의해 구할 수 있다. SVD에 의해 생성되는 행렬은 행 정규 직교이고, k개의 의미 차원(행렬 X의 열)은 상호간에 직교한다. 이는 원래의 벡터 스페이스 모델 벡터(행렬 X의 행)가 강하게 관련된 벡터를 압축해 단일 주요 벡터로 탈상관된다는 것을 의미한다. 이는 자주 동시에 등장하는 용어가 원래 용어 벡터의 깊이 상관된 요소(행렬 X의 행)에 해당한다는 점에서 우리의 직감적 기대와 일치하므로 탈상관은 자주 동시에 등장하는 용어들(아마도 동의어)을 하나의 의미 벡터로 합친다.

이 과정을 보다 자세히 서술해보자. 먼저 이미 차원의 개수 k가 제한이 없는 전체 SVD의 경우를 먼저 살펴보자. SVD 알고리즘은 행렬을 3개의 요소로 나눈다.

$$X = U\Sigma V^{\mathsf{T}}$$

$$= \begin{bmatrix} | & & | \\ \mathbf{u}_1 & \cdots & \mathbf{u}_r \\ | & & | \end{bmatrix} \begin{bmatrix} \sigma_1 & \cdots & 0 \\ \vdots & \ddots & \vdots \\ 0 & \cdots & \sigma_r \end{bmatrix} \begin{bmatrix} - & \mathbf{v}_1 & - \\ & \vdots & \\ - & \mathbf{v}_n & - \end{bmatrix}^{\mathsf{T}} \quad (4.44)$$

$$\underbrace{}_{m \times r} \qquad \underbrace{}_{r \times r} \qquad \underbrace{}_{n \times r}$$

여기서 r은 용어-문헌 벡터 X의 랭킹이다. 어떻게 이것이 의미 분석과 검색을 도와줄 수 있는지 이해하기 위해 이 분해를 자세히 살펴보자.

행렬 U의 열은 문헌 공간에 대한 새로운 베이시스로 해석될 수 있다. 각 열은 여러 개의 관련된 용어 s를 포함하는 잠재 개념, 즉 같은 문헌에 여러 번 등장하는 용어들로 간주될 수 있다. 행렬 U의 행은 용어에 대응하므로 계수 u_{ij}의 크기는 개념 u_j에 대한 용어 t_i의 중요성 또는 공헌도다. 개념 안의 특정 용어들이 나머지 다른 용어보다 훨씬 높은 계수를 갖는다면 이런 패턴의 가진 단어들은 문헌 안에서 같이 자주 나타나고 의미적 관계를 갖고 있을 가능성이 높다. 의미 벡터 사이의 공간은 종종 잠재 의미 스페이스라고도 한다.

행렬 V의 행은 문헌에 대응하고 열은 의미에 대응한다. 즉 각 행은 특성 문헌 안에서 해당하는 의미의 중요성을 결정하는 계수의 벡터로 해석된다. 이 행렬은 용어-문헌 행렬의 각 원소가 용어의 빈도를 표현하는 것처럼 각 원소 v_{ij}가 문헌 안에서의 의미의 빈도로 해석된다는 점에서 원래 용어-문헌 행렬에 대한 듀얼이 된다.

SVD 표현은 의미 베이시스를 사용함으로써 질의와 문헌 사이의 유사성을 계산할 수 있게 해준다. 먼저 행렬 V의 행을 사용해 문헌 사이의 코사인 유사성을 계산할 수 있다. 각 행은 의미 공간에서 해당 문헌의 벡터 표현이 되므로 문헌 쌍의 유사성은 다음과 같이 계산된다.

$$\cos\left(\mathbf{v}_i, \mathbf{v}_j\right) = \frac{\mathbf{v}_i \cdot \mathbf{v}_j}{\|\mathbf{v}_i\| \|\mathbf{v}_j\|} \quad (4.45)$$

다음으로 질의와 문헌 사이의 코사인 유사성을 계산하기 위해 의미 베이시스 안에서 질의를 벡터로 변형해야 한다. 이 프로세스는 질의 폴딩^{query folding}이라고 한다. 문헌 벡터를 용어-문헌 행렬의 함수로 표현하기 위해 식 (4.44)를 재배열할 수 있다.

$$V = X^T U \Sigma^{-1} \qquad (4.46)$$

사용자 질의는 용어 빈도의 벡터 q에 대응하는 다른 문헌으로 간주될 수 있으므로 이를 하나의 열을 갖고 있는 용어-문헌 행렬의 모형으로서 식 (4.46)에 대입할 수 있다.

$$p = q^T U \Sigma^{-1} \qquad (4.47)$$

여기서 p는 의미 베이시스에서 질의의 표현이 된다. 이 표현이 얻어지면 의미 베이시스의 코사인 유사성을 이용해 질의에 대한 문헌을 스코어링할 수 있다.

$$\text{score}(q, d_i) = \cos(p, v_i) = \frac{p \cdot v_i}{\|p\| \|v_i\|} \qquad (4.48)$$

식 (4.48)은 새로운 스코어링 기법인 잠재 의미 인덱스^latent semantic indexing, LSI 스코어링이고 이는 표준 벡터 스페이스 모델과 TF×IDF 방식에 대한 대안으로 쓰일 수 있다. 용어 기반 모델과 비교한 LSI의 장점은 질의어를 명백히 담고 있지 않은 문헌도 가져올 수 있다는 것이다. 예를 들어 의미 벡터는 강한 의미적 의존성을 갖고 있고 자주 함께 사용하는 3개의 용어(candy, sweet, confection)를 포함할 수 있다. candy와 sweet만 포함하는 문헌도 벡터 표현에 이 의미에 대한 매우 높은 계수를 갖게 된다. confection에 대해서도 같다. 즉 문헌과 질의는 공통된 용어가 없더라도 이 의미의 관련성 때문에 높은 코사인 유사성을 갖게 된다.

다음 단계는 의미 차원의 수 k를 r보다 작게 제한할 수 있게 차원 수 감소를 적용하는 것이다. 차원 수 감소는 재구성 오류 4.43을 증가시키지만 잡음을 감소시키고 가장 높은 에너지를 갖고 있는 의미 차원만 남겨두기 때문에 LSA 애플리케이션에 보통 도움이 된다. SVD는 U의 열이 중요도에 의해 정렬되도록 해준다. 이는 의미 u_1이 가장 지속되고 빈도가 높은 용어의 조합이 되고 u_r은 가장 덜 중요한 조합이 된다는 뜻이다. 즉 여기서 가장 중요한 개념들만 유지하고 행렬 U와 V의 가장 왼쪽에 있는 열들은 잘라내므로 의미 베이시스와 문헌 공간의 차원 수를 줄이게 된다. 보존할 의미의 수는 LSA 기법에서 중요한 모수가 된다. 이는 정밀도와 재현율을 몇몇 가능한 값에 대해 평가하고 최적의 값을 선택함으로써 종종 경험적으로 정해진다. 최적 의미의 수는 컬렉션 내에서의 용어 수보다 많이 적다. 300~500개의 의미는 큰 컬렉션에 대해서도 괜찮은 값이다[Bradford, 2008]. 의미의 수 k가 정해지면 식 (4.44)는 다음과 같이 변형된다.

$$
\begin{aligned}
\mathbf{X}_k &= \mathbf{U}_k \mathbf{\Sigma}_k \mathbf{V}_k^{\mathsf{T}} \\
&= \underbrace{\begin{bmatrix} | & & | \\ \mathbf{u}_1 & \cdots & \mathbf{u}_k \\ | & & | \end{bmatrix}}_{m \times k} \underbrace{\begin{bmatrix} \sigma_1 & \cdots & 0 \\ \vdots & \ddots & \vdots \\ 0 & \cdots & \sigma_k \end{bmatrix}}_{k \times k} \underbrace{\begin{bmatrix} - & \mathbf{v}_1 & - \\ & \vdots & \\ - & \mathbf{v}_n & - \end{bmatrix}^{\mathsf{T}}}_{n \times k}
\end{aligned}
$$

$$(4.49)$$

절단된 문장은 원래의 용어-문헌 행렬을 정확히 복원하지는 않지만 근사된 $\mathbf{X}_k$를 생성한다. 문헌은 행렬 $\mathbf{V}$의 행에 대응하지만 각 벡터는 k개의 원소만 있다. 즉 문헌과 질의는 k개의 차원이 있는 스페이스에 사상되고 유사성 지표는 같은 스페이스에서 계산된다.

예 4.4

잠재 의미 분석은 수리적 예제 없이는 이해하기 힘들기 때문에 이 절에서 예를 하나 들어본다. 이 예는 꽤 간단하지만 LSA의 주요 특성들을 보여주기 위해 만들어졌다. LSA가 실제로 잘 작동하려면 엄청난 양의 데이터가 필요하다는 것을 명심하라. 여기서는 캔디 스토어에 관한 세 가지 작은 문헌부터 시작한다.

    d₁: Chicago Chocolate. Retro candies made with love.
    d₂: Chocolate sweats and candies. collection with mini love hearts.
    d₃: Retro sweets from Chicago for chocolate lovers.

불용어 몇 개를 걸러내고 기본적인 정규화와 스테밍을 적용하면 다음과 같은 용어-문헌 행렬을 얻는다.

$$X = \begin{array}{c} \\ \text{chicago} \\ \text{chocolate} \\ \text{retro} \\ \text{candy} \\ \text{made} \\ \text{love} \\ \text{sweet} \\ \text{collection} \\ \text{mini} \\ \text{heart} \end{array} \begin{array}{ccc} d_1 & d_2 & d_3 \\ \left[\begin{array}{ccc} 1 & 0 & 1 \\ 1 & 1 & 1 \\ 1 & 0 & 1 \\ 1 & 1 & 0 \\ 1 & 0 & 0 \\ 1 & 1 & 1 \\ 0 & 1 & 1 \\ 0 & 1 & 0 \\ 0 & 1 & 0 \\ 0 & 1 & 0 \end{array}\right] \end{array} \tag{4.50}$$

SVD를 적용하고 차원 수를 두 의미로 줄이면 다음과 같은 요소 행렬을 얻는다.

$$U_2 = \begin{array}{c} \\ \text{chicago} \\ \text{chocolate} \\ \text{retro} \\ \text{candy} \\ \text{made} \\ \text{love} \\ \text{sweet} \\ \text{collection} \\ \text{mini} \\ \text{heart} \end{array} \begin{array}{cc} \text{concept 1} & \text{concept 2} \\ \left[\begin{array}{cc} -0.318 & \textbf{0.424} \\ \textbf{-0.486} & 0.018 \\ -0.318 & \textbf{0.424} \\ -0.333 & -0.148 \\ -0.166 & 0.257 \\ \textbf{-0.488} & 0.018 \\ -0.320 & -0.239 \\ -0.168 & -0.406 \\ -0.168 & -0.406 \\ -0.168 & -0.406 \end{array}\right] \end{array} \tag{4.51}$$

$$\Sigma_2 = \begin{bmatrix} 3.562 & 0 \\ 0 & 1.966 \end{bmatrix} \tag{4.52}$$

$$V_2 = \begin{array}{c} \\ d_1 \\ d_2 \\ d_3 \end{array} \begin{array}{cc} \text{concept 1} & \text{concept 2} \\ \left[\begin{array}{cc} -0.592 & 0.505 \\ -0.598 & -0.798 \\ -0.541 & 0.329 \end{array}\right] \end{array} \tag{4.53}$$

여기서 발견할 수 있는 점은 행렬 U_2의 열들이 텍스트에서 발견할 수 있는 논리적 주제들을 보여준다는 것이다. 첫 번째 열에서 가장 큰 계수는 용어 chocolate과 love에 대응하고 그다음으로는 sweet와 candy에 대응한다. 두 번째 열에서 가장 큰 계수는 chicago와 retro이다. 이는 retro와 chicago에 대해 언급하는 같은 단어들이 두 문헌에 있고 chocolate과 love는 모든 문헌에 등장하기 때문이다.

두 번째 통찰은 문헌 행렬 $\mathbf{V}_2$에서 얻을 수 있다. 행렬의 첫 번째 열은 chocolate과 love에 대응한다. 열의 모든 계수는 같은 부호이므로 모든 세 문헌은 이 축을 따라 같은 방향을 가리킨다. 두 번째 열은 retro와 chicago에 대응하고 첫 번째와 세 번째 문헌만 이를 언급하기 때문에 문헌은 다른 방향을 가리킨다.

chicago와 candy로 문헌을 질의해보자. 이 질의는 다음과 같은 용어 빈도 벡터에 대응한다(용어의 순서는 식 (4.50)과 같다).

$$\mathbf{q}_{\text{chicago}} = \begin{bmatrix} 1 & 0 & 0 & 0 & 0 & 0 & 0 & 0 & 0 & 0 \end{bmatrix}$$
$$\mathbf{q}_{\text{candy}} = \begin{bmatrix} 0 & 0 & 0 & 1 & 0 & 0 & 0 & 0 & 0 & 0 \end{bmatrix}$$

$$(4.54)$$

이 벡터들을 식 (4.47)에 의해 변형하고 행렬 $\mathbf{V}_2$로부터 문헌 벡터의 코사인 유사성을 계산하면 표 4.4에 나타나 있는 문헌 스코어를 얻는다. 여기서 첫 번째와 세 번째 문헌만 질의 chicago에 대해 높은 점수를 얻는다. 두 번째 질의 candy는 더 흥미 있는 경우다. 모든 3개의 문헌이 높은 점수를 얻는데 세 번째 문헌에는 candy가 들어 있지도 않다. 이것은 candy가 세 번째 문헌에 등장하는 chocolate과 love의 일부기 때문이다. LSA 기법은 문헌과 질의 사이의 이와 같은 연결을 인지하고 문헌을 이에 따라 정렬한다.

LSA는 TD X IDF와 같은 기본적인 벡터 스페이스 모델의 대안으로 설계됐다. 경험적 연구에 따르면 많은 경우에 LSA는 벡터 스페이스 모델보다 성능이 더 좋을 수 있다. 이 밖에도 LSA는 다음과 같은 장점이 있다.

동의어 저차원 표현으로 동의어 및 의미 연결을 구현할 수 있다. LSA는 표준 TF X IDF 스코어링에서 동의어 확장에 사용할 수 있는 유의어 사전을 만들기 위한 단어 사이의 거리를 추정할 수 있고 어휘 의미에 대한 관련된 발

표 4.4 LSA 계산의 예에 대한 최종 문헌 스코어

질의	d_1	d_2	d_3
chicago	0.891	−0.510	0.806
candy	0.183	0.969	0.338

생 유사체correlated occurrence analogue to lexical semantic, COALS와 같은 의미적 유사성을 계산할 수 있는 LSA 기반의 기법들이 있다[Rohde 등, 2006].

잡음 감소 차원 감소는 데이터로부터의 잡음과 중복성을 줄여준다.

높은 재현율 LSA 기반 검색은 공통적인 용어가 없는 질의와 문헌에서도 잘 작동하므로 높은 재현율이 가능하다.

자동화 LSA는 비감독 행렬 요소화unsupervised matrix factorization에 의존하므로 이 과정은 완전히 자동이다.

반면 LSA에는 텍스트의 복잡한 통계적 성질을 무시하는 휴리스틱의 특징에서 야기되는 단점들이 있다.

다의성 LSA는 다의성을 발견하는 데 한계가 있다. LSA는 같은 단어를 여러 의미에 연결시켜 콘텍스트에 따라 의미가 달라지는 단어를 구현할 수 있긴 하지만 모든 의미는 용어–문헌 행렬 내에서의 용어 빈도의 평균으로 구해지기 때문에 문헌 내에서의 다른 의미를 구별하기 어려워진다. 이 한계는 단어 주머니 모델의 성질에서 파생되고 LSA로 하여금 단어 사이의 보다 정교한 관계를 인식하기 어렵게 만든다.

완전성 LSA의 이론적 기초는 문헌과 용어에 대한 모델을 제공하지 않기 때문에 완전하지 않다.

해독성 LSA에 의해 창조된 의미 차원은 마이너스 값과 formal한 문헌 모델이 없다는 점 때문에 해석하기 어렵다.

가우시안 가정 LSA에 따른 주요 요소 분석의 장점은 독립적 의미 벡터를 만들 수 있다는 점이다. 탈관련화의 원리는 데이터가 가우시안 분포를 따르는 것을 가정하고 요소 사이의 관련성이 없다는 것은 서로 독립적이라는 것을 의미한다. 하지만 이는 용어–문헌 행렬과 같은 숫자 행렬에 대해서는 성립하지 않는다.

다음의 몇몇 절에서 LSA의 한계를 어떻게 극복할 것인지 다룬다. 먼저 어떻게 휴리스틱 요소화 모델이 견고한 확률 프레임워크에 의해 대체될 수 있는지 알아보고 단어 사이의 의미적 관계를 보다 더 잘 발견하기 위해 단어 주머니를 사용한 접근에 대해 다시 생각해본다.

4.5.4 확률적 토픽 모델링

확률적 토픽 모델링은 토픽이라는 잠재 변수를 통해 문헌과 단어 사이의 의미적 관계를 발견하는 의미 분석 기법의 일종이다. 토픽 모델링의 기본 가정 중 하나는 문헌들은 어느 정도의 확률적 프로세스를 따라 단계적 용어의 조합으로 생성된다는 것이다. 이 프로세스는 토픽으로 해석되는 잠재 변수를 사용함으로써 문헌 컬렉션의 의미적 구조를 모델링한다. 각 문헌은 토픽의 믹스로 표현되고 각 토픽은 문헌 안의 단어 분포를 결정한다. 생성 프로세스는 단어의 토픽별 분포와 같은 문헌의 특정한 통계적 성질만 반영하도록 디자인됐지만 반드시 진짜처럼 보이거나 읽을 수 있는 텍스트만 생성하는 것은 아니다. 그림 4.17은 토픽 모델의 요소를 보여준다.

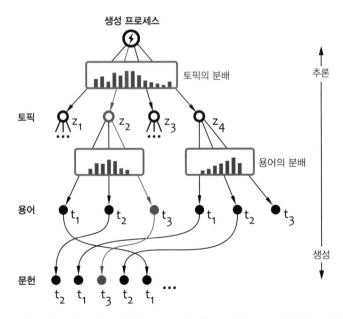

그림 4.17 확률적 토픽 모델의 개념도. 문헌 용어는 순차적으로 생성되고 각 용어는 모델 그래프 안의 특정 경로에 대응한다.

생성 프로세스 모델은 데이터로부터 잠재 변수의 값을 추론함으로써 적합된다. 데이터는 문헌의 모음, 문헌은 용어의 모음이고 토픽, 토픽의 분포, 토픽과 용어의 관계로 이뤄진 잠재 모수는 직접 관찰되지 않는 추상적 숫자이지만 추정될 수는 있다. 통계적 추론 프로세스는 그림 4.17의 맨 아래에서 맨 위까지의 상승으로 간주될 수 있다. 적합된 모델은 용어와 토픽 사이의 관계(특정 토픽에 관해 가장 독특한 단어는 무엇인가?) 또는 토픽과 문헌 사이의 관계(문헌은 무엇에 대한 것인가?) 등을 설명한다. 문헌은 질의를 추정된 토픽 구조에 적합시키거나 잠재 토픽 스페이스에서 질의와 문헌의 유사성을 계산함으로써 검색될 수 있다.

토픽 모델링 접근은 잠재 토픽의 개념을 사용하고 토픽 스페이스에서 문헌을 벡터 표현으로 매핑한다는 점에서 LSA와 비슷하다. 이것의 수학적 기초는 LSA와 많이 다르다. 이 수학적 기초는 하나의 모델뿐 아니라 강력한 방법과 기술들의 전체적 모음을 가능하게 만들기 때문에 매우 중요하다. 알고리즘 기반 마케팅 측면에서 이런 기법들은 단어-문헌 또는 사용자-제품과 같은 다른 개체 사이의 관계를 모델링하는 일반적 프레임워크를 제공하기 때문에 검색뿐 아니라 추천 서비스에서도 매우 중요하다. 다음 절들에서 두 가지의 인기 있는 모델(확률적 잠재 의미 분석과 잠재 디리클레 할당)을 다룬다.

4.5.5 확률적 잠재 의미 분석

확률적 잠재 의미 분석(pLSA)은 확률적 토픽 모델링의 가장 기본적인 방법 중 하나다[Hofmann, 1999]. 이는 확률적 관점에서 의미 분석 문제를 접근하지만 모델의 구조는 행렬 인수분해로 볼 수 있으므로 pLSA를 SVD 기반의 잠재 의미 분석과 직접 비교할 수 있게 한다. pLSA는 2개의 다른 관점으로 볼 수 있다. 첫 번째는 잠재 변수 모델, 즉 문헌과 용어 사이의 관계를 설명하기 위해 잠재 변수를 사용하는 확률적 모델이다. 두 번째는 행렬 인수분해이고 확률적 잠재 변수 모델과 LSA를 연결해준다. 다음 절에서 두 측면을 별도로 다룬다[Oneata, 1999].

4.5.5.1 잠재 변수 모델

pLSA 모델은 확률적 토픽 모델링 중 하나다. pLSA 모델을 보다 자세히 설명하기 위해 다음 세 가지 개체를 정의하자.

문헌 $D = \{d_1, \cdots, d_n\}$은 n개 문헌의 집합이다.

용어 $T = \{t_1, \cdots, t_m\}$은 모든 문헌으로부터의 단어를 담고 있는 m개 용어의 집합이다.

토픽 $Z = \{z_1, \cdots, z_k\}$는 k개 토픽의 집합, k는 모델 모수다. 토픽의 개념은 LSA에서의 잠재 의미의 개념에 대응한다.

여기서 명시적으로 문헌과 용어의 쌍 (d_j, t_i)를 관찰하지만 토픽은 관찰하지 않는다. 잠재 요소 모델은 각 문헌이 복수의 토픽에 대응할 수 있고 문헌 내에서의 용어 발생 확률은 토픽에 의해 정해진다고 가정한다. 예를 들어 식료품 스토어 카탈로그에서 발견될 수 있는 두 토픽 유제품과 디저트를 생각해보자. 카탈로그 내의 어떤 제품에 대한 설명은 유제품에 대응하고 어떤 설명은 디저트, 어떤 설명은 특정 비율로 혼합돼 대응할 수 있다. 토픽은 직접 관찰되지 않지만 유제품에 대응하는 문헌 내에서 용어의 분포는 해당하는 토픽에 의해 결정된다. 이 아이디어는 문헌이 다음의 생성 프로세스에 따라 생성된다는 것을 가정함으로써 정형화할 수 있다.

1. 먼저 확률 분포 $Pr(d)$로부터 문헌 d_j를 추출한다.
2. 문헌 d_j 안에 있는 용어 t_i에 대해
   2.1 분포 $Pr(z|d_j)$로부터 추출함으로써 토픽 z_l을 선택한다.
   2.2 분포 $Pr(t|z_l)$로부터 추출함으로써 용어 t_i를 선택한다.

이 프로세스는 그림 4.18에 나타나 있는 확률 모델에 대응한다. 각 문헌은 토픽들의 조합으로 모델링됐고 문헌 내의 토큰의 분포는 토픽에 의해 결정된다. 같은 모델은 그림 4.19에서 보다 간단한 그림으로 나타난다.

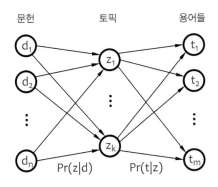

그림 4.18 pLSA 모델의 자세한 구조

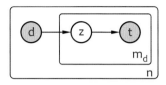

그림 4.19 pLSA 모델을 시각화한 표현. 외부의 사각형은 문헌의 반복적 선택을 나타낸다. 내부의 사각형은 m_d개의 용어를 갖고 있는 문헌 안에서 토픽과 용어의 반복적 선택을 나타낸다. 회색으로 칠해진 원은 관찰된 변수다. 빈 원은 잠재 변수를 나타낸다.

LSA와 마찬가지로 pLSA 모델은 각 문헌을 단어 주머니로 간주한다. 확률적 관점에서 이는 문헌–용어의 쌍 (d, t)가 조건적으로 독립이라는 것을 의미한다.

$$Pr(D, T) = \prod_{d, t} Pr(d, t) \tag{4.55}$$

pLSA 모델은 주어진 토픽에 대해 용어와 문헌이 조건적으로 독립을 가정하므로 다음과 같이 표현된다.

$$Pr(t \mid d, z) = Pr(t \mid z) \tag{4.56}$$

$\mathbf{D} \times \mathbf{T}$에 대한 조인트 확률 모델은 다음과 같이 표현되고

$$Pr(d, t) = Pr(d)Pr(t \mid d) \tag{4.57}$$

문헌 내 용어의 조건부 확률은 모든 토픽에 대한 확률의 합으로 표현된다.

$$
\begin{aligned}
Pr(t \mid d) &= \sum_z Pr(t, z \mid d) = \sum_z Pr(t \mid d, z)Pr(z \mid d) \\
&= \sum_z Pr(t \mid z)Pr(z \mid d)
\end{aligned} \tag{4.58}
$$

식 (4.58)을 식 (4.57)에 대입하면 다음과 같은 모델 사양을 얻는다.

$$
\begin{aligned}
Pr(d, t) &= \sum_z Pr(d)Pr(t \mid z)Pr(z \mid d) = \sum_z Pr(d, z)Pr(t \mid z) \\
&= \sum_z Pr(z)Pr(t \mid z)Pr(d \mid z)
\end{aligned} \tag{4.59}
$$

다음 단계는 관찰되지 않은 확률을 학습하고 잠재 토픽을 추론하는 것이다. 훈련 문헌 $\mathbf{D}$에 대해 우도 함수는 다음과 같이 정의되고

$$L = Pr(D, T) = \prod_{d,t} Pr(d, t)^{n(d,t)} \tag{4.60}$$

여기서 $n(d, t)$는 문헌 d에서 용어 t가 나타나는 횟수, 즉 용어 빈도다. 우도를 로그 함수를 취해 단순화하면 다음과 같은 식을 얻는다.

$$\begin{aligned} \log L &= \sum_{d,t} n(d, t) \cdot \log Pr(d, t) \\ &= \sum_{d,t} n(d, t) \cdot \log \sum_z Pr(z) Pr(t \mid z) Pr(d \mid z) \end{aligned} \tag{4.61}$$

용어 확률 $Pr(t \mid \mathbf{z})$, 문헌 확률 $Pr(d \mid \mathbf{z})$, 토픽 확률 $Pr(\mathbf{z})$는 우도를 최대화하도록 적합된 모델의 모수다. 이는 다음과 같은 최적화 문제를 푸는 것과 같다.

$$\begin{aligned} \max \quad & \log L \\ \text{subject to} \quad & \sum_t Pr(t \mid z) = 1 \\ & \sum_d Pr(d \mid z) = 1 \\ & \sum_z Pr(z) = 1 \end{aligned} \tag{4.62}$$

이 문제는 기댓값 최대화 알고리즘을 통해 해결될 수 있고 이는 잠재 변수 모델 내에서 최대 우도 함수에 대한 일반적인 접근 방법이다[Hofmann, 1999]. 여기서의 문제는 모든 용어에 대해 $k(m-1)$개의 모수 $Pr(t \mid \mathbf{z})$가 있고 모든 문헌과 토픽에 대해 $k(n-1)$개의 모수 $Pr(d \mid \mathbf{z})$가 있다는 것이다. 식 (4.62)에 따라 정의된 확률 정규화 제한 때문에 여기서는 km개가 아니라 $k(m-1)$개의 모수가 있다. 따라서 모수의 개수는 많고 문헌 집합의 크기에 따라 선형적으로 늘어난다. 이는 pLSA 모델의 주요 단점 중 하나다.

모수가 추정됐으므로 문헌, 용어, 토픽과의 관계와 토픽의 의미론적 의미과의 관계는 조건부 확률의 크기를 비교함으로써 분석될 수 있다. 같은 모수들은 인덱싱되고 검색 질의로 사용하기 위해 저장될 수 있다[Park and Ramamohanarao,

2009]. LSA와 마찬가지로 질의와 문헌의 유사성은 두 벡터 표현 사이의 코사인 거리나 곱의 형태로 잠재 의미 스페이스에서 계산될 수 있다. pLSA의 경우 잠재 의미 공간에서의 질의 $\mathbf{q}$와 문헌 $\mathbf{d}$의 벡터 표현은 조건부 확률 $\Pr(\mathbf{q} \mid \mathbf{z})$와 $\Pr(\mathbf{d} \mid \mathbf{z})$에 의해 주어진다. 유사성 지표는 다음 곱의 형태에 의해 정의된다.

$$\text{score}(\mathbf{q}, \mathbf{d}) = \sum_z \Pr(\mathbf{q} \mid z) \cdot \Pr(\mathbf{d} \mid z) \tag{4.63}$$

$\Pr(\mathbf{d} \mid \mathbf{z})$는 모델로부터 알려지지만 질의 표현 $\Pr(\mathbf{q} \mid \mathbf{z})$는 각 질의에 대해 학습돼야 한다. 이는 모수 $\Pr(\mathbf{t} \mid \mathbf{z})$와 $\Pr(\mathbf{z})$를 수정하고 $\Pr(\mathbf{q} \mid \mathbf{z})$에 대해 모델 4.62를 적합시킴으로써 해결될 수 있다. 유사성 지표는 검색 결과 내에서 문헌을 스코어링하고 정렬하는 데 사용할 수 있다.

4.5.5.2 행렬 인수분해

잠재 변수 접근은 LSA와는 많이 다르지만(대수적 행렬 인수분해 대신 확률적 접근을 사용하므로) 두 방법은 가까운 관계가 있다. 이는 잠재 변수 모델을 행렬 형태로 다시 쓰는 것에 의해 가능해진다. 먼저 LSA는 식 (4.41)에 의해 정의된 용어 빈도 행렬을 세 행렬의 곱으로 근사한다.

$$\mathbf{X} = \mathbf{U} \cdot \mathbf{\Sigma} \cdot \mathbf{V}^\mathsf{T} \tag{4.64}$$

여기서 $\mathbf{X}$는 모든 용어와 문헌의 쌍에 대한 용어 빈도의 $m \times n$ 행렬, $\mathbf{U}$는 의미 스페이스에서 용어 좌표의 $m \times k$ 행렬, $\mathbf{V}$는 의미 스페이스에서 문헌 좌표의 $n \times k$ 행렬이다. 반면 pLSA에서 조인트 확률 모델은 세 요소의 곱으로 표현된다.

$$\Pr(\mathbf{d}, \mathbf{t}) = \sum_z \Pr(z)\Pr(\mathbf{t} \mid z)\Pr(\mathbf{d} \mid z) \tag{4.65}$$

이를 행렬 형태로 다시 쓰면 pLSA 모델은 LSA 인수분해와 직접 비교할 수 있는 형태가 된다.

$$\mathbf{P} = \mathbf{L} \cdot \mathbf{S} \cdot \mathbf{R}^\mathsf{T} \tag{4.66}$$

여기서 $\mathbf{L}$은 모든 용어 확률 $\Pr(\mathbf{t} \mid \mathbf{z})$에 대한 $m \times k$ 행렬, $\mathbf{R}$은 모든 문헌 확률 $\Pr(\mathbf{d} \mid \mathbf{z})$에 대한 $n \times k$ 행렬, $\mathbf{S}$는 토픽 $\Pr(\mathbf{z})$의 사전 확률의 대각 $k \times k$ 행렬이

다. 즉 pLSA는 LSA와 마찬가지로 행렬 인수분해 알고리즘으로 볼 수 있지만 이 인수분해는 다른 목적에 의해 좌우된다. LSA는 근사 오류의 최소화에 의해 좌우 되지만 pLSA는 우도 함수의 최대화 또는 관찰된 분포와 모델 사이의 발산의 최소 화에 의해 좌우된다.

4.5.5.3 pLSA 성질

pLSA는 LSA와 비교했을 때 몇 가지 중요한 장점이 있다. 먼저 pSLA 스페이스 안 의 방향은 양의 값이고 확률로서 해석할 수 있다는 것이다. LSA 스페이스에서의 방향은 정규 해석이 없고 LSA 인수분해에 의해 생성된 값은 마이너스일 수도 있 어서 해석하기가 어렵다.

두 번째 중요한 차이는 다의어 처리다. LSA는 잠재 의미 스페이스에서 같은 위치 에 동의어를 매핑할 수 있지만 컨텍스트에 따라 같은 단어의 다른 의미를 구별하 기는 어렵다. 반면 pLSA는 단어의 다른 의미에 대응하는 다른 토픽에 대한 확률 분포를 사용할 수 있다[Hofmann, 1999]. 즉 같은 용어 t가 다른 문헌 d_i와 d_j에 서 관찰됐다면 첫 번째 문헌의 컨텍스트 안에서 가장 강한 관련이 있는 토픽

$$\underset{z}{\operatorname{argmax}} \Pr\left(z \mid d_i, t\right)$$

은 두 번째 문헌의 컨텍스트 안에서 가장 강한 관련이 있는 토픽

$$\underset{z}{\operatorname{argmax}} \Pr\left(z \mid d_j, t\right)$$

와 다를 수 있다.

이런 장점에도 불구하고 pLSA는 LSA보다 구현하기가 복잡하다. LSA는 정적인 SVD 인수분해에 기반을 두고 있는 반면 pLSA는 모델의 모수를 추정하기 위해 반 복적인 기댓값 최대화 알고리즘을 요구한다. pLSA 모델은 몇몇 구조적인 이슈도 있는데 이는 다음 절에서 다룬다.

4.5.6 잠재 디리클레 할당

pLSA 모델은 LSA에 비해 한 단계 발전한 것이다. 이는 확률적 기법을 사용해 한 모델을 확장, 단순화 또는 다른 모델과 결합할 수 있게 해주는 통계적 프레임워크를 만든다. 하지만 pLSA 모델은 몇 가지 단점이 있다.

- 각 문헌은 생성적 확률 모델이 아니라 확률의 벡터로 표현된다. 이 확률은 데이터로부터 추정돼야 하는 모수다. 그 결과는 용어와 문헌 수에 따라 선형적으로 증가하는 모수의 수를 초래하고 학습 과정을 과적합 overfitting하기 쉽게 만든다.

- pLSA는 어떻게 문헌과 용어가 토픽과 관련되는지에 관한 제한을 강제하지 않는다. 직관적으로 각 문헌은 작은 수의 토픽과 관계 있고 각 토픽은 작은 수의 용어와 관계 있는 것으로 기대할 수 있지만 pLSA는 이런 모델의 측면을 제어할 수 있는 명백한 모수를 제공하지 않는다.

이런 이슈들은 이전에 기술한 pSLA보다 상세한 생성 프로세스를 갖고 있는 모델을 만들어 해결할 수 있다. 4장에서는 잠재 디리클레 할당(LDA)이라는 유명한 모델을 다룬다. LDA 모델은 pLSA의 일반화로 볼 수 있고 가장 널리 사용하는 확률적 토픽 모델 중 하나다[Blei 등, 2003]. LDA 모델은 디리클레 분포의 개념에 기반하므로 독자들은 이 분포에 대한 레퍼런스로서 이 책 맨 뒤에 있는 부록 A를 참고할 수 있다.

pLSA와 마찬가지로 LDA 모델의 각 문헌은 잠재 토픽의 혼합에 대응하고 문헌 용어는 토픽과 관련된 분포로부터 추출된다고 가정하는 잠재 변수 접근을 사용한다[Blei 등, 2003]. 잠재 토픽의 수 k가 미리 정해져 있다고 가정하면 LDA 모델은 문헌 컬렉션 D로부터의 각 문헌 d에 대한 다음 생성 프로세스에 따라 기술한다.

1. 몇몇 랜덤 분포로부터 문헌 m_d 안의 용어를 추출한다. 분포의 선택은 모델 디자인에 있어서 중요하지 않다.

2. α가 모델 모수인 디리클레 분포 $Dir(\alpha)$로부터 k차원의 확률 벡터 p를 추출한다. p의 각 원소는 해당하는 토픽의 확률로 이해되므로 이 벡터는 토픽의 혼합을 정의한다.

3. 문서 안의 각 용어에 대해

3.1 확률 벡터 **p**에 따라 토픽 $\mathbf{z_t}$를 선택한다. 즉 $Pr(\mathbf{z_t} = i \mid \mathbf{p}) = p_i$다.

3.2 토픽 $\mathbf{z_t}$에 대한 조건인 다항 확률 분포 $Pr(t \mid \mathbf{z_t}; \beta)$로부터 용어 t를 선택한다. 이 분포는 각 용어와 토픽의 쌍에 대해 모델 모수 β로 정의된다.

4.5.5.1절, '잠재 변수 모델'에 기술한 pLSA 프로세스와 비교했을 때 중요한 차이는 LDA 모델은 토픽을 각 문헌에 대해 학습된 분포로부터가 아니라 전체의 모수 분포로부터 뽑아낸다는 점이다. 이 모델의 모수는 k차원 디리클레 모수 α와 용어 확률 β의 $k \times m$ 행렬, 여기서 m은 모든 문헌 안에서의 다른 용어의 개수다. 행렬 β의 각 열은 해당 토픽에 대한 단어의 다항 분포를 결정한다. 이 모수들은 문헌의 컬렉션에 대해 한 번 샘플되고 모수의 숫자는 pLSA의 경우보다 적다. 생성 프로세스에 대응하는 모델은 그림 4.20과 같다.

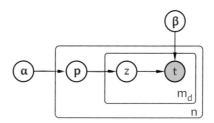

그림 4.20 LDA 모델을 시각화한 표현

단일 문헌에 대해 토픽 혼합의 조인트 분포는 모든 토픽과 모든 용어에 대해 식 (4.67)과 같이 주어진다.

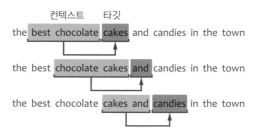

그림 4.21 두 단어 컨텍스트에서의 연속적 단어 주머니 모델의 예

$$\Pr(\mathbf{p}, \mathbf{z}, \mathbf{t}) = \Pr(\mathbf{p} \mid \alpha) \prod_t \Pr(t \mid z_t; \beta) \Pr(z_t \mid \mathbf{p}) \qquad (4.67)$$

여기서 분포 $\Pr(\mathbf{p}; \alpha)$는 모수 α와 β가 주어졌을 때 $\mathrm{Dir}(\alpha)$로 정의된다. $\Pr(z_t \mid \mathbf{p})$는 z_t에 대응하는 $\mathbf{p}$로부터의 확률 값이다. 문헌의 주변 분포는 토픽 확률에 대해 적분하고 이를 모든 토픽에 대해 결합함으로써 구한다.

$$\Pr(d) = \int \Pr(\mathbf{p} \mid \alpha) \prod_t \sum_z \Pr(t \mid z_t; \beta) \Pr(z_t \mid \mathbf{p}) \; d\mathbf{p} \qquad (4.68)$$

문헌 컬렉션에 대한 우도 함수는 문헌 확률의 곱을 취함으로써 얻을 수 있다.

$$\Pr(D) = \prod_d \int \Pr(\mathbf{p}_d \mid \alpha) \prod_{t \in d} \sum_z \Pr(t \mid z_{dt}; \beta) \Pr(z_{dt} \mid \mathbf{p}_d) \; d\mathbf{p}_d \quad (4.69)$$

이 모델을 적합시키는 프로세스는 모수 α와 β가 식 (4.69)의 내부적인 합과 결합되기 때문에 복잡하다. 이 문제는 가변 추론과 깁스 샘플링과 같은 근사 사후 추론 기법을 사용해 해결될 수 있다[Blei 등, 2003; Asuncion 등, 2009].

LDA 모델은 이전에 언급했던 pLSA의 두 가지 이슈를 해결해준다. 첫째, 문헌 위주의 모수를 사용하지 않는 다른 생성 프로세스를 정의함으로써 모수의 개수를 줄여준다. 둘째, 디리클레 사전 분포는 토픽과 문헌 사이의 관계를 처벌하는 방법을 사용해 토픽 확률을 형성한다.

4.5.7 Word2Vec 모델

Word2Vec은 전체 문헌 대신 단어의 로컬 컨텍스트를 고려함으로써 단어 주머니 기반의 의미 분석 기법의 단점을 극복하기 위한 모델 그룹이다[Mikolov 등, 2013a, b]. Word2Vec 모델의 두 주요 종류는 연속적 단어 주머니 모델과 스킵-그램 모델이다. 연속적 단어 주머니 모델은 그림 4.21에 나타나 있듯이 주변 컨텍스트 안에서 하나 이상의 단어에 기반을 두고 단어의 확률을 제한하는 예측 모델을 만드는 것이다. 변화하는 컨텍스트 안의 단어들은 단어 주머니로 이해되고 여기서는 단어의 순서가 아니라 단어의 빈도만 계산한다. 예측 모델은 각 단어가 모델 피팅 프로세스에 의해 정해진 가중값의 벡터와 관련되는 방법으로 만들어진다. 이 벡터들은 LSA나 다른 토픽 모델에 의해 생성된 벡터와 마찬가지로 잠재 의미 스페이스에서의 단어 표현으로 이해되므로 이 벡터 표현은 검색이나 유의어 사전을 만드는 데 사용할 수 있다. 스킵-그램^{Skip-gram}은 연속적 단어 주머니와는 반대 개념이다. 이는 타깃 단어를 인풋으로 사용하고 컨텍스트를 예측한다. 예측 모델의 디자인은 연속적 단어 주머니와 스킵-그램 모두 비슷하며 이 절의 나머지 부분에서는 첫 번째 접근에 집중한다.

Word2Vec 모델은 의미 관계를 발견하고 콘텍스트에 기반을 두고 용어를 예측하기 위해 얕은 뉴럴 네트워크를 사용한다. 여기서는 콘텍스트에서 한 단어만 있다는 가정하에 네트워크를 디자인하고 나중에 여러 개 단어의 경우로 일반화한다. Word2Vec 모델에 사용하는 뉴럴 네트워크는 입력 단계, 숨어 있는 단계, 출력 단계로 이뤄져 있다.

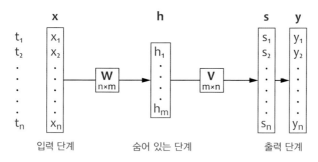

그림 4.22 단일 단어 컨텍스트에 대한 Word2Vec 뉴럴 네트워크의 설계

네트워크의 인풋은 콘텍스트를 나타내는 바이너리 벡터다. 컬렉션에서의 전체 용어 수가 n이면 인풋 벡터는 n개의 원소가 있고 각 원소는 해당 용어가 컨텍스트에 있으면 1, 없으면 0이다. 여기서는 한 단어 컨텍스트의 경우만 고려하므로 이 용어를 t_k라고 가정해보자. 인풋 벡터는 하나의 0이 아닌 원소 x_k만 갖는다.

$$x_i = \begin{cases} 1, & i = k \\ 0, & \text{이외의 경우} \end{cases} \tag{4.70}$$

인풋은 숨어 있는 단계의 단위를 사용해 m개의 중간 단계 결과로 변형된다. 이 변환은 선형이므로(각 중간 단계 결과 h_i는 인풋 x_i의 가중값 합계다) 가중값 행렬 $\mathbf{W}$로 정의된다.

$$\mathbf{W}_{n \times m} = \begin{bmatrix} - & \mathbf{w}_1 & - \\ & \vdots & \\ - & \mathbf{w}_n & - \end{bmatrix} \tag{4.71}$$

중간 단계 결과는 가중값 행렬과 인풋 벡터의 곱으로 표현될 수 있다. 가정에 따르면 인풋 벡터는 단 하나의 0이 아닌 원소만 있으므로 결과는 가중값 행렬의 해당 열과 같다.

$$\mathbf{h} = \mathbf{W}^\mathsf{T} \mathbf{x} = \mathbf{w}_k^\mathsf{T} \tag{4.72}$$

아웃풋 스코어는 선형 변환과 소프트맥스 함수의 조합에 의해 생성된다. 선형 부분은 숨어 있는 단계와 마찬가지로 가중값 행렬 $\mathbf{V}$에 의해 정의된다.

$$\mathbf{V}_{m \times n} = \begin{bmatrix} | & & | \\ \mathbf{v}_1 & \cdots & \mathbf{v}_n \\ | & & | \end{bmatrix} \tag{4.73}$$

이 행렬은 n개의 용어에 대해 스코어를 생성하기 위해 중간 단계 결과와 곱해진다.

$$s_i = \mathbf{v}_i^\mathsf{T} \mathbf{h}, \quad i = 1, \ldots, n \tag{4.74}$$

신호 s_i는 임의의 값이지만 여기서는 이를 컨텍스트 내에서 해당 용어의 예측된 확률로 간주하기로 한다. 즉 이는 컨텍스트가 예측된 용어에 대응하는 n개 클래스 중 하나에 할당되는 다단계 분류 문제를 푸는 것이 된다. 2장, '예측 모델링 리뷰'에서 다뤘듯이 임의의 값을 카테고리 확률에 매핑하는 일반적인 방법은 소프트맥스 함수이므로 최종 아웃풋은 다음과 같이 정의된다.

$$y_i = \Pr(t_i \mid t_k) = \frac{\exp(s_i)}{\sum_{j=1}^{n} \exp(s_j)} \tag{4.75}$$

앞에서 정의된 네트워크는 인공 뉴럴 네트워크에 대한 표준 트레이닝 기법을 이용하기 위해 훈련될 수 있다. 여기서 훈련 알고리즘에 대해 깊이 들어가지는 않겠지만 어떻게 Word2Vec 모델이 적합되는지에 대한 주요 단계를 간단히 리뷰하는 것이 좋겠다. 여기서 모델은 콘텍스트와 타깃 단어의 샘플 쌍을 취하고 컨텍스트에 대해 네트워크를 평가하고 타깃과 네트워크 아웃풋을 비교하고 행렬 W와 V에서의 가중값으로 수정함으로써 훈련된다. 여기서 주어진 반복에 대해 컨텍스트 t_k에 대한 실제로 관찰된 타깃 단어가 t_a라고 가정해보자. 최대 우도 법칙에 따르면 목적은 특정 컨텍스트에서 실제 용어의 예측 확률을 최대화하는 것이다(모든 컨텍스트에서 이 확률의 수학적 기댓값을 최대화해야 하므로).

$$\max \ \mathbb{E}_{t_k, t_a} \left[\Pr(t_a \mid t_k) \right] \tag{4.76}$$

이 확률의 최대화는 다음 손실 함수(식 (4.77))의 최소화와 같다.

$$J = -\log \ \Pr(t_a \mid t_k) \tag{4.77}$$

네트워크 아웃풋에 대한 정의(식 (4.75))를 손실 함수에 대한 정의(식 (4.77))에 대입하면 다음을 얻는다.

$$J = -\log \ y_a = -s_a + \log \sum_{j=1}^{n} \exp(s_j) \tag{4.78}$$

여기서 목표는 가중값 w와 v에 대한 손실 함수를 최소화하는 것이다. 이는 예측 오류에 기반을 둔 확률적 기울기 감소로, 가중값으로 업데이트함으로써 가능하다. 우리의 전략은 네트워크의 아웃풋 측면에서 시작해 관찰된 예측 오류에 기반을 둔 행렬 V에 대한 가중값 업데이트를 계산하는 것이다. 다음으로 한 층 뒤로 가서 행렬 W에 대한 가중값 업데이트를 계산한다. 이 접근은 오류의 후방 전파backward propagation of errors 또는 **후방 전파**backpropagation라고 한다. 각 레이어에서 가중값에 관한 손실 함수의 기울기를 계산해야 한다. 이는 점수에 대한 기울기를 계산한 후 그 결과를 가중값에 대한 기울기로 계산하는 데 사용한다. 따라서 아웃풋 레이어의 스코어에 대한 미분부터 시작하자.

$$
\begin{aligned}
\frac{\partial J}{\partial s_j} &= -\mathbb{I}(j = k) + \frac{\partial}{\partial s_j} \log \sum_{i=1}^{n} \exp(s_i) \\
&= -\mathbb{I}(j = k) + \frac{\exp(s_j)}{\sum_{i=1}^{n} \exp(s_i)} \\
&= y_j - \mathbb{I}(j = k) \\
&= e_j
\end{aligned}
\tag{4.79}
$$

여기서 $\mathbb{I}(j = k)$는 $j = k$이면 1이고 아니면 0인 인디케이터 함수다. 이 미분은 예측 오류이므로 e_j라고 표시하자. 아웃풋 레이어의 가중값에 대해 미분하면 가중값 최적화에 대한 기울기를 얻을 수 있다.

$$\frac{\partial J}{\partial v_{ij}} = \frac{\partial J}{\partial s_j} \cdot \frac{\partial s_j}{\partial v_{ij}} = e_j \cdot h_i \tag{4.80}$$

이 결과는 곱 $e_j \times h_i$가 양이면 가중값 v_{ij}를 감소시키고 음이면 증가시켜야 한다는 것을 의미한다. 가중값에 대한 확률적 기울기 감소는 식 (4.81)과 같다.

$$\mathbf{v}_j^{(new)} = \mathbf{v}_j^{(old)} - \lambda \cdot e_j \cdot \mathbf{h}, \quad j = 1, \ldots, n \tag{4.81}$$

여기서 λ는 학습 비율 모수다. 다음 단계는 숨어 있는 단계에 대해 프로세스를 반복하는 것이다. 먼저 중간 단계 결과에 대해 손실 함수의 미분을 취한다.

$$\frac{\partial J}{\partial h_i} = \sum_{j=1}^{n} \frac{\partial J}{\partial s_j} \cdot \frac{\partial s_j}{\partial h_i} = \sum_{j=1}^{n} e_j \cdot v_{ij} = \varepsilon_i \tag{4.82}$$

이 결과에서 ε_i는 예측 오류의 가중값 합계로 해석된다. 이 값은 m개의 숨어 있는 단위에 대해 계산되므로 예측 오류의 m차원 벡터는 식 (4.83)과 같다.

$$\varepsilon = [\varepsilon_1, \ldots, \varepsilon_m] \tag{4.83}$$

다음으로 숨어 있는 단계의 가중값에 대한 기울기를 계산한다.

$$\frac{\partial J}{\partial w_{ji}} = \frac{\partial J}{\partial h_i} \cdot \frac{\partial h_i}{\partial w_{ji}} = \varepsilon_i \cdot x_j \tag{4.84}$$

출력 단계의 가중값에 대한 식 (4.80), 식 (4.81)과 마찬가지로 식 (4.84)의 결과와 확률적 기울기 결과를 숨어 있는 단계의 가중값으로 계산하기 위해 사용한다. 식 (4.84)에서 x_k를 제외하고 모든 x_j 값은 0이라는 것을 이용하면 행렬 $\mathbf{W}$의 k번째 열만 업데이트하면 된다.

$$\mathbf{w}_k^{(new)} = \mathbf{w}_k^{(old)} - \lambda \cdot \varepsilon^{\mathsf{T}} \tag{4.85}$$

Word2Vec 모델은 컨텍스트와 타깃 단어의 훈련 쌍에 대해 식 (4.81)과 식 (4.85)를 반복적으로 적용함으로써 훈련될 수 있다. 이 프로세스는 식 (4.81)처럼 각 트레이닝 샘플의 모든 용어에 대해 가중값 벡터 v를 업데이트해야 하고 용어 수 n은 커질 수 있으므로 계산적으로 어렵게 된다. 이는 Word2Vec 모델의 실제적 구현에서는 계층적 소프트맥스와 네거티브 샘플링과 같은 최적화 기술을 적용해야 한다 [Mikolov 등, 2013b; Rong, 2014b].

이 결과는 복수의 단어를 갖고 있는 컨텍스트의 사례에 대해 보다 깔끔한 방법으로 일반화될 수 있다. q개 단어의 컨텍스트에 대한 인풋 벡터, 즉 q개의 0이 아닌 원소는 q개의 단일 단어 컨텍스트의 정규화된 합으로(즉 평균) 간주될 수 있다. 이는 그림 4.23에 나타나 있고 실제 네트워크 디자인은 변하지 않는다.

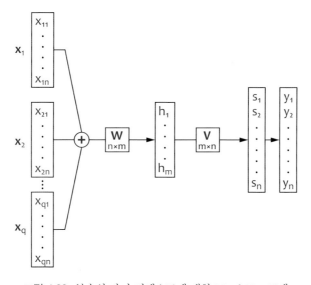

그림 4.23 복수의 단어 컨텍스트에 대한 Word2Vec 모델

숨어 있는 단계에 대한 방정식은 다음과 같이 변형될 수 있다.

$$\mathbf{h} = \frac{1}{q}\mathbf{W}^{\mathsf{T}}\left(\mathbf{x}_1 + \cdots + \mathbf{x}_q\right) = \frac{1}{q}\left(\mathbf{w}_{k_1} + \cdots + \mathbf{w}_{k_q}\right)^{\mathsf{T}} \tag{4.86}$$

손실 함수에 대한 방정식은 변함없지만 이는 다른 조건부 확률을 표현한다.

$$J = -\log \Pr\left(t_a \mid t_{k_1}, \ldots, t_{k_q}\right) = -s_a + \log \sum_{j=1}^{n} \exp\left(s_j\right) \qquad (4.87)$$

기울기 계산을 계속 실행하면 모든 방정식은 계속 유지되고 같은 쌍의 가중값 업데이트 식들이 생성된다.

$$\mathbf{v}_j^{(new)} = \mathbf{v}_j^{(old)} - \lambda \cdot e_j \cdot \mathbf{h}, \quad j = 1, \ldots, n \qquad (4.88)$$

$$\mathbf{w}_{k_j}^{(new)} = \mathbf{w}_{k_j}^{(old)} - \frac{\lambda}{q} \cdot \varepsilon^{\mathsf{T}}, \quad j = 1, \ldots, q \qquad (4.89)$$

유일한 차이는 컨텍스트 안에 복수의 용어가 있기 때문에 복수의 가중값 벡터 $\mathbf{w}$가 업데이트된다는 점이다.

예 4.5

네트워크가 훈련된 후에 컬렉션 안에서 n개의 용어는 각 쌍의 m차원 벡터 $\mathbf{w}$와 $\mathbf{v}$에 대응한다. Word2Vec 모델의 파워는 이 벡터들이 의미적 관계를 보존하는 단어들의 통찰력 있는 표현을 제공한다는 점이다. 각 샘플이 컨텍스트 단어와 타깃 단어의 쌍인 다음의 샘플에서 훈련된 Word2Vec 모델의 예를 살펴보자.

```
drink coffee        tea drink
drink juice         juice drink
drink tea           coffee drink
eat cake            pie coffee
eat pie             cookie juice
eat cookie          cake tea
pie tea             cake coffee
```

이 샘플에서 의미적 패턴을 발견하기 위해 8개의 숨어 있는 단위를 갖고 있는 네트워크를 사용하므로 각 용어는 모델이 훈련된 후에 2개의 8차원 벡터로 표현된다. 이 가중값 벡터를 시각화하려면 주요 요소 분석을 사용해 이들을 2차원 스페이스에 표현해야 한다. 예를 들어 숨어 있는 단계 w의 가중값 벡터는 그림 4.24와 같이 평면에 나타난다. 여기서 단어들은 사용 패턴과 의미에 따라 클러스터된다.

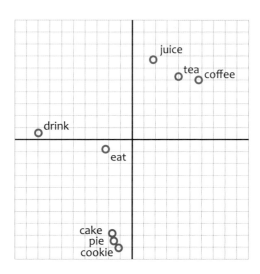

그림 4.24 Word2Vec 모델에서의 단어 클러스터링의 예

놀랍게도 텍스트의 대형 컬렉션에서 훈련된 Word2Vec 모델은 잠재 의미 스페이스에서 대수를 어느 정도 가능하게 한다. $\nu(\cdot)$는 Word2Vec 모델에 의해 생성된 단어의 벡터 표현을 의미하고 마이너스는 벡터 사이의 표준 원소의 차이를 의미하는 다음과 같은 예를 살펴보자.

$$\nu(\texttt{steak}) - \nu(\texttt{beef}) \approx \nu(\texttt{salad}) - \nu(\texttt{tomato})$$
$$\nu(\texttt{steak}) - \nu(\texttt{beef}) \approx \nu(\texttt{bread}) - \nu(\texttt{flour}) \qquad (4.90)$$
$$\nu(\texttt{france}) - \nu(\texttt{paris}) \approx \nu(\texttt{japan}) - \nu(\texttt{tokyo})$$

여기서 벡터의 차이는 처음 2개의 경우에 대해서는 요리의 의미를 발견하고 세 번째 경우에 대해서는 국가-수도의 의미를 발견한다는 것을 알 수 있다. 즉 beef와 steak 사이의 차이를 tomato에 더함으로써(즉 요리의 행위로 해석될 수 있는) salad를 얻어낸다. 이와 같은 의미적인 관계는 단어 비유라고 한다. 여기서 요리, 수도와 같은 각 개념은 의미 스페이스에서의 벡터이므로 스페이스 내에서의 한 방향은 요리, 다른 방향은 국가에서 수도와 같은 식으로 대응한다고 볼 수 있다.

상품 검색에서의 Word2Vec 기법의 응용 중 하나는 유의어의 사전 생성이다. 예를 들어 이는 취업 검색 엔진인 dice.com에서 직급명과 설명의 동의성으로 인한 어려움을 극복하기 위해 사용했다[Hughes, 2015]. 이 접근의 장점은 표준 구문론 검색 엔진에서 사용할 수 있는 유의어 사전이나 단어 클러스터를 생성할 수 있다는 것이다.

Word2Vec에 대한 토론을 LDA, pLSA,LSA와의 비교로 끝맺도록 하자. 중요한 차이점은 Word2Vec은 의미적 의존성을 학습하기 위해 로컬 컨텍스트를 사용하고 다른 토픽 모델링 기법은 전체적인 문헌 통계를 사용한다는 것이다. 두 방법 모두 장단점이 있다. 예를 들어 Word2Vec은 단어 비유를 보통 토픽 모델링보다 더 잘 잡아낸다[Pennington 등, 2014]. 반면 Word2Vec에 의해 생성된 벡터 표현은 희박하지 않고 음의 값을 갖고 있는 원소를 가질 수 있어서 확률처럼 해석할 수 있는 희박한 벡터를 생성하는 LDA에 비해 해석이 어려워질 수 있다. 이는 Word2Vec을 토픽 분석에 관련된 애플리케이션에 사용하는 것을 어렵게 한다.

4.6 상품을 위한 검색 기법

지금까지 상품 검색에 대해 상대적으로 일반적인 검색 기법과 그 응용들을 다뤘다. 상품 검색의 어려움은 표준적 기법의 튜닝 이상이고 이커머스와 같은 영역에서의 보다 전문화된 검색 기법을 요구한다. 이에는 몇 가지 이유가 있다 [Khludnev, 2013].

- 구조화된 개체. 많은 검색 기법은 하나 이상의 텍스트 필드를 갖고 있는 상대적으로 단순한 구조의 문헌을 위해 설계됐다. 상품 검색은 텍스트보다는 관계형 데이터베이스에 있는 기록들을 닮은 구조화된 문헌들을 다룬다. 예를 들어 전형적인 제품 아이템은 수백 개의 숫자와 카테고리의 특성이 있고 이에 해당하는 문헌은 다음처럼 될 수 있다.

  브랜드: 타미힐피거
  종류: 청바지
  색깔: 검정
  모양: 슈퍼 스키니

더욱이 종종 상품은 중첩된 개체로 그룹화되거나 카테고리 계층에 의해 구분된다. 예를 들어 소매업체는 식기 세트를 단일 상품으로 팔 수도 있지만 이 아이템 안에는 여러 제품이 들어 있고 각 제품은 색깔이나 크기별로 여러 변종이 있을 수 있다. 이는 검색 서비스가 단순 문헌으로 표현될 수 없는 중첩 또는 상호 관련된 개체들까지 포함해 작동해야 한다는 것을 의미한다.

- 상품의 다양성. 많은 검색 애플리케이션은 랭킹을 검색 결과의 정확도를 높이기 위해 활용한다. 불행히도 상품 검색에서는 랭킹의 파워와 응용 가능성이 제한적이다. 주된 이유 중 하나는 일반적인 스코어링과 신호 믹싱 기법에 의해 생성된 검색 결과는 매우 다양해 좋지 않은 사용자 경험을 만들게 된다는 것이다. 예를 들어 질의어 red dress는 dress, shoes, watch와 같이 그들의 속성에 이 두 용어를 담고 있는 다양한 제품과 매칭된다. 이전에 다룬 고급 신호 엔지니어링과 믹싱 기법은 검색 결과를 향상시키는 데 도움을 줄 수 있지만 이 문제에 대한 근본적인 해결책을 제공할 수는 없다. 또 다른 이유로는 $TF \times IDF$ 스코어링과 다른 인기 있는 스코어링 기법들은 수많은 카테고리 필드가 있는 구조화된 문헌에서는 잘 작동하지 않는다는 점을 들 수 있다. 이런 기법들은 자연어 텍스트를 위해 설계된 것이기 때문이다.

- 복합어와 다의어. 업계의 경험에 따르면 제품 검색의 품질은 복합어와 다의어의 처리 능력에 달려 있다. 상품 애플리케이션에서의 검색 질의는 Calvin Klein과 dress shoes와 같은 다단어 브랜드명과 개념들을 담고 있는데 이는 구절로는 검색 의도를 명확히 전달하지만 각 단어로 쪼개지면 잘못 해석될 수 있다. 더욱이 많은 브랜드명은 공통어를 담고 있어서 정확한 해석을 더욱 어렵게 만든다. 예를 들어 질의 pink sweater는 브랜드명 Pink Rose의 모든 제품에 대해 매칭될 수 있고 이와 반대로 질의 pink rose sweater는 질의 의도가 특정 브랜드를 찾는 것임에도 불구하고 pink 또는 rose 컬러를 갖고 있는 모든 제품에 대해 매칭될 수 있다.

앞에서의 관찰에 따르면 스코어링보다는 정확한 매칭, 속성 구조에 집중된 검색 기법이 개발돼야 한다. 즉 문헌을 스코어링돼야 하는 텍스트보다는 질의돼야 하는 데이터베이스 기록처럼 다루는 검색 기법을 고려해야 한다. 미국의 대형 소매업체인 메이시스Macy's는 자체 이커머스 검색 서비스를 위해 몇몇 검색 기법을 개발했다[Kamotsky and Vargas, 2014; Peter and Eugene, 2015]. 이 절의 나머지 부분에서 이 기법들을 다룬다.

4.6.1 결합 구절 검색

첫 번째 목표는 문헌이 복합어와 다의어들을 담고 있는 카테고리 필드들이 있는 경우의 검색 결과의 정확성을 향상시키는 것이다. 사용자로 하여금 구조화된 불린 질의를 사용하게 하는 것은 이 문제에 대한 훌륭한 해결책이 된다. 예를 들어 질의 pink rose sweater는 사용자가 명시적으로 필드와 복합 용어를 설명하면 훨씬 더 분명해진다.

```
Brand:[pink rose]  AND  type: [sweater]
```

이 접근 방법은 사용자에게 각 필드를 선택하는 편리한 인터페이스가 주어질 경우 상품 검색의 특정 애플리케이션에서 사용할 수 있다. 예를 들어 자동차 판매 사이트들은 사용자들이 필드 수준의 검색 결과를 선택할 수 있게 자동차 회사, 모델 및 다른 특징을 보여주는 드롭다운 리스트를 제공한다. 이는 자동차, 부동산과 같은 상대적으로 응집된 상품 구성을 갖고 있는 비즈니스에는 괜찮은 솔루션이 될 수 있지만 백화점과 같이 다양한 제품을 취급하는 경우에는 자유 텍스트 질의가 더 나을 것이다.

자유 텍스트 질의는 문헌 필드나 복합어의 경계가 없기 때문에 모호하다. 결합 구절 검색의 아이디어는 원래의 자유 텍스트 질의로부터 다른 조합의 필드와 용어의 여러 불린 질의를 생성하고 이런 인공적인 질의를 담은 문헌을 검색함으로써 불확실성을 줄이는 것이다. 질의 생성 알고리즘은 상대적으로 제한적인 검색 기준을 생성하도록 설계됐으므로 문헌은 질의와 잘 연결된다. 이는 다른 용어의 우연한 매칭이 아니라 문헌 속성이 질의 용어와 구절에 대해 매우 좋은 범위를 제공하기 때문에 문헌이 검색 결과에 포함될 확률을 높인다. 이 방법은 멀티필드 문헌에 관한 싱글링의 일반화로 간주될 수 있다.

결합 구절 검색의 첫 번째 단계는 질의를 하위 구절로 나누는 것이다. 사용자에 의해 입력된 질의가 n개 용어의 순서라고 가정해보자.

$$q = [t_1 \ t_2 \ \dots \ t_n] \tag{4.91}$$

여기서 질의 용어 사이에 $n - 1$개의 갭이 있으므로 하위 구절로 나눌 수 있는 2^{n-1} 개의 가능한 파티션들이 있고 여기서 어떤 갭에서 나눠질지의 여부를 독립적으로 선택한다. 예를 들어 3개 용어로 이뤄진 질의에는 4개의 가능한 파티션이 있다(하위 구절을 표현하기 위해 [ ]을 사용한다).

$$
\begin{array}{l}
[t_1\ t_2\ t_3] \\
[t_1]\ [t_2\ t_3] \\
[t_1\ t_2]\ [t_3] \\
[t_1]\ [t_2]\ [t_3]
\end{array}
\tag{4.92}
$$

두 번째 단계는 각 파티션에 대해 불린 질의를 생성하고 각 파티션 안의 하위 구절은 문헌 내의 필드 중 하나와 매칭돼야 한다. 특정 파티션에 대해 m개의 하위 구절 $s_1, \ldots, s_m$이 있고 문헌은 k개의 필드 $f_1, \ldots, f_k$가 있다면 불린 질의는 다음과 같다.

$$
\begin{aligned}
&(f_1 = s_1 \ \text{OR} \ f_2 = s_1 \ \text{OR} \ \ldots \ \text{OR} \ f_k = s_1) \\
\text{AND} \ &(f_1 = s_2 \ \text{OR} \ f_2 = s_2 \ \text{OR} \ \ldots \ \text{OR} \ f_k = s_2) \\
&\ldots \\
\text{AND} \ &(f_1 = s_m \ \text{OR} \ f_2 = s_m \ \text{OR} \ \ldots \ \text{OR} \ f_k = s_m)
\end{aligned}
\tag{4.93}
$$

여기서 하위 구절과 필드 값의 정확한 매치를 표현하기 위해 부호 ' = '를 사용했다. 양쪽은 정확히 같아야 하고 이를 위해 정규화, 불용어, 스테밍 등이 질의와 필드 모두를 사용한다. 질의 4.93은 각 하위 구절이 필드 중 하나와 정확하게 매치돼야 한다는 점에서 특정 파티션에 대해 문헌에 상당히 높은 범위를 제공한다.

마지막으로 모든 파티션에 대해 불린 질의가 수행되고 최종 검색 결과는 모든 불린 질의 검색 결과의 총합이다. 이는 모든 파티션 질의를 OR 연산자를 갖고 하나의 큰 불린 질의로 통합하는 것과 같다. 이 질의의 구조는 그림 4.25에서 시각화됐다. 파티션 생성 알고리즘은 질의에서 복합 용어를 인지하려고 하지 않고 기계적으로 이를 하위 구절로 나눈다. 즉 하위 구절은 복합 용어 경계와는 정확히 일치하지 않게 될 것이다. 예를 들어 질의어 blue calvin klein jeans는 하위 구절 blue calvin과 klein jeans로 나뉜다. 이 모든 파티션을 결합하면 이 중 적어도 일부의 스플릿은 복합 용어를 정확히 발견할 것이다.

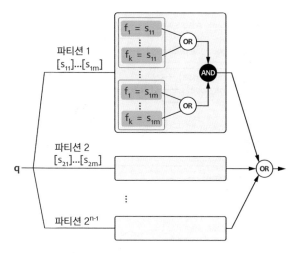

그림 4.25 결합 구절 검색 질의의 전체적 구조

예 4.6

결합 구절 검색의 논리를 예를 들어 설명한다. 질의 pink rose sweater는 다음의 네 가지 방법으로 파티션될 수 있다.

```
Partition 1: [pink rose sweaters]
Partition 2: [pink rose] [sweater]
Partition 3: [pink] [rose sweater]
Partition 4: [pink] [rose] [sweater]
```

카탈로그에 있는 제품은 브랜드, 제품 형태, 색깔의 세 가지 필드로 이뤄진 문헌으로 표현된다고 가정해보자. 결합 구절 검색의 질의는 이 필드들에 대해 조립되고 파티션은 그림 4.26에 나타나 있는 구조를 가질 것이다. 질의는 필드의 숫자와 질의 용어가 증가함에 따라 매우 커지고 계산적으로 복잡해질 수 있지만 특정 단순화를 채택하면 이를 완화할 수 있다. 예를 들어 너무 긴 하위 구절은 아마도 특별한 의미가 있는 복합 용어가 아닐 것이므로 파티션에서 하위 구절의 길이를 제한할 수 있다.

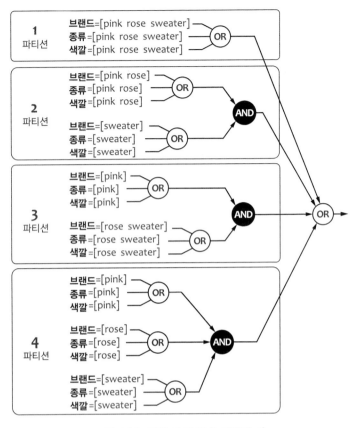

그림 4.26 결합 구절 검색 질의의 예

다음 문헌은 브랜드와 형태 필드가 두 번째 파티션에서 모든 하위 구절을 커버하기 때문에 결합 질의와 매칭된다.

```
Brand: pink rose
Type: sweater
Color: black
```

이와 동시에 이 질의는 브랜드명 rose가 나올 때까지 sweater 제품 종류와 pink에 대해 매칭되지 않는다. 더욱이 결합 구절 검색은 모든 용어가 커버돼야 하므로 질의의 길이가 길어짐에 따라 더욱 제한적이 된다. 이는 모든 용어 매치를 인정하고 질의가 길어짐에 따라 정확도가 감소하는 표준 벡터 스페이스 모델과는 다르다.

결합 구절 검색의 단점은 파티션의 숫자가 사용자 질의에서 용어의 숫자가 증가함에 따라 지수적으로 증가하고 불린 질의 결과에서의 진술의 수도 이와 마찬가지다. 실제로 불린 질의의 복잡성은 필드 종류에 기반을 둔 일부 진술을 제거함으로써 감소될 수 있다. 예를 들어 색깔 필드는 몇몇의 유효한 값만 가질 수 있으므로 color = [sweater] 또는 color = [pink rose]와 같은 필터는 의미가 없기 때문에 질의 생성기에 의해 제거될 수 있다.

결합 구절 검색은 하위 구절과 필드의 완벽한 질의 범위를 제공하는 문서를 찾는 기법으로 간주될 수 있다. 하지만 이 기법은 의미적인 검색과도 연결될 수 있다. 결합 구절 검색은 LSA나 Word2Vec처럼 의미적 관계를 명시적으로 발견하지는 못하지만 논리적 기념을 표현할 것 같은 복합 용어를 인지하고 매칭하도록 시도한다. 즉 이는 구문론적 검색 기초 요소로 의미 검색을 실현하려는 시도로 간주할 수 있다[Giunchiglia 등, 2009; Khludnev, 2013].

4.6.2 통제된 정확도 감소

결합 구절 검색은 검색 질의를 완전히 다루지 않은 모든 문헌을 제외함으로써 검색 결과의 높은 정밀도를 이룬다. 이는 검색 결과를 일관성 있게 하고 가능한 디스플레이 공간을 효과적으로 사용할 수 있게 해준다. 하지만 이는 단점도 있다. 가장 큰 단점 중 하나는 질의에 가능한 문헌으로 커버되지 않는 스펠링이 틀린 단어나 다른 불운한 용어의 조합이 들어가면 검색 결과에 아무것도 나오지 않게 된다는 것이다. 이는 사용자가 제품의 리스트가 아니라 빈 스크린을 보게 돼 컨버전 확률을 떨어뜨리므로 바람직하지 못한 현상이다.

이 문제는 기본적인 결합 구절 검색 알고리즘에 따라 검색 결과에 아무것도 나오지 않을 경우에 추가 액션을 행함으로써 해결될 수 있다. 예를 들어 정확한 필드 매칭이 필요한 결합 구절 검색을 먼저 실행하고 아무것도 나오지 않을 경우 부분적 필드 매치를 허용하는 벡터 스페이스 모델을 실행할 수 있다. 이 방법을 일반화시켜 점점 정밀도가 감소하는 일련의 검색 기법들을 적어도 한 문헌(또는 최소 숫자의 문헌)이 매치가 될 때까지 순차적으로 수행할 수 있다. 예를 들어 체인은 다음과 같은 구조를 가질 수 있다.

1. 정확한 매치. 정규화나 스테밍 없이 표준 결합 구절 검색으로 문헌을 검색한다.
2. 정규화, 스테밍, 스펠링 수정. 매치가 없으면 필드와 질의 용어에 정규화와 스테밍을 적용하고 결합 구절 검색을 수행한다. 질의어에 스펠링 수정을 적용할 수도 있다.
3. 싱글링. 매치가 없으면 정확한 매치 대신 싱글링을 사용해 검색한다.
4. 부분 매치. 그래도 매치가 없으면 문헌이 전체 적용 범위가 아니라 부분적인 적용 범위만 제공해도 되도록 검색에서 한두 단어를 빼고 검색을 시도한다.

어떤 검색도 프로세스를 종료시키고 발견된 검색 결과를 보여줄 수 있다. 예를 들어 스펠링이 틀린 질의 abibas sneakers는 결합 구절 검색이 수행됐을 경우 아무런 문헌도 보여주지 않지만 수정된 질의 Adidas sneakers는 검색 조건의 완화를 멈출 수 있을 정도의 충분한 문헌을 매치시켜줄 것이다. 통제된 정확도 감소라 불리는 이 기법은 결합 구절 검색의 정확성과 아무것도 나타나지 않는 검색 결과와 사용자 불만으로 인한 위험 사이의 균형을 조절할 수 있게 해준다.

4.6.3 중첩 개체와 동적 그룹화

상품 측면에서 검색의 문제는 디스플레이 공간의 효율적인 활용의 문제로도 볼 수 있다. 사용자의 검색 의도에 맞는 적합한 제품을 보여주는 것도 중요하지만 사용자는 한정된 양의 검색 결과만 볼 수 있다는 점에서 가능한 상품 구성을 최선의 방법으로 보여주는 것도 중요하다. 제품 카탈로그는 사용자에게 중복으로 인식될 수 있는 관련 제품들을 담고 있기 때문에 디스플레이 스페이스의 효율적인 활용은 상품 검색에서 어려운 문제다. 예를 들어 사용자와 관련돼 있지만 서로 다른 드레스를 보여주는 것과 같은 드레스의 다른 색깔 및 크기를 보여주는 것보다 합리적이다.

중복된 제품과 디스플레이 공간의 비효율적인 사용 문제는 제품 카탈로그의 제품들 간의 계층적인 관계 때문에 일어난다. 이 관계의 본질과 구조는 비즈니스 영역에 따라 많이 좌우된다. 다음과 같은 제품 계층은 백화점에서 종종 발견된다.

- 제품의 가장 작은 단위는 재고 보유 단위stock keeping unit, SKU라는 제품 변종이다. 제품 변종의 예는 리바이스 511 Jean의 흰색과 크기 30W × 32L이다. 같은 변종의 모든 제품 사양은 동일하다.
- 제품은 하나 이상의 제품 변종을 포함하는 논리적 개체다. 예를 들어 리바이스 511은 다른 크기와 색깔의 변종을 포함하는 제품이다. 제품은 보통 가격이 있고 모든 변종은 동일한 가격이 매겨져 있다.
- 복수의 제품은 **제품 컬렉션**으로 묶여질 수 있다. 컬렉션은 전체로 판매될 수도 있고 컬렉션 안의 각 아이템별로 판매될 수도 있다. 예를 들어 접시, 국그릇, 머그컵이 들어 있는 디너 식기 세트는 세트로 팔릴 수도 있고 각 아이템별로 팔릴 수도 있다.

지금까지 다룬 검색 기법들은 카탈로그 아이템이 단순 문헌으로 모델링돼 있어서 제품군, 제품, 제품 변종들의 계층적 구조를 문헌의 컬렉션으로 매핑해야 한다는 것을 가정했다. 가능한 한 가지 방법은 각 제품 변종을 다른 문헌으로 모델링해 검색 결과 리스트의 각 아이템의 한 제품 변종에 대응하도록 하는 것이다. 이 방법은 보통 유효하고 실제로도 많이 사용되지만 중복 이슈와 디스플레이 공간의 비효율적인 사용이라는 약점이 있다. 그림 4.27에서 이 문제를 보여준다. 변종 수준의 문헌 모델링은 상품 구성을 보여주는 데는 더 나은 제품 레벨 모델링에 비해 형식적으로는 적합하지만 상품 측면에서는 효율적이지 않다.

제품 레벨 문헌 모델링은 중복 문제를 해결하는 데는 도움이 되지만 또 다른 문제가 있다. 제품 레벨 모델링의 간단한 방법은 각 제품을 하나의 문헌으로 표현하는 것이다. 이는 모든 제품 속성과 제품 변종 속성을 필드의 리스트로 합칠 것을 요구한다. 즉 제품은 이것의 변종의 모든 속성을 승계해야 한다는 것이다. 예를 들어 한 제품에 속한 여행 가방의 두 변종을 살펴보자.

브랜드: Samsonite
제품명: Carry-on Hardside Suitcase
색깔: red
크기: small

브랜드: Samsonite
제품명: Carry-on Hardside Suitcase
색깔: black
크기: large

이 2개의 변종은 다음과 같은 구조를 갖고 있는 하나의 제품 레벨 문헌으로 통합될 수 있다.

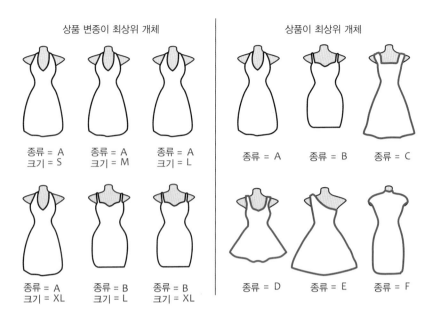

종류 = A
크기 = S

종류 = A
크기 = M

종류 = A
크기 = L

종류 = A

종류 = B

종류 = C

종류 = A
크기 = XL

종류 = B
크기 = L

종류 = B
크기 = XL

종류 = D

종류 = E

종류 = F

그림 4.27 질의 evening dresses에 대한 검색 결과의 예와 데이터 모델링에 대한 다른 접근들

브랜드: Samsonite
제품명: Carry-on Hardside Suitcase
색깔: red black
크기: small large

이 결과는 red suitcase, small suitcase 등과 같은 질의에 잘 작동하기 때문에 괜찮아 보인다. 이 접근의 문제는 중첩된 개체에 대한 구조적 정보를 잃어버리기 때문에 정확한 속성 결합과 부정확한 것을 구별할 수 없게 만든다는 것이다. 위 문헌은 질의 small red suitcase에 대해서는 하나의 변종이 small and red이기 때문에 잘 작동한다. 하지만 이와 같은 문헌은 실제로 없는 변종인 small black suitcase에 대해서도 똑같이 잘 작동한다. 이는 small인 동시에 black인 변종이 없기 때문에 사용자의 검색 의도에 적합하지 않게 된다. 이는 구현 측면에서 매우 어려운 문제다. 왜냐하면 이는 단순 문헌 구조로 해결될 수 없고 검색 엔진이 중첩 개체를 지원하게 하거나 검색 엔진을 변종 수준 문헌에서 작동하게 하고 검색 결과를 변종에서 제품 단위로 묶어 보여줘야 한다. 제품 필터링이 정확히 구현됐다면 제품 레벨 검

색 결과는 검색 서비스의 상품 효율을 매우 높여줄 것이다.

제품 변종을 제품으로 통합시키면 유익해진다는 것을 알았으므로 다음 단계에서는 제품을 제품 컬렉션으로 통합하는 것에 대해 알아본다. 사용자는 다른 검색 의도를 갖고 제품 또는 제품 컬렉션을 검색할 수 있기 때문에 이는 좀 더 복잡하다. 예를 들어 dinnerware로 검색하는 사용자는 아마도 컬렉션을 기대할 것이고 cup으로 검색하는 사용자는 아마도 제품을 기대할 것이다. 이는 질의 및 매칭된 결과에 따라 그룹화에 대한 결정을 동적으로 내려야 한다는 것을 의미한다. 이 문제는 검색 결과의 구조와 매칭된 결과를 분석하고 그룹화를 결정하기 위해 휴리스틱 상품 규칙을 도입함으로써 해결될 수 있다. 예를 들어 컬렉션이 일반적으로 질의와 일치하는, 즉 컬렉션 안의 거의 모든 제품과 컬렉션 레벨 속성이 질의와 매칭될 때 각 제품을 컬렉션으로 바꿀 수 있다. 그림 4.28의 예를 살펴보자. 질의 white cup

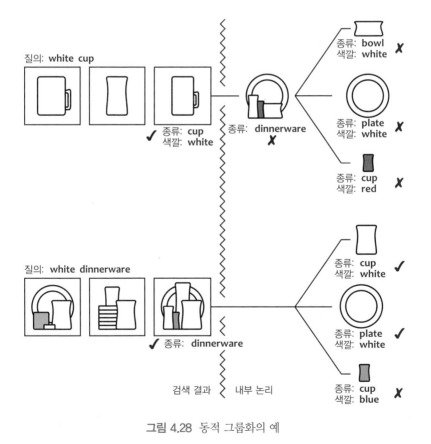

그림 4.28 동적 그룹화의 예

은 개별 제품 또는 white cup만을 포함하는 컬렉션과 매칭될 수 있지만 접시, 국 그릇, 다른 색깔의 컵이 들어 있는 dinnerware와는 매칭되지 않는다. 즉 여기서 는 개별 제품을 담고 있는 검색 결과를 사용자에게 보여준다. 반면 질의어 white dinnerware는 다른 검색 결과를 생성할 것이다. 질의어 white에 매칭되고 컬렉션 레벨에서 용어 dinnerware에 관련된 많은 흰색 아이템으로 구성된 dinnerware 세 트를 보게 될 것이다. 이런 dinnerware들은 일반적으로 질의와 일치하므로 이를 개별 제품이 아니라 컬렉션으로써 검색 결과에 포함시킬 수 있다.

4.7 적합성 튜닝

지금까지 다양한 종류의 적합성 튜닝과 상품 수정에 다양한 종류의 통제를 제공하 는 매칭, 랭킹, 신호 믹싱 기법들을 다뤘다. 이런 모든 통제들을 조화롭게 운영되 게 하기 위해 미세 조정하는 것은 방법론과 최적화 기법들의 개발이 필요한 어려 운 작업이다. 지금까지 정밀도 재현율, 할인 누적 이득 등과 같은 검색 품질 지표 를 통해 이를 다뤄봤다. 다음 단계는 이런 지표들을 최적화의 목표로 삼는 적합성 튜닝 기법들을 개발하는 것이다.

표준 적합성 지표는 단일 검색 결과 또는 여러 질의에 대한 평균 검색 결과의 품질 을 평가하기 위해 사용할 수 있다. 최적화의 목표는 검색 서비스의 경제적인 성능 을 최대화하는 것이므로 전체 서비스 이익에 최대로 공헌하는 질의들에 대한 적합 성 지표를 최대화해야 한다. 즉 검색 서비스의 경제적인 성능은 각 검색 질의로부 터의 공헌의 합으로 표현할 수 있다.

$$\text{Revenue} = \sum_{q \in Q} R(q) \cdot m(q) \tag{4.94}$$

여기서 q는 질의, Q는 가능한 질의들의 집합, $R(q)$는 질의 q에 해당하는 컨버전 의 평균 매출, $m(q)$는 컨버전 비율에 비례하는 검색 결과의 품질 지표다. 실제로 모든 가능한 질의들을 최적화할 수는 없지만 과거 기록에 기반을 두고 가장 인기 있고 최대 수입을 창출하는 질의들을 골라 최적화에 적용할 수 있다. 적합성 최적 화 프로세스는 이 질의들에 대한 계속적인 리뷰와 평균 성능의 향상으로 구성할 수 있다. 이 프로세스는 다음과 같은 단계로 이뤄진다.

1. 서비스 사용 통계는 서비스 성능에 대해 가장 큰 공헌도를 갖고 있는 질의들을 결정하기 위해 수집되고 분석된다. 이를 벤치마크 질의라고 한다.
2. 적합성 지표는 검색 서비스의 전체적 성능을 측정하기 위해 벤치마크 질의들에 대해 계산된다.
3. 각 벤치마크 질의들에 대한 검색 결과는 수동으로 분석되고 검색 알고리즘은 적합성 지표를 향상시키기 위해 수정된다.
4. 새로운 스코어링 환경 설정은 일부의 실제 사용자들에 의해 테스트된 후 영구적으로 적용된다.

위의 프로세스는 스코어링 알고리즘의 변화에 대한 사용자의 피드백을 받고 벤치마킹 질의를 최신으로 유지하기 위해 계속 반복될 수 있다. 적합성 지표 계산과 검색 알고리즘 튜닝은 프로그램 파이프라인의 병목으로 간주될 수 있다. 왜냐하면 두 단계 모두 적합성을 판단하고 스코어링 식을 수정하기 위해 상당한 양의 사람의 개입이 필요하기 때문이다. 여기서 검색 서비스의 사용자 행동과 상호 작용을 분석함으로써 자동으로 스코어링 식을 튜닝하고 검색 결과의 적합성을 평가하는 기법들을 개발함으로써 이 문제들의 해결을 시도할 수 있다. 다음 절들에서 이 두 주제를 다룬다.

4.7.1 랭킹 생성 학습

검색 서비스의 주요 목적은 질의와 컨텍스트에 대한 적합성에 따라 문헌을 정렬하는 것이다. 이 문제는 분류나 회귀 문제와 밀접하게 관련돼 있다. 특정 질의가 주어지지만 문헌의 적합성 등급이나 순위를 예측해야 한다. 검색 결과 리스트는 예측된 등급에 따라 모든 문헌을 정렬해 작성된다. 랭킹 생성 학습Learning to rank이라는 문제는 정보 검색 분야의 학계와 야후나 마이크로소프트와 같은 검색 업체들에 의해 깊이 연구돼왔다. 그 결과 수많은 연구 논문과 산업적 사용 리포트가 나왔고 랭킹 생성 학습 기법들의 비교와 평가를 위한 테스트 데이터들이 존재한다. 랭킹 생성 학습 기법의 알고리즘들은 매우 다양하지만 대부분은 랭킹 생성 학습에 대한 공통의 프레임워크라고 볼 수 있는 비슷한 특징 엔지니어링 기법과 목적 함수들을 사용한다. 야후에 의해 2010년에 만들어진 랭킹 생성 학습 챌린지와 같은 몇몇 벤치마크들은 기본적인 랭킹 생성 학습과 비교한 가장 복잡한 랭킹 생성 학습 기법들의 장점들도 실제 데이터에 적용했을 때 상당한 한계가 있다는 것을 보여줬다 [Chapelle and Chang, 2011]. 이를 고려해볼 때 여기서는 랭킹 생성 학습에 관한 공통적인 프레임워크와 한 가지 특정 알고리즘을 예로 다룬다. 랭킹 생성 학습 알고리즘의 상세 카탈로그는 [Liu, 2009]에서 찾아볼 수 있다.

랭킹 생성 학습 문제는 다음과 같이 정의할 수 있다. 각 샘플은 검색 질의와 해당 검색 결과 리스트의 쌍으로 이뤄지는 Q개의 샘플을 갖고 있는 훈련 데이터 세트가 있다. 질의 q에 대한 검색 결과는 m_q 문헌, 리스트의 각 문헌 d는 적합도 $y_{q,d}$를 갖고 있다. 여기서 y는 k개 값 중 하나를 갖고 있는 카테고리 변수라고 가정한다. 예를 들어 적합도 등급은 5개의 값(1-완벽, 2-훌륭함, 3-좋음, 4-그저 그림, 5-나쁨)을 가질 수 있다. 질의 q와 문헌 d를 특징 벡터 $x_{q,d}$로 변환하는 함수로 정의했다면 훈련 데이터는 특징 벡터와 이에 해당하는 훈련 데이터 레이블로 자연스럽게 표현될 수 있다.

$$
\begin{aligned}
(x_{q,d}, \, y_{q,d}), \quad & q = 1, \ldots, Q \\
& d = 1, \ldots, m_q
\end{aligned}
\tag{4.95}
$$

실제로는 기존 검색 기법으로 각 질의의 검색 결과를 가져온 후 전문가적 판단에 의해 적합도를 결정함으로써 훈련 데이터를 만들 수 있다. 목표는 질의와 문헌으로 이뤄진 인풋으로부터 등급 y를 예측하는 랭킹 모델을 학습하는 것이다.

랭킹 생성 학습은 다른 감독학습 문제와 마찬가지로 특징 엔지니어링으로부터 시작한다. 이미 언급했듯이 적합성 등급은 특정 질의의 컨텍스트 안에 있는 문헌에 대한 예측이므로 특징 벡터는 문헌과 질의 모두에 의존한다. 보통 실무에서는 다음과 같은 특징들을 많이 사용한다[Chapelle and Chang, 2011; Liu and Qin, 2010].

문헌 특징 이 형태의 특징들은 문헌에 대한 다음과 같은 통계와 속성들을 담고 있다.

- 용어 수와 같은 기본적인 문헌 통계. 이 통계들은 여러 특징 그룹을 생성하기 위해 각 필드와 전체 문헌에 대해 독립적으로 계산될 수 있다.
- 제품 종류, 가격 카테고리 등과 같은 제품 구분 레이블
- 동적인 속성과 웹 통계. 이런 특징들의 예는 제품 판매량, 사용자 리뷰,

참신성 등이 있다.

- 랭킹 생성 학습의 웹 검색 구현은 웹 페이지에 대한 인바운드/아웃바운드 링크의 수와 같은 웹 그래프와 사용자 관련 특징들을 포함하고 있다. 제품 검색에서는 응용이 제한적이지만 가능한 경우는 유효한 후보가 될 수 있다.

질의 특징 이 특징들은 질의와 관련된 다양한 통계를 포함하고 있다. 이 그룹은 문헌 특징과 마찬가지로 몇몇 하위 카테고리를 갖는다.

- 질의어의 수와 같은 기본적인 질의 통계
- 질의의 빈도와 클릭 비율과 같은 질의 사용 통계
- 질의와 관련된 검색 결과로부터 파생되는 속성. 예를 들어 질의는 '가구'와 같은 주제와 연결될 수 있다(대부분의 검색 결과가 이 주제에 속하는 경우).

문헌–질의 특징 질의와 문헌 모두에 의존하는 특징. 이는 가장 중요한 특징이고 다음과 같은 그룹들을 포함하고 있다.

- 질의와 문헌에 공통적으로 등장하는 용어들에 대해 다양한 통계가 계산된다. 예를 들어 용어 빈도에 대한 합이나 분산이 될 수도 있고 공통 용어에 대한 역의 문헌 빈도가 될 수도 있다. 이런 지표들은 전체 문헌뿐 아니라 각 문헌 필드별로도 계산된다.
- 공통된 용어의 숫자와 $TF \times IDF$와 같은 표준 텍스트 매칭과 유사성 지표
- 사용자 피드백에 관련된 통계. 이는 클릭할 확률(특정 질의를 입력한 모든 사용자 중 특정 문헌을 클릭한 사용자의 비율), 최종 클릭 확률(특정 문헌에서 검색을 끝낸 사용자의 비율), 스킵 확률(특정 문헌에서 그 아래의 문헌을 클릭한 사용자의 비율) 등과 같은 다른 인터액션 확률을 포함하고 있다.

특징 벡터의 구조는 그림 4.29에 나타나 있다. 실제 애플리케이션에서의 전체 특징의 수는 수백 개에 달할 수 있다.

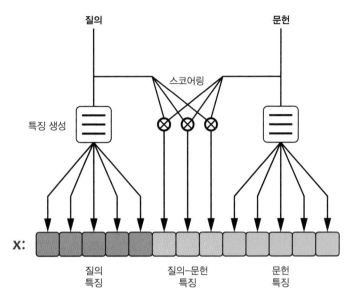

그림 4.29 랭킹 생성 학습을 위한 특징 엔지니어링

랭킹 모델을 만드는 다음 단계는 모델 훈련을 목적으로 사용하는 손실 함수를 정의하는 것이다. 랭킹 생성 학습은 분류와 회귀 문제와 밀접하게 관련돼 있지만 손실 함수를 정하는 것은 중요한 문제다. 왜냐하면 표준 분류나 회귀 오류와는 다른 결과에서의 문헌의 상대적 순서를 다루기 때문이다. 한 가지 방법은 손실 함수를 할인 누적 이득discounted cumulative gain, DCG와 같은 상대적인 지표로 정의하는 것이다. 불행하게도 DCG는 비컨벡스non-convex이고 비스무드non-smooth 함수이므로 기울기 접근에 기반을 둔 감독학습 알고리즘에는 잘 맞지 않을 수 있다. DCG는 랭킹 생성 학습 알고리즘의 최종 품질을 평가하기 위해 사용하지만 대부분의 기법은 훈련을 위해 다른 손실 함수를 사용한다. 이 함수들은 보통 다음 세 가지 카테고리 중 하나가 된다.

포인트와이즈 포인트와이즈Pointwise 접근은 각 문헌에 대해 독립적으로 적합성 등급을 예측해 랭킹을 표준 회귀나 분류 문제로 변형한다. 즉 손실 함수 L_0는 각 등급의 예측 오류의 합으로 정의된다.

$$L_0 = \sum_{q,d} L\left(f\left(\mathbf{x}_{q,d}\right), y_{q,d}\right) \tag{4.96}$$

여기서 $f(\mathbf{x}_{q,d})$는 예측된 적합성 등급, $L(\cdot)$은 분류 또는 회귀 손실이다. 예를 들어 분류 손실은 예측이 맞으면 0, 틀리면 1인 인디케이터 함수에 의해 정의된다.

$$L(f(\mathbf{x}_{q,d}), y_{q,d}) = \mathbb{I}(f(\mathbf{x}_{q,d}) \neq y_{q,d}) \qquad (4.97)$$

분류 손실은 비컨벡스이고 비스무드이므로 다른 함수로 근사해야 한다. 이 절의 후반부에서 랭킹 생성 학습 알고리즘과 연결해 가능한 옵션들을 다룬다. 다른 대안은 다음과 같이 정의되는 회귀 손실이다.

$$L(f(\mathbf{x}_{q,d}), y_{q,d}) = (y_{q,d} - f(\mathbf{x}_{q,d}))^2 \qquad (4.98)$$

DCG 오류는 분류 및 회귀 손실에 의해 상한이 형성되고 손실 함수의 최소화는 DCG의 최적화를 도와준다[Cossock and Zhang, 2006; Li 등, 2007]. 하지만 포인트와이즈 접근은 손실 함수의 선택과 관계 없이 큰 단점이 있다. 문제는 우리가 검색 결과 리스트의 순서에 관심이 있을 뿐, 각 등급의 양적 또는 질적 예측에 관심이 있는 것이 아니라는 것이다. 예를 들어 포인트와이즈 접근은 적합성 등급이 (2, 3, 4, 5)로 예측되더라도 (1, 2, 3, 4)로 분류됐을 때 이를 인지하지 못한다. 즉 아이템의 상대적 순서를 결정하기 위해 손실 함수에 대한 다른 견해를 취할 필요가 있다.

포인트와이즈 기법은 McRank[Li 등, 2007]와 Prank[Crammer and Singer, 2001]를 비롯한 여러 랭킹 알고리즘에서 사용한다.

페어와이즈 페어와이즈^{Pariwise} 기법은 부정확하게 예측된 적합성 등급을 처벌하는 것이 아니라 역순으로 정렬된 문헌의 쌍들을 처벌함으로써 포인트와이즈 기법의 단점을 보완한다. 즉 전체적인 손실 함수는 다른 등급을 갖고 있는 검색 결과 리스트 내의 모든 문헌의 쌍에 대한 페어와이즈 손실 함수의 합으로 정의된다.

$$L_0 = \sum_q \sum_{i,j:y_{q,i}>y_{q,j}}^{m_q} L(f(\mathbf{x}_{q,i}), f(\mathbf{x}_{q,j})) \qquad (4.99)$$

페어와이즈 손실 함수는 예측된 등급 사이의 차이에 기반을 두고 정의되므로 역순으로 정렬된 문헌은 손실에 공헌한다. 예를 들어 손실 함수는 지수적 손실로 정의할 수 있다.

$$L\left(f\left(\mathbf{x}_{q,i}\right),f\left(\mathbf{x}_{q,j}\right)\right) = \exp\left(f\left(\mathbf{x}_{q,j}\right) - f\left(\mathbf{x}_{q,i}\right)\right) \tag{4.100}$$

페어와이즈 접근은 분류 문제로 간주될 수 있지만 포인트와이즈 분류와는 달리, 문헌의 쌍을 분류한다(첫 번째 문헌이 두 번째 문헌보다 더 적합한 쌍과 두 번째 문헌이 첫 번째 문헌보다 더 적합한 쌍으로 분류).

페어와이즈랭킹 알고리즘의 예는 RankNet[burges 등, 2005]와 RankBoost[freund 등, 2003] 및 RankSVM[herbrich 등, 2000]이 있다.

리스트와이즈 리스트와이즈Listwise 접근에서 손실 함수는 검색 결과 리스트 전체에 기반을 두고 정의된다. 즉 리스트와이즈 접근 방식은 포인트와이즈나 페어와이즈에서 사용했던 개별 문헌이나 문헌의 쌍 대신 문헌 리스트를 학습의 대상으로 사용한다. 손실 함수는 예측된 적합 등급과 실제 등급의 쌍의 리스트로 이뤄진 매우 일반적인 형태를 갖는다.

$$L_0 = \sum_q L\left(\left(f\left(\mathbf{x}_{q,1}\right),y_{q,1}\right),\ldots,\left(f\left(\mathbf{x}_{q,m_q}\right),y_{q,m_q}\right)\right) \tag{4.101}$$

내부 손실 함수 L은 DCG나 이것의 근사와도 같은 적합도 지표로 정의할 수 있다. 리스트와이즈 랭킹 기법은 AdaRank[Xu and Li, 2007]와 ListRank[Cao 등, 2007]를 포함하고 있다.

지금까지 어떻게 훈련 데이터를 준비하는지와 손실 함수에 대한 가능한 옵션을 다뤘다. 마지막 단계는 예측 모델을 선택하고 예측 손실을 최소화하도록 훈련시키는 것이다. 랭킹 생성 학습은 분류와 밀접한 관련이 있으므로 많은 표준 감독학습 기법은 랭킹에 적용할 수 있다. 특히 야후와 마이크로소프트에서의 산업적 경험은 의사 결정 트리, 뉴럴 네트워크와 이것들의 앙상블이 효과적이라는 것을 보여줬다[Chapelle and Chang, 2011; Burges, 2010]. 적합도 등급을 예측하기 위해 부양 의사 결정 트리를 사용하는 맥랭크McRank 알고리즘을 소개하면서 이 절을 마무리한다[Li 등, 2007].

맥랭크는 랭킹 문제를 복수의 분류 문제로 변형하는 포인트와이즈 랭킹 생성 학습 알고리즘이다. 이전에 얘기했듯이 적합성 등급은 K개의 등급을 갖고 있는 카테고리 변수다.

$$y_{q,d} \in \{ 1, 2, \ldots, K \} \tag{4.102}$$

여기서 목표는 특징 벡터에 기반을 두기 위해 각 클래스의 확률을 추정하는 분류 모델을 만드는 것이다.

$$p_{q,d,k} = \Pr\left(y_{q,d} = k \mid x_{q,d}\right), \quad k = 1, \ldots, K \tag{4.103}$$

이 확률들이 추정되면 맥랭크 알고리즘은 기대 적합성에 따라 문헌들을 정렬한다.

$$r_{q,d} = \sum_{k=1}^{K} k \cdot p_{q,d,k} \tag{4.104}$$

맥랭크에 의해 생성된 분류 모델은 기울기 부양 의사 결정 트리 모델을 사용한다. 이는 기울기 모델이므로 스무드 손실 함수가 필요하다. 맥랭크는 손실 함수로서 식 (4.97)에 기술한 분류 오류의 스무드 버전을 사용한다.

$$\sum_{q,d} \sum_{k=1}^{K} - \log\left(p_{q,d,k}\right) \mathbb{I}\left(y_{q,d} = k\right) \tag{4.105}$$

맥랭크는 손실 함수(식 (4.105))를 최소화하는 의사 결정 트리의 앙상블을 반복적으로 생성하는 기울기 부양 의사 결정트리 알고리즘을 사용한다. 그 결과는 식 (4.103)에서 기술한 확률을 추정하는 모델이고 이는 검색 결과 리스트에서 문헌을 정렬하는 데 사용한다.

4.7.2 암묵적 피드백으로부터의 랭킹 생성 학습

랭킹 생성 학습은 수동 신호 믹싱을 피하거나 단순화하는 데 도움을 주는 강력한 자동 적합성 튜닝 기능을 제공한다. 이런 기능은 프로그램 기반 시스템에 필수적이다. 하지만 랭킹 생성 학습은 모델 훈련에 사용하는 적합성 등급을 매길 때 전문가의 판단에 의존한다. 이 단계는 종종 많은 노력이 필요하고 시스템이 스스로 튜닝할 수 있는 능력을 제한한다. 검색 결과에 대한 사용자 인터액션에 기반을 두고 적합성 등급을 자동으로 추론하면 이 문제를 해결할 수 있다. 예를 들어 아무도 클릭하지 않는 검색 결과는 적합하지 않다. 이런 정보를 활용하는 방법은 이전 절에서 다룬 것처럼 특징 벡터로 변환하는 것이다. 여기서 한 걸음 더 나아가 이런 묵시적인 피드백으로부터 적합성 등급을 학습하는 기법을 개발할 수 있다.

사용자들은 적합한 검색 결과를 클릭하고 적합하지 않은 결과는 넘어가는 것은 명백하지만 사용자의 행동은 좀 더 복잡한 적합성 관계를 보여줄 수 있다. 예를 들어 사용자는 검색 질의를 입력하고 결과를 훑어보고 그중 일부를 클릭하고 검색어를 수정하고 새로운 검색 결과를 클릭한다. 이런 시나리오에서의 모든 질의와 문헌은 단일 검색 의도와 관련이 있으므로 적합도 관계는 단일 검색 결과와 질의들 사이에서 모두 성립될 수 있다. 이 절에서는 몇몇 휴리스틱 규칙을 사용해 이런 관계들을 발견하는 피드백 모델을 고려한다[Radlinski and Joachims, 2005]. 이 모델은 학문적 연구로부터 유래했지만 암묵적 피드백으로부터 학습하는, 이와 비슷한 방법은 야후에서도 개발됐다[Zhang 등, 2015].

우리가 고려해야 할 모델 중에는 두 그룹의 적합성 피드백 규칙이 있다. 첫 번째 그룹에는 그림 4.30에 나타나 있듯이 단일 검색 질의의 범위에서 적용되는 두 가지 규칙이 있다. 첫 번째 규칙은 사용사가 질의에 대한 검색 결과 내의 문헌들 중 특정 문헌을 클릭하면 이 문헌은 이 질의에 대해 이 문헌 위에 있는 다른 모든 문헌보다 적합하다는 것이다. 이는 사용자가 검색 결과를 위에서부터 아래로 읽는다고 가정한다. 시선 연구 등을 통해 경험적으로 발견된 두 번째 규칙은 사용자가 행동을 취하기 전에 적어도 위에서 2개의 검색 결과를 고려한다는 것이다. 즉 사용자가 첫 번째 문헌을 클릭했다면 이는 두 번째보다 적합하다는 것을 의미한다(특정 질의에 대해).

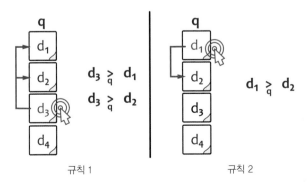

그림 4.30 하나의 검색 결과 리스트 안의 문헌에 대한 암시적 피드백 규칙

두 번째 그룹은 단일 검색 의도의 다른 형성을 나타내는 질의 순서를 의미하는 질의 체인에 응용된다. 이는 먼저 같은 체인에 속하는 질의를 발견할 것을 요구한다. 이 문제는 사용자가 하나의 검색 의도를 갖고 복수의 질의를 할 수 있을 뿐 아니라 다른 제품에 대해 복수의 관계 없는 질의를 할 수 있기 때문에 사소한 문제가 아니다. 여기서 고려하는 암묵적 피드백 모델은 한 쌍의 질의가 같은 체인에 속하는지의 여부를 예측하는 추가 분류기를 생성함으로써 이 문제에 접근한다. 이 모델은 수동으로 분류된 질의의 쌍을 갖고 훈련되고 질의 사이의 시간, 공통된 용어 수, 해당 결과 리스트에서 공통된 문헌의 수와 같은 특징을 사용한다. 일단 질의들이 질의 체인으로 묶이면 검색 결과 리스트의 쌍에 적용할 수 있는 네 가지 추가 적합성 규칙들을 도입할 수 있다. 이 모든 규칙은 체인이 같은 검색 의도를 나타내고 그 경우 동일하다고 간주될 수 있다는 가정에 기반을 둔다.

이 그룹에서의 처음 2개 규칙은 그림 4.31에 나타나 있다. 이들은 이전에 고려했던 2개의 단일 질의 규칙을 반복하지만 이것들은 질의 체인 내에서의 이웃한 질의로 확장된다. 질의 q_1 후에 질의 q_2가 이어지는 체인을 가정해보자. 규칙 3은 규칙 1과 마찬가지로 q_1과 q_2는 같은 검색 의도와 관련돼 있으므로 질의 q_2에서 클릭된 문헌은 질의 q_1에서 넘어간 문헌들보다 적합하다는 것이다. 이와 마찬가지로 규칙 4는 규칙 2와 비슷하다.

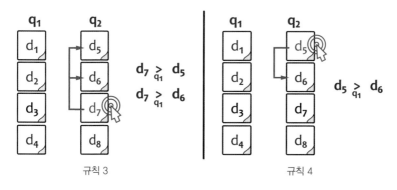

그림 4.31 일련의 질의에 대한 암시적 피드백 규칙

나중 2개의 규칙은 그림 4.32에 나타나 있다. 이 규칙들은 질의 체인 안에서 다른 결과들로부터의 문헌 사이의 적합성 관계를 나타낸다. 규칙 5는 질의 q_1의 검색

결과에서 보여졌지만 클릭되지 않은 문헌은 질의 q_2의 검색 결과에서 클릭된 문헌보다 덜 적합하다는 것을 의미한다. 이 적합성 관계는 이전의 질의에 대해 성립된다. 규칙 1 및 2와 마찬가지로 그림 4.32에서의 문헌 d_3과 같이 문헌은 최종 클릭된 문헌보다 위에 있거나 바로 밑에 있으면 보여진 것으로 간주된다. 마지막으로 규칙 6은 나중의 검색 결과에서 클릭된 문헌은 첫 번째 리스트의 처음 두 문헌보다 적합하다는 것을 의미한다. 이 규칙은 사용자가 질의를 수정하기 전에 적어도 처음 두 검색 결과를 확인했다는 가정에 기반을 둔다.

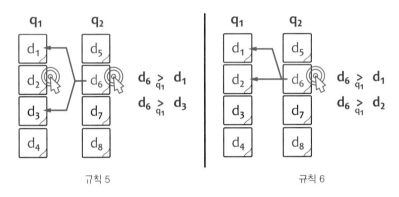

그림 4.32 일련의 질의에 대한 암시적 피드백 규칙(계속)

이 모든 여섯 가지 규칙은 적합도 관계를 식 (4.106)으로 표현하기 위해 각 체인의 훈련 데이터 세트에 동시에 적용된다.

$$d_i \underset{q}{>} d_j \tag{4.106}$$

여기서 문헌 d_i는 질의 q에 대해 문헌 d_j보다 적합하다는 것을 의미한다. 이 규칙들은 이전에 다룬 페어와이즈 랭킹 생성 학습 알고리즘에 대한 훈련 레이블로 사용할 수 있다. 예를 들어 방금 다룬 피드백 모델의 저자들은 최종 랭킹 모델을 생성하기 위해 이를 RankSVM 알고리즘과 함께 사용했다[Radlinski and Joachims, 2005].

암묵적 피드백은 자동화된 적합성 튜닝에 사용할 수 있는 중요한 신호를 제공한다. 이 신호는 유기적 랭킹의 오류가 암묵적 피드백으로부터 학습된 랭킹 모델에 의해 수정될 수 있게 TF×IDF 등과 같은 다른 방법에 의해 생성된 유기적 적합성 스코어와 결합될 수 있다.

4.8 제품 검색 서비스의 아키텍처

여기서 검색 방법에 대한 우리의 여행을 그림 4.33에 나타나 있는 제품 검색 서비스에 대한 개관적 논리 구조를 리뷰하면서 마무리하고자 한다. 이 절의 목적은 기술적인 구현 세부 사항을 깊이 다루지 않고 이전에 얘기했던 데이터와 질의 처리의 중요 단계를 요약하는 것이다.

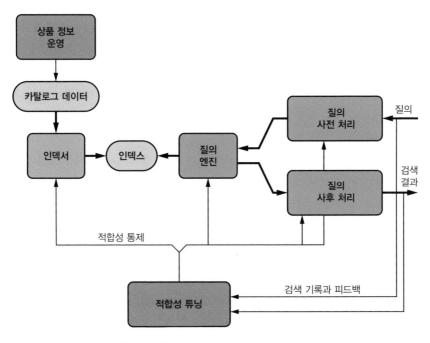

그림 4.33 상품 검색 서비스의 주요 논리 요소

검색 서비스는 카탈로그 데이터를 담고 있고 이에 대한 검색을 제공하는 데이터베이스로 볼 수 있다. 사용자가 실시간으로 질의하면 검색 엔진은 질의를 효과적으로 하기 위해 카탈로그 데이터를 전처리하고 인덱싱한다. 이 과정은 질의 엔진으로 하여금 질의에 대해 문헌을 매칭하고 스코어링할 수 있는 인덱스의 집합을 생성한다. 즉 가장 기본적인 검색 서비스는 2개의 요소(인덱서와 질의 엔진)로 구성돼 있다. 인덱서는 두 가지의 주요 데이터 처리 단계(매핑과 인덱싱)를 포함하고 있다. 매핑 단계의 목적은 다양한 종류의 인풋 데이터를 받아들여 잘 정의된 필드, 데이터 값, 계층적 관계를 갖고 있는 문헌을 생성하는 것이다. 매핑 단계는 보통 토큰화, 스테밍 및 다른 텍스트 정규화 작업을 수행하는 내용 분석기를 포함하고 있다. 문헌은 매핑 단계에서 빠른 질의 프로세싱을 가장하게 하는 데이터 구조를 생성하기 위해 인덱싱된다. 질의 엔진은 인덱스에 대해 토큰 매칭, 불린 질의, $TD \times IDF$ 스코어링 등과 같은 기본적인 검색 작업을 수행한다.

스테밍, 싱글링, 동의어 확장 등과 같은 검색 기술은 문헌과 질의 둘 다에 적용할 수 있는 특정한 변환을 요구한다. 문헌 측면에서 이 변환들은 인덱서에 포함되고 인덱스가 생성되기 전에 인풋 데이터나 문헌에 적용된다. 이는 문헌에 존재하는 실제 토큰에 기반을 두고 인덱스가 생성되기 때문에 반드시 필요한 작업이다. 따라서 많은 변환이 인덱스가 변환되지 않은 원데이터에 기반을 두고 생성된다면 질의 시각에 효율적으로 적용할 수 없다. 질의 측면에서 변환은 질의 시각에 적용되므로 인덱스와 질의 모두 동일한 정규 형식을 갖는다. 정규화는 질의에 적용되는 유일한 변환은 아니다. 이전에 얘기했듯이 통제된 정밀도 감소와 같은 일부 검색 기법은 초기 질의를 급격하게 변환시키거나 여러 중간 단계의 질의를 생성한다. 질의 변환 논리는 종종 질의 처리기에 의해 요약되고 질의 프로세서는 핵심 질의 엔진에 의해 지원되는 기초 요소로 질의를 분해한다. 인덱서와 질의 프로세서상에서의 변환 논리는 같은 스테밍, 싱글링, 의미 확장 알고리즘이 양쪽에 적용될 수 있게 서로 일치해야 한다.

질의 엔진의 아웃풋은 기본적인 신호 믹싱 기법에 의해 계산된 매칭 문헌과 적합성 스코어다. 이 결과는 기본 스코어링을 확장 또는 기각하는 그룹화와 상품 규칙을 적용하는 결과 사후 처리기에 의해 변환된다. 예를 들어 사후 처리기는 검색 결과에서 프로모션 제품을 상위에 위치시키기 위해 상품 순위 조정 규칙을 적용할 수 있다.

효율적인 제품 검색은 우리가 다룬 인덱싱-질의 파이프라인을 뒤에서 보완하는 적어도 2개의 프로세스가 필요하다. 첫 번째는 인덱싱-질의 파이프라인의 모든 요소에 걸쳐 적합성 통제를 운영하고 이것들이 조화롭게 작동하도록 하는 적합성 튜닝이다. 이는 수동적 프로세스가 될 수도 있고 적합성 알고리즘을 최적화하기 위해 모든 질의 기록과 사용자 피드백을 분석하는 머신 러닝 요소가 될 수도 있다. 두 번째는 검색 엔진으로 로딩되는 카탈로그 데이터의 클리닝, 준비, 풍부화에 집중하는 상품 정보 관리product information management, PIM이다. 인풋 데이터의 품질과 완전성은 생성된 적합성 신호의 범위와 정확성이 제품 속성의 범위와 정확성에 의존하기 때문에 매우 중요하다. 예를 들어 간단한 제품 설명은 gluten free soda 또는 long sleeved dress와 같은 질의를 올바르게 처리하기에는 부족할 수 있다. 검색 엔진이 이런 질의를 이해할 수 있게 하기 위해 제품은 영양소, sleeve 형태 및 다른 특정한 성질을 자세히 분류해야 한다. 제품 검색 엔진에 의해 인덱싱되는 제품 필드는 수백 개가 될 수 있다. 이런 메타데이터를 획득하고 운영하는 것은 어려운 문제인데 왜냐하면 다른 종류의 정보가 제조업체나 제3의 데이터 제공업체로부터 제공될 수도 있고 내부적으로 생성될 수도 있기 때문이다. 마케터는 상품 정보 관리 시스템이나 메타데이터 생성과 품질 검사에 전문화된 도구들 사용함으로써 이 과정을 단순화할 수 있다. 예를 들어 몇몇 소매업체는 제품 이미지에 기반을 두고 드레스의 형태, 색깔과 같은 제품 속성을 찾아내는 고급 이미지 인식 도구들을 사용한다.

4.9 요약

- 검색 서비스의 목적은 검색 질의나 선택된 필터에 표현된 고객의 검색 의도에 적합한 오퍼링을 보여주는 것이다. 검색 서비스는 타깃팅의 특별한 사례로 간주될 수 있는 제품 발견의 문제를 해결해준다.

- 제품 검색 환경의 주요 요소는 검색 질의가 입력되고 정렬된 카탈로그 아이템이 보이는 사용자 인터페이스, 질의를 처리하고 아이템을 정렬하는 검색 엔진, 어떻게 질의와 아이템이 매칭될지를 결정하는 적합성 통제를 최적화하는 적합성 튜닝 프로세스로 이뤄진다.

- 검색 서비스의 주요 목적은 적합성, 상품 통제의 유연성과 서비스 품질을 포함하고 있다. 적합성과 상품 통제는 서비스의 이익과 직접 연결될 수 있다.

- 주요 적합성 지표는 정렬된 검색 결과 내의 정밀도-재현율과 할인 누적 이득을 포함하고 있다.

- 상품 통제는 적합성을 향상시키고 특정 제품의 프로모션과 같은 추가 비즈니스 목표를 이루는 데 활용될 수 있다. 상품 통제는 상품 순위 조정, 필터링, 정해진 결과 페이지 리디렉션과 제품 그룹화와 같은 방법을 포함하고 있다.

- 검색 서비스 품질 지표는 컨버전 비율, 클릭 비율, 제품 상세 페이지에서 보낸 시간, 질의 수정 비율, 페이징 빈도 고객 유지 비율, 검색 대기 시간 등을 포함하고 있다. 이 지표들 중 일부는 자동화된 적합성 튜닝에서 목표로 사용할 수 있다.

- 질의 처리 흐름은 문헌과 질의를 특징으로 변환하고 이 두 특징 집합들을 적합성 신호로 변환하고 이 신호들을 정렬 의사 결정에 활용하는 다단계 프로세스로 간주될 수 있다.

- 검색 기술의 기본적인 사항은 텍스트 처리 기법들(토큰화, 불용어, 스테밍), 토큰 매칭, 불린 검색 등을 포함하고 있다. 가장 기본적인 스코어링 기법은 각 차원이 각 용어에 대응하는 선형 공간에서 문헌들이 벡터로 표현되는 벡터 스페이스 모델에 기반을 둔다. 인기 있는 스코어링 기법인 $TF \times IDF$는 기본적인 벡터 스페이스 모델을 정제하고 용어 빈도 통계를 사용해 스코어링한다.

- 실제로 사용하는 검색 서비스는 복수의 적합성 신호를 생성하기 위해 별도로 스코어링되는 복수의 필드를 갖고 있는 문헌을 사용한다. 이 신호들은 다른 신호 엔지니어링 기법을 사용해 합쳐질 수 있다.

- 용어 매칭 기법들은 동의어나 다의어와 같은 의미적 관계를 발견하지 못한다. 이 한계는 의미 분석 기법에서 언급됐다. 검색 관점에서 대부분의 의미 분석 기법들은 단어, 문헌, 질의들을 특정한 의미 관련 성질을 갖고 있는 실수의 벡터로 매핑하는 단어 임베딩 기술로 간주될 수 있다. 중요한 의미 분석 기술은 잠재 의미 분석, 확률적 토픽 모델, 컨텍스트 단어 임베딩 등이 포함된다.

- 제품 검색은 일반적인 검색 기법으로는 제대로 해결할 수 없는 구조화된 개체와 특정한 정밀도-재현율 요구 사항들을 해결해야 한다. 산업적인 경험으로 볼 때 좋은 검색 결과는 불린 기법의 높은 정밀도와 낮은 재현율의 확장에 의해 얻을 수 있다.

- 적합성 튜닝은 적합성 통제 모수에 대한 검색 품질 지표 최적화의 과정이다. 이 문제는 분류와 회귀와 밀접한 관련이 있다. 즉 질의가 주어지면 문헌의 순위를 예측해야 하기 때문이다. 이 문제는 표준 분류 문제와는 다르기 때문에 전문화된 랭킹 생성 학습 알고리즘이 존재한다. 랭킹 생성 학습 알고리즘에서 사용하는 특징은 문헌 통계, 질의 통계, 적합성 신호, 묵시적 사용자 피드백 등이다.

- 제품 검색 서비스의 주요 요소는 인덱서 코어 검색 엔진, 질의 사전 처리기, 질의 사후 처리기, 적합성 튜닝 모듈 등이다.

05

추천

고객에게 제공되는 제품과 서비스의 종류는 물류, 생산 비용 등과 같은 여러 요소에 의해 제한된다. 식료품 스토어는 가용한 선반만큼의 제품을 수용할 수 있고 라디오 방송국은 일간 스케줄에서 가능한 만큼의 곡을 틀어줄 수 있으며 극장은 제한된 상영 시간 만큼의 영화를 상영할 수 있다. 판매자는 판매량을 증가시키고 상품 구성을 확대할 수 있지만 이런 확장에 의해 추가되는 매출의 전체 수요는 제한돼 있기 때문에 특정 지점 이후에는 감소하기 시작한다. 이런 확장에 동반되는 한계 비용은 매출이 증가함에 따라 빨리 감소하지 않거나 아예 감소하지 않을 수도 있다. 따라서 한계 비용은 어느 순간 한계 매출을 초과하게 되고 이때 추가 상품을 확대하는 것은 경제성이 떨어진다. 즉 판매자는 상대적으로 인기 있는 제품에 집중해야 하고 제한된 숫자의 니치 아이템도 제공해야 한다.

니치 제품에 대한 수요는 분명히 존재하므로 그림 5.1과 같은 제품 인기 히스토그램에서는 롱테일long tail을 만들게 된다. 현실적으로 이런 니치 제품에 대한 수요의 합은 인기 있는 제품의 전체 수요만큼이나 커질 수 있다[Anderson, 2008]. 이 두 수요는 그림 5.1의 수요 곡선에서 면적 D_1과 D_2에 대응한다. 더욱이 이런 롱테일

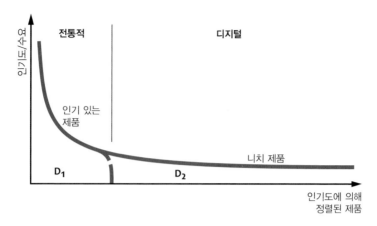

그림 5.1 전형적인 제품 인기도 히스토그램

제품들은 종종 인기 있는 주류 아이템보다 높은 마진을 갖고 있으므로 전체 이익에 상당한 기여를 한다.

이전에 언급했듯이 오프라인 스토어, 극장, 라디오 방송국과 같은 전통적인 채널들은 분배 비용 때문에 롱테일 수요를 활용할 수 있는 능력에 한계가 있다. 하지만 디지털 채널의 등장은 이를 급격하게 바꿔놓았다. 첫째, 새로운 미디어 채널들은 디지털 콘텐츠에 대한 분배 비용을 거의 제거했고 무제한의 상품 구성을 갖고 있는 온라인 서비스를 만들었다. 예를 들어 온라인 비디오 서비스는 헐리우드 영화, 전 세계의 텔레비전 서비스, 아마추어 영화 등과 같이 계속 증가하는 다양한 비디오를 거의 무제한으로 공급할 수 있다. 둘째, 디지털 채널은 디지털이 아닌 상품의 제조업체와 소매업체로 하여금 그들의 유통 비용 구조를 바꾸고 더 많은 소비자와 접촉하게 만들었다. 전통적 오프라인 스토어의 고객 베이스는 스토어 근처에 살거나 방문하는 사람들이므로 수요의 다양성에 제한이 있다. 전국 또는 전 세계적으로 운영되는 온라인 소매업체의 경우에는 훨씬 다양한 수요를 갖게 된다. 결국 엄청난 양의 상품 구성을 갖고 있는 아마존과 같은 온라인 소매업체가 번성하게 됐다. 니치 제품을 강조한 상품 구성의 막대한 증가는 제품 발견에 대한 기존의 접근을 변화하게 만들었다. 왜냐하면 보통의 고객은 수백만 번의 오퍼링 중에서 극히 일부만 찾아보기 때문이다. 이에 따라 제품 발견 서비스에 대한 필요는 추천 시스템 개발의 주된 원인 중 하나가 됐다.

추천 서비스는 검색 서비스와 달리, 검색 의도가 분명하게 표현되지 않거나 표현될 수 없을 때 적당한 오퍼링을 고객에게 추천한다. 어떤 경우에는 원하는 제품의 특성을 정형적으로 표현하거나 프로그램화하기 어렵기 때문에 검색 의도가 명확히 표현될 수 없다. 예를 들어 음악을 검색하는 고객은 그들의 취향에 의해 결정되는 검색 의도를 갖고 있지만 이는 정형적인 기준으로 해석되기 어렵다. 고객은 특정 제품 종류나 카테고리를 모를 수도 있고 그들 자신의 필요를 기억하지 못하거나 의심할 수도 있다. 예를 들어 아마추어 사진사는 최고의 사진을 얻으려면 특정한 렌즈가 필요하다는 사실을 모를 수도 있다. 즉 추천 시스템은 해당하는 질의가 있고 이를 판정할 수 있는 검색 서비스와 달리, 제품 레이팅이나 고객 구매 기록과 같은 간접적인 정보만을 갖고 구매 의도를 추측해야 한다. 이 정도는 검색 서비스에 의해 계산되는 질의−제품 유사성 스코어에 대한 대안으로 사용할 수 있는 다른 종류의 유사성 지표를 생성하는 데 사용할 수 있다. 좀 더 자세히 살펴보면 추천 시스템은 다음과 같은 유사성을 활용할 수 있다.

사용자 유사성 특정 고객의 구매 의도는 비슷한 고객의 과거 기록으로부터 유추될 수 있다. 이런 접근은 이전에 알아본 닮은꼴 모델링과 비슷하다.

제품 유사성 제품에 관한 인터액션들과 과거 구매는 더 많은 비슷한 제품이 추천될 수 있게 특정 고객에 대한 가장 적합한 제품 그룹과 카테고리를 결정하는 데 사용할 수 있다.

맥락 유사성 추천의 정확성은 고객과 제품 정보뿐 아니라 구매 의도에 관한 추가 신호를 담고 있는 맥락 정보를 활용해 증가될 수 있다. 예를 들어 패션 소매업체는 계절에 따라 같은 고객에게 다른 제품을 추천할 수 있다.

알고리즘의 측면에서 볼 때 추천 기법들은 검색 기법들과 많은 공통점이 있고 그전에 타깃 프로모션에서 알아본 예측 모델링을 활용할 수 있다. 5장의 나머지 부분에서는 추천 시스템의 환경과 경제적 목표 그리고 다양한 추천 기법에 대해 알아본다.

5.1 환경

추천 서비스의 기본적인 세팅은 검색 서비스와 유사하다. 추천 시스템의 기본적인 목적은 검색 서비스와 마찬가지로 고객에게 추천 아이템의 정렬된 리스트를 제공하는 것이다. 이런 추천은 다양한 마케팅 채널을 통해 수행할 수 있다. 여기서는 웹 사이트와 모바일 애플리케이션에서처럼 추천이 실시간으로 요청된다고 가정하지만 이메일과 같은 채널의 경우 보다 여유 있는 요구 사항을 가질 수 있고 추천은 오프라인으로 계산될 수 있다. 그림 5.2에 나타나 있는 추천 시스템의 기본 입력 사항은 검색 서비스와는 조금 다르며 다음과 같은 요소를 포함하고 있다.

- 추천 기법의 대부분은 고객의 레이팅이 카탈로그 아이템에 대해 존재한다고 가정한다. 레이팅은 고객에 의해 직접 입력되거나 구매와 온라인 브라우징과 같은 고객 데이터로부터 얻을 수 있다. 각 레이팅 값은 특정한 스케일에 의해 측정된 특정 고객의 특정 아이템에 대한 피드백을 나타낸

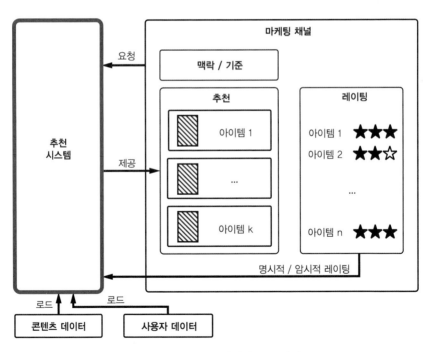

그림 5.2 추천 서비스 환경의 주요 개념들

다. 고객은 추천된 제품뿐 아니라 카탈로그 내의 어떤 상품이든 점수를 매길 수 있다. 즉 레이팅은 추천이 아니라 카탈로그 내의 제품에 대한 고객의 피드백이다. 레이팅과 이것의 성질은 다음 절에서 좀 더 자세히 알아본다.

- 어떤 추천 기법은 아이템 특성에 기반을 둔 아이템들의 유사성을 계산하기 위한 콘텐츠와 카탈로그 데이터에 의존한다. 이는 검색 엔진과 마찬가지로 제품 정보 운영 시스템과 같은 카탈로그 데이터의 출처와 추천 시스템의 통합을 요구한다.

- 어떤 추천 시스템은 온라인 주문 기록과 스토어 트랜잭션과 같은 추가 사용자 데이터를 활용할 수 있다. 이 정보는 기본적인 레이팅 데이터와는 구별돼야 한다. 레이팅은 개별 사용자-아이템 상호 작용이지만 주문 기록과 같은 외부 데이터는 어떻게 상호 작용이 주문과 연결되는지와 같은 추가 세부 사항을 제공할 수 있다.

- 추천 요구와 고객 레이팅은 시간, 장소, 마케팅 채널과 같은 맥락 정보와 결합될 수 있다. 추천 시스템은 추천의 적합성을 향상시키기 위해 맥락 데이터를 사용할 수 있다. 예를 들어 레이팅 시각은 고객 취향의 계절적 또는 임시적인 경향을 설명하는 데 사용할 수 있다. 추천 요구 또는 맥락은 추천을 개선하기 위한 명시적 기준이나 고객 선호를 포함할 수 있다. 예를 들어 스킨케어 제품 추천은 고객 선호에 명시된 피부 종류(보통 지성, 건성 등)에 기반을 두고 수정될 수 있다.

다른 종류의 추천 기법은 다른 종류의 데이터를 사용할 수 있고 강점과 약점은 이것들이 활용할 수 있는 데이터의 범위에 의해 결정된다.

5.1.1 고객 레이팅의 성질

고객 레이팅은 추천을 하는 데 있어 가장 중요한 정보의 출처로 여겨지므로 어떻게 레이팅이 정의되고 레이팅 데이터의 성질은 무엇인지 살펴보자.

레이팅은 각 열이 사용자이고 각 행이 아이템에 대응하는 행렬로 표현된다. 이는 레이팅 행렬 $R = (r_{ij})$로 표현되는데 여기서 r_{ij}는 사용자 i와 아이템 j에 의해 주어지는 레이팅이다. m명의 사용자와 n개의 아이템이 있는 카탈로그를 추적하는 추천 시스템에서 R은 m × n 행렬이 된다. 실제로 레이팅 행렬은 거의 언제나 불완전하다. 레이팅은 사용자-아이템 쌍의 일부분에 대해서만 존재하고 나머지 원소들은 비어 있다. 알려진 레이팅은 비즈니스 영역, 마케팅 채널, 데이터 출처에 따라 다르게 정의할 수 있는 숫자의 값이다. 여기서 다음의 두 가지 사례를 살펴보자.

순서적 레이팅 추천 시스템 인터페이스는 종종 사용자로 하여금 정해진 숫자(1, 2, 3 별점 등) 또는 연속적인 범위(-5에서 5까지 등)를 사용해 그들의 선호도를 표시한다. 레이팅을 2개의 카테고리 변수(좋아요 또는 싫어요) 또는 3개 이상의 변수(나쁨, 좋음, 훌륭함)로 표현하고 이를 숫자의 값으로 매핑할 수도 있다. 암시적인 피드백도 서수인 값으로 표현할 수 있지만 이러한 값들은 선호보다 확신을 표현하는 경우가 많다. 예를 들어 암시적인 레이팅은 '얼마나 자주 사용자가 특정 아이템을 구매하는지' 또는 '얼마나 많은 시간을 고객이 웹 사이트상의 제품 설명 페이지에 머무르는지' 등을 의미할 수 있다.

단항 레이팅 많은 경우 레이팅 행렬은 사용자와 아이템 사이의 관련성의 수준을 발견하지는 못하고 단지 상호 작용이 있었다는 사실만 기록한다. 예를 들어 많은 인터페이스는 하나의 좋아요 버튼만 있고 사용자는 좋아요를 누르거나 아무것도 하지 않게 된다. 다른 단일 레이팅의 예는 사용자와 아이템 사이의 상호 작용을 기록하지만 구매 횟수와 같은 자세한 사항은 기록하지 않는 암묵적 피드백이다. 하지만 이런 피드백의 단순한 수학적 성질도 중요하다는 주장이 있다[Hu 등, 2008]. 단일 레이팅 행렬의 원소는 2개의 값(-1 또는 무응답)을 갖는다.

행렬 R에서의 레이팅 값은 종종 레이팅 날짜와 시각, 고객이 레이팅을 남긴 마케팅 채널 등과 같은 맥락 정보와 관련돼 있다. 이 정보는 특정 맥락에 따라 어느 레이팅 값이 보다 적합한지를 알아내기 위해 추천 시스템에 의해 사용될 수 있다.

레이팅 값에 관한 중요한 관찰은 명백한 서수적 레이팅이 암묵적 피드백도 포함하고 있다는 것이다. 그 이유는 사용자들은 보통 그들이 좋아하는 제품에 대해 레이팅을 남기지만 관심이 없는 제품은 아예 레이팅을 남기지 않는 경향이 있기 때문이다. 예를 들어 사용자는 특정 카테고리의 음악이나 제품들을 아예 처다보지 않을 수도 있다. 따라서 어떻게 레이팅이 됐느냐도 중요하지만 어떤 아이템이 평가 됐느냐도 중요하다. 즉 랜덤 아이템에 대한 레이팅의 분포는 사용자에 의해 선택 된 아이템에 대한 레이팅의 분포와는 다르다. 이는 추천 시스템이 관찰된 레이팅 의 분포가 관찰되지 않은 레이팅의 분포까지 표현한다고 가정하면 안 된다는 것을 의미한다[Devooght 등, 2015]. 일부의 고급 추천 기법은 이를 고려해 레이팅 행렬 에서 묵시적인 피드백을 추론한다. 일반적인 경우 추천 알고리즘은 명백하거나 묵 시적인 피드백에 대해 별도의 레이팅 행렬을 사용한다.

레이팅 행렬의 두 번째로 중요한 성질은 희박함이다. 레이팅 행렬은 사용자가 레 이팅할 수 있는 아이템들 중 극히 일부만 평가하기 때문에 행렬의 각 열은 몇 개의 레이팅만 담고 있고 나머지는 비어 있으므로 매우 희박하다. 더욱이 레이팅의 분 포는 이전에 알아본 롱테일의 성질을 갖게 된다. 이는 알려진 레이팅의 대부분은 몇몇 인기 있는 아이템에 집중되고 니치 제품의 레이팅은 매우 희박하다는 것을 의미한다. 이런 성질은 넷플릭스에 의해 발표된 잘 알려진 추천 데이터 세트에 잘 나타나 있다. 50만 명의 영화 추천 레이팅을 담고 있는 이 데이터에서 33%의 레이 팅은 겨우 1.7%의 가장 인기 있는 아이템에 집중돼 있다[Cremonesi 등, 2010]. 롱 테일 성질은 추천 알고리즘과 추천 품질 지표가 인기 있는 아이템에 편향되기 쉽 고, 따라서 니치 제품에 대한 추천의 품질을 저하시키기 때문에 추천 시스템의 디 자인과 평가의 어려운 과제다.

5.2 비즈니스 목표

추천 서비스의 주요 비즈니스 목표는 제품 검색의 목표와 밀접하게 관련돼 있다. 적합성 및 머천다이징 통제와 같은 제품 검색의 맥락에서 이전에 알아본 고려 사 항은 추천 시스템에도 적용할 수 있다. 중요한 차이는 추천 시스템에서 검색 의도 는 명백히 표현돼 있지 않고 아예 없을 수도 있다는 것이다. 이는 적합성의 개념이 검색 의도가 명확하지 않음에 따라 희미해지기 때문에 적합한 결과를 제공한다는 기본적인 목적을 확장해야 할 필요가 있다. 따라서 추천 시스템의 목적은 종종 다 음과 같이 정의할 수 있다.

적합성 사용자에게 제공되는 추천은 사용자가 추천되는 아이템을 구매할 확률이 높고 좋은 평가를 할 가능성이 높다는 의미에서 적합해야 한다.

참신함 추천 시스템은 명백한 검색 요청을 수행하지 않는 대신 사용자에게 가능한 옵션을 제시해준다. 즉 추천 시스템은 사용자에게 알려지지 않았던 옵션을 보여줘야 한다. 그렇지 않다면 추천은 별 의미가 없을 것이다. 이 문제의 전형적인 예는 사용자가 이미 알고 있을 확률이 높은 인기 있는 아이템을 추천하는 것이다. 예를 들어 해리포터 시리즈 중 한 권을 구매한 고객에게 같은 장르의 다른 책을 추천하는 대신 해리포터 시리즈 내의 다른 책을 추천하는 식이다.

우연성 추천은 고객으로 하여금 새로운 동시에 기대하지 않았고 놀라운 제품을 발견하는 것을 도와줄 수 있다. 예를 들어 머신 러닝에 관한 책을 구입하는 고객에게 같은 주제에 대한 다른 책을 추천해준다면 이는 새로울 수는 있지만 우연이라고 보기는 어렵다. 반면 추천 시스템이 사용자가 흥미를 느낄 만한 비즈니스 영역을 추측해 고객 데이터 분석이나 훈련 모델과 같은 특정 영역의 분석 기법들에 대한 책을 추천해준다면 이는 우연이라고 할 수 있다. 우연적 추천 시스템의 더 나은 예는 아예 다른 카테고리를 추천하는 것이다. 예를 들어 해리포터 책을 구입한 독자에게 해리포터와 관련된 놀이공원 티켓을 추천한다거나 베오울프^{Beowolf}, 롤랜드의 노래^{The Song of Roland}와 같은 중세 유럽의 서사시를 공부하는 고객에게 이와 관련된 오페라 티켓을 추천하는 식이다. 우연적 추천은 사용성 및 컨버전을 증가시킬 뿐 아니라 고객과의 관계에서 새로운 장기적 주제의 관계를 수립하는 데 도움을 줄 수 있다.

다양성 마지막으로 사용자에게 제공되는 추천 리스트는 구매 기회를 증가시킬 수 있게 다양해야 한다. 매우 비슷한 아이템들로 이뤄진 추천은 그들이 적합하고 새롭고 우연적이라고 해도 최적은 아닐 것이다.

추천 시스템으로 인해 발생하는 이익은 검색 서비스와 마찬가지로 제품 판매량의 합과 제품 마진의 곱으로 정의된다.

$$\text{이익} = \sum \text{제품 판매량의 합} \times \text{제품 마진} \tag{5.1}$$

적합성, 참신성, 우연성, 다양성은 구매 비율, 더 나아가 판매량을 증가시키는 데 목적이 있다. 이런 목적에 따라 생성된 추천은 이 식의 마진 부분을 증가시키기 위해 고마진 또는 계절성 제품을 프로모션하기 위한 추가 판매 목적에 따라 새롭게 정렬될 수 있다.

5.3 품질 평가

다음 단계는 이전 절에서 정의된 목적에 따라 추천 시스템의 품질을 평가할 수 있는 정량적인 지표를 설계하는 것이다.

검색 결과의 품질은 일반적으로 주어진 질의의 맥락에 대해 아이템의 적합성을 판정하는 전문가적 판단에 의해 평가될 수 있지만 이 방법은 맥락이 사용자 프로파일 데이터를 포함하고 있고 각 사용자마다 다르므로 추천에는 적용하기 어렵다. 이는 모든 가능한 맥락에 대해 추천의 품질을 수동으로 평가하는 것을 매우 어렵게 만든다. 반면 레이팅 행렬은 사용자에 의해 그들의 개인화된 맥락으로 표현된 전문가적 판단을 담고 있다. 즉 추천 문제는 레이팅 예측 문제로 간주될 수 있고 (어떻게 특정 사용자에 대한 가장 높은 예측 레이팅을 갖고 있는 제품을 추천하는가?) 추천의 품질은 예측된 레이팅과 레이팅 행렬로부터의 실제 레이팅을 비교함으로써 측정될 수 있다. 이런 관점에서 볼 때 추천 문제는 분류 또는 회귀 문제와 비슷해진다.

분류/회귀 문제는 각 열이 데이터 포인트이고 행이 특징이나 응답이 되는 행렬로 정의될 수 있다는 것을 상기해보자. 예측 모델은 특징과 응답을 갖고 있는 데이터에서 훈련되고 특징에 기반을 두고 응답을 예측한다. 이는 식 (5.2)에서처럼 데이터 포인트 1~3은 훈련에 사용되고 데이터 포인트 4~6에 대해 실제 예측이 이뤄진다. 모델을 훈련시키고 조정하려면 알려진 응답을 갖고 있는 데이터 포인트는 훈련, 검증, 테스트 데이터로 나눠진다. 이 모델은 처음에는 훈련 데이터를 이용해 생성된다. 검증 데이터에 대한 응답은 예측되고 실제 데이터와 비교되며 모델의 품질은 평가된다. 평가 결과에 기반을 두고 모델은 훈련 데이터를 이용해 다른 모수로 재생성될 수 있다. 테스트 데이터 세트는 프로세스 마지막에 모델의 품질을 최종적으로 평가하기 위해 사용한다.

$$\begin{array}{c} \\ \text{데이터 포인트 1} \\ \text{데이터 포인트 2} \\ \text{데이터 포인트 3} \\ \text{데이터 포인트 4} \\ \text{데이터 포인트 5} \\ \text{데이터 포인트 6} \end{array} \begin{array}{cccc} \text{특징 1} & \text{특징 2} & \text{특징 3} & \text{응답} \\ \left[\begin{array}{ccc|c} x_{11} & x_{12} & x_{13} & y_1 \\ x_{21} & x_{22} & x_{23} & y_2 \\ x_{31} & x_{32} & x_{33} & y_3 \\ x_{41} & x_{42} & x_{43} & - \\ x_{51} & x_{52} & x_{53} & - \\ x_{61} & x_{62} & x_{63} & - \end{array}\right] \end{array} \quad (5.2)$$

레이팅 예측 문제에 대한 중요한 차이점은 레이팅 행렬에 특징과 응답이 존재하지 않는다는 것이다. 알려진/알려지지 않은 레이팅은 행렬 식 (5.3)에서 알 수 있듯이 특정한 구조 없이 섞여 있고 목표는 알려진 레이팅을 이용해 모델을 훈련시키고 알려지지 않은 레이팅을 예측하는 것이다. 부분적으로 관찰된 행렬의 비어 있는 공간을 채우는 작업은 행렬 완성 문제로 알려져 있다.

$$\begin{array}{c} \\ \text{사용자 1} \\ \text{사용자 2} \\ \text{사용자 3} \\ \text{사용자 4} \end{array} \begin{array}{cccc} \text{아이템 1} & \text{아이템 2} & \text{아이템 3} & \text{아이템 4} \\ \left[\begin{array}{cccc} r_{11} & - & r_{13} & - \\ - & r_{22} & - & r_{24} \\ - & r_{32} & r_{33} & - \\ r_{41} & - & r_{43} & r_{44} \end{array}\right] \end{array} \quad (5.3)$$

표준 분류 문제에서처럼 가용 데이터 모델을 훈련시키고 품질을 평가하기 위해서는 훈련, 검증, 테스트 데이터로 나눠야 한다. 분류의 경우 이는 각 열별로 이뤄진다. 예를 들어 행렬 (5.2)의 가용 데이터는 첫 번째 열을 훈련 데이터, 두 번째 열을 검증 데이터, 세 번째 열을 테스트 데이터로 할당하는 식으로 나눌 수 있다. 이와 같은 접근은 이 모델이 한 그룹의 사용자에 의해 훈련되고 다른 사용자에 의해 검증되는 것을 의미하기 때문에 행렬 완성 문제에서는 잘 작동하지 않는다. 그 대신 레이팅 행렬은 보통 각 원소별로 샘플링된다. 이는 알려진 레이팅의 일부가 원래 레이팅 행렬에서 제거돼 훈련 행렬에서 떠나고 제거된 레이팅은 검증 또는 테스트 데이터로 이동해 예측의 품질을 평가하는 데 사용한다.

추천 문제를 레이팅 예측 문제로 해석하면 비즈니스 목적과 연결되는 여러 품질 지표를 정의할 수 있게 된다. 이후 절에서 이런 지표들을 개발한다.

5.3.1 예측 정확도

레이팅 예측의 정확도는 이것이 사용자에 의해 예측된 대로 얼마나 추천 시스템이 사용자의 효용을 예측하는지를 계량화하기 때문에 적합성의 지표로 간주될 수 있다. 정확도를 측정하기 위해 이전에 알아본 검색 품질 지표 등을 포함한 머신 러닝과 정보 검색에서 사용했던 다양한 지표들 중에서 선택할 수 있다.

여기서 고려해야 할 첫 번째 종류의 지표는 분류 및 회귀 기법의 평가에서 널리 사용하는 예측 정확도 지표들이다. 관찰된 레이팅의 데이터 $r_{uj} \in R$을 R이라 하고 정확도 평가를 위해 사용하는 테스트 데이터의 부분 집합을 $T \subset R$이라 하자. T의 각 레이팅에 대해 추천 알고리즘은 추정값 $\hat{r}_{uj}$를 생성하므로 예측 오류는 다음과 같이 정의할 수 있다.

$$e_{uj} = \hat{r}_{uj} - r_{uj} \tag{5.4}$$

레이팅 예측의 전체적인 품질은 포인트와이즈 예측 오류의 평균을 통해 얻을 수 있다. 이를 정의하는 몇 가지 방법 중 첫 번째는 평균 제곱 오류^{MSE}다.

$$MSE = \frac{1}{|T|} \sum_{(u,j) \in T} e_{uj}^2 \tag{5.5}$$

이 MSE는 원래의 레이팅 값과 직접 비교될 수 없는 제곱 오류 값을 사용하기 때문에 항상 편리하지는 않다. 여기서 제곱 오류 값에 루트를 취하면 원래 레이팅과 같은 단위가 되기 때문에 이 문제를 해결할 수 있다.

$$RMSE = \sqrt{MSE} \tag{5.6}$$

여기서 RMSE는 정규화된 RMSE(NRMSE)를 구하기 위해 범위 (0, 1) 사이로 정규화될 수 있다.

$$NRMSE = \frac{RMSE}{r_{max} - r_{min}} \tag{5.7}$$

RMSE와 이것의 변종은 이것의 단순성으로 인해 실제 추천 시스템 평가에서 많이 사용한다. 그러나 RMSE와 이것의 포인트와이즈 정확성 지표는 몇 가지 중요한 단점이 있다.

- 이전에도 다뤘듯이 레이팅은 보통 롱테일 분포를 따른다. 즉 레이팅은 인기 있는 아이템에 관해서는 밀집돼 있고 롱테일 부분의 아이템에 관해서는 희박하다. 이는 인기 있는 아이템과 비교할 때 롱테일 아이템의 레이팅 예측을 보다 어렵게 만들고 두 그룹의 예측 정확도를 다르게 만든다. RMSE는 두 그룹을 다르게 취급하지 않고 단지 평균을 취하므로 롱테일 아이템의 낮은 정확도는 인기 있는 아이템의 높은 정확도에 의해 상호 보완된다. 이 균형을 측정하고 통제하기 위해 다른 아이템 그룹에 대해 RMSE를 별도로 계산하거나 아이템 마진 또는 다른 고려 사항을 반영하기 위해 특정 아이템의 가중값으로 식 (5.5)에 삽입할 수 있다.

- 추천 시스템의 목표는 기존 기록에 기반을 두고 어떻게 사용자가 미래의 아이템을 평가할 것인지를 예측하는 것이다. 사용자의 선호와 관심은 시간에 따라 변하므로 추천 시스템은 미래 행동에 관한 예측을 하기 위해 이런 임시적인 트렌드를 인지할 수 있어야 한다. RMSE는 추천의 이런 측면을 반영하지 못한다. 이 문제는 테스트 데이터 **T**의 올바른 디자인으로 해결될 수 있다. 미래 레이팅을 예측할 수 있는 능력을 테스트하기 위해 랜덤이 아니라 훈련 데이터가 오래된 레이팅을 포함하고 테스트 데이터 **T**가 가장 최근의 데이터를 포함하도록 레이팅 데이터 **R**로부터 테스트 데이터 **T**를 선택할 수 있다. 이런 방법으로 생성된 훈련과 테스트 데이터는 서로 다른 분포를 가지므로 표준적인 모델 평가 방법과는 일치하지 않지만 실제로 현장에서 사용되는 유용한 기법이다. 이 기법은 2006~2009년에 넷플릭스가 최고의 협업 필터링을 위해 개최한 대회인 넷플릭스 대회Netflix Prize에서 사용하기도 했다[Aggarwal, 2016]. 위 고려 사항은 묵시적인 피드백으로부터 얻은 레이팅의 경우에 특히 두드러진다. 예를 들어 레이팅이 구매에 기반을 두고 정의됐을 경우 미래 레이팅의 예측은 미래 구매의 예측을 의미한다.

- 추천 시스템은 보통 최상위 K개의 아이템에 제한되는 추천의 정렬된 리스트를 제공한다. RMSE는 랭킹에 상관없이 리스트의 최상단과 최하단에 있는 아이템의 예측 오류를 똑같이 감점한다. RMSE에서 매우 작은 차이를 갖고 있는 알고리즘이 최상위 K 아이템의 리스트에서는 큰 차이를 가질 수 있다는 주장도 있다[Koren, 2007].

5.3.2 랭킹 정확도

최상위 K개의 추천의 품질을 측정하기 위해 검색 서비스를 위해 개발했던 많은 기법과 지표들을 이용할 수 있다. 먼저 정밀도와 재현율의 개념은 최상위 K개의 추천 문제에 직접 적용할 수 있다. I_u가 사용자 u에 의해 긍정적으로 평가된(예를 들어 구매된) 테스트 데이터 T 안의 아이템의 부분 집합이고 $Y_u(K)$는 그 사용자에 대해 추천된 최상위 K개의 추천된 아이템이라면 K의 함수로 표현된 정밀도 precision와 재현율recall은 다음과 같다.

$$정밀도(K) = \frac{|Y_u(K) \cap I_u|}{|Y_u(K)|} \tag{5.8}$$

$$재현율(K) = \frac{|Y_u(K) \cap I_u|}{|I_u|} \tag{5.9}$$

주어진 K에 대해 추천 알고리즘의 품질은 이 두 지표로 측정될 수 있다. 정밀도는 리스트 안의 적합한 추천의 비율이고 재현율은 가능한 아이템들 중 사용한 아이템의 비율이다. 두 추천 알고리즘은 검색에서처럼 사용자 정밀도와 재현율의 평균으로 비교될 수 있다. 리스트에서 추천의 수는 알고리즘에 의해 성취되는 정밀도-재현율 균형에 큰 영향을 미치는 중요한 모수다. 짧은 추천 리스트는 적합한 아이템을 놓치기 쉽고, 긴 추천 리스트는 많은 부적합 아이템을 포함시키기 쉽다. 이 균형은 검색에서 알아봤던 정밀도-재현율 곡선에 의해 시각화될 수 있다. 이 곡선은 다른 K 값에 따라 정밀도와 재현율 값을 보여주고 추천 알고리즘이 갖게 될 정밀도-재현율 균형의 범위를 보여준다.

정밀도-재현율 곡선의 단점은 추천 기법의 품질을 요약하는 단일 지표를 제공해주지 못한다는 것이다. 다행히 그러한 요약된 지표를 제공하는 데 적용할 수 있는 다양한 랭킹 품질 지표들을 이미 공부했다. 예를 들어 알려진 레이팅을 적합도 등급으로 사용함으로써 할인 누적 이익DCG을 사용할 수 있다. 예전에 K개의 아이템의 리스트에 관한 DCG를 다음과 같이 정의했다.

$$DCG = \sum_{i=1}^{K} \frac{2^{g_i} - 1}{\log_2 (i + 1)} \tag{5.10}$$

여기서 g_i는 리스트에서 i번째 아이템의 적합도 등급이다. 테스트 데이터 T가 m 명의 사용자에 의해 제공된 레이팅을 포함하고 있다면 전체적 DCG를 각 사용자에 대한 추천 리스트에 대한 평균 DCG로 정의할 수 있다.

$$\text{DCG} = \frac{1}{m} \sum_{u=1}^{m} \sum_{\substack{i \in I_u \\ R_{ui} \leqslant K}} \frac{2^{r_{ui}} - 1}{\log_2 (R_{ui} + 1)} \tag{5.11}$$

여기서 I_u는 사용자 u에 의해 긍정적으로 평가된 테스트 데이터 T 안의 아이템의 부분 집합, R_{ui}는 사용자 u에 대한 추천 리스트 안에 있는 아이템 i의 순위, r_{ui}는 아이템 i에 대해 사용자 u에 의해 제공된 데이터 T로부터의 레이팅이다. 이는 식 (5.10)에서 적합도 등급 g_i의 근사로 사용한다. 식 (5.11)에서의 내부 합은 주어진 사용자에 대해 알려진 테스트 레이팅을 갖고 있는 최상위 K 추천을 반복한다. 정규화된 DCG(NDCG)와 평균 정밀도(MAP) 등과 같은 표준 정보 검색 지표들도 이와 비슷한 방법으로 공식을 고쳐 쓸 수 있다.

5.3.3 참신성

추천이 제공될 시점에 사용자가 추천된 아이템을 알지 못했다면 추천은 참신한 것으로 간주된다. 이 정보는 레이팅 행렬에서 직접 얻을 수는 없으므로 이는 실제 상황에서의 테스팅 또는 사용자 설문 조사를 통해 얻어지거나 레이팅 행렬로부터 추론돼야 한다. 실제 상황에서의 테스팅과 설문 조사는 시간과 비용이 많이 들기 때문에 여기서는 특정 가정을 한 후 레이팅 행렬에 기반을 두고 참신함 지표를 디자인해본다. 한 가지 가능한 접근 방법은 그림 5.3에 나타나 있듯이 과거 레이팅을 갖고 추천 알고리즘을 훈련시킨 후 이를 최신의 레이팅에 적용하는 것이다.

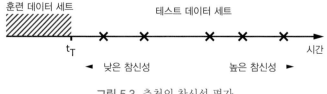

그림 5.3 추천의 참신성 평가

여기서 가정은 훈련 데이터의 시간 경계 t_T 직후에 랭크되거나 구매된 아이템을 예측하는 추천 알고리즘이 보다 먼 미래에 랭크되거나 구매된 아이템을 예측하는 추천 알고리즘보다 낮은 참신함을 제공한다는 것이다. 왜냐하면 바로 구매된 아이템은 사용자에게 알려질 가능성이 보다 높기 때문이다. 즉 참신함 지표는 먼 미래의 정확한 예측을 보상하고 가까운 미래의 예측을 처벌하기 위해 시간별 가중값으로 사용할 수 있다.

5.3.4 우연성

우연성은 추천이 사용자에게 매력적인 동시에 놀라운 정도를 보여주는 지표다 [Herlocker 등, 2004]. 우연성의 평가의 지표는 다분히 주관적이고 피드백 정보는 우연성의 수준에 아무런 힌트도 제공해주지 못하기 때문에 참신함 지표의 평가보다도 더 어렵다. 하지만 휴리스틱 우연성 측정 기법을 개발하는 것이 불가능하지는 않다. 한 가지 가능한 접근은 우연성 평가용 알고리즘에 의해 개발된 추천과 우연성이 없는 아이템으로 이뤄진 기본적인 알고리즘의 추천을 비교하는 것이다[Ge 등, 2010]. 평가용 알고리즘에 의해 사용자에게 추천된 아이템의 집합이 Y_u이고 베이스라인 알고리즘에 따른 추천된 아이템의 집합이 Y_u^0이라면 우연성^{serendipity} 측정 지표는 다음과 같이 정의할 수 있다.

$$\text{우연성} = \frac{1}{m \cdot K} \sum_{u=1}^{m} \sum_{i \in I_u} \mathbb{I}\left(i \in \left(Y_u \setminus Y_u^0\right)\right) \tag{5.12}$$

여기서 m은 사용자 수, I_u는 사용자에 의해 긍정적으로 평가된 테스트 데이터 안의 아이템의 집합, K는 리스트 안의 추천 수, $\mathbb{I}(\cdot)$는 아이템이 Y_u에 속하지만 Y_u^0에는 속하지 않을 경우 참인 인디케이터 함수다. 즉 이 우연성 지표는 추천 리스트에서 적합한 아이템의 비율을 갖고 추천 시스템을 평가한다.

5.3.5 다양성

다양성은 비슷하지 않은 아이템으로 구성된 추천 리스트를 생산하는 추천 시스템의 능력이다. 높은 다양성은 적어도 리스트 내 일부 아이템이 사용자에게 적합할 가능성을 높여주기 때문에 보통 선호된다. 높은 다양성은 크로스셀링과 넓은 카탈로그 적용 범위에도 기여하기 때문에 판매 측면에서도 선호된다.

이전 검색에서도 알아본 유사성 지표를 다양성을 측정하는 데 사용할 수 있다. 예를 들어 추천 리스트의 모든 쌍의 아이템에 대한 아이템 설명 사이의 코사인 거리를 계산하고 평균 거리의 역을 취해서 다양성을 측정할 수 있다.

5.3.6 적용 범위

추천 시스템의 목표는 레이팅 행렬에서 빠져 있는 레이팅을 예측하는 것이다. 나중에도 다루겠지만 많은 추천 알고리즘은 레이팅 행렬에 기반을 두고 계산된 아이템 간 또는 사용자 간 유사성에 의존하므로 다른 아이템 또는 사용자와 공통된 부분이 적은 사용자나 아이템을 예측하는 것은 어렵다. 따라서 추천 시스템에 의해 제공되는 적용 범위, 즉 시스템이 추천할 수 있는 사용자 또는 아이템의 비율을 측정하는 것이 중요하다. 특정 사례에서 이 비율은 추천 알고리즘의 요구 사항에 기반을 두고 추정할 수 있다. 예를 들어 어떤 알고리즘을 추천하려면 사용자가 적어도 5개의 레이팅을 깃고 있어야 한다고 요구할 수 있다. 일반적인 경우 추천 시스템은 디폴트나 랜덤 값을 사용함으로써 어느 사용자 또는 아이템의 쌍에 대해서도 레이팅을 예측할 수 있다. 이는 예측된 레이팅의 신뢰성(추정값이 정확할 확률)을 측정하고 정확성 평가로부터 가장 좋지 않은 레이팅 추정값을 갖고 있는 사용자나 아이템을 제외함으로써 적용 범위와 정확성의 균형을 검토해야 한다는 것을 의미한다.

적용 범위에 대한 대안적 견해를 카탈로그 적용 범위라고 한다[Geet 등, 2010]. 카탈로그 적용 범위는 실제로 사용자에게 추천된 아이템의 비율이다. 문제는 추천 시스템이 다양한 아이템의 레이팅을 예측할 수는 있지만 사용자에게 제시된 최상위 K 추천 리스트는 거의 똑같은 추천을 포함할 수 있다는 점인데 이는 판매 측면에서는 나쁜 적용 범위가 된다. 카탈로그 적용 범위catalog coverage 지표는 적어도 한 가지 추천 리스트에 등장하는 아이템의 비율로 정의된다.

$$적용\ 범위 = \frac{1}{n} \left| \bigcup_{u=1}^{m} Y_u \right| \tag{5.13}$$

여기서 n은 카탈로그 안의 전체 아이템 수다. 식 (5.13)은 시스템에서 오는 사용자와 관련된 추천 리스트의 합을 커버된 아이템 수로 예측하는 데 사용한다. 다른 방법은 실제 사용자 세션 수와 비교해 추천된 아이템 수를 세는 것이다.

5.3.7 실험의 역할

앞에 기술한 지표는 여러 중요한 관점에서 추천의 품질을 측정하는 데 도움을 준다. 하지만 추천 시스템의 궁극적인 목표는 매출과 컨버전 비율을 증가시키는 것이다. 지금까지 알아본 지표들은 훌륭한 품질 측정 프레임워크이긴 하지만 이것이 바로 재무적 성과로 이어지는 것은 아니다. 둘 사이의 관계는 실제적 실험, 다변량 테스트와 업리프트 측정으로 확립될 수 있다.

5.4 추천 기법들의 개관

지금까지 우리는 추천 시스템의 통합되는 환경과 데이터 출처, 비즈니스 목적, 추천의 품질을 평가하는 데 사용하는 지표들을 살펴봤다. 이는 추천 알고리즘의 설계에 관한 기초를 제공한다. 이 작업은 여러 가지 다른 측면에서 접근될 수 있고 추천을 하기 위해 사용하는 데이터의 출처에 따라 (레이팅 행렬, 카탈로그 데이터, 콘텍스트 정보) 또는 레이팅 예측 모델의 종류에 따라 여러 종류의 추천 기법이 존재한다. 5장의 나머지 부분에서 주요 추천 알고리즘들을 하나씩 살펴보겠지만 각 기법의 상세 사항에 깊이 들어가기 전에 여기서 간단히 추천 기법들의 분류를 살펴보는 것이 좋겠다.

추천 기법은 관점에 따라 여러 가지 방법으로 분류될 수 있다. 추천 기법은 알고리즘과 정보 검색 측면에서 예측 모델과 이것의 입력의 종류에 따라 분류된다. 이에 따른 분류는 그림 5.4에 나타나 있다. 역사적으로 볼 때 추천 기법의 두 종류는 콘텐츠 기반 필터링과 협업 필터링이다. 콘텐츠 기반 필터링은 아이템의 텍스트 형태 설명과 같은 콘텐츠 데이터에 의존하고 협업 필터링은 레이팅 행렬 내의 패턴에 의존한다. 두 가지 접근 모두 정규 예측 모델 또는 비슷한 사용자나 아이템들의 이웃을 찾아내는 휴리스틱 알고리즘을 사용할 수 있다. 이 두 가지 핵심 기법들 외

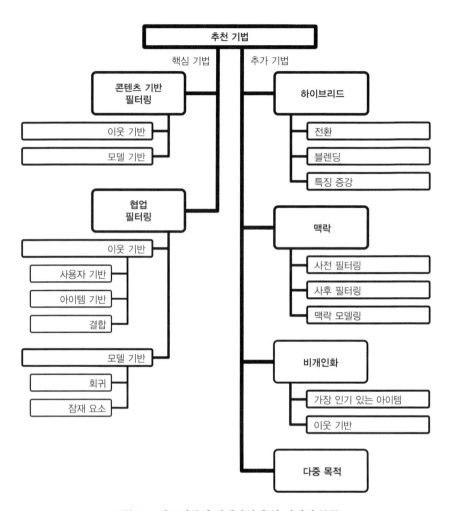

그림 5.4 알고리즘 측면에서의 추천 기법의 분류

에도 핵심 알고리즘들을 결합해 하이브리드 모델로 만들고 맥락 데이터와 2차적 최적화 목적을 위해 모델들을 확장하고 기존의 핵심 기법들이 개인화를 위한 데이터의 부족으로 인해 최적의 솔루션이 아닌 경우에 추천을 제공하는 다양한 솔루션이 있다. 이후 절에서 이 기법들을 자세히 알아본다.

추천 기법의 계층은 알고리즘과 구현 대신 사용 시나리오에 집중한다면 달라질 것이다. 이 분류를 시각화하는 방법은 그림 5.5에 나타나 있다. 여기서는 모든 사용

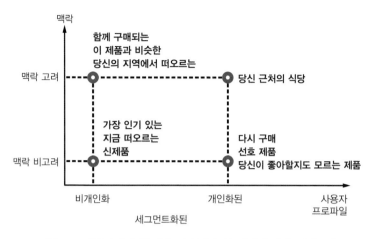

그림 5.5 전형적인 추천 사용 사례와 추천 기법의 해당 카테고리

사례를 두 가지 차원으로 분류한다. 하나는 비개인화부터 세그멘트화를 거쳐 일대
일 개인화에 이르는 개인화의 차원이고 다른 하나는 맥락에 상관없음부터 맥락을
잘 고려함에 이르는 맥락 정보의 차원이다. 이전에 언급했던 중요 추천 기법, 즉
콘텐츠 기반과 협업 필터링은 그림 5.5의 사각형에서 개인화되고 맥락은 상관하
지 않는 코너에 위치해 있고 각 사용자의 과거 구매, 레이팅, 조회 등과 같은 상호
작용 기록에 기반을 두고 추천을 제공한다. 사용자 인터페이스에서 이런 추천들은
'당신이 좋아할 것 같은', '당신의 조회 기록에 기반을 두고 추천된'과 같은 항목으
로 보여지거나 간단하게 '다시 구매하기'로 보여질 수도 있다. 이런 추천은 사용자
의 위치, 요일, 시간 등과 같은 맥락 정보를 사용해 더욱 개인화될 수도 있다. 이
런 종류의 추천 시스템의 좋은 예로는 사용자의 상호 작용 기록과 위치에 기반을
두고 '당신 주위의 식당'을 추천하는 식당 추천 시스템을 들 수 있다. 다른 접근은
개인 프로파일 대신 전체적 통계와 아이템 성질을 사용해 개인화되지 않은 기법을
사용할 수 있다. 사용자 인터페이스에서 이런 추천들은 '가장 인기 있는', '뜨는',
'새롭게 출시된' 등과 같은 항목으로 표현된다. 여기서 개인화된 추천들과 개인화
되지 않은 추천들은 다양한 방법으로 조합할 수 있다. 예를 들어 사용자의 상호 작
용 기록에 의해 선택된 추천은 인기 순위로 정렬될 수 있고 가장 인기 있는 아이템
들은 사용자의 선호에 의해 제품의 카테고리 내에서 선택될 수 있다. 마지막으로
개인화되지 않은 추천의 맥락은 사용자의 위치나 마케팅 채널 특성에 따라 반영
할 수 있다. 예를 들어 제품 상세 페이지는 현재 검색되는 아이템의 맥락에 기반을

두고 '자주 함께 구매되는' 또는 '이 상품과 비슷한'과 같은 추천 항목을 포함할 수 있다.

5.5 콘텐츠 기반 필터링

우리가 공부할 첫 번째 추천 기법은 주로 카탈로그 데이터에 기반을 두고 레이팅 행렬에 들어 있는 정보 중에서 작은 일부만 사용한다. 이는 이 기법이 콘텐츠 필터링이라는 이유다. 콘텐츠 필터링의 주요 아이디어는 매우 간단하다. 그림 5.6에서 알 수 있듯이 사용자가 과거에 긍정적으로 평가했던 아이템을 선택하고 그 아이템과 비슷한 다른 아이템을 추천하는 것이다. 중요한 사항은 유사성 지표는 아이템 콘텐츠[1]에 기반을 두고 다른 사용자에 의해 함께 자주 구매 또는 평가되는 것과 같은 행동 기반 데이터는 포함하지 않는다는 것이다. 이는 콘텐츠 기반 추천 시스템은 레이팅 행렬의 한 열, 즉 추천이 준비되는 사용자의 프로파일만 사용한다는 뜻이다. 레이팅 정보의 이런 제한된 사용은 다양한 종류의 정교한 아이템 특성을 사용하는 유사성 함수에 의해 보완된다. 추천은 이것들의 유사성 스코어 그리고 선

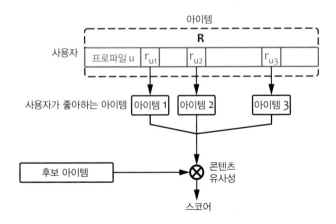

그림 5.6 콘텐츠 필터링에 대한 유사성 기반 접근

---

1   이 지표의 자세한 내용에 대해서는 4장, '검색'을 참고하길 바란다. 가장 흔한 예 중 하나는 4.3.5절, 'TF×IDF 스코어링 모델'에 나타나 있는 텍스트 기술 사이의 거리를 측정하는 TF×IDF 거리다.

택적으로 프로파일 내의 해당 아이템의 레이팅 값에 의해 정렬된다. 예를 들어 아이템 1이 그림 5.6에 보이는 예에서 가장 좋은 레이팅을 갖고 있다면, 즉 $r_{u1} > r_{u2}$이고 $r_{u1} > r_{u3}$이면 아이템 1과 비슷한 후보 아이템은 아이템 2, 3과 비슷한 아이템보다 상위 순위에 놓이게 된다.

위와 같은 콘텐츠 필터링에 대한 접근은 레이팅 예측의 최근접 이웃 모델에 의존하기 때문에 어느 정도 제한적이다. 후보 아이템은 사용자 프로파일 안의 아이템에 대한 평균 페어와이즈 유사성에 기반을 두고 판정된다. 콘텐츠 필터링 문제의 보다 일반적이고 유연한 해석은 각 아이템이 사용자 프로파일에서 훈련된 회귀 또는 분류 모델을 사용해 평가된 머신 러닝 작업으로 간주하는 것이다. 즉 각 사용자에 대해 그 사용자가 특정 아이템을 좋아할 것인지의 여부를 예측하는 프로파일 모델을 만드는 것이다. 이 모델은 프로파일로부터의 아이템을 사용해 훈련된다. 사용자에 의해 평가된 각 아이템은 콘텐츠 분석기에 의해 특징 벡터로 변환되고 해당 레이팅은 훈련 레이블로 사용한다. 각 후보 아이템 역시 특징 벡터로 변환되고 그림 5.7에 나타나 있듯이 프로파일 모델을 사용해 평가된다. 마지막으로 추천 리스트는 예측된 레이팅에 따라 후보 아이템을 정렬하고 가장 위의 아이템을 선택함으로써 생성된다. 그림 5.6에 나타난 유사성 기반 접근은 프로파일 모델이 최근접 이웃 분류기를 사용한다는 가정하에서 보다 일반적인 스키마의 특수 사례로 그림 5.7에 제시됐다.

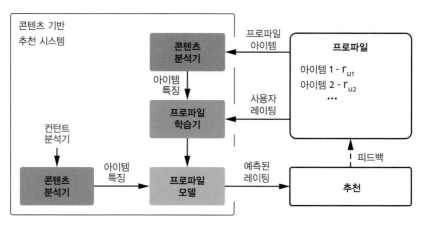

그림 5.7 콘텐츠 필터링에 대한 레이팅 예측 접근

콘텐츠 필터링은 다른 추천 기법에 비해 강점과 약점이 있다. 콘텐츠 기반 추천 시스템의 주요 장점은 다음과 같다.

- **사용자 독립** 콘텐츠 필터링은 추천하게 될 사용자에 의해 제공된 레이팅만 사용한다. 이는 전체 시스템 사용자가 적을 때나 전체 수집된 레이팅의 숫자가 적을 때 매우 큰 장점이 되고 이는 새로운 추천 시스템이 개통됐을 때나 과거 기록의 양이 적을 때 자주 일어난다. 이 문제는 종종 콜드 스타트Cold start 문제라고 한다. 사용자 독립의 두 번째 장점은 독특한 취향을 가진 사용자들에게 추천할 수 있는 능력이고 이는 평균적인 취향을 따르는 경향이 있는 사용자 유사성에 의존하는 시스템에서는 잘 작동하지 않는다.
- **새롭고 희귀한 아이템** 콜드 스타트 문제의 특이한 사례는 레이팅이 거의 없는 새롭거나 희귀한 아이템의 추천이다. 레이팅에 의존하는 추천 알고리즘은 이런 아이템을 추천하기 어렵고 이는 카탈로그 적용 범위에 부정적인 영향을 미친다. 콘텐츠 필터링은 콘텐츠 유사성에 기반을 두고 추천하므로 이런 문제와 별 상관이 없다. 이 능력은 전에 얘기했던 롱테일 성질의 맥락에서 볼 때 매우 중요하다. 카탈로그는 매우 긴 기간 동안에도 레이팅이 거의 생기지 않는 희귀한 아이템을 가질 수 있다. 같은 이슈는 의류 스토어와 같이 상품 구성이 빨리 바뀌는 영역에서도 일어나는데, 이 경우 아이템에 대한 충분한 통계를 빨리 구하기 어려울 수 있다.
- **다른 카테고리 추천** 콘텐츠를 고려하지 않고 특정 종류의 추천을 하는 것은 매우 어렵거나 불가능할 수 있다. 예를 들어 구매 패턴만 갖고 의류를 구매했던 고객에게 가구를 추천하기는 어렵다. 왜냐하면 두 카테고리를 동시에 구매한 사용자 수는 매우 적기 때문이다[Ghani and Fano, 2002]. 나중에 다루겠지만 콘텐츠의 특징이 적합하다면 콘텐츠 필터링은 이런 종류의 작업에 좋은 솔루션이다.
- **카탈로그 데이터의 사용** 콘텐츠 필터링은 카탈로그 데이터를 사용하고 이는 추천에 대한 중요한 정보의 출처다. 이는 이 데이터를 무시하는 다른 종류의 추천 기법들과 대비된다.
- **해석 가능성** 콘텐츠 기반 시스템에 의해 제공된 추천은 종종 해석할 수도 있고 사용자에게 설명할 수도 있다. 왜냐하면 아이템의 점수는 특정 콘텐츠의 성질에 기반을 두고 있기 때문이다. 예를 들어 영화 추천 시스템은

특정 사용자가 과거에 액션 영화에 좋은 점수를 줬으므로 액션 영화를 추천한다고 설명할 수 있다. 다른 종류의 추천 기법은 이런 식으로 설명 또는 해석하기가 어려울 수 있다.

반면 콘텐츠 필터링은 여러 가지 단점도 존재한다.

- **특징 엔지니어링** 특징 엔지니어링은 콘텐츠 필터링에서 핵심적인 역할을 하고 레이팅 예측의 품질은 카탈로그 데이터와 특징 디자인의 품질과 완전성에 좌우된다. 카탈로그 아이템에 대한 특징 엔지니어링은 텍스트로 된 제품 설명에서도 어려울 수 있다. 왜냐하면 검색에서도 문제가 됐던 다의성, 동의성 및 다른 이슈들이 여기에도 존재하기 때문이다. 이 문제는 음악의 장르와 같이 각 아이템에 대한 콘텐츠 태그를 수동으로 붙여야 하는 경우 또는 고급 딥러닝 기술을 활용해야 하는 경우인 이미지, 영화, 음악 등에 대해 매우 어려운 문제가 된다. 콘텐츠 관리와 특징 엔지니어링은 콘텐츠 필터링의 실제 응용에서의 중요한 문제이며 이 절의 나머지 부분에서 이를 좀 더 자세히 알아본다.
- **신규 사용자** 콘텐츠 필터링은 새로운 아이템에 대해 콜드 스타트 문제를 해결하는 데 도움이 되지만 콜드 스타트 문제의 두 번째 변종인 프로파일이 비어 있는 새로운 사용자에게 추천할 수는 없다.
- **사소한 추천** 콘텐츠 필터링의 가장 중요한 약점 중 하나는 사소한 추천을 하는 경향이다. 즉 참신하거나 우연적이지 않은 추천을 한다는 것이다. 이는 같은 시리즈의 다른 책을 추천하는 것과 같은 가까운 아이템을 추천하는 콘텐츠 기반 판정의 직접적인 결과다.

5장에서는 콘텐츠 기반 추천 기법의 분석을 좀 더 자세히 알아본다. 먼저 프로파일 모델의 두 가지 예를 살펴본 후에 소매 영역에서의 추천 시스템을 위해 개발된 고급 특징 엔지니어링 기법을 알아본다.

5.5.1 최근접 이웃 접근

이전에 언급했듯이 k 최근접 이웃 알고리즘을 프로파일 모델로 사용하면 콘텐츠 기반 추천 시스템을 구현할 수 있다. 어떻게 이를 구현할 것인지 알아보자. 먼저 사용자 u에 의해 평가된 아이템의 집합을 i_u라고 가정해보자. 각 아이템 j는 검색 서비스에서와 마찬가지로 하나 이상의 속성이나 필드를 갖고 있는 문헌 d_j에 의해 표현된다. 즉 아이템 i_u의 집합은 문헌 $\mathbf{D_u}$의 집합에 대응한다. 각 후보 아이템 i에 대해 각 문헌 표현 d_i와 $\mathbf{D_u}$ 내의 각 문헌에 대해 유사성 지표를 계산할 수 있다. d_i에 가장 높은 유사성을 갖고 있는 $\mathbf{D_u}$ 안의 k 문헌은 식 (5.14)와 같다.

$$\left\{ d_1^{ui}, \dots, d_k^{ui} \right\} \subset D_u \qquad (5.14)$$

이 문헌들은 유사성 지표에 관한 d_i의 k 최근접 이웃들이다. 아이템에 대한 사용자 레이팅은 최근접 이웃들의 평균 레이팅으로 예측된다.

$$\hat{r}_{ui} = \frac{1}{k} \sum_{t=1}^{k} r_u \left(d_t^{ui} \right) \qquad (5.15)$$

여기서 $r_u(d)$는 문헌 d에 대응하는 아이템의 레이팅이다. 이 추정값은 유사성 스코어에 따라 레이팅 가중값으로 적용해 더 조정될 수 있다.

$$\hat{r}_{ui} = \frac{1}{k} \sum_{t=1}^{k} r_u \left(d_t^{ui} \right) \cdot \text{sim} \left(d_i, d_j^{ui} \right) \qquad (5.16)$$

유사성 지표는 검색 서비스에서 개발됐던 기법들을 사용해 계산된다. 인기 있는 접근 중 하나는 벡터 스페이스 모델을 사용하는 것이다. 아이템 문헌의 텍스트 필드는 스테밍과 불용어를 사용해 처리되고 각 문헌 필드는 용어 벡터로 표현되며 해당 필드 사이의 거리는 $TF \times IDF$ 모델에 따라 계산되고 다른 필드에 대한 스코어는 신호 믹싱 함수를 사용해 최종 유사성 스코어로 계산된다. 유일한 차이는 $TF \times IDF$ 유사성 스코어가 문헌과 질의에 의해 계산되는 것이 아니라 문헌의 쌍에 의해 계산된다는 것이다.

두 번째 인기 있는 옵션은 기본적인 벡터 스페이스 모델 대신 잠재 토픽 모델을 사용하는 것이다. 각 문헌 필드는 잠재 의미 분석(LSA)이나 잠재 디리클레 할당(LDA)을 사용해 잠재 토픽의 공간 안에서 벡터로 표현되고 해당 벡터 간의 거리는 잠재 의미 공간에서 해당 벡터 간의 코사인 거리로 계산되며 각 필드에 대한 스코어는 합쳐져서 최종 스코어가 된다. 이는 검색에서 알아본 LSA 및 LDA 기법과 거의 똑같다. LDA 기반 판정은 종종 LSA와 기본적인 TF×TDF 모델보다 뛰어나다고 간주된다[Falk, 2017]. 이는 뉴욕타임즈의 기사 추천 엔진과 같은 주요 산업 시스템에서 성공적으로 사용됐다[spangher, 2015]. 반면 LSA는 영화 추천과 같은 특정 영역에서는 LDA보다 뛰어나다고 알려져 있다[Bergamaschi 등, 2014]. 이 결과들은 사용한 데이터와 품질 평가 기법에 달려 있다.

5.5.2 나이브 베이즈 분류기

이번에 고려할 콘텐츠 필터링의 두 번째 접근법은 도서 추천을 위해 개발됐다[Mooney and Roy, 1999]. 최근접 이웃 회귀와 비교할 때 이 방법은 휴리스틱 유사성 지표가 아니라 텍스트 분류를 위한 표준 알고리즘인 나이브 베이즈 분류기를 레이팅을 예측하기 위한 프로파일 모델로 사용한다.

첫째, 카탈로그 내의 각 아이템이 복수의 텍스트 속성을 갖고 있다고 가정해보자. 예를 들어 책은 제목, 저자 요약, 리뷰, 고객 코멘트, 관련된 책들, 관련된 저자들 등과 같은 다양한 속성을 가질 수 있다. 여기서 속성에 토큰화, 스테밍, 불용어 등을 적용하고 각 속성을 단어에 해당하는 원소 벡터인 단어 주머니로 모델링한다. 이 값은 속성 텍스트 내의 단어가 나타나는 횟수가 된다. 즉 각 아이템은 복수의 필드를 갖고 있는 문헌으로 표현되고 각 필드는 해당 속성의 단어 주머니 모델이다.

다음으로 프로파일 모델을 만들어야 한다. 콘텐츠 기반 추천의 궁극적인 목표는 각 사용자의 선호에 따라 아이템을 정렬하는 것이다. 이 문제에는 두 확률을 추정하는 이진 분류기로 접근할 수 있다. 두 확률은 사용자에 의해 아이템이 긍정적으로 레이팅될 확률과 부정적으로 레이팅될 확률이 된다. 이 둘 사이의 비율은 아이템이 긍정적으로 또는 부정적으로 레이팅될 것인지의 여부를 가리키고 이를 추천 아이템에 대한 랭킹 스코어로 사용할 수 있다. 여기서 사용자가 아이템을 1부터 r_{max}까지의 스코어로 평가할 수 있고 $r_{max}/2$ 이하의 점수는 부정적, $r_{max}/2$ 이상의 점수는 긍정적이라고 가정해보자. 예를 들어 1부터 10까지의 별점이 있다고 가정하면 1~5는 부정적, 6~10은 긍정적이 된다.

나이브 베이즈 분류기의 주요 아이디어는 문헌 $\mathbf{d}$가 특정 클래스 $\mathbf{c}$에 속할 확률을 클래스 c의 문헌에서 단어 w가 발생하는 조건부 확률을 사용해 추정하는 것이다. 여기서 조건부 확률들은 독립이라고 가정한다. 이 접근은 식 (5.17)로 표현된다.

$$\Pr(c_j \mid d) = \frac{\Pr(c_j)}{\Pr(d)} \prod_{w_i \in d} \Pr(w_i \mid c_j) \tag{5.17}$$

여기서 c_j는 문헌 클래스, 즉 긍정적일 경우 c_1, 부정적일 경우 c_0이 되고 $\Pr(c_j)$는 훈련 데이터에서 클래스 c_j의 경험적 확률(클래스에 속하는 문헌의 부분), $\Pr(w_i \mid c_j)$는 단어 w_i의 경험적 조건부 확률(그 단어를 포함하는 클래스 c_j의 문헌의 부분)이다. 이 기본적인 베이즈 규칙은 각 아이템 문헌에 있는 복수의 필드를 지원하기 위해 확장돼야 한다. 각 아이템의 문헌에 F개의 필드가 있고 각 필드 f_{qm}은 $|f_{qm}|$개의 단어를 담고 있는 텍스트 정보라고 가정하면 클래스 확률의 사후 클래스에 대한 식 (5.18)은 다음과 같다.

$$\Pr(c_j, d) = \frac{\Pr(c_j)}{\Pr(d)} \prod_{m=1}^{F} \prod_{w_i \in f_m} \Pr(w_i \mid c_j, f_m) \tag{5.18}$$

아이템의 랭킹 스코어는 식 (5.19)와 같이 추정되고

$$\text{score}(d) = \frac{\Pr(c_1 \mid d)}{\Pr(c_0 \mid d)} \tag{5.19}$$

추천 리스트의 아이템은 높은 순서부터 차례대로 정렬될 수 있다.

그다음 단계는 식 (5.18)의 확률을 사용자가 평가한 아이템을 담고 있는 사용자 프로파일에 기반을 두고 추정하는 것이다. 이전에도 얘기했듯이 사용자 레이팅은 1부터 r_{max}까지의 스케일이다. 사용자가 Q개의 아이템을 평가했다면 각 레이팅을 각각 2개의 보조 변수에 할당한다.

$$\alpha_{q1} = \frac{r_q - 1}{r_{max} - 1}, \quad q = 1, \ldots, Q \tag{5.20}$$

$$\alpha_{q0} = 1 - \alpha_{q1}, \quad q = 1, \ldots, Q \tag{5.21}$$

여기서 r_q는 사용자 프로파일 안의 원래 레이팅이다. 여기서 알고리즘은 활동하는

사용자의 프로파일만 사용하기 때문에 모든 식에서 사용자 기호 u는 생략됐다. 클래스 확률은 식 (5.21)과 같이 추정된다.

$$Pr(c_j) = \frac{1}{Q} \sum_{q=1}^{Q} \alpha_{qj}, \quad j = 0, 1 \tag{5.22}$$

단어의 조건부 확률은 아이템 문헌의 각 필드에 대해 따로 추정돼야 한다. 문헌 q의 필드 m 내에서 단어 w_i가 등장하는 숫자가 $n_{qm}(w_i)$로 표현된다면 단어의 조건부 확률은 다음과 같이 추정된다.

$$Pr(w_i \mid c_j, \text{field} = m) = \sum_{q=1}^{Q} \alpha_{qj} \cdot \frac{n_{qm}(w_i)}{L_{jm}}, \quad m = 1, \ldots, F \tag{5.23}$$

여기서 L_{jm}은 클래스 j에 대한 필드 m 내의 가중된 텍스트 길이다.

$$L_{jm} = \sum_{q=1}^{Q} \alpha_{qj} \cdot \mid f_{qm} \mid, \quad m = 1, \ldots, F \tag{5.24}$$

필드의 길이는 단어 주머니 표현 내의 단어의 숫자로 정의된다. 이 추정값은 식 (5.18)로부터 사후 문헌 클래스 확률을 평가할 수 있게 해주고 최종적으로 판정할 수 있게 해준다. 확률 $Pr(d)$는 판정 식 (5.19)에서 서로 상쇄되기 때문에 무시될 수 있다.

예 5.1

나이브 베이즈 분류기가 어떻게 추천을 생성하고 이것의 한계가 무엇인지 알아보기 위해 수리적인 예를 하나 든다. 카탈로그 내의 각 도서가 제목과 요약 2개의 필드가 있는 문헌에 의해 표현된 온라인 서점을 가정해본다. 1부터 10까지의 스케일로 평가된 두 책이 들어 있는 사용자 프로파일을 이용해 프로파일 모델을 만든다. 원래 프로파일은 다음과 같다.

책 1
제목: Machine learning for predictive data analytics

개요: Detailed treatment of data analytics applications including price prediction and customer behavior

평점: 8

책 2

제목: Machine learning for healthcare and life science

개요: Case studies specific to the challenges of working with healthcare data

평점: 3

먼저 텍스트 필드를 단어 주머니로 변환하고 불용어를 제거하면 다음을 얻는다.

제목$_1$: (machine, learning, predictive, data, analytics)

개요$_1$: (detailed, treatment, data, analytics, applications, including, price, prediction, customer, behavior)

제목$_2$: (machine, learning, healthcare, life, science)

개요$_2$: (case, studies, specific, challenges, working, healthcare, data)

다음으로 식 (5.20)과 식 (5.21)에 따라 클래스 근접성 값을 계산한다.

$$\alpha_{11} = \frac{8 - 1}{9} = \frac{7}{9} \tag{5.25}$$

$$\alpha_{10} = 1 - \alpha_{11} = \frac{2}{9} \tag{5.26}$$

$$\alpha_{21} = \frac{3 - 1}{9} = \frac{2}{9} \tag{5.27}$$

$$\alpha_{20} = 1 - \alpha_{21} = \frac{7}{9} \tag{5.28}$$

이 값들을 식 (5.22)에 따라 클래스 확률을 추정하는 데 사용한다. 사용자가 첫 번째 책은 좋아하고(별점 8) 두 번째 책은 좋아하지 않았으므로(별점 3) 확률은 같다.

$$\Pr(c_0) = \frac{1}{2}(\alpha_{10} + \alpha_{20}) = \frac{1}{2}$$

$$\Pr(c_1) = \frac{1}{2}(\alpha_{11} + \alpha_{21}) = \frac{1}{2} \tag{5.29}$$

식 (5.24)에 따라 가중값으로 적용한 필드의 길이를 계산하면 식 (5.30)과 같다.

$$L_{0,\,title} = \alpha_{10}\,|\,title_1\,| + \alpha_{20}\,|\,title_2\,| = \frac{2}{9}\cdot 5 + \frac{7}{9}\cdot 5 = 5$$

$$L_{1,\,title} = \alpha_{11}\,|\,title_1\,| + \alpha_{21}\,|\,title_2\,| = 5$$

$$L_{0,\,synopsis} = \alpha_{10}\,|\,synopsis_1\,| + \alpha_{20}\,|\,synopsis_2\,| = \frac{23}{3} \tag{5.30}$$

$$L_{1,\,synopsis} = \alpha_{11}\,|\,synopsis_1\,| + \alpha_{21}\,|\,synopsis_2\,| = \frac{28}{3}$$

마지막으로 식 (5.23)을 사용해 단어의 조건부 확률을 추정할 수 있다. 예를 들어 네거티브 클래스일 때 단어 price와 필드 synopsis의 조건부 확률을 예측해보자.

$$\Pr(price\,|\,c = 0,\ field = synopsis)$$

$$= \alpha_{10}\frac{n_{1,\,synopsis}(price)}{L_{0,\,synopsis}} + \alpha_{20}\frac{n_{2,\,synopsis}(price)}{L_{0,\,synopsis}} \tag{5.31}$$

$$= \frac{2}{9}\cdot\frac{1}{23/3} + \frac{7}{9}\cdot\frac{0}{23/3} = \frac{2}{69}$$

단어, 클래스와 필드의 모든 조합에 대한 확률을 추정함으로써 표 5.1과 같은 결과를 얻게 된다. 이 표는 추천 시스템에 의해 계산되고 저장되고 식 (5.18)과 식 (5.19)에 따라 추천을 정렬하는 데 사용할 프로파일 모델이 된다.

표 5.1은 나이브 베이즈 추천의 논리에 관한 유용한 통찰을 제시한다. 먼저 긍정적, 부정적 둘 다로 평가된 아이템은 각 영향이 상쇄되는 것을 볼 수 있다. 예를 들어 두 책 모두 제목에 machine learning이 있으므로 각 단어는 긍정적, 부정적 클래스에 대해 같은 확률을 갖게 되고 이 값들은 판정에 사용하는 비율인 (5.19)에서 서로 상쇄된다. 부정적으로 평가된 책의 속성에 있는 단어들(예: healthcare)은 부정적 클래스에 대한 확률이 긍정적 클래스에 대한 확률보다 높다는 점에서 부정적 신호로 해석된다. 또한 다른 단어들(예: behavior)은 긍정적인 신호로 해석된다. 실제로 이런 해석들은 정확할 수도 있고 정확하지 않을 수도 있다. 이 예에서 사용자는 두 번째 책 machine learning for healthcare를 좋아하지 않았다. 우리는 여

표 5.1 나이브 베이즈 프로파일 모델의 예

	제목		시놉시스	
	c=0	c=1	c=0	c=1
analytics	0.044	0.160	0.029	0.083
applications	0.000	0.000	0.029	0.083
behavior	0.000	0.000	▶0.029	▶0.083
case	0.000	0.000	0.100	0.024
challenges	0.000	0.000	0.100	0.024
customer	0.000	0.000	0.029	0.083
data	0.044	0.160	0.130	0.110
detailed	0.000	0.000	0.029	0.083
healthcare	▶0.160	▶0.044	0.100	0.024
including	0.000	0.000	0.029	0.083
learning	▶0.200	▶0.200	0.000	0.000
life	0.160	0.044	0.000	0.000
machine	▶0.200	▶0.200	0.000	0.000
prediction	0.000	0.000	0.029	0.083
predictive	0.044	0.160	0.000	0.000
price	0.000	0.000	0.029	0.083
science	0.160	0.044	0.000	0.000
specific	0.000	0.000	0.100	0.024
studies	0.000	0.000	0.100	0.024
treatment	0.000	0.000	0.029	0.083
working	0.000	0.000	0.100	0.024

기서 그 이유를 정확히 알 수 없다. 이 책이 잘 쓰여지지 않았을 수도 있고 헬스케어 영역이 사용자와 별 상관이 없을 수도 있다. 사용자가 이 책을 구매하고 읽은 후에 평가했다고 가정하면 사용자는 이 책이 헬스케어 분야의 책이라는 것을 알고 의도적으로 선택했을 것이므로 첫 번째 설명이 두 번째 설명보다 설득력이 있게 된다. 나이브 베이즈 모델은 단어 healthcare를 부정적 신호로 해석하므로 제목에 이 단어가 들어가 있는 모든 책은 낮게 평가될 것이다. 품질과 콘텐츠의 적합성 사

이에서 차별화할 수 있는 능력의 한계는 콘텐츠 기반 필터링의 가장 큰 단점 중 하나다. 나중에 살펴보겠지만 협업 필터링은 이 문제에 대해 다른 접근을 하고 아이템의 품질 신호에 보다 중점을 둔다.

5.5.3 콘텐츠 필터링을 위한 특징 엔지니어링

콘텐츠 필터링의 주요 아이디어는 아이템 콘텐츠를 판정하는 회귀 또는 분류 모델을 만드는 것이다. 분류의 품질은 가용한 아이템 속성과 모델링의 품질에 좌우되기 때문에 조심스러운 특징 엔지니어링을 요구한다. 사소한 속성은 사소하거나 의미 없는 추천으로 이어지고 세심하게 디자인된 특징은 사용자 의사 결정을 정확하게 예측하는 추천 시스템을 가능하게 만들어준다. 의류 영역에서의 예를 살펴보자 [Ghani and Fano, 2002 ; Ghani 등, 2006]. 드레스, 블라우스 또는 코트와 같은 여러 의류를 구매한 후에 평가한 사용자를 예로 들어보자. 평균적인 제품 정보 시스템은 제품 카테고리, 가격, 색깔과 같은 각 아이템의 기본적인 정보를 제공해줄 것이다. 이런 속성을 활용해 아이템 간의 유사성을 계산하는 기본적인 추천 시스템은 같은 카테고리, 같은 가격대, 같은 색깔의 아이템을 추천할 것이다. 이와 같은 접근은 나쁜 추천을 하지는 않겠지만 적어도 두 가지 문제가 있다. 먼저 고객의 선택은 성격, 태도, 라이프스타일에 많이 좌우된다. 고객은 의류를 스타일과 기능성 측면, 즉 캐주얼과 정장, 스포츠와 비즈니스, 보수적과 화려함 등과 같은 스펙트럼 사이에서 선택한다. 사용자와 의류 모두 그러한 심리적 측면의 특징으로 기술될 수 있고 추천은 특정 스타일과 태도에 대한 사용자의 관련성에 따라 제공된다. 제품 카테고리와 가격 등과 같은 기본적인 속성만 사용하는 추천 시스템은 이런 잠재적인 관련성을 인지할 수 없다. 다른 카테고리 간의 추천과 같은 특정 추천 형태는 기본적인 특징만 있는 경우 구현하기 어렵다. 그중 한 가지 이유는 제품 속성의 레이아웃은 다른 카테고리에 따라 달라지므로 다른 카테고리에 속한 아이템들을 비교하고 평가할 수 있는 유사성 지표를 정의하기는 매우 어렵기 때문이다. 예를 들어 대형 백화점은 의류, 주방 기구, 가구를 모두 취급할 수 있다. 하지만 의류 구매에 기반을 두고 가구를 추천하기는 어렵다. 왜냐하면 의류와 가구는 다른 속성과 의미를 갖고 있기 때문이다. 예를 들어 크기 속성은 드레스와 침대에 비해 매우 다른 의미를 갖고 있다. 여기서 심리적인 속성은 해결책이 될 수 있는데, 왜냐하면 보수적인 의류를 구매하는 사용자에게 보수적인 스타일의 침대를 추천할 수 있기 때문이다.

여기서 알 수 있는 것은 제품명, 설명, 고객 리뷰 등과 같은 텍스트 제품 속성은 종종 제품의 심리적인 속성에 대한 암시적 신호를 갖고 있다는 점이다. 제품명과 설명을 만들어내는 머천다이저들은 제품을 특정 고객층에게 어필하기 위해 스타일리시, 섹시, 럭셔리와 같은 특정 단어들을 선택하곤 한다. 이런 사실은 제품의 관련성을 특정 심리적 성질에 대해 명시하고 해당 제품의 특징들을 정의하기 위해 활용될 수 있다. 이런 특징들은 프로파일 모델을 훈련시키고 평가하는 데 사용할 수 있다. 좀 더 구체적으로는 암시적인 심리적 특징들을 뽑아내기 위해 다음과 같은 기법들을 사용할 수 있다[Ghani and Fano, 2002].

- 먼저 특정 영역의 지식을 활용해 제품 특징들의 집합을 정의한다. 표 5.2는 의류 영역에서의 그러한 특징들의 예다.

표 5.2 의류 영역에 대한 심리적인 특징의 예

특징명	특징의 값
연령별 그룹	제품에 대한 가장 적절한 연령별 그룹: 주니어, 10대, 성인 등
기능성	전형적 제품 사용 시나리오: 저녁 의상, 스포츠웨어, 비즈니스 캐주얼, 정장 등
격식의 정도	격식을 차리지 않은 의상부터 매우 격식을 차린 의상까지
보수성의 정도	회색 정장과 같은 매우 보수성부터 현란한 의상까지
스포티함의 정도	헐렁한 또는 격식을 차린 옷부터 운동복까지
유행의 정도	유행을 타지 않는 클래식부터 매우 빠르게 유행을 타는 의상까지
브랜드 어필의 정도	알려지지 않았거나 어필되지 않는 브랜드에서 강하게 어필되는 브랜드까지

- 아이템의 부분 집합은 이전 단계에서 정의된 특징에 따라 영역 전문가들에 의해 이름이 붙여진다. 이 집합은 텍스트 제품 설명 및 브랜드명, 크기와 같은 다른 표준 속성에 기반을 두고 심리적 레이블을 예측하는 분류 모델을 훈련시키는 데 사용한다. 예를 들어 높은 정도의 정장 스타일이나 인기도를 가리키는 제품 설명의 단어들을 찾아내는 나이브 베이즈 분류기를 사용할 수 있다.
- 분류 모델은 나머지 남아 있는 아이템들의 이름을 붙이는 데 사용한다. 이는 머천다이저들이 최소한의 시간과 노력으로 매우 크고 자주 바뀌는 카탈로그를 태그하는 것을 가능하게 한다.

일부 추천 시스템은 수동으로 생성된 아이템 속성에 완전히 의존한다. 가장 잘 알려진 예는 음악 스트리밍 및 추천 서비스인 인터넷 라디오 판도라다. 판도라는 전문 음악 분석가들을 이용해 카탈로그에 있는 각 노래를 카탈로그에 있는 '아동 또는 아동스러운 보컬', '깔끔하다가 더러워지는 멜로디'와 같은 450가지 특징과 수동으로 연결시킨다. 음악 게놈 프로젝트라고 명명된 이 분석은 카탈로그가 수십만 개의 노래를 담고 있고 한 곡을 분류하는 데는 20분이 걸리기 때문에 엄청난 노력이 필요하다[Walker, 2009]. 이 메타데이터는 판도라의 중요 자산이고 음악 발견 서비스 시장에서 주요 경쟁 우위다.

5.6 협업 필터링 개관

콘텐츠 기반 필터링은 콘텐츠와 카탈로그 아이템 내용 사이의 유사성을 측정함으로써 사용자의 기호와 판단을 근사하려고 시도한다. 이 접근 방법의 단점은 인간의 취향은 기본적인 제품 속성으로 쉽게 표현될 수 없으므로 많은 제품 태깅과 고급 특징 엔지니어링이 좋은 결과를 얻기 위해 필요하다는 것이다. 반면 레이팅 행렬은 고객 취향과 판단에 대한 매우 많은 정보를 획득한다. 알려진 각 레이팅은 수동적으로 정해진 제품 속성으로 해석될 수 있고 사용자로부터의 레이팅과 다른 피드백 데이터의 집합은 심리적 특징을 가진 제품 태깅에 대한 크라우드소싱 접근으로 간주될 수 있다. 콘텐츠 필터링은 추천이 단일 프로파일 모델에 의해 생성되기 때문에 이 중요한 정보를 모두 활용하지 못한다. 이런 이유 때문에 협업 필터링이라고 알려진 다른 종류의 추천 기법을 살펴본다.

협업 필터링이라는 용어는 1992년에 제록스 PARC에서 개발된 뉴스와 아티클 추천 시스템인 타피스트리^{Tapestry}의 개발자들에 의해 창시됐다[Goldberg 등, 1992; Terry, 1993]. 타피스트리의 맥락에서 협업 필터링은 사용자들이 뉴스 이메일에 대한 피드백을 제공하고 다른 사용자들에 의해 제공된 피드백에 기반을 두고 들어오는 이메일의 우선순위를 정할 수 있다는 것이었다. 이는 추천 알고리즘이라기보다 이메일 필터링의 기능적인 특징이었다. 하지만 다른 사용자들의 피드백에 기반을 두고 추천 우선순위를 정할 수 있다는 아이디어는 많은 주목을 받았고 이 방법을 활용한 추천 기법들이 개발돼 아마존과 넷플릭스 등을 포함한 대규모 산업적 추천 시스템에 응용되기에 이르렀다. 협업 필터링의 의미도 레이팅 행렬 안의 가용한 정보에 기반을 둔 레이팅 예측에 집중하는 쪽으로 바뀌었다. 이런 새로운 협업 필터링의 정의는 행렬 완성 문제다. 즉 협업 필터링 기법은 레이팅 행렬을 입력으로 사용하는 행렬 완성 알고리즘이 된다. 협업 필터링은 사용자와 레이팅 행렬로부터 알려진 아이템 사이의 상호 작용을 기록하고 어떻게 비슷한 사용자들이 비슷한 아이템들을 과거에 평가했는지에 따라 주어진 사용자와 아이템 사이의 쌍에 대한 레이팅을 예측한다.

협업 기법의 중요한 장점은 카탈로그 아이템의 추가 정보 없이도 레이팅 행렬 안의 가용한 패턴과 유사성에 기반을 두고 추천할 수 있다는 것이다. 그 덕분에 이 기법은 특정 영역에 대한 지식과 데이터, 특징 엔지니어링이 필요한 콘텐츠 기반 필터링보다 더욱 널리 쓰이게 됐다. 더욱 중요한 것은 협업 필터링은 레이팅이 암묵적으로 인간의 기호와 판단을 기록하기 때문에 사용자의 심리적 프로파일을 암시적으로 설명해준다는 것이다. 이는 사소하지 않은 추천을 하는 데 도움을 준다. 하지만 협업 필터링은 몇 가지 약점도 있다.

- 레이팅의 희박함 협업 추천 시스템은 상당한 숫자의 알려지고 믿을 만한 레이팅이 필요하다. 레이팅이 희박하면 믿을 만한 레이팅 예측 모델을 만들기가 어렵다.
- 새로운 사용자와 아이템 협업 필터링은 특정 사용자나 아이템의 알려진 레이팅에 기반을 두고 특정 사용자와 아이템의 레이팅을 예측한다. 이는 협업 필터링은 알려진 레이팅이 별로 없는 새로운 사용자나 아이템에는 잘 작동하지 않음을 의미한다. 따라서 협업 필터링은 레이팅 데이터 이외에도 콘텐츠 정보를 활용하는 콘텐츠 기반 필터링과 비교했을 때 콜드 스타

트 문제에 취약하다.

- **인기도 편향** 협업 필터링은 레이팅 행렬의 전형적 패턴에 기반을 두고 추천하므로 인기 있는 아이템과 표준적 선택 방향으로 편향될 수밖에 없다. 이는 사소하지 않은 것을 추천할 수 있는 능력을 제한하고 특이한 취향을 가진 사용자를 추천하는 일을 어렵게 만든다.

- **제품 표준화** 협업 필터링은 자주 함께 구매되는 아이템을 인지할 수 있지만 기본적으로 각 아이템을 불투명한 독립 개체로 대한다. 이는 다른 크기의 의류 변종, 맞춤 가능 제품, 시간이 지나면서 업그레이드되는 제품 등과 같은 복잡한 내부 구조를 갖고 있는 제품의 모델링을 어렵게 한다.

- **영역에 대한 지식** 이전에 언급했듯이 협업 필터링의 장점은 제품의 특정과 속성에 관한 가정 없이도 레이팅 행렬의 정보를 이용해 추천할 수 있다는 것이다. 이는 전반적으로 잘 맞지만 특정 영역의 경우는 영역에 대한 가정을 할 필요가 있다. 예를 들어 협업 추천 시스템은 고객 취향의 변화를 가정해야 할 수도 있고 아닐 수도 있으며 레이팅의 최근 여부를 고려해야 할 수도 있고 아닐 수도 있다.

협업 필터링 알고리즘은 보통 2개의 그룹으로 나뉜다. 이웃 기반과 모델 기반. 이웃 기반(메모리 기반이라고도 함)은 최근접 이웃 접근, 즉 가장 비슷한 사용자나 아이템을 찾고 이것들의 기록으로부터 알려진 레이팅을 평균하는 방법을 사용해 주어진 사용자나 아이템에 대한 알려지지 않은 레이팅을 추정한다. 모델 기반 기법은 최근접 이웃 기법보다 복잡한 예측 모델을 사용한다. 최근접 이웃 모델은 일종의 예측 모델로 간주될 수 있으므로 둘 사이의 경계는 모호한 부분이 있지만 이웃 기반 기법의 실제적 중요성 때문에 둘을 따로 다루는 것이 좋다. 이후 절에서 이두 기법을 좀 더 자세히 알아본다.

5.6.1 베이스라인 추정

대부분의 실용적인 협업 필터링 모델은 레이팅 행렬 안에서의 복잡한 패턴들을 인지함으로써 사용자와 아이템 사이의 복잡한 상호 작용들을 발견할 수 있다. 이런 모델들을 다루기 전에 관찰된 레이팅들은 상대적으로 기본적인 모델들을 사용함으로써 간단하지만 확실한 패턴을 따른다. 이 기본적인 모델은 보다 정교한 협업 필터링 기법들에서 기본으로 사용할 수 있는 베이스라인 레이팅 추정을 제공한다.

전형적인 레이팅 행렬은 사용자와 아이템 간의 편향을 보여준다. 어떤 사용자는 다른 사용자보다 체계적으로 높은 평가를 하고 어떤 사용자는 다른 사용자보다 낮은 평가를 한다[Koren, 2009; Ekstrand 등, 2011]. 이는 어떤 사용자는 다른 사용자보다 더 또는 덜 깐깐하고 각 아이템마다 품질이 다르기 때문이다. 알려지지 않은 사용자 레이팅 r_{ui}에 대한 베이스라인 추정값을 식 (5.32)와 같이 정의하면 이런 사용자들과 아이템의 효과를 설명할 수 있다.

$$b_{ui} = \mu + b_u + b_i \qquad (5.32)$$

여기서 μ는 레이팅 행렬 $\mathbf{R}$ 안의 평균 레이팅, b_u는 평균으로부터 사용자 u의 관찰된 편차, b_i는 평균으로부터 아이템 i의 관찰된 편차다. 실제로 사용자와 아이템 편향은 상당한 효과가 있고 식 (5.32)에 의해 추정된 베이스라인 추정값은 상당한 예측력이 있다. 이 모델은 평균 사용자와 아이템 효과를 찾아내지만 이는 편향을 흡수하고 보다 전문화된 모델에 의해 발견될 수 있는 사용자-아이템 상호 작용을 나타내는 신호를 분별해내는 데 도움을 준다.

편향 μ, b_u, b_i는 이전 추정값의 평균 잔차 오류로서 순서대로 추정될 수 있다. 이는 먼저 μ를 계산하고 그다음에 아이템 편향 b_i를 계산한다.

$$b_i = \frac{1}{|U_i|} \sum_{i \in U_i} (r_{ui} - \mu) \qquad (5.33)$$

여기서 U_i는 아이템 i를 평가한 사용자들의 집합이다. 그러면 사용자 편향은 식 (5.34)와 같이 추정된다.

$$b_u = \frac{1}{|I_u|} \sum_{u \in I_u} (r_{ui} - \mu - b_i) \qquad (5.34)$$

여기서 I_u는 사용자 u에 의해 평가된 아이템들이다. 식 (5.33)과 식 (5.34)에 의해 계산된 추정값들은 사용자나 아이템에 대해 가용한 레이팅이 적은 경우의 레이팅 행렬에서는 안정적이지 않을 수 있다. 추정값의 안정성은 모수 λ_1과 λ_2를 추가함으로써 향상될 수 있다.

$$b_i = \frac{1}{|U_i| + \lambda_1} \sum_{i \in U_i} (r_{ui} - \mu)$$

$$b_u = \frac{1}{|I_u| + \lambda_2} \sum_{u \in I_u} (r_{ui} - \mu - b_i) \qquad (5.35)$$

이 조직화 모수들은 사용자나 아이템의 평가가 적을 경우 편향 b_i나 b_u의 크기를 감소시키므로 식 (5.32)에 의해 기술된 베이스라인 추정값은 전체 평균에 가까워지고 불안정한 편향 추정값에 덜 의존한다.

편향 추정값은 다음의 최소 제곱 문제를 풀면 더욱 정확하게 추정할 수 있다 [Koren, 2009].

$$\min_{b_i, b_u} \sum_{i, u \in R} (r_{ui} - \mu - b_i - b_u) + \lambda \cdot \left(\sum_u b_u^2 + \sum_i b_i^2 \right) \qquad (5.36)$$

여기서 R은 알려진 레이팅의 훈련 데이터, λ은 조직화 모수다. 이는 확률적 기울기 감소와 같은 표준 기법으로 풀 수 있는 간단한 최적화 문제다. 이 기법의 장점은 식 (5.36)은 쉽게 수정될 수 있고 일시적 효과와 같은 추가 제약과 변수들을 포함하기 위해 확장될 수 있다는 것이다.

예 5.2

베이스라인 추정 및 다른 협업 필터링 기법들을 설명하기 위해 샘플 레이팅 행렬을 살펴보자. 여기서는 넷플릭스 대회 이후 유명해진 영화 평점 데이터를 골라봤다. 5장에서 다루는 필터링은 영역에 상관 없이 적용할 수 있고 어느 아이템이나 사용할 수 있다. 따라서 여기에 나타나는 영화 이름은 식료품이나 의류와 같은 다른 영역의 제품들로 치환할 수 있다.

우리가 사용할 예는 표 5.3에 나타나 있는 6명의 사용자와 6개의 영화로 이뤄진 레이팅 행렬이다. 레이팅은 5점 만점인 별점(5 최고 1 최저)이다. 이 행렬은 28개의 알려진 평가와 8개의 알려지지 않은 평가를 담고 있으므로 99% 이상이 비어 있는 실제의 레이팅 행렬들과 비교하면 밀도가 매우 높은 행렬이다. 이 예에서 쉽게 몇

표 5.3 영화 추천 서비스에 대한 레이팅 행렬의 예

	포레스트 검프	타이타닉	대부	배트맨	매트릭스	에일리언
사용자 1	5	4	−	1	2	1
사용자 2	4	−	3	1	1	2
사용자 3	−	5	5	−	3	3
사용자 4	2	−	1	4	5	4
사용자 5	2	2	2	−	4	−
사용자 6	1	2	1	−	5	4

몇 패턴을 발견할 수 있다. 첫째, 처음 3명의 사용자는 드라마 영화(포레스트 검프, 타이타닉, 대부)를 액션 영화(배트맨, 매트릭스, 에일리언)보다 좋아한다. 둘째, 3번 사용자는 매우 후한 평점을 주고 2번 사용자는 매우 박한 평점을 준다. 좋은 협업 필터링 모델은 이런 패턴을 인식하고 적절한 예측을 제공한다.

여기서 알려지지 않은 레이팅에 관한 베이스라인을 추정해보자. 식 (5.33)과 식 (5.34)를 사용해 전체 평균과 편향 값을 계산하면 식 (5.37)을 얻는다.

$$\mu = 2.82$$
$$b_i = (-0.02 \quad +0.42 \quad -0.42 \quad -0.82 \quad +0.51 \quad -0.02) \quad (5.37)$$
$$b_u = (-0.23 \quad -0.46 \quad +1.05 \quad +0.53 \quad -0.44 \quad -0.31)$$

사소한 것 같지만 이 계수들은 사용자 3이 높은 평점을 주고(편향 +1.05) 배트맨이 낮은 평점을 받는 것(편향 −0.82)을 알 수 있다. 이 결과를 식 (5.32)의 베이스라인 추정에 대입하면 표 5.4와 같은 최종 레이팅 예측을 얻을 수 있다. 여기서 생성된 결과는 사용자와 영화 장르 사이의 관련성에 관한 우리의 직관적인 기대와 딱 들 어맞지 않는다.

표 5.4 베이스라인 레이팅 추정값의 예

	포레스트 검프	타이타닉	대부	배트맨	매트릭스	에일리언
사용자 1	5	4	[2.16]	1	2	1
사용자 2	4	[2.78]	3	1	1	2
사용자 3	[3.85]	5	5	[3.05]	3	3
사용자 4	2	[3.78]	1	4	5	4
사용자 5	2	2	2	[1.55]	4	[2.35]
사용자 6	1	2	1	[1.68]	5	4

5.7 이웃 기반 협업 필터링

협업 필터링에 대한 이웃 기반 접근은 두 사용자 또는 아이템이 공통적으로 갖고 있는 레이팅에 의해 정의된 아이템 또는 사용자 사이의 유사성 지표에 의존한다. 이 두 경우의 사용자 기반/아이템 기반 유사성은 별개지만 많은 공통점이 있다.

먼저 그림 5.8에 나타나 있는 사용자 기반 접근을 고려해보자. 추천 시스템의 목표는 특정 사용자가 다른 카탈로그 아이템에 부여할 레이팅을 예측하고 높은 예상 레이팅의 순서대로 아이템을 배열해 보여주는 것이다. 사용자가 카탈로그에 있는 몇몇 아이템을 이미 평가했다고 가정하면 레이팅 행렬의 해당 열은 몇몇 값을 가질 것이고 이 사용자들은 다른 사용자들이 긍정적으로 평가한 아이템을 좋아하고 부정적으로 평가한 아이템을 싫어한다는 측면에서 같은 아이템들을 비슷한 정서를 갖고 평가한 보다 많은 사용자를 찾아볼 수 있다. 이웃 기반 협업 필터링의 중요 아이디어는 비슷한 사용자들은 비슷한 취향과 선호를 가진다는 점에서 그들의 과거 레이팅은 특정 사용자의 미래 레이팅을 예측하는 데 사용할 수 있다는 것이다. 즉 추천 시스템은 특정 사용자에 의해 평가되지는 않았지만 이웃 사용자에 의해 긍정적으로 평가된 아이템을 추천할 수 있다. 이런 아이템에 의해 예측된 레이팅은 이웃 사용자들에 의해 제공된 레이팅의 평균으로 얻을 수 있다.

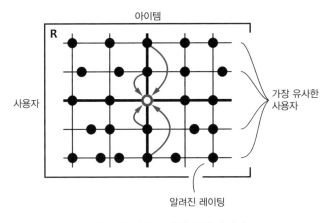

그림 5.8 사용자 기반 협업 필터링

그림 5.9에 나타나 있는 아이템 기반 접근은 사용자 기반 접근과 구조적으로 비슷하지만 사용자(열)가 아이템(행)으로 바뀐다. 특정 아이템에 대해 레이팅을 예측하기 위해 먼저 주어진 아이템과 비슷한 아이템, 즉 같은 사용자에 의해 비슷하게 평가된 아이템을 찾아야 한다. 다음으로 특정 사용자가 그 아이템에 부여할 레이팅은 그 사용자가 이웃에 속한 다른 아이템에 줬던 레이팅에 기반을 두고 추정된다. 여기서 중요한 가정은 과거에 몇몇 아이템을 긍정적으로 평가했던 사용자는 다른 사용자들에 의해 비슷하게 평가됐던 아이템들을 좋아할 것이라는 점이다.

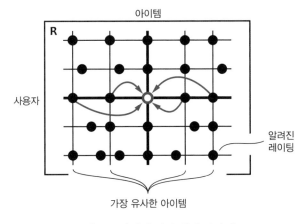

그림 5.9 아이템 기반 협업 필터링

사용자 기반/아이템 기반 협업 필터링은 모두 사용자와 아이템 사이의 유사성 지표에 관한 정의와 레이팅 평준화 기법이 필요하다. 사용자 기반과 아이템 기반 접근은 구조적으로 비슷하지만 각 접근은 다른 지표를 사용하고 다른 종류의 유사성과 레이팅 평준화 식들을 사용한다. 이후 절에서 이에 대해 더 자세히 살펴본다.

5.7.1 사용자 기반 협업 필터링

이웃 기반 협업 필터링의 두 주요 단계는 이웃에 포함돼야 하는 사용자 또는 아이템의 선택과 이웃의 레이팅 평균에 의해 이뤄지는 레이팅 예측이다. 사용자 기반 접근의 경우 이는 2개의 함수를 정의해야 한다는 것을 의미한다. 이 두 함수는 사용자에 대한 유사성 지표와 레이팅 평균 식이다. 이 두 함수의 변종에 대한 문헌은 학계와 산업계에 많이 존재하고 우리는 그중 가장 간단하고 잘 알려진 것을 살펴본 후 가능한 변종과 발전된 옵션들을 살펴본다.

유사성 지표를 정의하기 위해 아이템 I_u와 I_v를 평가한 두 사용자 u와 v를 가정한다. 두 사용자 모두에 의해 평가된 아이템은 식 (5.38)과 같다.

$$I_{uv} = I_u \cap I_v \tag{5.38}$$

유사성은 이 아이템들에 기반을 두고 정할 수 있다. 여기서 가장 흔한 방법은 피어슨 상관계수이고 이는 식 (5.39)와 같이 정의된다[Herlocker 등, 1999].

$$\text{sim}(u,v) = \frac{\sum_{i \in I_{uv}} (r_{ui} - \mu_u)(r_{vi} - \mu_v)}{\sqrt{\sum_{i \in I_{uv}} (r_{ui} - \mu_u)^2} \sqrt{\sum_{i \in I_{uv}} (r_{vi} - \mu_v)^2}} \tag{5.39}$$

여기서 μ_u와 μ_v는 평균 사용자 레이팅이다.

$$\mu_u = \frac{1}{|I_{uv}|} \sum_{i \in I_{uv}} r_{ui} \tag{5.40}$$

여기서 식 (5.40)은 피어슨 상관계수의 정의에 기반을 두고 공통된 아이템 I_{uv}에 대한 평균 사용자 레이팅을 계산한다. 따라서 이 값은 특정 사용자에 대해 일정하지는 않지만 각 쌍의 사용자에 대해서는 별개의 값을 갖는다. 실제로 사용자 u에 대해 이 사용자에 의해 평가된 모든 아이템 I_u를 사용하는 것은 흔한 일이다

[Aggarwal, 2016].

유사성 지표는 타깃 사용자 u와 가장 비슷한 k명의 사용자를 찾아낼 수 있게 해준다. 이웃의 크기 k는 추천 알고리즘의 모수다. 여기서 목표는 이 아이템에 대한 다른 사용자들의 레이팅을 평균함으로써 사용자 u와 아이템 i의 레이팅을 예측하는 것이므로 가장 비슷한 k명의 사용자를 고르는 것이 아니라 아이템 i를 평가했던 k명의 가장 비슷한 사용자를 고르는 것이다. 이 사용자의 집합을 S_{ui}^k라고 가정해보자. 이 집합은 레이팅 행렬이 아이템 i에 대해 충분한 레이팅을 갖고 있지 않거나 공통적으로 아이템을 평가한 충분한 숫자의 사용자 u을 갖고 있지 않으면 k보다 작은 수의 사용자를 가질 수 있다. 레이팅은 이웃 레이팅의 유사성 가중평균에 의해 추정될 수 있다.

$$\hat{r}_{ui} = \mu_u + \frac{\sum_{v \in S_{ui}^k} \text{sim}(u, v) \cdot (r_{vi} - \mu_v)}{\sum_{v \in S_{ui}^k} |\text{sim}(u, v)|} \tag{5.41}$$

식 (5.41)은 이전에 베이스라인 추정값에 대한 절에서 알아본 상호 작용 신호로부터 사용자 편향을 제거하기 위한 시도다. 전체적 사용자 평균 μ_u와 μ_v는 편향으로 간주돼 원 레이팅에서 차감되고 상호 작용 신호는 유사성 지표와 평균화된 레이팅의 곱으로 추정되며 사용자 편향 μ_u는 타깃 사용자의 선호를 반영하기 위해 다시 더해진다.

이제 식 (5.39)와 식 (5.41)의 대안들을 살펴보자. 여기에 나타난 대부분의 변종들은 실제 상황에서 추정값의 정확성과 계산적 안정성을 높여주기 위한 휴리스틱 조정들이다[Su and Khoshgoftaar, 2009; Breese 등, 1998]. 먼저 유사성 지표에 관한 몇 가지 선택들을 살펴보자.

기본적인 유사성 함수 피어슨 상관계수는 유사성에 관련된 좋은 옵션으로 알려져 있지만 코사인 유사성, 스피어만 랭크 상관계수, 평균 제곱 차이와 같은 다른 지표도 사용할 수 있다. 예를 들어 두 사용자 간의 코사인 유사성은 다음과 같다.

$$\text{sim}(u, v) = \frac{\sum_{i \in I_{uv}} r_{ui} \cdot r_{vi}}{\sqrt{\sum_{i \in I_{uv}} r_{ui}^2} \sqrt{\sum_{i \in I_{uv}} r_{vi}^2}} \tag{5.42}$$

이 대안들은 보통 피어슨 상관계수보다 성능이 떨어진다고 알려져 있고 회귀 분석을 통해 유사성 계수를 계산하는 것이 유사성 함수를 휴리스틱으로 선택하고 튜닝하는 것보다 더 효율적일 수 있다.

할인된 유사성 유사성 지표는 두 사용자에 의해 평가된 아이템에서만 계산된다. 이 추정값의 신뢰성은 두 사용자가 공통적으로 평가한 아이템 수에 기반하므로 아이템 서포트[Item support]라고도 하는 그 숫자에 기반을 두고 유사성 지표를 수정하는 것은 종종 효율적이다[Koren, 2008].

$$\text{sim}'(u, v) = \frac{|I_{uv}|}{|I_{uv}| + \lambda} \cdot \text{sim}(u, v) \tag{5.43}$$

정규화 모수 λ를 증가시키면 서포트가 낮은, 즉 신뢰성이 낮은 유사성 계수를 줄일 수 있다.

사용자 빈도의 역 피어슨 상관계수는 다른 표준 유사성 지표와 마찬가지로 집합 I_{uv} 안의 모든 아이템을 동일하게 취급한다. 어떤 아이템은 다른 아이템보다 더 강한 신호를 줄 수 있으므로 최적이 아닐 수도 있다. 예를 들어 두 사용자가 함께 희귀한 아이템을 평가했다면 이는 그들이 함께 인기 있는 대중적 아이템을 평가한 것보다 유사성에 대한 훨씬 강한 신호가 될 것이다. 이 아이디어는 각 단어가 빈도의 역에 비례해 가중되는 TF × IDF 유사성 지표에서 유래했다. 아이템 i의 사용자 빈도의 역(IUF)은 다음과 같이 정의할 수 있다.

$$w_i = \log\left(\frac{m}{|U_i|}\right) \tag{5.44}$$

여기서 m은 전체 사용자 수, $|U_i|$는 아이템 i를 평가한 사용자 수다. 이 가중값은 피어슨 상관계수에 다음과 같이 대입될 수 있다.

$$\frac{\sum_{i \in I_{uv}} w_i (r_{ui} - \mu_u)(r_{vi} - \mu_v)}{\sqrt{\sum_{i \in I_{uv}} w_i (r_{ui} - \mu_u)^2} \sqrt{\sum_{i \in I_{uv}} w_i (r_{vi} - \mu_v)^2}} \tag{5.45}$$

디폴트 레이팅 사용자 u와 v에 대한 유사성 지표는 보통 평가된 아이템 I_u와 I_v의 교집합에 의해 계산된다. 희박한 레이팅 행렬의 경우 이 교집합은 매우 작아지고 추정값의 신뢰성을 감소시킨다. 그 대안은 평가된 아이템 I_u와 I_v

의 교집합 대신 합집합에 의해 유사성을 계산하는 것이다. 이 경우 두 사용자 중 하나에 의해 평가된 아이템에 대해서는 디폴트 레이팅을 사용한다.

레이팅 예측 함수인 식 (5.41)은 유사성 지표를 가중값으로 사용해 평균화된 레이팅을 합산한다. 레이팅 평준화와 가중값 논리를 정하는 함수의 여러 가지 옵션이 있다.

표준 점수(Z-SCORE) 통계에서 z-score라고도 알려진 데이터 포인트 **x**의 표준 점수는 표준 편차로 측정되는 표준으로부터의 편차다.

$$z(x) = \frac{x - \mu}{\sigma} \qquad (5.46)$$

표준 점수는 표준 편차에 따른 평준화 값의 정규화로 볼 수 있다. 이 표준 점수를 레이팅 예측 식의 평균화 대안으로 사용할 수 있다. 먼저 주어진 사용자의 맥락에서 레이팅의 표준 점수를 식 (5.47)과 같이 계산하고

$$z(r_{ui}) = \frac{r_{ui} - \mu_u}{\sigma_u} \qquad (5.47)$$

여기서 σ_u는 알려진 사용자 레이팅의 표준편차가 된다.

$$\sigma_u = \sqrt{\frac{\sum_{i \in I_u} (r_{ui} - \mu_u)^2}{|I_u| - 1}} \qquad (5.48)$$

레이팅 예측 함수는 평균화된 레이팅 대신 표준 점수로 재정의할 수 있다.

$$\hat{r}_{ui} = \mu_u + \sigma_u \cdot \frac{\sum_{v \in S_{ui}^k} sim(u,v) \cdot z(r_{vi})}{\sum_{v \in S_{ui}^k} |sim(u,v)|} \qquad (5.49)$$

평균화와 마찬가지로 식 (5.47)을 사용해 원래 레이팅을 변환하고 사용자 레이팅 σ_u의 표준편차를 결과에 곱한 후 평균 μ_u을 더해 역변환한다. 표준 점수 기법은 작은 레이팅 변화를 갖고 있는 사용자들로부터의 레이팅을 올려주고 높은 변화를 갖고 있는 사용자들로부터의 레이팅의 가중값으로 낮춰준다.

베이스라인 중심 조정 평균 중심 조정의 대안은 베이스라인 중심 조정이고 이는 평균 사용자 레이팅 대신 식 (5.32)에 주어진 베이스라인 추정값을 사용한다 [Koren, 2008]. 베이스라인 중심의 예측 식은 다음과 같이 정의할 수 있다.

$$\hat{r}_{ui} = b_{ui} + \frac{\sum_{v \in S_{ui}^k} sim(u,v) \cdot (r_{vi} - b_{ui})}{\sum_{v \in S_{ui}^k} |sim(u,v)|} \tag{5.50}$$

증폭 표준 레이팅 예측 함수는 유사성 점수를 가중값으로 사용한다. 여기서 특정 레이팅을 증폭시키기 위해 원 스코어에 비선형 변환을 적용할 수 있다. 예를 들어 다음의 변환은 증폭 모수 $\rho > 1$에 대해 높은 유사성 점수를 부양해준다.

$$sim'(u,v) = sim(u,v) \cdot \left| sim^{\rho-1}(u,v) \right| \tag{5.51}$$

이웃 선택 추천의 품질은 이웃에 포함된 k명 사용자의 숫자에 좌우된다. 어떤 연구들에 따르면 적절히 설계되고 잘 튜닝된 고급 모델을 가정할 경우 레이팅 예측의 정확성은 이웃의 크기가 커짐에 따라 계속 증가한다[Koren, 2008]. 이웃 확장으로 인한 정확성의 증가분은 조금씩 감소해 어느 지점이 지나면 무시해도 되는 수준이 된다. 하지만 다른 연구들은 이웃이 너무 커지면 낮은 유사성을 가진 이웃들에 의해 생기는 잡음 때문에 기본적인 이웃 모델의 경우 정확도에 부정적인 영향을 미친다고 한다[Herlocker 등, 1999; Bellogin 등, 2014]. 이웃의 크기 k는 경험적으로 결정된 상수이거나 낮은 유사성 스코어가 제거될 수 있게 하는 유사성 한계점이 될 수 있다.

예 5.3

....

표 5.3에 있는 데이터를 사용해 사용자 기반 접근의 수리적인 예를 살펴보자. 첫 번째 단계는 식 (5.39)에 따라 사용자 사이의 쌍에 대한 유사성을 추정하는 것이다. 이는 다음과 같은 유사성 행렬을 생성한다.

$$
\begin{array}{c}
 \\
\text{사용자 1} \\
\text{사용자 2} \\
\text{사용자 3} \\
\text{사용자 4} \\
\text{사용자 5} \\
\text{사용자 6}
\end{array}
\begin{array}{cccccc}
\text{사용자 1} & \text{사용자 2} & \text{사용자 3} & \text{사용자 4} & \text{사용자 5} & \text{사용자 6} \\
\left[\begin{array}{cccccc}
1.00 & 0.87 & 0.94 & -0.79 & -0.59 & -0.78 \\
0.87 & 1.00 & 0.87 & -0.84 & -0.81 & -0.88 \\
0.94 & 0.87 & 1.00 & -0.93 & -0.87 & -0.91 \\
-0.79 & -0.84 & -0.93 & 1.00 & 0.85 & 0.95 \\
-0.59 & -0.81 & -0.87 & 0.85 & 1.00 & 0.94 \\
-0.78 & -0.88 & -0.91 & 0.95 & 0.94 & 1.00
\end{array}\right]
\end{array} \quad (5.52)
$$

여기서 첫 번째 3명의 사용자는 서로 긍정적인 상관 관계에 있고 나중 3명의 사용자는 서로 부정적인 상관 관계에 있다. 유사성 행렬은 특정 타깃 사용자에 대해 가장 비슷한 k명의 이웃을 찾고 예측을 위해 그들의 레이팅을 블렌딩할 수 있게 해준다. 예를 들어 1번 사용자와 대부 영화에 대한 빠진 레이팅을 이웃 크기 2를 사용해 예측해보자. 가장 가까운 이웃은 대부를 5와 3으로 평가한 사용자 3과 2다. 레이팅 예측 식 (5.41)을 사용하면 다음의 추정값을 얻는다.

$$
\begin{aligned}
\hat{r}_{13} &= \mu_1 + \frac{\text{sim}(1,3) \cdot (r_{33} - \mu_3) + \text{sim}(1,2) \cdot (r_{23} - \mu_2)}{\mid \text{sim}(1,3) \mid + \mid \text{sim}(1,2) \mid} \\
&= 2.60 + \frac{0.94 \cdot (5 - 4.00) + 0.87 \cdot (3 - 2.20)}{0.94 + 0.87} = 3.50
\end{aligned} \quad (5.53)
$$

이 과정을 모든 빠진 레이팅에 반복적으로 적용하면 표 5.5와 같은 결과를 얻는다. 이 추정값은 표 5.4에 있는 베이스라인 추정값보다 좀 더 직관적으로 보인다.

표 5.5 사용자 기반 협업 필터링에 의해 예측된 레이팅의 예

	포레스트 검프	타이타닉	대부	배트맨	매트릭스	에일리언
사용자 1	5	4	[3.50]	1	2	1
사용자 2	4	[3.40]	3	1	1	2
사용자 3	[6.11]	5	5	[2.59]	3	3
사용자 4	2	[2.64]	1	4	5	4
사용자 5	2	2	2	[3.62]	4	[3.61]
사용자 6	1	2	1	[3.76]	5	4

실제로 사용자 기반 추천 기법은 시스템 사용자의 숫자가 수천만 명 또는 수억 명에 달할 경우 확장성에 큰 문제가 생길 수 있다. 타깃 사용자에 대한 이웃이 추천이 요청되는 시각에 결정되면 유사성 지표는 온라인에 있는 타깃 사용자와 모든다른 사용자 사이에서 계산돼야 한다. 이웃이 미리 계산되면 계산의 양은 사용자수의 2차 함수가 된다. 더욱이 타깃 사용자 프로파일이 미리 알려져 있지 않을 수도 있다(예를 들어 현재 웹 세션에서의 브라우징 기록). 이 한계를 극복하는 방법 중하나는 사용자의 유사성을 아이템 유사성으로 대체하는 것이고 이 내용은 다음 절에서 알아본다.

5.7.2 아이템 기반 협업 필터링

아이템 기반 접근의 핵심 아이디어는 다른 사용자들로부터의 알려진 레이팅에 기반을 두고 아이템 사이의 유사성 지표를 계산함으로써 타깃 사용자에 의해 긍정적으로 평가된 아이템과 비슷한 아이템을 추천하는 것이다. 이 접근은 추천이 아이템 사이의 유사성에 기반을 두고 만들어진다는 점에서 콘텐츠 기반 추천과 비슷해 보이지만 유사성 지표의 본질은 완전히 다르다. 이 접근이 사용자 기반 협업 필터링과 비슷한 이유는 두 접근 모두 이웃의 개념을 사용하고 똑같은 알고리즘 프레임워크를 사용하기 때문이다[Linden 등, 2003; Sarwar 등, 2001].

사용자 u가 아이템 i에 부여할 레이팅을 예측하기 위해 아이템 기반 추천 시스템은 먼저 아이템 i의 이웃, 즉 k개의 가장 비슷한 아이템을 결정한다. 두 아이템 i와 j 사이의 유사성 지표를 계산하기 위해 아이템 i를 평가했던 사용자 집합을 U_i, 아이템 j를 평가했던 사용자 집합을 U_j, 둘 다 평가했던 사용자들을 식 (5.54)와 같이 표시하자.

$$U_{ij} = U_i \cap U_j \tag{5.54}$$

유사성은 공통 레이팅 벡터 사이의 피어슨 상관계수로 측정될 수 있다.

$$\text{sim}(i, j) = \frac{\sum_{u \in U_{ij}} (r_{ui} - \mu_i)(r_{uj} - \mu_j)}{\sqrt{\sum_{u \in U_{ij}} (r_{ui} - \mu_i)^2} \sqrt{\sum_{u \in U_{ij}} (r_{uj} - \mu_j)^2}} \tag{5.55}$$

여기서 μ_i와 μ_j는 아이템 i와 j에 대한 평균 레이팅이다. 이 식은 식 (5.39)에 나타나 있는 사용자에 대한 피어슨 계수와 똑같다. 유일한 차이는 사용자(행)가 아이템 (열)으로 대체됐다는 것이다. 사용자 u에 의해 평가된 아이템은 아이템 i에 대한 유사성에 기반을 둬 정렬되고 가장 비슷한 k개의 아이템이 이 리스트에서 선택된다. 아이템 i의 이웃을 Q_{ui}^k라고 가정해보자. 여기서 이웃은 타깃 사용자 u에 의해 평가된 아이템만 포함하고 카탈로그에서의 가장 비슷한 아이템을 포함하는 것은 아니므로 Q_{ui}^k는 k가 증가함에 따라 I_u에 근접한다. 레이팅은 평균 중심 조정 레이팅을 입력으로 사용함으로써 k개의 가장 비슷한 아이템의 레이팅의 가중평균으로써 예측할 수 있다.

$$\hat{r}_{ui} = \mu_i + \frac{\sum_{j \in Q_{ui}^k} sim(i,j) \cdot (r_{uj} - \mu_j)}{\sum_{j \in Q_{ui}^k} |sim(i,j)|} \tag{5.56}$$

식 (5.55)와 식 (5.56)은 사용자 기반 접근과 마찬가지로 기본적인 옵션이고 할인 유사성과 가중값 증폭과 같은, 이전에 얘기했던 다양한 기법을 통해 수정되고 발전될 수 있다. 이런 대부분의 기법들은 사용자 기반 및 아이템 기반 둘 다에 사용할 수 있다. 예를 들어 예측의 정확성을 위해 평균 중심 조정 입력 레이팅 대신 베이스라인 중심 조정 입력 레이팅을 사용할 수 있다[Koren, 2008].

$$\hat{r}_{ui} = b_{ui} + \frac{\sum_{j \in Q_{ui}^k} sim(i,j) \cdot (r_{uj} - b_{uj})}{\sum_{j \in Q_{ui}^k} |sim(i,j)|} \tag{5.57}$$

5.7.3 사용자 기반과 아이템 기반 기법의 비교

아이템 기반 접근은 처음으로 사용자 기반 접근 방법이 발표된 지 한참 후에 제안됐지만 보다 나은 확장성과 계산적 효율성 덕분에 빠른 시간에 인기를 얻었다[Linden 등, 2003; Koren and Bell, 2011]. 한 가지 장점은 시스템 안의 전체 아이템 수 m은 $m \times m$ 아이템 유사성 행렬을 계산하고 저장할 수 있을 만큼 작으므로 k개의 추천은 주어진 사용자 프로파일에 대해 빨리 처리될 수 있다는 것이다. 이는 추천 시스템보다 확장성이 좋은 구조를 제공한다. 유사성 행렬을 생성하기 위한 복잡한 계산은 백그라운드에서 처리되고 추천 서비스는 실시간으로 추천하기 위해 이 행렬을 사용한다. 동일한 전략은 사용자 기반 기법에도 적용할 수 있지만 사용자 수가 많은 경우 이는 매우 비용이 많이 들거나 쓸 수 없게 될 수도 있다.

마지막으로 일부 연구에 따르면 넷플릭스 데이터와 같은 중요한 데이터 세트에 대해 예측의 정확성 측면에서 아이템 기반 기법은 사용자 기법보다 나은 성능을 보여준다[Bell and Koren, 2007].

사용자 기반 접근은 아이템 기반 접근에서 발견되지 않을 수 있는 특정한 관계를 발견할 수도 있다[Koren and Bell, 2011]. 아이템 기반 접근은 사용자 u가 i와 비슷한 아이템에 부여한 레이팅에 기반을 두고 레이팅 r_{ui}를 예측한다. 이 예측은 사용자에 의해 평가된 아이템 중 아무것도 i와 비슷하지 않으면 정확하지 않게 된다. 반면 사용자 기반 접근은 i를 평가한 사용자 u와 비슷한 사용자를 추천하게 될 것이므로 레이팅은 신뢰할 수 있을 정도로 예측할 것이다. 나중에 살펴보겠지만 일부 고급 추천 기법들은 두 기법의 장점을 모두 활용하기 위해 아이템 기반과 사용자 기반 모델을 블렌딩한다.

사용자 수와 아이템 수의 비율은 기법 선택에 있어서 중요한 고려 사항이다. 많은 소매업체의 애플리케이션에서 아이템 수는 사용자 수보다 적기 때문에 아이템 기반 접근이 선호된다. 하지만 다른 영역에서는 아이템 수가 사용자 수보다 많을 수도 있다. 예를 들어 연구자를 위한 자료 추천 시스템은 이미 발표된 연구 자료의 총 수는 수억 개에 이르지만 시스템을 사용하는 연구자의 수는 상대적으로 적기 때문에 사용자 기반 솔루션이 더 적합할 것이다[Jack 등, 2016].

5.7.4 회귀 문제로서의 이웃 기법

이전 절에서 알아본 이웃 기법들은 알려진 레이팅의 가중평균으로 알려지지 않은 레이팅을 추정하는 휴리스틱 레이팅 예측 함수에 의존한다. 가중평균에 관한 사항을 보다 명백히 하기 위해 사용자 기반 및 아이템 기반 레이팅 예측 함수 식 (5.41)과 식 (5.56)을 다음과 같은 형태로 표현해보자.

$$\hat{r}_{ui} = \sum_{v \in S_{ui}^k} w_{uv} \cdot r_{vi} \quad \text{(사용자 기반)} \tag{5.58}$$

$$\hat{r}_{ui} = \sum_{j \in Q_{ui}^k} w_{ij} \cdot r_{uj} \quad \text{(아이템 기반)} \tag{5.59}$$

여기서 w_{uv}와 w_{ij}는 사용자 기반 및 아이템 기반 유사성에 비례하는 가중값이다. 즉 가중값 w는 내삽 가중값이다. 이는 어떻게 하면 최적의 가중값이 휴리스틱 유사성 기반 가중값 대신 회귀 분석에 의해 얻을 수 있는지에 관한 의문을 갖게 한다. 회귀 분석은 사용자 기반 및 아이템 기반 기법 모두에 적용할 수 있고 두 모델을 결합한 하이브리드 모델에도 적용할 수 있으므로 좀 더 실용적인 아이템 기반 방법으로 시작해 다른 옵션도 살펴보자[Bell and Koren, 2007].

5.7.4.1 아이템 기반 회귀

아이템 기반 기법은 식 (5.59)에 따라 비슷한 아이템으로부터의 평균 레이팅을 통해 아이템 i에 대한 레이팅을 예측한다. 입력 레이팅 r_{uj}는 원래 레이팅 행렬로부터 얻어지거나 글로벌 평균, 아이템 평균 또는 베이스라인 예측 값을 빼는 것을 통해 레이팅을 평준화하도록 행렬을 사전에 처리할 수 있다. 평준화된 입력 레이팅의 경우 결과 레이팅 $\hat{r}_{ui}$도 평준화되므로 글로벌 평균, 아이템 평균 또는 베이스라인 예측 값은 마지막에 다시 더해질 수 있다.

레이팅 내삽 가중값에 대한 회귀 문제를 풀기 위해 그림 5.10처럼 레이팅 행렬이 밀집돼 u를 제외한 모든 사용자가 아이템 i와 모든 이웃 Q_{ui}^k를 평가한 가상적인 문제를 고려해보자.

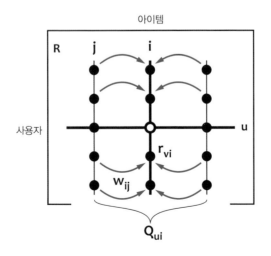

그림 5.10 아이템 기반 최근접 이웃 회귀

아이템 i에 관한 최적의 내삽 가중값은 다음의 최소 제곱 문제를 각 아이템에 대해 따로 풀어 결정할 수 있다.

$$\min_{w} \quad \sum_{v \neq u} \left(r_{vi} - \hat{r}_{vi} \right)^2 \tag{5.60}$$

레이팅 예측 함수 식 (5.59)를 여기에 대입하면 식 (5.61)을 얻는다.

$$\min_{w} \quad \sum_{v \neq u} \left(r_{vi} - \sum_{j \in Q_{vi}^k} w_{ij} \cdot r_{vj} \right)^2 \tag{5.61}$$

수식을 재배열하면 이 식을 벡터 형태로 쓸 수 있고

$$\min_{w} \quad \mathbf{r}^{\top}\mathbf{r} - 2\mathbf{b}^{\top}\mathbf{w} + \mathbf{w}^{\top}\mathbf{A}\mathbf{w} \tag{5.62}$$

여기서 $\mathbf{A}$는 $k \times k$ 행렬로 정의되고

$$A_{jh} = \sum_{v \neq u} r_{vj} r_{vh} \tag{5.63}$$

$\mathbf{b}$는 k차원 벡터로 정의되고

$$b_j = \sum_{v \neq u} r_{vj} r_{vi} \tag{5.64}$$

$\mathbf{r}^{\top}\mathbf{r}$은 $\mathbf{w}$에 대한 상수다.

$$\mathbf{r}^{\top}\mathbf{r} = \sum_{v \neq u} r_{vi}^2 \tag{5.65}$$

여기서 2차함수 식 (5.62)의 $\mathbf{w}$에 대한 기울기를 취하고 이를 0과 같다고 하면 다음과 같은 선형 식을 얻는다.

$$\mathbf{A}\mathbf{w} = \mathbf{b} \tag{5.66}$$

희박한 레이팅 행렬을 갖고 있는 일부 몇몇 사용자만이 아이템 i와 이것의 이웃 Q_{ui}^k를 평가했을 것이다. 즉 $\mathbf{A}$와 $\mathbf{b}$의 해당 원소의 추정값은 알려진 레이팅의 수에 따라 신뢰성이 좌우된다. 전에 알아본 할인 유사성 기법을 사용하고 해당 서포트

의 추정값을 줄임으로써 이를 해결할 수 있다.

$$A_{jh} = \frac{1}{|U_{jh}|} \sum_{v \in U_{jh}} r_{vj} r_{vh}$$

$$b_j = \frac{1}{|U_{ij}|} \sum_{v \in U_{ij}} r_{vj} r_{vi}$$

(5.67)

여기서 U_{ij}는 아이템 i와 j 둘 다를 평가한 사용자다. 여기서 행렬 $\mathbf{A}$에 대한 모든 원소를 미리 계산하고 저장할 수 있다. 여기서 $1 \leq j, k \leq m$의 모든 값에 대한 식 (5.63)에 따라 특정 아이템과 타깃 사용자에 대해 $m \times m$ 아이템 상관 행렬을 계산하고 그 값을 $k \times k$ 행렬 $\mathbf{A}$와 벡터 $\mathbf{b}$로 만들 수 있다.

최적 가중값으로 계산하는 한 가지 방법은 식 (5.66)을 행렬 $\mathbf{A}$의 역을 취함으로써 수리적으로 푸는 것이지만 이것이 유일한 옵션은 아니다. 다른 방법은 기울기 감소나 다른 일반적 최적화 방법을 사용해 식 (5.62)를 직접 푸는 것이다. 이 방법의 장점은 추가 제약이나 변수를 넣을 수 있는 것이다. 예를 들어 예측 정확성은 가중값 w가 음이 아닌 값으로 제한됐을 때 조금 좋아진다는 연구가 있다[Bell and Koren, 2007].

$$\min_{\mathbf{w}} \quad \mathbf{w}^T \mathbf{A} \mathbf{w} - 2\mathbf{b}^T \mathbf{w}$$

$$\text{subject to} \quad \mathbf{w} \geq 0$$

(5.68)

기본 레이팅 식 (5.59)에 추가 변수를 넣고 함께 최적화하면 더 나은 결과를 얻을 수 있다. 예를 들어 다음 레이팅 예측 식의 확장은 베이스라인 추정값에 대한 좋은 선택이다[Koren and Bell, 2011].

$$\hat{r}_{ui} = \mu + b_u + b_i + \sum_{j \in Q_{ui}^k} \left(w_{ij} (r_{uj} - b_{uj}) + c_{ij} \right)$$

(5.69)

여기서 μ는 전체 레이팅 평균, b_{uj}는 베이스라인 추정값, b_u, b_i, w_{ij}, c_{ij}는 최적화 대상인 변수들이다. 이 표현은 최소 제곱 문제인 식 (5.60)에 대입될 수 있고 기울기 감소 기법인 b_u, b_i, w_{ij}, c_{ij}를 최적화할 수 있다. 이는 top k 아이템에 의해 제한할 필요가 없고 Q_{ui}^k 대신 전체 I_u 데이터를 활용할 수 있다.

예 5.4

아이템 기반의 회귀 문제를 표 5.3에 나타나 있는 영화 레이팅 행렬의 예를 사용해 풀어보자. 여기서는 평균 중심 조정 레이팅을 사용할 것이므로 먼저 열의 평균(평균 아이템 레이팅)을 빼서 입력 행렬을 사전 처리하면 표 5.6을 얻는다.

표 5.6 아이템 평균에 의해 중앙화된 레이팅의 예

	포레스트 검프	타이타닉	대부	배트맨	매트릭스	에일리언
	2.80	3.25	2.40	2.00	3.33	2.80
사용자 1	2.20	0.75	–	−1.00	−1.33	−1.80
사용자 2	1.20	–	0.60	−1.00	−2.33	−0.80
사용자 3	–	1.75	2.60	–	−0.33	0.20
사용자 4	−0.80	–	−1.40	2.00	1.66	1.20
사용자 5	−0.80	−1.25	−0.40	–	0.66	–
사용자 6	−0.80	−1.25	−1.40	–	1.66	1.20

다음으로 아이템 상관 행렬 $\mathbf{A}$를 표 5.6의 레이팅을 입력으로 사용해 $1 \leq j, k \leq m$의 모든 값에 대해 사전 계산하면 식 (5.70)을 얻는다.

$$\mathbf{A} = \begin{bmatrix} \mathbf{10.80} & \mathbf{4.90} & \mathbf{4.68} & -5.00 & -10.60 & -8.04 \\ \mathbf{4.90} & \mathbf{6.75} & \mathbf{6.80} & -0.75 & -4.50 & -2.50 \\ 4.68 & 6.80 & 11.20 & -3.40 & -7.20 & -3.32 \\ -5.00 & -0.75 & -3.40 & 6.00 & 7.00 & 5.00 \\ -10.6 & -4.50 & -7.20 & 7.00 & 13.33 & 8.20 \\ -8.04 & -2.50 & -3.32 & 5.00 & 8.20 & 6.80 \end{bmatrix} \tag{5.70}$$

사전 계산된 행렬은 주어진 타깃 사용자와 아이템에 대해 식 (5.66)에 의해 계산된 식의 시스템을 만들기 위해 사용할 수 있다. 예를 들어 이웃의 크기 k가 2라면 사용자 1의 대부에 관한 평가에 대한 예측은 피어슨 상관계수에 따르면 대부와 가장 가까운 이웃인 타이타닉과 포레스트 검프에 대한 레이팅의 평균으로써 이뤄진다. 즉 이 식 (5.70)에서 굵은 숫자로 처리된 세 영화에 대한 상관계수의 값을 내삽 가중값에 대한 식으로 만들기 위해 사용한다.

$$
\begin{bmatrix} 6.75 & 4.90 \\ 4.90 & 10.80 \end{bmatrix} \begin{bmatrix} w_{32} \\ w_{31} \end{bmatrix} = \begin{bmatrix} 6.80 \\ 4.68 \end{bmatrix} \tag{5.71}
$$

이 식을 풀면 타이타닉에 대해 $w_{32} = 1.033$을 얻고 포레스트 검프에 대해 $w_{31} = -0.035$를 얻는다 이 레이팅은 식 (5.72)와 같이 예측되고

$$
\begin{aligned}
\hat{r}_{13} &= \mu_3 + w_{32}r_{12} + w_{31}r_{11} \\
&= 2.40 + 1.033 \cdot 0.75 - 0.035 \cdot 2.20 = 3.09
\end{aligned} \tag{5.72}
$$

여기서 μ_3은 대부에 대한 평균 레이팅이고 입력 레이팅 r_{12}와 r_{11}은 표 5.6으로부터 구해졌다. 이 과정을 알려지지 않은 레이팅에 대해 반복하면 표 5.7과 같은 결과를 얻는다.

표 5.7 아이템 기반 최근접 이웃 회귀에 의해 예측된 레이팅의 예

	포레스트 검프	타이타닉	대부	배트맨	매트릭스	에일리언
사용자 1	5	4	[3.09]	1	2	1
사용자 2	4	[3.83]	3	1	1	2
사용자 3	[4.02]	5	5	[1.98]	3	3
사용자 4	2	[2.34]	1	4	5	4
사용자 5	2	2	2	[2.28]	4	[3.15]
사용자 6	1	2	1	[2.94]	5	4

5.7.4.2 사용자 기반 회귀

아이템 기반 기법을 위해 개발됐던 회귀 분석 프레임워크는 사용자 기반 모델로 직접 응용될 수 있다. 프로세스에 대한 입력은 사용자 입력이나 베이스라인 예측에 의해 평균화된 레이팅 행렬이다(열의 평균은 열의 각 원소로부터 감해졌다). 최소 제곱 문제 (5.60)의 사용자 기반 변종은 다음과 같이 정의되고,

$$\min_w \quad \sum_{j \neq i} \left(r_{uj} - \hat{r}_{uj} \right)^2 \tag{5.73}$$

이 문제는 각 타깃 사용자 u에 대해 풀어야 한다. 레이팅 예측 식 (5.58)을 이전의 식에 대입하면 다음을 얻는다.

$$\min_w \quad \sum_{j \neq i} \left(r_{uj} - \sum_{v \in S_{uj}^k} w_{uv} \cdot r_{vj} \right)^2 \tag{5.74}$$

최적 가중값 w_{uv}는 아이템 기반 방법에서 사용했던 것과 똑같은 방법으로 구할 수 있다. 이는 선형 방정식으로 풀 수도 있고 비용 함수 (5.74)에 기반을 둔 가중값 최적화에 대한 일반적인 최적화 기법을 사용할 수도 있다. 아이템 기반 접근과 비교했을 때 사용자 기반 회귀는 이전에 알아본 사용자 기반 기법의 장단점을 그대로 물려받는다. 특히 사용자 기반 기법들은 아이템보다 사용자가 훨씬 많은 경우 계산적인 문제가 발생한다. 왜냐하면 $m \times m$ 아이템 상관 행렬 대신 $n \times n$ 사용자 상관 행렬을 사전에 계산해야 하기 때문이다.

5.7.4.3 아이템 기반 기법과 사용자 기반 기법의 융합

회귀 접근의 장점은 레이팅 예측 함수를 함께 최적화될 수 있는 새로운 변수들을 이용해 확장할 수 있다는 것이다. 이런 확장을 사용자와 아이템 편향을 발견하기 위해 아이템 기반 모델에 새로운 변수를 추가했던 식 (5.69)의 확장 예를 살펴봤다. 이 방법을 좀 더 확장하면 아이템 기반과 사용자 기반 모델을 하나의 레이팅 예측 함수로 만들 수 있다.

$$\begin{aligned} \hat{r}_{ui} = \mu + b_u + b_i &+ \sum_{j \in Q_{ui}^k} \left(w_{ij}^{(\text{아이템})} \left(r_{uj} - b_{uj} \right) + c_{ij} \right) \\ &+ \sum_{v \in S_{ui}^k} w_{uv}^{(\text{사용자})} \left(r_{vi} - b_{vi} \right) \end{aligned} \tag{5.75}$$

여기서 $w_{ij}^{(\text{아이템})}$와 $w_{uv}^{(\text{사용자})}$는 학습될 두 다른 가중값의 집합이다. 이 모델은 사용자 기반 함수 (5.58)과 아이템 기반 함수 (5.59)의 평균화된 버전을 결합한다 [Aggarwal, 2016; Koren and Bell, 2011]. 레이팅 함수는 예측 오류에 대한 최소 제곱 문제로 삽입될 수 있고 모든 편향 변수와 가중값에 의해 최적화될 수 있다. 가중값이 데이터로부터 학습되면 사용자와 아이템 이웃들은 최상위 k개의 아이템에 의해 제한될 필요가 없어지고 Q_{ui}^k와 S_{ui}^k 대신 I_u와 U_i를 사용할 수 있다. 하지만 집합들이 유한한 값 k에 의해 제한되면 계산의 복잡성은 줄어들지만 모델의 정확성도 희생된다.

결합된 모델은 아이템들 사이 그리고 사용자들 사이의 관계를 학습할 수 있고(자세한 내용은 5.7.3절, '사용자 기반과 아이템 기반 기법의 비교' 참조), 두 접근의 장점을 결합할 수 있다. 결합된 모델은 산업의 데이터를 사용한 모델에서 각각의 사용자 기반 및 아이템 기반 모델보다 성능이 좋을 수 있다[Koren and Bell, 2011]. 회귀 프레임워크는 사용자 기반 및 아이템 기반 기법의 결합뿐 아니라 이웃 기반 기법과 다음 절에서 다룰 완전히 다른 종류의 모델을 결합할 수도 있다.

5.8 모델 기반 협업 필터링

머신 러닝 측면에서 협업 필터링에 대한 이웃 기반 접근은 이 문제에 대한 매우 좁은 시각이다. 왜냐하면 이는 k개의 가장 가까운 이웃에만 집중하고 다른 머신 러닝 기법을 활용하지 않기 때문이다. 즉 이웃 기반 추천 시스템은 k 최근접 이웃 접근의 기본적인 한계를 그대로 승계한다. 먼저 이웃 기법의 성능은 아이템이나 사용자가 공통의 레이팅이 매우 적은, 즉 희박한 데이터의 경우에 감소하고 이웃에 기반을 둔 추천은 타깃 사용자나 아이템과 비슷하지 않게 된다. 또한 k 최근접 이웃 알고리즘은 쌍으로 이뤄진 비교에 기반을 두고 추천의 계산을 추천이 요청될 때까지 미루는데 이는 계산을 오프라인과 온라인 단계로 나누기 어렵게 한다.

이에 대한 대안은 감독/비감독 머신 러닝의 고급 기법을 사용해 예측 모델을 만드는 것이다. 협업 필터링은 행렬 완성 작업이므로 많은 표준 분류와 회귀 기법이 활용될 수 있다. 모델 기반 협업 필터링이라고 알려진 이 접근은 이웃 기반 기법들과 비교했을 때 몇 가지 장점이 있다.

정확성 나이브 베이즈 분류기와 같은 머신 러닝 기법들은 이웃 기반 추천 시스템에서 사용하는 휴리스틱 유사성 지표보다 정확한 레이팅 예측을 가능하게 하는 이론적 프레임워크에 기반을 두고 있다.

안정성 차원 수 감소 기법은 희박한 레이팅 행렬을 더욱 압축된 형태로 변환할 수 있고 이는 불완전한 데이터에 대한 레이팅 예측의 안정성을 증가시킨다.

확장성 머신 러닝 기법들은 모델 훈련과 온라인 추천 요청으로부터 오프라인 계산을 분리하도록 도와주는 모델 평가로 나뉘어 있으므로 시스템 확장성을 증가시킨다.

어떤 모델 기반 기법들은 3개 모두를 향상시켜주고 다른 일부는 그중 일부만 향상시켜준다. 이 절의 나머지 부분에서 이웃 기반 기법보다 성능이 좋은 몇 가지 기법을 소개하고 이웃 기법과 결합될 수 있는 하이브리드 접근도 소개한다.

5.8.1 레이팅 예측에 대한 회귀 모델의 적용

일반적인 경우 분류와 회귀 모델은 알려진 레이팅을 특징으로 알려지지 않은 레이팅을 응답 변수로 처리함으로써 레이팅 예측 문제를 해결할 수 있다. 먼저 행렬에서 1개의 레이팅만 알려져 있지 않고 다른 레이팅은 알려져 있는 가상의 예를 살펴보자. 이웃 기반 접근과 마찬가지로 어떻게 행렬의 행과 열이 해석되느냐에 따라 두 가지의 대칭적 대안이 있다. 첫 번째는 레이팅 행렬의 열을 특징으로 행을 데이터 샘플로 처리하는 것이다. 분류 모델은 i번째 열이 응답이고 다른 열이 특징임을 고려할 때 각 아이템 i에 대해 별도로 훈련되므로 특정 아이템에 대한 레이팅은 그림 5.11에 나타나 있듯이 다른 아이템 레이팅에 기반을 두고 예측된다. 이 접근은 구조적으로 아이템 기반 이웃 기법과 유사하다. 두 번째 대안은 레이팅 행렬의 행을 특징으로 열을 데이터 샘플로 처리하는 것이다. 분류 모델은 각 사용자에 의해 생성되고 타깃 사용자에 의한 레이팅은 다른 사용자로부터의 레이팅에 기반을 두고 예측된다. 이는 사용자 기반 기법으로 볼 수 있다.

실제로 레이팅 행렬은 매우 희박하므로 훈련 데이터의 모든 경우가 알려져 있다고 가정할 수는 없다. 이는 알려져 있지 않은 값을 어떻게 처리하느냐에 따라 레이팅 예측의 품질에 큰 영향을 미칠수 있는 중요한 이슈다. 이를 해결하는 데에는 몇 가지 방법이 있다.

- 일부 분류 기법들은 알려져 있지 않은 값을 처리하는 데 직접 적용할 수 있다. 다음 절에 나타나 있는 나이브 베이즈 분류기는 이것의 좋은 예다.

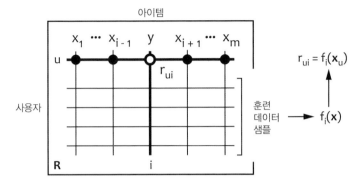

그림 5.11 아이템 기반 방법으로 레이팅 예측에 대한 회귀 또는 분류 모델 적용하기. 타깃 사용자 u의 알려진 레이팅은 특징 x_1, ..., x_m으로 해석되고 예측할 레이팅은 응답 변수 y로 해석된다. 회귀 또는 분류 모델 $f_i(\mathbf{x})$는 다른 사용자와 함께 주어진 아이템 i에 대해 훈련 사례로서 훈련되고 타깃 사용자에 대응하는 특징 벡터 x_u에서 평가된다.

- 어떤 경우에는 알려져 있지 않은 값을 0으로 채울 수 있다. 이는 각 원소가 특정 아이템에 대한 사용자 상호 작용이 있었는지 아닌지를 가리키는 단항 행렬에 적용된다[Aggarwal, 2016]. 이 접근은 디폴트 값 0이 예측 편향을 초래할 수 있으므로 모든 레이팅 종류에 적용할 수는 없다.

- 이 문제에 대한 가장 일반적인 접근 방법은 반복적인 접근이다[Xia 등, 2006; Su 등, 2008]. 알려져 있지 않은 값은 행이나 열의 평균과 같은 기본적인 추정값으로 초기화된다. 이는 분류 모델의 훈련에 사용할 수 있는 완전한 레이팅 행렬이 된다. 원래의 알려져 있지 않은 레이팅은 분류기에 의해 예측되고 레이팅 행렬의 해당 원소는 이 새로운 값들로 대체된다. 이는 모델을 재훈련시킬 수 있는 두 번째의 완전한 행렬이 되므로 프로세스는 수렴할 때까지 계속 반복될 수 있다.

마지막으로 앞에 기술한 기법들은 이웃 기반 또는 콘텐츠 기반 기법들과 같은 다른 기법과 결합될 수 있다. 예를 들어 알려져 있지 않은 레이팅을 초기화하기 위해 다음 절에서 설명할 나이브 베이즈 협업 필터링 알고리즘을 적용한 후 실제로 추천하기 위해 레이팅 행렬에 기반을 둔 사용자와 아이템 간의 피어슨 유사성을 계산할 수 있다[Su 등, 2008].

5.8.2 나이브 베이즈 협업 필터링

나이브 베이즈 협업 필터링 알고리즘은 가능한 레이팅 값의 확률을 추정하고(예: 1~5 별점) 가장 확률이 높은 옵션을 선택함으로써 알려져 있지 않은 레이팅 값을 예측한다[Miyahara and Pazzani, 2000; Su and Khishgoftaar, 2006]. 이전 절에서 언급했듯이 나이브 베이즈 분류기는 사용자 기반 또는 아이템 기반으로 둘 다 만들 수 있다. 5.7.3절, '사용자 기반과 아이템 기반 기법의 비교'에서 언급했듯이 실제로 아이템 기반이 더 중요하기 때문에 아이템 기반 위주로 설명한다. 사용자 기반은 거의 똑같은 방법으로 사용자와 아이템만 바꿔서, 즉 레이팅 행렬에서 행과 열만 바꿔서 만들 수 있다.

아이템 기반 접근에 따라, 레이팅 r_{ui}를 예측하기 위해 아이템 i에 대한 나이브 베이즈 분류기를 만든다. 레이팅 추정값은 사용자 u에 대한 알려진 레이팅, 즉 I_u를 갖고 모델을 평가함으로써 얻는다. 레이팅이 K개의 가능한 값 $c_1, ..., c_K$를 갖고 있는 카테고리 변수라면 예측 문제는 관찰된 레이팅이 주어졌을 때 가장 가능성이 높은 레이팅 등급을 찾는 것이다.

$$r_{ui} = \underset{c_k}{\text{argmax}} \quad \Pr(r_{ui} = c_k \mid I_u) \tag{5.76}$$

주어진 관찰된 레이팅에 대한 특정 레이팅 등급의 확률을 평가하기 위해 이 확률을 분해하는 베이즈 규칙을 적용한다.

$$\Pr(r_{ui} = c_k \mid I_u) = \frac{\Pr(c_k) \cdot \Pr(I_u \mid r_{ui} = c_k)}{\Pr(I_u)} \tag{5.77}$$

여기서 $\Pr(c_K)$는 레이팅 등급 c_K의 사전 확률이고 $\Pr(I_u \mid r_{ui} = c_K)$는 이 사용자가 아이템 i를 c_K로 평가했을 때 사용자 u의 알려진 레이팅을 관찰할 확률이다. 분모에서 관찰된 레이팅 $\Pr(I_u)$의 확률은 항상 모든 등급에 대해 일정하므로 무시될 수 있고 가장 확률이 높은 등급의 선택에 영향을 미치지 않는다. 다음 단계는 관찰된 레이팅의 우도를 추정하기 위한 나이브 베이즈 가정을 적용하는 것이다. 이 가정에 따르면 모든 관찰된 레이팅은 조건부 독립이므로 우도는 각 레이팅 확률의 곱으로 표현된다.

$$\Pr\left(I_u \mid r_{ui} = c_k\right) = \prod_{j \in I_u} \Pr\left(r_{uj} \mid r_{ui} = c_k\right) \tag{5.78}$$

모든 중간 단계 결과를 모으면 레이팅 예측에 대한 최종 식은 다음과 같다.

$$r_{ui} = \underset{c_k}{\mathrm{argmax}} \quad \Pr\left(c_k\right) \cdot \prod_{j \in I_u} \Pr\left(r_{uj} \mid r_{ui} = c_k\right) \tag{5.79}$$

마지막 작업은 데이터로부터 식 (5.79)의 확률을 예측하는 것이다. 아이템 i의 맥락에서 레이팅 등급 c_k의 사전 확률은 아이템 i에 대한 레이팅의 일부로 추정되고 이는 c_k와 같다.

$$\Pr\left(c_k\right) = \frac{\sum_{v \in U_i} \mathbb{I}(r_{vi} = c_k)}{|U_i|} \tag{5.80}$$

여기서 U_i는 아이템 i를 평가한 사용자의 집합이고 $\mathbb{I}(\mathbf{x})$는 수식이 참이면 1, 거짓이면 0인 인디케이터 함수다. 사용자 u가 아이템 i를 c_k로 평가했을 때 아이템 j를 r_{uj}로 평가할 조건부 확률은 다음과 같이 추정된다.

$$\Pr\left(r_{uj} \mid r_{ui} = c_k\right) = \frac{\sum_{v \in U_i} \mathbb{I}(r_{vj} = r_{uj} \text{ AND } r_{vi} = c_k)}{\sum_{v \in U_i} \mathbb{I}(r_{vi} = c_k)} \tag{5.81}$$

식 (5.81)의 분자는 사용자 u와 마찬가지로 아이템 j를 평가한 동시에 아이템 i를 c_k로 평가한 사용자 수와 같다. 분모는 아이템 i를 c_k로 평가한 사용자 수다. 그림 5.12의 예를 살펴보자. r_{ui}의 별점이 3이라는 가설의 확률을 평가한다고 가정하면 아이템 i를 3점으로 평가한 사용자가 3명이 있고 그중 하나는 아이템 j를 사용자 u와 같은 방법(별점 5)으로 평가한 사용자다. 여기서 가설이 맞다는 가정하에 아이템 j에 대한 알려진 레이팅을 관찰할 확률은 다음과 같다.

$$\Pr\left(r_{uj} \mid r_{ui} = 3\right) = \frac{2}{3} \tag{5.82}$$

사실상, 식 (5.81)은 카운터가 0이 되는 경우를 피하고 추정값을 평활하게 하기 위해 라플라스 추정 기술을 사용해 조정된다. $|C|$가 레이팅 등급의 전체 숫자라면 우도 추정값의 평활화된 버전은 다음과 같다.

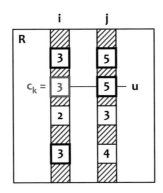

그림 5.12 나이브 베이즈 추천에서의 우도 추정의 예

$$\Pr(r_{uj} \mid r_{ui} = c_k) = \frac{\sum_{v \in U_i} \mathbb{I}(r_{vj} = r_{uj} \text{ AND } r_{vi} = c_k) + 1}{\sum_{v \in U_i} \mathbb{I}(r_{vi} = c_k) + \mid C \mid} \quad (5.83)$$

예 5.5

표 5.3에 있는 표준 영화 레이팅 행렬을 사용한 수리적인 예를 살펴보자. 여기에서는 1점부터 5점까지의 별점이 있으므로 입력 레이팅 행렬은 다음과 같다.

$$\mathbf{R} = \begin{bmatrix} 5 & 4 & - & 1 & 2 & 1 \\ 4 & - & 3 & 1 & 1 & 2 \\ - & 5 & 5 & - & 3 & 3 \\ 2 & - & 1 & 4 & 5 & 4 \\ 2 & 2 & 2 & - & 4 & - \\ 1 & 2 & 1 & - & 5 & 4 \end{bmatrix} \quad (5.84)$$

알려지지 않은 레이팅 r_{13}을 어떻게 아이템 기반 나이브 베이즈 알고리즘으로 예측하는지 예를 들어보자. 첫 번째 단계는 식 (5.80)에 따라 사전 클래스 확률을 추정하는 것이다. 이는 레이팅 행렬의 세 번째 행에 있는 빈도에 기반을 두고 1부터 5까지의 등급에 대한 확률 벡터를 생성한다.

$$\begin{array}{cccccc} & c_1 & c_2 & c_3 & c_4 & c_5 \\ \Pr(c_k) & [\; 2/5 & 1/5 & 1/5 & 0 & 1/5 \;] \end{array} \quad (5.85)$$

다음으로 모든 등급 c_k에 대한 타깃 아이템 $i = 3$와 $j = 3$이 아닌 모든 아이템에 대한 식 (5.83)에 따른 사전 확률을 추정하면 다음과 같다.

$$
\begin{array}{c}
\begin{array}{ccccc} c_1 & c_2 & c_3 & c_4 & c_5 \end{array} \\
\begin{array}{c} j=1 \\ j=2 \\ j=3 \\ j=4 \\ j=5 \\ j=6 \end{array}
\left[
\begin{array}{ccccc}
1/7 & 1/6 & 1/6 & 1/5 & 1/6 \\
1/7 & 1/6 & 1/6 & 1/5 & 1/6 \\
- & - & - & - & - \\
1/7 & 1/6 & 1/3 & 1/5 & 1/6 \\
1/7 & 1/6 & 1/6 & 1/5 & 1/6 \\
1/7 & 1/6 & 1/6 & 1/5 & 1/6
\end{array}
\right]
\end{array}
\tag{5.86}
$$

위의 행렬은 주어진 타깃 아이템에 대한 수요에 관해 계산되거나 타깃 아이템 i, 비슷한 아이템 j, 등급 c_k의 모든 조합에 대한 모든 $m \times m \times |C|$의 값을 사전 계산할 수 있다. 행렬 5.85와 5.86의 값을 5.79에 따라 행으로 곱하면 다음과 같은 등급 확률을 얻는다.

$$
\Pr(r_{13} = c_k \mid I_1) \quad
\begin{array}{ccccc}
c_1 & c_2 & c_3 & c_4 & c_5 \\
\left[2/84035 \quad 1/38880 \quad 1/19440 \quad 0 \quad 1/38880 \right]
\end{array}
\tag{5.87}
$$

이는 r_{13}에 대한 최적의 추정값이 3이라는 것을 의미한다. 이를 모든 알려지지 않은 레이팅에 대해 반복하면 그 결과는 표 5.8과 같다.

표 5.8 아이템 기반 나이브 베이즈 협업 필터링 알고리즘을 사용해 예측된 레이팅의 예

	포레스트 검프	타이타닉	대부	배트맨	매트릭스	에일리언
사용자 1	5	4	[3]	1	2	1
사용자 2	4	[4]	3	1	1	2
사용자 3	[2]	5	5	[1]	3	3
사용자 4	2	[2]	1	4	5	4
사용자 5	2	2	2	[4]	4	[4]
사용자 6	1	2	1	[4]	5	4

여기서 어떻게 나이브 베이즈 접근이 이웃 기반 협업 필터링과 연결될 수 있는 지 알아보자. 식 (5.78)에 있는 곱을 로그의 합으로 치환하고 이를 등급 확률 식 (5.77)에 대입함으로써 둘 사이의 구조적 유사성이 보다 명백해진다.

$$\Pr\left(r_{ui} = c_k \mid I_u\right) = \frac{\Pr\left(c_k\right)}{\Pr\left(I_u\right)} \cdot \sum_{j \in I_u} s_k(i, j) \tag{5.88}$$

$$s_k(i, j) = \log \Pr\left(r_{uj} \mid r_{ui} = c_k\right) \tag{5.89}$$

$s_k(i, j)$는 아이템 i와 j에 대한 레이팅의 쌍 비교에 의해 추정되므로 이 값은 두 아이템 사이의 유사성 지표로 해석될 수 있다. 이 결과는 레이팅이 휴리스틱 아이 템 유사성 지표로 예측되는 식 (5.56)의 아이템 기반 최근접 이웃 식과 비교될 수 있다. 이는 기본적인 이웃 기법과 비교했을 때 나이브 베이즈 접근의 장점이 되는 좀 더 확실한 기초를 제공하고 어떤 데이터에 대해서는 훨씬 좋은 성능을 보여주 기도 한다[Miyahara and Pazzani, 2000].

5.8.3 잠재 요소 모델

지금까지 알아본 협업 필터링 알고리즘들은 레이팅 행렬의 각 원소를 입력으로 사 용해 계산을 수행한다. 이웃 기법은 레이팅 행렬에서 알려진 값으로부터 직접 레 이팅을 추정한다. 모델 기반 기법들은 사용자-아이템 상호 작용의 특정 패턴을 발 견하는 예측 모델을 생성함으로써 레이팅 행렬 위에 추상적 계층을 더하지만 모델 훈련은 레이팅 행렬의 성질에 의존한다. 즉 이런 협업 필터링 기법들에는 다음과 같은 문제가 있다.

- 레이팅 행렬은 수백만 명의 사용자, 수백만 개의 아이템 그리고 수십억 개의 알려진 레이팅을 포함할 수 있으므로 계산 가능성과 확장성의 문제 가 발생할 수 있다.
- 보통 레이팅 행렬은 매우 희박하다(실제로 99%의 레이팅이 알려지지 않은 것 일 수 있다). 이는 추천 알고리즘의 계산적 안정성에 영향을 미치고 이웃 이 없는 사용자나 아이템의 경우 신뢰할 수 없는 추천을 제공한다. 이 문 제는 대부분의 기본적인 알고리즘이 사용자 기반이거나 아이템 기반이므

로 레이팅의 행렬에서 모든 종류의 유사성과 상호 작용을 발견하는 데 한계가 있다는 점에서 더욱 커진다.

- 레이팅 행렬의 데이터는 사용자와 아이템 사이의 유사성 때문에 상관 관계가 높다. 이는 레이팅 행렬에서 가용한 신호가 희박할 뿐 아니라 불필요해지기 쉬우므로 확장성의 문제가 발생한다.

원래의 레이팅 행렬은 레이팅 신호의 최적이 아닌 표현이 될 수 있고 협업 필터링의 목적에 더욱 적합한 대안적 표현을 고려해야 한다. 이 아이디어를 좀 더 탐구해보기 위해 처음으로 돌아가 추천 서비스의 본질을 생각해보자. 기본적으로 추천 서비스는 사용자와 아이템 사이의 관련성^{affinity}을 측정하는 지표에 기반을 두고 레이팅을 예측하는 알고리즘으로 볼 수 있다.

$$\hat{r}_{ui} \sim \text{affinity}\,(u, i) \tag{5.90}$$

이 관련성 지표를 정의하는 방법 중 한 가지는 잠재 요소 접근법을 사용해 사용자와 아이템을 k차원 공간으로 매핑하고 각 사용자와 아이템이 k차원 벡터로 표현되도록 하는 것이다.

$$
\begin{aligned}
u &\mapsto \mathbf{p}_u = (p_{u1}, \ldots, p_{uk}) \\
i &\mapsto \mathbf{q}_i = (q_{i1}, \ldots, q_{ik})
\end{aligned}
\tag{5.91}
$$

이 벡터들은 p와 q의 해당 차원이 일정한 방법으로 비교할 수 있도록 만들어져야 한다. 즉 각 차원은 특징이나 개념으로 간주되므로 p_{uj}는 사용자 u와 개념 j 사이의 근접성 지표, q_{ij}는 아이템 i와 개념 j 사이의 근접성 지표가 된다. 사실 이 차원들은 사용자와 아이템 모두에 적용할 수 있는 장르, 스타일 또는 다른 속성들로 해석할 수 있다. 사용자와 아이템 사이의 관련성과 레이팅은 해당 벡터의 곱으로 표현될 수 있다.

$$\hat{r}_{ui} = \mathbf{p}_u \cdot \mathbf{q}_i^T = \sum_{s=1}^{k} p_{us} q_{is} \tag{5.92}$$

각 레이팅이 원래의 레이팅 행렬에서 직접 관찰되지 않은 개념적 공간에 속한 두 벡터의 곱으로 분해되는 경우 p와 q를 잠재 요소라고 한다. 이 추상적 접근의 성공은 어떻게 잠재 요소가 정의되고 구현되느냐에 달렸다. 이 질문에 답하기 위해 먼저 식 (5.92)를 행렬 형태로 적어보자.

$$\hat{\mathbf{R}} = \mathbf{P} \cdot \mathbf{Q}^{\mathsf{T}}$$

(5.93)

그림 5.13에 나타나 있듯이 여기서 $\mathbf{P}$는 벡터 $\mathbf{p}$로부터 조립된 $n \times k$ 행렬이고 $\mathbf{Q}$는 벡터 $\mathbf{q}$로부터 조립된 $m \times k$ 행렬이다. 협업 필터링 시스템의 주요 목적은 레이팅 예측 오류를 최소화하는 것이므로 이는 잠재 요소 행렬에 대한 최적화 문제를 직접 정의할 수 있게 해준다.

$$\min_{\mathbf{P}, \mathbf{Q}} \quad \left\| \mathbf{R} - \hat{\mathbf{R}} \right\|^2 = \left\| \mathbf{R} - \mathbf{P} \cdot \mathbf{Q}^{\mathsf{T}} \right\|^2$$

(5.94)

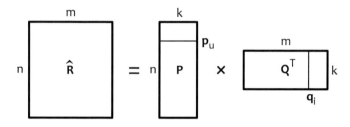

그림 5.13 협업 필터링에 대한 잠재 요소 접근

잠재 차원 k가 고정돼 있고 $k \le n$이고 $k \le m$이면 최적화 문제 (5.94)는 2장, '예측 모델링 리뷰'에서 저차원 근사 문제의 예가 된다. 해답에 대한 접근 방법을 설명하기 위해 레이팅 행렬의 희박함은 잠시 무시하고 이 행렬이 완전하다고 가정해보자. 이 경우 최적화 문제는 레이팅 행렬의 단일 가치 분해(SVD)에 대한 분석적 해결이 된다. 좀 더 구체적으로 말하면 레이팅 행렬은 표준 SVD 알고리즘을 사용하는 세 행렬의 곱이 된다.

$$\mathbf{R} = \mathbf{U\Sigma V}^{\mathsf{T}}$$

(5.95)

여기서 $\mathbf{U}$는 $n \times n$ 열 직교 행렬, $\mathbf{\Sigma}$는 $n \times m$ 대각 행렬, $\mathbf{V}$는 $m \times m$ 열 직교 행렬이다. 문제 (5.94)의 최적 솔루션은 k개의 가장 중요한 차원으로 절단된 요소들에 의해 얻을 수 있다.

$$\widehat{\mathbf{R}} = \mathbf{U}_k \mathbf{\Sigma}_k \mathbf{V}_k^\top \tag{5.96}$$

즉 예측 정확도 측면에서 최적인 잠재 요소들은 SVD에 의해 다음과 같이 얻을 수 있다.

$$\begin{aligned}
\mathbf{P} &= \mathbf{U}_k \mathbf{\Sigma}_k \\
\mathbf{Q} &= \mathbf{V}_k
\end{aligned} \tag{5.97}$$

SVD 기반 잠재 요소 모델은 이 절의 처음에서 나왔던 협업 필터링의 문제를 해결하는 데 도움을 준다. 먼저 이는 거대한 $n \times m$ 레이팅 행렬을 $n \times k$와 $m \times k$ 요소 행렬로 바꿔주고 이들은 잠재 요소 차원의 최적값 k가 보통 매우 작기 때문에 원래 행렬보다 많이 작아진다. 예를 들어 50만 명의 사용자와 1만 7,000개의 아이템을 갖고 있는 레이팅 행렬은 40차원으로 근사가 가능하다고 보고됐다[Funk, 2016]. 다음으로 SVD는 레이팅 행렬을 탈상관시킨다. 식 (5.97)에 의해 정의된 잠재 요소 행렬은 열 직교이고 이는 잠재 차원이 탈상관됐음을 의미한다. 실제로 많

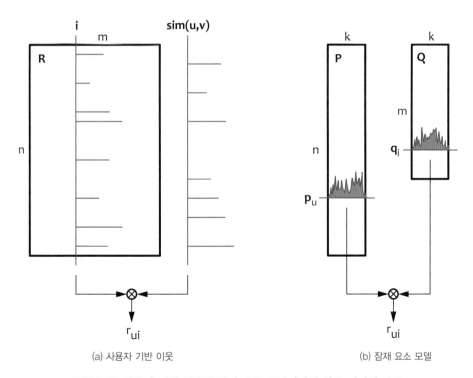

(a) 사용자 기반 이웃   (b) 잠재 요소 모델

그림 5.14 사용자 기반 이웃과 잠재 요소 모델에서의 신호 에너지 분포

이 일어나듯이 k가 n과 m보다 많이 작으면 SVD는 희소성 문제를 해결한다. 왜냐하면 원래 레이팅 행렬에 들어 있는 신호는 효과적으로 압축되고 (가장 높은 신호 에너지를 갖고 있는 k개의 차원을 선택하기 때문에) 잠재 요소 행렬은 희박하지 않기 때문이다. 그림 5.14는 이 성질을 보여준다. 사용자 기반 이웃 알고리즘(그림 5.14a)은 레이팅 추정값을 생성하기 위해 주어진 아이템의 희박한 레이팅 벡터와 주어진 사용자의 희박한 유사성 벡터를 결합한다. 반면 잠재 요소 모델(그림 5.14b)은 감소된 차원 수와 높은 에너지 밀도를 가진 두 벡터를 결합함으로써 레이팅을 추정한다.

방금 서술한 이 기법은 잠재 요소 문제에 대해서는 좋은 해법이지만 레이팅 행렬이 완전하다는 가정이 큰 약점이다. 대부분의 실제 상황에서처럼 레이팅 행렬이 희박하다면 표준 SVD 알고리즘은 알려지지 않은 원소를 처리할 수 없기 때문에 간단하게 적용되지 않는다. 이 문제에 대한 가장 간단한 해법은 알려지지 않은 레이팅을 디폴트 값으로 채우는 것이지만 이는 커다란 예측 편향을 초래할 수 있다. 그리고 이 방법의 계산적인 복잡성은 전체 $n \times m$ 행렬에 대해 SVD의 복잡성과 같기 때문에 계산적으로도 비효율적이다. 하지만 알려진 레이팅의 숫자에 비례하는 복잡성을 갖고 있는 기법이 있다는 것은 바람직하다. 이 이슈들은 다음 절에서 기술할 대안적 인수분해 기법들에 의해 다뤄질 것이다.

5.8.3.1 비제한 인수분해

표준 SVD 알고리즘은 저차원 근사 문제의 분석적인 해법이다. 하지만 이 문제는 최적화 문제로 간주될 수 있고 일반적 최적화 기법들을 적용할 수도 있다. 가장 기본적인 접근 방법 중 하나는 잠재 요소의 값을 반복적으로 수정하기 위해 기울기 하강을 적용하는 것이다. 이것의 시작은 비용 함수 J를 잔차 예측 오류로 정의하는 것이다.

$$\min_{P, Q} \quad J = \left\| R - PQ^T \right\|^2 \tag{5.98}$$

이 시점에서 잠재 요수 행렬에 직교성과 같은 제한을 두지는 않는다. 잠재 요소에 대한 비용 함수의 기울기 하강을 계산하면 다음을 얻는다.

$$\frac{\partial J}{\partial P} = -2\left(R - PQ^T\right)Q = -2EQ$$

$$\frac{\partial J}{\partial Q^T} = -2P^T\left(R - PQ^T\right) = -2P^TE$$

(5.99)

여기서 E는 잔차 오류 행렬이다.

$$E = R - PQ^T \qquad\qquad (5.100)$$

기울기 하강 알고리즘은 각 단계에서 음의 기울기 방향으로 움직여 나감으로써 비용 함수를 최소화한다. 즉 수렴할 때까지 다음의 식을 따라 행렬 P와 Q를 업데이트함으로써 제곱 레이팅 예측 오류를 최소화하는 잠재 요소를 찾을 수 있다.

$$P \leftarrow P + \alpha \cdot EQ$$

$$Q^T \leftarrow Q^T + \alpha \cdot P^TE$$

(5.101)

여기서 α는 학습 비율이다. 기울기 하강 접근의 단점은 각 반복마다 전체 잔차 오류 행렬의 계산과 한 번에 모든 잠재 요소 값을 업데이트해야 한다는 것이다. 대형 행렬들에 보다 적합한 방법은 확률적 기울기 하강이다[Funk, 2016]. 확률적 기울기 하강 알고리즘은 전체 예측 오류 J가 레이팅 행렬의 각 원소에 대한 예측 오류의 합이라는 점을 이용한다. 따라서 J의 전체 기울기를 각 데이터 포인트의 기울기에 의해 근사하고 각 원소마다 잠재 요소를 업데이트할 수 있다. 이 아이디어의 전체 구현은 알고리즘 5.1과 같다.

이 알고리즘의 첫 번째 단계는 잠재 요소 행렬을 초기화하는 것이다. 이 초기화 값의 선택은 별로 중요하지 않지만 일단 랜덤하게 생성된 잠재 요소 중에서 알려진 레이팅의 에너지를 골고루 분배하도록 한다. 이 알고리즘은 의미 차원을 하나씩 최적화한다. 알고리즘은 각 차원에 대해 훈련 데이터의 모든 레이팅을 학습하고 현재 잠재 요소 값을 사용해 각 레이팅을 예측하고 예측 오류를 추정하고 식 (5.101)에 따라 요소 값을 수정한다. 주어진 차원은 수렴 조건이 만족되면 완료된 것으로 간주되고 알고리즘은 다음 차원으로 넘어간다.

알고리즘 5.1은 표준 SVD의 한계를 극복하는 데 도움을 준다. 이는 각 데이터 포인트를 모두 처리함으로써 잠재 요소를 최적화하고 알려지지 않은 레이팅과 거대 행렬에 대한 계산의 문제를 피해갈 수 있게 해준다. 각 원소를 차례대로 처리하는 방식은 확률적 기울기 하강을 식 (5.101)에 따라 전체 행렬을 업데이트하는 기울기 하강보다 실제 애플리케이션에서 더 편리하게 해준다.

입력 훈련 데이터 세트 $\mathbf{R}$(원래 레이팅 행렬에서 샘플됨)

출력 행렬 $\mathbf{P}$와 $\mathbf{Q}$

초기화 $\quad p_{ud}^{(0)} \sim$ 평균 μ_0를 갖고 있는 랜덤 값 $1 \leqslant u \leqslant n, \quad 1 \leqslant d \leqslant k$

초기화 $\quad q_{id}^{(0)} \sim$ 평균 μ_0를 갖고 있는 랜덤 값 $1 \leqslant i \leqslant m, \quad 1 \leqslant d \leqslant k$

개념 차원 $\qquad\qquad d = 1, 2, \ldots, k$ **do**

    repeat

        훈련 데이터 세트에서 각 레이팅 r_{ui}에 대해

$$\hat{r}_{ui} = \sum_{s=1}^{d} p_{us} \cdot q_{is}$$

$$e = r_{ui} - \hat{r}_{ui}$$

$$p_{ud} \leftarrow p_{ud} + \alpha \cdot e \cdot q_{id}$$

$$q_{id} \leftarrow q_{id} + \alpha \cdot e \cdot p_{ud}$$

$$SSE^{(t+1)} \leftarrow SSE^{(t+1)} + e^2 \quad \text{(제곱 오류의 합)}$$

    end

    until $\left| SSE^{(t+1)} - SSE^{(t)} \right| < \varepsilon \quad$ (수렴 조건)

end

알고리즘 5.1 확률적 기울기 감소 알고리즘을 사용한 비제한 행렬 인수분해. t는 가운데 루프에 대한 반복 카운터, ε는 수렴 한계점, μ는 알려진 레이팅의 평균, $\mu_0 = \mu/\sqrt{k|\mu|}$이다.

잠재 요소 접근은 레이팅 행렬에서 잠재적으로 존재하는 패턴을 드러내고 이를 개념으로 명시적으로 나타내는 표현 학습 기법이다. 많은 에너지가 담긴 개념을 의미 있고 통찰력 있는 방법으로 해석할 수는 있지만 모든 개념이 분명한 의미론적 의미를 갖고 있는 것은 아니다. 예를 들어 영화 평점 데이터에 적용된 행렬 인수분해 알고리즘은 로맨스, 코미디, 공포 등과 같은 심리적 차원에 어느 정도 대응하는 요소들을 생성할 수 있다. 표 5.3에서의 레이팅 행렬을 입력으로 사용하는 작은 수리적인 예를 들어 이 현상을 알아보자.

$$\mathbf{R} = \begin{bmatrix} 5 & 4 & — & 1 & 2 & 1 \\ 4 & — & 3 & 1 & 1 & 2 \\ — & 5 & 5 & — & 3 & 3 \\ 2 & — & 1 & 4 & 5 & 4 \\ 2 & 2 & 2 & — & 4 & — \\ 1 & 2 & 1 & — & 5 & 4 \end{bmatrix} \tag{5.102}$$

먼저 행렬을 평균화하기 위해 모든 원소에서 전체 평균 $\mu = 2.82$를 빼고 $k = 3$인 잠재 차원과 학습 비율 $\alpha = 0.01$을 갖고 있는 알고리즘 5.1을 수행하면 다음 두 요소를 얻는다.

$$\mathbf{P} = \begin{bmatrix} -1.40 & 0.30 & 0.95 \\ -1.03 & -0.90 & 0.34 \\ -0.94 & 1.53 & -0.12 \\ 1.26 & 0.34 & 0.66 \\ 0.80 & 0.16 & 0.07 \\ 1.47 & 0.38 & 0.05 \end{bmatrix} \quad \mathbf{Q} = \begin{bmatrix} -1.16 & 0.31 & 0.60 \\ -0.96 & 0.82 & -0.43 \\ -1.26 & 0.71 & -0.83 \\ 1.29 & 0.30 & -0.37 \\ 1.18 & 0.90 & 0.60 \\ 0.83 & 0.37 & -0.44 \end{bmatrix} \tag{5.103}$$

이 행렬들의 각 열은 사용자 또는 영화에 대응하고 12개의 열 벡터는 그림 5.15에 나타나 있다. 첫 번째 열(첫 번째 의미 벡터)의 원소들은 가장 큰 크기를 갖고 있고 그다음 열들에서 크기들은 점점 감소한다. 이는 첫 번째 의미 벡터가 단일 차원에서 가질 수 있는 최대한의 신호 에너지를 찾아내고 두 번째 의미 벡터는 남아 있는 에너지의 일부만을 찾아내기 때문이다. 다음으로 첫 번째 개념은 양의 방향이 액션 장르에 대응하고 음의 방향이 드라마 장르에 대응하는 드라마-액션 축으로 해석될 수 있다. 이 예에서의 레이팅 데이터는 상관성이 높으므로 처음 3명의 사용자와 처음 3개의 영화는 처음 의미 벡터에서 큰 음의 값을 갖고 (드라마 영화와 그런 영화를 좋아하는 사용자들) 나중 3명의 사용자와 영화들은 같은 열에서 큰 양의 값을 갖는다(액션 영화와 그런 영화를 좋아하는 사용자들). 이 경우의 두 번째 차원은 사용자 또는 아이템 편향에 대응하고 이는 심리적 속성으로 이해할 수 있다(이 사용자는 평점이 너그러운가 그렇지 않은가? 이 영화는 인기가 있는가 없는가?). 나머지 개념들은 잡음으로 간주될 수 있다.

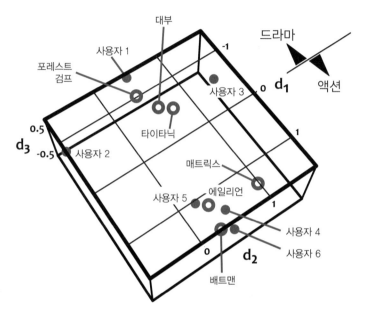

그림 5.15 잠재 요소 식 (5.103)의 시각화. 차원 d_1, d_2, d_3는 행렬의 첫 번째, 두 번째, 세 번째 열에 대응한다. 사용자는 색칠된 원이고 영화는 빈 원이다.

여기서 얻은 요소 행렬들은 완벽하게 열 직교는 아니지만 SVD 솔루션의 최적성을 따르기 때문에 직교에 가깝다. 대각 행렬에 가까운 $\mathbf{P}^\mathsf{T}\mathbf{P}$와 $\mathbf{Q}^\mathsf{T}\mathbf{Q}$를 통해 이를 확인할 수 있다.

$$\mathbf{P}^\mathsf{T}\mathbf{P} = \begin{bmatrix} \mathbf{8.28} & 0.19 & -0.62 \\ 0.19 & \mathbf{3.54} & 0.05 \\ -0.62 & 0.05 & \mathbf{1.47} \end{bmatrix}$$

$$\mathbf{Q}^\mathsf{T}\mathbf{Q} = \begin{bmatrix} \mathbf{7.60} & -0.28 & 0.63 \\ -0.28 & \mathbf{2.31} & -0.49 \\ 0.63 & -0.49 & \mathbf{1.92} \end{bmatrix}$$

(5.104)

행렬 5.103은 알려진 또는 알려지지 않은 레이팅을 추정하는 데 사용할 수 있는 예측 모델이다. 이 추정값은 두 요소들을 곱하고 전체 평균값을 다시 더해 얻을 수 있다.

$$\hat{R} = PQ^T + \mu$$

$$= \begin{bmatrix} 5.11 & 4.00 & [\mathbf{4.01}] & 0.75 & 2.00 & 1.35 \\ 3.94 & [\mathbf{2.93}] & 3.19 & 1.11 & 1.00 & 1.49 \\ [\mathbf{4.31}] & 5.03 & 5.19 & [\mathbf{2.12}] & 3.03 & 2.67 \\ 1.86 & [\mathbf{1.61}] & 0.94 & 4.30 & 5.01 & 3.71 \\ 1.99 & 2.15 & 1.88 & [\mathbf{3.87}] & 3.95 & [\mathbf{3.51}] \\ 1.26 & 1.69 & 1.20 & [\mathbf{4.81}] & 4.94 & 4.17 \end{bmatrix} \quad (5.105)$$

이 결과는 알려진 레이팅을 꽤 정확히 재생산하고 기대와 매우 일치하는 방법으로 알려지지 않은 레이팅을 추정한다. 추정값의 정확도는 차원의 수를 조정하는 방법으로 증가 또는 감소될 수 있고 최적 차원의 수는 교차 검증, 계산적 복잡성과 정확성 사이의 균형의 선택으로 결정될 수 있다.

5.8.3.2 제한된 인수분해

표준 SVD 알고리즘은 저차원 근사 알고리즘의 최적 솔루션을 제공해주고 SVD에 의해 제공된 요소 P와 Q는 열 직교다. 알고리즘 5.1에 의해 제공된 확률적 기울기 감소 알고리즘은 이 최적값을 근사한다. 입력 레이팅 행렬이 완전하다면 알고리즘 5.1은 SVD처럼 열 직교 결과에 수렴한다. 유일한 차이는 SVD에서 제시된 대각 스케일링 행렬이 2개의 요소로 합쳐진다는 것이다. 하지만 입력 레이팅 행렬이 완전하지 않다면 이 알고리즘에 의해 생성된 결과는 반드시 직교가 아니다. 이는 이 개념이 통계적 그리고 기하학적인 의미에서 상관 관계가 있다는 것을 의미한다. 이것이 레이팅 예측의 품질에 직접적인 영향을 미치지는 않지만 잔차의 상관 관계 때문에 결과를 좀 더 해석하기 어렵게 만든다. 여기서 직교성이나 음이 아닌 것과 같은 추가 제약 조건이 보다 의미 공간을 잘 정의할 수 있게 하기 위해 잠재 요소에 사용할 수 있는지 생각해보자. 다행히 확률적 기울기 감소 알고리즘은 이런 추가 제약 조건을 지원하기 위해 수정될 수 있고 인수분해 과정에 보다 많은 유연성과 통제를 제공한다.

직교 제약 조건이 있는 인수분해 문제를 생각해보자. 제약 조건이 없는 최적화와 마찬가지로 목적은 제곱 예측 오류를 최소화하는 잠재 요소를 찾는 것이지만 추가 제약 조건은 개념의 베이시스가 직교가 돼야 한다는 것이다. 이는 다음의 제약 조건 최적화 문제가 된다.

$$\min_{P, Q} \quad \left\| R - P \cdot Q^T \right\|^2$$
$$\text{subject to} \quad P^T P \text{는 대각 행렬} \tag{5.106}$$
$$\qquad\qquad Q^T Q \text{는 대각 행렬}$$

기울기 감소 문제는 예측된 기울기 감소라는 기법을 사용해 제약 조건이 있는 최적화 문제에 적용할 수 있다. 이 기법은 기울기 감소의 각 반복 단계에 제약 조건을 적용하는 것이므로 업데이트된 변수는 솔루션의 집합으로 다시 예측된다. 보다 정형적으로 표현하면 기울기 감소는 음의 기울기 방향으로 단계적으로 움직이는 것에 의해 비용 함수를 최소화하는 것이다.

$$\min_{x} \quad f(x)$$
$$\text{learning rule:} \quad x^{(t+1)} = x^{(t)} - \alpha \cdot \nabla f\left(x^{(t)}\right) \tag{5.107}$$

예측된 기울기 감소는 이 접근을 제약 조건이 있는 최적화로 일반화한다. 각 단계에서 처음에 음의 기울기 방향으로 움직이고 가능 범위 내에서 머물기 위해 조금씩 솔루션을 조정한다.

$$\min_{x} \quad f(x)$$
$$\text{subject to} \quad x \in C$$
$$\text{learning rule:} \quad z^{(t+1)} = x^{(t)} - \alpha \cdot \nabla f\left(x^{(t)}\right) \tag{5.108}$$
$$x^{(t+1)} = \underset{x \in C}{\operatorname{argmin}} \left\| z^{(t+1)} - x \right\|$$

직교 제약의 경우 의미 d에 대한 가능 범위는 이전에 계산됐던 의미 벡터들에 직교하는 모든 벡터들이다. 이는 이전에 계산됐던 의미들에서 예측값을 뺌으로써 가능 범위의 기울기 감소에 의해 업데이트된 솔루션을 매핑할 수 있게 된다는 것을 의미한다. 예를 들어 첫 번째 사용자의 의미 벡터 $\mathbf{p}_1$(행렬 $\mathbf{P}$의 첫 번째 열)이 알고리즘 5.1의 외부 루프의 첫 번째 단계에서 결정된다면 두 번째 의미 벡터 $\mathbf{p}$에 대한 후보 솔루션(행렬 $\mathbf{P}$의 두 번째 열)은 다음과 같이 직교되고

$$\mathbf{p}_2 = \mathbf{p}_2 - \mathrm{proj}\,(\mathbf{p}_2, \mathbf{p}_1) \tag{5.109}$$

여기서 $\mathrm{proj}(\mathbf{a}, \mathbf{b})$는 $\mathbf{b}$에 대한 $\mathbf{a}$의 벡터 프로젝션이다.

$$\mathrm{proj}\,(\mathbf{a}, \mathbf{b}) = \frac{\mathbf{a} \cdot \mathbf{b}}{\mathbf{b} \cdot \mathbf{b}}\,\mathbf{b} \tag{5.110}$$

다음 단계로 세 번째 사용자의 의미 벡터는 이전 2개의 벡터에 대한 프로젝션을 뺌으로써 직교화될 수 있다.

$$\mathbf{p}_3 = \mathbf{p}_3 - \mathrm{proj}\,(\mathbf{p}_3, \mathbf{p}_1) - \mathrm{proj}\,(\mathbf{p}_3, \mathbf{p}_2) \tag{5.111}$$

이와 같은 방법으로 프로세스는 계속된다. 이 과정은 선형적으로 독립인 벡터의 임의의 값을 취해 이것으로부터 직교인 벡터의 집합을 만드는 선형대수의 기본적인 과정인 그램-슈미트$^{\text{Gram-Schmidt}}$ 프로세스의 반복적 버전이다. 같은 접근은 행렬 $\mathbf{Q}$의 열인 의미 벡터에도 사용할 수 있다. 이 직교 과정을 알고리즘 5.1에 대입하면 잠재 요소의 원소들을 업데이트하기 위해 똑같은 내부 루프를 사용하지만 의미 벡터 베이시스를 직교화하기 위해 추가 예측 단계가 있는 알고리즘 5.2를 얻는다.

마지막으로 직교성 대신 잠재 요소에 대해 적용할 수 있는 다른 종류의 제약 조건에 대해 알아보자. 알고리즘 5.2는 불완전한 레이팅 행렬의 경우에도 직교의 잠재 요소를 생성한다. 이는 어느 정도까지는 결과의 해석 가능성을 높여주지만 사용자 아이템, 의미 간의 관계는 양과 음의 요소 값의 상호 관계에 때문에 해석하기 어렵다. 여기서 제약 조건을 직교성에서 음이 아닌 조건으로 바꿈으로써 이 문제를 해결할 수 있다.

$$\min_{\mathbf{P},\,\mathbf{Q}} \quad \left\| \mathbf{R} - \mathbf{P} \cdot \mathbf{Q}^{\mathsf{T}} \right\|^2 \tag{5.112}$$
$$\text{subject to} \quad \mathbf{P} \geqslant 0$$
$$\mathbf{Q} \geqslant 0$$

비음 행렬 인수분해라고 알려진 이 최적화 문제는 기울기 감소 알고리즘의 변종으

입력 훈련 데이터 세트 **R**(원래 레이팅 행렬에서 추출됨)

출력 행렬 **P**와 **Q**

초기화 $p_{ud}^{(0)} \sim$ 평균 μ_0를 갖고 있는 랜덤 값 $1 \leqslant u \leqslant n, \quad 1 \leqslant d \leqslant k$

초기화 $q_{id}^{(0)} \sim$ 평균 μ_0를 갖고 있는 랜덤 값 $1 \leqslant i \leqslant m, \quad 1 \leqslant d \leqslant k$

개념 차원 $d = 1, 2, \ldots, k$ **do**

  repeat

    훈련 데이터 세트에서 각 레이팅 r_{ui}에 대해

      p_d와 q_d의 원소 업데이트   (알고리즘 5.1 참조)

    end

    $p_d \leftarrow p_d - \displaystyle\sum_{s=1}^{d-1} \text{proj}\,(p_d,\ p_s)$ (예측)

    $q_d \leftarrow q_d - \displaystyle\sum_{s=1}^{d-1} \text{proj}\,(q_d,\ q_s)$ (예측)

  until (수렴 조건)

end

알고리즘 5.2 확률적 기울기 감소 알고리즘을 사용한 직교 제약의 행렬 인수분해

로 풀 수 있다[Zhang 등, 1996; Lee and Seung, 2001]. 비음 인수분해의 장점은 보다 나은 해석 가능성이다. 왜냐하면 각 요소의 원소는 의미에 대한 근접성을 의미하고 각 사용자 또는 아이템은 의미의 부가적 선형 조합으로 표현될 수 있기 때문이다.

5.8.3.3 고급 의미 요소 모델

이전 절들에서 알아본 인수분해 기법들은 잠재 요소 모델의 생성에 관련된 프레임워크를 제공한다. 하지만 이 알고리즘들은 추가 향상과 확장의 여지가 있다. 이런 확장 모델들은 복잡하기는 하지만 최상위 k개의 추천 품질에 큰 향상을 가져다 줄 수 있다. 하지만 예측 정확성의 추가 향상은 매우 제한적일 수도 있다[Koren,

2008]. 이 절에서 잠재 요소 접근의 실제적인 구현으로 간주될 수 있는 몇몇 고급 기법을 살펴본다. 이 기법들은 알아본 추천 알고리즘들과 관련해 이미 알아본 아이디어들에 기반을 두고 있지만 잠재 요소 접근에 맞춰졌다.

규칙화와 편향 5.6.1절, '베이스라인 추정'에서 다뤘듯이 사용자와 아이템 편향은 평균 사용자와 아이템 효과를 찾아내고 제거하는 데 도움을 주는 중요한 베이스라인 추정기다. 베이스라인 추정값과 잠재 요소 모두 기울기 감소에 의해 결정될 수 있으므로 두 모델을 결합해 하나로 만들고 편향과 잠재 요소 변수에 대해 함께 최적화할 수 있다. 이 모델에 대한 레이팅 예측은 식 (5.113)과 같다.

$$\hat{r}_{ui} = \mu + b_i + b_u + \mathbf{p}_u \mathbf{q}_i^{\mathsf{T}} \tag{5.113}$$

여기서 μ는 글로벌 평균, b_i는 아이템 편향, b_u는 사용자 편향이고 마지막 부분은 모델의 잠재 요소에 대응한다. 희박한 데이터에 대해 과적합하는 것을 피하기 위한 규칙화 부분을 더하면 이 모델은 다음의 최적화 문제가 된다.

$$\min \sum_{u,i} \left(r_{ui} - \mu - b_i - b_u - \mathbf{p}_u \mathbf{q}_i^{\mathsf{T}} \right)^2 + \\ + \lambda \left(b_i^2 + b_u^2 + \|\mathbf{p}_u\|^2 + \|\mathbf{q}_i\|^2 \right) \tag{5.114}$$

여기서 λ는 규칙화 모수이고 최소화는 모든 편향과 잠재 요소에 대해 동시에 행해진다. 이 문제는 다음의 학습 규칙을 적용해 알고리즘 5.1의 확률 기울기 하강 방법으로 풀 수 있다.

$$\begin{aligned} b_u &\leftarrow b_u + \alpha\,(e - \lambda \cdot b_u) \\ b_i &\leftarrow b_i + \alpha\,(e - \lambda \cdot b_i) \\ p_{ud} &\leftarrow p_{ud} + \alpha\,(e \cdot q_{id} - \lambda \cdot p_{ud}) \\ q_{id} &\leftarrow p_{id} + \alpha\,(e \cdot p_{ud} - \lambda \cdot q_{id}) \end{aligned} \tag{5.115}$$

여기서 α는 학습 비율이다. 이 모델은 기본적인 비제약 인수분해의 실용적 버전으로 간주되고 종종 SVD 모델로 얘기되기도 하는데 이는 정확한 표현이 아니다.

암시적 피드백 두 번째로 다룰 모델은 사용자가 아이템을 랜덤하게 고르는 것이 아니라 개인적인 관심과 선호에 따라 고른다는 점을 활용한다. 즉 유용한 신호는 실제 레이팅 값뿐 아니라 알려진 레이팅의 위치에서도 얻는다(자세한 사항은 5.1.1절, '고객 레이팅의 성질' 참고). 여기서 $n \times m$ 암시적 피드백 행렬 안의 사용자-아이템 상호 작용의 신호를 분리해낼 수 있다. 이 행렬은 알려진 레이팅의 위치에 대해 1의 값을 갖고 알려지지 않은 레이팅은 0의 값을 갖는다. 각 행을 단위 길이로 정규화하면 암시적 피드백 행렬 F는 다음과 같이 정의할 수 있다.

$$f_{ui} = \begin{cases} |\, I_u \,|^{-1/2}, & r_{ui}\text{로 알려져 있다면} \\ 0, & \text{이외의 경우} \end{cases} \tag{5.116}$$

여기서 I_u는 사용자 u에 의해 평가된 아이템의 집합이다. 일반적인 경우 암시적 피드백 행렬은 반드시 레이팅 행렬로부터 나와야 하는 것은 아니고 다른 데이터로부터 생성할 수 있다. 예를 들어 암시적 피드백 행렬은 구매 또는 웹 브라우징 기록에 기반을 두고 생성될 수 있으므로 0이 아닌 값은 사용자와 아이템 사이의 상호 작용을 의미한다.

암시적 피드백을 갖고 있는 인수분해 모델의 아이디어는 각 요소의 값 y_{id}가 아이템 i를 리뷰하는 행동이 의미 d에 대한 근접성을 얼마가 증가 또는 감소시키는지를 결정하는 아이템 요소를 도입하는 것이다. 이 요소의 집합을 $m \times k$ 행렬 Y라고 가정해보자. 이 암시적 행렬과 새로운 아이템 요소의 곱 $FY = (z_{ud})$는 행이 사용자에 열의 의미에 대응하는 $n \times k$ 행렬이고 각 원소 z_{ud}는 레이팅의 행위로 인한 암시적 피드백에 대응하는 사용자 u의 의미 d에 대한 추가 근접성으로 해석될 수 있다. 이 추가 근접성은 레이팅 값으로부터 직접 계산된 사용자-요소 근접성을 나타내는 사용자-요소 행렬 P에 직접 더해질 수 있다. 그 결과는 다음의 최적화 문제다.

$$\min_{P,\, Q,\, Y} \quad \left\| R - (P + FY)\, Q^T \right\|^2 \tag{5.117}$$

여기 사용자와 아이템 편향을 더하면 다음의 예측 식을 얻는다.

$$\hat{r}_{ui} = \mu + b_i + b_u + \left(p_u + |\, I_u \,|^{-1/2} \sum_{j \in I_u} y_j \right) q_i^T \tag{5.118}$$

여기서 y_j는 행렬 $\mathbf{Y}$의 열이다. 확률적 기울기 하강의 학습 규칙은 규칙화 부분을 포함하고 기울기를 취함에 의해 식 (5.118)로부터 직접 구할 수 있다.

$$
\begin{aligned}
b_u &\leftarrow b_u + \alpha\,(e - \lambda_1 \cdot b_u) \\
b_i &\leftarrow b_i + \alpha\,(e - \lambda_1 \cdot b_i) \\
p_{ud} &\leftarrow p_{ud} + \alpha\,(e \cdot q_{id} - \lambda_2 \cdot p_{ud}) \\
q_{id} &\leftarrow p_{id} + \alpha\left(e\left(p_{ud} + \mid I_u \mid^{-1/2} \sum_{j \in I_u} y_{jd}\right) - \lambda_2 \cdot q_{id}\right) \\
y_{jd} &\leftarrow y_{jd} + \alpha\left(e \cdot \mid I_u \mid^{-1/2} \cdot q_{id} - \lambda_2 \cdot y_{jd}\right)
\end{aligned}
\tag{5.119}
$$

여기서 λ_1과 λ_2는 규칙화 모수다. SVD++ 모델로 알려진 이 모델은 암시적 피드백 신호를 처리할 수 있으므로 기본 SVD 모델보다 나은 정확성을 제공한다[Koren, 2008]. SVD++ 모델은 가장 발전되고 효율적인 잠재 요소 모델 중 하나로 간주된다.

잠재 요소와 이웃 기반의 합성 인수분해와 최근접 이웃 기법을 결합한 모델을 살펴보자. 5.7.4절, '회귀 문제로서의 이웃 기법'에서 다뤘듯이 이웃 기반 협업 필터링은 회귀 문제로 간주될 수 있다. 이 문제는 분석적으로 또는 확률적 기울기 하강과 같은 최적화 기법으로 풀 수 있다. 후자는 이웃 모델을 인수분해 알고리즘에 삽입해 이웃 모델 가중값으로 갖고 잠재 요소를 최적화할 수 있게 해준다. 통합된 모델은 식 (5.118)의 잠재 요소와 식 (5.69)의 이웃 식을 결합해 얻을 수 있다. 이는 레이팅 예측에 관한 다음 식을 생성한다.

$$
\begin{aligned}
\hat{r}_{ui} = {}& \mu + \underline{b_u} + \underline{b_i} + \left(\underline{\mathbf{p}_u} + \mid I_u \mid^{-1/2} \sum_{j \in I_u} \underline{\mathbf{y}_j}\right)\underline{\mathbf{q}_i^{\mathsf{T}}} + \\
& + \mid Q_{ui}^s \mid^{-1/2} \sum_{j \in Q_{ui}^s} \left((r_{uj} - b_{uj})\,\underline{w_{ij}} + \underline{c_{ij}}\right)
\end{aligned}
\tag{5.120}
$$

여기서 Q_{ui}^s는 사용자 u에 의해 평가된 아이템의 집합 중 아이템 i의 이웃(즉 I_u에서 가장 비슷한 최상위 s 아이템), b_{uj}는 베이스라인 예측이다. 요소 $\mid I_u \mid^{-1/2}$와 $\mid Q_{ui}^s \mid^{-1/2}$는 추정값의 기반인 레이팅의 개수인 해당 항의 신뢰성으로 해석되므로 항의 기여도는 그에 따라 올라가거나 내려간다. 레이팅 예측 오류는 집합 (5.119)와 비슷한 학습 규칙의 집합을 사용해 모든 변수에 동시 최소화되지만 가중값 w_{ij}

와 c_{ij}에 대한 추가 규칙이 적용된다[Koren, 2008].

5.9 하이브리드 기법들

추천은 폭넓은 동시에 어려운 문제이므로 이상적인 추천 시스템은 다양한 데이터 출처와 사용자-아이템 상호 작용, 아이템과 콘텐츠의 유사성 등과 같은 다양한 효과와 신호 등을 고려해야 한다. 하지만 대부분의 추천 기법들은 한 종류의 데이터와 효과만 측정한다. 기본적인 협업 필터링은 레이팅 행렬 분석에 치중하고 아이템 콘텐츠는 무시한다. 반면 콘텐츠 기반 필터링은 그 반대다. 즉 각 기법은 장단점이 있고 서로의 약점을 보완할 수 있다. 하이브리드적 접근은 복수의 알고리즘들을 결합해 보다 나은 추천 시스템을 개발하기 위해 이뤄진다.

우리는 이미 2개 이상의 추천 기법이 결합될 수 있음을 살펴봤다. 예를 들어 사용자 기반과 아이템 기반의 이웃 모델은 5.7.4.3절, '아이템 기반 기법과 사용자 기반 기법의 융합'에서 회귀 분석에 의해 결합됐고 기본적인 SVD 모델은 5.8.3.3절, '고급 의미 요소 모델'에서 암시적 피드백에 의해 보완됐다. 이런 하이브리드 솔루션들은 각각의 알고리즘을 단독으로 사용할 때보다 일반적으로 좋은 결과를 낼 수 있다. 다음의 목표는 다양한 추천 알고리즘의 결합을 통해 최적의 성과를 낼 수 있는 체계적이고 종합적인 하이브리드 기법을 개발하는 것이다. 이 프레임워크는 더욱 강력한 추천 서비스를 개발할 수 있을 뿐 아니라 이전에 기술한 모델을 더 체계적으로 이해할 수 있게 해줄 것이다. 하이브리드 추천 모델은 각각의 학습 알고리즘보다 더욱 나은 예측 능력을 위해 여러 개의 분류 또는 회귀 모델을 결합하는 앙상블 학습 모델과 가까운 관계가 있다. 다음 절에서는 기본적인 모델부터 조금씩 복잡한 것으로 이동함으로써 하이브리드 추천 모델을 만들어본다.

5.9.1 스위칭

여러 가지 추천 알고리즘을 결합하는 가장 기본적인 방법 중 하나는 조건에 따라 알고리즘을 바꾸는 것이다. 예를 들어 아이템이 매우 적은 레이팅을 갖고 있는 경우에는 콘텐츠 필터링, 그렇지 않으면 협업 필터링을 적용할 수 있다[Burke,

2002]. 즉 아이템을 평가한 사용자 수에 따라 두 알고리즘을 바꿔가며 적용할 수 있다.

$$
\hat{r}_{ui} = \begin{cases} \hat{r}_{ui}^{(\text{collaborative})}, & |U_i| > 20\text{이면} \\ \\ \hat{r}_{ui}^{(\text{content})}, & \text{이외의 경우} \end{cases} \tag{5.121}
$$

여기서 U_i는 아이템 i를 평가한 사용자 수다. 이 방법은 협업 필터링에서의 문제였던 콜드 스타트 문제를 해결할 수 있게 도와주는 동시에 콘텐츠 기반 필터링의 문제였던 사소한 추천을 향상시킬 수 있게 해준다. 이런 스위칭 추천 시스템의 구조는 그림 5.16에 나타나 있다. 이 기법은 정형적인 최적화 프레임워크라기보다는 휴리스틱 규칙에 의존하기 때문에 다소 초보적이다. 각 모델의 결과를 더욱 잘 결합하기 위해 머신 러닝과 최적화 기법들을 활용하면 더 나은 결과를 얻을 수 있다.

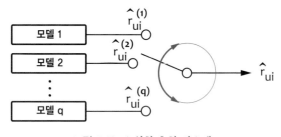

그림 5.16 스위칭 추천 시스템

5.9.2 블렌딩

복수의 추천 모델이 같은 사용자와 아이템에 대해 훈련돼서 각 모델은 특정한 사용자와 아이템의 쌍에 대해 레이팅 r_{ui}를 추정할 수 있다고 가정해보자. 우리의 목표는 최종 레이팅 추정값을 생성하기 위해 이 추정값들을 결합하는 것이다. 이상적으로 이 추정값은 각 모델에 의해 생성된 추정값보다 더 정확하다. 이는 이전의 스위칭 절에서 알아본 것처럼 휴리스틱 규칙으로 추정값들을 결합할 수도 있지만 머신 러닝 기법을 사용해 좀 더 효과적으로 해결될 수 있는 회귀의 문제기도 하다.

여러 개의 레이팅 추정값을 결합하는 문제는 다음과 같은 방법으로 보다 정형적으로 정의할 수 있다. 훈련 데이터 세트에 있는 알려진 레이팅 값인 훈련 데이터 샘플이 있다고 가정해보자. 이 데이터는 q개의 추천 모델을 훈련시키기 위해 사용한다. 여기서 각 모델은 주어진 사용자와 아이템의 쌍에 대해 레이팅을 예측할 수 있다. 각 훈련 데이터 샘플 j에 대해 q 모델 결과 벡터를 $\mathbf{x}_j$라 하고 실제 레이팅 값을 y_j라 가정해보자. 가능한 추청값을 결합하는 문제는 예측 오류를 최소화하는 블렌딩 함수 $b(\mathbf{x})$를 찾는 것으로 정의된다.

$$\min_b \quad \sum_{j=1}^s \left(b\left(\mathbf{x}_j\right) - y_j \right)^2 \qquad (5.122)$$

이 문제는 그림 5.17로 시각화됐다. 이 문제는 서로 다른 학습 알고리즘에 의해 생성된 예측을 결합하는 것이고 이는 스택킹^{stacking}이라고 한다. 여기서 스택킹과 블렌딩은 바꿔 쓰일 수 있다. 스택킹은 다양한 분류 또는 회귀 알고리즘에 의해 풀수 있는 감독학습의 문제다.

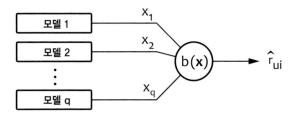

그림 5.17 블렌딩 추천 시스템

문제 5.122에 대한 가장 기본적인 해법은 선형 회귀다. 이 경우 결합된 함수는 다음과 같은 선형 함수가 된다.

$$b\left(\mathbf{x}\right) = \mathbf{x}^{\mathsf{T}}\mathbf{w} \qquad (5.123)$$

여기서 $\mathbf{w}$는 모델 가중값의 벡터다. 즉 최종 레이팅 예측은 각 추천 알고리즘에 의해 생성된 예측의 선형 결합이다.

$$\hat{r}_{ui} = \sum_{k=1}^q w_k \cdot \hat{r}_{ui}^{(k)} \qquad (5.124)$$

블렌딩 함수의 최적 가중값은 릿지^{ridge} 회귀를 활용해 간단하게 계산할 수 있다.

$$\mathbf{w} = \left(\mathbf{X}^T \mathbf{X} + \lambda \mathbf{I} \right)^{-1} \mathbf{X}^T \mathbf{y} \qquad (5.125)$$

여기서 $\mathbf{y}$는 s개의 알려진 레이팅의 벡터, λ는 규칙화 모수, $\mathbf{X}$는 레이팅 예측의 $s \times q$ 행렬이다. 각 원소 $\mathbf{x}_{jk}$는 j번째 훈련 샘플에 대한 알고리즘 k에 의해 예측되는 레이팅이다.

실제로 최적의 결과는 뉴럴 네트워크지만 기울기 부양 의사 결정 트리와 같은 비선형 블렌딩 모델을 통해 종종 얻는다[Jahrer 등, 2010; Koren, 2009; Toscher 등, 2009]. 여기서 조합은 여러 다른 형태(이웃 기반, 인수분해 블렌딩 등)의 추천 모델을 포함할 수 있고 각 종류는 잠재 요소의 수와 같은 다른 모수를 갖고 훈련된 복수의 모델 변종에 의해 표현될 수 있다. 이 모델은 전체 훈련 데이터로 훈련될 수도 있고 어떤 기준에 따라 랜덤하게 부분으로 나뉜 후 각 부분별로 따로 훈련될 수도 있다. 블렌딩은 예측의 품질을 향상시킬 수 있는 강력한 기법이므로 많은 블렌딩 기법은 앙상블 이론에서 유래하거나 추천을 위해 별도로 개발됐다. 이후 절에서 몇몇의 확장되고 발전된 기법들을 살펴본다.

5.9.2.1 증분 모델 훈련을 통한 블렌딩

기본적인 블렌딩 접근 방법은 블렌딩되는 모든 모델이 이미 훈련되고 모든 블렌딩되는 함수는 전체 예측 오류를 최소화하기 위해 따로 훈련되는 것을 가정한다. 하지만 이 접근 방식은 각 모델이 낮은 예측 오류를 갖고 있다 하더라도 이를 블렌딩할 때 항상 최소의 예측 오류를 생성하는 것은 아니기 때문에 항상 최적은 아니다. 어느 정도까지는 모델 사이의 상관 관계로 이 현상을 설명할 수 있다. 좋은 블렌딩은 각 모델이 낮은 예측 오류를 갖고 있을 뿐 아니라 모델 사이의 탈상관 관계도 이뤄져야 하기 때문이다[Toscher 등, 2009]. 사실, 이상적인 솔루션은 모든 모델을 한 모델로 합치고 동시에 전체의 블렌딩 예측 오류에 관한 모든 모수를 최적화하는 것이다. 5.8.3.3절, '고급 의미 요소 모델'에 나타나 있는 이웃 접근과 잠재 요소를 결합하는 하이브리드 모델은 이런 솔루션의 예다. 불행히도 이런 접근 방법은 블렌딩되는 모델의 수가 커지고 모수의 수가 증가함에 따라 매우 다루기 어려워진다. 이 측면에서 블렌딩은 전체적인 최적 솔루션의 분할 정복^{divide-and-conquer} 근사로 간주될 수 있다.

블렌딩은 블렌딩된 모델의 글로벌 오류 함수를 모델 훈련 과정에 포함시킴으로써 향상될 수 있다. 블렌딩된 모델 안의 각 모델이 기울기 하강에 의해 훈련됐다고 가정하면 (이는 많은 애플리케이션에 합당한 가정이다) 한 가지 방법은 블렌딩 모델의 전체적 예측 오류에 기반을 둔 기울기 하강 루프의 수렴 조건을 재정의하는 것이다. 이 방법은 알고리즘 5.3에 나타나 있다. 모델 결과 $\mathbf{X}$의 행렬을 블렌딩 모델 안의 상수로 해석될 수 있는 단일 열로 초기화한다. 추천 모델은 훈련되고 하나씩 블렌딩 모델에 더해진다. 각 모델은 알고리즘 5.3의 내부 루프에서 기울기 하강이나 확률적 기울기 하강에 의해 훈련된다. 각 단계에서 모델은 학습 규칙을 사용해 모든 훈련 샘플의 레이팅을 예측하고 새롭게 예측된 레이팅의 열을 추가함으로써 임시로 행렬 $\mathbf{X}$를 생성하고 블렌딩 모델을 재최적화하고 (여기서 이 알고리즘은 선형 블렌딩 함수를 사용하지만 다른 블렌딩 모델도 사용할 수 있다) 블렌딩 모델의 예측 오류를 추정함으로써 모델을 업데이트한다. 이 기법은 개별 모델의 오류 함수나 학습 규칙을 바꾸지는 않지만 블렌딩 모델의 전체적인 예측 오류가 최소화될 때 훈련이 멈출 수 있게 수렴 조건을 바꾼다. 실제로 블렌딩 모델의 예측 오류는 모델 예측 오류가 최솟값을 지나 다시 증가할 때도 계속 감소할 수 있다.

$\mathbf{X}^{(0)} = s \times 1$의 값을 갖고 있는 열 행렬(상수 원소)
추천 모델 $k = 1, 2, \ldots, q \ \mathbf{do}$

    repeat
        모델 업데이트(모델 훈련의 한 단계)
        모델 $\mathbf{x}_k$를 사용해 레이팅 예측

        $\mathbf{X} = \left[\mathbf{X}^{(k-1)} \mid \mathbf{x}_k \right]$ (블렌딩에 $\mathbf{x}_k$를 더함)

        $\mathbf{w} = \left(\mathbf{X}^{\mathsf{T}} \mathbf{X} \right)^{-1} \mathbf{X}^{\mathsf{T}} \mathbf{y}$ (블렌딩 함수의 최적화)

        $\mathbf{r} = \mathbf{X} \cdot \mathbf{w}$ (블렌딩의 예측 계산)

        $\mathrm{SSE} = \| \mathbf{r} - \mathbf{y} \|^2$ (전체 예측 오류 업데이트)

    until   SSE convergence

    $\mathbf{X}^{(k)} = \mathbf{X}$ (블렌딩에 $\mathbf{x}_k$를 영구적으로 더함)

end

알고리즘 5.3 선형 블렌딩 함수를 이용한 단계적 모델 훈련[Toscher 등, 2009]

5.9.2.2 잔차 훈련을 통한 블렌딩

오류 탈상관 측면에서 블렌딩 모델 안의 일부 모델은 다른 모델의 잔차를 입력으로 이용해 훈련시키는 것이 유익할 수 있다. 즉 여러 개의 모델을 체인으로 엮어 체인의 시작점에 있는 모델의 결과가 그다음 모델들의 입력으로 사용하는 형태가 되는데 이는 그림 5.18에 나타나 있다.

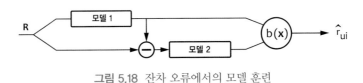

그림 5.18 잔차 오류에서의 모델 훈련

체인 안의 모델들은 순차적으로 훈련된다. 첫 번째 모델은 원래 샘플에 기반을 둬 훈련되고 이 모델에 의해 예측된 레이팅을 원래 샘플에서 빼고 두 번째 모델은 이 잔차 오류를 이용해 훈련되는 과정이 계속된다. 마지막 블렌딩 모델은 원데이터에 의해 훈련된 모델에 따른 예측과 잔차 오류에 기반을 두고 생성된 예측에 의해 생성된 예측을 포함할 수 있다. 이전에 알아본 모델 중에서 전체 레이팅 평균과 베이스라인 추정값의 제거는 잔차 훈련 기법의 기본적인 예가 된다.

5.9.2.3 특징 가중 블렌딩

레이팅 예측의 정확도 그리고 추천의 품질은 여러 개의 추천 모델의 결과를 블렌딩함으로써 향상될 수 있다. 이전 절들에서 어떻게 블렌딩 함수가 모델의 결과들을 최적의 방법으로 블렌딩할 수 있는지를 알아봤다. 하지만 블렌딩 함수가 추천 모델의 결과뿐 아니라 모델의 신뢰성에 관한 다른 신호 또는 다른 사용자/아이템에 관한 외부의 신호를 이용한다면 정확성은 더욱 향상될 수 있다. 예를 들어 어떤 모델의 경우 사용자나 아이템에 대한 알려진 레이팅이 많다면 매우 정확하지만 레이팅이 희박한 경우 부정확하고 불안정할 수 있다. 블렌딩 함수 내에서 이런 모델의 가중값은 레이팅 통계에 따라 증가 또는 감소될 수 있다. 사실, 이전에 기술됐던 모델 중에서 이런 접근의 흔적을 찾을 수 있다. 예를 들어 5.7.1절, '사용자 기반 협업 필터링'에서 기술한 할인 유사성 기법은 신뢰성 데이터와 사용자 유사성 지표를 블렌딩한다. 이와 같은 맥락에서 5.8.3.3절, '고급 의미 요소 모델'에 나타나 있는 암시적 피드백은 외부의 암시적 피드백 신호를 사용해 특정 요소들을 증폭시킨다.

블렌딩 프레임워크는 종종 메타 특징meta-feature이라고도 하는 외부 신호를 다른 방법으로 활용할 수 있다. 이 중 한 가지 방법은 이런 신호들을 블렌딩 함수의 추가 입력으로 사용하는 것이다. 즉 이 신호들을 추천 모델 결과의 벡터에 추가하는 것이다. 이 접근은 보통 가능하지만 선형 블렌딩 함수에서는 잘 작동하지 않고 기울기 부양 의사 결정 트리와 같은 복잡한 비선형 블렌딩 모델이 학습돼야 한다[Sill 등, 2009]. 다른 방법은 미리 정해진 구조를 갖고 있는 여러 선형 모델을 메타 특징으로부터의 신호를 갖고 있는 추천 모델로부터의 신호와 블렌딩하기 위해 파이프라인으로 결합하는 것이다. 이 접근은 선형 회귀의 단순성과 안정성을 활용하는 동시에 메타 특징을 추가 입력으로 활용하는 단순 선형 모델보다 더 나은 결과를 갖게 해준다. 이 절의 나머지 부분에서 이 기법을 좀 더 자세히 알아본다[Sill 등, 2009].

특징 가중 블렌딩의 아이디어는 선형 블렌딩 함수를 사용해 추천 모델의 결과를 블렌딩하지만 블렌딩 가중값을 메타 특징의 함수로써 계산하는 것이다. q개의 추천 모델이 레이팅 예측 $x_1, ..., x_q$를 생성한다고 가정해보자. 그리고 p개의 메타 특징 $g_1, ..., g_p$가 각 레이팅 값과 관련돼 있다고 가정해보자. 선형 블렌딩 함수를 사용해 예측을 다음과 같이 블렌딩한다.

$$b(\mathbf{x}) = \sum_{k=1}^{q} w_k x_k \tag{5.126}$$

가중값 w_k는 메타 특징에 기반을 두고 동적으로 계산된다.

$$w_k = f_k(\mathbf{g}) = \sum_{i=1}^{p} v_{ki} g_i \tag{5.127}$$

여기서 f_k는 특징 함수, v_{ki}는 정적 가중값이다. 즉 특징 함수는 그림 5.19에 나타나 있듯이 추천 모델로부터의 신호를 증폭하거나 억제한다. 이 디자인은 4장, '검색'에서 알아본 검색 맥락에서의 신호 믹싱 파이프라인과 비슷하다.

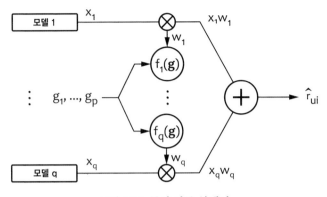

그림 5.19 특징 가중 블렌딩

이 모델은 다음의 최적화 문제로 표현된다.

$$\min_{v} \sum_{j=1}^{s} \sum_{k,i} \left(v_{ki} \cdot g_{ji} \cdot x_{jk} - y_j \right)^2 \tag{5.128}$$

여기서 외부의 합은 모든 s개의 훈련 샘플에 대해 반복되며 x_{jk}는 j번째 훈련 샘플에 대한 알고리즘 k에 의해 예측된 레이팅, g_{ji}는 j번째 샘플 메타 특징, y_j는 샘플 j에 대한 실제 레이팅 값이다. 이 문제를 풀기 위해 각 훈련 샘플에 대해 예측과 메타 특징의 곱을 담고 있는 $s \times (qp)$ 행렬 $\mathbf{A}$를 다음과 같이 정의한다.

$$a_{j,\,p(k-1)+i} = x_{jk} \cdot g_{ji}, \qquad \begin{aligned} &1 \leqslant j \leqslant s \\ &1 \leqslant k \leqslant q \\ &1 \leqslant i \leqslant p \end{aligned} \tag{5.129}$$

행렬 $\mathbf{A}$의 각 행에 대해 첫 번째 p 원소는 첫 번째 추천 모델, 다음의 p 원소는 두 번째 추천 모델에 대응하는 패턴이 반복된다. 즉 p 원소의 첫 번째 세그먼트는 첫 번째 모델 x_{j1}의 결과이고, 각 특징 함수에 의해 모듈화된다. 같은 구조를 갖고 있는 벡터 v는 qp 원소를 갖고 있는 서열 가중값의 행 v_{ki}에 의해 생성되므로 첫 번째 p 원소는 첫 번째 모델, 두 번째 p 원소는 두 번째 모델에 대응하는 패턴이 반복된다. 최적 가중값은 다음 선형 방정식에 대응하는 회귀 문제를 풀면 발견할 수 있다.

$$\left(\mathbf{A}^\top \mathbf{A} + \lambda \mathbf{I} \right) \mathbf{v} = \mathbf{A}^\top \mathbf{y} \tag{5.130}$$

여기서 λ는 규칙화 모수, I는 대각 아이덴티티 행렬이다.

특징 가중 블렌딩은 추가 신호나 메타 특징을 통해 모델 예측을 모듈화할 수 있는 기본적인 가중값 프레임워크의 상대적으로 간단한 확장을 제공한다. 이런 메타 특징의 예는 간단한 통계량(아이템이 평가된 횟수, 사용자 레이팅의 표준편차), 시간에 의존하는 통계량(사용자가 아이템을 평가한 날의 수 등), 상관 관계 통계량(다른 아이템과의 최대 상관계수) 등이 있다. 이런 통계량들은 블렌딩 모델을 구성하는 모델들에 의해 생성되는 추정값의 신뢰성이 레이팅의 숫자 및 통계적 신호를 반영하는 비슷한 요소들에 의해 좌우되기 때문에 하이브리드 추천 시스템에 있어서 중요하다. 즉 이런 특징들은 하이브리드 모델로 하여금 추정값의 기대되는 신뢰성에 따라 모델을 자유롭게 바꿀 수 있게 해준다.

5.9.3 특징 증강

우리가 고려해야 할 하이브리드 기법은 특징 증강^{augmentation}을 활용한 추천이다. 특징 증강 기법은 여러 개의 추천 모델이 체인으로 엮여 한 추천 모델에서 생성된 예측이 다음 모델에서 입력으로 사용하는 형태의 디자인을 의미한다. 이미 이런 식의 접근을 잔차 훈련을 활용한 블렌딩에서 다뤘지만 이런 아이디어는 다양한 측면에서 활용할 수 있다.

두 추천 모델을 연결하는 한 가지 접근은 체인의 첫 번째 모델을 원데이터에 들어 있지 않은 새로운 특징을 생성하는 데 사용해, 다음 모델들이 이를 입력으로 사용하는 것이다. 예를 들어 5.5.2절, '나이브 베이즈 분류기'에서 알아본 콘텐츠 기반 나이브 베이즈 추천 모델은 관련된 저자 또는 제목과 같은 아이템 속성들을 추천에 활용할 수 있다. 이런 속성들은 레이팅 행렬에서 계산된 아이템 유사성 지표를 통해 협업 필터링으로 생성할 수 있다[Mooney and Roy, 1999]. 이는 협업 필터링이 새로운 특징을 생성하는 첫 번째 모델이고 콘텐츠 기반 분류기가 이를 소비하는 두 번째 모델이 되는 특징 증강 하이브리드 추천 모델이 된다.

추천 모델을 체인으로 연결하는 두 번째 옵션은 체인의 첫 번째 모델을 원데이터에 존재하는 특징을 향상시키기 위해 사용하는 것이다. 예를 들어 콘텐츠 기반 추천 시스템은 레이팅 행렬의 알려지지 않은 원소를 채우는 데 사용할 수 있고 이 향상된 행렬은 몇몇 협업 필터링 모델에 사용할 수 있다. 이 접근은 협업 필터링을 콘텐츠 기반 나이브 베이즈 추천 모델의 입력으로 사용한 이전의 예와 대조된다. 콘텐츠 부양 협업 필터링이라는 이 기법을 좀 더 살펴보자. 여기서 사용자 기반 최근접 이웃 추천 기법이 하이브리드의 협업 필터링 요소로 사용했다고 가정해보자 [Melville 등, 2002]. 첫 번째 단계는 레이팅 행렬의 알려지지 않은 원소를 채우기 위해 콘텐츠 기반 추천 모델을 사용하고 다음과 같이 정의된 유사 레이팅 행렬을 생성하는 것이다.

$$z_{ui} = \begin{cases} r_{ui}, & \text{사용자 } u \text{가 아이템 } i \text{를 평가} \\ \hat{r}_{ui}^{(c)}, & \text{이외의 경우} \end{cases} \tag{5.131}$$

여기서 $\hat{r}_{ui}^{(c)}$는 콘텐츠 기반 추천 모델에 의해 예측된 레이팅이다. 두 번째 단계는 주어진 사용자와 아이템의 쌍에 대해 레이팅을 예측하기 위한 유사 레이팅 행렬에 하이브리드의 협업 필터링 부분을 적용하는 것이다. 이론적으로 최종 예측을 하기 위해 어느 협업 필터링 알고리즘을 적용해도 상관없다. 하지만 문제는 이전 단계에서 채워진 레이팅이 많은 협업 필터링 알고리즘에 의해 알려진 레이팅의 숫자에 대한 통계량을 왜곡한다는 것이다. 따라서 협업 필터링 파트는 수정돼야 하고 통계량을 바로잡기 위해 추가 요소와 모수가 도입돼야 한다.

- 콘텐츠 기반 레이팅 예측의 신뢰성은 주어진 사용자에 대한 알려진 레이팅의 숫자에 좌우된다. 즉 충분한 데이터 서포트가 없는 예측은 협업 필터링에서 가치가 저하된다. 협업 필터링 단계에서 사용자 기반 이웃 모델을 사용했다면 사용자 유사성 지표를 수정함으로써 입력되는 레이팅의 신뢰성을 설명할 수 있다. 먼저 사용자에 의해 제공된 레이팅의 숫자에 비례해 증가하지만 레이팅의 숫자가 한곗값 모수 T보다 크면 1로 제한되는 정규화된 서포트 변수를 정의하자.

$$q_u = \begin{cases} 1, & |I_u| \geq T \\ |I_u|/T, & \text{이외의 경우} \end{cases} \tag{5.132}$$

유사성 함수는 두 사용자에 대한 서포트 변수의 조화 평균harmonic mean과 동일한 요소를 더함으로써 재정의할 수 있다.

$$\text{sim}'(u, v) = \frac{2q_u q_v}{q_u + q_v} \cdot \text{sim}(u, v) \tag{5.133}$$

조화 평균은 두 숫자 중 작은 것에 편향되기 때문에 선택됐다. 따라서 두 사용자 중 하나가 너무 적은 레이팅을 제공했다면 유사성 지표는 급격히 저하된다.

- 콘텐츠 기반과 협업 필터링 요소 둘 다를 포함하는 하이브리드 시스템은 주어진 사용자와 아이템의 레이팅을 예측할 수 있으므로 이 두 예측들은 함께 블렌딩될 수 있다. 두 예측 사이의 밸런스를 유지하기 위해서는 콘텐츠 기반 예측에 대해 증폭 요소 w_u를 도입해야 한다. 이 요소는 불안정한 예측을 약화시키기 위해 서포트 변수에 의해 곱해진 베이스라인 증폭 가중값 w_{max}로 정의된다.

$$w_u = w_{max} \cdot q_u \tag{5.134}$$

협업 필터링 파트의 최종 레이팅 예측 식은 다음과 같이 정의할 수 있다.

$$\hat{r}_{ui} = \mu_u + \frac{w_u \left(\hat{r}_{ui}^{(c)} - \mu_u \right) + \sum_v \text{sim}'(u, v) \left(z_{vi} - \mu_v \right)}{w_u + \sum_v \text{sim}'(u, v)} \tag{5.135}$$

여기서 μ_u는 유사 레이팅 행렬에서 계산된 평균 사용자 레이팅이다. 이는 콘텐츠 기반 추정값 $\hat{r}_{ui}^{(c)}$가 블렌딩되고 유사성 함수가 콘텐츠 기반 추정값의 신뢰성을 설명하기 위해 조정된 기본적인 사용자 기반 최근접 이웃 모델이다. 신뢰성 관련 수정은 근본적으로 이전 절에서 알아본 특징 가중 블렌딩과 비슷하다. 하이브리드 추천 시스템은 낮은 신뢰성을 갖고 있는 모델의 가치를 떨어뜨리고 높은 신뢰성을 갖고 있는 모델로부터의 신호를 증폭시키기 위해 기본적인 레이팅 통계량을 사용한다.

표현 식 (5.135)에 의해 정의된 콘텐츠 부양 협업 필터링 모델은 두 모델이 각자 사용했을 때보다 더 나은 정확성을 제공한다. 원래의 레이팅 행렬이 어느 정도 빽빽히 차 있으면 결합된 모델은 두 신호를 모두 활용해 콘텐츠 단일 모델 또는 협업 필터링 단일 모델보다 좋은 성능을 보여준다. 레이팅의 행렬이 희박한 경우 협업 필터링 부분의 정확성은 떨어지고 하이브리드 모델의 성능은 콘텐츠 기반 추천 시스템에 수렴한다[Melville 등, 2002].

5.9.4 하이브리드 추천에 대한 표현 옵션들

하이브리드 기법에 대한 설명을 마무리하면서 어떻게 하이브리드 추천 시스템이 추천 서비스의 프레젠테이션 능력을 활용할 수 있는지에 대해 알아본다. 먼저 다른 모델에 의해 생성된 추천은 섞이면 안 된다. 추천 시스템은 추천 아이템의 여러 가지 리스트를 보여줄 수 있을 뿐이다. 예를 들어 이커머스 웹 사이트의 경우 이 아이템을 봤던 고객들이 본 아이템, 당신의 브라우징 기록에 따라 추천된 아이템, 가장 레이팅이 좋은 아이템, 이 아이템과 비슷한 아이템 등과 같은 다른 의미를 갖고 있는 추천 리스트를 보여준다. 이 콘텐츠들은 개인화된 또는 개인화되지 않은 서로 다른 추천 알고리즘에 의해 생성될 수 있다. 이런 식의 추천 시스템은 '혼합 하이브리드'라고 한다.

추천 시스템은 어떻게 추천이 보여지고 어떻게 사용자가 추천 서비스를 사용하는지에 따라 추가 조건을 만족시켜야 한다. 예를 들어 사용자가 특정 지역의 식당 추천을 요구하거나 특정 책과 비슷한 책의 추천을 요구할 수 있다. 이런 경우 추천 시스템은 검색 서비스나 다른 추천 모델에 의해 생성된 결과를 사전 처리하는 정렬 요소로 사용할 수 있다. 예를 들어 검색 서비스는 사용자에 의해 명시적으로 정해진 조건에 부합하는 아이템의 리스트를 가져오는 데 사용할 수 있고 이 리스드는 협업 필터링에 의해 정렬될 수 있다. 캐스케이딩^{cascading}이라는 이 기법은 첫 번째 추천 시스템이나 검색으로부터의 신호가 아이템들을 적합한 것과 적합하지 않은 것으로 나누고 두 번째 추천 시스템이 적합한 아이템들 중에서 정렬하는 블렌딩의 극단적인 사례로 간주될 수 있다.

5.10 맥락 추천

5장에서 알아본 것들을 포함한 대부분의 추천 알고리즘은 주어진 사용자에 대한 아이템의 관련성이 아이템과 사용자의 프로파일에 의해서만 예측할 수 있다는 가정에 기반을 둔다. 이 접근은 어떤 환경에서 추천이 이뤄지는지, 즉 시간, 사용자 위치, 마케팅 채널 및 상황과 환경에 대한 다른 정보를 무시한다. 하지만 고객의 의사 결정은 의사 결정의 맥락에 영향을 받기 때문에 중요하다. 즉 추천의 적합성은 아이템과 사용자 프로파일에 의해 통계적으로 결정된다기보다 각 추천 처리마다 다르게 된다. 맥락을 이해하기 위해 몇 가지 사례들을 살펴보자.

위치 알래스카에 위치한 사용자에 대한 신발가게를 위한 추천은 하와이에 있는 사용자에 대해서는 적합하지 않다. 근처에 있는 식당을 찾기 위해 모바일 애플리케이션을 사용하는 고객이 받게 되는 추천은 고객이 다른 곳으로 이동하면 더 이상 적합하지 않다.

시간 현재 15살인 학생에게 적합한 영화 추천은 5년이 지나 20살이 되면 더 이상 적합하지 않다. 아침 시간에 적합한 텔레비전 프로그램 추천은 저녁 시간에는 적합하지 않다. 한 계절의 의류 추천은 다른 계절에는 적합하지 않다.

의도 사용자에 대한 식당 추천의 적합성은 사용자가 누구와 함께 식사하는지(혼자인지, 배우자와 함께인지, 동료와 함께인지, 가족과 함께인지)에 따라 달라질 것이다. 자신을 위해 구매하는 사용자의 추천은 다른 사람에게 선물하기 위해 구매하는 사용자의 추천과는 다를 것이다. 비즈니스 여행을 위한 호텔 추천은 여가를 위한 호텔 추천과 다를 것이다.

채널 이메일로 전달된 추천은 웹 사이트나 스토어에서 전달된 추천과 다른 구조 및 형태를 가질 수 있다.

조건 백화점에서 생성된 추천은 현재의 날씨 또는 날씨 예보에 따라 우산을 포함할 수도 포함하지 않을 수도 있다.

추천 시스템은 적합한 실시간 경험을 전달하기 위해 장소, 시간, 의도 채널 등과 같은 맥락 정보를 고려해야 한다. 이 절의 나머지 부분에서 이런 맥락 신호들을 반영하기 위해 추천 알고리즘이 어떻게 확장 또는 수정될 수 있는지를 알아본다.

5.10.1 다차원 프레임워크

전통적인 추천 모델은 해당하는 아이템과 사용자 프로파일에 기반을 두고 사용자에게 주어진 아이템의 적합성을 예측한다. 이 모델들은 사용자와 아이템을 인수로 하고 레이팅 예측을 생성하는 함수로 간주될 수 있다.

$$\hat{r}_{ui} = R(u,\ i) \tag{5.136}$$

맥락을 고려하는 추천 시스템은 이 프레임워크를 시간, 위치, 채널과 같은 맥락의 특정 차원을 나타내는 추가 인수로 사용해 확장시킬 수 있다[Adomavicius and Tuzhilin, 2008].

$$\hat{r}_{ui} = R(u,\ i,\ \textit{location},\ \textit{time},\ \dots) \qquad (5.137)$$

즉 2차원 공간에서 정의된 기본적인 레이팅 함수는

$$R: \quad \textit{User} \times \textit{Item} \rightarrow \textit{Rating} \qquad (5.138)$$

사용자 아이템, 맥락 차원을 포함한 다차원 공간에서 정의된 함수로 교체된다.

$$R: \quad \textit{User} \times \textit{Item} \times \textit{Location} \times \textit{Time} \times \dots \rightarrow \textit{Rating} \qquad (5.139)$$

이 아이디어는 3차원 추천 공간을 보여주는 그림 5.20에 나타나 있다. 이 예에서 각 레이팅 값은 사용자 아이템, 시간의 함수다. 모든 알려진 레이팅은 시간 레이블을 담고 있고 2차원 행렬 대신 3차원 배열의 해당 칸에 위치한다. 추천 모델의 목표는 배열의 빈칸 안에 있는 레이팅 값을 예측하는 것이다. 다차원 배열에서 맥락 정보를 제거하면 2차원 레이팅 행렬로 변환할 수 있다. 이는 행렬의 한 원소로 변환될 수 있게 하기 위해 여러 레이팅 값을 합산해야 할 수도 있다. 예를 들어 한 사

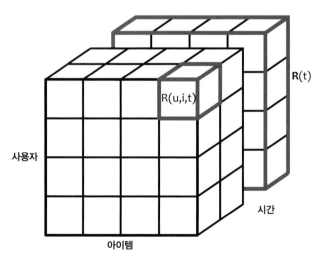

그림 5.20 3차원 추천 공간의 예

용자가 같은 아이템을 여러 날짜에 걸쳐 여러 번 평가했다면 가장 최신의 값이나 평균값만 레이팅 행렬에 기록할 수 있다. 레이팅 행렬은 맥락 차원의 특정한 지점을 선택한 후 그 지점에서 다차원 큐브의 2차원 단면을 떼어냄으로써 얻을 수 있다. 예를 들어 그림 5.20에 나타나 있는 다차원 배열은 행렬 $R(t)$의 각 시각마다 하나씩 있는 행렬이 쌓여 있는 것으로 해석될 수 있다. 마지막으로 레이팅 행렬은 맥락 차원의 특정 지점뿐 아니라 특정한 구간에 대해서도 생성될 수 있다. 그림 5.20의 경우에는 특정한 시간 구간이 될 것이다.

여기서 맥락 차원은 계층적 구조를 갖고 있다고 가정한다. 즉 각 알려진 레이팅은 날짜를 담고 있으므로 시간 차원은 이산적이고 레이팅 데이터 내의 별개의 데이터 레이블만큼의 많은 시간 구간을 가질 수 있다. 하지만 시간은 주별, 월별, 분기별, 연간으로 합쳐질 수 있고 레이팅 행렬 $R(t)$ 역시 특정 주, 월, 분기, 연도 등으로 나눌 수 있다. 한 차원에 복수의 계층을 갖고 있을 수도 있다. 예를 들어 날짜는 주중과 주말로 나눠질 수 있고 레이팅 행렬도 주중과 주말에 얻을 수 있다. 이와 비슷한 맥락에서 위도, 경도와 같은 세밀한 위치 정보는 우편번호, 도시, 주, 국가로 합쳐질 수 있다. 마지막으로 사용자와 아이템 차원은 특정 계층과 관련 지어질 수 있다. 예를 들어 사용자들은 그들의 연령에 따라 묶일 수 있고 아이템은 장르별로 묶일 수 있다.

맥락 정보는 다양한 출처로부터 얻을 수 있다. 레이팅 시각이나 사용자 디바이스 위치와 같은 정보들은 추천 시스템 또는 추천 시스템이 연동된 마케팅 채널을 통해 자동으로 수집될 수 있다. 의도 관련 정보와 같은 다른 정보는 직접 얻기 어렵지만 사용자 인터페이스의 특정 기능을 통해 얻을 수 있고(예: 온라인 주문의 '선물 주문' 체크 박스 등) 예측 모델을 통해 추론될 수도 있다.

5.10.2 맥락 기반 추천 기법들

비맥락 추천 서비스는 사용자×아이템×레이팅의 형태로 된 훈련 데이터를 사용하고 사용자와 아이템의 쌍을 레이팅에 매핑하는 모델을 만들고 정렬된 추천 리스트를 만들기 위해 주어진 사용자에 대해 모델을 평가하는 프로세스로 볼 수 있다. 이 파이프라인은 그림 5.21과 같다.

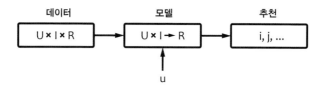

데이터 　　　　 모델 　　　　 추천

$U \times I \times R$ ⟶ $U \times I \rightarrow R$ ⟶ $i, j, \ldots$

u

그림 5.21 비맥락 추천 프로세스의 주요 단계. [Adomavicius and Tuzhilin, 2008] U, I, R은 사용자 아이템, 레이팅의 차원이다. 추천된 아이템은 i, j, …로 표시된다.

이전 절에서 설명한 다차원 프레임워크는 어떻게 이 파이프라인이 맥락 정보를 위해 수정될 수 있는지에 대한 몇 가지 아이디어를 제공한다[Adomavicius and Tuzhilin, 2008].

맥락 사전 필터링 첫 번째 솔루션은 원래의 다차원 데이터로부터 2차원 레이팅 행렬을 생성한다. 그림 5.22에서 알 수 있듯이 이 행렬을 입력으로 사용하는 표준 비맥락 추천 모델을 적용하는 것이다. 레이팅 행렬은 주어진 맥락의 값에 대해 선택된 다차원 큐브의 단면이다. 예를 들어 시간 정보가 들어 있는 레이팅을 갖고 있는 영화 추천 서비스는 2개의 다른 행렬을 갖고 주중과 주말에 다른 추천을 할 수 있다. 이 행렬들은 원래의 데이터 큐브로부터 주중 또는 주말의 레이팅을 선택함으로써 생성된다.

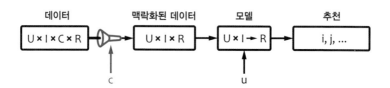

데이터 　　 맥락화된 데이터 　　 모델 　　　 추천

$U \times I \times C \times R$ ⟶ $U \times I \times R$ ⟶ $U \times I \rightarrow R$ ⟶ $i, j, \ldots$

c 　　　　　　　　　　　　　u

그림 5.22 맥락 사전 필터링을 적용한 맥락 기반 추천 시스템[Adomavicius and Tuzhilin, 2008]

사전 필터링 접근에 대한 중요 고려 사항은 데이터 희소성과 맥락의 정확성 사이의 균형이다. 한편, 입력 데이터의 맥락화는 추천 알고리즘이 맥락에 적합한 레이팅만을 사용하기 때문에 추천의 정확성을 향상시킬 수 있다. 반면 맥락화는 추천 알고리즘이 사용할 수 있는 데이터양을 감소시키고 이는 추천의 질에 부정적인 영향을 미칠 수 있다. 예를 들어 주말 레이팅 자료만 사용해 주말 영화 추천을 하는 영화 추천 서비스는 주중의 레이팅에 대한 적합한 신호를 얻을 수 없게 된다. 좁은 선택 기준의 맥락화는 매우 희박한 레이팅 행렬을 갖게 되고 이는 불안정하고 왜곡된 레이팅 예측을 초래할 수 있다. 데이터 희소성과 맥락의 정확성 사이의 균형은 이전 절에서 알아본 계층적 데이터 집합을 통해 통제할 수 있다. 예를 들어 시간 맥락은 요일 단위(총 7개의 부분 집합) 및 주중/주말 단위로 적용할 수 있다(총 2개의 부분 집합). 이론상으로 4.6.2절, '통제된 정확도 감소'에서 알아본 검색 서비스의 맥락에 적용됐던 통제된 정확도 감소 기법은 다른 데이터 단위를 사용해보고 주어진 맥락의 값에서 가장 좋은 것을 선택하기 위해 사용할 수 있다.

맥락 사후 필터링 맥락화의 다른 접근은 그림 5.23에 나타나 있는 추천의 사후 필터링이다. 사후 필터링을 사용하는 추천 시스템은 처음에는 맥락 정보를 사용하지 않고 레이팅 데이터 큐브를 단순한 레이팅 행렬로 압축시키므로 표준 추천 알고리즘은 비맥락 추천을 생성하기 위해 적용할 수 있다. 추천되는 아이템의 리스트는 추천 기법이 적용된 후에 맥락 기반의 사후 처리 규칙에 의해 맥락화된다. 이런 규칙들은 사용자 또는 아이템 속성에 기반을 두고 휴리스틱 또는 예측 모델 둘 다 될 수 있다. 예를 들어 의류 추천 시스템은 임의의 콘텐츠 기반 또는 협업 필터링 알고리즘을 사용해 비맥락 추천의 초기 리스트를 생성할 수 있고 계절이나 날씨에 따라 아이템을 필터링하거나 재정렬할 수 있다. 즉 겨울에는 따뜻한 의류를 추천 리스트의 상위에 올려놓을 수 있다. 이 경우 따뜻한 의류는 휴리스틱 규칙 또는 나이브 베이즈 텍스트 분류기와 같은 콘텐츠 분류 모델에 의해 결정된다.

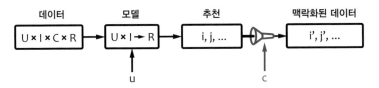

그림 5.23 맥락 사후 필터링을 적용한 맥락 기반 추천 시스템[Adomavicius and Tuzhilin, 2008]

맥락 모델링 맥락 추천 문제의 가장 일반적인 솔루션은 레이팅을 아이템, 사용자 맥락 등과 같은 복수의 인수의 함수를 사용해 예측하는 모델을 만드는 것이다. 이 접근은 그림 5.24에 나타나 있다. 맥락 모델링 접근의 중요한 장점은 모델의 맥락 관련 모수가 모델의 다른 부분과 함께 학습되고 최적화될 수 있다는 것이다. 이는 휴리스틱 사전 또는 사후 처리 솔루션보다 나은 결과를 얻을 수 있고 이전에 다뤘듯이 맥락 기준에 맞지 않는 데이터와 신호를 제거할 수 있다.

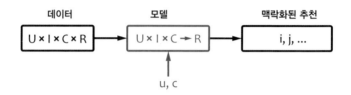

그림 5.24 맥락 모델링을 적용한 맥락 기반 추천 시스템[Adomavicius and Tuzhilin, 2008]

맥락 모델은 표준 비맥락 콘텐츠 기반 또는 협업 필터링 모델을 확장해 얻을 수 있다. 이 아이디어를 이웃 모델을 기초로 하는 개념적인 예를 통해 알아보자. 비맥락 최근접 이웃 모델은 다음과 같이 표현될 수 있다.

$$\hat{r}_{ui} = \sum_{v,j} \text{sim}\left((u,i),(v,j)\right) \cdot r_{vj} \tag{5.140}$$

여기서 인덱스 v와 j는 사용자와 아이템의 이웃에 대해 반복된다. 사용자-아이템 쌍의 유사성 지표 (u,i)와 (v,i)는 다른 방법으로 표현될 수 있고 이전의 이웃 기반 협업 필터링에서 이 내용을 다뤘다. 사용자 기반 이웃 모델의 경우 이 지표는 두 사용자 간의 유사성이 되고 피어슨 상관계수나 다른 지표로서 계산될 수 있다.

$$\text{sim}\left((u,i),(v,j)\right) = \begin{cases} \text{sim}(u,v), & i = j \\ 0, & \text{이외의 경우} \end{cases} \tag{5.141}$$

시간 기반 맥락 모델은 유사성의 의미를 확장하고 시간 차원을 포함할 수 있다.

$$\hat{r}_{uit} = \sum_{v,j,s} sim\left((u,i,t),(v,j,s)\right) \cdot r_{vjs} \tag{5.142}$$

여기서 인덱스 s는 타깃 맥락 시간 표시 t에 가까운 시간 표시를 갖고 있는 레이팅의 이웃에 대해 반복된다. 다차원 유사성 지표는 3차원 데이터 큐브에서 두 원소 간의 거리로 정의된다. 예를 들어 유클리드 거리 지표를 사용할 수 있다.

$$sim\left((u,i,t),(v,j,s)\right) = \frac{}{\sqrt{sim^2(u,v) + sim^2(i,j) + sim^2(t,s)}} \tag{5.143}$$

이는 맥락 정보를 추천 시스템에 연결시키는 방법을 보여주는 개념적인 예이지만 다음 절에서 보다 실용적인 접근법을 살펴본다.

마지막으로 복수의 맥락 및 비맥락 추천 알고리즘은 합쳐져서 하이브리드 모델화될 수 있다. 하이브리드 접근은 여러 개의 예측을 최적의 방법으로 블렌딩해 각 개별 알고리즘의 약점(입력 데이터의 엄격한 맥락화로 인한 희박한 데이터 이슈 등)을 극복하는 데 도움을 준다.

5.10.3 시간 기반 추천 모델

시간 차원이 가장 중요한 종류의 맥락 중 하나인 이유는 시간에 따른 사용자-아이템 상호 작용 패턴의 변화 때문이다. 이것의 좋은 예는 외부 요인에 의해 시간이 지남에 따라 인기가 변화되는 것이다. 이런 외부 요인들에는 특정 의상이 시간이 지남에 따라 더 또는 덜 인기가 있게 되는 패션의 변화, 관련된 영화의 인기를 상승시키는 새 영화에서의 배우의 등장, 기존 전자 기기를 과거의 유물로 만드는 새로운 기술의 등장 등이 있다. 다른 예는 취향, 사회적 위치, 지역 등과 같은 변화에 의해 초래되는 사용자 선호의 변화다. 예를 들어 보통의 아이템을 4로 평가하던 사용자는 시간이 지남에 따라 좀 더 깐깐해져서 보통의 제품에 3을 줄 수도 있다. 시간적 맥락 정보는 수집하기 가장 쉬운 정보 중 하나다. 왜냐하면 시간 표시는 마케팅 채널이나 사용자 인터페이스에 의존하지 않고도 추천 시스템에 의해 내부적으로 정할 수 있기 때문이다. 이런 요소는 시간 기반 추천을 상대적으로 적은 비용으로 레이팅 예측의 정확도를 높일 수 있는 쉬운 방법으로 만들어준다.

다차원 프레임워크와 사전/사후 처리 맥락 기법은 계절성과 같은 정기적인 시간 맥락에 적용할 수 있는 간단한 방법을 제공한다. 이 방법은 매우 기본적이지만 이를 통해 보다 정교한 시간 기반 추천 모델을 생성하기 위해 어떻게 예측 및 최적화 기법을 활용할 것인지 알아본다. 그다음으로는 세 가지의 협업 필터링 모델, 즉 베이스라인 추정, 최근접 이웃 및 잠재 요소 기법이 시간 차원을 설명하기 위해 어떻게 확장되는지 알아본다. 이 세 가지 기법은 같은 하이브리드 모델에 대한 요소로 개발됐다[Koren, 2009]. 하지만 각 모델은 시간적 변화를 설명하기 위해 각각의 기술을 사용한다.

5.10.3.1 일시적인 역학을 활용한 베이스라인 추정

베이스라인 추정값의 목적은 평균 사용자와 아이템 레이팅 편향 그리고 글로벌 레이팅 평균을 찾아내는 것이다. 레이팅의 표준 베이스라인 추정값은 5.6.1절, '베이스라인 추정'에서 정의했다.

$$b_{ui} = \mu + b_u + b_i \qquad\qquad (5.144)$$

여기서 b_u와 b_i는 평균 사용자와 아이템 편향이다. 사용자와 아이템 편향은 시간에 따라 변한다고 가정하면 시간 기반 버전은 다음과 같이 정의할 수 있다.

$$b_{ui} = \mu + b_u(t) + b_i(t) \qquad\qquad (5.145)$$

여기서 $b_u(t)$와 $b_i(t)$는 데이터로부터 학습돼야 하는 시간의 함수다. 모수 t는 과거의 특정 날짜부터 시작해 측정된 날의 수로 정의된다. 실제로 사용자와 아이템 요소는 매우 다른 시간적 성질을 가질 수 있으므로 이 두 함수에 대한 2개의 다른 솔루션이 필요하다[Koren, 2009]. 많은 실제적인 애플리케이션에서 아이템의 인기도는 시간에 따라 변하고 각 아이템은 많은 레이팅을 갖게 된다. 따라서 시간의 범위는 복수의 구간으로 나눌 수 있고 (예를 들어 몇 주씩) 아이템 편향은 각 구간별로 추정될 수 있다. 이는 아이템 요소에 대한 단순한 시간 기반 모델이 된다.

$$b_i(t) = b_i + b_{i,\Delta t} \qquad (5.146)$$

여기서 b_i는 글로벌 정적 편향, Δt는 t가 해당하는 시간 구간, $b_{i,\Delta t}$는 이 시간 구간에 대한 아이템 편향 추정값이다. 이 편향의 시간에 의존하는 부분은 과거의 날짜에 대해서만 추정될 수 있고 모든 Δt 구간이 미래에 있다면 0이 된다. 이 모델이 시간의 경향을 미래로 외삽하지 않는 게 이상하게 느껴질 수 있지만 베이스라인 추정값은 보다 고급 모델 요소로 사용하고 이것의 목표는 관찰된 트렌드를 제거하고 신호를 조정하는 것이다. 외삽은 모델의 나머지 부분에서 행해질 수 있다.

이 접근은 아이템에 대해 잘 작동하지만 사용자에 대해서는 다음 두 가지 이유로 잘 작동하지 않을 수 있다. 첫째, 보통 한 사용자는 보통 한 아이템보다 적은 레이팅을 가지므로 편향은 상대적으로 긴 시간 구간에 대해서도 믿을 만하게 추정되기 어렵다. 둘째, 사용자 편향은 아이템 인기도보다 훨씬 빨리 변하고 이는 보다 짧은 시간 구간을 요구한다. 이 문제는 사용자 편향의 변화를 추정값 대신 간단한 함수로 모델링함으로써 해결할 수 있다. 예를 들어 사용자 편향의 변화를 모델링하기 위해 다음의 함수적 형태를 사용할 수 있다.

$$d_u(t) = \text{sgn}(t - t_u)\, |\, t - t_u\, |^\beta \qquad (5.147)$$

여기서 $\text{sgn}(\mathbf{x})$는 $\mathbf{x}$가 양일 때 1이되고 음일 때 -1이 되는 부호 함수, t_u는 평균 레이팅 날짜, β는 교차 검증에 의해 선택되는 상수 모수다. 이는 그림 5.25에서 알 수 있듯이 모수 $\beta < 1$로 정함으로써 아래로 구부러지는 선형 함수가 된다. 시간 기반 사용자 편향은 다음과 같이 정의할 수 있다.

$$b_u(t) = b_u + w_u \cdot d_u(t) \qquad (5.148)$$

여기서 정적인 부분 b_u와 스케일링 요소 w_u는 각 사용자 u에 대해 데이터로부터 학습돼야 한다. 이 모델은 주어진 날짜에 대해 사용자로부터 제공된 레이팅의 숫자와 같은 사용자 편향의 특정 날짜 변동을 찾아내는 추가 수식을 포함함으로써 좀 더 발전할 수 있다.

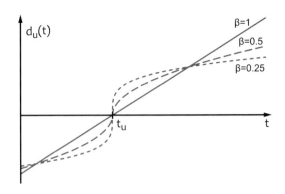

그림 5.25 β의 다른 값에 대한 사용자 편향 표류 함수. $\beta = 1$일 때 이 함수는 선형이다.

5.10.3.2 시간 감소가 있는 이웃 모델

최근접 이웃 모델은 비슷한 사용자나 아이템으로부터의 레이팅 평균을 통해 주어진 사용자와 아이템 쌍에 대한 레이팅을 예측한다. 이 레이팅들은 휴리스틱 유사성 지표 또는 데이터로부터 학습된 가중값을 사용해 평균화될 수 있다. 예를 들어 기본적인 아이템 기반 이웃 모델 중 하나는 다음과 같이 정의할 수 있다(이 모델의 좀 더 완전하고 실용적인 버전은 5.7.4절, '회귀 문제로서의 이웃 기법'에서 다뤘다).

$$\hat{r}_{ui} = b_{ui} + \sum_{j \in Q_{ui}^k} w_{ij} \left(r_{uj} - b_{uj} \right) \tag{5.149}$$

여기서 Q_{ui}^k는 사용자에 의해 평가된 아이템의 집합 안에 있는 아이템 i의 이웃, b_{uj}는 베이스라인 추정값, 가중값 w_{ij}는 기울기 하강이나 피어슨 상관계수와 같은 휴리스틱 유사성 지표를 사용해 학습된 아이템 i와 j 사이의 유사성 지표다. 가중값 추정 접근 방식과 관계 없이 사용자가 두 아이템 i와 j에 같은 평가를 한다면 이는 해당 가중값 w_{ij}에 긍정적으로 기여하고 해당 레이팅 r_{uj}의 값을 상승시킬 것이다. 레이팅이 시간이 지남에 따라 적합성을 잃을 수 있으므로 사용자가 과거에 두 아이템을 똑같이 좋아했다는 것이 꼭 미래에 이 아이템들의 유사성에 기여한다는 의미는 아니다. 왜냐하면 사용자 기호와 아이덴티티가 변하기 때문이다 [Ding and Li, 2005; Koren, 2009]. 이 고려 사항은 시간이 지난 레이팅을 할인하기 위해 모델에 시간 감소 요소를 더함으로써 설명된다.

$$\hat{r}_{ui}(t) = b_{ui} + \sum_{j \in Q_{ui}^k} e^{-c_u|t-t_{uj}|} \cdot w_{ij} \left(r_{uj} - b_{uj} \right) \tag{5.150}$$

감소 비율 c_u는 보통 사용자마다 다르고 기울기 강하 과정의 일부로써 학습돼야한다.

5.10.3.3 일시적인 역학을 활용한 잠재 요소 모델

잠재 요소 모델은 잠재 요소 공간에서 사용자와 아이템 표현 사이의 상관 관계를 계산함으로써 레이팅을 예측한다. 이 모델들은 이전에 베이스라인 추정값에 사용했던 기법들을 활용함으로써 시간적인 효과를 설명하기 위해 확장될 수 있다. 가장 기본적인 잠재 요소 모델은 다음과 같이 정의되고

$$\hat{r}_{ui} = p_u q_i^{\mathsf{T}} \tag{5.151}$$

여기서 p_u와 q_i는 k차원 사용자와 아이템 잠재 요소 벡터다. 잠재 요소 벡터의 각 원소에 시간 관련 부분을 더함으로써 사용자 취향의 변화를 설명할 수 있고 이는 베이스라인 추정값에 해당하는 부분인 식 (5.148)과 유사하다.

$$p_{us}(t) = p_{us} + w_{us} \cdot d_u(t), \qquad 1 \leqslant s \leqslant k \tag{5.152}$$

여기서 p_{us}는 정적인 상수, $d_u(t)$는 함수 (5.147)에 의해 정의되는 변화, s는 잠재 차원 인덱스다. 이 모델의 정적인 부분과 시간에 따라 변하는 부분은 기울기 하강을 사용해 데이터로부터 추정된다.

실제로는 기본적 솔루션 식 (5.151)보다 더 고급 잠재 요소 모델을 사용한다. 다행히 식 (5.152)에 의해 정의된 시간에 의존하는 사용자 요소는 대부분의 잠재 요소 모델에서 사용할 수 있다. 특히 중요한 사례는 식 (5.118)에서 정의한 SVD++ 모델이다. 시간 기반 사용자 요소를 SVD++ 모델에 대입하면 TimeSVD++라는 모델을 얻는다.

$$\hat{r}_{ui} = \mu + b_i + b_u + \left(p_u(t) + |I_u|^{-\frac{1}{2}} \sum_{j \in I_u} y_j \right) q_i^{\mathsf{T}} \tag{5.153}$$

TimeSVD++ 모델은 가장 정확한 비하이브리드 협업 필터링 모델 중 하나고 종종 추천 시스템 엔지니어링의 최고봉으로 간주된다[Koren, 2009].

5.11 비개인화된 추천

추천 품질은 일반적으로 추천 시스템이 사용자의 의도를 인지하고 그 의도를 충족하기 위한 오퍼링을 찾아내는 능력에 의해 결정된다. 사용자의 의도는 매우 다양하기 때문에 추천 시스템은 개인적인 행동 데이터에 접근하고 이를 활용함으로써 큰 이익을 얻는다. 이런 데이터를 활용하지 못하는 추천 시스템은 아마도 고품질의 추천을 하기 어려울 것이다. 간단히 말해 평균 사용자를 염두에 둔 모든 사람을 위한 추천은 아무도 만족시키지 못할 수 있다. 왜냐하면 매우 적은 수의 사용자만이 평균적 사용자의 프로파일과 정확히 들어맞기 때문이다. 하지만 추천 시스템은 개인적이고 행동적인 데이터가 불완전하거나 신뢰하기 어려운 경우를 만날 수 있다. 예를 들어 온라인 기반 시스템은 종종 과거의 상호 작용 기록이 없거나 매우 적은 양의 기록만 있는 무기명 사용자를 많이 접한다. 이런 경우는 매우 흔하므로 추천 범위를 단독으로 사용하거나 하이브리드 시스템에서 개인화 추천과 함께 사용하는 비개인화 추천으로 확장시키는 것이 중요하다. 비개인화 추천은 개인화 추천만큼 정확하지는 못하지만 제품 크로스셀링과 같은 특정 애플리케이션에는 유용한 솔루션이 될 수 있다.

5.11.1 비개인화 추천의 종류

비개인화 추천 기법은 타깃 사용자에 대한 신호가 아예 없고 추천 아이템이 맥락과 백그라운드 정보에만 의존해 선택되는 맥락 추천의 극단적인 예로 볼 수 있다. 맥락은 다른 사용자에 대한 행동 데이터를 포함할 수 있으므로 공통적인 사용자-아이템 상호 작용 패턴과 아이템 인기 통계는 추천 시스템에 입력돼 있다. 자주 사용하는 비개인화 추천의 몇 가지 예를 살펴보자.

인기 있는 아이템 인기 있는 카테고리와 브랜드는 내비게이션을 단순화하기 위해 사용자 인테페이스에서 종종 강조되고 있는 제품을 베스트셀러 또는 톱 10

과 같은 이름으로 프로모션한다. 이런 종류의 추천은 사용자 요청과 관련된 맥락을 사용하지는 않지만 배후 맥락으로 간주될 수 있는 동적으로 업데이트되는 판매 또는 브라우징 데이터에 의존한다. 예측 모델링 측면에서 이런 기법들은 자주 구매되는 아이템이 다른 정보가 없다는 가정하에 타깃 사용자의 구매 의도에 대한 제일 좋은 예측이라는 사실을 활용한다.

인기 상승 아이템 추천 시스템은 잘 팔리는 아이템 대신 판매량이 증가하는 제품을 추천할 수 있고 이런 추천은 보다 우연성이 강하다는 가정에 기반을 두고 있다. 이 접근은 롱테일 아이템을 홍보하는 데 유용하다. 왜냐하면 잘 알려지지 않은 제품도 광고나 소셜 미디어 덕분에 순간적인 인기 상승이 가능하기 때문이다. 인기 상승 아이템의 추천은 판매량 기록의 평활된 버전에 기반을 둔 아이템 스코어에 기반을 둔다. 예를 들어 아이템 i에 관한 판정 함수는 다음과 같이 정의할 수 있다.

$$s(i) = 1.00 \cdot \Delta v_1(i) + 0.50 \cdot \Delta v_2(i) \tag{5.154}$$

여기서 $\Delta v_1(i)$는 전날과 비교한 판매량의 변화 비율, $\Delta v_2(i)$는 이틀 전과 비교한 판매량의 변화 비율이다.

신제품 어떤 추천 시스템은 새로운 아이템이나 제품 구성에 새롭게 반영된 아이템을 강조한다.

비슷한 아이템 온라인 마케팅 채널에서 비개인화된 추천은 종종 브라우징 맥락에 기반을 두고 생성된다. 가장 흔한 예는 이와 비슷한 제품이나 당신이 좋아할 만한 제품과 같이 제품 페이지에서 특정 제품의 맥락과 관련된 추천이다. 이런 추천은 표준 검색 기법에 의해 생성될 수 있다. 예를 들어 두 제품 사이의 거리는 해당 제품 문헌 필드의 TD × IDF 거리의 가중평균으로 정의할 수 있고 가장 가까운 아이템이 추천된다. 이 전략은 아이템 콘텐츠에 기반을 두고 사소하고 비우연적인 추천을 하는 경향이 있다.

흔한 패턴 베스트셀러 추천은 전체 가용한 구매와 브라우징 통계 중에서 극히 일부, 즉 전체 구매 자료만 사용한다. 현재 보이는 제품이나 카테고리와 같은 맥락 정보도 사용하지 않고 이는 추천의 크로스셀링의 적합성에 부정적인 영향을 미친다. 구매와 브라우징 패턴을 분석하고 특정한 종류의 아이템에 대해 함께 구매되는 아이템을 발견함으로써 보다 타깃된 추천을 할 수 있다. 이런 종류의 추천은 고객들이 산 제품 또는 이 제품을 본 후 고객들이 산 다른 제품과 같은 제품의 페이지에서 종종 나타난다. 다음 절에서 이 접근에 대해 좀 더 자세히 알아본다.

앞에 기술한 기법들을 비개인화라고 분류했지만 대부분의 기법들은 세그멘테이션과 세부 단위 맥락화를 통해 어느 정도 개인화를 이룰 수 있다. 예를 들어 뉴스 추천 시스템은 사용자에게 관심 있는 주제(정치, 과학, 스포츠 등)를 물어볼 수 있고 그에 따라 전체 통계에 기반을 둔 추천 대신 특정 주제에서 가장 인기 있거나 떠오르는 기사를 추천할 수 있다. 추천 시스템은 인기 통계 또는 출시 일자에 기반을 두고 개인화된 추천을 필터링하거나 재정렬할 수 있다.

5.11.2 관련 규칙을 활용한 추천

비개인화 추천 시스템은 추천을 위해 사용할 수 있는 제품 사이의 의존성을 발견하기 위해 스토어와 온라인을 비롯한 다른 마케팅 채널로부터의 트랜잭션 기록을 분석할 수 있다. 예를 들어 두 아이템이 지주 함께 구매됐다면 두 번째 아이템은 첫 번째 아이템 구매자에게는 좋은 크로스셀링 아이템 추천이 될 수 있다는 것을 의미한다. 추천은 개별 아이템의 맥락에서 이뤄질 수도 있고 (사용자가 특정 제품 페이지를 볼 때) 복수의 아이템 맥락에서 이뤄질 수도 있다(사용자가 복수의 아이템을 바스켓에 넣어 놓았을 때). 이 경우 개인화된 추천과 비개인화된 추천의 경계는 불분명하다. 예를 들어 특정 제품의 맥락에서 생성되고 특정 제품 상세 페이지에서 보이는 추천은 이 페이지의 핵심적인 정적 부분이다. 이는 모든 사용자에 대해 똑같이 적용되고 비개인화됐다. 하지만 단일 아이템의 동일 맥락이 사용자에게 연결되고 사용자 경험이 다른 맥락에 기반을 두고 변한다면 이는 개인화로 볼 수 있다. 여러 개의 아이템을 포함하는 맥락은 상호 작용 기록 또는 암시적 피드백으로 해석될 수 있다. 이 경우 트랜잭션 데이터에서 발견된 패턴에 기초한 추천은 협업 필터링으로 분류될 수 있다.

여기서의 목표가 사용자가 봤던 아이템들에 기반을 두고 추천하는 것이라면 우리는 과거의 트랜잭션 기록에서 규칙성을 찾아내는 것에 가장 관심이 있다. 이는 다음과 같은 규칙의 형태를 따르게 된다.

사용자가 아이템 $X = \{i_1, i_2, ...\}$를 구매하면 그 사용자는 아이템 $Y = \{j_1, j_2, ...\}$를 구매할 것이다.

아이템의 집합 X와 Y는 아이템 세트라 불리고 위와 관련된 관련 규칙은 $X \rightarrow Y$로 표시된다. 예를 들어 규칙 {파스타, 와인} → {마늘}은 파스타와 와인을 함께 구매한 사용자는 아마도 마늘을 구매할 것이라는 뜻이다. 아이템 세트 X와 Y에서 함께 구매된 적어도 1개의 트랜잭션이 있는 데이터에서 어느 정도의 증거가 있는 관련 규칙의 수는 매우 많을 수 있다. 하지만 추천 시스템의 목표는 사용자 행동을 예측하는 데 쓰일 수 있는 지속적인 패턴에 대응하는 규칙을 찾아내는 것이다. 그러한 규칙을 선택하는 보다 정형적인 규칙 품질 지표를 정의해야 한다.

여기서 각 트랜잭션이 같이 구매된 아이템의 집합인 트랜잭션 집합 T를 정의해보자. 아이템 세트 X의 서포트support는 아이템 세트로부터의 모든 아이템을 담고 있는 트랜잭션의 일부, 즉 X의 경험적 확률로 정의된다.

$$\text{support}(X) = \frac{|t : X \subseteq t|}{|T|}, \quad t \in T \tag{5.155}$$

관련 규칙에 대한 서포트는 규칙의 양쪽 아이템 세트를 담고 있는 트랜잭션의 일부분이다.

$$\text{support}(X \rightarrow Y) = \text{support}(X \cup Y) \tag{5.156}$$

높은 서포트 수준은 규칙이 아이템 세트들이 자주 함께 구매되는 지속적인 패턴에 대응한다는 것을 의미한다. 하지만 이는 아이템들이 따로 자주 구매되는 경우가 될 수 있으므로 높은 서포트는 둘 사이에 의존성이 없더라도 단지 두 아이템 세트들이 인기 있다는 것을 의미한다. 이 측면은 규칙의 신뢰성confidence에 의해 측정되고 이는 X를 포함한 트랜잭션이 Y도 포함한 비율로 정의된다.

$$\text{confidence}(X \rightarrow Y) = \frac{\text{support}(X \cup Y)}{\text{support}(X)} \tag{5.157}$$

신뢰성은 트랜잭션이 X를 포함할 때 아이템 세트 Y를 찾을 수 있는 조건부 확률, 즉 $\Pr(Y|X)$로 해석된다. 서포트와 신뢰성은 구매 확률에 기반을 두고 정의되고 매출과 같은 통화 지표와 연결될 수 있다[Ju 등, 2015; Geng and Hamilton,

2006]. 예를 들어 규칙(그리고 그 규칙으로부터 생성된 추천)으로부터의 예상 매출을 사용자가 아이템 **X**를 구매하려고 한다고 할 때 다음과 같이 추정할 수 있다.

$$\text{revenue}\,(X \rightarrow Y) = \text{support}\,(X \rightarrow Y) \cdot \sum_{i \in Y} \text{price}\,(i) \qquad (5.158)$$

보다 정확한 통화적 지표의 추정은 프로모션 최적화의 맥락에서 이전에 얘기했던 업리프트 모델링 기법으로 얻을 수 있다. 추천 시스템은 규칙이 신뢰성이 있고 차별성을 제공하게 하기 위해 높은 서포트와 신뢰 수준을 갖고 있는 관련 규칙이 필요하다. 주어진 트랜잭션 기록으로부터 그러한 규칙을 생성하는 것은 아이템 세트 빈도 마이닝, 관련성 분석, 마켓 바스켓 분석 등으로 알려진 표준 데이터 마이닝 문제다. 이 문제는 아피오리^{Apriory}나 FP-증가$^{\text{FP-growth}}$와 같은 특화된 알고리즘을 사용해 해결할 수 있다.

예 5.7

관련 규칙이 어떻게 추천을 생성하기 위해 사용되는지를 설명해주는 예를 들어본다. 전통적인 협업 필터링과 달리, 관련 규칙 학습은 보다 상세한 트랜잭션 수준의 데이터가 필요하지만 트랜잭션은 각 사용자와 연결될 필요는 없다(어떤 사용자가 어떤 트랜잭션을 수행했는지는 상관 없다). 표 5.9에 나타나 있는 샘플 트랜잭션 기록을 분석해보자.

예를 들어 우유에 대한 추천을 생성하기 위해 제약 조건 **X** = {우유}에 대한 트랜잭션 기록에 대해 관련 규칙 학습 알고리즘을 수행하고 해당하는 신뢰 수준에 의해 규칙을 정렬한다. 그 결과는 표 5.10이다. 우유 → 시리얼 규칙에 대한 신뢰 수준은 두 아이템을 동시에 포함하는 4개의 트랜잭션이 있고 6개의 트랜잭션이 우유를 포함하므로 4/6이다. 추천되는 아이템은 규칙의 오른쪽에 위치하므로 우유에 대한 추천은 시리얼, 빵, 달걀 그리고 설탕이 된다(적합도 순).

마켓 바스켓 분석은 비감독학습 방법이지만 여기서는 분류와 특징 선택 문제를 푸는 것과 같다. 왜냐하면 맥락(여기서는 우유)은 학습 레이블, 트랜잭션의 다른 아이템은 특징으로 볼 수 있고 목표는 가장 예측력이 높은 특징을 찾아내는 것이 되기

표 5.9 구매 기록의 예

트랜잭션 ID	아이템
1	우유, 빵, 달걀
2	빵, 설탕
3	우유, 시리얼
4	빵, 시리얼
5	우유, 빵, 설탕
6	캐러멜, 우유, 빵
7	빵, 시리얼
8	우유, 시리얼
9	우유, 빵, 시리얼, 달걀

표 5.10 우유에 관한 규칙

순위	규칙	서포트	신뢰 수준
1	우유 → 시리얼	4/9	4/6
2	우유 → 빵	4/9	4/6
3	우유 → 달걀	2/9	2/6
4	우유 → 설탕	1/9	1/6

때문이다. 관련 규칙 접근에서 이런 특징들은 높은 신뢰 수준을 갖고 있는 규칙의 오른쪽 값에 대응한다.

이 절의 시작 부분에서 얘기했듯이 관련 규칙은 얼마나 많은 아이템이 맥락에 포함됐는지에 따라(규칙의 왼쪽 부분) 그리고 맥락의 의미에 따라 개인화된 추천을 생성하는 데 사용할 수 있다. 무기명 웹 세션 개인화와 같은 경우 관련 규칙 접근은 정확성과 계산적인 복잡성에서 이웃 기반 모델과 같은 다른 협업 필터링 모델의 효과적인 대안이 될 수 있다[Mobasher 등, 2001].

5.12 다중 목표 최적화

지금까지 알아본 최적화 기법들은 단일 목표를 갖고 있다. 즉 최적의 의미적 매치 또는 예측 스코어를 찾는 것이다. 하지만 추천의 정확성은 추천 시스템 디자인에서의 유일한 목적이 아닐 수도 있다. 마케터는 고객에게 제공되는 추천에 여러 가지 목표를 추구하는 데 관심이 있을 수 있다. 예를 들어 식료품 스토어는 짧은 유효 기간을 갖고 있는 식품의 회전율을 올리고 싶어할 수 있고 패션 스토어는 스폰서된 브랜드 또는 계절 컬렉션을 프로모션하고 싶어할 수 있으며 다양한 종류의 소매업체들은 마진율이 높은 제품을 추천하거나 재고 소진을 피하고 싶어할 수 있다[Jambor and Wang, 2010].

다중 목표 추천 시스템을 구현하는 한 가지 방법은 2차적 목표들에 대응하는 신호를 갖고 있는 의미적 적합 신호를 블렌딩하는 것이다. 이와 같은 측면에서 다중 목표 기법들은 최적의 결과를 얻기 위해 신호들이 블렌딩되는 하이브리드 모델들과 비교될 수 있다. 중요한 차이는 하이브리드 모델들은 평균 레이팅 예측 오류와 같은 표준 손실 함수를 최적화 목표로 사용하는 데 반해 다중 목표 최적화는 좀 더 맞춤화된 최적화 목표를 사용한다는 것이다. 이 절에서는 커리어 관련 소셜 네트워킹 서비스인 링크드인[LinkedIn]에서 개발되고 검증된 다중 목표 추천 시스템을 알아본다[Rodriguez 등, 2012]. 링크드인의 주된 목표는 업무 기술과 의미적으로 일치하는 원자를 추천하는 것이고 2차적 목표는 구직 행동 양식을 보여주는 것이다.

먼저 원래의 적합성 기반 랭킹에서 멀어지면 감점을 받는다는 조건하에 일부 2차적 목표를 최적화하는 함수를 사용해 재정렬될 수 있는 핵심 추천 시스템에 의해 생성된 추천부터 시작한다. 여기서 단일 2차 목표를 갖고 있는 경우를 고려해보고 다양한 목적에 대해 확장될 수 있는 추상적인 프레임워크를 정의해보자. 먼저 n명의 사용자에 대해 m개의 아이템을 정렬하는 핵심 추천 알고리즘을 가정해보자. 이 추천을 $n \times m$ 행렬 Y라 한다. 사용자의 각 열은 아이템 그리고 각 원소는 추천 리스트에서의 아이템의 순위다. 각 사용자는 m보다 적은 k개의 추천이 제시되지만 원래 모든 아이템은 재정렬 함수에 대한 선택을 가능하게 하기 위해 판정된다. 실제로 모든 m개의 아이템을 정렬할 필요는 없고 k보다 큰 숫자의 추천을 제한할 수 있다. 각 추천된 아이템은 2차적 목표에 의해 다시 판정되고 이 스코어의 $n \times m$ 행렬을 X라고 가정해보자. 예를 들어 이 행렬은 마진 정보를 담을 수 있다. 이 스코어는 사용자/순위 추천 행렬 Y안에서의 아이템과 위치의 함수로 표현될 수 있다. 최적화 문제는 다음과 같이 정의할 수 있다.

$$\max_{w} \quad g\left(\varphi\left(\mathbf{Y}, \mathbf{X}, w\right)\right)$$
$$\text{subject to} \quad d\left(\text{top}_k\left(\mathbf{Y}\right), \text{top}_k\left(\varphi\left(\mathbf{Y}, \mathbf{X}, w\right)\right)\right) \leqslant c \tag{5.159}$$

- g는 2차적 추천 관점에서 추천의 품질을 평가하는 유틸리티 함수다.
- φ는 행렬 X와 Y로부터의 행의 쌍들을 결합해 2개의 목표를 밸런싱하는 추천 리스트로 만드는 결합 랭킹 함수다.
- w는 두 목표 사이의 믹싱 밸런스를 정의하는 모수다. 이 모수는 최적화의 대상이다.
- $\text{top}_k(\cdot)$는 최대 랭킹 스코어를 갖고 있는 첫 번째 k원소다. 이는 원래 행렬 X와 Y를 $n \times k$ 크기로 줄여준다.
- d는 두 추천 행렬 사이의 거리를 측정하는 거리 함수다. 두 스코어 벡터 $\mathbf{x}$와 $\mathbf{y}$ 사이의 거리를 측정하는 방법은 두 히스토그램 사이의 제곱 오류의 합을 계산하는 것이다.

$$d\left(\mathbf{x}, \mathbf{y}\right) = \sum_{i=1}^{b} \left(H(\mathbf{x})_i - H(\mathbf{y})_i\right)^2 \tag{5.160}$$

여기서 히스토그램 $H(\mathbf{x})$는 b개의 원소를 갖고 있는 벡터고 각 원소는 해당 범위에 대응하는 $\mathbf{x}$의 점수에 대응한다. 두 행렬 사이의 거리는 행렬의 모든 사용자에 대한 거리의 합으로 정의된다.

- c는 원래 추천 리스트와 재정렬된 추천 리스트 사이의 차이의 한계를 설정하는 한곗값이다.

위 최적화 문제의 주요 아이디어는 2차적 목표와 적합성 스코어를 블렌딩하는 재정렬된 추천의 효용을 증가시키지만 2차적 목표의 추구 때문에 원래의 적합성이 무시되지 않도록 원래의 적합성 기반 추천과 재정렬된 추천의 차이에 대해 처벌하는 것이다. 함수 φ의 디자인은 이 두 목적 사이의 튜닝이 가능한 모수를 포함해야 하고 이 모수는 최적화의 목적이 될 것이다. 이 접근은 2개 이상의 목적과 다수의 발산 제약을 포함하기 위해 쉽게 확장될 수 있다. 목적의 개수를 q라 하면 다음과 같은 다중 목적 최적화 문제를 정의할 수 있다.

$$\max_{w} \quad g\left(\varphi\left(\mathbf{Y}, \mathbf{X}, \mathbf{w}\right)\right)$$
$$\text{subject to} \quad d_j\left(\text{top}_k\left(\mathbf{Y}\right), \text{top}_k\left(\varphi\left(\mathbf{Y}, \mathbf{X}, \mathbf{w}\right)\right)\right) \leqslant c_j \tag{5.161}$$

여기서 $\mathbf{X}$는 스코어의 $n \times m \times q$ 행렬, $\mathbf{w}$는 q개의 가중값 모수의 벡터이고 j는 모든 발산 조건에 관해 반복된다.

여기서 몇 가지 예를 들어 위의 최적화 모델이 실제 문제에 어떻게 적용할 수 있는지 살펴보자. 먼저 매출 목표를 추천 스코어에 포함시키길 원하는 소매업체를 고려해보자. 전체 효용 함수는 기대 총 마진으로 정의할 수 있고 $M(i) \in [0, 1]$은 아이템 i의 정규화된 총 마진이며 구매 확률은 랭킹 위치에 맞춰 모델링될 수 있다 (즉 추천 리스트에서 아이템의 위치가 아래쪽일수록 구매 확률은 낮다).

$$g\left(\mathbf{z}\right) = \frac{1}{k} \sum_{i=1}^{m} \frac{M(i)}{z_i} \cdot \mathbb{I}\left(z_i \leqslant k\right) \tag{5.162}$$

여기서 $\mathbf{z}$는 합성 랭킹 함수 φ에 의해 성성된 랭크의 벡터, $\mathbb{I}$는 조건이 참이면 1이고 아니면 0인 인디케이터 함수다. 2차적 목표가 기대 총 마진이라면 행렬 $\mathbf{X}$는 다음과 같이 정의할 수 있다.

$$x_{ui} = M(i) \tag{5.163}$$

합성 랭킹 함수는 코어 추천 알고리즘에 의해 생성되는 원래의 적합성 스코어 $\mathbf{y}$와 마진 스코어 $\mathbf{x}$의 믹스로 표현된다.

$$\mathbf{z} = \varphi\left(\mathbf{y}, \mathbf{x}\right) \quad : \quad z_i = y_i \cdot x_i^{w} \tag{5.164}$$

여기서 w는 적합성과 고마진 제품의 포함 사이의 균형을 결정하는 모수다. 이 모수는 문제 (5.159)에서 최적화의 대상이다.

2차적 목적에 대한 재정렬의 두 번째 예는 세일 상품이나 유효 기간이 있는 제품 등과 같은 특별 아이템에 관한 부양이다. 효용 함수는 k개 추천 리스트의 추천에 포함된 제품의 평균 수로 표시된다.

$$g(\mathbf{z}) = \frac{1}{k} \sum_{i=1}^{m} F(i) \cdot \mathbb{I}\left(z_i \leqslant k\right) \tag{5.165}$$

여기서 F(i)는 아이템이 특별하면 1이고 아니면 0인 특징 레이블이다. 행렬 $\mathbf{X}$는 다음과 같이 정의되고

$$x_{ui} = F(i) \tag{5.166}$$

합성 랭킹 함수는 적합성 스코어와 특징 레이블을 최적화의 목표가 되는 균형 모수 w와 결합된다.

$$z = \varphi(\mathbf{y}, \mathbf{x}) \quad : \quad z_i = y_i \cdot w^{x_i} \tag{5.167}$$

위의 랭킹 함수는 복수의 특징들을 포함하기 위해 쉽게 확장될 수 있다. 여기서 각 특징은 각각의 균형 모수에 따라 최종적 랭킹 스코어에 기여한다(행렬 $\mathbf{X}$는 스코어의 $n \times m \times q$ 행렬이 되므로 $\mathbf{x}$는 $q \times m$ 행렬이 된다).

$$z = \varphi(\mathbf{y}, \mathbf{x}) \quad : \quad z_i = y_i \cdot w_1^{x_{1,i}} \cdot w_2^{x_{2,i}} \cdot \ldots \cdot w_q^{x_{q,i}} \tag{5.168}$$

최적화 문제 (5.159)는 랭킹 함수에 기반을 두고 있으므로 기울기 감소와 같은 평활 함수에 대한 표준 최적화 기법은 직접 적용되지 않는다. 일반적인 경우 이 문제는 랭킹 생성 학습 알고리즘을 사용해 접근할 수 있다[Rodriquez 등, 2012]. 하지만 많은 애플리케이션에서 1개 또는 2개의 모수 w면 충분하다. 이런 경우 이 문제는 가능한 모든 값에 대해 모두 검색함으로써 직접 해결할 수 있다.

5.13 추천 시스템의 아키텍처

지금까지 우리는 다양한 종류의 추천 모델과 알고리즘 그리고 맥락 정보 또는 2차적 목표에 따라 복수의 모델을 결합하거나 추천을 조정할 수 있는 기법들을 다뤘다. 하지만 추천 시스템은 단순한 알고리즘의 구현 이상이다. 이는 추천 모델을 외부와 연결해주고 이를 작동하게 해주는 복수의 요소와 모듈을 포함한 복잡한 소프트웨어 시스템이다. 이 절에서는 그림 5.26에 나타나 있는 추천 시스템의 아키텍처와 이것이 가능한 변종 및 균형을 살펴본다[Jack 등, 2016].

사용자 인터페이스 추천 시스템은 웹 사이트, 이메일 서비스 제공자 모바일 알림, 뉴스피드 등과 같은 복수의 사용자 인터페이스와 연결돼 있다. 이 채널들

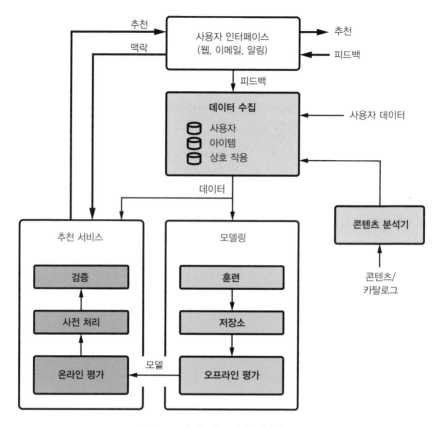

그림 5.26 추천 시스템의 개관적 구조

은 맥락 정보를 받고 정렬된 추천을 제공하는 인터페이스를 통해 코어 추천 시스템과 소통한다. 가장 기본적인 경우 추천 시스템의 인터페이스는 웹 페이지상의 추천 정보를 담고 있는 사이드 바처럼 간단할 수 있다. 온라인 비디오 서비스와 같이 추천에 의존하는 서비스는 개인화된 추천, 인가 아이템, 최신 트렌드와 같은 복수의 절을 포함하는 보다 종합적인 인터페이스를 제공한다.

데이터 수집 추천 시스템에 의해 사용하는 데이터 출처의 수는 매우 높을 수 있다. 산업적 추천 시스템은 종종 하이브리드 또는 실험의 목적으로 많은 알고리즘을 사용하기 때문에 추천 시스템은 콘텐츠 기반, 협업 필터링, 인기 기반 모델 등을 지원하기 위해 충분한 데이터를 소비해야 한다. 이 시스템은 추천을 더욱 정교하게 할 수 있게 도와주는 외부 또는 제삼자 데이터나 신호에 접근할 수도 있다. 이는 사용자 프로파일(선호와 개인적 정보 등)을 통합하는 종합적인 데이터 수집 기반 환경의 생성, 원래의 콘텐츠 데이터를 변환하는 데 사용하는 콘텐츠 분석기, 레이팅이나 다른 피드백의 형태로 사용자 인터페이스에 의해 수집되는 사용자-아이템 상호 작용 데이터를 포함하고 있다.

모델링 수집되고 정제되고 통합된 데이터는 추천 모델을 만드는 데 사용한다. 모델은 저장소에 배치되고 정기적으로 데이터 변화를 따라잡기 위해 재훈련된다. 모델은 모델링 단계(오프라인), 서비스 단계(온라인) 또는 둘 다에 의해 평가될 수 있다. 모델이 오프라인에서 평가되면 이 프로세스의 결과는 모든 사용자에 대한 추천의 집합이다. 추천은 매일 한 번 등과 같은 스케줄에 따라 업데이트되거나 추천 서비스에 입력된다. 모델이 온라인에서 부분적으로 평가되면 오프라인 부분은 아이템 유사성 행렬이나 잠재 요소 벡터와 같은 특정 데이터 원소만 미리 계산한다. 이 접근 방법은, 복잡한 계산은 오프라인에서 배치 모드로 하지만 온라인 추천의 유연성은 계속 가질 수 있게 해준다. 산업적 추천 시스템은 계속 업데이트되고 테스트되는 복수의 추천 알고리즘을 갖고 있는 저장소가 있다.

추천 서비스 추천 서비스의 중요 목적은 추천 모델의 평가를 완료하고 추천을 사용자 인터페이스를 통해 보여주는 것이다. 추천 서비스는 맥락화, 운영 통제와 관련된 몇 가지 기능을 구현할 수 있다. 첫째, 코어 알고리즘에 의해 생성된 추천은 추가 향상과 수정을 위해 사후 처리될 수 있다. 예를 들어 사용자가 이미 경험한 추천을 추적하는 서비스는 사용자 경험을 좀 더 동적이고 생산적이고 우연적으로 만들기 위해 추천 리스트를 섞을 수 있다. 둘째, 추천 서비스는 검증 규칙이나 로그 분석을 통해 추천의 품질을 검사하거나 검증이 실패할 경우 자동 수정을 할 수 있다. 자동 품질 검사의 예로는 전체 추천의 수 검증과 알고리즘 수행 시간 모니터링 등이 있다.

5.14 요약

- 디지털 채널은 마케터로 하여금 많은 수의 잘 팔리지 않는 니치 제품들을 사용해 매우 다양하고 깊이 있는 제품 구성을 할 수 있게 해준다. 이는 제품 구성이 유통 비용에 의해 제한되는 전통적 유통 채널과의 근본적인 차이점이다.

- 니치 제품의 롱테일을 갖고 있는 매우 다양하고 깊은 제품 구성은 검색, 추천과 같은 효율적인 발견 서비스를 필요로 한다.

- 추천 서비스의 주요 목표는 구매 의도가 명백하게 표현되지 않았을 때 적합한 오퍼링을 고객에게 제시하는 것이다. 이는 검색 의도가 검색 질의어로 명백하게 드러나는 검색과의 차이점으로 볼 수 있다.

- 추천 서비스는 명시적으로 제공된 레이팅과 암시적으로 수집된 브라우징 기록, 카탈로그 데이터, 맥락 정보 등과 같은 사용자-아이템 상호 작용 데이터를 활용한다. 추천 서비스의 결과는 추천 아이템의 정렬된 리스트다.

- 추천 시스템의 주요 입력 중 하나는 고객의 레이팅이다. 레이팅은 행이 고객, 열이 아이템, 각 원소가 레이팅 값인 레이팅 행렬로 표현된다. 레이팅 값은 레이팅 시각이나 레이팅이 수집된 마케팅 채널과 같은 맥락 정보를 포함할 수 있다. 실제로 레이팅 행렬은 매우 희박하다.

- 추천 시스템의 주요 비즈니스 목표는 추천의 적합성, 참신성, 우연성, 다양성을 포함하고 있다. 추천의 적합성은 레이팅 예측 정확성과 랭킹 정확성을 통해 추천될 수 있다. 계량적 지표들은 참신성, 우연성, 다양성에 관해 정의할 수 있다.

- 추천 알고리즘의 가장 중요한 종류들은 콘텐츠 필터링과 협업 필터링이다. 이 기본적인 알고리즘들은 하이브리드화, 맥락화, 추가 목표와 신호의 블렌딩을 통해 확장될 수 있다.

- 콘텐츠 기반 필터링은 사용자가 과거에 좋아했던 아이템과 비슷한 아이템을 추천한다. 콘텐츠 기반 필터링은 아이템 분류 문제로 간주될 수 있다. 콘텐츠 필터링의 주요 장점은 사용자의 레이팅만 갖고 추천할 수 있

는 능력, 이전에 평가되지 않았던 아이템을 추천할 수 있는 능력, 결과의 해석 가능성이다. 주요 단점은 콘텐츠 분류에 필요한 복잡한 특징 엔지니어링과 사소한 추천 경향을 띠고 있는 편향이다.

- 콘텐츠 필터링은 잠재 의미 분석 또는 잠재 디리클레 할당과 같은 문헌 유사성 지표와 다른 검색 기법을 활용할 수 있다. 다른 방식의 접근은 나이브 베이즈 분류기와 같은 텍스트 분류 모델을 활용하는 것이다.

- 협업 필터링은 비슷한 레이팅 패턴을 갖고 있는 아이템이나 사용자를 찾아내기 위해 레이팅 행렬을 활용한다. 이는 콘텐츠 필터링보다 다양하고 우연적인 추천을 제공한다. 협업 필터링은 행렬 완성의 문제로 간주될 수 있다.

- 가장 중요한 협업 필터링 기법들은 최근접 이웃 추천 모델과 잠재 요소 모델이다.

- 복수의 추천 모델들은 하이브리드 모델의 형태로 결합될 수 있다. 하이브리드 추천 시스템은 검색에서의 신호 믹싱 파이프라인과 동일한 기법을 사용한다. 하이브리드 추천 시스템은 다른 모델로부터의 적합한 신호들을 서로 바꿔가며 사용할 수 있고 블렌딩할 수도 있고 한 모델의 결과를 다른 모델의 입력으로 사용할 수도 있다.

- 맥락화된 추천은 시간이나 장소와 같은 추가 속성을 좀 더 타깃된 추천을 하기 위해 사용한다. 이런 속성들은 레이팅 행렬을 다차원 큐브로 확장하는 추가 차원으로 간주될 수 있다. 추천 시스템은 입력 데이터를 사전 처리하고 추천을 사후 처리하며 레이팅 예측 모델의 입력을 확장하기 위해 맥락 정보를 사용할 수 있다. 맥락화된 추천은 검색에서 통제된 정확도 감소와 동일한 아이디어를 사용한다.

- 미지의 사용자와 제한된 상호 작용 기록을 갖고 있는 사용자에 대한 추천은 중요한 추천 사례다. 추천 시스템은 기본적인 판매량 통계(베스트셀러), 콘텐츠(비슷한 아이템), 구매 패턴(자주 함께 구매되는 아이템)들을 활용해 비개인화되거나 부분적으로 개인화된 추천을 제공할 수 있다.

- 추천 시스템의 주요 요소는 사용자 인터페이스, 데이터 수집 단계, 모델링 단계, 추천 서비스를 포함하고 있다.

06

가격 책정과 상품 구성

가격 책정의 문제는 매우 긴 역사를 갖고 있다. 가격 책정의 근본적인 측면은 시장에서 수요와 공급의 상호 작용을 설명하기 위해 수세기 동안 연구돼왔다. 이는 가격 구조, 가격과 수요의 관계 등과 같은 가격 책정의 전략적 요소들을 기술하는 종합적인 가격 책정 이론의 발전을 가져왔다. 이런 기법들은 전략적 가격 책정 의사 결정을 지원하는 상대적으로 투박한 가격 최적화 기법들을 제공해왔다. 전술적 가격 의사 결정을 자동으로 향상시키는 기회는 1980년대 초반에 항공업계에서 처음으로 발견 및 활용했고 동적이고 민첩한 자원 및 가격 운영을 가능하게 하는 디지털 예약 시스템의 발전 덕분에 부분적으로 가능해졌다. 이는 나중에 호텔이나 렌터카와 같은 다른 서비스 산업에서도 적용된 새로운 최적화 기법들의 발전을 야기했다. 이런 새로운 그리고 알고리즘 기반의 접근은 매출 관리 또는 수율 관리라고 한다. 이 기법들은 이 기법들을 뒤늦게 사용한 기업들이 파산하거나 자동화된 가격 책정의 선구자들에게 패배한 많은 사례를 통해 자동화된 가격 책정의 능력을 보여줬다.

가격 관리는 프로모션 및 광고와 같은 다른 프로그램 기반 서비스와 밀접하게 관련돼 있다. 가격 관리 기법은 프로모션의 할인 가격을 최적화하고 광고주들을 위해 광고와 미디어 자원의 가격을 조정하는 데 사용할 수 있다. 6장에서는 전략적 가격 책정과 가격 최적화의 기본적인 원리를 살펴보는 것부터 시작한다. 그런 다음 시장 세그멘테이션, 가격 인하, 클리어런스 세일에 대한 보다 전술적이고 실용적인 수요 예측 및 가격 최적화 기법들을 살펴본다. 그리고 예약 한계가 정해져 있는 서비스 산업에서 사용하는 주요 자원 할당 기법들을 살펴본다. 마지막으로 가격 관리를 위해 개발된 기본 요소를 재사용할 수 있는 상품 구성 최적화 문제들을 살펴본다.

6.1 환경

6장의 앞부분에서 얘기했듯이 가격 관리는 기업의 이익률, 더 나아가 생존에 직결되는 중요한 요소다. 즉 실제 가격 관리 과정은 전략적 고위 의사 결정에서부터 각 제품 수준의 마이크로 결정에 이르는 다양한 계층의 의사 결정을 포함하고 있다. 이런 복잡한 과정을 그림 6.1의 간단한 모델로 표현해봤다. 이 모델은 가격 책정의 일부 전략적 측면은 담고 있지 않지만 마이크로 의사 결정에서 중요한 가격 관리 환경의 주요 요소들을 포함하고 있다.

- 일반적으로 회사는 고객에게 제품을 판매하고 각 제품 i마다 이익 G를 남긴다고 가정한다.

$$G_i = Q_i (P_i - V_i) - C_i \tag{6.1}$$

  여기서 Q_i는 판매량, P_i는 가격, V_i는 변동 비용(예: 도매 상품 가격), C_i는 제품과 관련된 고정 비용이고 i는 고객에게 제공되는 제품의 구성마다 반복된다. 6장에서 고려되는 대부분의 기법은 가격의 함수로써 이익 G의 최대화에 집중하지만 이런 최적화는 외부 전략적 제약의 대상이 될 수 있음을 알아야 한다. 예를 들어 회사는 이익 대신 시장 점유율을 추구하는 경쟁 전략을 추구할 수 있고 가격 최적화 과정을 가격 매칭 정책으로 대체할 수 있다.

- 이익은 수요에 의존하는 판매량의 함수다. 모델에서의 중요 가정은 수요의 이질성, 즉 수요는 고객 세그멘트, 스토어의 위치, 계절, 서비스 등급

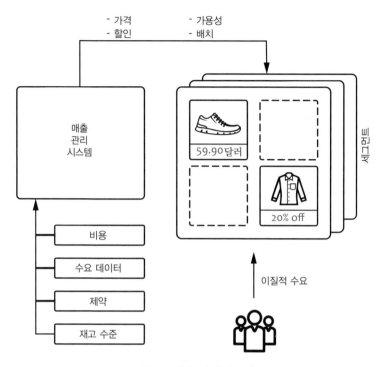

- 가격
- 할인
- 가용성
- 배치

매출
관리
시스템

세그먼트

59.90달러

20% off

비용

수요 데이터

제약

재고 수준

이질적 수요

그림 6.1 매출 관리 시스템

등과 같은 다양한 요소에 의해 변동된다는 것이다. 이는 이런 차원에 따라 가격을 차별화할 수 있는 기회를 제공하는 동시에 각 고객 세그먼트나 시간 간격의 수준에서 이익을 조정할 수 있다는 것을 의미한다. 6장에서는 수요의 이질성의 여러 측면을 다루는 가격 구조와 가격 최적화 기법들을 알아본다.

- 수요는 제품 가격 및 경쟁사의 가격에서 날씨에 이르는 다양한 변수들의 함수다. 가장 기본적인 경우에 매출 관리 시스템은 각 제품 수요에 대한 회귀 모델을 생성하고 수요의 최대화를 통한 이익의 최적화를 가능하게 하는 가격을 찾음으로써 가격을 최적화할 수 있다.

$$P_i^{\text{opt}} = \underset{P_i}{\operatorname{argmax}} \, Q_i \, (P_i) \cdot (P_i - V_i) - C_i \tag{6.2}$$

여기서 $Q_i \, (P_i)$는 제품 i에 관한 수요 예측 모델이다. 실제로 이 문제는 다양한 제약과 의존성 때문에 이보다 훨씬 복잡하다.

- 한 가지 예는 재고 수준 제약이다. 판매자가 제품 재고의 한계가 있다면 판매량 Q는 수요와 재고 수준 중에서 작은 값이 된다.

- 다른 중요한 요소는 의존적 수요다. 한 카테고리의 제품들은 종종 대체 가능하므로 한 제품 가격의 변동은 고객으로 하여금 다른 제품으로 전환하게 할 수 있다. 이는 제품 가격을 단독이 아니라 공동으로 최적화하게 만들기 때문에 최적화가 매우 복잡해진다.

- 마지막으로 판매자는 다른 제약으로 해석되는 추가 목표를 추구할 수 있다. 예를 들어 패션 소매업체는 한 계절이 끝나는 시점에서 재고 정리 또는 할인 판매를 시도할 수 있다.

즉 매출 관리 시스템은 과거 수요 데이터, 고정 및 변동 비용, 재고 수준과 다른 비즈니스 제약 등을 포함하는 여러 입력을 갖는다.

- 가격 수준에서의 최적화는 매출 관리 시스템에 대한 자연스러운 작업이지만 다른 환경들은 다른 중요한 통제들을 제공한다. 그런 통제들 중 하나는 어떻게 가격이 소비자들에게 전달되느냐에 관한 것이다. 나중에 다루겠지민 보통 기본 가격을 낮추는 것보다는 할인이나 특별 오퍼로 가격 변화를 고객에게 전달하는 것이 더 효율적이다. 이는 가격 최적화와 할인 최적화의 연결고리를 제공한다. 두 번째 통제들은 제품의 가용성과 서비스의 등급과 관계 있다. 이것의 전형적인 예는 저렴한 가격의 티켓이 미리 예약되게 하고 이 옵션이 비행 며칠 전에 없어지게 하는 항공사다. 마지막으로 매출 관리 시스템은 제품의 구성, 표현, 배치 등과 같은 옵션들을 통제할 수 있다. 이것의 예로는 잘 팔리지 않는 제품을 선반에서 제거하는 진열대 공간 최적화와 크로스셀링 기회를 증진시키기 위해 관련된 제품을 함께 배열하는 스토어 레이아웃 최적화 등이 있다.

앞에 기술한 모델들은 프로그램 기반 가격 관리 기법들이 적용할 수 있는 기본적인 분야들을 알아본다. 6장의 이후 부분에서 가격 관리의 기본적인 개념과 원리를 알아본 후 이 절에서 알아본 환경에 대한 가격 최적화 기법의 설계를 알아본다.

6.2 가격 책정의 영향력

가격 책정에서 가격은 매출과 이익의 중요 요소가 되기 때문에 기업 경영에서 매우 중요한 역할을 한다. 적합한 가격 책정은 이익률의 향상을 가져다주지만 부적합한 가격 책정은 막대한 손해를 끼칠 수 있다. 그 이유 중 하나는 가격이 제품이나 서비스가 어떻게 시장에서 포지셔닝되고 고객에게 인지될 것인지를 결정하기 때문이다. 너무 낮은 가격은 실현되지 않은 이익을 잃어버리는 셈이 되기 때문에 회사의 장기적 생존 가능성을 낮추고 고객이 제품의 가치와 품질에 대한 잘못된 기대를 갖게 한다. 너무 높은 가격은 판매량을 낮추고 회사의 평판에 나쁜 영향을 미치게 되며 결국 사업의 성장을 방해한다. 또 다른 이유는 가격과 이익의 수리적 의존성은 대부분의 산업과 기업에서 높기 때문에 가격은 이익을 계산하는 식에서 매우 중요한 요소가 된다. 가격 책정 의사 결정의 중요성을 설명하는 예를 살펴보자.

예 6.1

매달 10만 개의 의류를 개당 40달러에 팔고 도매가는 25달러이고 고정 비용은 매달 50만 달러인 의류 회사를 가정해보자. 이 업체의 이익을 가격, 비용, 판매량의 변수로 다음과 같이 표현할 수 있다.

$$G = Q (P - V) - C \qquad (6.3)$$

여기서 Q는 판매량, P는 가격, V는 변동 비용, C는 고정 비용이다. 즉 베이스라인 이익은 다음과 같다.

$$G = 100,000 \times (40달러 - 25달러) - 500,000달러 = 1,000,000달러 \qquad (6.4)$$

이 의류 회사는 베이스라인 이익을 증가시키기 위해 몇 가지 전략을 취할 수 있다. 한 가지 대안은 마케팅 캠페인에 투자함으로써 판매량을 늘리거나 새로운 판매 채널을 개발하는 것이다. 다른 대안은 판매 가격을 올리거나 변동 비용을 줄이기 위해 공급업체를 바꾸거나 고정 비용을 낮추는 것이다. 여기서 이 모든 전략들을 표 6.1에서 나열해보고 판매량, 가격, 변동비, 고정비의 1% 변화가 이익에 어떻게 영향을 미치는지 계산해본다. 이 결과에 따르면 이익은 가격의 변화에 가장 민감하게 반응하고 이는 가격 책정 의사 결정의 중요성을 보여준다.

표 6.1 가격, 비용, 판매량의 변화가 어떻게 이익에 영향을 미치는가를 수리적으로 분석한 예

	베이스라인	Q는 판매량	P는 가격	V는 변동 비용	C는 고정 비용
Q	100,000	101,000	100,000	100,000	100,000
P	40.00달러	40.00달러	40.40달러	40.00달러	40.00달러
V	25.00달러	25.00달러	25.00달러	24.75달러	25.00달러
C	500,000달러	500,000달러	500,000달러	500,000달러	495,000달러
G	1,000,000달러	1,015,000달러	1,040,000달러	1,025,000달러	1,005,000달러
ΔG%		+1.5%	+4.0%	+2.5%	+0.5%

여기서는 어느 정도 임의의 숫자들로 예를 들었지만 이런 패턴은 다양한 산업에서의 기업에서 일어난다. 예를 들어 2,463개 기업의 이익을 컨설팅 업체 맥긴지가 분석한 바에 따르면 가격의 1% 변화는 11.1% 이익의 증가를 초래한 반면 판매량, 변동비, 고정비의 1% 변화는 각각 3.3%, 7.8%, 2.3%의 이익 증가를 초래했다 [Marn and Roseillo, 1992].

6.3 가격과 가치

자동화된 가격 관리 시스템의 발전은 가격 책정을 이익을 수학적 함수로 간주하는 수학적 최적화 문제를 해결한다. 반면 가격 책정은 제품의 본질, 경쟁, 고객의 심리에 의존하는 매우 복잡한 문제기도 하다. 이 절에서는 가격이 무엇이고 어떻게 가격이 결정되는지를 알아봄으로써 근본적인 가격 책정 문제와 최적화 문제 사이의 차이를 연결한다. 이런 내용은 매우 전략적이고 어떻게 자동화된 가격 관리를 구현하는지에 관한 단서는 약간 제공하지만 보다 자세한 기법을 개발할 수 있게 도와주는 가이드라인을 제공한다.

6.3.1 가격 경계

경제 이론에서는 가격은 수요와 공급의 상호 작용에 의해 결정된다고 한다. 모든 제품이나 서비스는 생산 비용이 있고 이는 '합당한' 베이스라인 가격이 될 수 있지만 가격 책정은 판매자와 구매자 사이의 가치 평가 논리에 대한 연구가 필요하다.

제품이나 서비스의 판매자는 이익을 남기게 되는 최소 가격이 있다. 이 가격 이상으로 팔면 이익이고 이 가격 이하로 팔면 손해다. 많은 경우 이 가격은 제품의 한계 비용과 같다고 가정된다.

반면 구매자는 구매하는 제품으로부터 특정 효용을 뽑아낸다. 효용은 제품의 기능적 성질, 고객이 이 성질로부터 유용한 목표를 성취할 수 있는 능력, 적합한 시간과 장소에서의 제품의 가용성 및 다른 요소에 의해 좌우된다. 어떤 경우에는 효용의 상대적으로 정확한 추정이 가능하다. 예를 들어 산업용 발전기의 효용은 이것이 생산하는 전기의 가격에 의해 계산된다. 다른 경우 효용의 전체적인 근사만 가능할 수도 있다. 이것의 예는 인간의 생명만큼이나 가치 있을 수 있는 혁신적인 의료 장비다.

판매자와 구매자는 한계 비용이 효용보다 아래라면 상호 이익이 되는 거래에 동의할 수 있다. 그렇지 않다면 이 거래를 하지 않는 것이 양쪽에 더 좋을 것이다. 즉 가격은 특정 지점이라기보다는 구간이다. 개관적으로 보면 가격 관리 시스템의 목표는 개별 거래에 대한 가격 범위 안에서 최적값을 찾아내는 것이다.

한계 비용과 효용은 실제에서 거의 쓸모가 없는 매우 넓은 가격 범위를 제공하기도 한다. 예를 들어 매우 더운 날 한 병의 사이다 구매는 어떤 사람에게는 삶과 죽음의 문제가 될 수도 있어서 효용은 매우 높지만 치열한 경쟁은 가격을 범위 아래의 경계 근처로 낮출 수 있다. 그 반대의 경우 소프트웨어의 유통 한계 비용은 0에 가깝지만 가격은 효용에 의해 범위의 상위 경계 근처로 형성된다. 좀 더 정밀한 범위는 가능한 대안들이 있는 제품이나 서비스를 비교하고 각 제품의 특징을 면밀히 분석함으로써 얻을 수 있다.

비교할 수 있는 대안들이 존재하면 그 가격은 베이스라인이 될 수 있다. 주어진 제품이 대안보다 우월하거나 열등하면 그 가치의 차이는 가치 교환 모델에 의해 추정될 수 있다[Smith, 2012]. 그림 6.2에 나타나 있듯이 가치 교환 모델은 우월하거나(더 비싼 가격을 받을 수 있는) 열등한(더 낮은 가격을 받게 되는) 각각의 제품 특징을 분석해 두 제품 사이의 가격 차이를 추정한다. 교환 가치라고 알려진 마지막 가격은 대안의 베이스라인 가격에 대한 추가 가치를 더함으로써 얻을 수 있다.

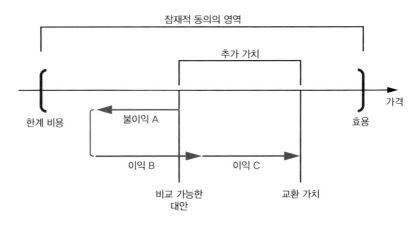

그림 6.2 가격 경계와 교환 가치

가치 교환 모델의 정확한 설계는 제품의 성질과 이것들의 차이에 달려 있다. 많은 경우 제품의 특징은 고객 서베이에 의존하는 콘조인트 분석conjoint analysis과 같은 기법으로 평가될 수 있다[Green and Srinivasan, 1978]. 어떤 경우, 모델은 어떤 제품을 선택하는 것의 잠재적 결과를 분석함으로써 얻을 수 있다. 다음 두 가지 예를 살펴보자.

- 낮은 신뢰성을 갖고 있는 대안에 대한 높은 신뢰성을 갖고 있는 제품의 추가 가치는 제품 고장 확률과 잠재적 교체 비용을 고려해 예측할 수 있다. 대안의 가격이 p_A이고 교체 비용 p_R이 알려졌다면 새로운 신뢰성이 높은 제품의 가격은 다음과 같이 예측할 수 있다.

$$p = p_R \cdot (1 - \Pr(\text{고장})) + (p_A + p_R) \cdot \Pr(\text{고장}) \tag{6.5}$$

- 액세서리와 보완적 제품은 가치 교환 모델에 포함될 수 있는 스위칭 비용을 발생시킬 수 있다. 예를 들어 면도기와 면도날의 제조업체는 면도날이

다른 브랜드에서는 사용될 수 없도록, 즉 다른 브랜드로 바꾸는 비용이 증가하도록 함으로써 면도날의 교환 가치를 상승시킬 수 있다.

교환 가치에 대한 고려는 가격 구조에 직접 반영될 수 있고 이 내용은 다음 절에서 좀 더 자세히 알아본다.

6.3.2 인지된 가치

효용은 구매자가 가격에 대한 구매 의향을 비교함으로써 구매 결정을 내리는 것을 의미한다. 즉 소비자는 제품의 가격이 효용보다 낮을 때만 구매한다. 이런 '이성적인 행동'은 실제 소비자에 대한 적절한 모델이 아니다. 가치 평가는 가치와 가격이 어떻게 잠재 고객에게 전달되는지 그리고 어떻게 잠재 고객이 이를 받아들이는지에 달려 있는 주관적인 과정이다. 가치와 가격을 적절하게 전달하지 못하는 것은 고객에게 잘못된 기대를 갖게 하고 가격 경계를 바람직하지 않은 방향으로 유도한다. 효율적인 커뮤니케이션은 제품의 지각된 가치를 증가시키거나 비슷한 대안의 가치를 감소시킨다.

가치 커뮤니케이션은 첫눈에 보기에 소프트웨어로 코딩하기 어려운 가치의 심리적인 부분과 가격의 인식을 다루기 때문에 알고리즘 기반 방법론의 논의에 대해 적합하지 않아 보인다. 하지만 이런 심리적 패턴의 분석은 가격 구조에 반영될 수 있고 가격 최적화 문제에 사용할 수 있는 규칙들을 생성할 수 있다.

많은 중요한 가치와 가격의 인지에 관한 측면을 담고 있는 좋은 프레임워크 중 하나는 전망 이론Prospect Theory이다[Kahneman and Tversky, 1979]. 전망 이론은 위험 산정 측면에서의 평가 과정을 고려하고 다음과 같은 문제에 관해 특정 지어질 수 있다.

판단 기준 거래와 관련된 잠재적 이익과 손해는 어떤 기준점에 의해 비교 평가된다. 이런 판단 기준은 과거의 경험(특정 또는 비슷한 제품의 최근 관찰된 가격) 또는 판단에 기반을 두고 한 번 정해지면 계속 지속되는 특징이 있다.

감소하는 민감도 이익이나 손해의 변화는 판단 기준 근처에서는 잘 인지되지만 이익이나 손해의 크기가 커짐에 따라 둔감해진다. 9달러 또는 19달러 할인의 차이는 상당한 것처럼 보이지만 같은 10달러 차이인 719달러와 729달러 할인은 그만큼 차이가 있어 보이지 않는다.

위험 회피 손해는 같은 크기의 이익보다 훨씬 강력하게 인식된다. 보통 100달러의 손해는 100달러의 이익보다 더욱 큰 것으로 인식된다.

이익에 대한 위험 회피 확실한 이익은 같은 크기의 확률적 이익보다 선호된다. 보장된 450달러의 이익은 50%의 확률로 1000달러를 받고 50%의 확률로 아무 것도 받지 않는 것보다 선호된다.

손실에 대한 위험 추구 이익과는 대조적으로 확률적 손해는 확실한 손해보다 선호된다. 확실한 450달러의 손해는 50%의 확률로 1000달러를 손해보고 50%의 확률로 아무런 손해도 입지 않는 것보다 덜 선호된다.

위 명제들은 그림 6.3에 나타나 있듯이 실제와 인지된 이익과 손해 사이의 의존성에 대한 특정한 형태를 의미한다. 위험 회피 가설에 따라 네거티브 영역에서의 곡선 기울기는 양의 영역에서보다 급격하지만 감소하는 민감도의 원리에 따라 기울기의 급격함은 양쪽 끝에서 감소한다.

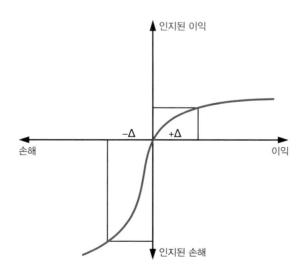

그림 6.3 전망 이론 가치 함수. +Δ의 실제 가치 증가는 상대적으로 작은 이익으로 인지되는 반면 −Δ의 실제 가치 감소는 상대적으로 큰 감소로 인지된다.

전망 이론은 가격 구조를 최적화하는 데 사용할 수 있는 중요한 가이드라인을 제공한다.

- 가격의 상승(추가 요금)은 가격의 하락(할인)보다 부정적으로 간주된다. 가격이 보통 정가와 할인으로 나눠 표현되는 이유는 바로 이 때문이다. 이는 정가를 동일하게 유지하고 개인화된 가격을 포함한 할인 가격을 명백한 추가 요금 없이도 양쪽으로 이동할 수 있게 해준다.
- 판단 기준은 높은 수준으로 유지돼야 한다. 이는 정가와 할인에 관한 이전의 지점을 보완해준다. 왜냐하면 정가를 낮추는 것은 판단 기준의 바람직하지 않은 이동을 야기할 수 있기 때문이다.
- 보통 이익을 몇 단계의 작은 이익으로 나누는 것이 좋다. 감소하는 민감성의 원리 때문에 단일한 이익의 효과는 감소되므로 여러 개의 작은 이익을 갖고 있는 가격 구조는 보다 높은 인지된 가치를 가질 수 있다.
- 손해에 관한 위험 감수 행동은 어떤 명백한 제품 효용이 인지된 가치의 커다란 감소 없이 비슷한 잠재 이익으로 변환될 수 있다는 것을 의미한다. 예를 들어 조립되지 않은 가구는 조립을 하기 위해 많은 시간과 노력이 필요하지만 보다 저렴한 가격과 배송비는 비조건적인 이익으로 간주될 수 있다.

여기서는 이성적인 소비자의 기본적인 원칙과 일치하지 않는 행동 양식을 설명하기 위한 가격 최적화에서의 전망 이론의 몇몇 요소를 사용한다.

6.4 가격과 수요

효용, 가치 교환 모델 및 다른 가치 평가 기법들은 특정 제품이나 서비스에 대해 기대되는 구매 의향을 예측하는 데 도움을 준다. 고객 선택 이론(2.6.1절, '고객 선택 이론' 참고)은 복수의 가능한 대안들이 있을 때 소비자의 선택을 예측할 수 있는 도구를 제공한다. 각 개인별로 구매 의향 가격을 계산해 판매해볼 수는 있지만 여기서는 일단 모든 고객에게 공통 가격을 적용하는 전통적인 방법으로 시작한다. 이는 확률적으로 설명될 수 있는 수백만 번의 개별 구매 결정을 다뤄야 한다는 것을 의미한다.

여기서 특정한 제품이나 서비스의 지불 의향을 각 고객에 대한 최대 지불 가능 가격으로 정의해보자. 고객은 가격이 지불 의향 금액보다 낮을 때만 구매할 것이다. 여기서 소비자를 지불 의향 금액 $w(\mathbf{p})$의 분포로 설명할 수 있다. 각 가격의 쌍 $\mathbf{p}_1$과 $\mathbf{p}_2$에 대해 지불 의향 금액이 $\mathbf{p}_1$과 $\mathbf{p}_2$ 사이인 고객의 집단은 식 (6.6)과 같이 정의할 수 있다.

$$f(p_1, p_2) = \int_{p_1}^{p_2} w(p)dp \tag{6.6}$$

수요 함수 $\mathbf{q}(\mathbf{p})$는 가격–응답 함수라고도 불리고 $w(\mathbf{p})$를 통해 다음과 같이 표현될 수 있다.

$$q(p) = Q_{max} \cdot \int_{p}^{\infty} w(x)dx \tag{6.7}$$

여기서 $\mathbf{Q}_{max} = \mathbf{q}(0)$는 특정 판매자에 대한 최대 가능 수요다. 수요 함수는 지불 의향 금액의 변동에 의해 결정되는 통합된 시장 지표뿐 아니라 특정 고객이 다른 가격대에서 다른 양의 제품을 살 수 있으므로 개별 고객의 행동 모델로 간주될 수도 있다. 후자의 경우 지불 의향 금액은 단위당 지불 의향 금액으로 간주돼야 한다.

수요 함수의 수학적 분석은 추가 통찰을 제공하고 유용한 지표와 성질을 정의하는 데 도움을 준다. 먼저 수요 함수의 미분을 자세히 살펴보자.

$$\frac{\partial}{\partial p} q(p) = -Q_{max}\, w(p) \tag{6.8}$$

여기서 $w(\mathbf{p})$는 음이 아니고 미분값은 어떤 $\mathbf{p}$에 대해서도 양이 아니다. 즉 수요 함수의 기울기는 아래로 향한다는 뜻이다. 미분에 의해 주어진 수요 함수의 기울기는 가격 민감도의 지표다. 급격한 기울기는 소비자가 가격 변화에 민감하다는 뜻이 되고 수요는 가격이 상승함에 따라 급격히 떨어진다. 반면 완만한 기울기는 소비자가 가격 변화에 둔감하다는 뜻이다. 하지만 가격의 민감도를 수요 함수의 기울기로서가 아니라 수요의 탄력성으로서 측정하는 것이 더 일반적이고 이는 가격의 비율 변화에 대한 수요의 비율 변화의 비율로 정의된다.

$$\epsilon = -\frac{\Delta q/q}{\Delta p/p} = -\frac{p}{q(p)} \times \frac{\partial}{\partial p} q(p) \qquad (6.9)$$

식 (6.9)에서의 탄력성은 가격의 함수이고 이것은 수요 곡선에서의 다른 지점에서 달라질 수 있다는 것을 의미하지만 이 용어는 탄력성은 관심 범위 안에서는 어느 정도 일정하다는 것을 가정하므로 수요는 ϵ의 단일 값으로 표현될 수 있다. 수요의 탄력성은 가격의 크기나 판매량에 의존하지 않으므로 이는 가격 민감도를 측정하고 비교할 수 있는 편리한 방법을 제공한다. $\epsilon > 1$인 탄력적인 시장은 가격의 작은 변화가 수요의 큰 변화로 대응한다. 예를 들어 2.3의 탄력성을 갖는다고 알려진 식당의 경우 10% 가격 인상은 23%의 수요 감소를 의미한다. $\epsilon < 1$인 비탄력적인 시장은 가격의 큰 변화가 수요의 작은 변화로 대응한다. 예를 들어 미국에서 자동차용 휘발유의 가격 탄력성이 0.04라면 휘발유 가격이 50% 오를 때마다 자동차의 운행은 1%씩 감소한다는 의미다. 하지만 각 제품 카테고리와 카테고리 내 브랜드에 대해서도 탄력성을 구별해야 한다. 한 카테고리에서 다른 카테고리로 바꾸는 것은 보통 어려우므로 카테고리 수준의 수요는 많은 산업에서 대체로 비탄력적이다. 브랜드를 바꾸는 것은 상대적으로 쉽고 수요 곡선은 단일 판매자 측면에서 보다 탄력적이 된다.

이제 자주 사용하는 수요 모델을 $w(p)$와 $q(p)$를 사용해 표현해보자.

6.4.1 선형 수요 곡선

단순한 수요 모델은 구매 의향 금액이 0부터 최대 지불 가능 금액 P의 구간에서 일정하게 분포한다는 가정에 기반을 둔다.

$$w(p) = \mathrm{unif}(0, P) = \begin{cases} 1/P, & 0 \leq p \leq P \\ 0, & \text{이외의 경우} \end{cases} \qquad (6.10)$$

수요 함수는 식 (6.7)에 따라 $w(p)$를 적분함으로써 얻을 수 있다.

$$
\begin{aligned}
q(p) &= Q_{max} \int_p^P w(x)dx \\
&= Q_{max} \left(1 - \frac{p}{P}\right) \\
&= -\frac{Q_{max}}{P} \cdot p + Q_{max}
\end{aligned}
\qquad (6.11)
$$

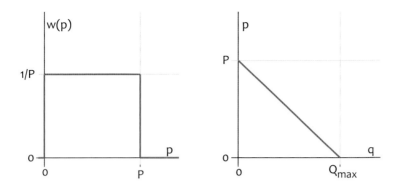

그림 6.4 단일 지불 의향과 해당 선형 수요 곡선. 수요는 가격의 함수로 간주되지만 여기서는 가격을 수직 축에 위치시킴으로써 오른쪽 그림에서처럼 전통적 경제학 표기법을 따른다.

그림 6.4에 나타나 있듯이 균등하게 분포된 지불 의향 금액은 선형 수요 함수가 된다는 것을 알 수 있다. 여기서는 분석적인 편리함 때문에 기본적인 가격 구조의 최적화에 대해 선형 수요 곡선을 가정하겠지만 이는 실제 수요 함수의 매우 대강의 근사다. 선형 수요 모델의 주요 단점 중 하나는 가격의 변화가 똑같은 만큼의 수요의 증가를 가져온다는 가정이다. 이는 가격 민감도는 판단 기준 근처에서 높고(예: 경쟁사의 가격) 여기서 멀어질수록 감소하기 때문에 보통 사실이 아니다.

6.4.2 상수–탄력성 수요 곡선

상수–탄력성 수요 곡선은 탄력성이 전체적으로 일정하다는 가정하에서 탄력성의 정의로부터 얻을 수 있다. 이는 $q(p)$에 대해 다음의 방정식을 풀어야 한다는 것을 의미한다.

$$\frac{p}{q(p)} \cdot \frac{\partial}{\partial p} q(p) = -\epsilon \tag{6.12}$$

이는 미분 방정식이고 이것의 해는 식 (6.13)에 의해 주어지는 함수의 집합이다.

$$q(p) = C \cdot p^{-\epsilon} \tag{6.13}$$

여기서 C>0은 임의의 계수다. 이 계수는 알려진 데이터 포인트에 적합되도록 선택될 수 있는, 즉 가격과 해당 수요의 짝인 수요 함수의 모수가 된다. 이는 식 (6.13)을 식 (6.8)로 대체함으로써 상수-탄력성 수요에 대응하는 지불 의향을 계산할 수 있다.

$$w(p) = -\frac{\partial}{\partial p} q(p) \cdot \frac{1}{q(0)} = \epsilon \cdot p^{-\epsilon - 1} \tag{6.14}$$

수요 곡선 $q(p)$와 상수-탄력성 수요의 지불 의향 $w(p)$는 그림 6.5에 나타나 있다. 상수-탄력성 수요는 선형 수요 함수와 마찬가지로 상대적으로 작은 가격 변화에 대한 합리적인 근사가 될 수 있다. 상수-탄력성 수요는 가격이 상승함에 따라 일어나는 수요의 감소를 발견하지만 지불 의향 금액(즉 최대로 받아들일 수 있는 가격)은 0 근처에 집중되는데 이는 현실적인 가정이 아니다.

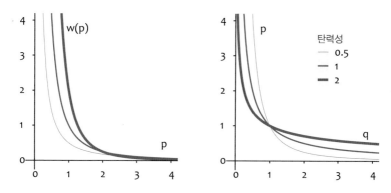

그림 6.5 상수-탄력성 수요 함수 $q(p) = p^{-\epsilon}$와 ϵ의 다른 값에 대한 해당 지불 의향 $w(p) = \epsilon p^{-\epsilon - 1}$

6.4.3 로지트 수요 곡선

로지트 수요 곡선은 선형 또는 단일-탄력성 모델의 한계를 가격 탄력성은 판단 기준 근처에서 최대가 된다는 사실을 활용해 극복하려는 시도다. 좀 더 자세히 얘기하면 제품에 대한 수요는 가격이 경쟁 제품의 가격보다 많이 높으면 수요는 계속 낮고 이 경우 가격의 작은 변동은 수요에 큰 영향을 미치지 않는 것, 즉 수요의 탄력성이 낮음을 기대할 수 있다. 같은 맥락에서 가격이 경쟁 제품의 가격보다 많이 낮으면 수요는 계속 높고 이 경우에도 가격의 작은 변동은 수요에 큰 영향을 미치지 않게 되며 고객들은 이를 계속 좋은 가격으로 간주할 것이다. 가장 높은 가격 민감도는 경쟁 제품의 가격 근처에서 발생하고 이 경우 작은 가격 변동도 수요에 큰 영향을 미칠 수 있다. 이런 고려 사항은 경험적 지원과 마찬가지로 그림 6.6에 나타나 있는 것처럼 수요 곡선이 지그모이드 모양임을 의미한다. 로지트 수요 함수라고도 불리는 지그모이드 수요 곡선은 다음과 같이 정의할 수 있다.

$$q(p) = Q_{max} \cdot \frac{1}{1 + e^{a+bp}} \tag{6.15}$$

여기서 Q_{max}는 최대 가능 수요, b는 수요 곡선의 기울기를 조정하는 모수다. 어떤 a와 b에 대해서도 최대 가격 민감도는 $-(a/b)$와 같은 가격에서 얻어지므로 모수 a는 b가 주어질 경우 판단 기준을 이동시키기 위해 사용할 수 있다. 모수 Q_{max}, a, b는 관찰된 데이터 포인트에 로지스틱 곡선을 적합시키기 위해 데이터로부터 추정될 수 있다.

로지트 수요에 대한 지불 의향도 함수는 수요를 미분함으로써 바로 얻을 수 있다.

$$w(p) = -\frac{\partial}{\partial p} q(p) \cdot \frac{1}{q(0)} = b \left(1 + e^{a}\right) \frac{e^{a+bp}}{\left(1 + e^{a+bp}\right)^2} \tag{6.16}$$

그림 6.6에서와 같이 로지스틱 지불 의향도는 정규 분포와 비슷한 종 모양의 곡선이다.

로지트 수요는 2.6.1.1절, '다항 로지트 모델'에서 알아본 다항 로지트 모델과 밀접하게 관련돼 있다. 특정 고객 n명이 대안들 $(1, \ldots, J)$에서 제품이나 서비스를 선택하고 옵션 i에 대한 효용이 V_{ni}로 측정된다면 MNL 모델은 옵션 i를 선택할 확률을 다음과 같이 계산한다.

$$P_{ni} = \frac{e^{V_{ni}}}{\sum_{j=1}^{J} e^{V_{nj}}} \tag{6.17}$$

효용 V_{ni}는 고객과 제품의 다른 성질을 설명하는 회귀 모델을 이용해 보통 측정

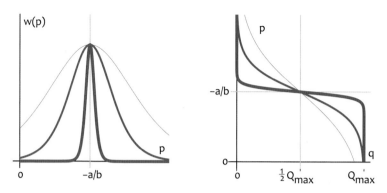

그림 6.6 모수 b와 해당하는 지불 의향의 몇몇 값에 대한 로지트 수요 함수. 선의 굵기는 b의 크기에 비례한다.

된다. 하지만 이를 가격의 선형 함수 $V_{ni} = -b_j p_j$로 모델링한다면 (b_j는 회귀 계수) 확률 P_{ni}는 각 고객에 더이상 의존하지 않고 제품 선택의 평균 확률, 즉 제품 μ_i의 시장 점유율과 같다.

$$\mu_i(\mathbf{p}) = \frac{e^{-b_i p_i}}{\sum_j e^{-b_j p_j}} \tag{6.18}$$

식 (6.18)은 로지트 수요 곡선보다 더욱 유연한 수요 모델이다. 왜냐하면 이는 경쟁 가격이 명시적으로 표현되는 것을 허용하기 때문이다. 하지만 경쟁 가격을 식 (6.19)와 같이 단일 모수로 표현한다면

$$c = \sum_{j \neq i} e^{-b_j p_j} \tag{6.19}$$

주어진 제품 i의 시장 점유율은 다음과 같이 표현된다($c^{-1} = e^{-\ln c}$로 표현한다).

$$\begin{aligned}
\mu_i(p_i) &= \frac{e^{-b_i p_i}}{\sum_{j \neq i} e^{-b_j p_j} + e^{-b_i p_i}} = \frac{e^{-b_i p_i}}{c + e^{-b_i p_i}} \cdot \frac{c^{-1}}{c^{-1}} \\
&= \frac{e^{-\ln c - b_i p_i}}{1 + e^{-\ln c - b_i p_i}}
\end{aligned} \tag{6.20}$$

이는 식 (6.15)로부터의 로지트 수요 모델과 같다.

6.5 기본적인 가격 구조

수요 곡선은 가격과 수요 사이의 관계를 나타낸다. 이는 가격의 함수로서 회사의 매출과 이익을 표현하고 최적의 가격 수준을 결정하기 위해 최적화 문제를 해결하는 데 도움을 준다. 이런 접근은 최적 가격을 계산하는 정확한 방법인 것처럼 보이지만 가격의 변화, 경쟁사의 가격 변화에 대한 응답 및 전략적 움직임의 결과들을 모두 설명하는 정확한 수요 곡선을 추정하는 것은 매우 어렵거나 불가능하기 때문에 실제로는 좋은 결과를 생산하지 못하는 경우가 많다. 하지만 정형적인 최적화 문제는 유용한 통찰과 의사 결정 지원을 제공해주고 이는 프로그램 기반 솔루션으로 향하는 중요한 첫걸음이다. 수요 곡선의 분석은 다른 가격 구조와 이것들의 주요 성질을 정당화하는 데 도움을 주고 이는 나중에 나올 자동화된 최적화에 필요하다.

6.5.1 단위 가격

첫째, 다룰 가격 구조는 단위 가격, 즉 책 한 권, 옷 한 벌, 오렌지 1파운드 등과 같은 가격이다. 먼저 수요 함수 $q(p)$를 사용해 회사의 표준 이익 식을 살펴본다.

$$G = q(p) \cdot (p - V) \tag{6.21}$$

여기서 G는 이익, p는 가격, V는 변동 비용이다. 편의상 고정 비용은 생략했다. 여기서 선형 수요 곡선은 다음과 같다.

$$q(p) = Q_{max} \cdot \left(1 - \frac{p}{P}\right) \tag{6.22}$$

여기서 P는 최대 지불 의향, 즉 최대 가능 가격이 된다. 이 가격은 이익을 가격에 대해 미분하고 이를 0으로 함으로써 최적화될 수 있다.

$$\frac{\partial G}{\partial p} = \frac{\partial q}{\partial p}(p) \cdot (p - V) + q(p) = 0 \tag{6.23}$$

이를 p에 대해 풀면 P와 V의 평균인 최적 가격을 얻는다.

$$p_{opt} = \frac{P + V}{2} \tag{6.24}$$

이 최적 가격을 식 (6.22)에 대입해 이 회사가 이 가격에 판매했을 때의 예상 판매량을 구할 수 있다.

$$q_{opt} = \frac{Q_{max}}{2P}(P - V) \tag{6.25}$$

마지막으로 이 가격에서의 이익은 다음과 같다.

$$G_{opt} = \frac{Q_{max}}{4P}(P - V)^2 \tag{6.26}$$

위 방정식을 그림으로 표현하면 그림 6.7과 같다. 여기서 이익은 p_{opt}와 V로 경계 지어진 사각형의 넓이와 같다.

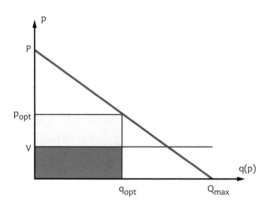

그림 6.7 선형 수요 곡선에 대한 단위 가격 최적화

비슷한 결과는 상수–탄력성 수요에 대해서도 얻을 수 있다. 탄력성 정의에 따르면 다음 식을 얻고

$$\frac{\partial q}{p}(p) = -\epsilon \cdot \frac{q(p)}{p} \tag{6.27}$$

이를 식 (6.23)에 대해 치환하면 최적 가격을 얻는다.

$$p_{opt} = V \cdot \frac{\epsilon}{\epsilon - 1} \tag{6.28}$$

이 식은 기본적인 수요 곡선을 갖고 있는 전략적 가격 최적화의 약점을 보여준다. 제품의 생산 가격이 10달러이고 추정된 탄력성을 사용해 최적의 판매 가격을 결정하려는 회사의 예를 살펴보자. 판매 데이터로부터 추정된 탄력성이 1.5이면 최적 가격은 30달러가 된다. 하지만 높은 정확도로 탄력성을 추정하는 것은 어렵고 추정값은 실제로 1.1~1.9와 같이 표현될 것이다. 이는 표 6.2에 나타나 있듯이 최적 가격의 범위가 21달러에서 110달러까지가 되는 것을 의미한다. 이는 실제로 유용성이 별로 없다.

표 6.2 비용-탄력성 수요 모델하에서 다른 탄력성 값과 10달러의 변동비에 대해 계산된 최적 가격

탄력성	1.10	1.20	1.30	1.40	1.50	1.60	1.70	1.80	1.90
탄력성 값(달러)	110	60	43	35	30	27	24	23	21

6.5.2 마켓 세그멘테이션

거의 모든 마켓은 다른 고객 그리고 같은 고객의 경우에도 시간에 따라 제품의 가치를 다르게 산정한다는 사실에 따른 수요의 이질성을 보여준다. 이런 가치 평가의 다양성에는 여러 가지 이유가 있다. 소비재 시장의 경우에는 식품이나 의류 등과 같은 인간의 기본적인 필요의 숫자에 제한이 있지만 이를 구매할 수 있는 구매력은 개인별로 많은 차이가 있기 때문에 근본적으로 이질적일 수밖에 없다. 고객들은 비슷하거나 같은 제품을 다른 방법으로 사용할 수 있고 제품의 특징에서 다른 가치를 뽑아내며 경쟁 오퍼링에 관한 다소간의 정보를 갖고 있기도 하다. 우리는 이미 이런 이질성이 타깃 프로모션과 광고에 대한 비옥한 분야를 창조하는지 살펴봤고 이것이 어떻게 가격 결정에 영향을 미치는지 알아볼 것이다. 다행히 단위 가격 최적화에 대한 분석은 이에 대한 편리한 기반을 제공한다.

그림 6.7에서 최대 가능 매출은 수요 곡선 아래에서의 전체 면적과 같다는 것을 알았으므로 최대 가능 이익은 식 (6.29)와 같이 추정된다.

$$G_{max} = \frac{1}{2}P \cdot Q_{max} \tag{6.29}$$

동시에 단일 가격 p_{opt}는 최적이든 아니든 어떤 고객은 너무 비싸다고 생각하면 구매하지 않을 것이므로 어느 정도의 희생은 불가피하지만 그 고객들은 이것보다는 싼 p_{opt}와 V 사이의 가격선에서 구매할 것이므로 이익에 기여한다. 더욱이 일부 고객들은 p_{opt}보다 비싼 가격에도 구매할 것이지만 이 경우의 매출은 그리 많지 않다. 두 경우 모두에서 회사는 수요 곡선과 변동비 사이의 삼각형에 있는 추가 이익을 확보하는 데 실패한다. 가격 세그멘테이션은 고객을 지불 의향에 따라 구분하고 다른 세그먼트에 다른 가격을 책정함으로써 단일 가격의 약점을 극복하려는 자연스러운 시도다. 이 전략의 특별한 사례는 높은 프리미엄 가격과 낮은 할인 가격에 의해 보완되는 정규 가격이고 이는 그림 6.8에서 나타난다. 여기서 이익 영역이 단일 가격 전략과 비교했을 때 어떻게 증가하는지 관찰해보라.

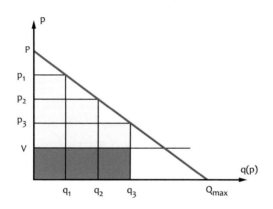

그림 6.8 가격 세그멘테이션을 이용한 이익 최적화

이런 고려는 어떻게 같은 제품을 다른 고객에게 다른 가격으로 팔 수 있는지에 대한 질문으로 이어진다. 간단히 말해 이는 다른 지불 의향을 가진 고객들 사이에 장벽을 설치해 보다 높은 지불 의향을 가진 고객은 그렇지 않은 고객들을 위한 낮은 가격들을 볼 수 없게 한다는 것을 의미한다. 이와 같은 장벽 메커니즘은 업종에 따라 다르지만 다양한 방법은 몇 가지 기본적인 원리로 압축될 수 있다. 이 분야에서 훌륭한 독창성들을 많이 보여주는 소매업계에서의 가격 장벽 기법들의 예를 살펴보자.

스토어 구역 소매 체인의 스토어들은 평균 가구당 소득, 평균 구성원 수, 경쟁 스토어와의 거리 등에서 서로 다른 인구 통계학적 구성과 경쟁 요소들을 갖고 있는 다른 지역에 위치해 있다. 이는 고객들을 다른 가격 민감도 또는 다른 업체들을 찾는 의향에 의해 구분할 수 있게 해주고 결국 다른 지역에 있는 스토어에서 다른 가격을 책정할 수 있게 해준다.

패키지의 크기 소프트 드링크나 세면 도구와 같은 일용 소비재(FMCG)는 회전율이 높고 고객들은 소량의 제품을 자주 사거나 다량의 제품을 구매해놓느냐 중에서 선택한다. 이와 같은 선택은 가구 구성원 수와 같은 인구 통계학적 요인에 의해 영향을 받는다. 이는 대형 패키지의 구매 의향에 의해 장벽을 생성하고 다른 패키지 크기에 대한 다른 단위당 마진을 가능하게 한다. 수량 기반 또는 구매 빈도 기반 오퍼와 할인은 이 영역에 속한다.

할인 판매 이벤트 고객은 낮은 가격을 위해 기다릴 용의와 정규 가격에 당장 구매할 용의 사이에서 차별화될 수 있다. 이 종류의 세그먼테이션은 계절별 세일이 주요 마케팅 메커니즘이 되는 의류 업계에서 자주 사용한다.

쿠폰 많은 고객은 정가에선 구매하지 않지만 할인 가격에서는 구매를 고려할 수 있다. 따라서 소매업체는 추가 고객으로부터의 수입을 얻으므로 할인으로부터 이익을 볼 수 있지만 정규 고객의 구매 습관과 비교할 때는 마진이 낮아진다. 반면 매우 넓은 고객층에게 할인을 제공하는 것은 손해가 되는데 왜냐하면 정규 가격(할인이 없을 때)을 지불할 용의가 있는 고객에게도 할인이 적용되기 때문이다. 3장, '프로모션과 광고'에서 소개된 응답 모델링 기법은 이 문제를 해결해준다. 하지만 19세기부터 사용했던 전통적인 기법(쿠폰)이 있다. 쿠폰은 얻거나 사용하려면 어느 정도의 노력이 필요하다(고객은 신문 등에서 쿠폰을 찾아 잘라낸 후 스토어에 제시해야 한다). 이는 할인을 받기 위한 시간과 노력을 들이는 의향에 따라 고객을 분리한다.

판매 채널 판매 채널은 고객들이 지불 의향과 밀접하게 관련된 기준에 의해 채널을 선택하기 때문에 고객을 분리할 수 있다. 예를 들어 주류 전문점에서 쇼핑하는 고객의 가격 민감도는 식료품점에서 같은 와인을 구매하는 고객의 가격 민감도보다 낮다[Cuellar and Brunamonti, 2013].

고객 구분 소매업체와 제조업체는 성별과 나이에 따라 달라지는 가격 민감도에 의해 다른 가격을 사용한다. 예를 들어 여성 의류는 보통 남성 의류보다 비싸다.

클럽 카드 멤버십은 멤버십 가격을 능가하는 좋은 회원 가격을 사용하는 고소비 충성 고객과 가끔 쇼핑하는 고객을 분리하는 데 도움을 준다.

브랜드 소매업체와 제조업체는 메인 브랜드와는 별도로 보다 고급 또는 보다 대중적인 고객들을 위한 별도의 브랜드를 만들기도 한다. 이 브랜드는 기존의 브랜드 판매를 희생하지 않기 위해 보다 저렴한 가격의 브랜드로 포지셔닝될 수도 있고 가격 민감도가 낮은 고객으로부터의 추가 매출을 위해 고급 브랜드화될 수도 있다.

이런 가격 분리의 종류는 항공 가격 또는 신용카드와 같은 다른 업계에서 보다 많은 기법으로 연장될 수 있다. 가격 세그먼트에 대한 최적화 전략은 이익을 최대화하기 위한 n개 세그먼트에 대한 가격의 결정으로 설명될 수 있다. 여기서는 그림 6.8을 따르는 다음 식부터 시작해보자.

$$G = \sum_{i=1}^{n} (q_i - q_{i-1})(p_i - V) \tag{6.30}$$

여기서 p_i와 q_i는 세그먼트 i에 대한 가격과 판매량이고 $q_0 = 0$이다. 가격 p_i에서 판매되는 판매량은 식 (6.31)이 된다.

$$q_i = Q_{max}\left(1 - \frac{p_i}{P}\right) \tag{6.31}$$

여기서 G를 편미분하고 0과 같게 함으로써 이익을 극대화하는 가격을 찾을 수 있다. 식 (6.31)을 식 (6.30)에 대입하고 $p_0 = S$, $p_{n+1} = V$로 한 후 대수적으로 간단히 정리하면 식 (6.32)가 된다.

$$\frac{\partial G}{\partial p_i} = \frac{Q_{max}}{P}(p_{i-1} - 2p_i + p_{i+1}), \quad 1 \leqslant i \leqslant n \tag{6.32}$$

이 편미분값을 0으로 하면 세그먼트 가격에 대한 반복적인 관계를 찾을 수 있다.

$$p_i = \frac{p_{i-1} + p_{i+1}}{2} \tag{6.33}$$

이 관계와 초기 조건 $p_0 = S$, $p_{n+1} = V$가 다음 세그먼트 가격을 만족하는지 쉽게 확인할 수 있다.

$$p_i^{opt} = \frac{1}{n+1}\left[(n+1-i) \cdot P + i \cdot V\right] \tag{6.34}$$

즉 최적 가격은 변동 비용 V와 최대 가능 가격 P 사이에서 균일하게 분포돼야 한다. 이는 그림 6.9에 나타나 있다.

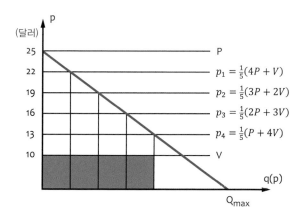

그림 6.9 변동비가 10달러, 최대 가격이 25달러일 때 4개의 세그먼트에 대한 최적 가격

이 가격으로 얻어지는 이익은 식 (6.34)를 식 (6.30)에 대입해 얻을 수 있다.

$$G_{opt} = Q_{max} \cdot \frac{n(P-V)^2}{2(n+1)P} \tag{6.35}$$

이 식은 단위 가격 (6.26)에 대한 이익 식의 일반화다. 여기서 이익은 세그먼트의 수가 증가함에 따라 $n/(n+1)$에 비례해 증가하고 최대 가능 이익에 근접한다.

가격 세그멘테이션은 가장 강력하고 자주 사용하는 가격 책정 기법 중 하나다. 이는 고객 세그먼트를 잘 구성할 수 있는 능력에 좌우된다. 엄격한 세그멘테이션은 몇몇 경우에 가능하다. 예를 들어 테마파크는 나이를 확인함으로써 나이별로 티켓을 다르게 판매할 수 있다. 하지만 대부분의 세그멘테이션은 완벽하지 않고 보다 높은 세그먼트에 속한 고객들이 낮은 세그먼트를 위해 설정된 낮은 가격으로 구매할 수 있는 기회를 만들기도 한다. 예를 들어 온라인 고객들은 보다 쉬운 가격 비교 및 다른 요인으로 인해 스토어 고객들보다 가격에 민감하므로 소매업체들은 온라인 가격을 종종 낮춘다. 이는 고객이 물건을 스토어에서 구경하고 구매는 온라인에서 하는 행동을 유발한다. 이런 자기잠식cannibalization은 표 6.3에 나타나 있는 예처럼 커다란 타격이 될 수 있다. 저가 세그먼트를 추가하는 것은 완벽한 세그멘테이션의 경우 전체 이익을 증가시키지만 500명의 고객이 고가 세그먼트에서 저가 세그먼트로 빠져나가는 경우, 이익을 완전히 상쇄한다.

표 6.3 수요 자기잠식이 있을 때와 없을 때의 세그멘테이션의 예. 변동비 V는 아이템당 10달러, 이익 = 매출 − (변동비 × 수요)라고 가정한다.

		가격(달러)	수요	매출(달러)	이익(달러)	전체 이익(달러)
단일 세그먼트		19	5000	95,000	45,000	45,000
완전	A	19	5000	95,000	95,000	48,000
세그먼트들	B	13	1000	13,000	13,000	
불완전	A	19	4500	85,500	40,500	45,000
세그먼트들	B	13	1500	19,500	4,500	

6.5.3 다단계 가격 책정

세그멘테이션은 이질적 수요로부터 추가 매출을 획득하는 강력한 방법이다. 다른 고객 세그먼트 사이에서 장벽을 세우는 가장 인기 있는 방법 중 하나는 제품 사용 패턴과 빈도를 이용해 차별화하는 것이다. 예를 들어 카메라 제조업체는 초급자 모델, 중급 애호가 모델, 전문가용 모델 등으로 제품군을 차별화한다. 이 카테고리들은 이미지의 품질과 다른 기능 측면에서 많이 다르지만 제조업체는 보다 나은 내구성과 성능을 제공함으로써 전문가용 모델의 사용으로부터 추가 이익을 얻고자 한다. 이 경우 가장 정확한 세그멘테이션은 사용량에 정확하게 비례하도록 찍은 사진의 수에 기반을 두고 카메라 구매자에게 가격을 청구하는 것이다. 이는 구현 및 경쟁상의 이유로 카메라에 대해서는 가능하지 않겠지만 이것의 변종은 다른 산업에서 성공적으로 사용했다. 이 아이디어를 응용한 두 가지의 구조적으로 비슷한 전략은 2단계 가격과 끼워팔기^{tying arrangement}다.

2단계 가격 2단계 가격은 2개의 요소(입장료와 사용량)에 비례한 사용료를 갖고 있는 가격 구조다. 입장료는 제품 또는 서비스에 대한 접근에 부과된다. 사용료는 사용한 양에 대해 부과되는 사용량당 가격이다. 이것의 전형적인 예는 기본료와 통화 시간 또는 데이터 사용량당의 사용료를 부과하는 통신 서비스다. 다른 예로는 전기, 가스, 수도와 같은 유틸리티와 기본 가격에 더해 사용자당 가격을 부과하는 기업용 소프트웨어, 기본 입장료에 더해 타는 놀이기구당 가격을 부과하는 놀이공원 등이 있다.

끼워팔기 어떤 제품들은 서로 밀접한 관련이 있어서 고객은 다른 제품 없이는 한 제품만 갖고 많은 가치를 뽑아낼 수 없다. 이는 제조업체로 하여금 고객이 다른 브랜드로 옮겨 타서 관련된 제품의 더 낮은 가격을 찾는 것을 막는 끼워팔기를 할 수 있게 한다. 그 예로는 내구적 제품^{tying product}이 소비되는 제품^{tied product}으로 보충되는 면도기와 면도날, 프린터와 잉크 카트리지 등이다. 소비되는 제품의 매출은 고객 전체 생애 주기에서 대부분을 차지하므로 내구적 제품은 가격을 낮게 책정할 수 있고 심지어 한계 비용 아래로 내려가기도 한다.

2단계 가격에서 어떻게 입장료 p_e와 사용료 p_m을 최적화할 수 있는지에 대한 방향을 제공하는 수리적인 모델을 알아보자. 수요 곡선은 최대 지불 의향에 의해 결정되는 시장의 전체 수요와 특정 가격에서 소비자의 소비 수준으로 해석될 수 있다. 2단계 가격은 소비 수준에 의존하고 소비 수준과 수요의 이질성을 고려해야 하므로 단일 가격과 가격 세그멘테이션 때보다 복잡한 모델을 사용해야 한다 [Smith, 2012; Oi, 1971].

먼저 그림 6.10에서 보이는 단일 고객의 예를 살펴보자.

선형 수요 곡선은 다음과 같은 방정식으로 표현된다.

$$q = Q_{max} \left(1 - \frac{p_m}{p} \right) \tag{6.36}$$

고객은 가격 p에서 제품이나 서비스를 평가하므로 사용량 가격 p_m에서 구매함

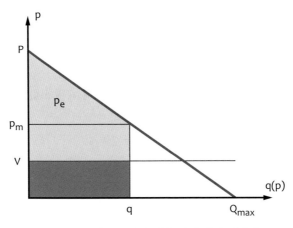

그림 6.10 2단계 가격이 있을 때의 가격 최적화

으로써 얻어지는 잉여는 p_m에 의해 경계 지어지는 수요 곡선 다음의 삼각형의 넓이와 같다. 즉 여기서 최적의 입장료는 이 잉여와 같다. 왜냐하면 낮은 입장료는 가능한 추가 이익을 포기하는 것이 되고 높은 입장료는 고객을 구매하지 못하게 하기 때문이다. 이는 입장료가 수요 곡선 아래의 면적으로 표시된다는 것을 의미한다.

$$p_e^{opt} = \frac{q}{2}(P - p_m) = \frac{Q_{max}}{2P}(P - p_m)^2 \tag{6.37}$$

고객에 대한 전체 이익은 입장료와 사용료의 합이다.

$$G = p_e^{opt} + q(p_m - V) \tag{6.38}$$

최적의 사용료는 이익의 미분을 취하고 0으로 함으로써 얻는다.

$$\frac{\partial G}{\partial p_m} = \frac{\partial p_e^{opt}}{\partial p_m} + \frac{\partial q}{\partial p_m}(p_m - V) + q = 0 \tag{6.39}$$

식 (6.37)과 식 (6.38)을 식 (6.39)에 대입하고 p_m에 대해 풀면 최적의 사용료는 한계 비용과 같다.

$$p_m^{opt} = V \tag{6.40}$$

이는 2단계 가격은 입장료를 최대한 높게 하고 사용료를 최대한 낮게 함으로써 이익은 입장료에서부터 전적으로 얻어지는 것을 장려한다. 이 전략은 놀이기구당 사용료 대신 높은 입장료를 받는 놀이공원에서 흔히 사용된다.

높은 입장료를 받는 접근은 고객이 특정 가격에 대해 제품의 다른 수량을 구매할 의향이 있는 경우에 발생하는 경쟁 또는 이질적 수요의 경우 역풍의 위험성이 있다. 이 상황은 복수의 수요 곡선이 같은 기울기를 갖지만 다른 구매 수량을 갖고 있는 경우인 그림 6.11에 나타나 있다.

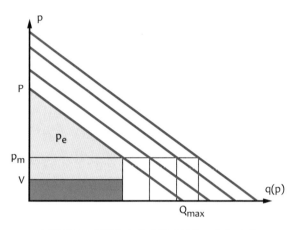

그림 6.11 이질적 소비 수준에서의 2단계 가격

각 수요 곡선이 특정 고객 세그먼트에 대응한다고 가정해보자. 여기서 가장 낮은 수요 곡선에 대응하는 입장료를 정할 수는 없다. 왜냐하면 다른 경우에 대해서는 고객을 잃게 되기 때문이다. 여기서 i번째 세그먼트의 수요와 가장 낮은 수요 곡선에 대응하는 세그먼트의 수요의 비율을 k_i라 하면 수요 곡선의 방정식은 다음과 같다.

$$q_i = Q_{max}k_i\left(1 - \frac{p_m}{k_i P}\right), \quad k_i \geqslant 1 \tag{6.41}$$

이익은 각 세그먼트에 대해 입장료와 사용료의 합으로 표현된다.

$$G = p_e + \sum_i \mu_i q_i (p_m - V) \tag{6.42}$$

여기서 μ_i는 세그먼트 i의 비율이므로 전체 고객 수가 N일 경우 세그먼트 i는 $N \cdot \mu_i$ 고객을 갖게 된다. 최적의 사용료는 사용료에 대해 미분을 취하고 이를 0으로 함으로써 얻는다.

$$\frac{\partial G}{\partial p_m} = \frac{\partial p_e}{\partial p_m} + (p_m - V) \sum_i \mu_i \frac{\partial q_i}{\partial p_m} + \sum_i \mu_i q_i = 0 \tag{6.43}$$

p_e에 대한 식 (6.37)은 P가 가장 낮은 수요 곡선에 대해 최대 가능 가격이라는 가정하에 여전히 성립하므로 이를 위의 방정식에 대입할 수 있고 모든 μ_i의 합이 1이라는 사실을 이용해 최적의 사용료에 대한 식은 다음과 같이 표현된다.

$$p_m^{opt} = V + P \sum_i \mu_i (k_i - 1) = V + P(\mathbb{E}[k] - 1) \tag{6.44}$$

여기서 $\mathbb{E}[k]$는 세그먼트 수요 승수의 가중평균이다. 이 결과는 수요의 이질성은 사용료를 높이고 가장 낮은 수요 곡선에 의해 제한되는 입장료는 낮추는 것을 보여준다. 이는 원래 2단계 가격의 균형을 역전시킨다. 즉 입장료 대신 사용료에서 대부분의 이익이 발생한다. 이와 같은 변화는 경쟁에 의해 발생할 수도 있고 이는 입장료를 통해 고객 잉여를 뽑아낼 수 있는 판매자의 능력을 제한시킨다.

6.5.4 번들링

번들링은 단일 가격으로 2개 이상의 제품을 묶어 파는 것으로, 경제학 교과서에도 등장한다. 이 정의는 어떤 제품도 그 부속의 번들로 간주될 수 있으므로, 다시 말해 차량의 경우 엔진, 바퀴 및 다른 부속들을 따로 팔 수 있으므로 정확한 정의는 아니다. 가격 최적화 측면에서 우리는 2개 이상의 제품을 묶어 각 제품의 가격의 합보다 할인된 가격에 파는 가격 번들링을 알아본다. 이 번들링 할인은 개별 아이템을 따로 사는 것보다 가격 우위를 갖게 된다.

가격 번들링은 많은 산업에서 발견될 수 있는 인기 있는 가격 구조다. 가격 번들링의 예에는 스포츠 및 오페라 시즌 티켓, 애피타이저-메인 요리-디저트를 포함하는 식사, 여러 가지 크기의 가방 세트, 주방 기기, 소프트웨어 패키지 등이 있다.

판매자는 보통 세 가지 옵션을 제공한다. 번들되지 않은 제품의 개별 판매, 번들로만 판매하는 순수 번들 판매, 개별 판매와 번들 판매를 함께 제공하는 혼합 번들 판매가 있다. 번들에 의해 제공되는 할인은 각 제품을 따로 판매할 때 얻는 이익으로 인해 상쇄되는 효과가 있다. 이전에 우리는 복잡한 가격 구조가 소비자의 지불 의향의 이질성을 이용해 이런 효과를 내는 것을 봤다. 즉 번들링은 다른 제품에 대한 지불 의향의 차이를 활용한다는 가정을 할 수 있다.

예 6.2

스프레드시트 애플리케이션과 프레젠테이션 애플리케이션을 포함한 오피스 소프트웨어 솔루션의 예를 살펴보자. 가장 기본적인 시나리오는 각 애플리케이션의 가치가 모든 고객에 대해 동일한 단일 세그먼트 시장이다. 예를 들어 스프레드시트 애플리케이션의 가치가 100달러, 프레젠테이션 애플리케이션의 가치가 150달러라고 가정해보자. 각 제품은 이 가치에 따라 가격을 매길 수 있고 이 두 제품을 250달러 이외의 가격으로 번들링하는 것은 이익이 감소하게 되므로 바람직하지 않다. 표 6.4에 나타나 있는 두 세그먼트의 시나리오는 보다 흥미 있다. 왜냐하면 두 세그먼트에서 지불 의향은 영업 부서에서는 프레젠테이션을 선호하고 회계 부서에서는 스프레스시트를 선호하므로 서로 다르기 때문이다. 두 세그먼트를 모두 만족시키는 프레젠테이션과 스프레드시트 개별 제품의 가격은 100달러가 된다. 두 세그먼트의 크기가 같다면 이 가격들은 최적이고 전체 이익은 400달러가 된다. 이 두 제품을 모두 포함하는 번들 제품의 가격은 두 세그먼트 모두 두 제품의 가치를 250달러로 평가하기 때문에 250달러가 될 수 있다. 번들링의 경우 두 세그먼트로부터의 전체 이익은 500달러가 되고 이는 개별 판매 시의 400달러보다 높다.

표 6.4 두 고객 세그먼트에 대해 두 제품이 있을 때의 가격 번들링의 예

고객 세그먼트	지불 의향	
	스프레드시트	프레젠테이션
영업	100달러	150달러
회계	150달러	100달러

앞의 예는 두 세그먼트 사이의 지불 의향의 비대칭성을 이용한다. 모든 고객이 한 제품을 다른 제품보다 일관성 있게 높이 평가한다면 번들링은 그렇지 않은 경우보다 많은 이익을 실현할 수 없게 된다. 이를 이용해 번들 가격 최적화에 대한 수리적인 모델을 만들 수 있다. 이 모델의 장점은 어떻게 고객 세그먼트가 정해지는지에 관한 몇 가지 가정만 하면 된다는 것과 임의 숫자의 세그먼트 또는 개별 고객에 대한 가격 최적화를 위해 수리적 최적화 모델 또는 시뮬레이션을 활용할 수 있다는 것이다. 그림 6.12에 나타나 있듯이 두 제품 X, Y를 판매하고 제품 X에 대한 최대 지불 의향이 P_{ix}, 제품 Y에 대한 최대 지불 의향이 P_{iy}라고 가정해보자. 제품 가격 Px와 Py에 대해 지불 의향과 그에 따른 가격에 따라 고객 세그먼트는 네 가지 중 하나가 된다(둘 다 구매하지 않음, X만 구매, Y만 구매, X Y 둘 다 구매). 두 제품의 가치 평가가 양의 상관 관계를 갖고 있는 시나리오에서 고객은 둘 다 구매하지 않거나 둘 다 구매하게 되므로 번들링은 추가할 가치가 없다.

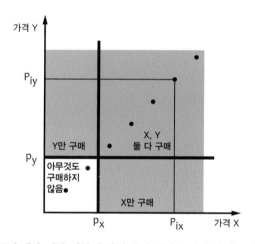

그림 6.12 두 제품에 대한 지불 의향이 양의 상관 관계를 가질 때의 고객 세그먼트. 세그먼트들은 검은색 점으로 표시

비대칭적 지불 의향의 경우는 완전히 다르다. 편의상 모든 세그먼트가 같은 지불 의향을 갖고 있다고 가정하지만 세그먼트는 그림 6.13에 나온 대로 제품을 다르게 할당할 수 있다. 이는 앞에서 예로 들었던 오피스 소프트웨어의 경우다.

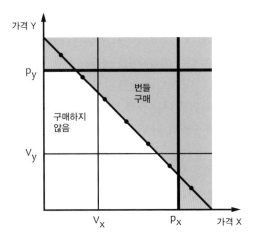

가격 Y

p_y

v_y

구매하지
않음

번들
구매

V_x p_x 가격 X

그림 6.13 지불 의향이 음의 상관 관계가 있을 때의 고객 세그먼트

순수 번들링 번들 가격 p_B는 이것이 모든 세그먼트에 대해 일정하므로 전체적 지불 의향과 같다.

$$p_B = P_{ix} + P_{iy}, \quad \text{constant for all } i \tag{6.45}$$

번들 판매 시의 이익은 다음과 같다.

$$
\begin{aligned}
G_B &= \sum_i n_i \left(p_B - V_x - V_y \right) \\
&= \sum_i n_i \left(P_{ix} + P_{iy} - V_x - V_y \right)
\end{aligned}
\tag{6.46}
$$

여기서 n_i는 세그먼트 i에서의 고객 수, V_x와 표는 제품 X와 Y에 대한 변동 비용이다. 반면 번들되지 않은 제품을 따로 파는 경우의 이익은 다음과 같다.

$$G_u = \sum_{i:\, P_{xi} \geqslant p_x} n_i \left(p_x - V_x \right) + \sum_{i:\, P_{yi} \geqslant p_y} n_i \left(p_y - V_y \right) \tag{6.47}$$

식 (6.47)에서의 첫 번째와 두 번째 항은 제품 X와 Y에 관한 전체 이익이다. 식 (6.46)과 식 (6.47)을 비교하면 어떤 가격 p_x와 p_y에 대해서도 G_B는 G_u보다 크거나 같게 되므로 순수 번들링은 따로 파는 경우보다 효율적인 전략이 된다.

혼합 번들링 제품을 번들로 팔기도 하고 따로 팔기도 하면서 순수 번들링보다 매출을 향상시킬 수도 있다. 여기서 제품을 따로 판매할 때의 가격은 번들링으로부터 얻는 이익을 희생시키지 않도록 정해져야 한다. 이는 번들로 판매할 때의 이익과 별개로 판매할 때의 이익을 비교함으로써 얻을 수 있다. 제품 X의 예를 살펴보자.

$$p_x - V_x > p_B - V_x - V_y \tag{6.48}$$

여기서 각 제품의 가격은 다음 조건을 만족시킨다.

$$p_x > p_B - V_y$$
$$p_y > p_B - V_x \tag{6.49}$$

이 조건은 그림 6.13에서 번들 가격의 양쪽 끝에 위치한 작은 삼각형에 대응한다. 이 부분에 해당하는 고객 세그먼트는 번들 대신 제품 X나 Y를 구매하게 되고 순수 번들링의 경우보다 높은 매출을 가져다준다.

위의 접근 방식은 번들 가격의 최적화에 대한 보다 나은 유연성을 제공한다. 지불 의향이 샘플 세그먼트가 고객에 대해 추정된다는 가정하에 해당하는 지점은 평면 위에 고정되고 최적 가격은 수리적 기법을 사용해 평면을 세그먼트 위치와 크기에 따라 다른 이익으로 표시되는 바둑판 모양으로 나눔으로써 찾아질 수 있다.

6.6 수요 예측

이전에 알아본 기본적인 수요 모델은 전략적 분석에는 편리하지만 실제 가격 최적화에 대해서는 종종 정교함이 부족하다. 문제는 특정 제품에 대한 수요는 가격이나 브랜드와 같은 제품 자체의 성질, 카테고리 내 경쟁 제품의 가격, 판촉 행사 및 날씨 등과 같은 다양한 요인에 의해 영향을 받는다는 것이다. 따라서 이런 요인들을 고려하고 가격 변화, 제품 구성 확장 및 축소, 진열대 공간 할당 등에 대한 응답을 예측할 수 있는 조건부 분석을 수행할 수 있는 고급 수요 모델이 필요하다. 이는 다음과 같은 계량적 수요 예측에 좌우되는 많은 응용에서 사용할 수 있는 중요한 초석이 된다.

정적 가격 최적화 베이스라인 가격과 가격 인하는 채널, 장소, 경향 모델 등에 의해
정의된 다른 고객 세그먼트에 대해 개인화될 수 있다. 이를 위해서는 세그
먼트 성질이 수요 모델에 포함돼야 한다.

동적 가격 최적화 가격 인하, 판촉 행사 계획, 제한된 공급이 있는 제품의 가격 책
정은 가격이 시간의 함수로 최적화돼야 한다. 이는 수요 모델은 시간적 변
화를 반영해야 한다는 것을 의미한다.

카테고리 관리 판매대 공간 최적화와 제품 구성 최적화는 다른 제품들 간의 수요의
상호 의존성에 대한 이해를 필요로 한다.

재고 수준 최적화 공급망 관리와 재고 보충은 수요 모델링으로부터 도움을 받는다.
수요 예측은 주요 판촉 행사와 반짝 세일 등에서 특히 중요하다.

수요 예측은 회귀 모델의 생성과 과거 데이터를 활용한 평가로 압축되는 상대적으
로 간단한 데이터 마이닝 문제로 간주될 수 있다. 하지만 회귀 모델의 설계는 수요
가 복잡한 의존성을 갖고 있는 많은 요소에 의해 영향을 받기 때문에 간단하지 않
다. 여기서 계절 변화, 고객 선택, 가격 탄력성 및 다른 요소를 적절히 반영할 수
있을 정도로 유연한 모델을 구성하려면 선형 수요 또는 로지트 수요와 같은 기본
적인 수요 함수들을 결합해야 한다.

서로 다른 최적화 문제는 다른 수요 예측 모델을 사용해야 하기 때문에 복잡한 예
술에 가깝고 수요에 영향을 미치는 다음과 같은 수많은 요소를 모두 포함하는 보
편적인 수요 모델을 만드는 것은 거의 불가능하다.

- 모델 사용. 모델은 고객 선택, 시간에 따른 수요 변화, 경쟁 제품 가격 등
  에 대한 통제를 포함할 수도, 포함하지 않을 수도 있다. 통제의 선택은 모
  델이 만들어진 애플리케이션에 의존한다.
- 가용 데이터. 데이터의 가용성, 신뢰성, 완결성은 모델의 디자인과 능력
  에 영향을 미친다.
- 비즈니스 영역, 모델, 과정. 수요 모델은 특정 비즈니스의 용어, 제약, 구
  조 등을 반영한다. 예를 들어 수요 모델은 다른 크기, 색깔, 취향 등과 같
  은 다양한 제품 변종을 포함하는 각 제품이나 제품군에 대한 수요를 예측

할 수 있다.

- 실험. 수요 모델은 다른 예측 모델과 마찬가지로 명시적 또는 암시적으로 많은 영역 지식을 포함하고 많은 실험과 조정을 필요로 한다.

우리는 산업적 수요 예측 모델을 공부함으로써 많은 유용한 기법과 설계 아이디어를 배울 수 있다. 모델의 구조와 특징의 선택은 나중에 나올 수요 예측 문제에 사용할 수 있는 유용한 기초와 힌트를 제공한다. 여기서는 소매업체로부터의 두 가지 실제 수요 예측 모델을 살펴보고 두 모델의 차이점 및 다른 회사들에서 사용하는 다른 모델도 알아본다. 우리가 다룰 모델들은 모두 가격 및 상품 구성 최적화의 영역에서 생성했으므로 6장에서 알아볼 최적화 기법들과 잘 연결된다.

6.6.1 상품 구성 최적화를 위한 수요 모델

처음으로 고려할 수요 모델은 네덜란드의 슈퍼마켓 체인인 알버트 하인[Albert Heijn]에서 사용했던 상품 구성 최적화 모델이다[Kok and Fisher, 2007]. 이 모델은 고객 선택에 영향을 미치는 요인들에 대한 세부적 분석을 가능하게 하는 소비자 의사 결정 분석에 강점이 있다.

슈퍼마켓 체인은 치즈, 와인, 쿠키, 우유 등과 같은 다양한 카테고리로 나눠지는 제품을 취급한다. 각 카테고리는 각각의 서브 카테고리로 나눠지며 서브 카테고리 안의 제품은 보통 서로 대체할 수 있지만 서브 카테고리 간의 차이는 명백하다. 예를 들어 우유 카테고리는 전유, 무지방 우유, 향이 들어간 우유 등으로 나뉜다. 슈퍼마켓은 그들이 취급하는 제품에 대해 높은 서비스 수준을 유지하므로 재고가 바닥나는 일은 거의 없다. 따라서 이 모델에서 재고 부족은 다루지 않는다. 수요 모델은 상품 구성 최적화를 위해 설계됐으므로 명백히 고객의 선택 문제를 다루고 이는 나중에 다룰 상품 구성 문제에 잘 들어맞는다.

단일 제품에 대한 수요는 스토어에 방문하는 모든 고객에게 적용되는 세 가지 결정으로 나눠진다.

- 첫째, 고객은 특정 서브 카테고리를 구매하거나 구매하지 않는다. 고객이 스토어 방문 시 특정 서브 카테고리에서 구매할 확률을 $Pr(purchase \mid visit)$이라고 가정해보자.

- 둘째, 고객은 서브카테고리 내에서 어떤 제품을 구매할지를 선택한다. 고객이 다른 대안들 중 제품 j를 구매할 확률은 Pr(j|Purchase)이다.
- 마지막으로 고객은 구매 수량을 결정한다. 이를 제품 j를 선택했을 때 구매 수량의 수학적 표현으로 만들 수 있다. 이를 $\mathbb{E}[Q|j, purchase]$라고 가정해보자.

제품 j에 대한 수요는 다음과 같은 선택 확률과 기대 구매 수량에 의해 표현될 수 있다.

$$
\begin{aligned}
D_j = {} & N \times Pr(\text{구매}|\text{방문}) \\
& \times Pr(j|\text{구매}) \\
& \times \mathbb{E}[Q|j, \text{구매}]
\end{aligned}
\tag{6.50}
$$

여기서 N은 특정 시간 내에 스토어를 방문하는 고객의 숫자다. 식 (6.50)의 모든 요소는 스토어에서의 구매 데이터로부터 추정될 수 있다. 일반적으로 수요는 날짜(요일, 휴일 등)와 스토어(매장 크기, 지역의 인구 특성)에 많은 영향을 받으므로 날짜와 스토어를 t와 h로서 모델에 반영하고 이 세 모수의 함수로서 수요를 추정한다. 또는 스토어의 특성(크기와 위치)과 고객의 평균 수입은 모델의 예측 변수로서 사용할 수 있다. 스토어 방문자 수는 로그 선형 회귀를 사용해 다음과 같이 모델링될 수 있다.

$$
\log(N_{ht}) = \alpha_1 + \alpha_2 T_t + \alpha_3 W_t + \sum_{i=1}^{7} \alpha_{3+1} B_{ti} + \sum_{i=1}^{N_E} \alpha_{10+i} E_{ti}
\tag{6.51}
$$

여기서 T_t는 기온, W_t는 습도 등과 같은 날씨 요소이고 B_{ti}와 E_{ti}는 요일과 휴일을 가리키는 더미 변수, N_E는 전체 공휴일 수, α는 회귀 계수다.

구매는 바이너리 변수이므로(구매 또는 비구매) 여기서 표준 모델링 접근을 사용할 수 있다. 구매 확률은 바이너리 결정을 근사하는 지그모이드 함수로 표현되고 데이터로부터 지수 모수를 추정한다. 지그모이드 함수는 다음과 같이 표현된다.

$$
Pr(\text{구매}|\text{방문}) = \frac{1}{1 + e^{-x}}
\tag{6.52}
$$

이는 다음과 같다.

$$x = \log\left(\frac{\Pr(\text{구매}\mid\text{방문})}{1 - \Pr(\text{구매}\mid\text{방문})}\right) \qquad (6.53)$$

지수 모수 **x**는 날짜 **t**와 스토어 **h**에 대해 다음의 구조를 갖고 있는 회귀 모델로서 추정된다.

$$\begin{aligned}
x_{ht} &= \beta_1 + \beta_2 T_t + \beta_3 W_t + \beta_4 \overline{A}_{ht} \\
&\quad + \sum_{i=1}^{7} \beta_{4+i} B_{ti} + \sum_{i=1}^{N_E} \beta_{11+i} E_{ti}
\end{aligned} \qquad (6.54)$$

여기서 $\overline{A}_{ht}$는 특정 서브 카테고리에서 프로모션 중인 제품의 점유율, 즉 특정 스토어에서 특정 날짜에 전체 서브 카테고리 제품 중에서 프로모션 중인 제품 수와 전체 제품 수의 비율이다. 앞으로 제품 수준에서의 모델을 설계해야 하므로 프로모션되는 제품의 비율을 인디케이터 변수 A_{jth}로 표시하고 이는 프로모션에 해당하면 1, 아니면 0이 된다.

$$\overline{A}_{ht} = \frac{1}{J} \sum_{j=1}^{J} A_{jht} \qquad (6.55)$$

여기서 J는 서브 카테고리 내의 전체 제품의 수다.

서브 카테고리 내에서 특정 제품을 구매할 확률의 추정은 좀 더 어렵다. 이전에 다뤘듯이 고객의 선택은 다항 로지트 모델로 모델링될 수 있으므로 대안들 가운데 특정 제품을 구매할 확률은 다음과 같이 표현된다.

$$\Pr(j\mid\text{구매}) = \frac{\exp(y_j)}{\sum_i \exp(y_i)} \qquad (6.56)$$

여기서 i는 서브 카테고리 내의 제품에 대해 반복되고 y_i는 모수 변수다. 구매 확률과 마찬가지로 특정 스토어와 날짜에 대한 모수 변수 y_i에 대한 회귀 모델을 다음과 같이 구성할 수 있다.

$$y_{jht} = \gamma_j + \gamma_{N+1}(R_{jht} - \overline{R}_{ht}) + \gamma_{N+2}(A_{jht} - \overline{A}_{ht}) \qquad (6.57)$$

위의 모델에 나타나 있듯이 여기서 회귀 계수 γ_{N+1}과 γ_{N+2}는 모든 제품에 대해 공유되고 R_{jht}와 $\overline{R}_{ht}$는 서브 카테고리 내의 각 제품의 가격과 평균 가격, A_{jht}와 $\overline{A}_{ht}$는 프로모션 더미 변수와 평균 프로모션 비율이다.

마지막으로 평균 판매량은 다음과 같이 모델링된다.

$$\mathbb{E}\,[Q \mid j, \text{구매}] = \lambda_j + \lambda_{N+1} A_{jht} + \lambda_{N+2} W_t \\ + \sum_{i=1}^{N_H} \lambda_{N+2+i} E_{ti} \tag{6.58}$$

여기서 λ는 회귀 계수이고 다른 변수는 앞에서 정의되고 설명됐다. 각 회귀 모델을 식 (6.50)에 대입하면 제대로 정의된 수요 예측 모델을 얻게 된다. 이 모델은 마케팅 이벤트와 같은 설명적 변수를 추가함으로써 해당 소매업체의 비즈니스에 맞게 수정될 수 있다.

경쟁 제품과 그들의 속성은 제품 구성이 주요 이슈가 아닌 경우에도 수요 모델링에서 중요한 역할을 한다. 예를 들어 온라인 패션 소매업체인 룰랄라^{Rue La La}의 경우는 경쟁 스타일의 가격과 경쟁 스타일의 수가 수요 예측 모델에서 가장 중요한 세 가지 중에 포함된다[Ferreira 등, 2016].

6.6.2 계절 세일에 대한 수요 모델

두 번째로 다룰 수요 모델은 스페인의 패션 업체이고 세계 최대의 패션 그룹인 인디텍스의 메인 브랜드인 자라에 의해 개발됐다[Caro and Gallien, 2012]. 이 모델은 세일 행사 최적화를 위해 개발됐고 수요의 일시적 차원을 강조한다.

계절적 클리어런스 세일은 많은 의류 소매업체에서 비즈니스 전략의 중요한 부분이다. 1년에 두 번(가을-겨울과 봄-여름) 있는 정규 판매 기간 사이에 남은 재고를 처분하고 다음 시즌의 신규 컬렉션을 위한 판매대 공간을 마련하기 위한 짧은 클리어런스 세일이 있다. 일부 소매업체는 경쟁사보다 앞서 나가고 다양한 제품을 제공함으로써 고객으로부터의 매출을 증가시키기 위해 보다 짧은 세일즈 주기를 운영하기도 한다. 이런 환경에서의 가격 최적화는 재고의 소진에 의해 발생되는 계절적 효과 및 의도적 제품 구성 변화를 고려하는 수요 모델의 생성을 요구한다.

여기서는 수요 모델을 원래 논문에 따라 두 단계로 구성한다[Caro and Gallien, 2012]. 첫 번째 단계는 계절적 변화를 제거하고 재고 부족에 따른 수요 억제를 고려하는 회귀 분석에 대한 수요 데이터를 분석하는 것이고 다음 단계는 모델 자체를 설계한다.

6.6.2.1 수요 데이터 준비

대부분의 의류 아이템은 복수의 색깔과 크기가 있으므로 각각의 재고 단위(SKU)는 제품 번호 r과 크기-색깔 변종 v에 의해 정해진다. 과거의 판매 및 재고 데이터가 각 날짜에 대해 스토어 단위로 존재한다는 가정하에 스토어 h와 날짜 d의 SKU(r, v)의 판매를 S(r, v, d, h)라 하고 그 날짜의 시작 지점에서의 해당 재고 수준을 L(r, v, d, h)라 하자. 그리고 특정 SKU가 특정 날짜 d와 스토어 h에 존재하면 1, 그렇지 않으면 0이 되는 함수 F(r, v, d, h)를 정의하자. 이 정보는 데이터로부터 직접 얻을 수 있고 특정 상품에 대해 재고 수준이나 판매량이 0이면 판매 및 재고 데이터로부터 추정할 수도 있다.

먼저 요일 및 주 단위의 수요 변화를 반영하는 계절 요소를 설정하자. 판매 데이터에 대해 다음 지표들을 정의한다.

- $S_W(d)$는 날짜 d가 있는 주간 판매량이다. 이는 모든 제품, 변종, 스토어에 대한 전체 합계다.
- $\bar{S}_W$는 과거 데이터로부터 계산된 주간 판매량의 평균이다.
- $\bar{S}_W(r)$는 과거 데이터로부터 계산된 제품 r의 평균 주간 판매량 평균이다.
- $\bar{S}_W(r, v, h)$는 스토어 h에서 SKU(r, v)에 대한 평균 주간 판매량 평균이다.
- $S_D(\text{weekday}(d))$는 월요일-일요일까지의 7일 중에서 특정 날짜의 판매량 평균이다.

계절 요소는 다음과 같이 정의할 수 있다.

$$\delta(d) = \frac{S_W(d)}{\bar{S}_W} \times \frac{\bar{S}_D(\text{주중의 날짜}(d))}{\sum_{i=1}^{7} \bar{S}_D(i)} \tag{6.59}$$

위 식의 첫 번째와 두 번째 항은 요일 및 주의 수요 변화를 나타낸다. 다음으로 제품 r과 주 w에 대한 수요를 정규화하기 위해 계절성과 판매 정보를 보여주는 다음 요소를 정의한다.

$$k(r, w) = \sum_{h,v} \frac{\bar{S}_W(r, v, h)}{\bar{S}_W(r)} \cdot \sum_{d \text{ in } w} \delta(d) \cdot F(r, v, d, h) \tag{6.60}$$

위 방정식의 일부는 모든 스토어에 대한 스토어 h의 판매 비율에 대응하므로 스토어에 대한 판매 상태 변수의 기여는 스토어의 판매 비율에 의해 가중돼 적용된다. 마지막으로 제품 r과 주 w에 대한 정규화된 수요는 다음과 같이 정의할 수 있다.

$$q(r,w) = \frac{1}{k(r,w)} \cdot \sum_{v,h,d \text{ in } w} S(r,v,d,h) \tag{6.61}$$

6.6.2.2 모델 상세

다음 단계는 정규화된 수요 비율 $q(r, w)$를 예측하는 회귀 모델을 생성하는 것이다. 이는 소매업체 자라에서 다음 사항을 갖고 있는, 상대적으로 작은 로그 선형 모델을 사용해 만들어졌다.

$$\begin{aligned}
\log(q(r,w)) = {} & \alpha_{0,r} + \alpha_1 \log(Q_r) + \alpha_2 A_{r,w} \\
& + \alpha_3 \log(q(r, w-1)) \\
& + \alpha_{4,w} \log\left(\min\left\{1, \frac{1}{T}L(r,w)\right\}\right) \\
& + \alpha_{5,w} \log\left(\frac{p_{r,w}}{p_{r,0}}\right)
\end{aligned} \tag{6.62}$$

여기서 α는 회귀 계수이고 특징은 다음과 같이 정의할 수 있다.

- α_1: Q_r은 소매업체에 의해 구매된 제품 r의 양이다. 이 값은 수요와는 직접적인 관계가 없지만 암시적으로 패션과 스타일과 관계가 있다. 왜냐하면 소매업체는 기본적으로 인기 있는 아이템을 많이 구매하고 니치 아이템은 작은 양을 구매하기 때문이다.
- α_2: $A_{r,w}$는 스토어에서 제품 r이 소개된 후의 지난 날짜다. 패션 제품의 수요는 이것들의 참신함과 관계가 있고 시간이 지날수록 감소한다.
- α_3: $q(r, w-1)$은 이전 시간 구간의 수요 비율이다. 이 변수는 이웃한 시간 구간 사이의 수요 상관 관계를 찾아내는 데 도움을 준다.
- $\alpha_{4,w}$: 무너진 상품 구성 효과는 재고 수준이 낮아졌을 때 특정 제품에 대한 수요가 낮아지는 현상을 가리킨다. 패션 리테일에서 이는 인기 있는 제품이 모두 팔려 나갔을 때 인기 없는 제품 및 색깔과 관련해 설명될 수

있다. 이 효과는 모든 변종과 스토어에 걸쳐 제품 r에 대한 전체적인 재고 수준을 가리키는 L(r, w)에 관한 한계점 T를 도입함으로써 해결될 수 있다.

- α5,w: 할인율은 정규 가격 pr,0와 할인 가격 pr,w의 비율로 정의된다. 이는 곧 가격 민감도 요소다.

이 모델은 계절적 세일 행사의 최적화에 대해 만들어졌으므로 시간에 따른 수요 변동성에 초점이 맞춰져 있다. 다른 패션 회사의 수요 모델은 브랜드, 색깔, 크기 인기도 경쟁 스타일의 가격, 가격 민감도를 변화시켰던 과거의 세일즈 이벤트 등과 같은 특징을 추가로 반영하기도 한다[Ferreira 등, 2016].

6.6.3 재고 부족이 있는 경우의 수요 예측

이전에 알아본 수요 모델은 판매량을 예측하기 위해 훈련된 회귀 모델이다. 실제로 재고 부족 때문에 관찰된 판매량은 수요와 항상 일치하지 않는다. 이 경우 관찰된 판매량은 실제 수요보다 낮고 실제 수요는 재고 부족이 없을 때를 가정한 무제한 공급일 때와 같다. 재고 부족의 문제는 재고 부족이 자주 발생하는 계절별 세일 또는 단기 플래시 세일에서 매우 중요한 문제이고 관찰된 판매량에 의해 생성된 수요 예측 모델은 가격이나 재고의 최적화에 대해 부적합하다. 따라서 재고 부족과 그에 따른 판매 감소를 명시적으로 설명하는 수요 예측 모델이 필요하다. 이 문제는 많이 연구됐고 재고 부족에 따른 수요 예측을 위한 몇몇 기법이 이미 존재한다[Anupindi 등, 1998; Musalem 등, 2010; Vulcano 등, 2012]. 이 절에서는 온라인 패션 업체인 룰랄라에서 초단기 할인 판매인 플래시 세일 동안에 일어나는 재고 부족을 위해 개발된 모델을 살펴본다[Ferreira 등, 2016]. 이 기법의 장점은 단순하고 보다 복잡한 모델에서 적합시키기는 부족한 낮은 재고 수준(즉 각 SKU마다 제품이 몇 개밖에 없는 경우)에도 적용할 수 있다.

소매업체가 복수의 제품을 취급한다고 가정하고 다음과 같이 정의한다.

- d_i는 제품 i에 관한 실제 수요
- c_i는 제품 i에 관한 재고 수준
- q_i는 실제 판매량이고 다음과 같이 표현된다.

$$q_i = \min\{c_i, \ d_i\} \tag{6.63}$$

제품이 복수의 크기-색깔 변수에 의해 표현된다면 각각의 변종을 제품으로 간주하고 위의 값들을 각각의 변종에 대해 측정할 수 있다. 다음으로 소매업체는 특정 제품에 대해 단기 세일 행사를 한다고 가정한다. 제품이 세일 행사 종료 전에 모두 팔리면 $q_i = c_i$가 되지만 실제 수요 d_i는 알 수 없다. 제품이 모두 팔리지 않으면 $q_i = d_i$가 된다고 가정할 수 있다. 우리가 해결하려고 하는 문제는 재고 수준 c_i가 모수로 주어졌을 때 예상 판매량 q_i를 추정하는 것이다. 다음의 사례들을 살펴보자.

- 제품 i가 모두 팔리지 않았다면 판매량 q_i는 수요 $\hat{d}_i$로 추정될 수 있고 새로운 세일즈 행사에서 재고 수준 c_i^{new}가 주어졌을 때의 판매량은 이 추정값에 의해 예측할 수 있다. 이는 다음과 같이 요약된다.

$$\hat{d}_i = q_i \quad \rightarrow \quad \hat{q}_i = \min\left\{c_i^{new}, \ \hat{d}_i\right\} \tag{6.64}$$

- 제품 i가 모두 팔렸다면 실제의 수요는 알 수 없게 된다. 이는 판매량과 다른 제품에 대한 과거 데이터를 활용해 실제 수요를 추정하는 수요 제한 제거demand unconstraining를 요구한다. 비제한 수요 예측 $\hat{d}_i$는 새로운 이벤트에서 판매될 기대 판매량을 예측하는 데 사용한다. 이 전략은 다음과 같이 요약할 수 있다.

$$q_i \xrightarrow{\text{제한 제거}} \hat{d}_i \quad \rightarrow \quad \hat{q}_i = \min\left\{c_i^{new}, \ \hat{d}_i\right\} \tag{6.65}$$

- 제품이 새로 발매됐고 아직 판매되지 않았다면 수요는 제품과 이벤트 성질을 특징으로 사용하는 회귀 모델에 의해 예측되고 비제한 수요의 값은 응답 변수가 된다. 이 문제는 이전 절에서 알아본 기법으로 해결할 수 있다. 이 사례는 다음과 같이 요약된다.

$$\hat{d}_i = f(\text{product}, \text{event}) \quad \rightarrow \quad \hat{q}_i = \min\left\{c_i^{new}, \ \hat{d}_i\right\} \tag{6.66}$$

여기서 f는 예측 수요 모델이다. 복수의 제품 변종이 있는 경우 모델은 제품 수준에서의 수요를 예측하기 위해 생성되고 제품 변종의 수요는 다른 크기와 색깔에 대한 수요의 관찰된 분포에 기반을 두고 추정될 수 있다.

앞에 기술한 접근에서 중요한 것은 수요의 제한을 없애는 것이다. 한 가지 방법은 재고가 소진된 제품의 수요를 추정하기 위해 재고가 소진되지 않은 제품의 과거 데이터를 사용하는 것이다. 먼저 재고가 소진되지 않은 제품의 수요 곡선을 생성할 수 있고 여기서 각 곡선은 시간 또는 날짜 단위로 측정된 시간의 함수로 주어진 제품의 매출을 보여준다. 이는 그림 6.14에 나타나 있다.

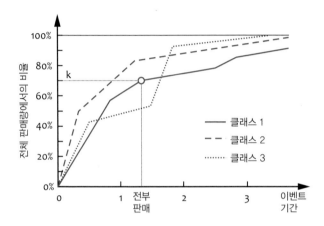

그림 6.14 수요 곡선과 수요 결정의 예-제한이 없는 부분의 경우[Ferreira 등, 2016]. 이 예의 경우 3개의 이벤트 클래스가 있고 각각은 전형적인 수요 곡선에 의해 표현되며 제한이 없어야 하는 이벤트는 첫 번째 클래스에 해당한다.

실제로 수요 곡선에 대응하는 제품의 숫자는 매우 많을 수 있으므로 표준 클러스터링 기법을 활용해 곡선을 여러 개의 클래스로 나누고 각 클래스를 차별화하는 규칙을 결정하며 각 클래스에 대해 수요를 결정할 수 있다. 예를 들어 수요 곡선의 모양을 결정하는 주요 요소는 아침, 이른 오후 늦은 오후 등과 같은 이벤트의 시작 시간이 될 수 있다. 예를 들어 아침에 시작하는 이벤트는 비슷한 수요 곡선을 갖고, 같은 클러스터에 속한다. 클러스터링 규칙은 좀 더 복잡해질 수도 있고 여러 성질을 포함할 수도 있다. 제품과 이벤트를 클래스에 할당할 규칙을 찾아내고 각 클래스에 관한 전형적인 곡선을 결정했다면 곡선에 따라 재고가 소진된 제품에 대한 수요의 제한을 없앨 수 있다. 먼저 제품과 이벤트를 클래스에 할당하기 위해 클러스터링 규칙을 사용한다. 그림 6.14에 나타나 있듯이 재고 소진 시간을 전체 판매량 k에 비례하도록 매핑하기 위해 이 클래스에 대해 수요 곡선을 사용한다. 이 비례가 결정되면 제품 i에 대한 수요는 관찰된 판매량을 비례 비율로 나눔으로써 추정될 수 있다.

$$\hat{d}_i = \frac{q_i}{k} = \frac{c_i}{k} \tag{6.67}$$

이 추정값은 판매량 예측, 수요 모델링, 재고 수준 최적화 등에 사용할 수 있다.

6.7 가격 최적화

수요 모델은 어떻게 가격의 변화가 이익을 증가 또는 감소시키느냐를 분석함에 따라 최적 가격을 찾는 데 도움을 줄 수 있다. 이런 최적화는 기본적인 가격 구조에 대해서는 어렵지 않고 수요, 공급, 운영의 특별한 성질을 고려하지 않는 단순화된 환경은 실제 응용에서도 찾을 수 있다. 하지만 실제로는 보다 많은 설명과 전문화된 최적화 모델의 개발을 요구하는 많은 제약과 상호 의존성에 직면한다.

대부분의 제약 조건은 세 가지(공급 제약, 수요 제약, 구조적 제약) 중 하나로 연결된다. 공급 제약은 오페라 하우스의 제한된 좌석 수와 같은 제한된 자원 용량, 제한되거나 비용이 많이 드는 제품 보충, 유효 기간이 있는 식품이나 의류 스토어의 계절별 상품, 출발 전에 판매돼야 하는 비행기 티켓 등과 같은 제품 유효 기간 등이 있다. 수요 제약은 불완전한 고객 세그멘테이션, 대체 가능한 제품 간의 상호 의존성, 시간에 따른 수요의 변화 그리고 종종 수요는 정확히 예측할 수 없다는 점에서 수요의 불확정성과 관련이 있다. 구조적 제약은 최적은 아니지만 실용적인 해법을 필요로 하는 운영 그리고 법률적 조건들과 관련이 있다.

이 절에서는 다른 마켓 세그멘테이션 전략과 제약에 대한 가격 최적화 모델들을 알아본다. 이 기법들은 정적 최적화로 간주되지만 주말 또는 주중의 영화표처럼 시간 기반의 고객 세그먼트에 대해 가격을 조정하는 최적화에도 적용할 수 있다. 다음으로 명백하게 임시적 가격 조정을 최적화하는 동적 가격 최적화를 다루고 동적 최적화 기법들을 알아본다.

6.7.1 가격 차별화

경제학 교과서에서 가격 **차별화**price discrimination라고도 하는 가격 세분화price differentiation의 목표는 각 고객 세그먼트 또는 개별 고객에 대한 최적 가격을 찾는 것이다. 세그먼트나 고객 수준에서의 가격 최적화를 위해서는 고객이나 세그먼트를 모수로 하는 모델을 만들거나 각 세그먼트마다 별도의 모델을 만들어야 한다. 이는 이전에 알아본 수요 예측 기법으로 가능하다. 기본적인 가격 최적화 문제는 다음과 같이 정의할 수 있다.

$$\max_{\mathbf{p}} \sum_s (p_s - v_s) \cdot q_s(p_s) \tag{6.68}$$

여기서 s는 세그먼트, p_s는 세그먼트 s에 대한 가격, $\mathbf{p}$는 모든 세그먼트에 대한 가격의 벡터, q_s는 세그먼트 s에 대한 수요 함수, v_s는 세그먼트에 따라 일정할 수도 있고 변할 수도 있는 이동 비용이다. 이 최적화 문제는 세그먼트별로 분리할 수 있으므로 기본적인 단위 가격 최적화는 각 세그먼트별로 적용할 수 있다.

많은 경우 세그먼트의 숫자와 구조는 운영 제약 조건에 의해 제한되므로 프로그램 기반 시스템은 몇 개의 세그먼트를 단일 그룹으로 묶어 각 그룹에 가격을 할당한 후 이것의 영향을 계산해야 할 수도 있다. 이를 위해 식 (6.68)을 N개의 세그먼트 그룹 S_i에 대해 다시 쓴 후

$$\max_{\mathbf{p}} \sum_{i=1}^{N} p_i \sum_{s \in S_i} (p_i - v_s) \cdot q_s(p_i) \tag{6.69}$$

N개의 최적 가격을 찾기 위해 각 그룹에 대해 최적화 문제를 풀면 된다.

예 6.3

소매 영역에서의 예를 들어 최적화 모델을 공부해보자. 25개 또는 50개들이 용기에 들어 있는 진통제 알약을 파는 소매업체의 예를 살펴보자[Khan and Jain, 2005]. 이 회사는 패키지 크기에 따라 할인을 제공하고 각 스토어마다 가격을 따로 매길 수 있다. 과거 구매 데이터에 따른 회귀 분석에 따르면 진통제의 수요는

식 (6.70)을 따른다.

$$q(p, s, h) = 2000 - 1400p - 8s - 10s \cdot h \qquad (6.70)$$

여기서 p는 알약 1개당 가격, s는 패키지 크기(약병에 들어 있는 알약의 개수), h는 가구의 인원수 요소(스토어 위치의 평균 가구당 인원수가 상대적으로 많으면 +, 그렇지 않으면 −)이다. 수요는 가격과 역의 상관 관계가 있다. 그리고 패키지 크기와도 역의 상관 관계가 있는데 이는 고객들은 작은 포장을 선호한다는 뜻이 된다. 마지막 항은 큰 가구당 인원수에 대해서는 큰 패키지 크기와 양의 상관 관계가 있으므로 즉 큰 가구당 인원수를 갖고 있는 지역에서는 큰 포장이 선호된다는 뜻이다.

그림 6.15에 나타나 있듯이 여기서는 2개의 가구 수 크기 요소 h와 2개의 다른 크기별 가격 v를 갖고 있는 환경에서 가격을 최적화해본다.

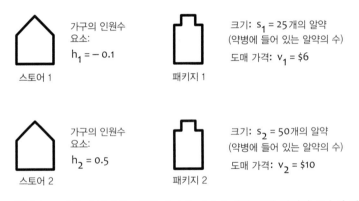

그림 6.15 2개의 스토어와 2개의 패키지 크기에 대한 가격 최적화 모수의 예

첫째, 고려해야 할 시나리오는 패키지 크기와 스토어별 가격에 기반을 두고 가격을 동시에 최적화하는 가격 차별화다. 목표는 4개의 p_{ij}를 구하는 것이고 여기서 i는 패키지 크기, j는 스토어를 가리킨다. 최적화 문제는 다음과 같이 정의할 수 있다.

$$\max_{\mathbf{p}} \sum_{i=1,2} \sum_{j=1,2} (s_i p_{ij} - v_i) \cdot q(p_{ij}, s_i, h_j) \qquad (6.71)$$

이 최적화 문제는 수요 함수가 선형이므로 분리 가능하고 가격에 대해 2차 함수다. 그림 6.15에 대한 값에 대해 풀면 표 6.5에 나타나 있는 결과를 얻는다. 여기서 대량 구매 할인은 정당화되고 단위 알약당 가격은 대형 패키지에서 더 낮다. 그리고 큰 가구당 인원수를 갖고 있는 지역에서 대형 패키지에 대한 가격을 올림으로써 더 이익을 창출한다.

표 6.5 4개 세그먼트에서의 시나리오에 대한 최적 가격

패키지 크기 (용기에 담긴 알약의 수)	가구당 인원	알약당 가격(달러)	수요 (약병의 수)
25	small	0.67	607
25	large	0.81	794
50	small	0.49	410
50	large	0.76	785
전체 이익			45,863달러

두 번째 시나리오는 운영상의 제약 때문에 스토어별로 가격을 달리 할 수 없는, 즉 패키지의 크기에 대해서만 가격을 달리 할 수 있는 경우다. 식 (6.69)를 이 경우에 맞춰 수정하면 다음과 같다.

$$\max_{\mathbf{p}} \sum_{i=1,2} (s_i p_i - v_i) \sum_{j=1,2} q(p_i, s_i, h_j) \tag{6.72}$$

이 문제는 가격에 대해 분리 가능하고 2차함수다. 이 식을 풀면 전체 이익은 첫 번째 시나리오보다 작게 되고 그 결과는 표 6.6에 나타나 있다.

이 분석은 다른 세그멘테이션 전략을 평가하고 구조적 제약 아래에서 최적 솔루션을 찾을 수 있게 해준다.

표 6.6 2개 세그먼트에서의 시나리오에 대한 최적 가격

패키지 크기 (용기에 담긴 알약의 수)	알약당 가격(달러)	수요 (약병의 수)
25	0.74	1401
50	0.63	1195
전체 이익		45,863달러

6.7.1.1 수요가 변하는 경우의 차별화

가격 차별화의 어려운 문제 중 하나는 다른 가격에 따라 한 세그먼트에서 다른 세그먼트로 이동하는 고객으로 인한 가격 세그먼트의 불분명한 경계다. 이런 수요의 변화는 판매자에게 손해를 가져다줄 것 같지만 실제로는 이익이 될 수도 있고 손해가 될 수도 있다. 한쪽 측면으로는 높은 지불 의향의 고객이 낮은 가격으로 제품을 살 수 있는 기회를 찾을 수 있으므로 비싼 고마진 제품이 이익이 떨어질 수 있다. 반면 그 고객이 이동한 세그먼트에서의 수익은 높아질 수 있으므로 손해가 상쇄될 수 있다.

수요가 변하는 효과는 공급이 제한된 상황에서 특히 중요한데 왜냐하면 수요의 분포를 평준화하고 재고 부족을 줄이는 데 도움이 되기 때문이다. 예를 들어 오페라 하우스에서 좌석의 공급은 정해져 있지만 수요는 주말에는 높고 주중에는 낮은 식으로 날짜에 따라 많이 변한다. 오페라 하우스는 주말의 수요가 가능 좌석 수를 초과하면 매출이 떨어진다. 따라서 날짜에 따라 가격을 조정함으로써 수요가 많은 주말에 비싼 가격을 매겨 더 많은 이익을 낼 수 있게 된다. 하지만 높은 주말 티켓의 가격은 일부 고객으로 하여금 더 저렴한 주중 티켓을 구매하게 함으로써 전체적인 매출이 더 올라갈 수 있게 된다.

수요 이동 모델을 만드는 것은 어렵다. 어려운 점은 모든 세그먼트에 대해 동시에 가격에 따라 변하는 수요 모델을 디자인하고 훈련시키는 것이다. 모든 세그먼트에 대해 상호적 가격 탄력성(한 세그먼트에서의 수요가 어떻게 다른 세그먼트에서의 가격에 의해 영향받는가?)을 측정하는 것은 거의 불가능에 가까우므로 주어진 세그먼트에서의 가격과 다른 세그멘트에서의 평균 가격의 비율과 같은 근사를 사용해야 한

다. 수요 이동 모델의 다른 어려움은 세그먼트 간의 의존성이 최적화 문제들을 분리되지 못하게 하고 계산적 복잡성을 증가시킨다는 것이다. 예를 들어 m 크기의 세그먼트가 n개가 있다면 수요 모델이 선형이나 볼록함 같은 특정 형태를 띠고 있지 않은 경우 자그마치 m^n개의 가격 조합을 평가해야 한다.

수요 이동의 경우에 대한 가격 최적화의 한 가지 방법은 수요 변화가 세그먼트 사이의 가격 차에 비례한다고 가정하는 것이다. 즉 세그먼트 i에 대한 가격이 세그먼트 j에 대한 가격보다 높다면 세그먼트 i에 대한 수요는 $K(p_i - p_j)$만큼 감소하고 세그먼트 j에 대한 수요는 그만큼 증가한다. 모수 K는 가격 차이에 대해 두 세그먼트 사이에서 이동하는 수요를 결정한다. 기본적인 최적화 문제는 한 세그먼트에서 다른 세그먼트로 옮겨 가는 각 세그먼트의 수요를 반영하기 위해 다음과 같이 조정된다.

$$\max_{\mathbf{p}} \sum_i (p_i - v_i) \cdot \left[q_i(p_i) + K \sum_j (p_j - p_i) \right] \tag{6.73}$$

여기서 i와 j는 모든 세그먼트에 대해 반복된다. 여기서 수요 이동 모델은 전체 수요를 바꾸지 않고 모든 수요 이동의 합은 0이 된다. 하지만 수요의 이동은 최적 가격의 변화를 의미하고 수요 함수의 값도 변하게 되므로 판매량이 모든 K 값에 대해 일정한 것은 아니다.

예 6.4

이전에 나왔던 알약을 파는 회사의 예를 이용해 수요 이동을 알아보자. 수요 이동 부분을 4개의 가격 세그먼트를 가졌던 식 (6.71)에 집어넣으면 다음과 같다.

$$\max_{\mathbf{p}} \sum_{i=1,2} \sum_{j=1,2} (s_i p_{ij} - v_i) \cdot \left[q(p_{ij}, s_i, h_j) + \Delta(p_{ij}) \right] \tag{6.74}$$

여기서 수요 이동은 다른 세그먼트와의 가격 차이의 쌍의 합이 된다.

$$\Delta(p_{ij}) = K \sum_{x=1,2} \sum_{y=1,2} (p_{xy} - p_{ij}) \tag{6.75}$$

이 최적화 문제를 풀면 표 6.7과 같은 가격을 얻는다. 표 6.5와 6.7을 비교하면 수요 이동이 가격 민감도를 증가시키므로 작은 패키지에 대한 수요는 감소했지만 큰 패키지에 대한 수요는 증가했다. 왜냐하면 큰 패키지에서 알약당 가격이 작기 때문이다. 이런 수요의 변화는 전체 이익을 증대시키기 때문에 소매업체의 입장에서는 긍정적이다.

표 6.7 수요 이동이 존재하는 경우 4개 세그먼트에서의 시나리오에 대한 최적 가격. 이동 모수는 K = 400이다.

패키지 크기 (용기에 담긴 알약의 수)	가구당 인원	알약당 가격(달러)	수요 (약병의 수)
25	small	0.75	420
25	large	0.81	608
50	small	0.56	535
50	large	0.69	910
전체 이익			46,170달러

6.7.1.2 제한된 공급에서의 가격 차별화

지금까지 알아본 가격 최적화 모델들은 주어진 수요 곡선하에서의 최대 가능 이익을 얻게 되는 가격을 정하는 데 집중했다. 이런 가격 최적화는 완벽한 재고 보충, 즉 판매되는 최적 가격에서 수요를 만족시킬 수 있는 재고를 항상 유지할 수 있다는 것을 가정한다. 이는 재고를 항상 보충 가능하고 재고 부족이 잘 일어나지 않는 슈퍼마켓과 같은 소매업체에는 잘 들어맞는다. 하지만 다른 종류의 수요 제한이 있는 다른 산업에서는 해당하지 않을 수 있다. 이 절에서는 각 마켓 세그먼트가 제한된 공급이 있고 전체적인 또는 각 세그먼트별 최적 가격을 찾는 간단한 경우를 알아본다.

먼저 가능한 재고가 고정돼 있는 경우 단일 마케팅 세그먼트에 대한 가격을 어떻게 책정하는지 살펴보자. 이 문제는 재고 제약이 있는 경우의 표준 단일 가격 최적화다.

$$\max_{p,x} \quad x\,(p - V)$$

$$\text{subject to} \quad x \leqslant q(p)$$

$$x \leqslant C$$

$$p \geqslant 0$$

(6.76)

여기서 C는 최대 가용 재고이므로 수요가 C를 초과하면 재고 부족이 일어난다. 여기서 가격, 수요, 변동비를 p, q(p), V로 표시하자. 변수 **x**는 실제 판매량이다.

이 문제는 수요가 가격에 반비례해 일정하게 감소하므로 단순하다. 먼저 재고 제약에 관계 없이 최적 가격을 찾고 그 가격에 해당하는 수요를 계산한다. 그런 다음 이 수요를 가능한 재고와 비교하고 이 두 값 중 큰 것에 기반을 두고 가격을 정한다. 재고 제약이 없을 때의 최적 가격에 대한 수요가 재고 수준 아래이면 재고 수준이 수요를 만족시킬 수 있으므로 이 가격이 최적 가격이 된다. 그렇지 않은 경우는 최대 재고 수준에 해당하는 가격이 최적 가격이 된다. 이 가격은 재고 부족 시 가격이라 불리고 판매 속도를 줄이고 재고 부족을 피할 수 있게 재고 제약이 없을 때의 최적 가격보다 높은 가격으로 정해진다. 이 경우가 그림 6.16에 설명돼 있다.

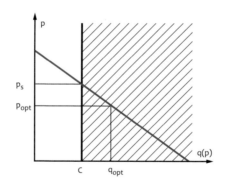

그림 6.16 제한된 공급이 있을 때의 가격 최적화

이 원리는 이전 절에 나왔던 가격 차별화와 수요 이동과 결합될 수 있다. 하지만 이는 공급 제한이 각 세그먼트별로 별도로 있을 때만 적용할 수 있다. 모든 세그먼트가 동일한 재고를 갖고 있는 경우의 전체적 재고 제한은 6장의 나중에 나올 고급 최적화 기법을 사용해야 한다.

예 6.5

여기서는 티켓 가격을 최적화하는 오페라 하우스의 예를 들어본다. 오페라는 매일 상영되고 좌석 수는 1200개이며 수요는 다음 식에 따라 매일 변한다고 가정한다.

$$q(p, t) = \begin{bmatrix} 1800 - 50p, & \text{Monday} \\ 1350 - 50p, & \text{Tuesday} \\ 1200 - 50p, & \text{Wednesday} \\ 1350 - 50p, & \text{Thursday} \\ 1800 - 50p, & \text{Friday} \\ 2250 - 50p, & \text{Saturday} \\ 3600 - 50p, & \text{Sunday} \end{bmatrix} \tag{6.77}$$

여기서 p는 티켓 가격, t는 요일이다. 그리고 좌석당 변동비는 빌딩 관리비, 공연비 등과 같은 매우 일정한 비용이므로 여기서는 고려하지 않는다.

오페라 하우스는 모든 요일에 일정한 가격을 부과할 수 있고 이는 다음과 같은 최적화 문제가 된다.

$$\begin{aligned} \max_{p, x} \quad & p \sum_t x_t \\ \text{subject to} \quad & x_t \leq q(p, t) \\ & x_t \leq C \\ & p \geq 0 \end{aligned} \tag{6.78}$$

여기서 t는 모든 요일에 대해 반복된다. 이 문제는 가격이 상대적으로 작은 별개의 숫자 중에서 정해지는 것을 가정할 수 있으므로 별로 어렵지 않다. 이 경우의 최적 가격은 19.80달러이고 전체 매출은 98,010달러가 된다.

위의 결과는 각 요일이 별도의 세그먼트가 되고 각 세그먼트별로 최적화되는 가격과 비교될 수 있다. 이 경우 7개의 다른 가격을 구하는 최적화 문제는 다음과 같다.

$$\max_{\mathbf{p,x}} \quad \sum_t p_t x_t$$

$$\text{subject to} \quad x_t \leq q(p_t, t)$$

$$x_t \leq C$$

$$p_t \geq 0 \tag{6.79}$$

이 문제는 세그먼트별로 분리될 수 있으므로 식 (6.76)에 따라 각 요일별로 최적화할 수 있다. 요일별 판매량에 따른 최적 가격은 그림 6.17과 같고 좌석 가동률이 증가한다는 것을 보여준다. 가격 차별화는 이 경우 매우 효율적이고 전체 매출을 147,825달러로 증가시켜준다.

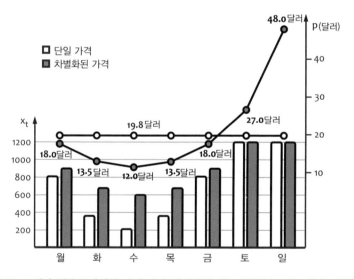

그림 6.17 오페라 하우스에서의 티켓 가격 최적화의 예. 막대의 높이는 팔린 좌석 수, 선 위의 점은 해당 요일의 가격을 의미한다.

6.7.2 동적 가격 책정

동적 가격 책정은 시간에 따라 가격을 변동시킴으로써 이익을 최적화하는 가격 책정 기법이다. 곧 자세히 다루겠지만 이 기법들은 다른 종류의 가격 차별화와 구조적으로 비슷하지만 알고리즘 기반 접근에 대한 추가 장점들이 있다. 특히 동적 가격 책정은 전체적인 가격 최적화와 비교했을 때 가격 최적화를 좀 더 다루기 쉽게 만들어주는 연속적인 가격 조정에 집중한다. 그리고 동적 가격 책정은 복잡성을 더해주는 재고 및 시간 제약을 다루게 되므로 자동화된 최적화에 더 알맞다.

동적인 가격 책정은 정적인 가격 책정과 비교해 더욱 자유롭게 가격을 조정할 수 있으므로 더 많은 이익을 가져다주지만 왜 동적인 가격이 장기적으로 이익인지에 대해 더 깊이 이해할 필요가 있다.

먼저 동적인 가격 책정은 마켓 세그멘테이션 기법의 일종으로 간주될 수 있다. 제품을 일단 베이스라인 가격으로 판매하는 판매자를 가정해보자. 이 제품은 지불 의향 금액이 베이스라인 가격보다 높은 소비자들에게는 판매되겠지만 그렇지 않은 소비자들에게는 판매되지 않는다. 모든 소비자가 베이스라인 가격에 기준해서 구매한다고 가정하면 판매자는 가격을 내릴 수 있다. 이는 지불 의향 금액이 베이스라인 가격과 할인 가격 사이에 있는 소비자들로부터 추가 매출을 이끌어낼 수 있다. 따라서 동적인 가격 책정은 지불 의향과 시간의 차이를 이용해 추가 가격 장벽 없이도 가격 세그먼트를 만들 수 있게 된다. 다음 절에서 최적 가격 궤적에 대한 유용한 성질을 제공하는 수리적인 모델을 만드는 데 이 개념을 사용한다.

지불 의향 금액의 이질성은 동적 가격 책정의 충분 조건이 될 수 있지만 많은 비즈니스 사례에서 수요는 더 큰 변동성을 보여준다. 동적 가격 책정은 변화하는 수요 조건에 따라 가격을 조정하는 균형 맞춤의 역할을 한다.

가변적 수요 제품이나 서비스에 대한 수요는 계절 등과 같은 시간 요소에 따라 변할 수 있다. 가변적 수요를 갖고 있는 산업에는 의류, 엔터테인먼트, 호텔 등이 있다.

가변적 재고 가치 수요의 변화는 재고 객관적 또는 주관적인 가치 변화와 연결돼 있다. 패션 상품, 전자 제품, 자동차는 시장에 신모델이 나오면 구모델의 가치는 떨어진다. 유효 기간이 있는 식품의 경우 유효 기간이 다가올수록 가치는 떨어지고 항공 티켓의 경우 막판에 급하게 티켓을 구하는 구매자들에 의해 가치는 올라간다.

수요의 불확정성 동적 가격 책정은 판매자가 수요에 대해 확신이 없을 때 시행착오를 통해 최적의 가격을 찾는 데 도움을 준다[Pashigan, 1987]. 예를 들어 다음 시즌에 대비해 미리 의류 재고를 준비하는 의류 업체의 경우 얼마나 새로운 상품이 인기가 있을지 정확히 알 수 없다. 하지만 서로 다른 가격 할인을 시도함으로써 이익을 최대화하고 재고 제약 범위에 맞는 가격을 찾을 수는 있다.

최적화 측면에서 동적 가격 책정에 꼭 전문화된 최적화 기법이 필요한 것은 아니다. 시간이 이산 변수라고 가정하면 모든 시간 구간은 세그먼트로 간주될 수 있고 시간 구간을 상호 의존적으로 만드는 제약은 없으므로 오페라 하우스의 예에서 나왔던 가격 차별화와 비슷한 기법을 사용해 최적화할 수 있다. 시간 구간 사이의 의존성이 있는 경우는 보다 전문화된 모델이 필요하고 이것은 동적 가격 책정에서도 마찬가지다. 이런 의존성은 모든 시간 구간이 같은 재고로부터 공급되기 때문에 공급 제약과 관계가 있다.

동적 가격 책정은 수요의 평준화 도구로서 간주될 수 있음을 알아봤다. 이 관점을 확장하면 동적 가격 책정은 수요와 공급을 동시에 평준화한다고 볼 수 있다. 제한된 공급의 두 가지 특징은 제한된 용량과 유효 기간이다.

제한된 용량 전체적인 재고 제한이 있는 경우 판매자는 보충이 될 수 없는 제품의 제한된 수량을 판매한다. 좋은 예는 정해진 수량의 재고를 미리 구매하는 의류 업체다. 재고 보충이 가능은 하지만 어느 정도 제한이 있는 경우도 있다.

유효 기간 유효 기간이 있는 제품은 제한된 시간 내에 판매돼야 한다. 판매되지 않은 재고는 가치를 잃거나 매우 낮은 가격으로 팔릴 수 있다. 이러한 제품의 예는 호텔이나 항공 티켓, 계절별 의류, 소비재 등이 있다.

비즈니스에서 이런 제약 조건의 존재는 동적 가격 책정이 가능하다는 것을 보여주는 좋은 지표다. 이 두 성질은 수요의 비율과 공급의 비율을 맞추는 데 있어 똑같이 중요하다. 여기서 수요의 비율은 유효 기간으로부터 정의된 판매 기간에 대한 용량의 비율이 된다.

6.7.2.1 할인과 클리어런스 세일

유효 기간이 있는 제한된 양의 재고에 대한 동적 가격 최적화는 다음과 같은 수학적 문제로 표현될 수 있다.

$$
\begin{aligned}
\max_{\mathbf{p}, \mathbf{x}} \quad & \sum_{t=1}^{T} p_t x_t \\
\text{subject to} \quad & \sum_{t=1}^{T} x_t \leqslant C \\
& x_t \leqslant q(p_t, t), \qquad \text{for } t = 1, \ldots, T \\
& p_t \geqslant 0, \qquad\qquad\ \text{for } t = 1, \ldots, T
\end{aligned}
\qquad (6.80)
$$

식 (6.80)에서 재고 수량 C는 이산 시간 구간 T로 구성된 시간 내에 모두 판매돼야 한다. 여기서 목적은 각 시간 구간 T에 대해 최적 가격을 정함으로써 매출을 최대화하는 것이다. 그리고 팔리지 않은 재고는 시간 T 이후에는 가치가 없고 변동비는 무시한다고 가정하지만 폐품의 가격과 변동비는 상대적으로 쉬운 방법으로 식에 포함될 수도 있다.

문제 (6.80)은 몇몇 중요한 비즈니스 사례를 모델링한다. 소매 영역에서 할인과 계절별 클리어런스 세일은 이 모델에 맞는데 왜냐하면 팔리는 상품이 정해져 있는 것과 마찬가지로 세일 기간도 정해져 있기 때문이다. 항공사, 철도 회사, 호텔, 극장, 경기장, 화물 회사 등과 같은 회사는 정해진 양의 좌석, 방, 화물 적재 공간 등을 운행 시간, 상영 시간, 체크인 시간 등과 같은 정해진 시간에 판매한다. 하지만 서비스 산업은 추가로 다른 제약들이 있고 자원 할당에 기반을 둔 다른 종류의 매출 최적화 기법들을 사용하므로 여기서는 할인과 클리어런스 세일에 집중하도록 한다. 자원 할당 기법들은 6장의 후반부에서 알아본다.

식 (6.80)으로부터 내릴 수 있는 첫 번째 결론은 가격은 수요가 변할 때만 시간에 따라 변한다는 것이다. 수요가 일정하면 모든 시간 구간은 동일하고 표준 단위 가격 최적화를 적용해 비제한 최적 가격과 6.7.1.2절, '제한된 공급에서의 가격 차별화'에 나타나 있는 논리에 따라 재고 제약 C가 있을 때의 최적 가격을 구하면 된다.

시간에 따른 수요의 변동성은 계절성이나 제품 가치의 변화 등과 같은 다른 요소에 영향을 받는다. 일반적인 경우 시간에 따른 수요의 변동은 증가 또는 감소하는 데 가격도 이와 마찬가지다. 하지만 할인 가격은 유한한 고객을 가정할 때 특정한 패턴을 따르게 되는 경향이 있다[Talluri and Van Ryzin, 2004]. 유한한 고객에게 내구 제품을 판매하는, 즉 세일 기간에 고객이 하나 이상의 제품을 구매하지 않는 경우를 가정해보자. 판매자가 시간 구간 t에 대해 가격을 p_t로 정하면 지불 의향 금액이 p_t보다 같거나 큰 고객은 이 제품을 구매하게 되고 세일 기간이 끝날 때까지는 더 이상 구매하지 않게 된다. 하지만 판매자는 가격을 낮춰 더 낮은 지불 의향 금액을 갖고 있는 고객을 유치하려 할 수 있다. 이는 할인 가격은 세일즈 기간의 처음에는 고객의 가치 평가 금액에 가까워야 하고 시간이 지날수록 꾸준히 낮아지게 된다는 것을 의미한다.

수리적인 모델을 만들기 위해 고객의 지불 의향은 0과 최대 가격 P 사이에서 균일하게 분포한다고 가정해보자.

$$w(p) = \text{unif}(0, P) = \begin{cases} 1/P, & 0 \leqslant p \leqslant P \\ 0, & \text{이외의 경우} \end{cases} \tag{6.81}$$

균일한 지불 의향은 선형 수요 곡선을 가정하고 이는 특정 가격에서 제품을 구매하고 그 이후의 세일 기간에는 제품을 구매하지 않는 고객의 수가 된다. 즉 그림 6.18에서처럼 할인 프로세스를 감소하는 수요 곡선으로 표시할 수 있다. 이 경우의 할인 최적화는 이전에 알아본 마켓 세그멘테이션 문제와 거의 똑같으므로 다음 방정식들은 마켓 세그멘테이션에서 설명할 식들과 구조적으로는 같지만 의미는 다르다.

기간 t 동안의 판매량은 다음과 같다.

$$\begin{aligned} Q_t &= Q_{max} \left[\left(1 - \frac{p_t}{P} \right) - \left(1 - \frac{p_{t-1}}{P} \right) \right] \\ &= \frac{Q_{max}}{P} (p_{t-1} - p_t) \end{aligned} \tag{6.82}$$

전체 매출액은 다음과 같다.

$$G = \sum_{t=1}^{T} p_t \frac{Q_{max}}{P} (p_{t-1} - p_t) \tag{6.83}$$

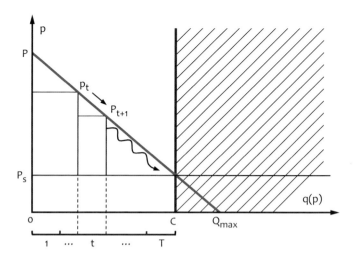

그림 6.18 균일하게 분포된 지불 의향에 대한 가격 인하 최적화 모델

매출을 최대화하는 가격을 찾기 위해 미분하면 다음과 같다.

$$\frac{\partial G}{\partial p_t} = \frac{Q_{max}}{P}\left(p_{t-1} - 2p_t + p_{t+1}\right) \qquad (6.84)$$

이 미분값을 0으로 하면 다음의 가격이 된다.

$$p_t = \frac{p_{t-1} - p_{t+1}}{2} \qquad (6.85)$$

이 식에 대한 초기 조건은 재고 제약을 맞추기 위해 설정돼야 하므로 할인 가격은 최적 가격 P와 재고 부족 시의 가격 P_S 사이에 분포된다.

$$\begin{aligned} p_0 &= P \\ p_{T+1} &= P_S \end{aligned} \qquad (6.86)$$

관계 6.85와 조건 6.86을 만족시키는 할인 가격은 다음과 같다.

$$p_t^{opt} = P_S + (P - P_S)\left(1 - \frac{t}{T+1}\right) \qquad (6.87)$$

이 결과는 할인 가격은 정규 가격과 재고 부족 가격 사이에서 균일하게 분포돼야 한다는 것을 알려준다. 이는 흥미 있는 개념이지만 유한 인구 모델은 가격 책정 의사 결정에 적용하기에는 너무 방대하므로 식 (6.80)에 나타나 있는 기본 최적화 문제로 돌아가 임의의 수요 함수에 대해 직접 풀어야 한다. 이런 접근은 수요 예측 모델이 유한 인구와 관련된 효과를 포함하는 과거의 다양한 패턴을 포함할 수 있기 때문에 보다 나은 유연성을 제공한다.

6.7.2.2 할인 가격 최적화

최적화 문제 (6.80)은 알고리즘 기반 가격 책정에서 중요한 역할을 하므로 이 절에서 어떻게 이 문제를 효율적으로 해결할 수 있는지를 수리적인 예를 통해 들어본다.

여기서 가능한 가격은 이산적 값이라고 가정해보자. 이는 가격이 달러 또는 센트로 표시되는 대부분의 제품에 해당한다. 가능한 가격의 집합이 K개의 가격 수준을 갖고 할인 단계의 수가 **T**라면 각 단계에 대해 K^T개의 가능한 가격 조합을 평가함으로써 최적 가격을 찾을 수 있다. 이 접근은 K와 **T** 값이 높지 않은 비즈니스의 경우에는 계산적으로 가능하다. 예를 들어 많은 할인 소매업체는 가격이 4.90달러나 9.90달러로 끝나는, 즉 34.90달러나 59.90달러인 경우가 많으므로 가능한 가격의 수는 상대적으로 낮다. 하지만 만약 20개의 가격 수준이 있고 매일의 가격을 2주(14일)에 걸쳐 최적화한다면 20^{14}개의 가격 조합을 평가해야 하므로 계산적으로 거의 불가능하다.

한 가지 가능한 방법은 원래의 비선형 최적화 문제를 선형 프로그래밍으로 근사해서 푸는 것이다[Talluri and Van Ryzin, 2004]. 가능한 가격의 수준을 {P_1, ..., P_K}라 하고 각 시간 구간에 대해 선택된 가격의 수준을 통제하는 가중값 변수를 z라고 가정해보자.

$$p_t = \sum_{i=1}^{K} z_{it} P_i \tag{6.88}$$

최적화 문제는 $K \times T$개의 매출 최대화 변수 **x**를 찾는 것으로 재정의할 수 있다. 여기서 시간 구간 t에 대해 하나의 z_{it}는 1이 되고 다른 z 변수는 0이 된다. 변수 z에 대해 0 또는 1이 되는 제약을 제거하고 각 시간 구간에 대해 합이 1이 되도록 하자.

$$\sum_{i=1}^{K} z_{it} = 1, \qquad \text{for } t = 1, \ldots, T$$

$$z_{it} \geq 0$$

$$(6.89)$$

이는 같은 시간 구간에 대해 이산 집합으로부터의 2개 이상의 가격이 0이 아닌 가중값으로 가질 수 있는 분할적 가격을 허용한다는 뜻이 된다. 이는 할인 단계가 더 작은 구간으로 나눠질 수 있다는 뜻이다. 예를 들어 가중값 0.2와 0.8을 갖고 있는 2개의 할인 단계가 있다면 첫 번째 가격 단계는 단계 기간의 1/5이 돼야 하고 두 번째 가격 단계는 단계 기간의 4/5가 돼야 한다. 이는 동적 가격 최적화를 다음과 같이 다시 정의할 수 있다는 것을 의미한다.

$$\max_{\mathbf{z}} \quad \sum_{t=1}^{T} \sum_{i=1}^{K} z_{it} \cdot P_i \cdot q(P_i, t)$$

$$\text{subject to} \quad \sum_{t=1}^{T} \sum_{i=1}^{K} z_{it} \cdot q(P_i, t) \leq C$$

$$\sum_{i=1}^{K} z_{it} = 1, \quad \text{for } t = 1, \ldots, T$$

$$z_{it} \geq 0$$

$$(6.90)$$

식 (6.90)은 선형 프로그램이다. 모든 변수 $\mathbf{z}$를 $K \times T$ 원소를 갖고 있는 평면 벡터에 할당하고 시간 t와 가격 수준 i의 해당 쌍에 대한 매출과 수요 값을 계산하면 목적 함수와 재고 제약은 벡터로 표현될 수 있다. 이는 선형 프로그램에 대한 표준 최적화 소프트웨어를 사용할 수 있게 해준다.

예 6.6

단일 제품에 대해 4주간의 세일을 계획하는 소매업체의 예를 살펴보자. 가능한 가격의 수는 다섯 가지(49달러, 59달러, 69달러, 79달러, 89달러)다. 수요 함수는 세일의 각 주간에 대해 다음과 같이 예측된다.

480

$$q(p,t) = \begin{bmatrix} 1800 - 10p, & \text{1주} \\ 1300 - 15p, & \text{2주} \\ 1200 - 15p, & \text{3주} \\ 1100 - 18p, & \text{4주} \end{bmatrix} \tag{6.91}$$

이 모수를 식 (6.90)에 대입하고 제품 재고 제한 C의 값에 대해 푼다. 이 값은 다음의 표에 나타나 있다. 각 솔루션은 20개의 값을 갖고 있는 행렬이 된다. 각 열은 4개의 주간, 행은 5개의 가격 수준을 의미한다(가장 위의 행이 가장 높은 가격, 가장 아래의 행이 가장 낮은 가격). 예를 들어 최적 가격은 재고가 700개일 때 1, 3, 4주에 대해 89달러다. 같은 재고에서 가격은 2주에는 분할돼 22%는 89달러, 78%는 79달러에 팔린다.

C = 700, G = 61,400달러

1.00	**0.22**	**1.00**	**1.00**
0.00	**0.78**	0.00	0.00
0.00	0.00	0.00	0.00
0.00	0.00	0.00	0.00
0.00	0.00	0.00	0.00

C = 1000, G = 81,507 달러

1.00	0.00	0.00	**1.00**
0.00	**0.27**	0.00	0.00
0.00	**0.73**	**1.00**	0.00
0.00	0.00	0.00	0.00
0.00	0.00	0.00	0.00

C = 1300, G = 96,778달러

1.00	0.00	0.00	0.00
0.00	0.00	0.00	0.00
0.00	**1.00**	0.00	0.00
0.00	0.00	**1.00**	**0.60**
0.00	0.00	0.00	**0.40**

C = 1600, G = 109,218달러

1.00	0.00	0.00	0.00
0.00	0.00	0.00	0.00
0.00	0.00	0.00	0.00
0.00	**1.00**	**0.72**	0.00
0.00	0.00	**0.28**	**1.00**

C = 1600, G = 116,198달러

0.58	0.00	0.00	0.00
0.42	0.00	0.00	0.00
0.00	0.00	0.00	0.00
0.00	0.00	0.00	0.00
0.00	**1.00**	**1.00**	**1.00**

C = 2200, G = 117,242 달러

0.00	0.00	0.00	0.00
1.00	0.00	0.00	0.00
0.00	0.00	0.00	0.00
0.00	0.00	0.00	0.00
0.00	**1.00**	**1.00**	**1.00**

여기서 가격은 시간이 지날수록 전반적으로 감소하고 수요 비율이 감소하는 경향을 보여준다. 다른 경향은 엄격한 재고 제약은 일반적으로 할인을 감소 또는 연기시키게 된다는 것이고 이는 기대와 일치한다.

6.7.2.3 경쟁 제품에 대한 가격 최적화

가격 최적화의 가장 어려운 문제 중 하나는 제품 사이의 의존성이다. 많은 비즈니스 영역, 특히 소매 영역에서 고객들은 한 제품의 가격을 다른 제품에 대한 비교 가격으로 삼아 경쟁 또는 대체 가능한 제품끼리 계속 비교 선택하게 되므로 한 제품의 수요는 해당 제품의 가격 및 경쟁 제품의 가격의 함수가 된다. 이 경우 가격은 각 제품별로 최적화될 수 없고 모든 경쟁 제품의 가격이 동시에 최적화돼야 한다. 경쟁 제품의 숫자는 경우에 따라 수백 개가 될 수도 있으므로 최적화 문제는 수학적으로 불가능해질 수도 있다. 이 절에서는 계산에 들어가는 노력을 획기적으로 줄여줄 수 있는 온라인 소매업체 룰랄라에서 개발된 프레임워크를 알아본다 [Ferreira 등, 2016].

소매업체가 n개의 제품을 판매한다고 가정한다. 제품의 집합을 N이라고 하면 $|N| = n$이 되고 가능한 가격 수준의 집합을 P라고 하면 $|P| = k$가 된다. 대부분의 가격은 9.95달러 또는 14.95달러와 같은 식으로 특정 숫자로 끝나기 때문에 실제 가격의 집합은 그리 크지 않다. 소매업체는 제품 가격과 경쟁 제품의 가격의 함수로 표현되는 수요 예측 모델을 갖고 있다고 가정한다. 재고의 경우 이 모델은 실제(비제한) 수요를 예측할 수 있다. 소매업체가 제한된 재고를 갖고 있는 경우 모델은 6.6.3절, '재고 부족이 있는 경우의 수요 예측'에서 다뤘듯이 실제 수요와 가능한 재고 중에서 작은 숫자가 되는 예상 판매량을 예측할 수 있다.

최적화의 목표는 전체 매출이 최대화되는 방향으로 각 제품에 가격을 할당하는 것이다. 이 문제는 정적 또는 동적 가격 책정에 모두 적용할 수 있다. 동적 가격 책정의 경우 복수의 세일즈 행사가 있다면 이 최적화 문제는 반복적으로 풀어져야 한다. 예를 들어 소매업체는 모든 n개의 제품에 대해 일정 수준의 재고를 갖고, 동시에 n개의 세일 행사를 시작할 수 있다. 초기 가격은 초기 환경에서의 최적화 문제를 풀어 할당될 수 있다. 다음 날에는 그 날의 재고 수준을 갖고 최적화 문제를 다시 풀어 새로운 가격을 할당하고 이 과정이 날마다 반복된다. 이런 문제에 대한 어리석은 해법은 모든 가능한 k^n 가격 조합에 대해 수요와 매출을 평가하는 것이다. 이 문제는 다음과 같이 정의할 수 있다.

$$\max_{\mathbf{p}} \quad \sum_{i \in N} p_i \cdot q_i(\mathbf{p}) \tag{6.92}$$
$$\text{subject to} \quad p_i \in P, \quad \text{for } i = 1, \ldots, n$$

여기서 $\mathbf{p}$는 가격의 n차원 벡터, p_i는 제품 i의 가격, q_i는 모든 가격에 대한 제품 i의 수요 모델이며 이는 제품 가격 p_i와 모든 경쟁 제품의 가격을 포함하고 있다. 제품의 개수 n과 가능한 가격의 개수 k는 매우 커질 수 있으므로 이를 실제로 계산하는 것은 대부분의 영역에서 적합하지 않다. 이 문제를 풀 수 있는 한 가지 방법은 수요를 각 제품 가격의 함수가 아니라 벡터 $\mathbf{p}$보다 작은 수의 종합된 값의 함수로서 예측하는 것이다. 예를 들어 경쟁 제품에 대한 가격의 합을 종합된 값으로 사용할 수 있다.

$$Q = \sum_{i=1}^{n} p_i \tag{6.93}$$

여기서 Q의 가능한 값의 수 m은 다음과 같다.

$$m = n(k-1) + 1 \tag{6.94}$$

예를 들어 전체 제품의 수가 10이고 가능한 가격의 수준 수가 $P = \{1달러, ..., 10달러\}$이 돼 10이면 Q의 값은 10달러부터 100달러까지의 범위에서 1달러 단위씩 존재한다. 수요가 개별 제품의 가격이 아니라 가격의 합에 의존한다는 가정은 실제에서는 다를 수 있지만 일부 영역에서는 이 가정이 작동한다는 증거가 있다 [Ferreira 등, 2016]. 이 가정은 검색 공간을 k^n개의 가격 조합에서 Q의 $O(nk)$ 값으로 줄인다. 최적 가격 할당은 Q의 각 가능한 값에 대해 m개의 최적화 문제를 풀고 그중에 최적의 해법을 찾음으로써 풀 수 있다. 최적화 문제를 정의하기 위해 가격 수준 P의 j번째 원소를 $p^{(j)}$라고 정의하고 z_{ij}가 제품 i의 가격이 할당됐으면 1, 그렇지 않으면 0이 되는 바이너리 변수 $z_{ij} \in \{0, 1\}$을 정의하자. Q의 값이 주어졌다는 가정하에 최적화 문제는 다음의 정수 프로그램으로 정의된다.

$$
\begin{aligned}
\max_{z} \quad & \sum_{i \in N} \sum_{j \in P} p^{(j)} \cdot q_i(p^{(j)}, Q) \cdot z_{ij} \\
\text{subject to} \quad & \sum_{j \in P} z_{ij} = 1 \\
& \sum_{i \in N} \sum_{j \in P} p^{(j)} \cdot z_{ij} = Q \\
& z_{ij} \in \{0, 1\}
\end{aligned}
\tag{6.95}
$$

첫 번째 제약은 각 제품이 하나의 가격만을 갖고 있는 것, 두 번째 제약은 모든 제품 가격의 합이 Q가 된다는 것이다. 수요 함수 q_i는 제품 i에 대한 수요를 제품에 할당된 가격과 가격 Q의 합의 함수로서 예측하므로 가격의 합은 모델 훈련에 대한 특징 중 하나로 사용한다. 이전에 다뤘듯이 수요 함수는 가능한 재고를 고려할 수 있으므로 예측된 수요 수준은 제품 재고에 의해 제한된다. 이는 목표가 남아 있는 재고를 처분하는 경우와 이 모델이 세일 이벤트와 할인 가격 최적화에 사용할 경우에 특히 중요하다.

정수 프로그램 문제 (6.95)는 원래의 포괄적 검색보다 훨씬 낮은 계산적 복잡성을 갖지만 제품과 가격의 수가 많은 경우에는 매우 복잡해질 수 있다. 이 경우 문제를 선형 프로그램으로 변형하는 것은(z_{ij}가 바이너리는 아니지만 $0 \le z_{ij} \le 1$과 같은 연속 변수일 경우) Q의 모든 값을 근사적으로 평가하기 위해 사용할 수 있고 각 최적 솔루션은 Q 값의 부분 집합에 대해 정수 프로그램 식 (6.95)를 풀어 찾을 수 있다 [Ferreira 등, 2016]. 이 접근은 계산적 복잡성을 줄여주고 이런 문제를 많은 수의 제품과 가격 수준도 다루기 쉽게 해준다.

6.7.3 개인화된 할인

이전에 알아본 가격 최적화 기법들은 다른 고객 세그먼트나 시간 구간에 대해 다른 할인을 적용함으로써 고객들의 지불 의향 금액의 다양성을 활용한다. 결국에는 세그먼트 수준에서 할인의 화폐적이고 임시적인 성질을 관리하기 위해 두 접근을 결합한다. 이 지점에서 가격 책정 기법은 3장, '프로모션과 광고'에서 알아본 프로모션 기법과 접점을 이룬다. 가격 책정은 개별 고객 프로파일에 기반을 둔 가격 결정을 하기 위해 타깃팅 기법을 활용하게 되고 프로모션은 가격 최적화 기법을 활용해 할인 폭과 같은 프로모션의 화폐적 요소를 최적화한다. 여기서는 특정 고객에 대해 할인 금액을 최적화하고 할인 오퍼의 최적 시간과 기간을 찾는 기법을 연구해본다[Johnson 등, 2013]. 임시적 성질 최적화의 아이디어는 고객의 구매 확률은 균일하지 않고 시간에 따라 변하기 때문에 각 고객에 대해 최적의 할인 시간 구간이 있다는 점에서 시작한다.

할인의 임시적 성질을 모델링하기 위해 고객 u의 시간 t에서의 할인 가치 d에 따른 브랜드 k의 구매 확률을 2개의 확률, 즉 브랜드 구매 확률과 시간 t에서의 구매 확률로 분리한다.

$$p_{ktud} = p(brand = k \mid u; d) \cdot p(time = t \mid u; d) \tag{6.96}$$

이제 확률 밀도 함수 $p(brand = k \mid u; d)$와 $p(time = t \mid u; d)$를 별도로 모델링해야 한다. 그럼에도 불구하고 둘 다에 대해 공통적인 접근을 사용할 것이다. 첫째, 확률 밀도를 정의하고 이를 모수의 효용 함수로 서술할 것이다. 둘째, 데이터로부터 효용 함수를 추정하는 회귀 모델을 생성할 것이다.

주어진 브랜드 $p(brand = k \mid u; d)$의 구매에 대한 확률 밀도 함수는 다중 선택 모델의 전형적인 예다. 왜냐하면 소비자는 서로 대체할 수 있는 여러 대안 브랜드 가운데(여기서 전체 경쟁 브랜스의 수는 K라고 가정해보자) 하나를 선택하기 때문이다. 여기서 분포를 정의하기 위해 다항 로지트 모델을 사용할 수 있다.

$$p(brand = k \mid u; d) = \frac{\exp(x_{kut})}{\sum_{i=1}^{K} \exp(x_{iut})} \tag{6.97}$$

효용 함수 x_{kut}는 다음과 같은 회귀 모델을 사용해 데이터로부터 학습될 수 있다.

$$x_{kut} = \sum_{w=1}^{W} \beta_{uw} F_{kutw} \tag{6.98}$$

여기서 F_{kutw}는 할인 금액 d와 로열티와 가격 같은 다른 특징들을 포함하는 설명 변수, β_{uw}와 W는 회귀 계수다.

시간 t에서의 구매의 확률 밀도 함수는 얼랑 분포^{Erlang distribution}의 형태로 이뤄진다[Johnson 등, 2013].

$$p(time = t \mid u; d) = y_u^2 \cdot t \cdot \exp(-y_u t) \tag{6.99}$$

여기서 모수 변수 y_u는 식 (6.97)에서의 모수 변수 x에 대한 모델과 마찬가지로 설명 변수로서 할인 값을 포함하는 회귀 모델에 의해 추정될 수 있으므로 나중에 최적화의 대상이 될 수 있다.

앞에서 정의된 구매 확률은 주어진 고객에 대한 판매량 Q_u를 달러로 표시된 할인 가치 d, 할인 시작 시각 t, 할인 기간 $\mathbf{T}$의 함수로 모델링할 수 있게 해준다.

$$Q_u(d, t, T) = \int\limits^{t+T} p_{ktud} dt \tag{6.100}$$

이를 통해 전체 마진에 대한 최적화 문제를 다음과 같이 구성한다.

$$\max_{d,t,T} \sum_{u} m \cdot (Q_u(0,0,t) + Q_u(d,t,t+T) + Q_u(0,t+T,\infty)) \atop - d \cdot Q_u(d,t,T)$$

(6.101)

여기서 m은 정규 가격에서의 마진이다. 위의 식에서 첫 번째 항은 매출에 대응하고 이것은 세 가지 요소(프로모션 전, 프로모션 중간, 프로모션 후)의 매출로 이뤄져 있다. 두 번째 항은 프로모션 비용에 대응한다. 이는 그림 6.19에 나타나 있다.

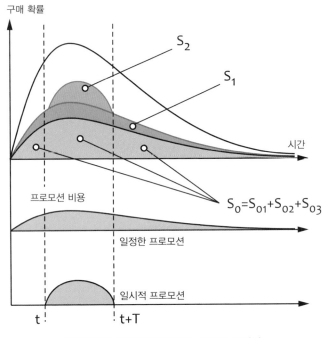

그림 6.19 프로모션 기간을 고려한 최적화

맨 위의 그림은 정규 가격에서의 제품 판매량이 S_0 영역에 대응할 때 고객 u의 구매의 확률 밀도를 나타낸다. 영구적인 가격 할인은 판매량을 S_1 영역만큼 증가시키므로 전체 매출과 프로모션 비용은 $S_0 + S_1$에 비례해 늘어난다. 특정 시간에 대해 최적화된 할인 프로모션의 매출은 $S_0 + S_2$에 비례해 늘어나고 비용도 $S_{02} + S_2$에 비례해 늘어난다. 영구적 가격 할인과 특정 시간에 대한 가격 할인의 차이는 확률 밀도 함수의 특정한 수리적 성질의 경우에 임시적 최적화를 활용할 수 있는 잠재력을 보여준다.

6.8 자원 할당

동적 가격 책정은 고객을 그들의 지불 의향에 따라 세그먼트로 나누는 방법과 전체 재고가 제한이 있을 경우 각 세그먼트에 대해 가격을 최적화하는 방법을 제시한다. 이전에 다뤘듯이 이 기법의 최대 장점 중 하나는 미리 정의된 가격 세그먼트가 필요하지 않고 동적으로 생성하고 수정할 수 있다는 점이다. 반면 이를 유연하게 사용하려면 어떻게 가격이 정해지고 수정되느냐에 대한 비즈니스 모델과 운영환경이 갖춰져 있어야 한다. 예를 들어 소매와 이커머스 환경은 동적 가격 책정에 대한 좋은 능력을 제공하지만 항공, 호텔, 화물 운송과 같은 서비스 산업에서는 이점에서 덜 유연하다. 이 차이는 다른 종류의 서비스에 대한 고정된 가격을 정하는 것과 같은 역사적 이유에서도 일부 기인한다. 이는 이 문제에 대한 대안적 해석에 기반을 둔 많은 종류의 기법의 발전을 초래했다. 이 기법들은 처음에 항공업계에서 시작됐고 프로그램 기반 기법 및 동적 가격 책정이 나오기 전에 발전되기 시작했다.

판매자가 가격을 임의로 조정하기 어려운 운영적, 법률적, 비즈니스적 제약이 있다고 가정하면 동적 가격 최적화 문제를 뒤집어 대안적인 방법을 고려해볼 수 있다. 이 아이디어는 보통 요금 등급이라는 정해진 가격 세그먼트를 정의한 후 이익을 최대화하는 방법으로 각 클래스에 전체 용량의 일부분을 할당하는 것이다. 즉 최적화의 목적은 각 클래스에 할당되는 용량 한계다. 이 문제의 전형적인 예는 3개의 운임 단계(이코노미, 비즈니스, 1등석)가 있는 항공사에서 전체 좌석 수가 제한돼 있다는 가정하에 각 클래스에 예약될 수 있는 좌석 수를 결정하는 것이다.

6.8.1 환경

이전에 다뤘듯이 동적 가격 책정은 수요의 변동성과 제한된 자원과 같은 특정 조건이 있는 환경에서 가능하다. 이런 근본적인 고려 사항은 결국 같은 문제에 대한 다른 해법이기 때문에 자원 할당에도 적용할 수 있다. 하지만 많은 자원 할당 기법은 주로 서비스 영역에서 개발됐고 그 영역에서의 제한들을 주로 알아본다. 여기서는 다음 설명될 기본적인 환경들을 다루고 자원 할당의 이론과 실무에서 존재하는 추가 어려움들을 간단히 알아본다.

- 판매자는 다른 가격을 갖고 있는 여러 마켓 세그먼트에 제품이나 서비스를 제공한다. 세그먼트는 항공사에서의 이코노미 또는 비즈니스 석과 같은 서비스 수준으로 정의할 수도 있고 클래스 사이의 구분을 향상시키기 위한 보다 복잡하고 세분화된 비즈니스 규칙에 기반할 수도 있다. 예를 들어 호텔이나 항공사는 그들의 서비스를 여가 고객보다 비즈니스 고객에게 더 비싸게 팔 수 있다. 비즈니스 고객이 더 낮은 가격에 서비스를 구매하는 것을 막기 위해 서비스 제공자는 낮은 가격의 서비스는 몇주 전에 미리 구매되거나 토요일이 포함되지 않도록 할 수 있다.
- 모든 요금 클래스는 자원의 동일한 고정 용량으로부터 제공되고 클래스에 대한 예약 한계는 동적으로 변한다. 예를 들어 항공사의 경우 전체 좌석의 수는 일정하지만 표준 이코노미 석과 할인 이코노미 석의 비율은 조정할 수 있다.
- 최적화 시스템은 각 요금 클래스에 대한 예약 한계를 정하거나 조정하기 위해 역사적 그리고 현재의 수요 데이터를 분석한다. 예약 한계는 예약 요청을 받는 애플리케이션인 예약 시스템에 입력된다. 예약 요청은 할인 이코노미 좌석에 1명 예약과 같은 특정 요금 클래스에 대한 특정 인원수를 예약해달라는 요청이다. 예약 시스템은 예약 한계가 모두 차지 않았으면 예약을 받아들이고 예약 가능 인원수를 감소시키고 예약 한계가 모두 차면 요청을 거절한다.
- 여기서 고려할 기본적인 최적화 모델은 수요에 대한 몇몇 중요한 가정을 한다. 첫째, 각 요금 클래스에 대한 수요는 알려진 분포를 갖고 있는 랜덤 변수다. 둘째, 모든 수요 변수는 독립이라고 가정한다. 특히 특정 클래스에 대한 수요는 다른 클래스의 좌석 상황에 의존하지 않는다. 이는 특정 클래스에 예약을 신청한 고객이 거절됐을 때 다른 클래스를 고려할 수 있고 그에 따라 다른 클래스의 수요를 증가시킬 수 있기 때문에 불완전한 세그멘테이션과 비슷한 매우 느슨한 근사가 된다. 마지막으로 예약 요청은 가장 낮은 클래스로부터(가장 저렴한 요금) 가장 높은 클래스(가장 비싼

요금)로 이뤄진다고 가정한다. 이 가정도 매우 느슨한 근사지만 실제로 많이 사용하고 실제 수요 패턴과 비슷하다. 예를 들어 여행자를 위한 낮은 요금에 대한 규칙은 예약이 한참 전에 미리 이뤄져야 하는 조건을 포함할 수 있다.

자원 할당의 많은 응용에서 위의 기본 환경 모델에 나오지 않는 두 가지의 요구 사항이 있다. 첫째, 자원은 종종 한 단위가 아니라 복수의 단위를 포함하는 제품으로 할당된다. 예를 들어 호텔 예약은 1박 또는 그 이상을 포함할 수 있고 항공 여정은 여러 여정의 결합이 될 수 있다. 이는 자원의 네트워크가 결합돼 운영되고 최적화돼야 한다는 것을 의미한다. 둘째, 예약 요청은 항공과 호텔을 비롯한 많은 산업에서 취소할 수 있어야 하고 취소된 예약 요청의 수는 상당할 수 있다. 아메리칸 항공은 예약의 절반 정도가 취소 또는 아예 나타나지 않았다고 한다[Smith 등, 1992]. 이는 서비스 제공자가 예약 중의 일부는 취소될 것을 감안하고 가능한 자리보다 예약을 더 받는 오버부킹overbooking을 초래한다. 오버부킹은 기대 취소율에 따라 예약 수준을 조정하는 특별한 기법의 개발을 요구한다.

이전에 언급했듯이 자원 할당은 예약 제한을 최적화의 목적으로 사용한다. 예약 제한을 정의하는 간단한 방법은 각 요금 클래스에 제한을 따로 할당하는 것이다. 이 방법의 문제는 낮은 클래스의 자리가 있을 때 높은 클래스의 자리가 모두 나가는 것이다. 즉 예약 시스템은 나중에 낮은 요금의 예약 요청이 있을 때 사용할 자리를 남겨 놓기 위해 높은 요금의 예약 요청을 거절할 수 있다. 이는 이익률 측면에서는 명백히 도움이 되지 않는다. 더 나은 방법은 대부분의 이론적 모델과 실제 응용에서도 표준으로 사용하는 중첩된 한계nested limits다. 이것의 아이디어는 그림 6.20에 나타나 있듯이 각 요금 클래스별로 제한을 할당하는 것이 아니라 각 클래스와 같거나 더 높은 것에 대해 제한을 할당하는 것이다. 보호 수준Protection level이라 불리는 이 제한은 첫 번째 제한은 1등석에 대한 제한과 같고 마지막 제한은 전체 좌석 수와 같다.

예약 시스템은 다음의 논리에 따라 예약 요청을 받아들이거나 거절한다.

- 클래스 i에 대한 예약 요청은 $y_i > y_{i-1}$일 때만 승인된다. 이는 클래스 예약 한계는 y_i와 y_{i-1}의 차이기 때문이다.
- 예약 요청이 승인되면 y_n은 감소되고 새로운 y_n의 값보다 큰 보호 수준

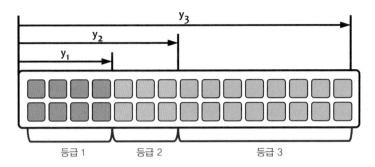

그림 6.20 3개의 요금 등급과 보호 수준 y_1, y_2, y_3

은 y_n과 같다. 이는 그림 6.20에서처럼 더 많은 좌석이 예약되면서 y_n의 오른쪽 경계가 왼쪽으로 이동한다. 다른 보호 수준에서의 오른쪽 경계는 덩달아 이동한다.

예약 과정은 표 6.8에 나타나 있다. 처음에는 1등석에 두 좌석, 2등석에 두 좌석, 3등석에 네 좌석이 있어서 총 여덟 좌석이 있다. 어느 예약 요청도 5라운드까지는 받아들여지고 그때 전체 예약 가능 좌석은 네 좌석으로 줄어든다. y_3과 y_2의 차이

표 6.8 중첩된 예약 한계가 있는 경우의 예약 과정의 예

	보호 수준			판매량			예약 요청	결과
	y_1	y_2	y_3	C_1	C_1	C_1		
1	2	4	8	0	0	0	1단위 C2	승인
2	2	4	7	0	0	0	1단위 C3	승인
3	2	4	6	0	1	1	1단위 C3	승인
4	2	4	5	0	2	2	1단위 C1	승인
5	2	4	4	1	2	2	1단위 C3	거절
6	2	4	4	1	2	2	1단위 C2	승인
7	2	3	3	2	2	2	1단위 C2	승인
8	2	2	2	2	2	2	1단위 C3	거절
9	2	2	2	2	2	2	1단위 C1	거절
10	2	2	2	2	2	2	1단위 C1	승인
11	1	1	1	3	2	2	–	승인
12	0	0	0	4	2	2		거절

는 0이 되므로 3등석은 마감된다. 이 과정은 뒤집을 수 없다. 즉 y_i와 y_{i-1}의 차이가 0이 되면 class i는 마감된다. 2등석에 대한 요청은 7라운드까지 접수되고 1등석에 대한 요청만 그 이후에 받아들여진다.

6.8.2 2개의 클래스가 있는 할당

할당 문제는 어렵기 때문에 2개의 요금 클래스가 있는 기본적인 시나리오부터 시작해보자. 일단 C개의 용량이 있다고 가정하고 첫 번째 클래스의 가격을 p_1, 두 번째 클래스의 가격을 p_2라고 가정해보자. 여기서 $p_1 > p_2$가 된다.

환경에 관한 가정에 맞게, 각 두 클래스에 대한 수요는 랜덤 변수 Q_i이고 누적 분포 함수 F_i는 알려져 있다. 할당 요청은 순차적으로 이뤄지고 다른 가정에 맞도록 두 번째 클래스(더 저렴한 클래스)에 대한 요청이 먼저 이뤄진다. 즉 여기서의 목표는 두 번째 클래스에 대해 C − y개의 요청 이상을 받아들이지 않고 남은 y개의 좌석을 첫 번째 클래스 요청에 대해 남겨 놓을 수 있게 보호 수준 y의 최적값을 정하는 것이다.

두 번째 클래스에 대한 요청을 받을 때마다, 이를 받아들일지 아니면 거절하고 그 좌석을 첫 번째 클래스를 위해 남겨 놓을지를 결정해야 한다. 이 결정은 그림 6.21에 나타나 있듯이 기댓값에 의해 분석될 수 있다. 그 요청을 받아들이면 p_2의 매출을 얻게 된다. 그 요청을 거절하고 두 번째 클래스를 닫고 첫 번째 클래스로 바꾼다면 2개의 결과가 가능하다. 첫 번째 클래스에 대한 수요가 남은 용량 y를 초과한다면 p_1의 가격에서 예약을 진행할 것이다. 첫 번째 클래스에 대한 수요가 남은 용량 y보다 작다면 예약은 진행되지 않고 매출은 0이 될 것이다. 즉 두 번째 클래스에 대한 승인 조건은 다음과 같다.

$$p_2 \geq p_1 \cdot \Pr(Q_1 \geq y) \tag{6.102}$$

이는 다음과 같은 표현이 된다.

$$p_2 \geq p_1 \cdot (1 - F_1(y)) \tag{6.103}$$

누적 분포 함수의 역을 취하면 첫 번째 클래스에 대한 최적의 보호 수준을 구할 수 있다.

$$y_{opt} = F_1^{-1} \left(1 - \frac{p_2}{p_1} \right) \tag{6.104}$$

식 (6.104)는 리틀우드의 법칙이라고 알려져 있다[Littlewood, 1972]. 최적의 보호 수준은 첫 번째 클래스에서 더 많은 양을 예약하고 남은 것이 두 번째 클래스에서 예약하게 되기 때문에 두 번째 클래스의 수요 분포에 의존하지 않는다.

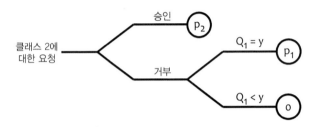

그림 6.21 2개의 등급이 있는 할당 문제에 대한 의사 결정 트리

예 6.7

2개의 요금 클래스를 갖고 있는 최적화의 예를 살펴보자. 서비스 제공자는 20단위의 자원이 있고 이를 정가 300달러와 할인가 200달러에 판매한다. 정가에 대한 수요는 평균 8과 표준편차 2를 갖고 있는 정규 분포를 따른다고 추정된다. 즉 정가에 대한 수요가 y 단위를 초과할 확률은 정규 분포의 누적 분포 Φ를 사용해 표현될 수 있다.

$$\Pr(Q_1 \geqslant y) = 1 - \Phi\left(\frac{y - 8 - 0.5}{2} \right) \tag{6.105}$$

여기서 예약 단위의 이산성 때문에 0.5의 이동 계수를 더했다. 수요가 정확히 y 단위일 확률은 $y - 0.5$ 부터 $y + 0.5$까지의 구간에 대해 누적 분포를 적분함으로써 근사할 수 있다. y 단위를 정가에 팔리도록 예약했으므로 정가에 대한 한계 매출은 다음과 같이 정의할 수 있다.

표 6.9 2개의 요금 등급이 있는 경우 보호 수준의 최적화의 예　(단위: 달러)

y	$r_1(y)$	$R_1(y)$	$R_2(y)$	$R_1(y) + R_2(y)$
1	299	299	3800	4099
2	299	599	3600	4199
3	299	898	3400	4298
4	296	1195	3200	4395
5	287	1483	3000	4483
6	268	1751	2800	4551
7	232	1983	2600	4583
8	179	2163	2400	4563
9	120	2283	2200	4483
10	67	2351	2000	4351
11	31	2383	1800	4183
12	12	2395	1600	3995
13	3	2398	1400	3798
14	0	2399	1200	3599
15	0	2399	1000	3399
16	0	2400	800	3200
17	0	2400	600	3000
18	0	2400	400	2800
19	0	2400	200	2600
20	0	2400	0	2400

$$r_1(y) = 300달러 \times \Pr(Q_1 \geq y) \qquad (6.106)$$

즉 한계 매출은 y 단위가 이 세그먼트에 할당됐을 때의 정가로부터의 기대 매출과 $y - 1$ 단위가 할당됐을 때의 해당 매출의 차이가 된다. 정가로부터의 전체 기대 매출은 한계 매출의 합이 된다.

$$R_1(y) = \sum_{i=1}^{y} r_1(i) \qquad (6.107)$$

할인 세그먼트로부터의 매출은 할인 가격과 남은 자원 단위의 곱이 된다.

$$R_2(y) = 200달러 \times (C - y) \qquad (6.108)$$

이 서비스 제공자의 전체 매출은 정가 매출과 할인 가격 매출의 합이다. 모든 보호 수준 y의 가능한 값에 대해 이를 계산하면 표 6.9와 같다.

이 표에서 가장 높은 매출은 보호 수준이 7일 때 이뤄진다. 즉 7단위가 정가 세그 먼트에 할당되고 13단위가 할인 세그먼트에 할당될 때이다. 리틀우드의 법칙은 같은 결과를 낳는다. 식 (6.102)의 우변에 해당하는 한계 매출 $r_1(y)$는 할인 가격 200달러 이하인 보호 수준 8 아래에 대응한다.

6.8.3 다중 클래스의 할당

리틀우드의 규칙은 2개 클래스가 있을 때의 자원 할당에 대한 간편한 표현을 제공 한다. 하지만 실제로 많은 할당 문제는 2개 이상의 클래스가 있다. 이 경우의 최적 값을 구하는 것은 매우 어렵지만 이것에 대처할 수 있는 몇 가지 방법이 있다. 한 가지 가능한 방법은 순차적으로 도착하는 수요 클래스에 대한 가정을 사용해 문제 를 재귀적으로 푸는 것이다. 즉 한 클래스에 대한 보호 수준에 대한 결정은 더 작 은 차원의 문제로 된다. 이 기법은 할당 문제를 동적 프로그래밍 방법으로 해결 할 수 있게 해준다. 다른 방법은 리틀우드의 규칙에서 사용했던 확률적 분석을 확 장해서 최적 보호 수준을 찾기 위해 시뮬레이션을 활용하는 것이다[Brumelle and McGill, 1993; Talluri and Van Ryzin, 2004]. 여기서는 후자의 방법을 사용한다.

2개의 클래스 문제에서 최적 보호 수준은 다음과 같다.

$$p_2 = p_1 \cdot \Pr\left(Q_1 \geq y_1^{\text{opt}}\right) \tag{6.109}$$

여기서 한 단계 더 나아가 그림 6.22에서처럼 세 번째 클래스가 있는 경우를 고려 해보자.

두 클래스 문제와 마찬가지로 세 번째 클래스에 대한 요청은 승인되고 p_3의 매출 을 발생시킬 수 있다. 거절되는 경우는 세 번째 클래스는 닫히고 그 이후의 요청은 두 클래스 모드에서 다뤄진다. 이는 두 가지 결과를 낳을 수 있다.

- 첫 번째와 두 번째 클래스에 대한 전체 수요가 보호 수준 y_2보다 아래이

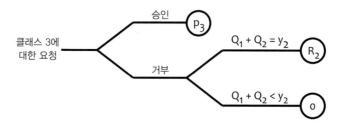

그림 6.22 세 등급의 클래스가 있는 경우 자원할당에 대한 의사 결정 트리

면 이 단위는 잃어버린 것이 되고 세 번째 클래스를 너무 일찍 마감시킨 것이 된다.

- 그렇지 않다면 나머지 요청은 표준 두 클래스 문제로서 다뤄진다. 이전 절에서 다뤘듯이 보호 수준 y_1이 최적으로 정해졌을 경우 단위당 평균 매출 R_2는 이 경우 p_2와 같고 이는 리틀우드 규칙과 일치한다.

즉 y_2의 최적값은 다음과 같이 표현된다.

$$p_3 = p_2 \cdot \text{Pr}\left(Q_1 + Q_2 \geqslant y_2^{opt} \mid Q_1 \geqslant y_1^{opt}\right) \qquad (6.110)$$

식 (6.109)와 식 (6.110)을 비교하고 의사 결정 트리를 재귀적으로 적용해 최적 보호 수준에 대한 다음의 관계를 찾을 수 있다.

$$\frac{p_{j+1}}{p_j} = \text{Pr}\left(Q_1 + \ldots + Q_j \geqslant y_j^{opt} \mid \right.$$
$$\left. Q_1 \geqslant y_1^{opt} \text{ AND } \ldots \text{ AND } Q_1 + \ldots + Q_{j-1} \geqslant y_{j-1}^{opt}\right) \qquad (6.111)$$

식 (6.111)은 리틀우드 규칙과 같이 간단해 보이지는 않지만 시뮬레이션을 통해 보호 수준을 추정할 수 있는 상대적으로 간단한 방법을 제공한다. 이 기법은 어떤 수의 클래스에도 적용할 수 있지만 편의상 3개의 클래스가 있는 경우의 예를 살펴보자. 수요 Q_1과 Q_2의 분포는 알려져 있다고 가정하면 Q_1과 $Q_1 + Q_2$로 정의된 좌표들을 갖고 있는 상대적으로 많은 2차원 지점들을 생성할 수 있다.

보호 수준 y_1의 최적 값은 식 (6.109)를 사용해 추정될 수 있다. 여기서 선의 왼쪽에 있는 포인트의 수와 오른쪽에 있는 포인트의 수의 비율이 p_1과 p_2의 비율과 같도록 포인트들을 양분하는 선분을 찾아야 한다. 이는 그림 6.23에 나타나 있다. 오른쪽에 있는 포인트들은 식 (6.110)으로부터 $Q_1 \geq y_1^{opt}$의 조건을 만족시키므로 보호 수준 y_2를 추정하기 위해 선분 위의 포인트의 수와 선분 아래의 포인트의 수가 p_3와 p_2의 비율과 같도록 하는 두 번째 선분을 찾는다.

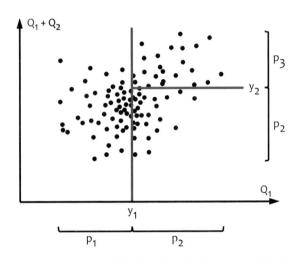

그림 6.23 시뮬레이션을 활용한 세 등급에 대한 보호 수준의 최적화

6.8.4 다중 클래스에 대한 휴리스틱

최적 보호 수준은 이전에 알아본 시뮬레이션 기법에 의해 계산될 수도 있고 대안적 알고리즘에 의해 계산될 수 있지만 많은 구현은 보다 간단한, 완벽히 최적은 아니지만 최적에 가까운 값을 제공하는 휴리스틱 기법을 쓴다. 이런 기법들 중에 가장 중요한 기법은 기대 한계 좌석 매출(EMSR) 기법이고 이 기법은 EMSRa와 EMSRb 두 가지 종류가 있다[Belobaba, 1987, 1989]. 두 버전 모두 복수의 요금 클래스를 위해 리틀우드의 규칙을 적용한다.

6.8.4.1 EMSRa

클래스 j에 대한 보호 수준은 j로부터 1에 이르는 클래스에 대해 예약된 전체 좌석이다. n부터 $j+1$에 이르는 더 저렴한 클래스에 대한 보호 수준을 이미 계산했다면 j에 대한 보호 수준은 클래스 $j+1$과 더 비싼 클래스 사이의 좌석을 어떻게 나눌지를 결정한다. EMSRa의 아이디어는 이 보호 수준을 리틀우드의 규칙을 클래스 $j+1$과 j부터 1까지에 이르는 각 클래스에 따로 적용함으로써 얻어지는 보호 수준의 합으로 근사하는 것이다. 이는 먼저 다음의 식으로부터 j개 쌍의 보호 수준을 계산하는 것을 의미한다.

$$
\begin{aligned}
p_{j+1} &= p_j \Pr\left(Q_j \geq y_{j+1}^{(j)}\right) \\
p_{j+1} &= p_{j-1} \Pr\left(Q_{j-1} \geq y_{j+1}^{(j-1)}\right) \\
&\vdots \\
p_{j+1} &= p_1 \Pr\left(Q_1 \geq y_{j+1}^{(1)}\right)
\end{aligned}
\tag{6.112}
$$

마지막 보호 수준은 그림 6.24에 나타나 있듯이 쌍으로 이뤄진 수준의 합으로 계산된다.

$$
y_j = \sum_{k=1}^{j} y_{j+1}^{(k)}
\tag{6.113}
$$

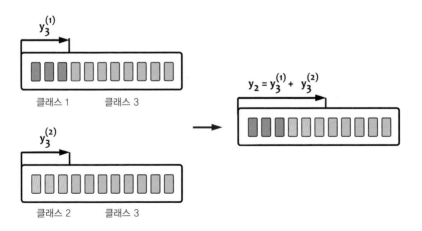

그림 6.24 3개의 요금 등급에 대한 EMSRa의 예

식 (6.112)와 식 (6.13)을 최적 솔루션인 식 (6.111)과 비교하면 EMSRa는 해당 가격 비율에 의해 결정되는 수준을 초과하는 수요를 분리하는 확률을 특정 수준을 초과하는 수요의 합의 확률을 근사하기 위해 사용한다. 그 결과 EMSRa는 매우 보수적이고 비싼 클래스에 대해 너무 많은 좌석을 예약하고 너무 많은 저가의 좌석을 거절하는 경향을 보인다.

6.8.4.2 EMSRb

이 문제에 대한 대안적 접근은 j로부터 1까지의 클래스를 독자적 수요와 가격을 갖고 있는 하나의 가상 클래스로 합치고 리틀우드 규칙을 적용하는 것이다. 합쳐진 클래스의 수요는 포함된 클래스의 수요의 합으로 추정될 수 있다.

$$\overline{Q}_j = \sum_{k=1}^{j} Q_k \tag{6.114}$$

합쳐진 클래스의 가격은 포함된 클래스 가격의 가중평균으로 정의할 수 있다.

$$\overline{p}_j = \frac{\sum_{k=1}^{j} p_k \mathbb{E}\left[Q_k\right]}{\sum_{k=1}^{j} \mathbb{E}\left[Q_k\right]} \tag{6.115}$$

클래스 j에 대한 보호 수준은 리틀우드 규칙을 합쳐진 클래스와 이전의 클래스 $j + 1$에 적용해 추정될 수 있다.

$$p_{j+1} = \overline{p}_j \cdot \Pr\left(\overline{Q}_j \geq y_j\right) \tag{6.116}$$

EMSRa와 EMSRb는 최적 솔루션에 매우 가까운 근사를 제공한다고 알려져 있다. EMSRb는 EMSRa를 발전시키기 위해 개발됐고 어떤 경우 EMSRa보다 더 나은 성능을 보여준다고 알려졌지만 실제 데이터를 사용해 시뮬레이션해보면 두 방법 중 하나가 다른 것보다 항상 좋은 결과를 보여주지는 않았다[Talluri and Van Ryzin, 2004].

6.9 상품 구성 최적화

특정 제품이나 서비스에 대한 고객의 지불 의향은 언제나 경쟁 또는 대체 가능 오퍼링을 선택할 수 있는 능력인 가능한 옵션들에 의해 영향을 받는다. 이것의 수요 함수와 이익에 대한 영향은 특정 산업 또는 비즈니스 사례에 따라 매우 클 수도 있고 그렇지 않을 수도 있다. 이미 복수의 제품이나 고객 세그먼트에 대한 가격 의사 결정은 수요 이동 또는 카테고리 내의 의존적 수요에 따라 함께 최적화돼야 한다는 것을 다뤘다. 이 문제는 수만 개 또는 수십만 개의 제품을 다루는 소매업계에서 더욱 어려워지므로 가격뿐 아니라 다른 마케팅 및 기업 자원들도 수요 의존성과 대체 효과를 고려해 함께 최적화돼야 한다. 이 절에서는 이런 종류의 최적화 문제를 자세히 알아본다.

6.9.1 스토어 레이아웃 최적화

제품과 카테고리 사이에서의 수요 의존성과 관련성은 특정 제품의 구매자에게 크로스셀링이나 보완적 제품의 기회를 제공한다. 이런 보완적 제품의 예는 커피와 설탕, 화장품과 핸드백 심지어 맥주와 기저귀가 될 수도 있다. 이런 기회를 활용하는 한 가지 방법은 고객이 함께 구매하는 제품들을 찾아낸 후 스토어 레이아웃이나 웹 사이트에서 제품의 배열을 최적화해서 고객들이 한 제품 대신 관련된 여러 제품을 같이 구매할 수 있게 하는 것이다.

이 전략의 첫 번째 부분, 즉 함께 자주 구매되는 제품을 찾아내는 것은 기본적인 마켓 바스켓 분석market basket analysis에 의해 가능하다. 각 구매 t가 구매된 아이템 r의 집합으로 표현되는 판매 기록을 가정해보자.

$$t_n = \{r_{n1}, r_{n2}, \ldots, r_{nk}\} \tag{6.117}$$

이 아이템 또는 아이템의 집합에 대한 서포트support는 이 아이템이나 아이템의 집합을 포함하는 구매 기록의 비율이다. 즉 이는 랜덤하게 선택된 구매가 특정 아이템이나 아이템의 집합을 포함할 확률이다. 리프트는 제품의 쌍에 대한 서포트의 비율을 각 별개 제품에 대한 서포트의 곱으로 나눈 것이 된다.

$$\lambda(r_a, r_b) = \frac{\text{support}(r_a \text{ AND } r_b)}{\text{support}(r_a) \times \text{support}(r_b)} \qquad (6.118)$$

즉 리프트는 두 아이템이 동시에 선택될 관찰된 확률과 두 아이템이 독립이라고 가정할 때 두 아이템이 동시에 선택될 계산된 확률의 비율이다. 즉 1보다 높은 리프트는 아이템의 의존성을 나타낸다(물론 결과의 통계적 유의성 가정하에서). 여기서 각 제품의 쌍뿐 아니라 카테고리의 쌍에 대해서도 리프트를 계산할 수 있고 r_a와 r_b가 카테고리라는 가정하에서 식 (6.118)을 평가할 수 있다.

이제 스토어 레이아웃 문제로 돌아가보자. 여기서 n개의 제품 카테고리와 n개의 통로 또는 판매대와 같은 제품 위치가 있다고 가정해보자. 최적화 문제는 카테고리를 서로 높은 관련성을 갖고 있는 카테고리끼리 위치시키기 위해 카테고리를 특정 위치에 할당하는 문제로 표현될 수 있다. 먼저 카테고리에 대한 쌍의 리프트 행렬을 계산해보자.

$$\mathbf{L} = \{\lambda_{ij}\}, \quad i, j = 1, \ldots, n \qquad (6.119)$$

다음으로 위치에 대한 거리 행렬을 계산해야 한다.

$$\mathbf{D} = \{d_{ij}\}, \quad i, j = 1, \ldots, n \qquad (6.120)$$

여기서 d_{ij}는 위치 i와 j 사이의 거리다. 이 거리는 다양한 방법으로 정의할 수 있다. 예를 들어 위치가 근접해 있으면 1, 아니면 0인 바이너리 변수가 될 수 있다. 최적화 문제는 다음과 같이 정의된다.

$$\max_{\pi} \sum_{i=1}^{n} \sum_{j=1}^{n} \lambda_{ij} d_{\pi(i),\pi(j)} \qquad (6.121)$$

여기서 $\pi(i)$는 카테고리를 위치에 매핑하는 순열 함수다. 즉 $\pi(\mathbf{x})$는 카테고리 $\mathbf{x}$를 위치 y에 할당한다. 문제 6.121은 2차적 할당 문제 (QAP)의 예가 된다.[1] 이는 많이 연구된 조합 최적화 문제이지만 계산적으로는 매우 복잡하다. 그럼에도 불구하

---

1 QAP는 다음의 실제 문제를 모델링하기 위한 작전 연구의 맥락에서 처음 도입됐다. 정해진 숫자의 설비와 위치가 존재하고 목표는 각 설비를 각 위치에 최소의 비용으로 할당하는 것이다. 할당 비용은 위치 사이의 거리와 설비 사이의 흐름의 곱으로 계산된다.

고 이 기법은 편의점에서 레이아웃을 최적화하기 위해 많이 사용한다고 알려져 있다[Winston, 2014].

예 6.8

다음의 예는 스토어 레이아웃 최적화를 알아본다. 6개의 카테고리(유제품, 델리, 베이커리, 음료, 채소, 냉동 식품)를 다루는 식품 가게를 예로 들어보자. 이 카테고리들에 대한 쌍별 리프트 행렬은 과거 데이터로부터 다음과 같이 추정된다.

$$
\mathbf{L} =
\begin{array}{c}
\text{DAIRY} \\
\text{DELI} \\
\text{BAKERY} \\
\text{DRINKS} \\
\text{PRODUCE} \\
\text{FROZEN}
\end{array}
\begin{array}{cccccc}
\text{DAIRY} & \text{DELI} & \text{BAKERY} & \text{DRINKS} & \text{PRODUCE} & \text{FROZEN} \\
\left[\begin{array}{cccccc}
1.00 & 0.80 & 1.30 & 0.90 & 1.00 & 0.90 \\
0.80 & 1.00 & 1.20 & 1.10 & 1.30 & 0.80 \\
1.30 & 1.20 & 1.00 & 1.30 & 1.20 & 0.90 \\
0.90 & 1.10 & 1.30 & 1.00 & 1.20 & 1.50 \\
1.00 & 1.30 & 1.20 & 1.20 & 1.00 & 0.80 \\
0.90 & 0.80 & 0.90 & 1.50 & 0.80 & 1.00
\end{array}\right]
\end{array}
\qquad (6.122)
$$

플로어 계획은 그림 6.25에 나타나 있듯이 2 × 3 구조, 각 위치는 판매대를 나타낸다. 전체적으로 6개의 카테고리에 대한 6개의 가능한 위치가 있다.

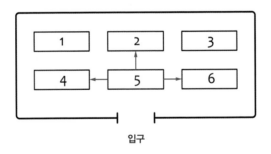

그림 6.25 스토어의 플로어 계획

이 레이아웃에 대한 거리 행렬은 다음과 같다.

$$
\mathbf{D} = \begin{array}{c} \\ 1 \\ 2 \\ 3 \\ 4 \\ 5 \\ 6 \end{array} \begin{array}{c} \begin{array}{cccccc} 1 & 2 & 3 & 4 & 5 & 6 \end{array} \\ \left[\begin{array}{cccccc} 0 & 1 & 0 & 1 & 0 & 0 \\ 1 & 0 & 1 & 0 & 1 & 0 \\ 0 & 1 & 0 & 0 & 0 & 1 \\ 1 & 0 & 0 & 0 & 1 & 0 \\ 0 & 1 & 0 & 1 & 0 & 1 \\ 0 & 0 & 1 & 0 & 1 & 0 \end{array} \right] \end{array} \qquad (6.123)
$$

여기서 거리는 이웃해서 배치됐으면 1, 아니면 0이라고 가정한다. 예를 들어 5번 위치는 2, 4, 6번 위치에 대해 거리가 1이 된다. 최적화 문제 (6.121)을 위의 행렬에 대해 풀면 그림 6.26과 같은 최적 레이아웃을 얻게 된다. 이 예는 6! = 720개의 조합을 평가해서 쉽게 풀릴 수 있지만 더 큰 문제는 QAP나 이것의 완화된 형태를 분석할 수 있는 최적화 소프트웨어를 사용해야 한다.

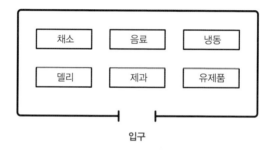

그림 6.26 6개의 카테고리를 갖고 있는 예에서의 최적 레이아웃. 다른 레이아웃도 가능하고 이는 이 그림을 수직 또는 수평적으로 반영함으로써 가능하다.

6.9.2 카테고리 관리

카테고리 관리의 문제는 판매자가 단일 제품이 아니라 제품 카테고리의 결과를 최적화해야 할 때 일어난다. 이 문제는 소매업체는 카테고리 내에서의 제품 구성을 쉽게 바꿀 수 있고 주요 비즈니스 목적이 판매대와 같은 가용한 자원을 최대한 효율적으로 활용해야 하기 때문에 소매업계에서 흔한 문제다.

카테고리는 '유제품 디저트' 또는 '여성용 청바지'와 같은 공통 특성을 가진 제품의 집합이므로 어떤 이유로 고객이 원하는 제품이 없다면 고객은 카테고리 안의 다른 제품으로 바꾸는 것이 보통 가능하다. 제품이 없는 경우는 의도적인 제품 구성 변화일 수도 있고 일시적 재고 부족일 수도 있다. 카테고리 관리의 주요 목적은 가능한 판매대와 같은 물리적 제약을 충족하는 제품을 찾고 최적의 교환 효과를 활용해 이익을 최대화하는 것이다. 한편, 이 문제는 가장 덜 중요한 제품을 찾아서 제품 구성에서 제외하고 이를 이익에 부정적인 영향 없이 다른 제품으로 교환하는 것으로 표현될 수도 있다. 이 분석의 결과는 다음의 몇 가지 통제의 최적화로 적용할 수 있다.

- 제품 재고 수준은 교환 효과와 재고 부족에 따른 손해를 고려해서 최적화될 수 있다.
- 판매대 레이아웃은 판매대에서 상대적 제품 점유율을 조정하기 위해 최적화될 수 있다.
- 상품 구성은 구성에서 제품을 더하거나 제외시킴으로써 최적화될 수 있다.

계량 경제학 관점에서 카테고리 관리의 문제는 수확 체감의 법칙, 좀 더 자세히는 매출과 비용은 카테고리 크기에 따라 달라지는 점에 기인한다. 일반적 경향에 따르면 고객의 구매 용량은 어느 정도에서 한계에 도달하지만 그림 6.27에 나타나 있듯이 비용은 판매대의 면적과 다른 운영 비용이 증가하기 때문에 계속 증가한다. 이런 경향은 카테고리 최적화 문제를 낳는다. 이는 카테고리 내의 제품의 상호 의존성을 고려해 카테고리를 모델링해야 하기 때문에 매우 어렵다. 하지만 이런 어려움에도 불구하고 실제로 가능한 상품 구성 최적화 모델이 네덜란드의 슈퍼마켓 체인인 알버트 하이진[Albert Heijn]에서 개발됐다[Kok and Fisher, 2007]. 이 절의 나머지 부분에서 이를 알아본다.

복수의 스토어를 운영하는 슈퍼마켓 체인을 가정해보자. 각 스토어는 많은 제품 카테고리를 취급하지만 수요는 카테고리 내에서는 의존적이고 카테고리 사이에서는 독립적이라 가정한다. 즉 소매업체는 각 스토어에서 각 카테고리에 대한 최적화 문제를 독립적으로 풀게 된다. 단일 스토어에서 단일 카테고리에 적용되는 다음의 표현을 가정해보자.

- $N = \{1, 2, \ldots, n\}$은 소매업체가 고객에게 제공하는 카테고리에서의 최대

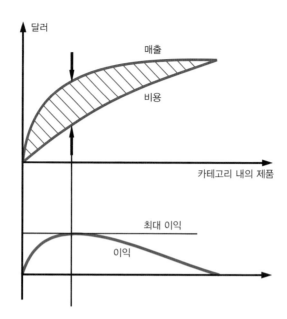

의 제품의 집합, 즉 완전한 상품 구성이다.

- $f_i \in \{0, 1, 2, \ldots\}$는 제품 j에 대한 재고 수준이다. 소매업체는 f를 0이 되게 하거나 (제품이 상품 구성에 포함되지 않는 경우) 또는 0이 되지 않게 함으로써 상품 구성을 최적화한다. 모든 J 제품의 재고 수준 벡터를 $f = (f_1, \ldots, f_J)$라고 가정해보자.

- F_0: 재고 수준과 같은 단위로 측정된 전체 재고 용량. 모든 제품의 재고 수준의 합은 F_0를 초과할 수 없다. 전체 재고 용량은 창고 공간 또는 스토어에서 가용한 판매 공간의 합으로 제한된다.

- $N_h \subset N$: 스토어 h에서의 상품 구성이고 전체 상품 구성의 부분 집합

- d_j: 제품 j에 대한 원래의 수요 비율, 즉 전체 상품 구성 N이 제시됐을 때 제품 j를 선택할 고객의 수다. 모든 제품에 대한 수요의 벡터는 $d = (d_1, \ldots, d_J)$로 한다.

- $\mathbf{D}_j$: 모든 제품에 대한 관찰된 수요 비율, 즉 고객의 원래 의도 또는 교환에 따라 제품 j를 선택한 일일 고객의 수다. 특정 제품에 대한 관찰된 수요는 교환 효과 때문에 원래의 수요와 다른 제품의 가용성에 좌우되므로

이를 함수 $\mathbf{D}_j(\mathbf{f}, \mathbf{d})$라고 할 수 있다.

위의 표현에서 특정 스토어에서의 특정 카테고리에 대한 상품 구성 최적화 문제는 다음과 같이 정의할 수 있다.

$$\max_{\mathbf{f}} \quad \sum_{j \in N} G_j\left(f_j, D_j\left(\mathbf{f}, \mathbf{d}\right)\right)$$
$$\text{subject to} \quad \sum_j f_j \leqslant F_0 \tag{6.124}$$

여기서 G_j는 특정 제품에 대한 이익과 해당 관찰된 수요를 설명하는 함수다. 이 함수는 소매업체의 비즈니스 모델에 의존하므로 실제적인 사용에 대해 조정될 수 있는 일반적인 템플릿들을 알아본다. 이익을 모델링하는 가장 간편한 방법은 제품 마진 m에 관찰된 수요를 곱하는 것이다.

$$G_j(f_j, D_j) = m_j \cdot D_j \tag{6.125}$$

식 (6.125)는 암시적으로 완벽한 재고 보충과 재고 부족이 없음을 가정한다. 이는 재고가 빨리 회전되는 식품점 등에서는 가능할 수 있지만 의류와 같은 소매 영역에서는 최소 수요와 실제 재고 수준을 고려한 재고 부족 이슈를 고려해야 한다.

$$G_j(f_j, D_j) = m_j \cdot \min(D_j, f_j) \tag{6.126}$$

유효 기간이 있는 제품을 파는 소매업체의 경우에도 유효 기간이 지나 폐기되는 제품을 고려해야 하고 이것은 판매되지 않은 재고에 적용되는 단위당 폐기 손해 L을 사용해 모델링될 수 있다.

$$G_j(f_j, D_j) = m_j \cdot \min(D_j, f_j) - L_i \cdot (f_i - \min(D_j, f_j)) \tag{6.127}$$

편의상 여기서는 모든 제품이 완벽하게 보충되고 재고 부족은 발생하지 않거나 무시해도 좋을 정도라고 가정한다. 이는 $f_j \in \{0, 1\}$이 상품 구성에 제품이 있는지 없는지를 나타내는 바이너리 변수임을 의미한다.

최적화 문제 6.124를 풀기 위해 관찰된 수요 함수를 정의해야 한다. 위에서 재고 부족은 없다고 했으므로 수요 함수는 다음과 같다.

$$D_j(\mathbf{f}, \mathbf{d}) = d_j + \sum_{k:f_k=0} \alpha_{k \to j} \cdot d_k \tag{6.128}$$

여기서 $\alpha_{k \to j}$는 제품 k를 j로 교환하는 확률이다. 식 (6.128)은 상대적으로 간단하다. 첫 번째 항은 원래 수요이고 두 번째 항은 제품 구성에서 제외된 모든 제품에 관한 누적 교환 효과에 대응한다.

식 (6.128)은 교환 확률 $\alpha_{k \to j}$와 원래 수요 비율 d_j의 추정을 요구한다. 이 추정을 위해 다음의 변수들이 알려져 있다고 가정해보자(6.6절. '수요 예측'에서 이미 다뤘다).

- Q_{jh}, $j \in N_h$: 스토어 h에서 고객당 제품 j에 대한 수요. K_h가 하루에 스토어 h를 방문하는 고객의 수라면 $D_j = K_h \cdot Q_{jh}$이다.
- Q_{jh}^0, $j \in N$: 모든 상품 구성을 갖춘 스토어 h에서 고객당 제품 j에 대한 수요(모든 상품 구성을 갖춘 스토어가 존재한다고 가정). Q_{jh}^0는 모든 상품 구성을 갖춘 스토어에서는 교환이 일어나지 않기 때문에 원래의 수요에 대응한다.

교환 확률 $\alpha_{k \to j}$는 J개의 제품의 상품 구성에 대해 J^2개까지의 다른 비율이 존재할 수 있기 때문에 추정하기 어렵다. 이런 다양한 비율을 정확히 추정할 수 있는 데이터를 가진 소매업체는 별로 없을 것이다. 하지만 고객 행동에 대한 다음의 단순화된 모델이 이 비율을 상대적으로 정확히 추정하고 J^2 대신 하나의 변수만 사용해 추정할 수 있다는 경험적 결과들이 있다. 제품 k가 스토어에 없다면 고객은 2순위 제품 j를 카테고리 내의 모든 제품에 대해 확률 δ로 교환하게 되거나 $(1 - \delta)$의 확률로 구매하지 않게 된다. 이 모델은 교환 비율에 대한 다음의 식으로 표현된다.

$$\alpha_{k \to j} = \delta \frac{1}{|N|} \tag{6.129}$$

δ을 추정하기 위해 특정 스토어에서의 전체 수요를 Q_{jh} 값의 합으로 정의하고 이는 데이터로부터 추정될 수 있다.

$$S_h = \sum_{j \in N_h} Q_{jh} \tag{6.130}$$

반면 같은 값은 식 (6.128)에 따라 다음과 같이 추정될 수 있다.

$$\hat{S}_h(\delta) = \sum_{j \in N_h} \left[Q^0_{jh} + \sum_{k \in N \backslash N_h} \alpha_{k \to j} Q^0_{kh} \right]$$

$$= \sum_{j \in N_h} Q^0_{jh} + \sum_{j \in N_h} \sum_{k \in N \backslash N_h} \frac{\delta}{|N|} Q^0_{kh} \qquad (6.131)$$

이제 δ은 다음의 최적화 문제를 풀어서 추정될 수 있고 이 문제는 전체 수요의 관찰된 값과 예측된 값 사이의 차이를 최소화한다.

$$\delta_0 = \operatorname*{argmax}_{0 \leq \delta \leq 1} \sum_h \left(\hat{S}_h(\delta) - S_h \right)^2 \qquad (6.132)$$

최적화 문제 (6.124)를 푸는 다음 단계는 식 (6.128)에서 사용했던 원래의 수요 비율을 계산하는 것이다. 스토어 h에서의 모든 제품 N에 대한 전체 수요는 다음과 같이 계산된다.

$$T_h = V_h \cdot \sum_{j \in N} Q^0_{jh} \cdot \frac{S_h}{\hat{S}_h(\delta_0)} \qquad (6.133)$$

여기서 V_h는 하루에 스토어 h를 방문하는 고객의 전체 숫자다. 식 (6.133)에서 모든 Q^0_{jh}에 V_h를 곱한 것은 완벽한 상품 구성에 대한 전체 수요를 나타낸다. 하지만 Q^0_{jh}는 완전한 상품 구성을 갖고 있는 스토어에 대해 추정됐으므로 특정 스토어에 대한 사항(위치, 스토어의 크기 등)은 모델에 반영되지 않았다. 이는 식 (6.130)으로부터 추정된 카테고리 수요의 비율을 식 (6.131)로부터 예측된 수요로 크기를 조정함으로써 보완될 수 있다.

제한된 상품 구성이 있는 스토어의 경우 수요 T_h는 2개의 요소의 합이 된다. 스토어에 있는 상품으로부터의 수요와 N에 있는 다른 제품에 대한 수요, 두 요소의 비율은 Q^0_{jh}를 통해 다음과 같이 표현된다.

$$r_h = \frac{\sum_{j \in N_h} Q^0_{jh}}{\sum_{j \in N} Q^0_{jh}} \qquad (6.134)$$

즉 $T_h \cdot r_h$는 상품 구성 안에 있는 제품과 관련된 수요의 부분이고 $T_h \cdot (1 - r_h)$는 상품 구성 안에 있지 않은 제품에 대한 수요의 부분이다. 마지막으로 단일 제품에 대한 수요를 추정된 제품당 수요에 비례하는 전체 수요의 부분으로 계산한다.

$$
d_{jh} = \begin{cases} T_h \cdot r_h \cdot \dfrac{Q_{jh}}{\sum_{j \in N_h} Q_{jh}}, & \text{if } j \in N_h \\[4mm] T_h \cdot (1 - r_h) \cdot \dfrac{Q_{jh}^0}{\sum_{j \in N \setminus N_h} Q_{jh}^0}, & \text{if } j \notin N_h \end{cases} \tag{6.135}
$$

식 (6.135)와 식 (6.132)에 나타나 있는 모든 계수는 데이터로부터 추정될 수 있으므로 모든 식을 원래의 최적화 문제 (6.124)에 대입해 수리적 기법을 사용해 해결할 수 있다.

식 (6.124)는 모든 제품에 대해 최적의 재고 수준 f_j의 집합을 생성한다. 이 수준들은 재고 수준을 조정하고 판매대 레이아웃을 최적화하는 데 사용할 수 있다. 이모델은 소매업체들로 하여금 어떻게 상품 구성과 재고 수준의 변화가 매출 총이익에 영향을 미치는가를 평가하기 위한 시나리오별 분석을 수행하는 데 도움을 준다. 특히 소매업체는 특정 제품이나 제품군에 대해 기대 매출 총이익을 재고 수준의 함수로 나타내는 곡선을 그릴 수 있다. 이런 곡선은 매출 총이익이 재고가 없을때 0이고 재고가 너무 많을 때도 0이고 (유효 기간이 지난 제품의 손해 때문에) 그 중간에서 최댓값을 갖고 있는 볼록 함수가 되기 때문에 유효 기간이 있는 제품에 대해 매우 유용하다.

6.10 가격 관리 시스템의 아키텍처

알고리즘 기반 가격 관리 시스템의 설계와 구현은 산업에 따라 많이 달라질 수 있지만 가격 관리는 보통 논리적 아키텍처에서의 기능적 요소로 간주될 수 있는 몇몇 주요 프로세스들을 포함하고 있다. 이 중요 요소들과 그들의 관계를 나타내는 개관적 다이어그램은 그림 6.28에 나타나 있고 세 가지의 중요한 하부 시스템을 포함하고 있다.

트랜잭션 시스템 트랜잭션 시스템의 목적은 최적화 시스템으로부터 입력된 가격 책정 의사 결정을 수행하는 것이다. 어떤 환경에서는 최적화된 가격과 가격 책

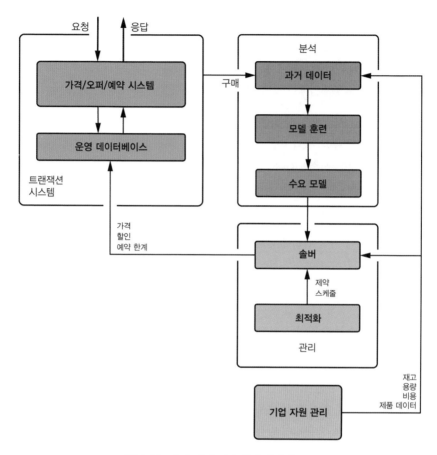

그림 6.28 가격 관리 시스템의 개관적 구조

정 규칙은 최종 가격을 독립적으로 계산하는 복수의 트랜잭션 시스템에 입력될 수 있다. 예를 들어 소매업체는 이커머스 플랫폼에 가격을 업데이트할 뿐 아니라 스토어의 판매 시스템에 가격을 매일 또는 주간 단위로 업데이트할 수 있다. 각 스토어 및 이커머스 플랫폼은 독립적으로 운영된다. 많은 다른 환경에서 중앙 집중화되거나 분산화된 단일 트랜잭션 시스템은 가격 또는 자원에 대한 요청을 실시간으로 처리한다. 이런 접근은 복잡한 가격 책정의사 결정이 일정한 방법으로 이뤄지기 때문에 보통 선호된다. 예를 들어 소매업체는 기본 가격, 진행 중인 할인, 고객 로열티 번호, 입력되거나 스캔된 할인 코드 등에 기반을 두고 모든 트랜잭션에 대한 최종 가격을 계산한다. 항공이나 호텔과 같은 서비스 산업에서의 예약 시스템은 가격 규칙을 적용할 뿐 아니라 각 트랜잭션 후에 예약된 자원을 측정하고 운영 데이터베이스의 기록을 업데이트하기 때문에 더욱 상호 작용이 많다.

트랜잭션 시스템은 판매자가 소유할 수도 있고 제삼자에 의해 공유 자원으로 제공될 수도 있다. 예를 들어 항공권은 보통 전용 회사에 의해 운영되는 글로벌 분산 시스템(GDS)에 의해 예약되고 항공사는 GDS에서 직접 예약 한계를 설정한다.

분석 수요 예측은 가격 책정과 상품 구성 의사 결정의 수리적 평가를 가능하게 하기 때문에 가격 관리에서 매우 중요한 역할을 한다. 이는 과거 데이터를 수집 및 저장하고 예측 모델의 훈련과 평가를 지원하는 분석적 기반 시설의 생성을 필요로 한다. 수요 예측 모델은 제품 데이터, 할인, 경쟁 제품 가격, 날씨, 휴일 정보 등과 같은 다양한 정보를 활용할 수 있다. 이와 같은 많은 데이터 요소들은 기업 자원 관리 시스템과 제삼자 데이터 업체로부터 얻을 수 있다.

수요 모델 훈련 파이프라인은 종종 자동화되고 새로운 데이터가 입력됨에 따라 모델을 새롭게 하기 위해 반복적 또는 점층적으로 사용한다. 이는 비즈니스 또는 경쟁 환경이 바뀜에 따라 모델이 업데이트될 수 있게 해준다.

최적화 시스템 최적화 시스템의 주요 요소는 매출을 극대화하기 위해 최적의 가격이나 예약 수준을 찾아내는 수리적 최적화 기법을 사용하는 솔버^{solver}다. 솔버는 최적화 모수와 제약을 정하기 위해 관리적 요소로부터 설정된다. 항공과 같은 영역에서는 최적화 프로세스는 시스템 성능을 관찰하고 대형 공공 이벤트와 같은 특별한 사례의 경우 의사 결정을 수정하는 분석가로 이뤄진 팀에 의해 관리될 수 있다.

수요 모델링 프로세스와 마찬가지로 최적화는 판매와 재고 데이터가 업데이트됨에 따라 가격이나 예약 한계를 다시 계산하는 루프에서 수행된다. 하지만 최적화 프로세스는 빠르게 감소하는 용량 수준을 따라가기 위해 분석보다 보통 더 자주 수행된다. 이런 연속적 최적화는 거의 항상 동적인 가격 책정과 자원 할당에 사용한다. 일시적인 변화를 모델하지는 않는 다른 가격 최

적화 기법들도 반복적으로 적용할 때 가격을 연속적으로 조정하게 되므로
결국 동적 모델이 된다.

6.11 요약

- 가격 책정 의사 결정은 회사의 경쟁력과 이익에 있어서 매우 중요하다.
  가격 책정의 향상은 판매량(광고와 판매 채널), 변동비(공급과 생산), 고정비
  (운영과 자산 관리)에 대한 같은 규모의 향상보다 이익에 더 큰 영향을 미
  친다.

- 가격은 가치에 대한 화폐적 지표다. 좋은 가격에 대한 경계는 고객의 효
  용과 비교 가능한 대안을 추정함으로써 결정될 수 있다. 하지만 제품이나
  서비스의 인지된 잉여 가치는 어떻게 제품 정보와 가격이 소비자에게 전
  달되느냐에 달렸다. 특히 가격 할인과 복수의 번들되지 않은 이익들은 효
  율적이라고 알려져 있다. 이는 가격 인하와 할인에 대한 기본적인 정당화
  를 제공한다.

- 수요는 고객의 지불 의향에 의해 결정된다. 지불 의향의 다른 분포는 다
  른 수요 곡선을 초래한다. 기본적인 수요 곡선에는 선형, 일정 탄력성, 로
  지트 함수 등이 있다.

- 기본적인 가격 구조는 단위 가격, 고객 세그먼트별 가격, 2단계 가격, 끼
  워팔기, 번들링 등이 있다. 이 모든 가격 구조는 전체적 수요 곡선이 정확
  히 추정될 경우 최적화가 가능하다.

- 기본적인 수요 곡선은 계절적 요소, 경쟁, 제품의 성질 등을 포함하지 않
  는다. 알고리즘 기반 가격 최적화는 보다 강력한 수요 모델의 개발을 필
  요로 한다. 그러한 모델의 많은 예는 다양한 업계들에 대한 논문에서 찾
  을 수 있다.

- 가격 최적화는 보통 특정한 구조, 공급, 수요 제한이 있는 경우의 수리적
  최적화 문제에 대한 해법이 필요하다. 가격 최적화의 두 가지 중요한 비
  즈니스 사례는 복수의 마켓 세그먼트에 대한 가격 최적화를 다루는 가격

차별화 그리고 역시 마켓 세그먼트 기법의 일종으로 간주될 수 있는 동적인 가격 책정이다. 가격 최적화에서의 주요 제약은 상호 의존적인 수요 함수, 제한적 용량, 유효 기간이 있는 재고 등이다.

- 항공, 호텔, 화물 운송, 스포츠와 같은 서비스 산업은 다른 요금 등급별로 예약을 따로 받을 수 있다. 이런 경우의 자원 할당 기법은 동적인 가격 책정에 대한 대안으로 간주될 수 있다. 가장 기본적인 자원 할당 기법들은 항공기의 좌석과 같은 각 용량 단위에 대해 예약 수준을 최적화할 수 있지만 자원의 네트워크를 최적화하고 예약 취소를 처리할 수 있는 보다 고급 기법들도 많이 존재한다.

- 상품 구성 최적화와 가격 관리는 둘 다 수요 예측에 기반하므로 밀접한 관계가 있다. 상품 구성 최적화는 다른 제품과 카테고리에 대한 수요 사이의 의존성에 대한 모델링에 집중하므로 이익에 영향을 미칠 수 있는 상품 구성 변화와 기업의 자원 할당에 대한 분석을 가능하게 한다.

- 가격, 예약 한계, 상품 구성은 판매자가 가격 의사 결정을 수행하기 위해 사용할 수 있는 통제들로 간주된다. 이런 통제들과 관련된 최적화 기법들은 수요 예측을 기본으로 하지만 이 예측을 활용하기 위한 다양한 비즈니스 액션을 수행할 수 있다.

A

디리클레 분포

디리클레 분포는 마케팅 애플리케이션 측면에서 매우 고급 과정이므로 여기서 간단히 소개하고자 한다. 디리클레 분포는 3장, '프로모션과 광고'의 데이터 관찰, 4장, '검색'에서 토픽 모델링과 관련해 사용했다.

대부분의 마케팅 애플리케이션에서 우리는 사건이나 횟수와 같은 랜덤 변수의 확률 분포를 다루게 된다. 디리클레 분포를 이런 식으로 볼 수도 있지만 이 책에서는 매우 중요한 다른 의미를 갖는다. 이를 설명하는 간단한 예를 살펴보자[Frigyik 등, 2010]. 6면이 있는 주사위는 1부터 6까지의 숫자를 생성하는 확률 분포로 볼 수 있다. 완벽한 주사위라면 1부터 6까지의 각 숫자가 나올 확률은 완벽하게 동일할 것이다. 하지만 실제 주사위의 확률 분포는 제조 공정의 결함이나 다른 이유들로 인해 완벽하게 균일하지는 않다. 100개의 주사위가 들어 있는 주머니를 택하면 각 주사위는 각자의 **확률 질량 함수**Probability Mass Function, PMF를 갖게 되고 주사위 주머니는 PMF의 분포에 대응한다. 이 분포의 성질은 주사위의 품질에 좌우된다. 품질이 불량한 주사위의 경우 PMF는 균일 분포와 멀어지게 되고 정확하게 제조된 주사위의 경우 균일 분포와 거의 동일하다. PMF의 분포는 디리클레 분포에 의해 설명될 수 있다.

보다 실용적이고 적합한 예는 텍스트 문헌의 집합이다. 문헌이 m개의 단어를 갖고 있다면 각 문헌은 문헌 안의 단어 빈도를 세어서 추정될 수 있는 PMF로 간주될 수 있다. 문헌의 집합은 PMF의 집합이 되고 이 집합에 적합한 디리클레 분포의 모수를 선택할 수 있다. 즉 각 문헌 d는 합계가 1이 되는 m개 단어 확률 벡터로서 모델링될 수 있다.

$$p_{d1} + \ldots + p_{dm} = 1, \qquad p_{di} \in [0, 1] \tag{A.1}$$

기하학적으로 이 방정식은 m차원 공간에서의 $(m-1)$차원 심플렉스다. 예를 들어 그림 A.1에서와 같이 3개의 단어를 갖고 있는 문헌의 집합은 3차원 공간에서의 2차원 삼각형(심플렉스)에 대응한다. 심플렉스상에서의 각 점은 유효한 PMF에 대응하고 공간에서의 다른 모든 점은 유효한 PMF에 대응하지 않는다. 심플렉스상에서의 분포를 지정하고 이 분포로부터 m개의 PMF를 그린 후 해당 PMF로부터 단어를 뽑아내고 m번째 문헌을 생성함으로써 m개 문헌의 집합을 생성할 수 있다.

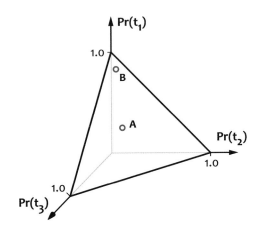

그림 A.1 3차원 확률 심플렉스. 점 A는 용어의 균일 분포를 갖고 있는 문헌에 대응하고 점 B는 t_1이 다른 두 용어보다 확률이 높은 문헌에 대응한다.

디리클레 분포는 심플렉스에 대한 확률 분포다. m개의 차원을 가정하면 디리클레 분포로부터 추출된 각 지점은 m개 요소의 PMF가 된다.

$$\mathbf{p} = (p_1, \ldots, p_m), \qquad \sum_i p_i = 1 \tag{A.2}$$

이 분포는 m개의 모수에 의해 표현된다.

$$\boldsymbol{\alpha} = (\alpha_1, \ldots, \alpha_m), \qquad \alpha_i > 0 \tag{A.3}$$

여기서 각 모수는 해당 요소의 가중값으로 간주될 수 있다. 디리클레 분포의 확률 밀도 함수는 다음과 같이 정의할 수 있다.

$$\mathrm{Dir}(\boldsymbol{\alpha}) = \frac{1}{B(\boldsymbol{\alpha})} \prod_{i=1}^{m} p_i^{\alpha_i - 1} \tag{A.4}$$

여기서 정규화 상수인 $B(\boldsymbol{\alpha})$는 다음과 같이 주어진다.

$$B(\boldsymbol{\alpha}) = \frac{\prod_{i=1}^{m} \Gamma(\alpha_i)}{\Gamma\left(\sum_{i=1}^{m} \alpha_i\right)} \tag{A.5}$$

이 모수를 구성하는 모든 원소가 같은 값을 갖는다면 이 분포는 집중 모수라는 단일 값에 의해 완벽히 표시된다. 3차원 공간에서의 디리클레 분포에 대한 확률 밀도 함수는 그림 A.2에서 다른 모수 값들에 대해 시각화됐다.

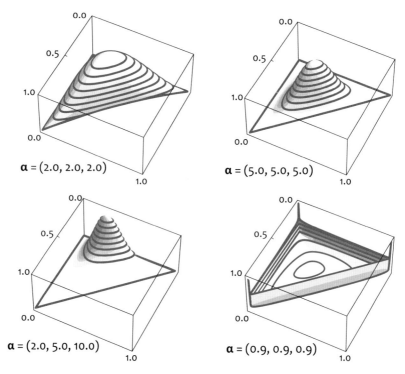

$\alpha = (2.0, 2.0, 2.0)$

$\alpha = (5.0, 5.0, 5.0)$

$\alpha = (2.0, 5.0, 10.0)$

$\alpha = (0.9, 0.9, 0.9)$

그림 A.2 3차원 공간에서 확률 심플렉스에 대한 디리클레 분포 밀도 그림

확률 밀도 함수는 $\alpha = (1, 1, 1)$일 때 완벽하게 평평하다. 확률 밀도 함수는 모수 벡터가 평평할 경우 종 모양을 띠고 심플렉스의 중앙에서 대칭이 된다. 모수 벡터가 평평하지 않으면 종 모양은 가장 큰 크기를 갖고 있는 모수의 방향으로 이동한다. 마지막으로 디리클레 분포는 확률 밀도가 모퉁이들에 집중돼 있는 경우 작은 크기의 모수 원소들에 대해 희박하다. 즉 이런 분포에서 추출된 PMF는 작은 용어 집합에 대해 강한 편향을 갖고 있는 경향이 있다[Telgarsky, 2013].

찾아보기

ㄱ

가격 23
가격 차별화 465
가격 책정 32
가격 최적화 464
감독학습 45
검색 32
결합 구절 검색 279
경매 이론 89
고객 여정 지도 145
고객 유지 캠페인 157
관찰 연구 189
광고 23, 32
기대 한계 좌석 매출 496
기울기 하강 52
끼워팔기 446

ㄴ

나이브 베이즈 분류기 55, 329
나이브 베이즈 협업 필터링 363

ㄷ

다단계 가격 책정 445
다접촉 애트리뷰션 179
다중 목표 최적화 412
다항 로지트 모델 75
단어 임베딩 251

단어 주머니 모델 229
닮은꼴 모델링 123
동적 가격 책정 473
디리클레 분포 513

ㄹ

랭킹 생성 학습 289
로지스틱 회귀 52
로지트 수요 곡선 435
롱테일 305
리스트와이즈 294

ㅁ

마케팅 과학 30
마케팅 믹스 23
마케팅 캠페인 101
마켓플레이스 27
마코프 체인 140
매출 관리 29
매출 관리 시스템 423
맥락 추천 394
모델 기반 협업 필터링 360

ㅂ

번들링 449
보충 캠페인 161
분할 정복 386

불용어 224
비개인화 추천 406

ㅅ

상수–탄력성 수요 곡선 434
상품 구성 32
상품 구성 최적화 499
상품 순위 조정 217
생애 가치 모델링 137
생존 분석 79
생존 함수 81
서포트 벡터 머신 60
선형 회귀 분석 49
세그멘테이션 98
수요 예측 453
수요 함수 432
스테밍 224
시간 기반 추천 모델 401
신호 엔지니어링 237

ㅇ

알고리즘 마케팅 24
애드스탁 모델 163
애트리뷰션 시스템 171
업리프트 186
업셀 105
역문헌 빈도 229
예측 모델링 39
온라인 광고 25
용어 빈도 229
위험 함수 84
유통 23
응답 모델링 110
이웃 기반 협업 필터링 343
인센티브 40

ㅈ

자원 할당 162, 487
잠재 의미 분석 252
잠재 의미 인덱스 255
재현율 211
적합성 튜닝 288
전망 이론 429
정밀도 211
정밀도–재현율 곡선 214
제품 23
제품 프로모션 147
중요 요소 분석 63

ㅊ

최근접 이웃 접근 327
추천 32

ㅋ

컨버전 비율 183, 218
코사인 유사성 227
콘조인트 분석 428
콘텐츠 기반 필터링 324
콜드 스타트 326
크로스셀 105
클러스터링 62, 70
클릭스루 비율 219

ㅌ

타깃팅 파이프라인 109
토큰 매칭 221
트리트먼트 100
특징 사상 57
특징 엔지니어링 45, 327
특징 증강 391

ㅍ

판매 촉진 32

페르소나 131

페어와이즈 293

평균 정밀도 214

평균 제곱 오류 315

포인트와이즈 292

표현 학습 63

프로그램 기반 시스템 31

ㅎ

할인 누적 이득 215

행렬 완성 314

협업 필터링 337

확률적 잠재 의미 분석 261

확률적 토픽 모델링 260

확률 질량 함수 513

B

bag-of-words 모델 229

C

CPA 172

E

EMSR 496

L

LTV 137

N

n-그램 233

P

PPC 26

R

RFM 모델링 120

RTB 27

W

Word2Vec 269

숫자

2단계 가격 446

에이콘출판의 기틀을 마련하신 故 정완재 선생님 (1935-2004)

알고리즘 마케팅

인공지능을 활용한 마케팅 자동화

발　행 ｜ 2019년 5월 22일

지은이 ｜ 일 리 야 캐 서 브
옮긴이 ｜ 조 종 희

펴낸이 ｜ 권 성 준
편집장 ｜ 황 영 주
편　집 ｜ 이 지 은
디자인 ｜ 박 주 란

에이콘출판주식회사
서울특별시 양천구 국회대로 287 (목동)
전화 02-2653-7600, 팩스 02-2653-0433
www.acornpub.co.kr / editor@acornpub.co.kr

한국어판 ⓒ 에이콘출판주식회사, 2019, Printed in Korea.
ISBN 979-11-6175-290-7
ISBN 978-89-6077-446-9 (세트)
http://www.acornpub.co.kr/book/algorithmic-marketing

이 도서의 국립중앙도서관 출판시도서목록(CIP)은 서지정보유통지원시스템 홈페이지(http://seoji.nl.go.kr)와
국가자료공동목록시스템(http://www.nl.go.kr/kolisnet)에서 이용하실 수 있습니다.(CIP제어번호: CIP2019017354)

책값은 뒤표지에 있습니다.